오  픈

OPEN by Andre Agassi
Copyright © 2009 by AKA Publishing, LLC
All rights reserved.
This Korean edition was published by Jinsung Books in 2013 by arrangement with Alfred A. Knopf, an imprint of The Knopf Doubleday Group, a division of Random House, Inc. through KCC(Korea Copyright Center Inc.), Seoul.

이 책은 (주)한국저작권센터(KCC)를 통한 저작권자와의 독점계약으로 진성북스에서 출간되었습니다.
저작권법에 의해 한국 내에서 보호를 받는 저작물이므로 무단전재와 복제를 금합니다.

오  픈

| 안드레 애거시 지음 · 김현정 옮김 |

진성북스

차례

1 마지막 경기 · 9
2 테니스를 하기 싫은 소년 · 45
3 아버지의 과거 · 65
4 친구 페리의 비밀 · 89
5 닉 볼리티에리 테니스 아카데미 · 118
6 반항아의 최후 · 139
7 인생의 첫 2천 달러 · 154
8 프로 전향과 나이키 · 160
9 데님 반바지와 가발 · 180
10 길 레이예스와의 만남 · 214
11 안드레 애거시 팀의 탄생 · 226
12 샘프러스와의 대결 · 239
13 윔블던 챔피언이 되다 · 249
14 바브라 스트라이샌드와의 스캔들 · 266
15 브래드 코치와의 만남 · 290

16	세계 랭킹 1위에 오르다	314
17	다시 샘프러스에게 지다	325
18	브룩 쉴즈와의 약혼	348
19	다시 훈련을 시작하다	384
20	마약의 함정	402
21	슈테피 그라프와의 새로운 만남	445
22	정해진 운명대로	484
23	여섯 번째 슬램을 달성하다	503
24	슈테피 그라프와 결혼하다	512
25	아들 제이든의 탄생	534
26	생애 천 번째 시합	548
27	끝을 향하여	562
28	다시 마지막 경기	581
29	이제 다시 시작이다	592
	감사의 말	606
	추천사	610

ANDRE   AGASSI

우리를 가로막고 감금하며 매장하는 듯 보이는 것이 무엇인지 언제나 분명히 말할 수는 없지만, 그럼에도 형언하기 어려운 장벽이나 관문, 벽을 여전히 느낄 수 있다. 이 모든 것은 상상이나 공상에 불과한 것일까? 그런 것 같지는 않다. 그러면 우리는 묻겠지. 맙소사! 도대체 얼마나 오래 지속되는 겁니까, 영원히, 끝없이 이래야 합니까? 갇혀있던 우리를 자유롭게 풀어주는 것이 뭔지 아니? 그것은 아주 깊고 진심 어린 애정이다. 친구가 되고 형제가 되는 것, 사랑, 그것이야말로 감옥을 여는 최고의 힘이고 마법의 힘이다.

— 빈센트 반 고흐, 테오에게 보낸 편지, 1880년 7월

ANDRE AGASSI

1
마지막 경기

눈을 떠보니 여기가 어디인지 내가 누구인지 모르겠다. 그리 이상한 일은 아니다. 나는 반평생을 내가 누군지도 모른 채 살아왔으니까. 하지만 이런 기분은 여전히 낯설고 혼란스럽고 두렵기만 하다.

위를 올려다보니, 나는 침대 옆 바닥에 누워 있다. 이제야 기억이 난다. 나는 한밤중에 침대에서 바닥으로 내려왔다. 밤마다 되풀이하는 일. 하지만 등 건강에는 더 좋겠지. 푹신한 침대에 너무 오래 누워있다 보면 통증이 생기니까. 나는 셋까지 센 후 천천히, 그리고 힘겹게 몸을 일으켰다. 기침과 신음을 토해내며 옆으로 돌아누웠다가 태아자세로 몸을 구부리고, 바닥을 향해 휙 몸을 뒤집는다. 이제 한참 기다리면 심장이 펌프질을 시작할 것이다.

나는 젊은 축에 속한다. 서른여섯. 그러나 잠에서 깰 때는 아흔여섯은 된 것 같다. 전력질주와 급정지, 높이뛰기와 강한 착지로 30여 년을 보내고 나니 몸이 더 이상 예전 같지 않은 것이다. 마음도 예전과는 다른 것 같다. 눈을 뜨면 나 자신이 낯설게 느껴졌다가 조금 지나고 나서야 늘 있는 일이라는 걸 깨닫게 된다. 아침이면 이런 느낌이 훨씬 뚜렷하다. 그럴 때면 재빨리 기본적인 사항들을 되새겨 본다. 내 이름은 안드레 애거시. 내 아내는 스테파니 그라프. 다섯 살짜리 딸과 세 살짜리 아들이 있다. 라스베이거스에 살고 있지만, 2006년 US오픈 출전을 위해 지금은 뉴욕의 포시즌스 호텔 스위트룸에 머물고 있다. 이 경기는 사실상 나의 마지막 경기가 될 것이다. 나는 프로 테니스 선수지만 테니스를 싫어하며, 어둡고 비밀스러운 열정 속에 테니스를 줄곧 혐오해왔다.

내 정체성의 마지막 퍼즐 조각이 제자리를 찾으면, 무릎으로 미끄러지며 속삭일 것이다. 제발 이 상황이 끝나기를. 하지만 아직 끝낼 준비가 되지 않았다.

옆방에서 스테파니와 아이들의 목소리가 들려온다. 아침을 먹고 떠들며 웃고 있는 아이들. 가족을 보고 싶은 마음과 카페인이 절실했던 탓에 몸을 추스르며 일어나야겠다고 생각했다. 싫다는 마음에 주저앉고 싶어도 사랑하는 사람들을 생각하며 일어서야 한다.

침대 옆 시계를 보니 7시 반이다. 스테파니는 내가 늦잠을 자도록 내버려 두었다. 지난 며칠 동안은 몹시 피곤했다. 육체적 긴장 외에도 은퇴를 앞두고 감정이 주체할 수 없이 날뛰었기 때문이다. 피로에서 시작된 통증이 물밀듯이 밀려왔다. 허리가 나를 놔주지 않는다. 마치 한밤중에 누군가가 몰래 들어와 척추에 도난방지 핸들을 붙여놓은 기분이다. 등에 곤봉을 단 채 어떻게 US오픈 경기를 하지? 선수생활의 마지막 경기가 몰수패로 끝나는 건 아닐까?

나는 선천성 척추전방전위증을 갖고 태어났는데, 말하자면 척추뼈 하나가 아래쪽 척추뼈와 분리되어 제멋대로 반항하며 삐져나온 것이다(내가 안짱다리가 된 주요 원인이다). 척추뼈 하나가 일탈하면서, 척추 내부의 신경이 자리할 공간이 좁아지고 조금만 움직여도 신경이 훨씬 압박감을 느끼게 된다. 두 개의 추간판헤르니아(*추간판이 돌출되어 신경을 누르는 상태를 말함. *-옮긴이 각주)와 성장을 멈추지 않아 손상 부위를 보호할 수 없는 뼈를 한꺼번에 구겨 넣으면, 신경이 극심한 폐소공포증을 느끼게 되는 것이다. 신경이 비좁은 구역에서 시위를 벌여 조난신호가 전송되면, 통증이 다리를 타고 오르내리고 나는 숨을 들이쉬며 횡설수설한다. 그럴 때는 가만히 누워서 기다리는 수밖에 없다. 때로는 경기 중에 그런 순간이 찾아오기도 한다. 그러면 게임 방식을 바꿔 스윙이나 달리기 등 모든 것을 다르게 해보는 수밖에 없다. 물론 근육은 경련을 일으킨다. 사람들이 대체로 변화를 싫어하듯 근육도 변화에 저항한다. 스윙이나 달리는 방법을 바꾸라는 명령이 내려오면 내 근육은 척추와 함께 반란을 일으키고 이내 전신은 내전에 휩싸인다.

"몸이 더 이상 못 견디겠다고 말하는 거야." 트레이너이자 친구이며 대부(代父)인 길은 이렇게 말했다.

"하지만 내 몸은 오랫동안 이렇게 고통을 호소해온 걸요."

그런 내 몸이 지난 1월부터 비명을 지르기 시작했다. 몸 상태로 볼 때 이미 은퇴한 것이나 다름없었던 것이다. 내 육신은 이미 플로리다에서 콘도를 구입해 편안한 면바지 차림으로 돌아다니는 생활을 꿈꾸고 있었지만 나는 자신을 타이르며 여기서 몇 시간 저기서 몇 시간만 은퇴를 늦춰달라고 애원했다. 이런 타협은 일시적이나마 고통을 완화하는 코티존 주사 덕분에 가능했다. 주사가 효력을 발휘하기 전까지는 주사 자체도 고통이었다.

어제도 주사를 한 대 맞았으니 오늘 밤은 경기를 치를 수 있을 것이다. 올해 들어서만 세 번째, 선수생활을 통틀어 열세 번째 주사였고, 이번만큼 주사가 두려웠던 적은 없었다. 내 주치의가 아닌 그 의사는 무뚝뚝한 말투로 자세를 잡으라고 말했다.

나는 진료 테이블에 몸을 뻗어 엎드려 누웠고, 간호사가 내 반바지를 홱 잡아당겼다. 의사는 7인치짜리 바늘을 염증이 생긴 신경에 가능한 한 가까이 찔러넣어야 한다고 말했다. 그러나 그는 곧바로 바늘을 찌르지는 않았다. 내 추간판헤르니아 디스크와 뼈의 돌출부가 통로를 막고 있기 때문이었다. 그가 경로를 우회해 '곤봉'을 끊어놓으려 하는 바람에 나는 고통스러워 펄쩍 뛰고 말았다. 먼저 그는 바늘을 삽입했다. 그리고는 내 등에 커다란 기계를 갖다 놓고 바늘이 신경에 얼마나 가깝게 다가갈 수 있는지 살펴보았다. 의사는 실제로 만지지 않고, 그 바늘을 신경과 거의 평행하게 위치시켜야 한다고 말했다. 만약 바늘이 신경을 건드리게 되면, 신경을 살짝 스치기만 하더라도 엄청난 고통 때문에 경기하기가 어려워질 것이었다. 인생이 순식간에 바뀔 수도 있었다. 그가 여기저기 바늘을 찔러보는 통에 눈물이 찔끔 났다.

마침내 그는 적절한 위치를 찾아냈다. 과녁의 중심을 찾은 것이다.

코티존이 안으로 들어갔다. 타는 듯한 느낌에 입술을 질끈 깨물었다. 그리고 압박감이 느껴졌다. 주사액이 들어가는 게 느껴지더니 차츰 무감각해졌다. 신경이 자리한 척추의 국소 부위가 점차 진공 포장 되는 기분이었다. 압박감이 심해져서 등이 터져나갈 것만 같았다.

"압박감을 느낀다는 건 효과가 있다는 뜻입니다."

의사가 말했다.

"그렇군요."

이내 통증이 나아졌고, 그 기분은 달콤할 정도였다. 고통이 완전히 사라지기 직전에 느끼는 그런 기분이었기 때문이다. 그러나 모든 고통이란 어쩌면 그런 것인지도 모른다.

가족들은 더욱 왁자지껄해졌다. 나는 천천히 스위트룸 거실로 나갔다.

아들 제이든과 딸 재즈가 나를 보며 소리를 질렀다. 아빠, 아빠! 아이들은 껑충껑충 뛰며 내 위로 달려들 태세다. 나는 멈춰 서서 몸에 힘을 주고는 겨울나무처럼 마음을 했다. 아이들은 아빠가 요즘 몸이 약해서 너무 세게 달려들면 쓰러질지도 모른다는 걸 알았는지 뛰어오르려다 멈췄다. 아이들의 뺨을 어루만지고 뽀뽀를 해주고는 함께 아침을 먹기 시작했다.

"오늘이 바로 그날이에요?" 제이든이 물었다.

"그래."

"오늘 경기하는 거예요?"

"그렇지."

"'은퇴(retire)'하는 거예요?"

'은퇴'는 제이든과 재즈가 최근에 새로 배운 단어다. 아이들은 은퇴(retired)라고 말할 때, 항상 'd'를 빼먹고 말한다. 아이들에게 은퇴는 항상 retire이며 언제나 진행형이고, 영원한 현재시제에 머물러 있는 것이다. 아마도 아이들은 내가 알지 못하는 것을 알고 있나보다.

"아빠가 진다면 그런다는 거지. 오늘 밤에 이기면 은퇴는 안 할 거란다."

"만약 지면……우리 개 키우는 거예요?"

아이들에게 은퇴란 강아지를 얻는다는 말이었다. 스테파니와 나는 아이들에게 내가 훈련을 그만두고 전 세계를 돌아다니지 않게 되면 강아지를 사준다고 약속했다. 우리는 강아지를 코티존이라 부르게 될지도 모르겠다.

"그래라, 제이든. 아빠가 지면 강아지를 사주마."

제이든은 웃는다. 아들은 내가 지길 바라고, 내가 상상조차 하기 싫은 실망감을 경험하길 바라는 것이다. 패배의 고통을, 시합의 고통을 이해하지 못하는 것이다. 어떻게 이런 마음을 아이에게 설명할 수 있을까? 나 자신도 이런 감정을 이해하고 나 자신의 심리적 메커니즘을 풀어가기까지 거의 30년이 걸렸다.

"오늘 뭐 할 거니?"

"뼈 보러 갈 거예요."

스테파니는 아이들을 자연사 박물관에 데리고 가기로 했단다. 공룡이라. 나는 뒤틀린 내 척추를 생각했다. 다른 공룡들과 함께 박물관에 전시되어 있는 내 뼈대를 상상해본다. 테니소러스렉스(*'티라노사우루스 렉스'의 이름을 살짝 비튼 것).

재즈가 머핀을 건네며 내 생각을 비집고 들어왔다. 먹기 전에 나보고 블루베리를 골라내 달라는 것이다. 아침마다 해온 일이다. 블루베리를 모두 정확하게 제거하기 위해서는 정확성과 집중력이 필요했다. 칼을 찔러넣고 주변을 둥글리면서 블루베리를 건드리지 않고 도려내야 한다. 나는 머핀에 집중하다가 테니스가 아닌 다른 것을 생각할 수 있다는 사실에 안도했다. 그러나 곧 머핀이 테니스공 같다는 생각이 들었다. 등 뒤의 근육이 예상대로 움찔거렸다. 시간이 다가오고 있었다.

아침 식사 후 스테파니와 아이들이 작별 키스를 하고 박물관으로 달려가자, 나는 테이블에 조용히 앉아 스위트룸을 둘러봤다. 내가 지금껏 지냈던 다른 호텔들의 스위트룸과 비슷했다. 깨끗하고 세련되며 안락한 공간, 전형적인 포시즌스 호텔이었고 나무랄 데가 없었지만, 집이 아니라는 점에서는 역시 다른 호텔과 다를 바 없었다. 운동선수로 살아가면서 거치게 되는 집 아닌 공간. 눈을 감고 오늘 밤 경기를 떠올려보지만, 내 마음은 과거로 내달린다. 요즘 내 마음은 자연스레 백스핀(*back spin, 공의 역회전, 스핀은 회전을 뜻함)이 걸린다. 조금이라도 기회가 있다면 처음으로 돌아가고 싶어 할 것이다. 나는 이미 끝에 다다랐으니까. 아직은 아니다. 아직은. 너무 오래 과거에 매달려 있을 여유는 없다. 자리에서 일어나 테이블 주위를 돌아본 후 균형감각을 테스트해본다. 꽤 안정적이라 느끼자 나는 조심스레 샤워실로 들어갔다.

뜨거운 물로 샤워하면서 신음하다가 비명을 질렀다. 하지만 천천히 몸을 구부리고 대퇴부를 만져보고는 다시 활기를 찾았다. 근육이 느슨해져 있다. 피부는 쾌적한 상태다. 모공은 활짝 열려있다. 따뜻한 피가 내 정맥을 타고 세차게 흐른다. 무엇인가가 요동치는 느낌이 든다.

내 젊음의 마지막 한 방울. 나는 천천히 움직인다. 척추를 놀라게 하고 싶지는 않다. 가만히 자게 내버려둬야 한다.

욕실 거울 앞에 서서 수건으로 몸을 닦으며 내 얼굴을 바라본다. 붉게 충혈된 눈과 희끗희끗하게 자란 수염. 아이 때와는 전혀 다른 얼굴이다. 작년에 같은 거울로 봤을 때와도 또 다르다. 내가 누구든 나는 더 이상 이 긴 여정을 시작했던 소년이 아니고, 이제 끝에 다다른 것 같다고 3달 전에 공표했던 사람도 아니다. 나는 마치 네 번이나 그립을 갈아 끼우고 스트링을 일곱 번이나 교체한 테니스 라켓 같다. 그런 라켓을 같은 라켓이라고 부르는 게 맞는 걸까? 그러나 충혈된 눈 속 어딘가에서 애당초 테니스를 하고 싶어하지 않았던, 여러 번이나 그만두고 싶어했던 소년의 얼굴이 희미하게 보였다. 테니스를 죽도록 싫어했던 금발 소년이 보인다. 그 소년은 대머리가 된 이 남자를 어떻게 생각할까. 테니스를 그렇게 싫어하면서도 여전히 시합에 출전하고 있는 이 남자를 어떻게 바라볼까. 충격을 받을까, 재미있어할까, 자랑스러울까? 질문이 이어지자 나는 지치고 무기력해졌다. 겨우 정오가 됐을 뿐인데. 제발 이 상황이 끝나기를. 아직 끝낼 준비가 안 됐다.

선수생활의 마지막 결승점은 경기 종료 시의 결승점과 다를 것이 없다. 목표는 결승점 가까이에 도달하는 것이다. 놀라운 힘이 발휘되기 때문이

마지막 경기

다. 결승점에 가까워지면 나를 끌어당기는 구심력을 느끼고 이를 이용해 결승점을 통과할 수 있다. 그러나 그 범위에 도달하기 직전 혹은 직후에 또 다른 힘을 느끼게 되는데, 아까와 마찬가지로 강하면서도 나를 밀어내는 원심력이다. 이런 불가해하며 신비로운 두 가지 힘, 상반된 에너지는 엄연히 공존하고 있다. 나는 이 순간까지 하나를 추구하면서 다른 하나와 싸워왔기 때문에 이들의 존재를 느낄 수 있다. 테니스공처럼 이 두 힘 사이에 꼼짝없이 갇혀있거나 멈춰있거나 튀어오르곤 했던 것이다.

오늘 밤, 이 두 힘과 맞서 싸우려면 강철 같은 의지가 필요할 것이다. 요통, 괴로운 주삿바늘, 궂은 날씨, 자기혐오와 같은 것들. 이런 생각은 근심인 동시에 명상이기도 하다. 29년간 테니스를 하면서 깨달은 것 중 하나는, 삶은 모든 것을 내동댕이치고 나서도 마지막까지 시련을 안겨준다는 것이다. 장애물을 피하는 것은 자신의 몫이다. 이를 내버려 두거나 이로 인해 흔들린다면 할 일을 제대로 하지 않은 것이고, 자기 몫을 제대로 해내지 못하면 극심한 요통보다도 괴로운 후회에 직면하게 된다.

나는 물컵을 들고 침대에 누워 책을 보다가 눈이 피로해지자 TV를 켠다. "오늘 밤, US오픈 2회전이 시작됩니다! 안드레 애거시는 고별인사를 하게 될까요?" 내 얼굴이 화면에서 번쩍였다. 거울에 비친 얼굴과는 다른 모습이었다.

경기할 때의 얼굴. TV에 비친 왜곡된 나의 모습을 살펴보다가 순간 불안감이 커진다. 마지막 광고가 뭐였더라? CBS의 마지막 방송에서 내 경기를 홍보하긴 하는 건가? 죽을 것 같은 느낌을 떨칠 수가 없었다.

테니스에 인생의 언어가 차용되는 건 우연이 아니라고 되뇌인다. 어드밴티지(*advantage, 게임이 듀스(deuce)에 들어간 후 어느 한 사람이 먼저 1점을 얻은 경우 그 점수를 어드밴티지라고 부른다), 서비스 폴트(service fault, 서브 실수), 브레이크(break, 상대의 서비스 게임에서 이기는 것), 러브(love, 테니스에서 0점

오픈
016

을 말함)등 테니스의 기본 요소는 삶의 기본 요소이기도 한데, 모든 경기가 삶의 축소판이기 때문이다. 테니스의 구조조차 러시아의 마뜨로슈카 인형처럼 부분들이 서로 맞아들어가는 방식은 우리 일상의 구조를 닮았다. 점수는 게임이 되고 게임은 세트가 되며 세트는 토너먼트가 되고, 이 모든 것들은 긴밀하게 연관되어 있어서 모든 포인트는 터닝포인트가 될 수 있는 것이다. 초가 분이 되, 분이 시간이 되는 것과 비슷하다는 점을 생각하면, 매시간은 최고의 순간이 될 수 있다. 혹은 최악의 순간이 되거나. 선택은 우리의 몫이다. 그러나 테니스가 인생이라면 테니스 다음에는 알 수 없는 공허함이 찾아올 것이다. 그런 생각이 들자 냉랭함이 엄습해왔다.

스테파니가 아이들과 문을 밀어젖히며 들어섰다. 제이든이 침대 위에 털썩 드러누우며 내게 기분이 어떠냐고 물었다.

"괜찮아. 공룡 뼈는 어땠니?"

"재미있었어요!"

스테파니는 아이들에게 샌드위치와 주스를 주고는 다시 문밖으로 내보냈다.

"애들은 잘 놀았어."

나도 잘 놀았다. 이제 낮잠을 잘 수 있을 것 같다. 36세에 자정을 넘길지도 모르는 늦은 오후 경기를 시작할 수 있는 유일한 방법은 미리 낮잠을 자두는 것뿐이다. 물론 이제 나는 내가 누군지 대충은 알게 되었으니 눈을 감고 숨어버리고 싶다.

눈을 떴을 때는 한 시간이 지나있었다. 나는 크게 외쳤다. 갈 시간이 됐다. 더 이상 숨지 않는다. 다시 샤워실로 들어갔으나 지금 하는 샤워는 아침과는 다른 것이었다. 오후 샤워는 더 길긴 하지만—대체로 22분—잠을 깨거나 몸을 청결히 하려는 것은 아니다. 그저 나 자신을 독려하고 다짐하기 위한 것이다.

마지막 경기

테니스는 자기 자신과 대화하는 스포츠다. 자기 자신과 테니스 선수들처럼 대화하는 운동선수는 없을 것이다. 투수나 골퍼, 골키퍼도 물론 혼잣말을 하지만 테니스 선수들은 자기 자신과 이야기하고 또 대답한다. 경기가 한창일 때 테니스 선수들을 공개광장에서 보면 미치광이처럼 고함을 지르고 욕을 하며 또 다른 자아와 열띤 토론을 벌이는 모습을 볼 수 있다. 왜냐고? 테니스는 미치도록 외로운 스포츠이기 때문이다. 권투선수만이 테니스 선수의 외로움을 이해할 수 있을 테지만, 심지어 그들조차 코너맨과 매니저가 있다. 상대 권투선수조차 동지애를 느끼는 존재, 함께 싸우고 으르렁댈 수 있는 존재인 것이다.

테니스에서는 적과 일대일로 맞서 격투를 벌이지만 그를 건드린다거나 함께 대화하는 일은 절대 없다. 그 누구하고도. 경기규칙에 따라 테니스 선수는 코트에 있는 동안 코치와 대화하는 것이 금지되어 있다. 사람들은 때때로 육상선수를 외로운 스포츠 선수로 비교대상에 올리지만, 우습기 짝이 없다. 적어도 육상선수는 경쟁자를 곁에서 느낄 수 있다. 몇 인치 정도 떨어진 곳에 있으니까. 테니스 선수는 외로운 섬 같은 존재다. 테니스는 독방에 감금되어 혼잣말하는 것과 가장 비슷한 기분을 느끼게 되는 스포츠다. 내 경우, 혼잣말은 오후 샤워에서부터 시작된다. 말도 안 되는 얘기를 내가 실제로 믿을 때까지 계속 되뇌이는 것이다. 예를 들어, 장애인이나 다름없는 내가 US오픈에 출전할 수 있다고 믿는 것, 36세나 된 내가 이제 전성기에 들어선 경쟁자를 물리칠 수 있다고 믿는 것이다. 나는 지금까지 통산 869승을 거뒀고 역대 최고선수 중 5위에 올랐는데, 승리를 거뒀던 경기 대부분은 오후 샤워를 했던 경우였다.

귓바퀴를 울리는 물소리가 2만여 팬들의 함성과 비슷하다. 우승했던 경기들을 떠올려본다. 팬들이 기억하는 우승이라기보다는 밤마다 나를 잠에서 깨게 하는 그런 우승. 프랑스에서 프랑코 스퀴야리와의 경기, 뉴욕에서 제임스 블레이크와의 경기, 그리고 호주에서 샘프러스와의 경기. 그리고 몇 번의 패배를 떠올린다. 실망감에 머리를 흔들었다. 오늘밤은 지난 29년간 몰두했던 시험의 결과가 펼쳐지는 날이 될 거라 다짐한다. 오늘 밤 무슨 일이 일어나든, 이미 이전에 겪어본 일일 것이다. 체력검정시험이든 정신감정이든 새로울 것은 없다.

제발 이 상황이 끝나기를. 난 아직 끝낼 준비가 안 됐어. 눈물이 나기 시작했다. 나는 샤워실 벽에 기대어 마음을 흘려보냈다.

면도하면서 나를 바짝 추스른다. 한 번에 1포인트로 가는 거야. 상대가 알아서 하게 내버려 둬. 무슨 일이 있든 고개를 꼿꼿이 치켜들어. 그리고 경기를 즐겨. 아니면 적어도 경기하는 순간을 즐기라고. 통증이나 패배가 다가오더라도 그 순간을 즐기는 거야.

나는 상대선수인 마르코 바그다티스를 떠올리며 그는 지금 이 순간 무엇을 하고 있을까 생각해본다. 그는 이번 투어에는 처음이지만 만만한 신인은 아니다. 키프로스 출신의 그는 강력한 그리스계 선수로, 세계 랭킹 8위에 올해 최상의 성적을 기록 중으로, 호주오픈 결승과 윔블던 준결승까지 갔다. 나는 그를 꽤 잘 아는 편이다. 지난해 US오픈에서 우리는 연습경기를 했다. 보통 그랜드슬램 동안에는 다른 선수와 연습경기를 하지 않는 편이지만 바그다티스가 친근한 미소로 부탁했다. 키프로스의 TV 프로에서 그를 주제로 한 프로를 준비하고 있었고, 바그다티스는 우리가 연습 경기하는 장면을 방송국에서 찍어가도 되겠느냐고 물었다.

물론, 이라고 대답했다. 안 될 건 없지. 내가 연습경기에서 6-2로 이겼는데도 그는 내내 웃음을 잃지 않았다. 그는 기분이 좋아도 긴장했을 때도 웃는 타입이라 지금 상태가 어떤지 구별하기가 어려웠다. 그런 그를 보니 누군가가 생각났지만 정확히 누군지 기억해낼 수가 없었다.

마지막 경기

내가 바그다티스에게 경기 스타일이 나와 비슷하다고 말했더니 그는 당연한 일이라고 했다. 십 대 시절 침대 위 벽에 내 사진을 붙여놓고는 내 경기 스타일을 모범으로 삼았다는 것이다. 그러니까 오늘 밤 나는 내 분신과 경기를 하게 되는 셈이다. 그는 나처럼 코트 뒤쪽에서 주로 움직일 것이고 공을 일찍 받아치며 전력을 다해 달려들 것이다. 우리 둘 다 자기 페이스대로 경기를 이끌어가고 백핸드(backhand, 팔을 몸과 교차시켜 손등을 바깥쪽으로 돌려 치는 타법) 스트레이트를 강타하기 위해 틈을 엿보는 정면대결 시합을 펼칠 것이다. 우리는 서브가 훌륭한 편이 아닌데, 말하자면 포인트를 따는 데 시간이 오래 걸리고 랠리가 길어지며 시간과 에너지가 상당히 필요하다는 뜻이다. 나는 마음의 동요와 샷 콤비네이션, 지구전으로 이어지는 가장 지독한 형태의 테니스 경기에 대비해야 하는 것이다.

물론 나와 바그다티스 사이에는 명백한 신체적 조건 차이가 있다. 우리는 다른 몸을 가진 것이다. 그는 젊은 시절의 나처럼 민첩하고 날쌔며 팔팔하다. 나이든 안드레 애거시가 젊은 안드레 애거시를 이겨야 하는 것이다. 나는 눈을 감고 생각한다.

"컨트롤할 수 있는 것부터 하자."

나는 이 말을 크게 반복해 되뇌었다. 그러고 나니 용기가 생긴다.

수도꼭지를 잠그자 몸이 떨린다. 뜨거운 물을 맞으면서 용감해지기란 얼마나 쉬운가. 그러나 나는 이런 식으로 얻은 용기는 진정한 용기가 아니라는 걸 알고 있다. 무엇을 느끼는가는 결국 중요하지 않다. 나를 용기 있게 하는 건 무엇을 하는가이다.

스테파니와 아이들이 돌아온다. 길이 특별히 조제한 길워터를 마실 시간이다.

나는 다른 선수들에 비해 땀이 많은 편이라 시합 몇 시간 전부터 수분보

충을 시작해주어야 한다. 지난 17년간 나의 개인 트레이너로 일해온 길이 날 위해 특별히 조제한 마법의 드링크를 몇 리터 들이킨다. 길워터는 탄수화물과 전해질, 염분, 비타민 그리고 길이 비밀로 하는 몇 가지 다른 성분을 혼합한 것이다(그는 20여 년에 걸쳐 레시피를 조금씩 손보고 있다). 그는 보통 길워터를 시합 전날 밤 내게 강제로 먹이는 것으로 시작해서 시합 직전까지 먹인다. 그리고 시합 중에도 나는 조금씩 길워터를 들이킨다. 시합이 새로운 국면으로 접어들면 색깔이 다른 길워터를 마셨다. 핑크색은 에너지, 붉은색은 회복, 갈색은 보충을 의미했다.

아이들은 내가 길워터 섞는 걸 즐겁게 도와주었다. 누가 파우더를 퍼올지, 누가 깔때기를 잡고 있을지, 누가 플라스틱 물병에 혼합물을 쏟아부을지를 두고 다퉜다.

그렇지만 그 물병과 함께 옷가지, 수건, 책, 선글라스와 손목밴드를 가방 안에 넣는 건 오로지 나의 몫이었다(라켓은 언제나 그렇듯 나중에 넣었다). 나만이 내 테니스 가방에 손댈 수 있는 것이다. 짐을 다 싸고나면 가방은 마치 킬러의 장비처럼 문 옆에 두었는데, 이제 최후의 순간이 가까워졌다는 사인인 셈이었다. 다섯 시에 길이 로비에서 전화했다.

"준비됐어?" 그가 묻는다.

"도전의 시간이야. 이제 시작이야, 안드레. 시작이라고."

요즘은 '시작이야'라는 말을 흔히 하지만, 길은 몇 년 전부터 그 말을 즐겨했고, 길처럼 말하는 사람은 아무도 없었다. 길이 '시작이야'라고 말할 때 나는 가속 로켓이 발사되고 아드레날린이 용솟음치는 느낌이 든다. 차를 머리위로 번쩍 들어올릴 수도 있을 것 같다.

스테파니는 아이들을 문 앞으로 불러모아 이제 아빠와 작별할 시간이라고 말한다.

"뭐라고 말하랬지, 애들아?"

"혼쭐을 내줘요, 아빠!" 제이든이 소리친다.

"혼쭐을 내줘요." 재즈도 오빠를 따라 말한다.

스테파니는 내게 키스를 건넸지만 아무 말도 하지 않았다. 할 말이 없었기 때문이다. 타운카(*유리문으로 앞뒤자리를 칸막이하고, 문이 네 개인 대형승용차) 안에서 길은 앞자리에 검은색 셔츠에 검은색 타이, 검은색 재킷을 말쑥하게 차려입고 앉아 있다. 그는 시합 때마다 소개팅에 나가거나 조직폭력단에 합류하는 것처럼 옷을 갖춰 입는다. 이따금 사이드미러나 백미러를 보면서 자신의 검은 장발을 확인해보기도 한다. 나는 대런 코치와 뒷자리에 앉아 있었다. 그는 호주사람으로, 할리우드 스타도 기죽을 만한 구릿빛 피부에 파워볼(*상금액수가 큰 복권)에 당첨된 것 같은 남자의 미소를 지었다. 몇 분간 차 안은 조용했다. 그러자 길이 우리가 제일 좋아하는 로이 클락의 발라드 가사를 흥얼거렸고, 그의 굵은 저음이 차안을 가득 채웠다.

> 마지못해 하는 것뿐 그리고(Just going through the motions and pretending)
> 얻을 것이 남아있다는 듯(we have something left to gain)

길은 내 쪽으로 시선을 돌리고 내가 뒤이어 부르기를 기다렸다.

"빗속에서 불을 피울 수는 없어."

그가 웃자 나도 따라 웃었다. 잠시나마 초조하게 울렁거리는 기분을 잊을 수 있었다.

이런 기분은 흥미롭다. 가슴이 울렁거린다는 건 화장실로 달려가고 싶은 기분이기도 하지만, 성적으로 흥분된다는 뜻이기도 하니까. 어떤 날은 웃거나 싸우고 싶어 근질거리는 기분일 때도 있다. 어떤 종류의 울렁거림인지 판단하는 것은 경기장에 갈 때 우선해야 하는 일이다. 어떤 울렁거림인지 파악하고 내 심신이 어떤 상태인지를 읽어내는 것이 내게 필요한 첫 단계다. 그것이 길에게서 배운 수많은 가르침 중 하나였다.

바그다티스에 대해 오늘 밤에 얼마나 공격적인 플레이를 해야 할지 대런의 의견을 물었다. 테니스는 공격성의 정도에 좌우된다. 포인트를 컨트롤할 만큼 공격적이지만 컨트롤 자체를 잃고 불필요한 위험을 초래할 정도로까지 공격성을 높이지 않는 것이다. 바그다티스에 대한 내 질문은 그가 날 얼마나 힘들게 할 것인가 하는 것이었다. 크로스코트(*cross court, 네트를 대각선 방향으로 가로지른 반대쪽 코드) 백핸드로 포인트를 시작하면 어떤 선수는 참을성 있게 기다리고 다른 이들은 바로 맞받아 공을 스트레이트로 강하게 날려버리거나 네트로 강하게 공을 보낸다. 한 번의 연습경기를 제외하고 나는 바그다티스와 경기를 치러본 적이 없었으므로 그가 보수적인 플레이에 어떻게 반응할 것인지 궁금했다. 앞으로 나와 크로스코트샷을 강하게 칠 것인가 아니면 지켜보면서 때를 기다릴 것인가?

대런이 말했다.

"이봐, 랠리샷(*rally, 공을 주거니 받거니 계속 치는 상태)을 너무 방어적으로 치다간 젊은 친구가 이리저리 움직이다 포핸드(*forehand, 팔을 뻗은 채 손바닥을 상대편 쪽으로 해서 만든 타구)로 타격해올 수 있어."

"그렇군요."

"백핸드에 관한 한, 바그다티스는 스트레이트로 쉽게 치지는 못할 거야. 그가 서둘러 먼저 시작하지는 않을 거고. 그러니 그가 스트레이트 백핸드로 친다고 생각되면, 자네 랠리샷에 충분한 힘이 들어가 있지 않다고 봐야지."

"바그다티스는 움직임이 좋은가요?"

"그렇지, 움직임이 좋아. 그래도 수비에 썩 뛰어나지는 못해. 방어할 때보다는 공격할 때 더 좋은 움직임이 나오는 선수야."

마지막 경기

우리는 경기장에 차를 세운 다음 서성거리는 팬들에게 사인을 몇 장 해주고 몸을 숙이고 작은 문으로 들어갔다. 그리고 긴 터널을 지나 라커룸으로 들어갔다. 길은 경비와 이야기하느라 자리를 떴다. 그는 항상 우리가 언제 코트에 들어가서 연습하고 다시 나오는지 정확히 알고 싶어했다. 대런과 나는 가방을 내려놓고 훈련실로 곧장 들어갔다. 나는 테이블에 누워 처음 다가온 트레이너에게 허리를 마사지해달라고 부탁했다. 대런은 자리를 비웠다가 5분 후 돌아오면서 새로 스트링을 갈아 끼운 라켓 여덟 개를 들고 와 내 가방 위에 올려놓았다. 그는 내가 라켓을 직접 가방 안에 넣는다는 걸 알고 있다.

나는 가방에 집착하는 편이다. 가방을 항상 세심하게 정리하고 지나치게 깔끔한 체하는 습관에 대해서는 미안한 마음을 갖지 않는다. 나의 테니스 가방은 서류가방이자 여행가방이고 공구함이며 도시락통이고 팔레트다. 항상 가방은 제대로여야 한다. 코트에 나갈 때도 항상 그 가방을 갖고 나가고 모든 감각이 극도로 예민해졌던 두 번의 순간에도 그 가방부터 들고 나올 정도였다. 그 때문에 나는 아주 미세한 무게변화도 알아챌 수 있다. 누군가 아가일 체크 양말 한 켤레를 내 테니스 가방 안에 몰래 넣어두면 나는 바로 변화를 느낄 것이다. 테니스 가방은 마음과 같아서 항상 그 안에 뭐가 들어있는지 알아야 한다.

내가 가방에 집착하는 것은 기능적인 면 때문이기도 하다. 나는 테니스 가방에 8개의 라켓을 시간 순으로 쌓아두는데, 가장 최근의 라켓을 맨 아래 두고 스트링이 오래된 라켓을 가장 위에 놓아둔다. 라켓을 오래 놓아둘수록 텐션이 더 많이 느슨해지기 때문이다. 나는 항상 텐션이 가장 느슨해져 있는 스트링이 오래된 라켓으로 경기를 시작한다.

나의 라켓 스트링어(*stringer, 줄을 매주는 사람)는 로만이라는 이름으로 전통적인 스타일을 고수하는 체코의 장인이다. 그는 최고의 실력자이고 또 그래야만 한다. 라켓 스트링을 어떻게 매느냐에 따라 경기 운영이 달라지고, 이는 곧 선수경력의 차이를 가져오며, 그 경력의 차이는 또한 무수한 삶의 차이를 의미하기 때문이다. 가방에서 새로 라켓을 꺼내 시합을 치르게 될 때, 라켓 스트링의 텐션은 수십만 달러의 가치가 있다. 나는 가족과 내 자선단체와 학교를 위해 경기에 나가는 직업 테니스 선수이며, 모든 라켓 스트링을 비행기 엔진의 와이어와 같이 생각한다. 내 통제범위 밖의 것들을 생각하면, 나는 내가 컨트롤할 수 있는 몇 가지에 집착하게 되고 라켓의 텐션도 그 중 하나인 것이다.

로만은 시합에 매우 중요한 존재이므로 나는 그를 투어에 데려간다. 서류상으로 뉴욕에 거주하고 있는 그는 내가 윔블던에 출전하면 런던에 있고, 내가 프랑스오픈에 출전하면 파리에 머문다. 이따금 이국의 도시에서 쓸쓸하고 외로운 기분이 들 때면 로만과 함께 앉아 그가 라켓 스트링을 다듬는 걸 본다. 그를 믿지 않아서가 아니다. 오히려 그 반대다. 장인을 지켜보고 있으면 평온과 안정을 찾고 영감을 받게 된다. 숙련된 솜씨가 이 세계에서 얼마나 중요한 의미를 갖는지도 생각해보게 된다.

새로운 라켓은 공장의 커다란 상자에 담겨 로만에게 전해지는데 대부분 상태가 엉망이다. 육안으로 보면 똑같아 보이지만, 로만에게는 군중들의 얼굴만큼이나 각양각색인 것이다. 그는 라켓을 이리저리 돌리고 미간을 찌푸리며 가늠해 본 후 마침내 일을 시작한다. 공장에서 출하된 그립을 빼서 내가 열네 살 때부터 써온 주문제작형 그립을 끼운다. 내 그립은 지문만큼이나 고유한 것일 뿐만 아니라 손의 모양과 손가락 길이, 굳은살의 크기와 악력을 고려한 결과물인 것이다. 로만은 내 그립의 주형을 라켓에 이용했다. 그리고 송아지 가죽으로 주형을 감싼 후 원하는 너비가 될 때까지 가죽을 두드려 얇게 폈다. 그립이 1밀리미터만 달라져도 4시간짜리 경기가 끝날 무렵이면 신발 속에 돌멩이가 걸리적거리는 것처럼 짜증스럽고

마지막 경기

주의가 산만해진다. 그 때문에 로만은 합성 라켓 스트링을 묶은 후 비올라의 현을 다루듯 세심하게 라켓 스트링을 조였다가 풀었다가 다시 조였다가 하면서 스트링을 조정한다. 그러고 나서 스텐실(*stencil, 오려낸 문양이나 그림을 이용해 잉크나 염료로 프린트하는 기법)을 하고 공중에서 힘차게 흔들어 보고는 스텐실이 마르게 놔둔다.

어떤 스트링어는 경기 직전에 라켓에 스텐실을 하는데, 이는 대단히 무분별하고 프로답지 못한 행동이다. 스텐실의 색깔이 테니스공을 물들이는데다가, 울긋불긋한 공을 가진 선수와 경기하는 건 최악이기 때문이다. 나는 질서와 청결을 좋아하고, 따라서 스텐실로 얼룩덜룩해진 공은 용납하지 않는다. 무질서는 주의력을 분산시키고 코트에서 집중력을 잃으면 경기의 흐름이 바뀔 가능성이 있다.

대런은 테니스공이 든 캔을 두 개 열고는 주머니에 공을 두 개 밀어넣는다. 나는 길워터를 한 모금 꿀꺽 마시고는 워밍업 전에 마지막으로 화장실에 다녀왔다. 보안요원인 제임스는 우리를 터널로 인도했다. 여느 때처럼 그는 딱 달라붙는 노란 셔츠를 입고 내게 윙크를 한다. 보안요원들은 공정해야 하지만 나는 당신을 응원해요, 라고 말하는 것 같다.

제임스는 US오픈에서 나와 거의 함께했다. 그는 내가 승리의 기쁨이나 패배의 고통을 안고 US오픈을 오가는 동안 이 터널로 나를 항상 안내해주었다. 몸집이 크고 친절하며 강인한 남자의 표식 같은 흉터를 자랑스럽게 생각하는 제임스는 길과 비슷한 구석이 있다. 길이 내 옆에 없을 때 그는 코트에서 몇 시간 동안 거의 길의 역할을 대신하기도 한다. 대회 관계자, 볼보이, 트레이너 등 US오픈에서 의지하게 되는 사람들이 몇 명 있는데, 그들의 존재를 확인하는 순간 안도감이 밀려온다. 이들은 내가 어디 있는지 누구인지를 상기시킨다. 제임스는 그런 사람 중 단연 첫 번째다. 그는 아서 애쉬 스타디움(*미국의 프로 테니스 선수인 아서 로버트 애쉬 주니어의 이름을 딴 US오픈 메인 스타디움)으로 걸어가면서 내가 가장 먼저 찾는 사람 중 하나다. 그를 보면 비로소 내가 뉴욕으로 돌아왔음을 실감하면서, 안도하게 되는 것이다.

1993년 함부르크에서 한 관중이 코트에 뛰어들어와 경기 도중 모니카 셀레스를 칼로 찌른 사건 이후로, US오픈 측에서는 한 선수 당 한 명의 보안요원을 배치해 모든 브레이크 타임과 코트체인지 시에 대비하게 되었다. 제임스는 항상 내 의자 뒤에 앉는 사람 중 하나다. 치우친 입장에 서는 그가 참 멋지게 보인다. 내가 시합으로 녹초가 되면 제임스는 걱정스러운 표정이 된다. 그러면 나는 그에게 속삭인다. 걱정 말아요, 제임스, 오늘 이 얼간이를 혼내줄 거예요. 그는 언제나 그 말에 껄껄 웃는다.

이제 연습 코트로 나를 데리고 가면서 그는 웃음을 멈췄다. 슬픈 얼굴이다. 오늘이 우리의 마지막 밤이 되리란 것을 알고 있는 것이다. 그러나 우리의 시합 전 의식을 건너뛰지는 않았다. 그는 늘 하던 말을 했다.

"가방은 내가 들죠."

"괜찮아요. 이 가방은 나만 드는 거니까."

나는 제임스에게, 일곱 살 때 지미 코너스(*전 세계 랭킹 1위였던 미국 남자 테니스 선수)가 로마 황제라도 된 양 다른 사람에게 테니스 가방을 들도록 시키는 걸 보았다고 말했다.

"나는 그때 내 가방만큼은 내가 들 거라고 결심했어요."

"좋아요. 알겠어요, 알겠어. 그저 도와주고 싶었을 뿐이에요."

"제임스, 오늘도 날 지켜줄 거죠?"

"당연하죠. 날 믿어요. 하나도 걱정할 것 없어요. 시합에 집중해요."

어스름한 9월 밤이 깔리고 있었고 하늘은 자줏빛과 오렌지색, 스모그가 한데 번진 듯했다. 나는 관중석으로 걸어가 몇몇 팬과 악수를 하고 연습 전에 사인을 몇 장 해주었다. 네 개의 연습코트가 있었지만 제임스는 내가 관중에게서 가장 멀리 떨어진 곳에서 연습하고 싶어한다는 것을 알고 있었다. 그래야 대런과 내가 연습하면서 경기전략에 대해 은밀히 논의할 수 있기 때문이었다. 나는 대런의 포핸드 쪽으로 스트레이트 백핸드를 치기 시작하며 신음했다.

"오늘은 그 샷 치지마. 바그다티스는 그걸로 널 괴롭힐 거야." 대런이 말했다.

"그럴까요?"

"이봐, 날 믿어."

"그의 움직임이 좋다고 했었죠?"

"그래, 상당히 좋은 편이지."

우리는 28분간 연습했다. 오후에 얼마나 오래 샤워를 했는지, 연습 시간이 얼마나 길었는지, 제임스의 셔츠 색깔이 뭐였는지, 왜 이런 소소한 것들이 기억 나는지 모르겠다. 이런 것들이 눈에 들어오는 게 싫지만, 나는 항상 알아차리고 결국 오래도록 기억하게 된다. 내 기억력은 테니스 가방 같지 않다. 무엇을 기억해야 할지 선택할 수 없다. 머릿속에 들어간 것들은 나올 줄을 모른다.

허리 통증도 괜찮은 것 같다. 늘 그렇듯 뻣뻣한 느낌이 있지만 끊어질 듯한 통증은 사라졌다. 코티존이 효과가 있는 것 같다. 기분이 좋다. 물론 좋다는 말의 정의가 요 몇 년 새 변했지만. 그래도 몰수패까지 생각했던 아침에 비하면 훨씬 낫다. 물론 내일이 되면 경기 후유증으로 통증이 재발하겠지만, 과거에 안주할 수 없는 것처럼 앞일에만 매달릴 수도 없다.

다시 라커룸으로 들어가 땀에 젖은 옷을 벗고 샤워하러 간다. 오늘만 세 번째인 샤워는 간단히 실용적인 목적으로 하는 것이다. 코치의 조언도 우는소리도 이젠 그만할 때가 됐다. 반바지와 티셔츠를 입고 트레이닝 룸에서 누워 쉬었다. 이제 6시 반이고 경기까지 한 시간이 남았으니 나는 가능한 한 길워터를 더 마신다.

　트레이닝 테이블 위에는 TV가 있고 나는 뉴스를 볼까 했지만 그럴 수가 없었다. 나는 사무실로 내려가 US오픈의 담당 총무와 직원을 만났지만 이들은 바빠서 대화를 나눌 시간이 없었다. 작은 문으로 들어가니 라커룸 바깥의 작은 운동장에 스테파니와 아이들이 도착해 있다. 제이든과 재즈는 돌아가며 플라스틱 미끄럼틀을 타고 있다. 이곳에서 아이들이 놀 수 있게 해준 데 대해 스테파니는 고마워하는 듯했다. 스테파니는 나보다 훨씬 더 흥분해 거의 짜증에 가까운 표정이었다. 그녀의 찌푸린 얼굴은 이렇게 말하는 듯했다.

　'진작에 이랬어야지! 할 수 있어!'

　나는 아내가 이렇게 시합을 기다리는 모습이 좋다. 스테파니와 아이들과 몇 분간 얘기했지만 무슨 말인지 알아들을 수가 없었다. 내 마음은 이미 저만치 가있었던 것이다. 고도의 직관력이 없이는 스물두 번의 그랜드 슬램에 오를 수 없다는 걸 알고 있는 스테파니는 나를 라커룸으로 들여보냈다.

　"가. 우린 여기 있을게. 할 일을 해야지."

　그녀는 1층에서 경기를 관람하지 않는다. 너무 가깝기 때문이다. 아이들과 VIP 좌석에 앉아 서성이고 기도하다가 눈을 가리기를 반복하면서 경기장을 내려다보고 있을 것이다.

　선임 트레이너 중 한 사람인 페레가 트레이를 밀고 들어왔다. 그 중 어느 것이 내 것인지 알 수 있었다. 도넛 모양의 발바닥 쿠션 두 개와 미리 잘라놓은 스무 개가량의 테이프 조각이 놓여있는 것. 나는 여섯 개의 트레이닝 테이블 중 하나에 누웠고 페레는 내 발밑에 앉은 다음 발아래 휴지통을 가져다 놓았다. 전투에 나선 선수들을 준비시키는 일은 참 고약한 일이지만 나는 페레가 깔끔하고 꼼꼼해서 좋다. 굳은살을 처치하는 것이 마치

로만의 스트링 솜씨 같다. 그가 먼저 긴 면봉으로 찐득찐득한 잉크를 바르면 내 피부는 끈적거리게 되고 발등은 보랏빛이 된다. 잉크는 씻어봤자 소용이 없다. 내 발등은 레이건 시절부터 항상 보랏빛이었다. 그다음 페레는 피부보호용 스프레이를 뿌린다. 스프레이가 마르면 넛쿠션을 각 굳은살 위에 톡톡 두드린다. 그다음에는 잘라놓은 테이프를 붙일 차례다. 꼭 화선지처럼 보이는 테이프는 이내 내 피부의 일부가 된다. 페레는 점화 플러그만한 크기가 될 때까지 두 엄지발가락을 테이프로 두른다. 그리고 마침내 내 발 밑바닥까지 테이프로 감싼다. 그는 내 압점이 어디인지, 내가 어디로 착지하는지, 어디에 두터운 패딩이 필요한지 알고 있다.

그에게 감사 인사를 한 후 끈이 풀어진 신발을 신었다. 이제 모든 것이 슬로모션으로 흐르고 볼륨은 높아진다. 조금 전만 해도 스타디움은 조용했으나, 이젠 함성으로 가득 찼다. 대기는 윙윙거림과 허밍, 그리고 자리에 서둘러 앉으려는 팬들의 소리로 가득 찼다. 경기의 한 장면이라도 놓치지 않으려는 몸부림이었다. 나는 일어서서 다리를 털었다. 다시는 앉지 않을 것이다. 나쁘지 않군. 허리도 잘 버티고 있어. 이제 준비가 끝났다.

라커룸을 가로질러 가다보니 바그다티스가 보인다. 그는 유니폼을 입고 거울 앞에 서서 머리를 이리저리 매만지고 있다. 머리를 털었다가 빗었다가 다시 뒤로 넘긴다. 와, 머리숱이 풍성하다! 흰색 코치스(*아메리칸 인디언 중 아파치 부족의 일종) 헤어밴드 스타일의 머리띠를 한 그는 완벽하게 머리를 매만진 다음 마지막으로 포니테일을 잡아당긴다. 시합 전 의식으로 삼기에는 확실히 발가락의 굳은살에 쿠션을 대는 것보다는 훨씬 멋진 일이다. 나는 선수생활 초창기부터 머리숱으로 고민했던 기억이 난다. 잠시 그가 부러워진다. 나는 머리숱이 줄었다. 대머리가 된 두피를 만져보다가, 머리숱은 지금 당장 걱정할 일이 아니라는 사실에 감사한 마음이 들었다.

스트레칭을 시작한 바그다티스는 허리를 구부리고 한쪽 다리로 서서 다른 한쪽 무릎을 가슴께로 당겼다. 나는 절하는 것조차 힘겨운데 상대선수가 필라테스나 요가, 태극권을 하는 모습을 보고 있으면 여간 불안해지는 게 아니다. 그는 이제 내가 7살 이후로는 감히 생각조차 못했던 방식으로 엉덩이를 움직이고 있다. 그러나 워밍업이 지나쳤다. 그는 안절부절못하고 있는 것이다. 그의 중추신경계가 스타디움의 윙윙거림 같은 소리를 내는 것 같았다. 그와 코치들이 대화하는 모습을 보니 그들 역시 어찌할 바를 모르고 있는 것 같다. 그들의 얼굴과 몸짓, 안색은 시가전을 앞둔 상황에서 싸우고 싶지 않다는 표정이었다. 상대선수와 그의 팀이 초조한 에너지를 내뿜는 광경은 언제나 재밌다. 좋은 징조이긴 하지만 동시에 존경을 표한다.

바그다티스가 나를 보고 웃었다. 그는 기분이 좋을 때나 초조할 때나 언제나 웃는다는 사실이 떠올랐다. 어느 쪽인지 알 수가 없다. 누군가가 생각날 것 같았지만, 결국 얼굴을 떠올리지는 못했다. 나는 손을 들어올렸다.

"행운을 비네."

그도 손을 들어올렸다. 이제 죽음 앞에 서게 될 우리들……(*로마시대 검투사들이 출전 전에 읊었다는 극기의 말을 바그다티스가 인용함).

나는 길과 마지막으로 대화를 나누기 위해 터널로 들어갔다. 길은 혼자 있을 수 있으면서도 모든 상황을 지켜볼 수 있는 코너를 지키고 있었다. 그는 내게 팔을 두르고는 사랑한다고, 내가 자랑스럽다고 말했다. 나는 스테파니를 발견하고는 마지막으로 키스했다. 그녀는 발을 까딱까딱하고 좌우로 흔들다가 쿵쿵거린다. 그녀는 유니폼을 입고 라켓을 쥐고 나와 함께 경기를 치를 수 있다면 뭐든 할 것이다. 호전적인 아내다. 그녀는 웃으려 했으나 움찔하고 말았다. 그녀의 얼굴에 하고 싶은 말이 다 드러나 있었지만 나는 그냥 내버려둔다. 그녀가 입밖에 내지 않으려 하는 말이 들리는 것 같다.

'즐겨, 음미하라고. 모든 걸 받아들여. 순간의 작은 것도 놓치지 마. 왜냐하면 이게 바로 그 순간일 테니까. 그리고 테니스가 아무리 싫어도 오늘 밤만 지나면 그리워질 거야.'

이것이 바로 그녀가 하고 싶어하는 말이었지만, 그대신 내게 키스하고 코트에 나가기 전에 항상 해주던 말을 했다. 공기와 잠, 그리고 길워터와 함께 내가 의지하는 그것.

"가서 혼쭐을 내줘!"

US오픈 측의 담당직원이 수트를 입고 내 팔뚝만한 무전기를 든 채 다가왔다. 그는 통신망과 코트 내 보안책임자인 듯했다. 라구아르디아 공항의 출발과 도착 편을 포함해 모든 걸 책임지고 있는지도 모른다.

"5분 남았어요."

"몇 시죠?"

"시작할 때가 됐네요."

"아니, 몇 시냐고요. 7시 반? 7시 20분?"

꼭 알아야만 할 것 같았다. 그러나 시계가 없었다. 대런과 나는 서로 쳐다보았다. 그의 목울대가 출렁거렸다.

"이봐, 이제 할 일을 하는 거야. 준비가 된 거라고."

나는 고개를 끄덕였다.

대런은 나와 주먹을 부딪친다. 한 번뿐이다. 이번 주초 첫 승을 거두기 전에 그렇게 했기 때문이다. 우리는 둘 모두 미신을 믿는 편이라, 시합이 어떻게 시작되든 간에 이런 식으로 끝낸다. 대런과 단호하게 주먹을 부딪쳤지만 고개를 들어 눈을 마주치지는 못했다. 대런의 눈가가 촉촉해진걸 알았기 때문이다. 눈을 마주치면 어떤 기분이 될지 짐작하고도 남았다.

마지막으로 나는 신발 끈을 묶었다. 그리고 손목을 테이프로 감았다. 1993년 부상을 입은 후로 나는 손목을 항상 직접 감았다. 그러고는 신발 끈을 졸라맨다. 제발 이 상황이 끝나기를. 아니 아직 끝낼 준비는 안됐어.

"애거시 선수, 시간 다됐습니다."

"준비됐습니다."

바그다티스의 세 걸음 뒤에서 내가 터널을 걸어가고, 제임스가 앞장서고 있다. 우리는 멈춰 서서 신호를 기다렸다. 주변의 윙윙대는 소리가 점점 커졌다. 터널은 냉동고처럼 추웠다. 나는 우리 집 현관만큼이나 이 터널이 익숙하지만, 오늘 밤은 평소보다 10도는 더 온도가 낮고 축구장만큼이나 긴 느낌이었다. 옆을 바라본다. 벽을 따라 익숙한 챔피언들의 사진이 붙어있다. 나브라틸로바. 렌들. 맥켄로. 스테파니. 그리고 나. 초상화는 3피트 길이로 동일한 위치에 놓여있다. 지나칠 정도다. 새로운 근교 개발단지에 늘어선 나무들 같다. 나는 혼자 중얼거린다.

'제발 이런 건 잊어버려.'

터널에 들어오면 시야가 좁아지듯이 한곳에 집중할 때다. 보안팀장이 소리쳤다.

"오케이. 이제 시작입니다!"

우리는 걸어갔다. 사전에 세심하게 준비한 듯 바그다티스는 우리가 빛을 향해 걸어가는 동안 세 걸음 앞서 갔다. 갑자기 눈부시게 하늘에서 쏟아지는 두 번째 불빛이 우리 얼굴을 비췄다. TV 카메라였다. 기자가 바그다티스에게 기분이 어떤지 물었지만 말소리는 들리지 않았다. 카메라가 이번에는 내게 다가오더니 똑같은 질문을 했다.

"오늘이 마지막 경기가 될까요? 기분이 어떨 것 같습니까?"

나는 내가 무슨 말을 하는지도 모르고 대답했다. 그러나 수년간 연습을 통해 나는 기자가 듣고 싶어하는 말, 기대하는 말을 하고 있다는 걸 깨달았다. 그러고는 다리에 아무런 감각을 느끼지 못하고 다시 걷기 시작했다.

테니스 코트로 이어지는 문에 가까이 오니 기온이 급격히 올라갔다. 윙윙거리는 소리에 귀가 먹먹해졌다. 바그다티스가 먼저 문을 밀어젖혔다. 그도 보고 듣는 것이 있으니 내 은퇴가 얼마나 관심거리가 되고 있는지 알고 있을 것이다. 그는 오늘 밤 악역을 맡을 생각이고 준비가 되었다고 생각했다. 나는 그가 앞장서서 윙윙거림이 환호성으로 바뀌는 순간을 즐기도록 내버려두었다. 관중이 우리 둘 모두에게 환호성을 내지른다고 생각하도록. 뒤를 이어 내가 밖으로 걸어 나가자 함성이 더욱 커졌다. 바그다티스는 고개를 돌렸다. 처음 환호성은 그를 위한 것이었지만 그다음 것은 나를 위한 환호성이라는 걸 깨달은 얼굴이었다. 그는 생각했던 것과 다르다는 사실을 곧 깨닫고 무슨 일이 일어날지 다시 생각하는 듯 했다. 시합이 시작되기도 전에 나는 그의 자존감에 한방 먹인 것이다. 선수생활의 노련함 덕분이다. 노장의 기술이랄까.

관중의 함성이 더욱 커져가면서 우리는 각자의 자리를 찾아갔다. 내가 뉴욕에서 시합할 때보다 훨씬 큰, 기대 이상의 큰 환호성이다. 나는 눈을 낮게 내리깔고 함성에 몸을 맡긴다. 관중은 이런 순간을 사랑한다. 테니스를 사랑하는 것이다. 그들이 내 비밀을 알면 어떤 기분일지 궁금하다. 나는 코트를 바라본다. 늘 내 삶에서 가장 동떨어진 부분이었던 테니스 코트는 이제 이 소란의 한가운데에서 가장 평범한 공간이다. 무척 외롭고 사방이 무방비 상태라는 기분이 들었던 코트는 이제 이런 감정의 파고로부터 피난처가 되고 있다.

나는 첫 세트를 6-4로 수월하게 이겼다. 내 뜻대로 공이 움직였다. 허리통증도 없었다. 몸은 유연하고 따뜻했다. 코티존과 아드레날린은 완벽한 공조를 이뤘다. 나는 2세트도 6-4로 이겼다. 결승점이 가깝게 느껴졌다.

3세트가 되자 피로가 느껴지기 시작했다. 나는 집중력과 통제력을 잃었다. 반면, 바그다티스는 경기방식을 바꿨다. 그는 코티존보다 훨씬 강력한 약물인 절박함을 안고 경기 중이었다. 그는 위험을 감수했고 매번 그에 대한 보상이 뒤따랐다. 공은 이제 내 영향력을 벗어나 그에게 협력하고 있었다. 공이 바그다티스 쪽으로 계속 넘어가자 그는 자신감을 회복했다. 나는 그의 눈에서 빛나는 자신감을 확인했다. 처음의 절망감은 희망으로 바뀐 듯했다. 아니 분노에 가까웠다. 그는 더 이상 내게 감탄하지 않았다. 그는 나를 미워하고 나는 그를 미워하며, 이제 우리는 서로를 조롱하고 으르렁대면서 승리를 먼저 쟁취하기 위해 혈투를 벌였다. 관중은 우리의 분노를 즐기며 소리를 질러댔고 매 포인트 후에 발을 굴렀다. 그들은 박수로 환호하기보다는 비난을 쏟아 부었고, 이 모든 게 원시부족의 의식 같았다.

그가 3세트를 6-3으로 이겼다. 나는 바그다티스의 맹공을 늦출 도리가 없었다. 오히려 상황은 악화일로였다. 그는 스물한 살이고 이제 시작에 불과한 것이다. 그가 리듬을 되찾고 지금 이곳에 있는 이유와 자격을 찾은데 반해 나는 기운을 모두 소진한데다 내 몸이 견딜 수 있는 시간이 얼마 없다는 걸 뼈아프게 인식하고 있었다. 나는 5세트를 감당할 수 없을 것이다. 시간이 얼마 남지 않았음을 깨닫고 나 역시 모험을 감행하기 시작했다. 내가 4-0으로 리드하는 상황이었다.

서비스게임을 두 차례 브레이크한 상태라 다시 결승점이 눈앞에 닿을 듯했다. 나를 끌어당기는 강한 힘을 느꼈다. 그리고 동시에 밀어내는 힘을 느낀다. 바그다티스는 올해 들어 최고의 기량을 뽐내기 시작했다. 이제 막 세계 랭킹 8위라는 사실을 자각한 그는 미처 선보일 생각도 못했던 샷을 구사하기 시작했다. 나는 상당히 높은 기준을 세워놨으나, 이미 그는 그 지점을 지나 나를 능가하는 수준이었다. 그는 나를 브레이크하면서 4-1로 만들었다. 그는 자신의 서브게임을 지키며 4-2로 나아갔다.

이제 경기의 가장 큰 게임을 치를 차례다. 이 게임에서 이기면, 나는 이번 세트의 주도권을 다시 쥐게 되고 바그다티스는—그리고 나 또한—자신이 다시 브레이크를 한 건 운이 좋았기 때문이라고 생각하게 될 것이다. 진다면 4-3이 될 것이고 그러면 모든 게 리셋이 되겠지. 밤이 다시 길어질 것이다. 우리는 10차례나 서로에게 무차별 공격을 시도했으나, 내가 이번 게임에 진다면 싸움은 끝날 것이다. 우리는 무서운 기세로 뛰어들었다. 그는 온몸으로 달려들며 주저함이 없었고 마침내 게임에서 이겼다.

그는 이번 세트를 따내려 했다. 이번 세트에서 지느니 죽는 게 낫다고 생각할 것이다. 나도, 그도, 이 스타디움에 있는 모든 이가 그 사실을 알고 있었다. 20분 전만해도 나는 승리까지 2게임을 남겨 놓고 있었고, 앞서나갔다. 하지만 이제 무너지기 직전이다.

그가 4세트를 7-5로 이겼다.

5세트가 시작됐다. 포인트마다 점점 더 원기왕성해지는 이 젊은이를 마주하면서, 나는 앞으로 남은 10분을 더 버텨낼 수 있을지도 확신하지 못한 채 떨리는 손으로 서브를 했다. 이런 식으로 끝내서는 안 된다고 되뇌었다. 어떤 일이 있어도 이런 식은, 두 세트 리드를 포기하면서까지는 안 된다. 바그다티스도 마찬가지로 스스로를 다그치며 같은 말을 하고 있었다. 우리는 시소를 타듯 전력을 다해 포인트를 주고받았다. 그가 실수하면 나는 그걸 맞받아쳤다. 그가 달려들면, 나는 더 맹렬히 달려들었다. 듀스에서 내가 서브를 하면 우리는 필사적으로 포인트를 주고받다가, 내가 네트로 날려보낸 공을 그가 백핸드 드롭샷(*drop shot, 네트를 넘어 갑자기 떨어지는 소프트 샷)으로 마무리했다. 나는 내 자신에게 고함쳤다. 바그다티스의 어드밴티지다. 처음으로 내가 그에게 끌려다니고 있었다.

'잊어버려. 컨트롤할 수 있는 걸 컨트롤하란 말이야, 안드레.'

나는 다음 포인트를 땄다. 다시 듀스(*deuce, 양 선수가 똑같이 40점을 얻은 상태로 한쪽이 2포인트를 연속으로 얻으면 이긴다). 쾌재를 불렀다. 그에게 다음 포인트를 내줬다. 백핸드였다. 바그다티스의 어드밴티지였다. 암울했다. 그는 다시 다음 포인트를 따고 게임에서 이겨 브레이크로 1-0을 만들었다.

우리는 각자의 의자로 갔다. 관중이 애거시는 이제 한물갔다고 떠들어 대는 소리를 처음 들었다. 길워터를 한 모금 마시고는 늙은 육신을 한탄했다. 바그다티스를 넘겨다보았으나 그가 자신만만한 것인지 어떤 것인지 알 수가 없었다. 대신 그는 트레이너에게 다리를 주물러 달라고 부탁하고 있었다. 그는 메디컬 타임아웃을 요청했다. 그의 왼쪽 대퇴부가 경련을 일으킨 것이다. 경련에도 불구하고 내게 한방 먹인 거란 말인가?

소강상태가 되자 관중은 구호를 외쳤다. 힘내라, 안드레! 힘내라, 안드레! 함성이 커졌다. 그들은 내 이름이 적힌 피켓을 들고 있었다.

'멋진 경기였어요, 안드레!'

'여기가 안드레의 홈그라운드야.'

마침내 바그다티스가 준비를 마쳤다. 그가 서브할 차례였다. 나를 브레이크해서 경기의 주도권을 잡더니, 열의가 더욱 고조된 것이 분명했으나 잠깐의 휴식이 리듬을 깨뜨린 것 같았다. 이번에는 내가 그를 브레이크했다. 우리는 다시 서브게임을 시작했다.

다음 여섯 경기 동안 우리는 계속 버텼다. 그러고 나서 나의 서브로 4-4가 되자 우리는 끝나지 않을 듯한 경기를 계속했다. 내 선수생활 중 가장 혹독하고 상상조차 못해본 경기 중의 하나였다. 그의 포핸드와 나의 백핸드로 우리는 야수처럼 울부짖고 검투사처럼 공을 쳐댔다. 스타디움 안의 모든 사람들이 숨을 멈췄다. 바람도 멈추는 것 같았다. 깃발도 기둥에 기대어 축 늘어졌다. 스코어가 40-30이 되었을 때, 바그다티스가 재빨리 포핸드를 구사하는 바람에 나는 정 위치에서 벗어났다. 나는 가까스로 뛰어가 라켓으로 공을 받아냈다. 나는 고통스러운 비명을 지르며 공을 네트 위로 넘겼고, 그는 나의 백핸드 쪽으로 강력한 공을 날렸다. 나는 반대방향으로 허겁지겁 뛰어가서-다시 허리 통증이!-공을 제때 쳐냈다. 척추는 꼼짝도 못하고 신경은 거의 흐느끼고 있었다. 이제 코티존의 역할은 끝났구나. 바그다티스는 비어 있는 코트에 승리의 일격을 가했고, 공이 날아가는 걸 지켜보며 오늘 밤 남은 시간 동안 최선을 다하더라도 그 노력이 보답 받지 못하리라는 사실을 깨달았다. 이 순간 이후의 플레이는 앞으로의 건강과 움직임을 제한하고 훼손하는 대가로 이루어질 것이다.

바그다티스가 내 상태를 눈치 챘는지 보려고 네트를 넘겨다봤더니, 그는 다리를 절뚝거리고 있었다. 절뚝거린다고? 그는 거의 경련을 일으키고 있었다. 바닥에 주저앉아 다리를 잡고 있었다. 그는 나보다 더욱 고통스러워하고 있는 것이다. 어느 날 갑자기 찾아오는 다리 경련보다는 차라리 선천적인 허리 질환이 더 낫지 않은가. 그가 바닥에서 몸부림치는 동안 깨닫는다. 나는 그저 똑바로 서서 공을 좀 더 오래 갖고 놀다가 바그다티스가 경련으로 인해 알아서 나가떨어지게 하면 되는 것이다.

나는 교묘함과 전략에 관한 모든 생각을 버리기로 했다. 근본원리를 생각하자, 나는 중얼거린다. 부상당한 사람과 경기할 때는 직관과 반응이 중요하다. 그렇게 되면 테니스가 아니라 순전히 의지력 싸움이 되는 것이다. 더 이상 잽도, 속임수도, 풋워크도 없다. 스윙펀치와 녹아웃 펀치만 오가는 것이다.

다시 일어선 바그다티스도 전략이나 생각은 집어치운 듯한 모습이어서 더욱 위력적으로 보였다. 나는 더 이상 그의 경기방식을 예측할 수가 없었다. 그는 고통으로 날뛰고 있었다. 테니스 코트에서 이렇게 날뛰는 사람을 예측할 방법은 없다. 듀스가 되고, 나는 첫 서브에 실패하고는 그에게 시속 115킬로미터 정도로 치기 좋은 제2 서브를 넣어주었다. 그는 시원하게 쳐냈다. 위닝샷(*winning shot, 득점이나 승리와 직결되는 타구)이었다. 바그다티스의 어드밴티지.

제기랄. 나는 털썩 주저앉았다. 움직이지도 못하는 주제에 내 서브를 깨버리다니. 나는 또다시 1포인트 차로 아슬아슬하게 4-5로 뒤쳐질 판이다. 그렇게 되면 바그다티스가 서브권을 가져가겠지. 나는 눈을 감는다. 또다시 첫 번째 서브에 실패했다. 포인트를 주고받기 위해 나는 다시 머뭇거리며 제2서브를 넣고, 그는 어쩐 일인지 손쉬운 포핸드를 놓쳤다. 다시 듀스.

심신이 벼랑 끝에서 완전히 추락하기 직전에는, 이런 손쉬운 1포인트조차도 사면을 받는 기분이다. 그럼에도 불구하고 나는 이런 기회를 허비할 뻔했다. 나는 첫 번째 서브에 실패했다. 두 번째 서브를 넣고 바그다티스가 사이드로 넓게 공을 리턴해 아웃이 됐다. 또 다른 행운이다. 애거시의 어드밴티지.

나는 압도적인 5-4 리드까지 1포인트를 남겨놓고 있었다. 바그다티스는 상을 찌푸리고 전력을 다했다. 그는 양보하지 않을 태세였다. 그가 포인트를 땄다. 세 번째 듀스. 다시 어드밴티지를 얻게 되면 잃지 않으리라 다짐했다.

이제 바그다티스는 경련을 일으키기만 하는 것이 아니라 거의 절름발이 신세였다. 내가 서브하길 기다리면서 그는 몸을 완전히 굽히고 있었다. 내게 져주는 건 둘째치고 코트에서 버티기 위해 그가 안간힘을 쓰고 있다는 사실이 믿기지 않았다. 이 녀석은 머리숱만큼이나 놀라운 열의를 갖고 있다. 그가 가엾게 느껴졌으나 동정심 따위는 가지면 안 된다고 스스로 타일렀다. 내가 서브를 넣자 그가 리턴하고, 나는 코트의 빈 곳을 타격하겠다는 마음으로 넓게 공을 쳐냈다. 아웃이다. 숨이 막혔다. 정말 숨이 막힌다. 바그다티스의 어드밴티지.

그러나 그는 기회를 활용하지 못했다. 다음 포인트에서 그는 베이스라인의 1~2미터쯤 뒤에서 포핸드를 했다. 네 번째 듀스.

우리는 긴 랠리를 주고받다가, 내가 그의 포핸드 쪽으로 딥샷을 친 다음 그가 실책을 범하는 것으로 끝났다. 다시 애거시의 어드밴티지. 다시 이런 기회가 온다면 절대 허비하지 않으리라. 그러나 바그다티스는 그런 내 맹세를 어그러뜨렸다. 그는 재빨리 다음 포인트를 땄다. 다섯 번째 듀스.

우리는 지나치게 오래 포인트를 주고받았다. 매번 그가 신음하며 라켓을 휘두를 때마다 공은 베이스라인 안으로 들어왔다. 내가 괴성을 지르며 치는 공은 어떻게든 네트를 넘겼다. 포핸드, 백핸드, 트릭샷, 다이빙샷, 그리고, 그는 베이스라인을 찍고 옆으로 갑작스레 튀어오르는 공을 쳤다. 나는 튀어오르는 공을 잡아 바그다티스와 베이스라인 위로 6미터 가량을 넘겨 보냈다. 바그다티스의 어드밴티지.

기본을 지켜, 안드레. 그를 뛰게 만들어, 뛰게 만드는 거야. 그는 절름발이니까 움직이게 만들어. 나는 서브를 넣고 그는 부드럽게 리턴했다. 그리고 나는 그를 옆에서 옆으로 뛰게 만들어 그가 통증으로 울부짖고 네트에 공을 치도록 만들었다. 여섯 번째 듀스.

내가 다음 서브를 기다리는 동안, 바그다티스는 노인의 지팡이처럼 라켓에 몸을 지탱하고 있었다. 그러나 내가 첫 서브에 실패하자, 그는 게처럼 살금살금 앞으로 나아가 자신의 라켓으로 내 포핸드로는 닿을 수 없게 서브를 강하게 받아쳤다. 바그다티스의 어드밴티지.

이 게임에서 그의 네 번째 브레이크포인트(*break point, 상대방의 서비스게임을 이기게 되는 1포인트)였다. 내가 소심하게 첫 번째 서브를 치는 바람에, 너무 볼품없이 약한 타구가 되어버려서 7살의 내가 봤더라면 몹시 부끄러워했을 법한 샷이 나왔다. 그러나 바그다티스는 방어적으로 리턴을 했다. 나는 그의 포핸드 쪽으로 쳤다. 그의 공이 네트에 걸렸다. 일곱 번째 듀스.

나는 또다시 첫 번째 서브를 넣었다. 그는 라켓을 휘둘렀으나 네트를 넘기지 못했다. 애거시의 어드밴티지.

나는 다시 서브를 넣었다. 두 번이나 깨진 맹세를 떠올렸다. 이제 마지막 기회다. 그런데 허리가 경련을 일으켰다. 시속 193킬로미터로 치는 건 고사하고 몸을 돌릴 수조차 없었다. 당연히 첫 번째 서브에 실패했다. 좀 더 공격적으로 제2 서브를 구사하려 했으나 그러지 못했다. 육체적으로 불가능했다. 나는 3/4정도 킥서브로 그의 어깨너머로 공을 보낸 후, 그가 피를 토할 때까지 양 사이드를 오가도록 해야겠다고 생각했다. 더블폴트(*double fault, 두 번 연속 서브를 실패하는 것)만 아니면 돼.

말이 쉽지. 서비스 박스가 점점 좁아지는 것 같았다. 크기가 점점 줄어드는 게 눈에 보였다. 다른 사람들도 나와 똑같은 걸 보고 있을까? 이제 카드 한 장 크기로 줄어들었다. 너무 작아서 이 공을 저기로 가져다 놓는다 해도 맞을지 확신할 수가 없었다. 나는 공을 토스하고 어중간하게 뻗은 팔로 서브를 했다. 아웃이다. 역시. 더블폴트다. 여덟 번째 듀스.

관중은 믿을 수 없다는 듯 소리를 질렀다. 나는 간신히 첫 번째 서브를 넣었다. 바그다티스는 능숙하게 공을 리턴했다. 코트의 3/4가 무방비상태인 것을 보고 나는 그로부터 3미터 정도 떨어진 백핸드 쪽으로 공을 깊이 쳤다. 그는 그쪽으로 날쌔게 움직이면서 라켓을 맥없이 휘둘렀지만, 공에 닿지 못했다. 애거시의 어드밴티지.

게임의 22번째 포인트에서 짧게 랠리를 한 후, 바그다티스는 마침내 네트 쪽으로 백핸드를 날렸다. 애거시의 게임 승리.

코트를 바꾸면서 바그다티스가 주저앉는 걸 봤다. 크게 실수하는군. 젊은 선수들이 흔히 저지르는 실수. 경련이 일어날 때 주저앉는 건 금물이다. 몸이 스스로 쉴 때라고 생각하게 만들어서는 안 되며 그저 장난친 것뿐이라고 믿게 해야 한다. 몸은 정부와 같다. 하고 싶은 대로 하더라도 일단 걸리면 거짓말은 용납되지 않는 것이다. 이제 그는 서브가 불가능할 것이다. 그 의자에서 일어날 수도 없을 것이다.

하지만 그는 일어나서 서브를 했다. 대체 무슨 힘으로 버티는 것인가? 그래, 젊음이었구나. 스코어가 5-6이 되자 게임이 부자연스러워졌다. 그는 실수를 하고 녹아웃을 노렸다. 나는 카운터 펀치를 먹이고 이겼다. 내가 6-5로 앞섰다.

그의 서브. 그가 40-15로 앞서 있다. 이번 경기를 타이브레이크(*tie break, 듀스일 경우 12포인트 중 7포인트를 먼저 획득한 자가 승리하는 경기방식)로 몰고가는 데까지는 1포인트밖에 남지 않았다. 나는 간신히 듀스로 만들었다. 그리고는 다음 포인트에서 이기고, 매치포인트(*match point, 승패를 결정짓는 최후의 1점)를 잡았다. 빠르고 공격적인 플레이를 주고받다가 그가 격렬한 포핸드로 친 공이 라켓을 떠나면서 아웃이 되리라는 걸 느꼈다. 나는 이번 시합에서 이겼고, 동시에 한 번 더 스윙할 힘은 없으리라는 사실도 깨달았다.

나는 네트에서 바그다티스를 만나 악수를 했다. 손이 떨리고 있었다. 그는 코트 밖으로 황급히 빠져나갔다.

나는 멈춰 설 엄두도 못냈다. 계속 움직여야 했다. 휘청이며 터널을 빠져나가 왼쪽 어깨에 가방을 멨는데, 오른쪽 어깨가 묵직한 기분이었다. 온몸이 뒤틀린 느낌이었다. 라커룸에 거의 다 오자 걸을 수도, 서 있을 수도 없을 것 같았다. 바닥에 주저앉았다. 대런과 길이 나에게 다가와 어깨에서 가방을 내리고 나를 테이블 위로 들어올렸다. 바그다티스의 팀원들은 그를 내 옆 테이블에 눕혔다.

"대런, 뭐가 잘못된 걸까요?"

"일단 누워있어. 몸을 쭉 펴봐."

"안되겠어요, 안되겠다고요."

"어디가 아픈 거야? 쥐가 난거야?"

"아니, 가슴이 죄는 것 같아요. 숨을 쉴 수가 없어요."

"뭐라고?"

"숨을……대런, 숨을 쉴 수가……"

대런은 사람을 시켜 내 몸 위에 얼음을 올려놓고 내 팔을 들고 의사를 불렀다. 그는 몸을 쭉 뻗어보라고 시켰다.

"그냥 좀 해봐. 몸을 풀어보라고. 너무 힘이 들어가 있어. 그만 내려놔. 내려놓으라고."

난 그럴 수가 없었다. 결국 그게 문제인 것이다. 놓아버릴 수가 없다는 것.

여러 사람의 얼굴이 파노라마처럼 스쳐 지나간다. 길은 내 팔을 쥐어짜듯 주무르며 체력보충용 드링크를 건넸다. 사랑하는 길. 스테파니는 내 이마에 키스를 해주고 미소를 지었다. 행복한 건지 불안한 건지 알 수가 없다. 아, 저 미소를 언젠가 본 적이 있는데. 트레이너는 내게 의사들이 오는 중이라고 말해주었다. 그리고는 테이블 위의 TV를 켜주고 기다리는 동안 TV라도 보라고 말했다.

TV로 눈을 돌리자 왼쪽에서 신음이 났다. 나는 고개를 천천히 돌려 옆 테이블에 누워있는 바그다티스를 보았다. 팀원들이 그를 둘러싸고 그의 대퇴부와 경련이 일어난 슬곡근을 이완시키고 있었다. 그는 똑바로 누우려 했으나 사타구니 경련이 일었다. 그는 공처럼 몸을 둥글게 말더니 그냥 내버려두라고 애원했다. 모두 라커룸에서 나가고 이제 우리 둘뿐이었다. 나는 다시 TV로 시선을 돌렸다.

얼마 후 나는 무슨 생각이었는지 바그다티스 쪽으로 몸을 돌렸다. 그가 나를 향해 웃고 있었다. 즐거운 건가 아니면 불안한 건가? 아마도 둘 다겠지. 나도 웃어주었다.

내 이름이 TV에 나왔다. 고개를 돌렸다. 경기의 하이라이트 장면이 나

마지막 경기

오고 있었다. 처음 두 세트는 놀라울 만큼 순조로웠다. 3세트는 바그다티스도 믿기 시작하는 것 같았다. 4세트는 거의 칼부림 수준이었다. 5세트는 끝없이 이어지던 9게임으로 끝났다. 내가 치러본 최고의 테니스 경기 중 하나이자 내가 봤던 최고의 경기 중 하나이기도 했다. 해설가는 전형적인 시합이라고 했다.

주변을 둘러보다 미세한 움직임을 느꼈다. 바그다티스 쪽을 바라보니 그가 손을 내밀고 있었다. 우리가 저 경기를 치른 거죠, 라고 그의 얼굴이 말하는 듯했다. 나는 손을 뻗어 그의 손을 잡았고, 우리는 이렇게 손을 맞잡은 채 TV에 나오는 지독했던 경기장면을 보았다.

마침내 나는 마음이 가는대로 내버려 두었다. 멈출 수가 없었다. 내 마음은 내게 양해도 구하지 않고 나를 과거로 몰아쳤다. 마음속에 모든 세세한 기억이 남아있기에, 나는 놀라울 정도로 선명하게 모든 좌절과 승리, 경쟁, 격분, 급료, 여자친구, 배신, 기자, 아내, 아이들, 복장, 팬레터, 숙적과의 경기, 그리고 정신없이 울었던 기억들을 떠올릴 수 있었다. 내 머릿속의 또 다른 TV가 지난 29년간의 모든 하이라이트 장면을 보여주기라도 하는 듯, 모든 것이 선명하게 눈앞에 떠올랐다.

테니스 선수로 사는 것이 어떠냐고 사람들이 물을 때 나는 어떻게 설명해야 좋을지 몰랐다. 그러나 이제 적당한 표현이 거의 떠올랐다. 무엇보다도 테니스 선수로 산다는 건 쓰라리면서도 가슴이 뛰고, 끔찍하면서도 놀라운 그런 순간의 연속이다. 심지어 내가 지난 30여 년간 맞서 싸웠던 희미한 원심력이 발휘되기도 한다. 아서 애쉬 스타디움 아래 등을 대고 누워 경기에 진 상대선수와 손을 잡고 누군가 와서 우리를 도와주길 기다리면서, 이제 나는 내가 할 수 있는 것만 하고 있다. 저항을 멈추고, 가만히 눈을 감고 바라보는 것 말이다.

2
테니스를 하기 싫은 소년

나는 일곱 살이야, 라고 혼자 되뇌인다. 두려우니까, 그리고 내 말에 귀 기울이는 건 나뿐이니까. 나는 숨죽여 말한다. 그냥 끝내버려 안드레, 포기해 버리라고. 라켓을 내려놓고 당장 코트를 떠나면 돼. 집에 가서 맛있는 것도 먹고. 리타와 필리, 태미랑 노는 거야. 엄마가 뜨개질을 하거나 직소퍼즐을 할 때 옆에 있는 거지. 근사할 것 같지 않아? 정말 즐거울 것 같지 않냐고, 안드레? 다시는 테니스를 안 한다고 생각해봐.

그러나 그럴 수는 없었다. 아버지가 라켓을 들고 나를 찾으러 집안 곳곳을 뒤질 테니까. 게다가 진짜로 테니스를 그만둬서는 안 된다고 본능적으로 스스로를 만류했기 때문이었다. 나는 진심으로 테니스를 싫어하면서도 계속 테니스공을 쳤다. 아침부터 오후까지 내내 공을 치고 연습에 몰두했다. 달리 선택의 여지가 없기 때문이었다. 그만두고 싶은 마음이 간절해도 나는 테니스를 그만두지 않았다. 그만두라고 속으로 외치면서도 나는 테니스를 계속했다. 이런 괴리감이, 내가 하고 싶어하는 것과 내가 실제로 하는 일 사이의 모순이, 내 인생을 한마디로 설명해주는 것 같았다.

테니스를 싫어했던 건 거의 드래곤 때문이었는데, 드래곤은 불같이 화내던 아버지가 개조한 볼피칭머신이었다. 커다란 고무바퀴가 달린 드래곤의 맨 아래에는 '프린스'란 굵은 글씨가 하얗게 칠해져 있었다. 컴컴한 밤중에 얼핏 보면 미국 내 여느 컨트리 클럽에서 흔히 볼 수 있는 기계 같았지만, 드래곤은 사실 만화책에서 금방 튀어나온 듯한 살아있는 생명체이자 두뇌와 의지, 음흉한 마음과 끔찍한 목소리를 가진 존재였다. 공을 하나씩 뱃속으로 집어삼킬 때마다 드래곤은 소름끼치는 소리를 냈다. 목구멍에 압력이 높아지면, 드래곤은 신음을 냈다. 그리고 공이 입 쪽으로 서서히 올라가면, 새된 소리를 냈다. 드래곤은 〈윌리웡카와 초콜릿 공장〉에서 오거스트 글룹을 집어삼키는 퍼지기계처럼 바보 같은 소리를 냈다. 그러나 정확히 나를 조준해 시속 177킬로미터로 공을 뿜어낼 때면 등골이 오싹해지는 굉음을 냈다. 나는 매번 움찔했다.

아버지는 일부러 드래곤을 더욱 무시무시한 존재로 만들었다. 알루미늄으로 된 관의 목 부분을 더욱 길게 늘여서 머리를 좁게 만들었는데, 드래곤이 공을 발사할 때마다 채찍처럼 머리 부분이 감겼다. 아버지는 또 땅위 1~2피트 위에 드래곤을 설치하고 네트와 같은 높이로 옮겨 내 쪽을 향하도록 했다. 일곱 살 치고 나는 작은 편이었다(내가 더 작아 보인 건 계속 움츠러들어 있었던 데다가, 아버지가 두 달에 한 번씩 바가지머리로 자르게 했기 때문이었다). 드래곤 앞에 서면 나는 더욱 작아보였다. 작게만 느껴졌다. 무력했다.

아버지는 드래곤이 내 머리 위를 내려다보도록 했는데, 드래곤이 내 주의를 끌고 경외심을 자아내도록 하기 위해서만은 아니었다. 아버지는 비행기에서 떨어지는 것처럼 드래곤의 입에서 발사된 공이 내 발 앞에 떨어지게끔 하려던 것이었다. 공이 떨어지는 궤도 때문에 기존 방식으로는 거의 받아치기가 불가능했다. 공을 치려면 점프를 해야 했고, 그렇지 않으면 내 머리 위까지 공이 튀어 올랐다. 아버지에겐 그것도 성에 차지 않았다. 더 빨리 쳐야지, 아버지가 소리쳤다. 더 빨리.

아버지는 뭐든지 두 번씩, 때로는 세 번, 열 번까지도 소리쳤다. 더 세게, 더 세게, 라고 아버지는 말했다. 하지만 그게 무슨 소용인가? 아무리 공을 세게 쳐봤자, 아무리 빨리 쳐봤자 다시 돌아오는데. 네트로 넘겨버린 공은 이미 코트에 부딪힌 수천 개의 공과 함께 되돌아왔다. 수백 개도 아닌 수천 개씩. 공은 끊임없는 파도처럼 밀려왔다. 턴이나 스텝, 피벗을 할 틈이 없었다. 움직일 때마다 공이 밟혔다. 그래도 아버지가 가만두지 않을 테니 공을 밟아서는 안 되었다. 테니스공을 밟으면 아버지는 눈알을 밟히기라도 한 듯 고함을 질렀다.

드래곤이 발사한 공 세 개 중 하나는 땅에 먼저 떨어지면서 제멋대로 옆으로 튀었다. 마침내 적응하게 된 나는 재빨리 공을 잡아 네트 너머로 쳐넘길 수 있었다. 그건 자연스러운 반사동작이 아니었다. 공을 치는 건 고사하고, 공이 오는 걸 미리 볼 수 있는 아이는 전 세계에 거의 없다는 사실도 알고 있었다. 그럼에도 나는 내 반사신경을 자랑스러워하지도 않았으며 인정받지도 못했다. 그저 내가 해야 할 일일 뿐이었다. 모든 공을 쳐내야 했으며 치지 못하는 것은 죄악이었다.

아버지는 내가 매일 2천5백 개의 공을 치면 일주일에 1만 7천5백개의 공을 치는 셈이 되며, 일 년이면 백만 개 가까운 공을 치게 되는 것이라고 했다. 아버지는 수학을 신뢰했다. 숫자는 거짓말을 하지 않는다고 말했다. 일 년에 백만 개의 공을 치는 아이는 결코 질 수가 없지.

"더 빨리 쳐. 젠장, 안드레, 더 빨리 쳐야지. 공 옆에 바짝 붙어서. 공 옆에 바짝 붙어서라고."

이제 그는 내 옆에 붙어선다. 내 귀에다 대고 고함을 지른다. 드래곤이 내게 쏘아대는 공을 모두 치는 것으로는 성에 차지 않는 것이다. 아버지는 내가 드래곤보다 더 세게, 더 빠르게 치길 원했다. 드래곤을 이기길 원했다. 생각이 거기에 미치자 나는 공포감에 휩싸였다. 드래곤을 이길 수는 없을 거라고 혼자 중얼거렸다. 멈출 줄 모르는 대상을 어떻게 이길 수 있을까? 생각해 보면, 드래곤은 아버지와 꽤 비슷했다. 아버지가 최악으로 치달을 때를 제외하면.

그래도 드래곤은 내가 볼 수 있을 때만 내 앞에 있었다. 아버지는 내 뒤에 있었다. 나는 아버지를 거의 보지 못한 채 목소리만 들을 수 있었다. 아버지는 밤이고 낮이고 내 귀에 대고 소리를 질렀다.

"탑스핀을 더 넣으란 말이야! 더 세게. 더 세게. 네트에 말고! 젠장, 안드레! 네트에 말고!"

네트에 공이 걸리는 것만큼 아버지를 분노하게 만드는 건 없었다. 내가 공을 사이드로 넓게 치는 걸 싫어했고, 공을 길게 치면 소리를 질렀다. 그러다가 공을 놓쳐서 네트에 걸리면 아버지는 입에 거품을 물었다. 단순히 실수하는 것과 네트에 공이 걸리는 건 다른 문제였다. 아버지는 반복해서 말했다. 네트는 최대의 적이라고.

아버지는 그 '적'을 대회 규정보다 6인치나 높여서 피하기 훨씬 어렵게 만들었다. 높게 세운 네트 너머로 공을 쳐내면 아버지는 윔블던 대회에서 언젠가는 문제없이 공을 네트 위로 쳐낼 거라고 생각했다. 내가 윔블던 대회에 출전하고 싶어하지 않는다는 사실은 중요하지 않았다. 내가 무엇을 바라는지는 상관없었다. 가끔씩 나는 아버지와 TV로 윔블던 대회를 시청했는데, 우리는 둘 다 비외른 보리를 응원했다. 그는 최고였을 뿐만 아니라 멈출 줄 모르는 사람이었고 드래곤에 가장 근접한 사람이었기 때문이다. 그러나 나는 보리가 되고 싶지는 않았다. 그의 재능과 에너지, 스타일, 경기에 대한 집중력을 높이 샀지만, 그런 자질을 개발해야 한다면 차라리 윔블던보다는 다른 데 그런 자질을 쏟아붓는 편이 나았다. 내가 스스로 선택한 것을 위해 노력하고 싶었다.

"더 세게."

아버지가 소리쳤다.

"더 세게 치란 말이야. 이제 백핸드로 쳐. 백핸드로."

팔이 떨어져 나갈 것만 같았다. 얼마나 더 오래 해야 하느냐고 묻고 싶었지만 묻지 않았다. 나는 하라는 대로 했다. 나는 칠 수 있는 한 세게 치고, 그다음엔 조금 힘을 뺐다. 라켓을 휘두르다가 내가 얼마나 강하고 깔끔하게 공을 치는지 알고 스스로 놀란 적이 있다. 테니스를 싫어하지만, 공을 완벽하게 쳐낼 때의 느낌은 좋아한다. 가장 안락한 순간이다. 무엇인가를 완벽하게 해낼 때, 나는 온전하고 평온한 그 짧은 순간을 즐긴다. 그러나 드래곤은 완벽함에 맞서 다음 공을 더욱 빠르게 쏘아댔다.

"백스윙(*back swing, 공을 치기 위해 라켓을 뒤쪽으로 빼는 동작)을 짧게 해. 짧게 백스윙으로, 그렇지. 공을 쓸어올려. 공을 쓸어올리라고."

아버지가 말했다. 저녁시간이면 아버지는 가끔 시범을 보였다.

"공 아래로 라켓을 낮췄다가 쓸어올리는 거야, 쓸어올리는 거라고."

아버지는 붓을 가볍게 들어 올리듯 화가처럼 움직였다. 아버지가 부드럽게 움직이는 걸 본 것은 아마도 이때가 유일했을 것이다.

"Work your volleys."

발리(*Volley, 상대방이 친 공이 코트에 떨어지기 전에 쳐내는 타법)를 구사해. 아버지가 소리친다. 아니면 그럴 모양이다. 이란에서 태어난 아르메니아인으로서, 아버지는 5개 국어를 구사하지만 어느 것에도 능숙하지 못하다. 영어로 말할 때는 외국인 액센트가 강하게 드러난다. 그는 V와 W를 혼동해서, V와 W를 거꾸로 발음한다.

"Vork your Wolleys."

아버지가 지시할 때 가장 즐겨하는 말이다. 하도 소리를 지르는 바람에 꿈에서도 들리는 것 같다.

"Vork your wolleys, vork your wolleys."

발리를 너무 많이 했는지 코트가 보이지 않을 정도였다. 노란색 테니스공 아래의 초록색 시멘트가 단 한 뼘도 보이지 않았다. 나는 노인처럼 발을 끌며 슬라이드 스텝으로 움직였다. 결국 아버지도 공이 너무 많다는 사실을 인정했다. 오히려 역효과를 낸 것이다. 움직일 수 없으면 하루에 2천 5백 개 할당량을 채우는 것은 불가능하다. 아버지는 비온 후에 코트를 말리는 블로어의 속도를 높였다. 우리가 사는 라스베이거스에는 비가 거의 오지 않아서 아버지는 블로어를 테니스공을 한데 모으는 데 썼다. 볼머신과 마찬가지로 아버지는 일반 블로어를 개조해 또 하나의 괴물을 만들어냈다. 아버지는 다섯 살인 나를 유치원 밖으로 끌어내 용접공장에 데려간 적이 있는데, 거기서 아버지가 한 번에 테니스공 수백 개를 이동시킬 수 있는 잔디깎이 같은 이 무시무시한 기계를 만드는 걸 지켜보았다.

아버지가 블로어를 밀자 테니스공이 쓸려갔고 나는 측은한 생각이 들었다. 드래곤과 블로어가 살아있는 생명체라면 테니스공도 그럴 테니까. 아마 테니스공은 기회가 된다면 내가 했을 법한 행동—아버지로부터 달아나는 것—을 보여주는 건지도 몰랐다. 공을 코너 한쪽으로 몰아넣은 후, 아버지는 눈삽을 들어 공을 일렬로 늘어선 금속제 쓰레기통(이것이 드래곤의 먹이통이다)에 떠넣었다.

아버지는 몸을 돌려 내가 쳐다보고 있다는 걸 알아챘다.

"대체 뭘 구경하고 있는 거야? 공을 쳐야지! 공을 치라고!"

어깨가 욱신거렸다. 더 이상 못 칠 것 같았다. 세 개를 더 쳤다. 1분도 못버틸 것 같았다. 10분을 더 쳤다.

문득 좋은 생각이 떠올랐다. 우연인 양 일부러 공을 담장 높이 쳐 넘겼다. 나무로 된 라켓의 가장자리에 공을 맞히려고 한 탓에 빗맞은 듯한 소리가 났다. 휴식이 필요할 때 종종 이렇게 했는데, 일부러 공을 빗맞힐 수 있다면 나는 상당히 실력이 좋았던 게 틀림없었을 것이다.

아버지는 테니스공이 라켓에 맞는 소리를 듣고 올려다봤다. 공이 코트 밖으로 날아가는 걸 본 것이다. 아버지는 욕을 했다. 하지만 소리를 듣고는 실수라고 생각하는 것 같았다. 게다가 공이 네트에 걸린 것도 아니었으니까. 아버지는 마당 밖으로 쿵쿵대며 걸어나왔다. 이제 숨 돌릴 만한 시간이 4분 30초가량 남았다. 매의 무리가 천천히 머리 위를 원을 그리며 날아다니고 있었다.

아버지는 권총으로 매를 사냥하는 걸 좋아했다. 우리 집은 죽어나간 새들로 뒤덮여 있었는데, 테니스공이 코트를 덮은 것만큼 새의 주검이 지붕 위에 두텁게 쌓여있었다. 아버지는 매가 생쥐와 다른 온순한 사막 동물에게 덤벼들기 때문에 싫다고 했다. 아버지는 강한 놈이 약한 놈을 먹이로 삼는다는 생각을 견디지 못한다(낚시를 갈 때도 마찬가지다. 무엇을 잡든 아버지는 물고기 대가리에 입을 맞추고는 다시 놓아준다). 물론 나를 희생양으로 삼는 데는 거리낌이 없으며 아버지가 던진 낚싯바늘에 걸려 내가 공중에서 헐떡여도 아무렇지 않았다.

아버지는 아무런 모순을 느끼지 않았다. 상관하지도 않았다. 아버지는 이 버림받은 사막에서 나만큼 무력한 존재가 없다는 사실을 깨닫지 못했다. 깨닫는다면 아버지가 나를 다르게 대해주긴 할까 궁금했다.

아버지는 쿵쿵거리며 다시 코트 안으로 들어가 테니스공을 쓰레기통 안에 밀어넣었다. 내가 매를 바라보자 아버지는 나를 쏘아보았다.

"대체 뭐하고 있는 거야? 그만 좀 생각해. 생각일랑 집어치워!"

네트가 최대의 적이라면, 생각은 절대 해서는 안 되는 것이었다. 아버지 생각에 생각이란 행동의 반대이므로 모든 악의 근원이었다. 테니스 코트에서 생각하거나 공상하는 걸 아버지에게 들키면 아버지는 내가 지갑에서 돈을 훔치기라도 한 것처럼 반응했다. 어떻게 하면 생각하지 않을 수 있을까. 아버지는 내가 원래 자주 생각에 빠진다는 걸 알고 소리를 지르는 것일까. 테니스 외에 다른 생각을 하는 건 반항심의 발로일까? 그런 것 같았다.

우리 집은 1970년대에 지어져 잡초가 무성하게 자란 판잣집으로, 흰색 벽토 가장자리의 짙은 테두리가 살짝 벗겨져 있었다. 창문에는 철창이 달려있었다. 죽은 매의 주검이 쌓인 지붕에는 나무로 된 널빤지가 있었는데, 곳곳이 느슨해져 있거나 이가 빠져 있었다. 문에는 벨이 달려 있어서 누군가 들락거릴 때면 권투시합의 오프닝 벨이 울리는 것 같았다.

아버지는 고강도 시멘트로 된 집 주위의 벽에 황록색 페인트를 칠했다. 왜? 초록색은 테니스 코트를 연상시키니까. 게다가 아버지는 누군가에게 집을 안내할 때는 이렇게 말하곤 했다.

"왼쪽으로 돌아 반 블록을 내려가서 밝은 초록색 벽을 찾으면 됩니다."

그렇다고 우리 집에 방문객이 많았다는 얘기는 아니다. 집 주변의 사방이 사막이었고, 더 가도 사막일 뿐. 집은 내게 죽음의 또 다른 말에 지나지 않았다. 찔레와 회전초로 뒤덮인 가운데 방울뱀이 또아리를 틀고 있는 우리 집 주변의 사막은 원치 않는 물건을 갖다 버리는 장소 외에는 쓸모가 없는 듯했다. 매트리스, 타이어, 그리고 다른 사람들. 카지노, 호텔, 그리고 스트립(*오늘날 가장 많은 대형 카지노호텔이 모여 있는 거리)으로 상징되는 라스베이거스는 멀리 떨어져 있는 신기루일 뿐이었다. 아버지는 매일 그 신기루까지 통근했다. 아버지는 한 카지노의 책임자였지만 근방에 살고 싶어하지는 않았다. 우리는 아무것도 없는 외딴곳 한가운데로 이사했다. 그런 집이야말로 아버지가 바라는 이상적인 테니스 코트를 지을 수 있는 널찍한 마당이 갖춰져 있었기 때문이었다.

어릴 때 기억이 또 하나 있다. 두렵기보다는 우스운 이야기인데, 아버지와 부동산 중개인과 함께 라스베이거스를 차로 돌아볼 때의 일이다. 여러 집을 돌아보던 중 아버지가 중개인의 차가 완전히 멈춰서기도 전에 뛰어내려 현관길을 따라 달려갔다. 중개인은 아버지를 뒤쫓아가면서 근처 학교와 범죄율, 금리 등에 관한 이야기를 쏟아냈을 테지만, 아버지는 들은 척도 하지 않았다. 똑바로 앞을 바라보면서 아버지는 집안으로 성큼성큼 들어가 거실과 부엌을 거쳐 뒷마당으로 들어갔고, 줄자를 재빨리 꺼내 테니스 코트 사이즈인 가로 세로 36×38미터를 쟀다. 아버지는 몇 번이나 소리쳤다.

"맞질 않잖아! 됐어요! 갑시다!"

아버지는 다시 부엌과 거실을 통과해 현관 길을 따라 성큼성큼 걸어나갔고 부동산 중개인은 아버지와 보조를 맞추기 위해 애를 썼다. 그러던 중 나는 누나 태미가 정말 좋아했던 집을 보게 됐다. 태미는 아버지에게 그 집을 사자고 졸랐는데, T자처럼 생긴데다 T는 태미(Tami)를 나타내기 때문이었다. 아버지는 거의 그 집을 살 뻔했는데 T는 테니스(Tennis)의 T를 상징하기 때문이기도 했을 것이다. 나는 그 집이 마음에 들었다. 어머니도 좋아했다. 그러나 뒷마당은 몇 인치가 짧았다.

"맞질 않잖아! 그만 가자!"

마침내 우리는 그 집을 보게 됐다. 뒷마당이 아주 커서 아버지는 치수를 잴 필요도 없었다. 아버지는 마당 한가운데 서서 천천히 둘러보다가 씩 웃었다. 미래를 떠올려 보는 듯했다.

"이 집이다."

아버지가 조용히 말했다.

우리는 아버지가 바라는 테니스 코트를 짓기 전엔 짐 상자를 다 들고 오지도 못했다. 나는 아직도 공사현장에서 단 하루도 일한 적 없는 아버지가 어떻게 그렇게 했는지 모르겠다. 아버지는 콘크리트나 아스팔트, 배수구 등에 대해 아는 것이 전혀 없었다. 책을 읽은 것도 아니고 전문가와 상의한 것도 아니었다. 그저 머릿속으로 그림만 그려놓고는 그것들을 현실로 옮기기 시작했는데, 많은 것들이 그렇듯 철두철미한 완고함과 에너지를 통해 코트를 현실로 불러낸 것이었다. 아마 내게도 똑같이 하겠지.

물론 도움도 필요했다. 콘크리트를 붓는 것은 어마어마한 작업이었으니까. 아침마다 아버지는 나와 함께 스트립에 있는 식당인 삼보스(Sambo's)로 가서 주차장에서 어슬렁거리는 무리 중 노련한 일꾼들을 골라 데려왔다. 나는 루디가 제일 좋았다. 전장의 상처와 떡 벌어진 가슴을 가진 루디는 내가 누군지 뭘 하는 건지 모르겠다는 마음을 이해하기라도 하는 듯 언제나 반쯤 미소를 띠고 나를 바라보았다. 루디와 그의 무리는 나와 아버지를 따라 우리 집으로 왔고, 아버지는 그들에게 할 일을 지시했다. 3시간 후 아버지와 나는 맥도날드로 가서 빅맥과 프렌치 프라이를 사서 커다란 백에 넣어 돌아왔다. 아버지는 내게 현관 벨을 울려서 일꾼들을 점심에 부르도록 했다. 나는 루디에게 보상이 돌아가는 게 좋았다. 그가 게걸스럽게 먹는 걸 보는 게 좋았다. 열심히 일하면 달콤한 보상이 돌아온다는 생각-테니스공을 열심히 치는 경우는 제외하고-이 마음에 들었다.

루디와 빅맥의 나날들이 눈 깜짝할 사이에 지나가고 갑자기 아버지에게 뒷마당의 테니스 코트가 생겼다. 내겐 감옥이 생긴 거나 마찬가지였다. 나는 내 감옥을 짓는 일단의 죄수들을 먹여살리는 데 일조한 것이다. 나를 꼼짝 못하게 할 흰 선을 칠하고 치수를 재는 걸 도왔다. 내가 왜 그랬을까? 달리 방법이 없었기 때문이다. 내가 하는 일이 다 그렇다.

테니스를 직업으로 하고 싶은지는 둘째치고, 테니스를 하고 싶은지 묻는 사람도 없었다. 사실 어머니는 내가 신부가 되길 바랐다. 그러나 엄마 말에 따르면 아버지는 내가 태어나기 훨씬 전부터 프로 테니스 선수가 될 운명을 미리 정해놨었다고 한다. 내가 한 살이었을 때 아버지가 옳다는 것이 증명됐다. 탁구경기를 보면서 내가 눈만 움직이고 머리는 가만히 있었던 것이다. 아버지는 엄마에게 전화했다.

"이봐, 애가 눈만 움직인 거 알아? 재능을 타고났어."

어머니는 내가 아기 침대에 누워있을 때도 아버지가 내 머리 위에 테니스공 모형의 모빌을 걸어놓고, 내 손에 테이프로 탁구채를 붙여 모빌을 치게 만들었다는 얘기를 해주었다. 내가 세 살이었을 때 아버지가 짧게 자른 라켓을 주고 치고 싶은 것은 뭐든 쳐보게 했다. 나는 소금통을 주로 쳐댔다. 유리창을 통해 소금통을 전해주는 게 재미있었다. 나는 개에게 에이스를 날렸다. 그래도 아버지는 결코 화내는 법이 없었다. 아버지는 걸핏하면 화를 냈지만, 라켓을 가지고 뭔가를 세게 치는 것에 대해서는 별 말이 없었다.

네 살이 되었을 때, 테니스로 이름난 사람들이 동네를 지나가면 아버지는 나를 그들과 겨뤄보게 시켰는데, 첫 상대는 지미 코너스였다. 아버지는 코너스가 상대하기에 아주 좋은 선수라고 했다. 나는 그것보다도 코너스가 나처럼 바가지 머리를 하고 있다는 게 더 인상적이었다. 시합을 끝냈을 때 코너스는 아버지에게 내가 아주 좋은 플레이를 보여주었다고 말했다. 아버지는 짜증을 내며 이미 알고 있었다고 말했다.

"아주 좋다고요? 저 녀석은 세계 최고가 될 겁니다."

그는 코너스의 인정을 바란 것이 아니었다. 단지 나와 시합을 할 만한 사람을 찾고 있었던 것이다.

코너스가 라스베이거스에 올 때마다, 아버지는 라켓에 스트링을 맸다. 아버지는 전문 스트링어다(텐션을 만들고 유지하는 데 아버지를 능가할 사람이 누가 있을까?). 방식은 언제나 똑같았다. 아침에 코너스가 아버지에게 라켓 한 박스를 주면, 여덟 시간 후에 아버지와 나는 스트립의 레스토랑에서 코너스를 만났다. 아버지는 새로 스트링을 맨 라켓을 조심스레 안은 나를 안으로 들여보냈다. 내가 매니저에게 코너스가 앉은 테이블을 가르쳐 달라고 하면 매니저는 나를 코너스가 수행원들과 함께 앉아 있는 모퉁이 끝자리로 데려갔다. 나는 말없이 중앙의 벽에 기대있는 코너스에게 조심스레 라켓을 건넸다. 테이블의 대화가 중단되고 모두가 나를 내려다보았다. 코너스가 거칠게 라켓을 받아 의자에 내려놓으면 잠시동안 나는 삼총사 중 한 명에게 지금 막 날카롭게 간 검을 전해주기라도 한 듯, 중요한 사람이 된 기분이 들었다. 코너스는 내 머리를 헝클어뜨리고는 나나 아버지에 대해 비꼬는 말을 던졌고, 그 자리에 있던 사람들이 모두 요란하게 웃어댔다.

테니스를 잘하게 될수록 학교 성적은 점점 나빠지면서 괴로워졌다. 책을 좋아했지만 책에 압도당하는 기분이었다. 선생님들이 좋았지만 무슨 말을 하는지 반도 알아듣지 못했다. 나는 다른 아이들처럼 어떤 사실을 배우거나 받아들이는 것을 잘 못하는 것 같았다. 기억력은 아주 좋은 편이었지만 집중하는 데는 어려움을 겪었다. 두세 번씩 설명이 필요했다(그래서 아버지가 뭐든 두 번씩 소리를 지르며 말했나?). 게다가 학교에서 시간을 보내는 걸 아버지가 탐탁지 않아한다는 사실도 알고 있었다. 학교에서 공부하는 시간만큼 테니스 연습시간을 빼앗기기 때문이었다. 그래서 학교를 싫어하고 성적이 시원찮으면 아버지의 기대에 부응하는 것 같은 기분이었다.

아버지가 나와 형제들을 차에 태워 학교에 데려다주다가 웃으면서 이렇게 말한 적도 있다.

"너희들에게 제안 하나 하마. 학교에 데려다주는 대신에 케임브리지 라켓클럽에 데리고 가면 어떨까? 아침 내내 테니스를 할 수 있어. 어떨 것 같니?"

우리는 아버지가 무슨 말을 듣고 싶어하는지 알고 있었기에 이렇게 대답했다.

"야호!"

"엄마한테는 비밀이다."

케임브리지 라켓클럽은 스트립 동쪽에 자리한 지붕이 길고 낮은 창고 같은 곳이었는데, 거기에는 10개의 하드 코트(*hard court, 아스팔트나 콘크리트 등의 견고한 재질로 만든 코트)가 있었고 불쾌한 냄새가 났다. 먼지와 땀, 도찰제(*주로 연고로 된 약제로, 살갗에 발라 문질러 스며들게 하는 약) 냄새와 더불어 뭔지 알 수는 없지만 막 유효기간이 지난 듯한 시큼한 냄새가 났다. 아버지는 케임브리지 클럽을 마치 우리 집에 딸린 별채로 생각하는 듯했다. 아버지는 클럽 주인인 퐁 씨와 서서 우리가 웃고 떠드느라 시간을 낭비하지는 않는지, 테니스를 제대로 하고 있는지 가까이서 지켜보았다. 마침내 아버지는 짧게 휘파람을 불었다. 어디 있든 알아들을 수 있는 소리였다. 아버지가 입안에 손가락을 넣고 크게 바람을 불면, 게임, 세트, 매치, 플레이 중지, 그리고 지금 당장 차에 타 등등을 의미했다.

형제들은 항상 나보다 먼저 그만뒀다. 큰누나인 리타, 형인 필리, 그리고 태미 모두 테니스를 잘했다. 우리는 테니스계의 폰 트랩 가족(*영화 〈사운드 오브 뮤직〉에 나왔던 대령의 가족. 극중에서 폰 트랩 가족 합창단을 결성한다) 같았다. 그러나 막내인 내가 테니스를 제일 잘했다. 아버지는 나와 형제들, 퐁 씨에게 안드레는 선택받은 아이라고 말하곤 했다. 그래서 아버지가 내게 가장 많은 관심을 기울였던 것이다. 나는 애거시 가문의 마지막 희망이자 최대의 희망이었다. 아버지가 내게 특별한 관심을 쏟는 것이 좋으면서도, 한편으로는 차라리 내가 투명인간이 되었으면 하고 바랐다. 아버지는 그만큼 두려워질 수 있는 존재, 언제든 실제 행동에 나설 수 있는 사람이었다.

아버지는 종종 엄지와 검지를 콧구멍 안에 넣고 눈물이 날 정도의 고통을 참을 수 있는지 시험하기 위해 까만 코털을 한 움큼 뽑곤 했다. 아버지는 이런 식으로 스스로를 단련시키는 것이었다. 비누나 면도크림 없이 일회용 면도기로 마른 뺨과 턱을 면도하다가 상처가 나면 저절로 피가 멎을 때까지 그대로 내버려두었다.

스트레스를 받거나 산만해질 때면 아버지는 허공을 응시하다가 중얼거리곤 했다.

"사랑해, 마가렛."

나는 어머니에게 물었다.

"아빠가 누구한테 얘기하는 거예요? 마가렛이 누구예요?"

어머니는 아버지가 내 나이였을 때 연못에서 스케이트를 타다가 얼음이 깨진 적이 있었다고 말해주었다. 아버지는 얼음 사이로 빠져 익사했었다. 오랫동안 숨을 쉬지 않았으니까. 그런데 물 밖으로 끄집어내졌을 때 마가렛이라는 여자가 그를 살려냈다고 한다. 아버지는 전에 그녀를 본적도 없고 다시 보지도 못했다. 그러나 가끔씩 아버지는 마음속으로 그녀에게 말을 걸면서 아주 부드러운 목소리로 감사를 표하는 것이었다. 아버지는 이런 마가렛의 환영이 발작을 일으키듯 다가온다고 했다. 그리고 이런 일이 일어나는 동안은 아무것도 알아차리지 못하고 이후에도 그저 희미한 기억만 남았다.

원래 난폭한 성격인 아버지는 평생 전투태세였다. 끊임없이 혼자 권투 연습을 하고 차에 도낏자루를 갖고 다녔다. 길거리에서 싸움에 휘말려 누군가의 시야를 차단해야 할 때를 대비해 주머니에 소금과 후추도 한 움큼씩 지니고 집을 나섰다. 하지만 아버지에게 가장 지독한 싸움은 자신과의 싸움이었다. 아버지는 만성적으로 목이 뻣뻣한데, 화난 듯 고개를 비틀고 꺾는 바람에 목뼈가 지속적으로 느슨해지고 있었다. 때문에 목에서 팝콘 터지는 것 같은 소리가 날 때까지 좌우로 머리를 흔들면서, 개처럼 몸을 흔들어대곤 했다. 이렇게까지 해도 안 되면 아버지는 집 밖의 마구에 매달려있는 무거운 샌드백을 이용했다. 의자 위에 서서 샌드백을 치우고 마구에 목을 매단 다음 의자를 차버리고 공중에 발을 늘어뜨린 채 매달려

있게 되는데, 이렇게 하면 그의 움직임이 마구로 인해 갑자기 멈춰버리게 되는 것이었다. 맨 처음 이런 아버지를 봤을 때 나는 방들을 가로질러 걸어가고 있었는데 위를 올려다보니 아버지가 의자를 차버리고 목이 매달린 채 신발이 지상에서 몇 피트 높이에 떠 있었다. 아버지가 분명히 자살하려는 거라고 생각한 나머지 나는 흥분해서 달려갔다.

충격받은 내 얼굴을 보면서 아버지는 소리를 내질렀다.

"대체 무슨 짓 하는 거야?"

그러나 아버지는 대부분 남들과 싸움을 벌였고, 그 싸움은 가장 예기치 않은 순간에 경고도 없이 시작되곤 했다. 꿈속에서 권투를 하면서 팔을 뒤로 뺐다가 선잠이 든 어머니에게 펀치를 날린 적도 있다. 차에서도 마찬가지였다. 아버지는 로라 브래니건(*미국 뉴욕주 브루스터 출신의 가수. 2004년 8월 26일 뇌동맥류로 사망)의 8개 곡이 수록된 음반을 따라 흥얼거리며 초록색 올즈모빌(*미국 최초의 자동차 회사가 생산한 자동차로 2004년 이후 사라짐)을 모는 것을 좋아했는데, 다른 운전자가 아버지를 가로지르거나 길을 막거나 아버지가 끼어드는 걸 방해하면 일이 심각해졌다.

어느 날은 차를 타고 케임브리지로 가고 있었는데, 아버지가 다른 운전자와 서로 고래고래 고함을 지르는 일이 생겼다. 아버지는 차를 세우고 밖으로 나가 그 남자에게 밖으로 나오라고 소리쳤다. 물론 그 남자는 거부했다. 아버지가 도낏자루를 휘두르고 있었기 때문이다. 그러자 아버지는 그 남자 차의 전조등과 미등에 도낏자루를 휘둘렀고 유리 파편이 사방으로 튀었다.

아버지가 나를 사이에 두고 다른 운전자에게 권총을 겨눈 적도 있다. 아버지는 내 코 높이에서 총을 겨누었고 나는 똑바로 앞을 응시했다. 움직이지도 않았다. 나는 다른 운전자가 뭘 잘못했는지 몰랐다. 테니스공을 곧장 네트로 쳐버리는 정도의 운전 실수였을까? 나는 아버지의 손가락이 방

아쇠에 팽팽하게 장전되어 있다는 걸 느낄 수 있었다. 그러자 그 운전자는 쏜살같이 달아났는데, 뒤이어 좀처럼 들을 수 없던 아버지의 웃음소리가 들렸다. 아버지는 정말 배꼽이 빠지도록 웃었다. 나는 이 일―아버지가 웃으며 내 코 아래에 권총을 들이댔던 일―을 그저 빨리 잊고만 싶었다.

조수석의 사물함에 총을 도로 넣고 차를 몰면서 아버지는 내 쪽으로 몸을 돌리며 말했다.

"엄마한테는 비밀이다."

나는 왜 아버지가 이런 말을 하는지 몰랐다. 어머니한테 이 일을 얘기하면 뭐라고 하실까? 어머니는 단 한 번도 뭐라고 한 적이 없었다. 하지만 아버지는 모든 일엔 처음이 있다고 생각했던 걸까?

라스베이거스에 드물게 비가 오는 날, 아버지는 나를 태우고 일터로 엄마를 데리러 갔다. 나는 벤치시트(좌우로 갈라져 있지 않은 자동차의 긴 좌석. 뒷좌석이나 일부 자동차 모델의 앞좌석) 끝에 앉아서 장난을 치면서 노래를 불렀다. 아버지는 방향을 틀기 위해 왼쪽 차선을 탔는데, 트럭 운전사가 아버지에게 경적을 울렸다. 아버지는 깜빡이를 켜지 않은 모양이었다. 아버지는 트럭 운전사에게 가운뎃손가락을 들어보이며 욕을 했다. 아버지의 손은 내 얼굴을 거의 때릴 뻔할 정도로 빠르게 움직였다. 트럭 운전사는 고함을 질렀고 아버지는 욕설을 마구 쏟아냈다. 운전사가 차를 멈추고 창문을 열자 아버지도 차를 세우고 밖으로 뛰어나갔다.

나는 뒷좌석으로 기어들어가 뒷유리창으로 이 광경을 지켜보았다. 비는 점점 거세게 오고 있었다. 아버지가 운전사에게 다가가자 운전사가 먼저 펀치를 날렸다. 그러자 아버지는 몸을 홱 굽히며 정수리 위로 펀치를 피한 후 연속으로 빠르게 연타를 날리며 어퍼컷으로 마무리했다. 트럭 운전사는 도로위에 누워버렸다. 죽었구나, 나는 확신했다. 죽은 것이 아니라 해도 그는 곧 죽게 될 것이었다. 도로 한가운데에 누워있으니 누군가 그를 치고 지나갈지도 모르기 때문이었다. 아버지가 차로 돌아오자 우리는 급히 자리를 떴다. 뒷좌석에서 뒷유리창으로 트럭 운전사를 바라보니 빗줄기가 정신을 잃은 그의 얼굴 위를 강타하고 있었다. 아버지는 뭐라고 중얼거리면서 운전대 앞에서 원투 펀치를 날리고 있었다.

어머니를 태우기 전에 아버지는 손을 내려다보고 주먹을 쥐었다 폈다 하면서 관절이 부러지지 않았는지 확인했다. 그리고 뒷좌석에 앉아 있는 내 눈을 똑바로 쳐다보았다. 그러나 나는 아버지가 마가렛을 보고 있다는 기분이 들었다. 아버지는 다소 부드럽게 말했다.

"엄마한테는 비밀이다."

내가 테니스를 하기 싫다고 아버지한테 말하면 어떨까 생각할 때마다 그런 순간들이 마음속에 떠올랐다.

아버지를 사랑하고 기쁘게 해드리고 싶은 마음만큼이나 화나게 하고 싶지도 않았다. 감히 그럴 수가 없었다. 아버지가 화나면 나쁜 일이 일어났으니까. 아버지가 테니스를 할 시간이라고 말하면, 내가 세계 최고가 될 거라고 말하면 그것은 내 운명이 되었으며 나는 고개를 끄덕이고 복종할 수밖에 없었다. 나는 지미 코너스나 다른 사람들에게 나처럼 하라고 조언할 것이다.

세계 최고가 되는 길은 후버댐 위로 나 있었다. 내가 여덟 살 때 아버지는 이제 뒷마당에서 드래곤과 연습하고 케임브리지에서 공을 치며 노는 데서 벗어나 네바다와 애리조나, 캘리포니아주를 아우르며 실제 내 나이 또래의 아이들과 시합에서 겨뤄볼 때가 왔다고 했다. 매 주말마다 우리 가족은 모두 차에 우르르 올라타서 95번 도로를 타고 북쪽 리노 방면으로 가거나 아니면 남쪽 헨더슨을 거쳐 후버댐 위로, 사막을 거쳐 피닉스나 스코츠데일, 투산으로 가곤 했다. 테니스 코트 외에 내가 가장 있고 싶지 않은 곳은 아버지와 함께 탄 차 안이었다. 그러나 모든 것은 이미 결정되어 있었다. 내 어린 시절은 테니스 코트 아니면 아버지의 차 안이라는 두 공간에서만 존재하도록 운명지어졌던 것이다.

나는 10세 이하 유소년 테니스 대회에서 첫 7승을 거두었다. 아버지는 아무 반응이 없었다. 나는 해야 할 일을 한 것뿐이었다. 후버댐 쪽으로 돌아오는 길에 나는 거대한 장벽에 갇혀 물이 한가득 고여 있는 걸 빤히 쳐다보았다. 깃대의 기저부에 있는 비문을 보았는데 "외로운 땅을 풍요롭게 만들고자 하는 비전에 영감을 받은 이 사람들을 기념하여…"라고 적혀 있었다. 나는 이 구절을 가만히 생각해 보았다. 외로운 땅이라. 사막 한가운데에 있는 우리 집보다 더 외로운 땅이 있을까? 나는 후버댐 안에 갇힌 콜로라도 강처럼 아버지 안에 가득 찬 분노에 대해 생각했다. 터지는 건 시간문제였다. 피할 곳을 찾아 나서는 것밖엔 도리가 없었다.

피할 곳을 찾는다는 건 이긴다는 걸 뜻했다. 항상 이겨야 하는 것이다.

우리는 샌디에이고의 몰리 필드 테니스 콤플렉스로 갔다. 나는 제프 타랑고란 아이와 경기를 했는데, 내 수준에는 못미쳤다. 그런데도 그는 첫 세트를 6-4로 이겼다. 나는 충격을 받았다. 그리고 두려웠다. 아버지가 나를 가만두지 않을 것이었다. 나는 상대선수를 격파하고 2세트에서 6-0으로 이겼다. 3세트 초반에 타랑고는 발목을 삐었다. 나는 그가 다친 발목으로 뛰어다니게 만들기 위해 드롭샷을 구사하기 시작했다. 그렇지만 그는 아픈 체했을 뿐이었다. 그의 발목은 멀쩡했던 것이다. 그는 바운드하며 들어왔고, 내 드롭샷을 강타하고는 매 포인트를 따버렸다.

아버지는 스탠드에서 소리쳤다.

"드롭샷은 그만해! 드롭샷은 그만!"

그러나 나도 전략이 있었으므로 계속 가기로 했다. 타이브레이크가 시작됐다. 9게임 중 5게임을 먼저 이기는 사람이 승리하는 방식이었다. 우리는 포인트를 주고받다가 4-6이 되었다. 결국 여기까지 왔다. 단판승부인 것이다. 1포인트로 전 경기의 승부가 결정되는 것이다. 지금껏 진 적이 없어서 내가 지면 아버지가 어떤 반응을 보일지 상상조차 할 수가 없었다.

나는 내 인생이 위험한 상황에 처해있는 것처럼(실제로 그렇기도 했다) 테니스를 했다. 타랑고도 나처럼 테니스를 하는 걸 보면 우리 아버지 같은 부모가 있는 게 틀림없었다.

물러나서 빠른 크로스코트 백핸드를 날렸다. 공을 랠리샷처럼 쳤으나 내가 의도했던 것보다 훨씬 크고 강한 샷이 되어 날아갔다. 깜짝 놀랄만한 승리의 한방이었다. 라인에서 91센티미터 안에 들어왔지만 타랑고가 칠 수 있는 범위를 넘어갔기 때문이었다. 나는 승리의 함성을 내질렀다. 타랑고는 코트 중앙에 서서 머리를 떨어뜨린 채 우는 것 같았다.

그런데 타랑고가 천천히 네트 쪽으로 걸어와 멈춰 섰다. 그러더니 갑자기 공이 맞은 곳을 돌아보며 웃었다.

"아웃이야."

그가 이렇게 말하자 나는 멈칫했다.

"볼 아웃!"

타랑고가 소리쳤다.

주니어 대회의 규칙은 이런 식이다. 선수들 스스로 라인즈맨(*선심)의 역할을 하는 것이다. 선수들은 테니스공의 인, 아웃을 판정하며 이에 대한 번복은 없다. 타랑고는 이에 대해 이의를 제기할 사람이 없다는 사실을 알고 지는 것보다는 차라리 이렇게 하는 편이 낫겠다고 결정한 거였다. 그는 승리의 표시로 손을 들었다. 이제 내가 울 차례였다.

스탠드에서는 난리가 났고, 부모들은 싸움을 벌이며 소리를 지르고 거의 주먹다짐이 오갈 정도였다. 불공평하고 옳지도 않았지만, 그것이 현실이었다. 타랑고는 승자였던 것이다. 나는 악수를 거부하고 발보아 공원으로 달려갔다. 다 울고 30분 후 돌아왔을 때, 아버지는 몹시 화가 나 있었다. 내가 사라져서가 아니라 경기 중에 아버지가 하라는 대로 하지 않았기 때문이었다.

"왜 내 말을 안 들었지? 왜 계속 드롭샷을 친 거냐고?"

이번만큼은 아버지가 두렵지 않았다. 아버지가 얼마나 나에게 화가 났든, 나는 그보다 더 화가 나 있었으니까. 나는 타랑고의 행동에 격분했고, 신에 대해 그리고 나 자신에 대해 분노했다. 타랑고가 부정행위를 했다는 생각이 들었지만, 그가 아예 나를 속이지 못하도록 했어야 했다. 경기가 그렇게 박빙의 승부로 흘러가게 내버려두어서는 안 되었던 것이다. 내가 그냥 내버려두었기 때문에 내가 실점을 기록하게 된 것이다. 영원히. 그 어떤 것도 상황을 되돌릴 수는 없었다. 견딜 수도 없고 피할 수도 없었던 생각은 바로 내가 실수할 수 있는 인간이라는 사실이었다. 이미 흠집이 난 불완전한 인간. 드래곤이 쏜 백만 개의 공을 쳤으나 대체 그게 무슨 소용이란 말인가?

수년간 아버지가 꾸짖는 소리를 들어왔건만, 단 한 번의 실점이 나로 하여금 아버지의 호통을 받아들이게 만들었다. 나는 아버지를 내면화해서—그의 성급함, 완벽주의, 그리고 분노까지—아버지의 목소리가 나 자신의 목소리로 느껴지도록 했다. 나는 더 이상 아버지 때문에 괴로워할 필요가 없었다. 이날부터 줄곧 나는 스스로를 괴롭힐 수 있게 되었으므로.

3
아버지의 과거

아버지의 어머니는 우리와 함께 살았다. 할머니는 코끝에 호두만한 크기의 무사마귀가 있는 테헤란 출신의 고약한 노부인이었다. 때때로 할머니가 무슨 말을 하는지 알아들을 수가 없었는데 그 사마귀에서 도통 눈을 뗄 수가 없었기 때문이었다. 그래도 상관없었다. 할머니는 분명 어제, 그저께 했던 똑같은 얘기를 할 테고, 아마도 아버지한테도 그럴 테니까. 할머니가 태어난 것은 아마도 아버지를 괴롭히기 위해서였을 것이다. 할머니는 아버지가 어렸을 때부터 잔소리를 해대고 종종 때리기도 했다고 한다. 아버지가 큰 잘못을 저질렀을 때, 할머니는 아버지에게 여아 기성복을 입혀 학교에 보냈다. 그래서 아버지가 싸움을 배웠나보다.

할머니가 아버지를 쪼아대지 않았다면 아마도 고국에 대해서 큰소리로 불평하고 남겨두고 온 사람들을 생각하며 탄식했을 것이다. 어머니는 할머니가 고향을 그리워하는 거라고 말해주었다. 내가 처음 이 말을 들었을 때 나는 내 자신에게 물었다. 집에 있지 않다는 것을 어떻게 그리워할 수 있다는 거지? 집이란 드래곤이 사는 곳, 어딜 가든 테니스를 해야만 하는 곳이다.

할머니가 집으로 돌아가고 싶다면 나는 전적으로 찬성이었다. 여덟 살밖에 안 되었지만, 내가 직접 할머니를 공항에 차로 모시고 갔을지도 모른다. 할머니는 이미 긴장감이 팽팽해질대로 팽팽해진 집에 더 이상 견디기 힘든 긴장감을 더해주는 존재였기 때문이다. 할머니는 아버지를 고통스럽게 만들고 나와 형제들을 쥐고 흔들었으며 어머니와 이상한 경쟁을 벌였다. 어머니는 내가 아기였을 때 부엌에 들어왔다가 할머니가 내게 모유를 수유하는 장면을 보았다고 한다. 그 이후로 두 여인 사이의 관계는 어색해져 버렸다.

물론 할머니가 우리랑 같이 살아서 좋은 점도 있었다. 할머니는 아버지에 관한 이야기, 아버지의 어린 시절에 관한 이야기를 해주셨고, 때로는 아버지가 추억에 잠기게 해 아버지 스스로 입을 열게 만들었던 것이다. 할머니가 아니었다면 우리는 아버지의 과거에 대해 잘 모를 뻔했다. 아버지의 과거는 슬프고 외로웠으며 그의 기이한 행동과 끓어오르는 분노를 어느 정도는 설명해주었다.

할머니가 한숨을 쉬며 말했다.

"아, 우리는 가난했었지. 너는 얼마나 가난했는지 상상도 못할 거다. 그리고 배가 고팠지."

할머니는 배를 문지르며 말했다.

"먹을 것이 없었을 뿐만 아니라 식수도, 전기도 없었지. 가구 한 점도 없었단다."

"어디서 잤어요?"

우리는 더러운 마룻바닥에서 잤지! 아주 작은 방 하나에서 온 가족이 잤단다! 더러운 안마당 주변에 지어진 오래된 공동주택에서 잤지. 안마당은 한쪽 구석에 구멍이 있었는데, 모든 입주자를 위한 화장실이었단다."

아버지가 맞장구치며 말했다.

"전쟁이 끝난 후에 사정이 나아졌어. 한밤중 거리는 영국군과 미국군으로 가득했지. 나는 그들이 좋았어."

"왜 군인들이 좋았어요?"

"사탕과 신발을 줬으니까."

군인들은 아버지에게 영어도 가르쳐주었다. 아버지가 미군으로부터 처음 배운 단어는 'victory(승리)'였다. 군인들은 온종일 승리에 관해서만 얘기를 했지. 아버지가 말했다.

"Wictory"

"와, 군인들은 정말 컸어. 그리고 강했지. 나는 군인들을 항상 따라다니면서 보고 배우곤 했는데, 어느 날 나는 군인들이 자유시간을 보내던 장소까지 따라간 거야. 클레이 테니스 코트 두 곳이 있던 숲 속 공원이었지."

아버지가 덧붙였다.

코트 주변에는 담장이 없어서 몇 초마다 한 번씩 공이 튀어 나가곤 했다고 한다. 아버지는 강아지처럼 공을 쫓아가서 군인들에게 갖다주다가, 마침내 군인들 사이에서 비공식적인 볼보이가 되었다. 그다음 아버지는 다시 공식적인 코트 관리인이 되었다.

"매일 나는 코트를 비로 쓸고 물청소를 하고 무거운 롤러로 바닥을 밀었다. 라인을 흰색으로 페인트칠도 했지. 참 그럴싸한 일이었는데! 수성 분필을 써야했어."

"그래서 얼마를 받았어요?"

"얼마냐고? 아무것도. 대신 테니스 라켓을 하나 받았지. 고물이나 다름없었어. 강선으로 스트링을 맨 오래된 나무 라켓이었지. 그래도 참 좋았어. 혼자서 벽돌담에 대고 그 라켓으로 몇 시간씩 테니스공을 쳤었지."

"왜 혼자 쳐요?"

"이란에는 테니스를 하는 사람이 아무도 없었거든."

아버지에게 지속적으로 싸울 상대를 제공해줄 수 있는 스포츠는 권투가 유일했다. 아버지의 강인함이 처음으로 시험대에 오른 것은 계속되는 시가전에서였는데, 그 후 십 대였던 아버지는 체육관으로 걸어들어가 정식으로 권투 기술을 배우기 시작한 것이다. 트레이너들은 아버지를 재능을 타고난 사람이라고 불렀다. 손이 빠르고 발이 가벼운데다, 세상에 대해 불만을 품고 있었던 것이다. 우리가 감당하기에는 너무 강했던 아버지의 분노는 권투계의 자산이었다. 아버지는 이란 올림픽 대표팀에 선발됐고, 밴텀급에서 경기를 했으며, 1948년 런던 올림픽에 출전했다. 4년 후에는 헬싱키 올림픽에도 출전했다. 그러나 아버지는 두 번 다 썩 잘하진 못했다.

"심판들이 문제였어. 사기라고. 모든 것이 조작되고 사전에 손을 쓴 거야. 세상은 이란에 대해 매우 편견을 갖고 있었지."

아버지는 억울해했다.

"그러나 아마도 테니스가 다시 올림픽 종목이 되는 날이 오겠지만, 내 아들이 금메달을 따서 과거를 만회하게 될 거야."

아버지는 덧붙였다. 매일 같은 중압감에 또 하나의 압박감이 더해졌다.

세상을 조금 알고 난 후, 올림픽에 출전한 다음 아버지는 더러운 마룻바닥에서 자던 단칸방 생활로 돌아갈 수가 없어 이란을 몰래 빠져나온 것이다. 아버지는 여권을 위조해서 가명으로 뉴욕행 비행기를 타고 엘리스 아일랜드에서 16일간 지내다가 버스를 타고 시카고로 와서 이름을 미국식으로 바꿨다. 엠마누엘이 마이크 애거시가 된 것이다. 낮에는 뉴욕시의 대형 호텔에서 승강기 운전원으로 일하고 밤에는 권투시합에 나갔다.

시카고에서 아버지의 권투 코치는 토니 자일이라는 이름이었다. 그는 두려움을 모르는 미들급 챔피언으로, 종종 '강철의 사나이'로 불렸다. 유혈이 낭자한 난타전에서 록키 그라지아노와 벌인 세 차례의 격전으로 유

나의 아버지 마이크. 싸움을 좋아하던 18세 밴텀급 선수. 테헤란.

아버지의 과거

명했던 자일은 아버지를 칭찬했다. 다듬어지지는 않았으나 놀라운 재능이 있다며 더 세게 주먹을 날릴 것을 주문했다. 더 세게. 자일은 아버지가 스패드백을 칠 때 소리를 지르며 이렇게 말했을 것이다. 더 세게. 펀치를 날릴 때는 밑바닥에서부터 끌어올린 힘을 이용하는 거야.

자일이 코너맨으로 나선 시카고 골든 글러브(*아마추어 권투대회)에서 아버지는 우승을 했고, 뉴욕의 매디슨 스퀘어 가든에서 가장 좋은 시간대에 타이틀 매치를 갖게 되었다. 절호의 기회였다. 그러나 시합 당일 밤 아버지의 상대가 탈이 났다. 프로모터는 급히 대체 선수를 물색해 더 나은 선수를 한 명 찾았으나 그는 웰터급이었다. 아버지는 경기를 하겠다고 합의했지만 오프닝 벨이 울리기 직전 몸이 떨리기 시작했다. 아버지는 화장실로 숨어들어가 변기 위의 창문을 통해 살그머니 빠져나왔고, 기차를 타고 시카고로 도망온 것이었다.

이란에서 몰래 빠져나오고, 매디슨 스퀘어 가든에서 빠져나왔던 아버지는 내가 생각하기에 탈출의 명수였다. 그러나 아버지로부터 탈출할 수는 없었다.

아버지는 권투하던 시절 항상 상대선수의 비장의 한방을 맞길 바랬다고 말했다. 언젠가 아버지는 테니스 코트에서 이렇게 말한 적이 있다.

"상대방이 보여줄 수 있는 비장의 펀치를 맞았는데도 여전히 버티고 있다면, 그리고 그 사실을 상대방도 알고 있다면 상대의 가장 중요한 부분을 망친 셈이지. 테니스에서도 마찬가지야. 상대방의 자신 있는 부분을 노려. 그가 서브에 강하면 서브를 가져가버려. 힘이 넘치는 파워플레이어라면, 힘으로 제압해. 포핸드에 자신이 있어서 강한 포핸드로 나오면, 그가 포핸드를 원망하게 될 때까지 상대의 포핸드를 쫓아가."

아버지는 이런 역발상 전략에 '상대방 뇌에 수포를 처바르기 전략'이라는 자신만의 명칭을 붙였다. 이런 전략과 지독한 철학을 바탕으로 그는 나를 평생 제압하려는 모양이었다. 아버지는 나를 테니스 라켓을 쥔 권투선수로 만들려는 거였다. 더욱이 대부분의 테니스 선수들은 서브에 자부심을 갖고 있으므로 아버지는 이런 점을 이용해 나를 카운터펀치를 날리는 선수, 즉 리터너(returner)로 만들려는 생각이었던 것이다.

이따금 아버지도 향수병에 시달렸다. 특히 큰형인 이자르를 그리워했는데, 어느 날인가 아버지는 이자르 삼촌이 아버지가 그랬던 것처럼 이란을 몰래 빠져나올 것이라고 단언했다.

그러나 이자르 삼촌이 빠져나오려면 돈부터 구해야 했다. 이란은 지금 휘청이고 있다는 아버지의 설명이었다. 혁명이 꿈틀대고 정부는 불안정한 상태로, 개인이 은행 계좌에서 돈을 인출해 도망가지 않는지 국가가 감시한다는 것이었다. 그래서 이자르 삼촌은 천천히 은밀하게 현금을 보석으로 바꾸었고, 이를 다시 포장으로 숨겨서 라스베이거스의 우리 집으로 부쳤다. 이자르 삼촌이 부친 갈색 포장상자가 도착할 때마다 크리스마스 기분이 났다. 우리는 거실 바닥에 앉아 포장끈을 풀고 종이를 찢고는, 쿠키 상자 아래나 과일 케이크 안에 숨겨진 다이아몬드와 에메랄드, 루비를 찾아낼 때마다 비명을 질렀다. 이자르 삼촌의 소포는 몇 주에 한 번씩 도착하더니, 어느 날인가는 더 큰 소포가 배달됐다. 바로 이자르 삼촌이었다. 현관 앞에 웃으며 도착한 것이었다.

"네가 안드레구나."

"네."

"나는 네 삼촌이란다."

삼촌은 팔을 뻗어 내 뺨을 만졌다. 삼촌은 아버지와 거의 흡사하게 생겼지만, 성격은 정확히 반대였다. 아버지는 날카롭고 엄격하며 분노로 가득 차 있었지만 삼촌은 상냥하고 인내심이 있으며 재밌는 사람이었다. 또 머리가 좋아서—이란에 있을 때 엔지니어로 일했다고 한다.—매일 밤 내가 숙제하는 걸 도와주기도 했다. 아버지의 훈육에서 해방되는 순간이었다. 아버지의 교육법은 한 번 두 번 말하고는, 소리를 지르다가 처음에 이해를 못하면 바보라고 부르는 식이었다. 이자르 삼촌은 먼저 내용을 말해준 후 미소를 지으며 기다렸다. 이해를 못해도 상관없었다. 삼촌이 다시 좀 더 부드러운 말투로 이야기해주었으니까. 삼촌에게 시간은 충분했던 것이다.

나는 이자르 삼촌이 방과 복도를 어슬렁거리며 돌아다니는 것을 바라보다가 아버지가 영국군과 미국군을 따라다녔던 것처럼 삼촌을 따라갔다. 이자르 삼촌과 친해져 삼촌에 대해 좀 더 잘 알게 되었고, 삼촌의 어깨에 매달리고 팔에 매달려 그네 타는 게 좋았다. 삼촌도 좋아했다. 삼촌은 조카들과 서로 간지럼 태우고 씨름하면서 야단법석 떠는 걸 좋아했다. 매일 밤 나는 현관문 뒤에 숨어 있다가 이자르 삼촌이 집에 오면 펄쩍 뛰어갔다. 삼촌이 그럴 때마다 웃어주었기 때문이다. 갑작스레 터지는 삼촌의 웃음소리는 드래곤이 내뿜는 소리와는 전혀 달랐다.

어느 날 이자르 삼촌은 물건을 사러 마트에 가자 나는 시간을 쟀다. 마침내 대문이 철컹하고 열렸다 닫혔다. 보통 대문에서 현관까지 가는 데 12초가 걸렸다. 나는 웅크리고 있다가 12초를 세고는 문이 열리자 삼촌을 놀래키려 뛰어나왔다.

"짜잔!"

이자르 삼촌이 아니었다. 아버지였다.

"놀랐잖아!"

아버지는 소리를 지르며 물러나더니 주먹을 휘둘렀다. 체중이 아주 약간만 실린 주먹이었지만, 아버지의 레프트 훅에 맞아 나는 턱이 붉어지고 멀리 나가떨어졌다. 짧은 순간동안 흥분해서 신이 났다가, 바로 다음 순간 바닥에 대자로 누워버린 것이다.

아버지는 나를 무섭게 노려봤다.

"대체 무슨 짓을 하는 거야? 어서 방으로 들어가."

나는 방으로 들어가 침대 위에 털썩 몸을 던지고는 몸을 떨었다. 시간이 얼마나 지났는지도 몰랐다. 한 시간? 세 시간? 마침내 방문이 열리며 아버지의 목소리가 들렸다.

"라켓 갖고 코트로 나와."

드래곤과 마주할 시간이 온 것이다. 머리가 지끈거리고 눈물이 흐르는 채로, 나는 30분간 테니스를 했다.

"더 세게 치란 말이야. 젠장, 더 세게 치라고. 네트에 말고!"

아버지가 말했다. 나는 몸을 돌려 아버지를 바라보았다. 드래곤의 공을 할 수 있는 한 세게 쳤지만 높이 날아 담장을 넘어가고 말았다. 나는 매를 겨냥했는데 실수인 것처럼 보이려고 애쓰지도 않았다. 아버지는 나를 노려보며 위협적인 기세로 다가왔다. 나를 때려 담장 밖으로 보내버릴 셈인 것 같았다. 그러나 아버지는 걸음을 멈추고는 욕을 하더니 눈앞에서 꺼지라고 소리쳤다.

집안으로 뛰어들어 오자 침대에 누워서 로맨스 소설을 읽는 어머니 발 밑에 있는 개가 눈에 띄었다. 어머니는 동물을 사랑해서 개, 고양이, 새, 도마뱀, 그리고 레이디 벗이라 부르는 털 빠진 쥐에 이르기까지 우리 집은 닥터 두리틀(*동물의 말을 듣고 대화할 수 있는 의사. 에디 머피 주연의 영화로 나옴)의 대기실 같았다. 나는 낑낑대며 짖어대는 걸 무시하고 개 한 마리를 방 저쪽으로 내동댕이쳤다. 그리고는 어머니의 팔에 머리를 묻었다.

"왜 아버지는 이렇게 심술궂죠?"

"무슨 일 있었니?"

나는 어머니에게 모든 걸 얘기했다. 어머니는 내 머리를 쓰다듬으며 아버지는 예의를 모르는 사람이라고 했다.

"하지만 아버지는 자신만의 방식이 있단다. 이상한 방식이지. 아버지는 늘 우리에게 좋은 것만 해주고 싶어한다는 걸 잊으면 안 돼, 알았지?"

나는 어머니의 무한한 평온함에 감사했지만 다른 한편으로는 배신당한 기분도 들었다. 평온하다는 건 때론 약하다는 뜻이니까. 어머니는 절대 남편과 아이들 사이에 끼어들지 않았다. 절대 반격도 하지 않았다. 어머니는 아버지에게 물러서라고, 여유를 가지라고, 테니스가 전부가 아니라고 말했어야 했다. 그렇지만 어머니는 천성이 그렇지가 못했다. 매일 아침 어머니는 단정한 바지정장을 입고 사무실 - 네바다 주정부 공무원이었다 - 로 출근했다가 저녁 6시가 되면 몹시 지친 얼굴로 퇴근했지만, 불평을 늘어놓는 일은 없었다. 어머니는 퇴근 후 마지막 남은 힘으로 저녁을 준비한 후 애완동물과 책과 함께 침대에 눕거나 가장 좋아하는 직소퍼즐을 하곤 했다.

어머니는 아주 극히 드물게만 화를 냈는데, 그런 일은 거의 기념비적인 사건으로 남았다. 한번은 아버지가 집의 청결 상태에 대해 말을 꺼냈다. 어머니는 찬장으로 걸어가 시리얼 두 박스를 꺼내고는 눈앞에서 깃발처럼 흔들어대더니 콘프레이크와 치리오스(*콘프레이크와 같은 시리얼 제품)를 사방에 흩뿌렸다. 그리고 소리쳤다.

"집이 깨끗했으면 좋겠다고? 그럼 직접 치우든가!"

얼마 후 어머니는 조용히 직소퍼즐에 몰두했다. 어머니는 노먼 록웰(*미국의 20세기 화가이자 일러스트레이터. 미국 중산층의 생활모습을 친근하고 인상적으로 묘사한 작품들로 유명함) 퍼즐을 특히 좋아했다. 부엌 테이블에 흩어져 있는 퍼즐판에는 항상 목가적인 가정생활이 묘사된 장면이 반쯤 맞춰진 채 놓여 있었다. 나는 어머니가 직소퍼즐을 맞추면서 느끼는 즐거움을 이해할 수가 없었다. 무질서한 균열, 온갖 종류의 혼란이 어떻게 안정감을 준단 말인가? 어머니와 나는 완전히 반대라는 생각이 들었다. 그럼에도 사람들에게 갖는 애정이나 연민과 같은 나의 부드러운 면은 어머니에게서 물려받은 것이 틀림없었다.

　어머니에게 기대 머리를 쓰다듬어 주는 손길을 느끼며 어머니에겐 내가 이해하지 못하는 부분이 많다는 생각이 들었다. 이 모든 것이 남편을 잘못 선택한 데서 비롯된 일 같았다. 나는 어떻게 처음에 아버지 같은 남자랑 결혼하게 되었는지 물었다. 어머니는 지친 듯 짧게 웃었다.

　"오래전 일이었지. 시카고에 있을 때였어. 친구의 친구가 너희 아버지에게 말했단다. 베티 더들리를 꼭 만나봐야 돼. 바로 네 타입이야. 그리고 아버지는 내가 좋아하는 타입이기도 했지. 그래서 아버지는 어느 날 밤 내가 임대해 살고 있던 걸스클럽(Girls Club)에서 나에게 전화했어. 우리는 오래오래 얘기를 했고, 너희 아버지는 참 상냥한 사람 같았단다."

　"상냥해요?"

　"그래, 알아. 그런데 그때는 그랬어. 그래서 나도 만나겠다고 했지. 그는 다음 날 새로 뽑은 멋진 폭스바겐을 몰고 나타났어. 특별한 목적지도 없이 나를 태우고 자기 얘기를 하면서 시내 이곳저곳을 그냥 돌아다녔지. 그러고 나서 우리는 뭔가를 좀 먹으려고 차를 세우고는 내 얘기를 시작했단다."

　어머니는 아버지에게 시카고에서 274킬로미터 떨어진 일리노이주 댄빌에서의 유년시절에 대해 말했다. 댄빌은 진 해크만(*미국의 대표적인 성격파 배우. 〈우리에게 내일은 없다〉와 〈프렌치 커넥션〉 등에 출연)과 도날드 오코너(*미국 댄서, 가수, 배우. 그의 대표작품은 〈Singin' in the Rain〉으로 진 켈리의 친구로 출연), **딕 반 다이크**(*미국의 희극배우이자 작가, 프로듀서. 〈메리 포핀스〉와 〈치티치티 빵빵〉등의 영화에 출연)가 자랐던 작은 동네이기도 하다. 어머니는 아버지에게 쌍둥이로 사는 삶에 대해 말했다. 걸핏하면 짜증내는 영어교사인 외할아버지가 영어를 올바르게 사용하는 것에 대해 얼마나 엄격했는지도. 문법에 맞지 않는 영어를 구사하는 아버지는 분명히 움찔했을 것이다. 아니 오히려 아버지는 잘 못 듣는 편이었다. 나는 아버지가 첫 데이트 때 어머니가 하는 말을 알아듣지 못하는 상황을 상상했다.

아버지는 어머니의 타오르는 듯한 적갈색 머리와 반짝이는 파란 눈에 마음을 빼앗겼을 것이다. 사진을 본 적이 있는데, 어머니는 흔치 않은 미녀였다. 나는 아버지가 어머니의 머리카락 색을 제일 좋아했다면 아마도 그건 테니스 클레이 코트(clay court, 표면을 점토로 만든 코트)의 색깔이었기 때문이라고 생각한다. 아니면 어머니의 키 때문이었나? 어머니는 아버지보다 몇 인치가 크다. 아버지는 아마도 큰 키를 도전으로 여겼으리라.

더없이 행복한 8주가 지나자 아버지는 이제 서로의 이야기를 하나로 만들어 보는 것이 어떻겠냐고 어머니를 설득했다. 우리 부모님은 성마른 외할아버지와 쌍둥이 자매로부터 도망쳐나와 함께 달아났다. 그리고 계속 도망쳤다. 아버지는 어머니를 차에 태우고 LA까지 곧장 내달렸고, 그곳에서 일자리를 찾는 것이 어려워지자 사막을 가로질러 새롭게 떠오르는 카지노의 도시로 향했다. 어머니는 주정부 공무원으로 취직이 되었고, 아버지는 테니스 강사로 트로피카나 호텔에 고용되었다. 급여가 많지 않아서 아버지는 랜드마크 호텔에서 부업으로 서빙을 시작했고 MGM 그랜드카지노의 책임자 자리를 얻은 후에는 몹시 바빠져서 다른 두 직장을 그만두었다.

결혼생활 10여 년간 부모님은 세 명의 자녀를 낳았다. 그리고 1969년 어머니는 불길한 복통으로 병원에 갔다. 의사는 처음에는 자궁적출이 필요할지도 모른다고 했으나 몇 가지 테스트를 해보고는 임신이라는 걸 알게 되었다. 어머니는 바로 나를 가졌던 것이다. 나는 1970년 4월 29일 라스베이거스 스트립에서 2마일 떨어진 선라이즈 병원에서 태어났다. 아버지는 내 이름을 카지노의 상사 이름을 따서, 안드레 커크 애거시로 지었다. 나는 어머니에게 왜 아버지가 직장상사들의 이름을 땄느냐고 물었다.

"다들 친구였어요? 아버지가 상사들을 존경했나요? 아니면 아버지가 돈을 빌렸어요?"

어머니도 모른다고 했다. 내가 아버지에게 단도직입적으로 물을만한 질문도 아니었다. 아버지에게는 어떤 것도 직접 물어서는 안 된다. 나는 부모님에 대해 알지 못하는 다른 모든 것들과 함께 그 사실을 봉해두었다. 나라는 직소퍼즐에서 영영 찾지 못할 조각들이었다.

아버지는 열심히 일했다. 카지노에서 야간근무로 오랜 시간을 일했지만, 테니스는 아버지의 삶이었고 아침을 깨우는 원동력이었다. 집안 어디에 있든 아버지가 집착한 흔적을 찾아낼 수 있었다. 뒷마당 테니스 코트와 드래곤을 비롯해, 주방이라고 불리는 아버지의 실험실도 있었다. 아버지의 스트링 머신과 공구는 부엌 테이블의 반을 차지했다(나머지 반은 어머니의 노먼 록웰 퍼즐 최신 제품이 차지하고 있었다. 주방은 두 개의 욕망이 충돌하는 하나의 비좁은 공간이었다). 주방 조리대 위에는 라켓 몇 무더기가 쌓여있었고, 그 중 많은 수가 반으로 잘려 있었다. 아버지가 거트(*라켓을 엮은 줄)를 자세히 살펴보기 위해서였다. 아버지는 테니스에 관해서라면 무엇이든 알고 싶어했고, 이는 다시 말하면 다양한 부분을 분석해 본다는 뜻이었다. 아버지는 장비의 이런저런 부분에 대해 영원히 실험을 계속할 생각이었던 것이다. 아버지는 오래된 테니스공을 이용해 신발 수명을 늘려보겠다며 고무가 닳기 시작하면 테니스공을 반으로 자른 조각을 신발 앞부분에 넣기도 했다. 나는 필리에게 말했다.

"테니스 실험실에서 사는 것으로도 모자라서 이제 우리 발에도 테니스공을 넣어 신어야 하는 거야?"

나는 아버지가 왜 테니스를 좋아하는지 궁금했다. 아버지에게 대놓고 물어볼 수 없는 또 하나의 의문이었다. 아버지는 힌트를 주기도 했다. 가끔씩 아버지는 테니스 게임의 아름다움에 대해 말하곤 했는데, 힘과 전략이 완벽한 조화를 이루고 있다는 것이었다. 아버지의 불완전한 삶에도 불구하고 – 혹은 그 때문인지 – 아버지는 완벽함을 갈망했다. 기하학과 수학은 인간이 가장 가까이 근접할 수 있는 완벽함이라면서 테니스가 각도와 숫자에 관한 스포츠라고도 했다. 아버지는 침대에 누워 테니스 코트가 실제 천장에 있는 것처럼 그려볼 수 있으며 거기에서 무수히 많은 경기를 치를 수도 있다고 했다. 아버지가 출근할 힘이 남아있다는 것이 놀랍기만 했다.

카지노 책임자로서, 아버지는 쇼 공연장에서 자리배정을 하는 일을 맡고 있었다. 이쪽으로 오시죠, 존슨 씨. 다시 만나뵙게 되어 반갑습니다, 존슨 양. 하지만 MGM 호텔은 아버지에게 적은 급료만을 지불했고 나머지는 팁으로 충당해야 했다. 우리는 팁으로 생계를 유지했고, 따라서 수입을 예측하기가 불가능했다.

아버지가 주머니에 현금이 두둑한 채로 집에 오는 날도 있었다. 주머니가 납작한 날도 있었다. 액수가 아무리 적어도 아버지는 항상 돈을 주의 깊게 세고 정리해서 집안 금고에 넣어두었다. 아버지가 금고에 돈을 얼마나 넣어두는지 절대 알 수 없다는 건 신경이 곤두서는 일이었다.

아버지는 돈을 좋아했고, 그에 대해 아무런 변명도 하지 않았으며, 테니스를 하면 돈을 많이 벌 수 있다고 말했다. 이는 아버지가 테니스를 좋아하는 확실한 이유 중 하나였다. 아버지 생각에는 이것이야말로 아메리칸 드림으로 가는 최단거리 코스였다. 아버지는 나를 앨런 킹 테니스 클래식(*1972년부터 1985년 사이에 라스베이거스에서 열렸던 남자 테니스 대회)에 데리고 간 적이 있는데, 거기서 우리는 토가를 입은 반라의 근육맨 네 명이 클레오파트라처럼 차려입은 아름다운 여성들을 센터코트로 이끌고 가면서, 뒤에는 시저처럼 차려입은 남자가 1달러 은화로 가득 찬 외바퀴 손수레를 밀고 오는 장면을 보았다. 토너먼트의 우승자에게 주는 1등상이었다. 아버지는 라스베이거스의 강렬한 햇빛 속에 반짝이던 은빛 아지랑이를 빤히 쳐다보았다. 마치 술에 취한 듯했다. 아버지가 원하는 건 바로 그런 것이었다. 아버지는 내가 그런 것을 쟁취하길 원했던 것이다.

그 운명적인 날로부터 얼마 후, 내가 거의 아홉 살이 되었을 때 아버지는 내가 앨런 킹 토너먼트의 볼보이 노릇을 하도록 손을 썼다. 그러나 나는 그 1달러 은화에 손톱만큼도 관심이 없었다. 내가 원한 건 '미니 클레오파트라'였다. 그녀의 이름은 웬디. 볼걸(ball girl) 중의 하나였고, 내 나이 또래였으며, 푸른색 유니폼을 입은 미의 화신이었다. 나는 그녀를 진심으로 그리고 약간의 비애감에 젖어 첫눈에 사랑하게 되었다. 나는 천장에 그녀를 그리며 잠을 이루지 못했다.

시합 중에 네트를 따라 서로 휙 지나쳐 가면서 나는 그녀에게 미소를 지어 보였고, 그녀가 내게도 웃어보이게 하려고 노력했다. 경기 사이사이에 나는 그녀에게 콜라를 사주고 옆에 앉아서 테니스에 대한 나의 지식을 동원해 그녀를 감동시키고자 했다.

앨런 킹 토너먼트는 일류 선수들을 초청했다. 아버지는 선수들에게 다가가 나의 테니스 상대가 되어달라고 부탁했고 몇몇은 기꺼이 응해주었다. 비외른 보리(*스웨덴의 테니스 선수. 윔블던 대회 단식종목에서 5년 연속(1976~80) 우승을 차지함)는 당연히 그러겠노라고 했다. 지미 코너스는 거절하고 싶어했지만, 아버지가 그의 스트링어였던 탓에 그럴 수가 없었다. 일리 나스타세(*루마니아의 테니스 선수. 72년 US오픈과 73년 프랑스오픈 제패)는 거절하려 했으나 아버지가 못 들은 척했다. US오픈과 프랑스오픈의 챔피언이자 세계 랭킹 1위였던 그는 나와 테니스를 하고 싶어하지는 않았으나 아버지의 제안을 거절하는 건 거의 불가능하다는 걸 재빨리 눈치 챘다. 아버지는 끈질긴 남자였으니까.

나스타세와 내가 경기를 벌이자 웬디가 네트 포스트(*네트를 고정시키는 양쪽 지주(支柱))에서 나를 지켜보았다. 나는 초조해졌다. 나스타세는 웬디를 발견하기 전까지는 지루해하는 게 눈에 보였다.

"이봐, 쟤가 네 여자친구니, 스누피? 저기 저 예쁜 아이가 애인이야?"

나는 멈추고 나스타세를 노려봤다. 나보다 60센티미터가 크고 45킬로그램은 더 나갔지만, 나는 이 멍청한 루마니아인의 코에 강펀치를 먹이고 싶었다. 나를 스누피라고 부른 것도 모자라, 감히 웬디를 그렇게 모욕적으로 입에 올렸기 때문이다. 사람들이 모여들었고, 최소한 2백 명은 되는 것 같았다.

나스타세는 나를 계속해서 스누피라고 불렀고 웬디를 두고 나를 놀리면서 모인 사람들에게 보란 듯이 행동하기 시작했다. 그리고 아버지가 정말 끈질기다고 생각했다.

나는 최소한 내게 이렇게 말할 용기 정도는 있길 바랐다.

"나스타세 씨, 나를 곤란하게 만들고 있네요. 그만하세요."

그러나 나는 더 세게 공을 치는 수밖에 없었다. 더 세게 쳐야 한다. 그러자 나스타세는 다시 웬디에 대해 비꼬는 듯한 농담을 던졌다. 나는 이 정도면 됐다고 생각했다. 더 이상은 참을 수가 없었다. 라켓을 내려놓고 코트 밖으로 걸어나갔다.

"엿 먹어라, 나스타세."

아버지는 입을 딱 벌린 채 쳐다보았다. 화가 난 것도, 당황한 것도 아니었다. 그는 당황할 줄을 모르는 사람이니까. 다만 자신의 기질이 아들을 통해 나타나는 것을 인식한 것이었다. 나는 그때만큼 아버지가 날 자랑스러워하는 걸 본 적이 없다.

최상급 선수들과 이따금 구경거리를 제공하는 것 외에 내가 공개적인 시합을 하는 것은 대부분 속임수에 가까웠다. 잘 속는 사람들을 끌어들이기 위해 늘 사용하는 그럴듯한 수법이 있었다. 첫째, 내가 눈에 잘 띄는 코

여덟 살의 나. 내 우상이었던 비외른 보리 선수와 테니스 연습경기를 했다.

트를 고르고 혼자서 테니스를 하면서 사방에 공을 쳐댄다. 둘째, 건방진 십 대나 술 취한 구경꾼이 어슬렁대면 시합을 하자고 내가 끌어들인다. 셋째, 상대방이 나를 완벽히 이겼다고 생각하게 만든다. 마지막으로 가능한 처량한 목소리로 1달러 내기 경기를 할 생각이 있느냐고 묻는다. 아니면 5달러? 상대가 사태를 파악하기도 전에, 나는 서브를 넣고 매치포인트와 20달러를 얻어냈다. 한 달간 웬디에게 콜라를 사주기에 충분한 돈이었다.

필리가 내게 이 방법을 가르쳐 주었다. 형은 테니스를 가르쳐주고는 자기 학생들에게 속임수를 쓰곤 했는데, 레슨비를 놓고 시합을 한 후 돈을 두 배로 올려받거나 아니면 안 받는 것이었다.

"그런데 안드레, 네 몸집과 나이 정도면 돈을 긁어모을 수 있어."

형은 수법을 개발하고 연습하는 걸 도와주었다. 이따금 나는 사기 칠 생각을 했고, 사람들은 그런 일에 돈을 쏟아붓길 좋아하는 것 같다는 생각도 들었다. 훗날 그들은 친구들에게 절대 잊을 수 없는 아홉 살짜리 테니스 신동을 봤노라고 자랑할 수 있겠지.

나는 아버지에게 내 부업에 대해 말하지 않았다. 아버지가 잘못된 일이라고 생각할까봐서가 아니다. 아버지는 그럴듯한 속임수를 좋아한다. 나는 그저 아버지에게 테니스에 관해 필요이상으로 말하고 싶지 않은 것뿐이었다. 때때로 아버지는 자신만의 속임수를 쓰기도 했다. 케임브리지에서 있었던 일이다. 하루는 우리가 안으로 걸어가는데 아버지가 퐁 씨와 이야기하면서 한 남자를 가리켰다.

"저 사람이 짐 브라운이다. 역사상 가장 위대한 축구선수지."

그는 흰색 테니스 셔츠와 튜브 삭스(*뒤꿈치가 따로 없는 신축성이 풍부한 양말)를 신고 엄청난 근육을 자랑했다. 나는 그를 케임브리지에서 본 적이 있었다. 내기 테니스를 하지 않을 때 그는 백가몬(*주사위놀이의 일종) 게임을 하거나 크랩스(*주사위 2개를 던져서 나올 수 있는 숫자의 확률에 의하여 이루어지는 게임)게임을 하곤 했다(물론 내기 게임이다). 아버지와 마찬가지로 돈에 관심이 많았던 짐 브라운은 그때도 퐁 씨에게 불발로 끝난 내기 경기에 대해 불평하고 있었다. 시합을 하기로 했는데 상대방이 나타나지 않았던 것이다. 짐 브라운은 퐁 씨에게 화풀이를 하고 있었다.

"나는 시합하러 왔다고. 그러니까 시합하게 해줘요."

아버지가 나섰다.

"게임 상대 찾습니까?"

"그런데요."

"내 아들 안드레가 상대해 줄 겁니다."

짐 브라운은 나를 흘낏 보더니 다시 아버지에게 말했다.

"여덟 살짜리랑은 안 합니다."

"아홉 살입니다."

"아홉 살? 그으래요? 몰랐네요."

짐 브라운이 웃었다. 근처에 있던 남자들도 따라 웃었다.

나는 짐 브라운이 아버지 말을 진지하게 생각하지 않는다는 걸 알았다. 크게 실수하는 건데. 도로에 뻗어있던 트럭 운전사한테 물어보라고. 나는 눈을 감고 얼굴 위로 빗물이 떨어지던 그 남자를 떠올렸다.

"이봐요. 나는 재미로 시합하는 게 아니오. 알아들어요? 돈내기 시합이라면 몰라도."

"내 아들이 내기 경기 한다니까."

나는 겨드랑이 아래로 땀방울이 솟는 것을 느꼈다.

"그래요? 얼마 내깁니까? 우리 집을 걸지요."

아버지는 웃으며 말했다.

"그쪽 집은 필요 없습니다. 이미 집이 있거든요. 만 달러 내기합시다."

댄 브라운이 말했다.

"좋습니다."

아버지가 말했다. 나는 코트로 걸어갔다.

"천천히 합시다. 먼저 돈을 얼마간 좀 내놓는 게 좋을 것 같은데요."

브라운이 말했다.

"집에 가서 가져오리다. 바로 올 겁니다."

아버지는 급히 밖으로 나갔다. 나는 의자에 앉아서 아버지가 금고를 열고 돈다발을 꺼내는 장면을 그려본다. 수년에 걸쳐 아버지가 세는 것을 봐왔던, 팁으로 받은 돈다발. 늦은 밤까지 일하던 시간들. 이제 아버지는 내게 그 짐을 지우려는 것이다. 가슴 한가운데가 답답해졌다. 물론 아버지가 내게 그런 믿음을 갖고 있다고 생각하니 뿌듯했다. 그러나 두려운 마음이 컸다. 내가 진다면 할머니와 이자르 삼촌은 둘째치고 나와 아버지에게, 어머니와 형제들에게 무슨 일이 생길 것인가?

전에도 아버지가 예고 없이 대전 상대를 골라 이기라고 요구했을 때, 이런 종류의 중압감을 안고 경기한 적이 있었다. 그렇지만 언제나 상대 아이가 이겼고, 돈내기 시합을 한 적도 없었다. 대개는 한낮에 시합을 했는데, 아버지는 낮잠 자는 나를 깨워서 이렇게 소리 지르곤 했다.

"라켓 들고 와! 이겨야 할 녀석이 있다!"

내가 아침부터 드래곤과 싸우느라고 지쳐서 낮잠을 자고 있었다는 것, 보통 아홉 살짜리는 낮잠을 자지 않는다는 사실을 아버지는 전혀 몰랐던 것이다. 눈을 비비고 잠자리에서 일어나 나는 처음 보는 아이와 마주해야 했다. 대부분 플로리다나 캘리포니아에서 온 테니스 신동이 우연히 우리 동네를 지나게 되었다는 식이었다. 그들은 언제나 나보다 나이가 많고 몸집이 컸다. 마치 라스베이거스로 막 이사 온 문제아가 나에 관한 소문을 듣고 현관벨을 울리는 것 같은 상황이랄까. 그는 흰색 로시뇰 고글을 쓰고 있었고 머리는 호박 같았다. 나보다 적어도 세 살은 위인 듯했고 내가 집 밖으로 나오자 내 작은 몸집을 보고 히죽히죽 웃었다. 그를 이긴 후에도, 그의 얼굴에서 능글맞은 웃음이 가신 후에도, 나는 몇 시간이 지나서야 겨우 진정하며 후버댐을 가로지르는 위태위태한 줄타기를 한 것 같은 느낌을 떨쳐버릴 수 있었다.

그러나 짐 브라운과의 대결은 이전과는 달랐다. 우리 가족의 저축액이 전부 내 시합결과에 달려있다는 사실 때문만은 아니었다. 브라운은 아버지에게 무례를 범했지만 아버지는 그를 때려눕힐 수가 없기 때문이었다. 아버지는 내가 그 일을 해주길 바라는 것이었다. 따라서 그 시합은 돈 그 이상이 걸린 것이었다. 역대 최고의 축구 선수에 맞서 존중과 남자다움과 명예를 걸고 있는 것이다. 차라리 윔블던 결승전을 치르는 게 나았다. 웬디가 볼걸로 나서 나스타세와의 시합이 나왔을 것이다.

나는 짐 브라운이 나를 빤히 쳐다보고 있다는 사실을 깨달았다. 그는 내게 다가와 자신을 소개하고 악수했다. 그의 손은 하나의 굳은살 덩어리 같았다. 그는 내가 얼마나 오래 테니스를 했는지 시합에서 몇 번이나 이기고 졌는지를 물었다.

"진 적이 없어요."

나는 조용히 말했다. 그는 눈을 가늘게 떴다. 퐁 씨가 짐 브라운을 옆으로 잡아끌더니 말했다.

"이러지 마세요, 짐."

"이 사람들이 먼저 요청했다고요. 멍청이들. 돈내기에요."

짐 브라운이 속삭였다.

"지금 잘못 생각하고 있는 거예요. 당신이 질 거예요, 짐."

퐁 씨가 말했다.

"무슨 소리에요? 상대는 그냥 애라고요."

"보통 애가 아니에요."

"미쳤군."

"이봐요, 짐. 난 당신이 계속 여기 와줬으면 좋겠어요. 우린 친구잖아요. 그리고 당신이 계속 우리 클럽에 와주는 게 사업상 도움도 되요. 그렇지만 애한테 만 달러를 잃으면 속이 쓰릴 거고 그럼 더 이상 발길을 끊을 거 아니에요."

짐 브라운은 처음 봤을 때 뭔가 놓친 것이 없는지 확인하려는 듯, 돌아서서 나를 아래위로 쳐다보았다. 그러고는 다시 나에게 걸어와서 질문을 쏟아내기 시작했다.

"얼마나 연습하니?"

"매일요."

"그게 아니라, 한 번에 얼마나 오래 연습을 하냐고. 한 시간? 몇 시간?"

나는 그가 뭘 하려는지 알았다. 그는 내가 얼마나 빨리 지치는지 알고 싶었고 나를 고려해 경기 작전을 짜려는 것이었다. 그때 아버지가 돌아왔다. 손에 한가득 백 달러의 지폐를 들고서. 아버지가 돈을 위로 흔들어 보이자 갑자기 짐 브라운은 마음을 바꿨다.

"이렇게 합시다. 두 세트 경기를 하고 난 다음에 3세트에서 얼마를 걸지 결정하는 걸로."

"좋으실 대로."

우리는 문 바로 안쪽의 7번 코트에서 경기를 했다. 관중이 모였고 내가 첫 세트를 6-3으로 이기자 목이 쉬도록 응원했다. 짐 브라운은 머리를 흔들며 혼잣말을 하고 있었다. 그러고는 라켓을 땅바닥에 내리쳤다. 그는 기분이 좋지 않았고, 그건 나 역시 마찬가지였다. 생각하지 말라는 아버지의 주요 원칙을 명백히 위반하고 있기도 했지만, 마음이 갈피를 못잡고 있었기 때문이기도 했다. 언제든 빨리 경기를 그만둬야 할 것 같았다. 토하기 직전이었다. 그러나, 나는 또 6-3으로 2세트를 이겼다.

이제 브라운은 격분한 상태였다. 아버지는 한쪽 무릎을 꿇고 스니커즈 끈을 묶고 있는 그에게 다가가 물었다.

"그러면? 1만 달러?"

"아니. 5백 달러로 하는 게 어때요?"

짐 브라운이 말했다.

"좋으실 대로."

몸에 긴장이 풀어졌다. 마음도 좀 편안해졌다. 만 달러를 걸고 내기경기를 하지 않아도 된다고 생각하니 베이스라인을 따라 춤이라도 추고 싶었다. 이제 결과에 연연하지 않고 자유롭게 스윙을 할 수 있게 되었다. 아무 생각 없이.

한편 브라운은 점점 생각이 많아지고 초조하게 경기를 하는 것 같았다. 그는 갑자기 정크볼(*junk ball, 여러 가지 기술을 섞어서 공의 속도가 느리거나 예측하기 어려운, 질이 낮은 스트로크)을 구사하고 드롭샷을 치는가 하면 로브(lob, 높이 처올리는 샷)를 띄우며 코너에서 공을 비스듬히 치고, 백스핀과 사이드스핀 그리고 온갖 종류의 기술을 시도했다. 또 나를 이리저리 달리게 해서 지치게 하려고 했다. 그러나 나는 아버지의 금고에 있는 돈 전부를 걸고 플레이하지 않아도 된다는 생각에 안심한 나머지 지치지도 않았고 공을 놓치지도 않았다. 결국 나는 브라운을 6−2로 이겼다.

그는 얼굴 위로 땀을 줄줄 흘리면서 주머니에서 돈뭉치를 꺼내 빳빳한 백 달러짜리 다섯 장을 아버지에게 건네고는 내 쪽을 쳐다봤다.

"좋은 시합이었네, 친구."

그는 나와 악수를 했다. 그의 굳은살이 − 내 덕분에 − 더 거칠게 느껴졌다. 그리고 내 목표가 뭔지, 꿈이 뭔지 물었다. 내가 대답하려 했지만 아버지가 끼어들었다.

"내 아들은 세계 최고가 될 겁니다."

"당연히 그렇게 될 것 같군요."

짐 브라운이 말했다.

브라운을 이긴지 얼마 지나지 않아 나는 시저스 팰리스 호텔에서 아버지와 연습경기를 했다. 내가 5−2로 앞서며 매치포인트 서브를 넣었다. 나는 한 번도 아버지를 이겨본 적이 없었는데도 아버지는 1만 달러도 넘게 돈을 잃을 것 같은 표정이었다. 그러더니 갑자기 코트 밖으로 걸어나가며 말했다.

"짐 챙겨. 어서 가자."

아버지는 시합을 끝내지 않으려는 거였다. 아들에게 지느니 그냥 도망

아버지의 과거

가는 게 낫다고 생각한 것이다. 마음속으로 나는 이 경기가 아버지와 나 사이의 마지막 경기가 될 거라고 짐작했다. 가방을 챙기고 라켓 커버의 지퍼를 올리자 짐 브라운을 이겼을 때보다 훨씬 더 큰 짜릿함이 느껴졌다. 인생에서 가장 달콤한 승리. 앞으로 이런 승리감은 다시 맛보기 어렵겠지. 1달러 은화로 가득 찬 수레보다도 — 그리고 이자르 삼촌의 보석을 더한다 하더라도 — 지금의 승리가 더 좋다. 마침내 아버지를 내게서 슬그머니 도망가게 했으니까.

4
친구 페리의 비밀

열 살이 되자 나는 전국대회에 출전하게 되었다. 2회전에서 나보다 몇 살 위인 녀석에게 참패를 당했는데 사람들은 그가 전국 최고라고들 했다. 하지만 그렇다고 해서 패배를 받아들이기가 쉬운 것은 아니었다. 패배가 이토록 쓰라린 것이었던가? 이렇게 쓰라린 것이 또 있을까? 차라리 죽는 게 낫겠다는 심정으로 코트 밖을 나서 휘청거리며 주차장으로 갔다. 아버지가 내 물건을 챙겨 다른 부모들과 인사하는 사이 나는 차 안에 앉아서 울었다.

갑자기 한 남자의 얼굴이 창문에 어른거렸다. 검게 그은 얼굴이 웃으며 말했다.

"안녕, 내 이름은 루디란다."

아버지가 뒷마당에 테니스 코트를 만들 때 함께 일했던 사람과 같은 이름이었다. 이상한 일이었다.

"네 이름은 뭐니?"

"안드레요."

그는 나와 악수를 했다.

"만나서 반갑구나, 안드레."

루디는 위대한 챔피언 판초 세구라와 같이 일하고 있는데, 판초 세구라는 내 나이 또래의 아이들을 지도한다고 했다. 그는 판초를 위해 아이들을 스카우트하려고 이런 대규모 시합에 온다는 거였다. 그는 차창을 통해 팔을 내밀고 차문에 완전히 기댄 채 한숨을 쉬었다. 그러고는 내게 이런 날은 힘들다고, 이해한다고, 무척 견디기 힘들 거라고 하면서도 결국 이런 날들이 나를 더욱 강하게 만들어줄 것이라고 말했다. 그의 목소리는 핫초코처럼 진하고 따뜻했다.

"너를 이긴 그 아이는 너보다 두 살이 많아. 그 녀석 수준에 다다르는 데 2년이 남았다는 말이다. 2년은 한없이 길게 느껴질 거다. 특히 너처럼 열심히 노력하는 아이라면. 열심히 연습하고 있니?"

"네."

"앞으로 해야 할 일이 많단다, 얘야."

"그렇지만 이제 그만두고 싶어요. 테니스가 싫어요."

"하하! 지금 당장은 그렇겠지. 그래도 네 마음속을 깊이 들여다보면, 아마 진심으로 테니스를 싫어하지는 않을 거야."

"아니에요. 싫어요."

"단지 싫어한다고 생각할 뿐인 거다."

"진짜로 싫어요."

"지금 이 순간이 너무나 괴로워서 그렇게 말할 뿐이야. 그렇지만 괴로워한다는 건 그만큼 네가 테니스를 아낀다는 뜻이지. 이기고 싶다는 말이고. 그런 마음을 이용하면 된단다. 오늘 일을 잊지 말고 발전의 계기로 삼으면 된단다. 더 이상 괴로워하고 싶지 않다면, 좋아, 어떻게 해서든 피하면 되는 거야. 뭐든지 할 각오가 됐니?"

나는 고개를 끄덕였다.

"좋아. 그럼 가서 실컷 울어. 그러고 나서는 마음을 다잡아야 해. 이만 하면 됐으니 이제 다시 시작할 때라고."

"알겠어요."

나는 소매로 눈물을 닦고 루디에게 감사의 인사를 했다. 그가 멀어져가자 나는 다시 연습을 할 수 있을 것 같았다. 드래곤이 있어 봤자지. 몇 시간이고 연습할 각오가 됐다. 진작에 루디가 내 뒤에 서서 용기를 불어넣어주었다면 나는 드래곤을 이길 수 있었을 것이다. 그때 아버지가 갑자기 운전대를 잡았고 자동차가 장례식 행렬의 선두차량처럼 천천히 움직이기 시작했다. 차 안에 긴장감이 흐르자 나는 뒷좌석에서 몸을 웅크리고 눈을 감았다. 차에서 뛰어내려 루디에게 달려가 코치가 되어달라고 청해볼까? 아니면 나를 양아들로 받아달라거나.

나는 주니어 토너먼트라면 모두 싫어했지만, 특히 전국대회가 더 싫었다. 위험부담이 큰데다 다른 주에서 대회가 열리기 때문이었다. 다시 말해 항공료, 모텔, 렌터카, 외식비 등이 따라붙었던 것이다. 내가 경기에서 지면 아버지가 내게 투자한 돈이 날아가버리는 거였다. 다시 말해 내가 지는 건 애거시 가문 전체에 손해를 끼치는 일이었다.

열한 살 때 텍사스에서 열리는 클레이 코트 전국대회에 출전했을 때였다. 나는 클레이 코트 테니스 경기에서는 전국 최고수준이었으므로 경기에서 질 일은 없었다. 그런데 결승에는 가보지도 못하고 준결승에서 져버리고 말았다. 준결승에서 지면 3-4위를 가리는 경기를 해야 했는데, 이 경기가 더 최악이었던 건 숙적인 데이빗 카스와 붙었기 때문이었다. 랭킹으로만 보면 바로 내 아래였지만 네트를 사이에 두고 경기할 때 그는 전혀 다른 선수가 되는 것 같았다. 카스는 내가 어떻게 하든 나를 이겼고 그날도 마찬가지였다. 나는 3세트를 지고 또 다시 충격에 휩싸였다. 나는 아버지를 실망시켰고 가족에게 부담을 지운 것이다. 그렇지만 나는 울지 않았다. 루디에게 자랑스러운 선수로 남고 싶어서 애써 눈물을 삼켰다.

시상식에서 한 남자가 1등 트로피에 이어 2등, 3등 트로피를 연이어 전달했다. 그러고는 올해의 스포츠맨십 트로피는 코트에서 가장 모범을 보인 최연소 선수에게 수여될 것이라고 말했다.

그는 놀랍게도 내 이름을 부르며 나를 향해 트로피를 들고는 어서 와서 받으라고 손짓했다. 내가 한 시간 동안 입술을 꽉 깨물고 있었기 때문인지도 몰랐다. 스포츠맨십 트로피는 정말 받고 싶지 않았지만 나는 트로피를 받으며 고맙다고 말하는 수밖에 없었다. 순간 내 안의 무언가가 꿈틀거렸다. 정말 멋진 트로피였다. 그리고 나는 패배를 인정할 줄 아는 선수였던 것이다. 나는 트로피를 가슴에 꼭 안은 채 차 쪽으로 걸어갔다. 아버지는 바로 내 뒤에 서 있었다. 우리는 아무 말도 하지 않고 시멘트 위에 뚜벅이는 발자국 소리에만 집중했다. 마침내 나는 침묵을 깼다.

"전 이런 쓸데없는 것 필요 없어요."

이 말이 아버지가 듣고 싶어하는 말이었다. 아버지는 내 옆으로 다가와 내 손에서 트로피를 잡아채더니 머리 위로 들어올렸다가 시멘트 바닥에 내동댕이쳤다. 트로피는 산산조각이 났다. 아버지는 제일 큰 조각을 집어 올리더니 시멘트 바닥으로 던져 더 작은 조각으로 박살냈다. 그러고는 조각들을 주워 근처 쓰레기통에 버렸다. 나는 한 마디도 하지 않았다. 한 마디도 해서는 안 된다는 걸 알고 있었다.

테니스 대신 축구를 할 수 있었다면 좋았을 텐데. 나는 스포츠를 좋아하지 않았지만 아버지를 기쁘게 해드리기 위해 스포츠를 해야 한다면 축구가 나을 것 같았다. 학교에서는 일주일에 세 번 축구를 했는데, 나는 바람에 머리를 날리며 공을 패스하라고 소리치면서 축구장을 뛰어다니는 게 좋았다. 내가 득점을 못해도 세상이 끝장나지 않으리라는 걸 알고 있었으니까. 아버지, 가족들, 지구의 운명이 내 어깨에 달려있지 않겠지. 우리 팀이 이기지 못해도 그것은 팀 전체의 잘못이니까 아무도 내 귀에 대고 소리 지르지도 않을 거야. 팀 스포츠야말로 내가 가야 할 길이었다.

아버지는 축구가 테니스 코트에서의 풋워크에 도움이 된다고 생각해서, 내가 축구하는 걸 신경 쓰지 않았다. 그러나 축구 연습경기 도중 다리 근육을 무리하게 써서 다치는 바람에 오후 테니스 연습을 쉬어야 했을 때는 기분이 좋을 리 없었다. 아버지는 내가 일부러 다치기라도 한 것처럼 내 다리와 얼굴을 바라보았다. 그러나 이미 다친 것은 어쩔 수 없는 일. 설사 아버지라 해도 별 수 없었다. 결국 아버지는 자리를 박차고 집 밖으로 나가버렸다.

얼마 후 어머니가 내 시간표를 보고 오후에 축구경기가 있다는 걸 아셨다.

"어떻게 되는 거니?"

"우리 팀은 저만 믿고 있다고요."

어머니는 한숨을 쉬었다.

"기분이 어때?"

"할 수 있을 것 같은데요."

"좋아. 그럼 축구 유니폼을 입어라."

"아버지가 화내실까요?"

"어떤지 알잖니. 이유도 없이 화내시는 거."

어머니는 나를 차에 태워 축구장에 내려주었다. 축구장을 이리저리 뛰어다니고 나니 다리가 좀 나아진 것 같았다. 의외로 꽤 좋아졌다. 수비선수들 사이를 유연하고도 우아한 몸짓으로 쏜살같이 내달리며 공을 패스하라고 소리치고 팀 동료들과 웃었다. 우리는 공동의 목표를 향해 함께 뛰고 있는 것이었다. 우리 모두가 애쓰고 있었다. 기분이 좋았다. 진짜 내가 된 기분이었다.

그런데 갑자기 아버지가 눈에 띄었다. 아버지는 주차장 끝에서 축구장 쪽으로 살그머니 걸어오고 있었다. 이제 코치에게 말을 걸고 있다. 고함도 쳤다. 결국 코치는 내게 손짓을 했다.

"애거시! 그만 나와!"

나는 축구장에서 쏜살같이 달려나왔다.

"차에 타라. 이제 그 유니폼은 벗어."

아버지가 말했다. 나는 차로 가서 뒷자리의 테니스 운동복을 찾아내 갈아입고 아버지에게 걸어갔다. 그러고는 축구 유니폼을 건넸다. 아버지는 축구장으로 걸어가 유니폼을 코치한테 던져버렸다.

집으로 오는 길에, 아버지는 내 얼굴을 쳐다보지도 않고 말했다.

"다시는 축구 하지 마라."

나는 한 번만 더 기회를 달라고 애원했다. 커다란 테니스 코트에 혼자 있는 게 싫다고 했다.

"테니스는 외로워요. 잘못되더라도 숨을 곳도 없어요. 대기석도 없고 사이드라인도 없고 뉴트럴 코너(*중립코너. 경기자의 휴게용으로 지정되어 있지 않은 코너)도 없잖아요. 혼자만 벌거벗은 채 있는 기분이라고요."

아버지는 버럭버럭 소리를 질렀다.

"너는 테니스 선수야! 세계 최고가 될 거란 말이다! 돈도 많이 벌 거야. 그게 우리 계획이고 그걸로 끝이다."

아버지는 단호했으며 필사적이었다. 리타와 필리, 태미를 위한 계획이기도 했지만 어느 것도 잘 되지 않았기 때문이었다. 리타는 반항했다. 태미는 실력이 늘지 않았다. 필리는 타고난 감각이 없었다. 아버지는 항상 필리에 관해 그렇게 말했다. 내게도 어머니에게도 심지어 필리에게도—그의 면전에 대고―그렇게 말했던 것이다. 필리는 어깨를 으쓱했고, 필리는 그것으로 타고난 감각이 없음을 인정하는 듯했다. 그러나 아버지는 필리에게 더 지독한 말을 했다.

"너는 태생이 루저야."

"맞아요. 나는 타고난 루저에요. 나는 루저가 될 운명으로 태어났죠."

필리는 슬픈 목소리로 말했다.

"그래, 넌 루저다! 넌 네 상대를 불쌍히 여겨야 돼! 최고가 되는 덴 관심도 없는 녀석 같으니!"

필리는 애써 부정하려 하지 않았다. 그는 테니스를 잘했고 재능도 있었지만 단지 완벽주의자가 아닌 것뿐이었다. 우리 집에서 완벽주의는 목표가 아니라 법이었다. 완벽하지 않으면 루저인거다. 타고난 루저.

필리가 내 나이였을 때 전국대회에 출전했는데, 그때 아버지는 필리를 루저로 단정지었다. 필리는 단지 지기만 한 것이 아니었다. 상대선수가 부정행위를 했을 때도, 그래서 아버지가 붉으락푸르락해져 아시리아어로 관람석 스탠드에서 욕을 해댔을 때도 맞서 싸우지 않았던 것이다.

어머니처럼 필리도 참고 참고 참다가 이따금 폭발해 버렸다. 마지막으로 그가 폭발했던 건 아버지가 테니스 라켓 스트링을 매고 어머니가 다림질을 하고 있을 때였다. 필리는 소파에 앉아 TV를 보고 있었는데, 아버지가 갑자기 필리를 꾸짖으며 최근 토너먼트에서의 성적에 대해 무자비할 정도로 잔소리를 해댔다. 필리는 별안간 한 번도 들어본 적이 없는 말투로 꽥꽥 소리를 질렀다.

"왜 못 이기는 줄 알아요? 아버지 때문이라고요! 나보고 태생이 루저라면서요!"

필리는 분노로 헐떡이기 시작했다. 어머니는 울음을 터뜨렸다. 하지만 필리는 멈추지 않았다.

"지금부터 나는 로봇이 될 거예요. 어때요? 이러면 되겠어요? 로봇이 되어서 아무것도 못느끼고 밖에 나가서 하란 대로 하죠 뭐!"

아버지는 라켓 스트링을 매던 손을 멈추고 만족한 표정을 지었다. 거의 평화로운 얼굴에 가까웠다.

"맙소사, 네가 인제야 깨달았구나."

필리와는 달리 나는 항상 상대방과 언쟁을 벌였다. 때로는 부당함을 그냥 넘겨버리는 형의 재주가 부러웠다. 상대선수가 나를 속이기라도 하면, 타랑고처럼 행동하기라도 하는 날엔, 얼굴이 새빨갛게 달아올랐다. 그러고는 종종 다음 포인트에서 보복을 하곤 했다. 부정행위를 한 상대가 코트 중간에서 샷을 구사하면 아웃을 선언하고 그를 노려보며 눈빛으로 말했던 것이다.

'우리는 이제 비긴 셈이네.'

아버지를 기쁘게 하려고 이런 행동을 했던 건 아니지만 아버지는 확실히 좋아했다. 아버지는 내가 필리와는 사고방식이 다르다고 했다. 너는 모든 재능과 열정을 가졌어 – 그리고 운도 따르고.

"너는 운을 타고난 아이야."

아버지는 하루에 한 번씩 이 말을 했다. 때로는 확신에 차서, 때로는 감탄하는 말투로, 때로는 부러운 마음에. 아버지가 그런 말을 할 때면 나는 얼굴이 창백해졌다. 필리의 행운을 내가 갖게 된 것은 아닌지 그의 운을 내가 가로챈 것은 아닌지 걱정이 되었다. 내가 운을 타고났다면 필리는 암운이 드리워진 채 태어난 것이 분명할 테니까. 필리는 열두 살 때 자전거를 타다가 손목이 세 군데나 부러졌고, 그것이 바로 오랫동안 지속된 우울의 시작이었다. 아버지는 필리에게 너무 화가 나서 손목이 부러졌는데도 계속 토너먼트에 참가하도록 했다. 그 때문에 필리의 손목은 악화되었고 결국 만성이 되어 평생 게임에서 약점을 노출하는 꼴이 되고 말았다. 부러

진 손목을 보호하느라 필리는 한 손으로 백핸드를 쳐야 했고, 자신도 나쁜 버릇이라고 생각했던 이런 습관은 손목이 다 나은 후에도 고쳐지지가 않았다. 형은 게임에서 지고나서 이렇게 생각하는 듯했다. 나쁜 습관과 불운이 겹치면 치명적이 된다고.

게다가 나는 형이 큰 점수차로 지고 난 후 스스로를 하찮게 여기는 듯한 표정을 짓는 것도 봤다. 하지만 아버지는 형의 그런 자괴감을 한층 자극했다. 필리가 한쪽 구석에 앉아서 패배에 대해 심하게 자책하고 있을 때 – 적어도 그건 일대일의 공정한 싸움이었다 – 갑자기 아버지가 나타나 형을 마구 때렸고 욕설과 따귀 때리는 소리가 난무했다. 당연히 필리는 무력했을 것이다.

최소한 필리는 나를 원망하고 괴롭혔어야 했다. 하지만 그는 자신이 그리고 아버지가 언어적, 신체적 폭력을 가할 때마다 나를 좀 더 세심하게 배려하고 보호하려 들었다. 오히려 더 온화했다. 그는 내가 그의 운명을 대신해주길 바랐다. 필리가 타고난 루저일지는 모르겠으나 진정한 의미의 승자라는 생각이 드는 것은 이런 이유에서다. 그가 내 형이어서 다행이었다. 불행한 형을 둔 것이 다행스러운 일일까? 그게 가능할까? 말이 되는 소린가? 또 하나의 분명한 모순이었다.

필리와 나는 여가를 항상 함께 보냈다. 그는 학교로 마중 나와 나를 스쿠터에 태우고 사막을 가로질러 집으로 달려가면서 스쿠터 엔진의 윙윙거리는 엔진음과 함께 웃고 떠들었다. 우리는 집 뒤쪽 방을 같이 썼는데, 테니스와 아버지로부터의 은신처나 다름없었다. 필리는 자기 물건에 나만큼 까다로운 편이어서 방 중앙에 흰 선을 칠해서 그와 나의 영역을 애드코트(*ad court, 네트를 보고 있을 때 테니스 코트의 오른쪽)와 듀스코트(*deuce court, 테니스 코트의 왼쪽)로 나누어 놓았다. 나는 듀스코트에서 잤고 내 침대는 문에서 가장 가까운 쪽에 있었다. 밤에 불을 끄기 전 우리가 치르는 의식이 하나 있었는데, 각자 침대 가장자리에 앉아 중앙선을 넘어 속삭이는 것이었다. 나는 여기에 점차 의미를 부여하게 되었다. 이야기는 대부분 나보다 일곱 살 위인 형이 했다. 그는 자신에 대한 회의와 실망감에 대해 속마음을 털어놓았다. 그리고 경기에서 이기지 못하는 것, 루저의 운명이라는 것에 관한 이야기, 그리고 아버지에게 돈을 빌려 테니스를 계속하고 프로로 전향을 시도하는 것에 대해서. 아버지가 내 기록을 관리하는 매니저 역할로 부적합한 사람이라는 데는 우리 둘 다 동의했다.

그러나 무엇보다도 필리를 괴롭게 했던 건 평생에 걸친 고민거리가 된 머리숱이었다.

"안드레, 나는 대머리가 될 거야."

그는 의사가 살 날이 4주밖에 남지 않았다고 선고하는 듯한 표정으로 내게 말했다. 그러나 그는 싸워보지도 않고 주저앉지는 않을 것이다. 온힘을 다해서 대머리라는 적에 맞설 테니까. 형은 머리숱이 줄어드는 이유가 두피에 충분히 피가 공급되지 않아서라고 믿었다. 그래서 그는 매일 밤 잠들기 전 대화 중에 물구나무서기를 했다. 머리를 매트리스에 두고 발을 높이 쳐들고는 벽에 기대 균형을 잡았다. 나는 효과가 있길 바랐다. 루저로 태어난 형이 머리숱만은 잃지 않게 해달라고 간절히 신에게 빌었다. 그리고 필리에게 이런 치료법이 효과가 있는 것 같다고 거짓말을 했다. 형을 사랑하는 만큼, 형을 기분 좋게 할 수만 있다면 무슨 말이라도 하고 싶었다. 형을 위해서 나는 밤새도록 물구나무를 서기도 했다.

형이 자기 고민거리를 털어놓은 후, 나도 이따금 내 고민을 말하곤 했는데, 그가 얼마나 빨리 새로운 얘기에 집중할 수 있는지 알고 감동했다. 그는 아버지가 가장 최근에 했던 심한 말을 듣고 내 근심의 정도를 판단한 후, 그 정도에 맞춰 고개를 끄덕이곤 했다. 보통 정도의 두려움에 대해서는 반쯤 고개를 끄덕였고 큰 두려움에 대해서는 형 특유의 찡그린 얼굴로 고개 전체를 끄덕였다. 물구나무서기를 하고 있을 때도 형은 고개를 한 번 끄덕임으로써 보통 사람의 다섯 페이지 분량의 편지에서나 하는 말을 전할 줄 알았다.

어느 날 밤 필리는 하나만 약속해달라고 말했다.

"당연하지. 뭐든지 말해, 형."

"아빠가 주는 약은 뭐든 절대 먹어서는 안 돼."

"약?"

"안드레, 내가 하는 말 잘 들어. 정말 중요한 거야."

"알았어, 형. 듣고 있어."

"다음번에 전국대회에 나가면, 아마 아빠가 알약을 줄지도 몰라. 절대 받아먹으면 안 돼."

"이미 나한테 엑세드린(*강력 진통제의 일종)을 줬는걸. 카페인이 들어있다고, 시합 전에 아빠가 엑세드린을 먹으라고 줬어."

"그래, 알아. 그래도 내가 지금 말하는 알약은 좀 다른 거야. 작고 둥글게 생긴 흰색 알약은 절대 먹지 마. 무슨 일이 있어도."

"아빠가 먹으라고 하면 어떡해? 싫다고 할 수가 없는걸."

"그래. 좋아. 생각해보자."

필리는 눈을 감았다. 피가 그의 이마로 몰리면서 자주색으로 변했다.

"좋아. 생각났어. 약을 먹어야 하는 상황이 되면, 아빠가 먹으라고 시키면, 형편없는 경기를 보여주면 돼. 망쳐버리는 거지. 그러고 나서 코트 밖으로 나오면서 너무 몸이 떨려서 집중할 수 없었다고 말하는 거야."

"알았어. 근데, 형. 그 약이 대체 뭐야?"

"스피드."

"그게 뭔데?"

"약이야. 힘을 불어넣어 주는 거지. 아빠는 네가 공을 치는 속도를 좀 높이려고 할 거야."

"어떻게 알아, 형?"

"나도 먹어봤거든."

예상했던 대로, 시카고에서 있었던 전국대회에서 아버지는 나한테 알약을 줬다. 손을 내밀어 보라고.

"이거 먹으면 도움이 될 거다, 받아."

아버지가 손바닥에 알약을 올려놓았다. 작고 흰, 둥근 모양이었다.

나는 그걸 삼켰고 기분이 괜찮았다. 그다지 다른 것 같지도 않았다. 약간 더 정신이 말짱한 것 같았다. 그러나 나는 굉장히 기분이 다른 척했다. 그리고 나보다 나이가 많았던 상대선수는 위협이 되지도 않았다. 나는 상대를 리드하면서 포인트를 질질 끌다가, 그에게 몇 게임 져줬다. 그리고 실제보다 경기가 더 어려운 것처럼 보이게 만들었다. 코트 밖으로 걸어나가서 아버지에게 컨디션이 좋지 않은 것 같다고, 기절할 것 같다고 했더니 아버지는 죄책감을 느끼는 것 같았다.

"알았다. 별로 좋은 선택이 아니구나. 다음부터는 먹지 말아야겠다."

아버지는 손으로 얼굴을 쓱쓱 비비더니 이렇게 말했다. 나는 토너먼트가 끝난 후 필리에게 전화해서는 약에 대해 말했다.

"그럴 줄 알았어!"

"형이 시킨 대로 했더니 효과가 있었어."

형은 아버지 같은 말투였다. 나를 자랑스러워하면서도 동시에 나를 두려워하는 것 같았다. 전국대회에서 돌아온 첫날밤 나는 필리를 끌어안고 방안에 틀어박혀 지냈다. 흰색 중앙선을 넘어 속삭이면서 아버지를 상대로 얻은 우리의 값진 승리를 자축했다.

얼마 후 나보다 나이 많은 상대와 겨뤄 이겼다. 특별할 것 없는 연습게임이었고 나는 상대선수보다 훨씬 잘했다. 나는 다시 한번 그를 리드하고 포인트를 질질 끌면서 시카고 때와 마찬가지로 실제보다 경기가 더 힘겹게 보이게 만들었다. 케임브리지의 7번 코트 밖으로 걸어나오면서—내가 짐 브라운을 이겼던 바로 그 코트—나는 충격에 휩싸였다. 상대가 엄청나게 충격 받은 얼굴이었기 때문이다. 계속 경기를 망치는 것이 나올 뻔했다. 지는 건 싫지만 진 상대가 필리 형이었기 때문에 이번에는 이기는 게 싫었다. 이렇게 큰 충격을 받는 걸 보면 나는 타고난 감각이 없는 것일까? 혼란스럽고 슬퍼서, 나를 응원해주었던 루디나 뒷마당의 테니스 코트를 만들던 또 다른 루디를 찾아서 이 모든 게 대체 무슨 의미인지 물어보고 싶었다.

주(州) 선수권 대회 출전권이 걸린 라스베이거스 컨트리 클럽의 토너먼트에 참가했을 때였다. 상대는 로드 파크스라는 아이였는데, 그 역시 독특한 아버지를 두고 있었다. 파크스 씨는 커다란 노란색 호박젤리 속에 개미를 얼려놓은 반지를 끼고 있었다. 경기가 시작되기 전 나는 그에게 반지에 대해 물었다.

"그러니까, 안드레. 핵전쟁으로 세상이 끝장나버리게 되면 유일하게 살아남는 건 바로 개미란다. 그래서 나는 개미의 정신력을 흡수하려는 것이지."

로디는 나보다 두 살이 많은 열세 살이었고, 나이에 비해 몸집이 컸으며, 군인처럼 짧은 머리를 하고 있었다. 그러나 그는 이길 수 있는 상대인 것 같았다. 곧바로 나는 게임의 허점, 곧 그의 약점을 알아차렸다. 그런데 그는 어쩐 일인지 그 허점을 막고 약점을 잘 가리면서 첫 세트를 이겼다.

나는 계속해서 중얼거렸다.

"마음을 다잡아. 놓으면 안 돼."

나는 2세트를 따냈다. 상대를 제압하고 나자 더 활기차고 빠르게 경기를 진행했다. 결승점이 보이는 기분이었다. 로디는 이제 내 것이고 제물로 바쳐질 것이었다. 로디라니, 이름이 뭐 이래? 그런데 몇 포인트가 지나자 로디는 3세트에서 7-5로 나를 이겼고 머리 위로 팔을 들어 승리를 선언했다. 스탠드에 있던 아버지는 걱정스러운 눈빛으로 나를 내려다보고 있었다. 화가 난 게 아니라 걱정하는 것이었다. 나도 걱정이 됐지만 동시에 몹시 화가 났고 자기혐오도 지겨워졌다. 파크스 씨의 반지에 얼어붙은 개미가 부럽다는 생각이 들었다.

나는 테니스 가방을 챙기면서 싫어하는 것들을 중얼거렸다. 그때 불쑥한 소년이 나타나 내 짜증 섞인 중얼거림을 중단시켰다.

"이봐. 속 태우지 마. 오늘 최선을 다한 경기는 아니었잖아."

나는 그를 올려다봤다. 나보다 몇 살 많아 보이지도 않았다. 나보다 머리 하나만큼 더 컸으며 내가 싫어하는 표정을 짓고 있었다. 코와 입은 균형이 어긋나 있었으며, 모자를 쓰고 폴로 그림이 작게 그려진 밝은 색 티셔츠를 입고 있었다.

"넌 대체 누군데?"

"페리 로저스야."

나는 다시 테니스 가방으로 몸을 돌렸다. 별로 상관하고 싶지 않았다. 그는 눈치를 채지 못한 것 같았다. 그는 내가 어떻게 최선을 다하지 못했는지, 어떻게 해야 내가 로디보다 더 잘할 수 있는지, 다음번에는 어떻게 해야 이길 수 있는지 등등에 대해 줄줄이 늘어놓았다. 처음엔 그저 예의상 친절하게 구나보다 생각했지만 뭐든 다 안다는 듯 마치 비외른 보리 주니어라도 되는 양 굴어서 일어나 그를 똑바로 쳐다보았다. 가장 듣고 싶지 않았던 건 위로의 말이었다. 위로의 의미로 받는 특별상보다도 더욱 무가치한 그런 말을 폴로셔츠를 입은 아이로부터는 정말 듣고 싶지 않았다. 나는 테니스 가방을 어깨에 메고 그에게 말했다.

"테니스에 대해 대체 뭘 안다는 건데?"

나중에 나는 그렇게 심하게 굴 필요는 없었다는 생각에 마음이 좋지 않았다. 그러다가 그 아이도 같은 토너먼트에 출전하는 테니스 선수라는 걸 알게 됐다. 그가 내 여동생 태미에게 푹 빠져있다는 얘기를 듣고 나서, 그가 처음부터 내게 말을 건 이유를 확실히 알게 됐다. 태미와 가까워지고 싶었던 것이다.

그러나 내가 미안함을 느꼈다면, 페리는 화가 났었던 것 같다. 라스베이거스 십 대들 사이에 뒤를 조심하라, 페리가 노리고 있다는 소문이 퍼졌다. 내가 무례하게 굴었다는 얘기를 페리가 여기저기 퍼뜨리고 있으며, 다음번에 그가 날 보면 아마 혼꾸멍을 내줄 거라는 소리였다.

몇 주 후, 태미는 상급생들을 포함한 친구들과 다 같이 공포영화를 보러 갈 거라면서 나도 같이 갈 생각이 있느냐고 물었다.

"페리인가 뭔가하는 애도 간대?"

"아마도."

"그래. 나도 갈게."

나는 공포영화를 좋아했다. 그리고 내겐 계획이 있었다. 어머니가 우리를 일찍감치 극장에 내려준 덕에 우리는 팝콘과 트위즐러(*허쉬에서 만든 감초과자의 일종으로 스크루처럼 길게 말린 쫄쫄이 과자)를 사고 정중앙의 중간 열 쯤에 좋은 자리를 잡았다. 가장 좋은 자리였다. 나는 태미를 내 왼쪽에 앉히고 오른쪽 자리를 비워놓았다. 프레피룩을 한 페리가 보이자 나는 벌떡 일어나서 손을 흔들었다.

"페리! 여기야!"

그는 돌아서서 눈을 가늘게 떴다. 내 친근한 태도에 페리는 허를 찔린 듯한 얼굴이었다. 그는 어떻게 된 상황인지 생각해보는 눈치였고 대답을 망설였다. 잠시 후 그는 미소를 띠며 줄곧 품고 있던 분노를 눈에 띄게 누그러뜨렸다. 그러고는 통로 쪽으로 천천히 걸어 내려와 우리 열 쪽으로 미끄러지듯 들어와서 내 옆에 털썩 앉았다. 그리고 내 옆자리에 대고 인사를 했다.

"안녕 태미."

"안녕 페리."

"안녕 안드레."

"안녕 페리."

불이 꺼지고 영화 예고편이 시작되자마자, 우리는 서로 쳐다보았다.

"화해하는 거지?"

"응. 화해하는 거야."

영화는 〈어둠속의 테러(Visiting Hours)〉였다. 여기자를 스토킹하는 사이코가 그녀의 집안에 숨어들어 가정부를 죽인 후 무슨 이유인지 립스틱을 칠하고 여기자가 집에 왔을 때 불쑥 튀어나오는 내용이었다. 그녀는 난투를 벌이다가 어떻게 했는지 병원으로 갔고, 그곳은 안전하다고 생각했으나 사이코가 병원으로 숨어들어와 여기자의 병실을 찾으려 하면서 방해가 되는 사람은 모조리 죽인다는 얘기였다. 뻔한 얘기였지만 나름 으스스했다.

나는 무서울 때 개가 가득한 방에 내던져진 고양이처럼 행동한다. 몸이 얼어붙어 꼼짝도 하지 않는 것이다. 그러나 페리는 확실히 아주 예민한 타입 같았다. 긴장감이 높아지자 씰룩거리며 몸을 비비꼬다가 바지에 탄산음료를 엎질렀던 것이다. 살인마가 벽장에서 튀어나올 때마다 페리도 의자에서 튀어올랐다. 몇 번인가 나는 태미 쪽을 돌아보고 곁눈질했다. 그러나 나는 페리의 반응을 두고 놀리지는 않았다. 불이 켜질 때까지도 아무 말하지 않았다. 나는 위태위태한 우리의 평화를 깨고 싶지 않았던 것이다.

우리는 극장에서 나와 팝콘과 콜라, 트위즐러로는 부족하다는 결론을 내리고는 길 건너 윈첼스(*도넛 전문점에서 파는 프렌치 크룰러, 꽈배기의 일종)

한 박스를 샀다. 페리는 초콜릿으로 뒤덮인 도넛을 먹었고 나는 레인보우 스프링클이 덮인 것을 골랐다. 카운터에서 도넛을 먹으며 이야기를 나눴다. 페리는 대법원에 선 변호사같이 말을 잘했다. 15분간 쉬지 않고 얘기하다가 갑자기 말을 멈추더니 카운터에 있는 사람들에게 이렇게 묻는 것이었다.

"여기 24시간 영업이에요?"

"그렇지."

"일주일에 7일 영업하고요?"

"응."

"일 년 365일?"

"그래."

"그럼 왜 문 앞에 자물쇠가 있죠?"

우리는 모두 돌아봤다. 얼마나 기막힌 질문인가! 나는 배꼽 빠지게 웃다가 입속에 있는 크롤러를 뱉어내야 했다. 레인보우 스프링클이 색종이 조각처럼 입안에서 떨어졌다. 내가 지금껏 들어본 말 중 가장 웃기고 재치 있는 말이었다. 특히 윈첼스 같은 곳에서 들어본 말 중에는 확실히 최고였다. 점원들도 웃으며 인정했다.

"얘야, 나도 잘은 모르겠구나."

"삶이란 게 이런 식이지 않아? 윈첼스의 자물쇠를 비롯해서 설명할 수 없는 것들로 가득 차있는 것 말야."

페리가 나에게 말했다.

"정말 그래."

항상 나는 그걸 눈치 챈 건 나밖에 없다고 생각했다. 그런데 여기 눈치를 챘을 뿐 아니라 그걸 지적하는 아이도 있지 않은가. 어머니가 나와 태미를 데리러 왔으나 새로 친구가 된 페리와 헤어지는 게 아쉬웠다. 그의

친구 페리의 비밀

폴로 셔츠가 별로 거슬리지 않을 정도였다.

페리네 집에서 자고 와도 되냐고 아버지에게 묻자 아버지는 무뚝뚝하게 대답했다.

"허튼소리 작작해라."

아버지는 페리의 가족에 대해 아는 것이 전혀 없었다. 그리고 모르는 사람은 믿지 않았다. 아버지는 세상 모든 사람들을 의심했고 특히 친구의 부모들을 의심했다. 나는 굳이 왜냐고 묻지 않았다. 말해봤자 소용없을 것이 뻔했다. 대신 나는 페리를 우리 집으로 초대해서 자고 가라고 했다.

페리는 우리 부모님에게 아주 공손했다. 그리고 내 형제들, 특히 태미에게 상냥했는데 태미는 완곡하게 페리의 마음을 거절했다. 나는 페리를 필리와 내가 같이 쓰는 방으로 안내했다. 그는 중앙의 흰 선을 보고 웃었다. 뒷마당의 테니스 코트도 보여주었다. 그는 드래곤과 번갈아 가며 공을 주고받았다.

나는 그에게 내가 얼마나 드래곤을 싫어하는지, 내가 어떻게 드래곤을 살아숨쉬는 괴물이라고 생각하게 되었는지를 얘기했다. 페리는 공포영화를 많이 봐서 괴물이 여러 형태와 크기로 나타날 수 있다는 것을 알고 있었다. 또한 공포에 대해서 나만큼이나 일가견이 있었기 때문에, 나는 그에게 깜짝 선물을 해주기로 했다. 내가 손에 넣은 영화 〈엑소시스트〉의 베타 버전(*베타맥스 버전을 말함. 〈엑소시스트〉는 베타맥스 버전이 원본으로 제작되었으며 디렉터스컷도 있다)을 보여주기로 한 것이다. 〈어둠속의 테러〉를 보고 펄쩍 뛰었던 페리를 보고 나니 그가 진짜 공포영화의 고전을 보고 나면 어떻게 반응할지 빨리 보고 싶었다. 모두 잠든 후 우리는 영화를 플레이어에 밀어넣었다. 나는 린다 블레어(*영화에서 악마에 홀린 여주인공)의 목이 돌아갈 때마다 피가 거꾸로 솟는 것 같았는데 페리는 한번도 움츠러들지 않았다. 〈어둠속의 테러〉를 볼 때는 무서워 몸을 떨었지만 〈엑소시스트〉를 보고는 오싹해지지 않는 건가? 이 녀석은 자기만의 방식이 있구나 싶었다.

영화를 다 보고 우리는 일어나 앉아서 탄산음료를 마시며 얘기했다. 페리는 우리 아버지가 할리우드 영화에 나오는 인물보다 훨씬 무섭다는 데는 동의했지만, 자기 아버지가 두 배는 더 무섭다고 했다. 페리 말로는, 자기 아버지는 괴물에 폭군에 나르시시스트―이 말은 그때 처음 들어봤다―라는 것이었다.

페리는 나르시시스트란 말은 자기 자신만 생각하는 사람이라고 말했다. 또한 자식을 자신의 소유물로 생각하는 사람이라고 했다. 페리의 아버지는 아들의 인생을 미리 다 결정해놓았고, 아들이 자신의 인생을 어떻게 생각하는지는 신경 쓸 필요도 없다고 생각한다는 것이다.

어딘가 익숙한 얘기였다. 페리와 나는 우리의 아버지들이 다른 아버지들 같았다면 우리 삶이 훨씬 더 나아졌을 거라는 데 동의했다. 페리의 목소리에는 고통스런 어조가 실려있었는데, 그 애 말로는 아버지가 자기를 사랑하지 않는다고 했다. 나는 아버지의 사랑을 의심해본 적은 없었다. 다만 나는 아버지가 좀 더 부드럽고 내 말을 잘 들어주며 덜 화를 내면서 날 사랑해주길 바란 것뿐이다.

사실 나는 아버지가 나를 덜 사랑해주었으면 했다. 그러면 아버지가 뒤로 물러설 테고 나 스스로 선택을 할 수 있게 될 테니까. 나는 페리에게 선택권이 없다고, 내가 뭘 할지 혹은 내가 누군지 결정할 권리가 없다는 것이 나를 얼마나 미치게 하는지에 대해 말했다. 그렇기 때문에 내가 가진 몇 안 되는 선택권―뭘 입을지, 뭘 먹을지, 누구와 친구가 될지.―에 대해 더욱 강박적으로 생각을 하게 되었다.

그는 고개를 끄덕였다. 이해한다는 뜻이었다. 마침내 나는 페리라는 친구, 이런 깊은 생각을 함께 나눌 수 있는 친구, 내 삶에서 윈첼의 자물쇠와 같은 것에 대해 말할 수 있는 그런 친구를 얻었다. 나는 페리에게 테니스가 싫으면서도 계속한다고 했다. 독서를 즐기면서도 학교를 싫어한다고 했다. 계속되는 불운에도 불구하고 나는 필리 같은 형이 있어서 다행이라고도 했다. 페리는 필리처럼 끈기 있게 들어주었지만, 형보다 훨씬 적극적이었다. 페리는 그저 말하고 듣고 고개를 끄덕이는 것으로 그치지 않았다. 그는 대화를 나눌 줄 알았다. 그는 분석하고 전략을 세우며 생각을 나누고 상황이 개선되도록 계획을 세우는 것을 도와주었다. 내가 페리에게 처음 문제점을 말할 때는 알쏭달쏭하고 터무니없게 들렸지만, 페리가 다시 정리해서 논리적으로 말을 하면 해결책의 실마리를 찾은 듯한 기분이 들었다. 나는 대화할 사람 하나 없이 야자수만 펼쳐진 무인도에 홀로 떨어져있는 기분이었는데, 이제 사려 깊고 세심하며 마음이 맞는 조난자-비록 멍청한 폴로선수가 그려진 셔츠를 입고 있지만-가 해안가로 비틀거리며 다가온 것이다.

페리는 내게 그의 코와 입에 대해 털어놓았다. 그는 선천성 구개파열이었는데, 그로 인해 남의 시선에 대해 아주 민감해지고 여자애들 앞에서 극도로 수줍음을 많이 타게 되었다고 했다. 수술을 받아 많이 고쳐졌지만 최소한 한 번 이상의 수술이 더 남았다고 했다. 내가 그에게 거의 표가 안 난다고 말해 주자 그의 눈에 눈물이 고였다. 페리는 자기 아버지가 자신을 비난했던 일을 중얼거렸다.

페리와의 대화는 대부분 서로의 아버지에 관한 이야기로 끝을 맺었고, 아버지를 주제로 했다가 미래에 관한 이야기로 곧장 넘어갔다. 우리는 아버지로부터 해방되면 어떤 사람이 될까에 대해서도 얘기했다. 우리는 아버지와 다를 뿐 아니라 우리가 아는 사람들, 심지어 우리가 영화에서 본 사람들과도 전혀 다른 사람이 되기로 약속했다. 마약도 술도 절대 하지 않겠다고 서로 다짐했다. 그리고 부자가 되면 세상을 돕기 위해 무슨 일이든 하자고 맹세했다. 우리는 맹세의 뜻으로 악수했다. 비밀스러운 악수였다.

페리는 부자가 되려면 아직 먼 것 같았다. 그에게는 돈이 한 푼도 없었다. 같이 뭔가를 할 땐 항상 내가 돈을 냈다. 나도 용돈이 많은 편은 아니었고 보통 수준이었는데, 카지노와 호텔에서 손님들로부터 얻어낸 돈이 좀 있었을 뿐이다. 그래도 나는 별로 신경 쓰지 않았다. 페리가 나의 가장 친한 친구라고 생각했기 때문에 내 것이 페리 것이나 다름없었다. 아버지는 매일 식비로 5달러를 주었고, 나는 절반을 아낌없이 페리에게 썼다.

우리는 매일 오후 케임브리지에서 만나 빈둥거리다가 공을 몇 번 쳐보고는 군것질하러 가곤 했다. 뒷문으로 몰래 빠져나가 담을 넘고 공터를 지나 세븐일레븐으로 달려갔다. 그리고 집에 갈 때까지 편의점에서 비디오게임을 하고 칩위치를 먹었다. 물론 돈은 내가 냈다.

칩위치는 페리가 최근에 발견한 새로운 아이스크림 샌드위치였다. 말랑말랑한 두 개의 초코칩 쿠키 사이에 바닐라 아이스크림을 끼운 것인데, 여기에 완전히 중독된 페리는 세상에서 가장 맛있는 음식이라고 극찬했다. 그는 말하는 것보다도 칩위치를 좋아했다. 칩위치의 아름다움에 관해서라면 한 시간도 떠들어댈 수 있었다. 칩위치는 페리의 말을 멈추게 할 수 있는 몇 안 되는 것 중 하나였다. 나는 그에게 칩위치를 수십 개는 사주었고 그가 마음껏 사먹을 수 있는 돈이 없다는 사실에 안타까워했다.

어느 날 세븐일레븐에 있는데 페리가 칩위치를 먹다 말고 벽시계를 올려다보았다.

"젠장, 안드레, 우리 케임브리지로 돌아가는 게 좋겠다. 엄마가 나 데리러 일찍 올 거야."

"엄마?"

"응. 준비하고 정문에서 기다리랬어. 이런, 엄마다!"

페리가 소리쳤다. 고개를 드니 천천히 케임브리지 쪽으로 향하는 두 대의 차가 보였다. 폭스바겐 버그와 롤스로이스 컨버터블이었다. 나는 폭스

바겐이 케임브리지를 지나쳐 계속 가는 것을 보며, 페리에게 시간이 있으니 마음 편히 먹으라고 말했다.

"길을 잘못 드셨겠지."

"아냐, 얼른 와, 얼른 오라고."

페리가 말했다. 그는 제트엔진을 단 듯 롤스로이스를 따라 전속력으로 뛰었다.

"이봐! 대체…? 페리, 지금 장난해? 롤스로이스를 모는 게 너희 엄마였어? 너, 부자야?"

"그런 것 같아."

"왜 말 안했어?"

"물어보지 않았잖아."

내게 부자의 정의란 그런 거였다. 제일 친한 친구에게도 말해야겠다는 생각이 들지 않는 것. 그리고 돈을 어떻게 벌었는지 별 관심 없이 그저 돈이란 당연하게 생각되는 것.

그러나 페리는 그냥 부자인 정도가 아니었다. 페리는 어마어마한 부자였다. 페리는 태어날 때부터 부자인 그런 애였다. 그의 아버지는 잘나가는 로펌에서 대표변호사로 일하면서, 지역 TV방송국을 소유하고 있었다.

"아버지는 공기를 팔아(*'공기'라는 뜻의 air에는 방송전파라는 뜻도 있는데, 전파가 공기를 타고 방송 프로그램을 각 가정에 전달하므로, '공기를 판다'고 표현한 것). 상상해봐. 공기를 판다고. 공기를 팔 수 있다면, 진짜 인생 대박난 거지(아마 페리의 아버지는 그에게 공기를 용돈으로 주는지도 모른다)."

아버지는 마침내 내가 페리네 집을 방문하는 것을 허락했고, 나는 그가 집이 아니라 대저택에 살고 있다는 사실을 알게 됐다. 페리의 어머니는 우리를 롤스로이스에 태우고 들어갔다. 거대한 현관 진입로를 천천히 따라 올라가면서 내 눈은 휘둥그레졌다. 푸르게 경사진 언덕을 돌아가니 엄청나게 큰 나무가 그늘을 드리우고 있었다. 우리는 브루스 웨인(*〈배트맨〉의 주인공. 부유한 기업인이자 바람둥이, 자선가)의 위엄 있는 저택처럼 생긴 건물 밖에서 멈춰 섰다. 한쪽 건물 전체가 페리가 쓰는 곳이었는데, 십대들이 꿈꾸는 그의 방에는 탁구대와 당구대, 포커 테이블과 대형 TV, 미니 냉장고와 드럼 세트가 놓여 있었다. 긴 복도로 내려가니 페리의 침실이 있었는데, 벽면이 수십 장의 〈스포츠 일러스트레이티드(*미국 스포츠 전문잡지)〉 표지로 덮여 있었다. 머리가 빙글빙글 돌았다. 나는 유명 스포츠 선수의 초상화를 보고는 겨우 한마디를 던졌다.

"와!"

"이거 내가 다 붙인 거야."

페리가 말했다. 그 후 치과에 갔을 때 나는 대기실에 있던 〈스포츠 일러스트레이티드〉의 표지를 찢어서 재킷 아래에 숨겨왔다. 페리에게 건넸더니 그는 고개를 저었다.

"됐어. 나 이거 있어. 이것도 있고. 난 다 갖고 있어, 안드레. 정기구독하거든."

"아. 그렇구나. 미안해."

부잣집 아이를 만나본 적이 없기 때문만은 아니었다. 나는 정기구독하는 아이를 만나본 적이 없었던 것이다.

케임브리지에서 놀거나 페리의 저택에서 시간을 보내지 않을 때면 페리와 통화를 했다. 우리는 죽고 못사는 사이였다. 그래서 내가 호주에서 열리는 토너먼트에 참가해야 해서 한 달간 멀리 가 있어야 한다고 했을 때 그는 몹시 슬퍼했다. 맥도날드사가 미국의 뛰어난 주니어 선수팀을 모아 호주 최고의 선수들과 겨루게 하는 것이었다.

"한 달 내내?"

"나도 알아. 그렇지만 선택의 여지가 없었어. 아버지 때문이야."

아주 솔직하지는 않았다. 나는 선발된 두 명의 열두 살짜리 중 하나였기 때문에 멀리―비행시간이 열네 시간이었다―여행을 간다는 사실에 다소 초조해하면서도 무척 영광스럽고 또 흥분되었던 것이다. 하지만 페리를 생각해 여행에 대해 시큰둥하게 말했다. 그에게 걱정하지 말라고, 곧 돌아올 거라고, 돌아와서 같이 칩위치를 마음껏 먹자고 말했다.

나는 혼자 로스앤젤레스로 날아갔는데, 도착하자마자 곧장 집으로 돌아가고 싶어졌다. 두려웠다. 어디로 가야 할지, 공항을 지나 어떻게 길을 찾아가야 할지 알 수가 없었다. 등 뒤에는 맥도날드의 노란색 M로고가 박혀 있고 가슴에는 내 이름이 새겨진 운동복을 입고 있으니 혼자 튀는 기분이었다. 저 멀리서 나와 똑같은 운동복을 입은 아이들이 보였다. 우리 팀이었다. 나는 그룹의 어른인 듯한 사람에게 다가가 나를 소개했.

그는 환한 미소를 내보였다. 그가 코치였다. 내 인생 최초의 진짜 코치였다.

"애거시, 라스베이거스에서 아주 잘 나간다는 그 선수로구나! 함께 하게 되어 기쁘다!"

코치는 호주로 가는 비행기 안에서 통로에 서서 우리에게 여행의 일정에 대해 말해주었다. 우리는 다섯 개 도시에서 다섯 번의 토너먼트를 치르게 되어 있었다. 그러나 가장 중요한 토너먼트는 시드니에서 열리는 세 번째였다. 호주 최고의 선수들과 맞서 최선을 다해야 하는 대회였던 것이다.

"경기장에는 5천 명 정도의 관중이 있을 거고, 호주 전역에 TV로 중계될 거야. 중압감이 굉장할 거다. 그래도 좋은 소식이 있단다. 토너먼트에서 이길 때마다 시원한 맥주를 마시게 해주마."

나는 아델라이드에서 열린 첫 번째 토너먼트에서 무난히 이겼고, 버스 안에서 코치는 얼음처럼 차가운 포스터 라거(*호주의 맥주 브랜드. 포스터 페일 라거) 맥주를 내게 건네주었다. 나는 페리와 우리의 묵계에 대해 생각했

오픈

다. 열두 살밖에 안됐는데 술을 대접받는다는 게 얼마나 이상한 일인지. 그러나 맥주는 아주 차가웠고 팀원들이 나를 지켜보고 있었다. 그리고 나는 집에서 수천 마일 떨어진 곳에 있었다. 에라 모르겠다. 나는 한 모금을 들이켰다. 맛있었다. 나는 네 번 만에 꿀꺽꿀꺽 한 병을 다 비우고는 오후 내내 양심의 가책으로 허우적댔다. 창밖으로 호주의 아웃백이 천천히 지나가는 것을 바라보면서 나는 페리가 이 사실을 어떻게 받아들일 것인지, 그가 절교를 선언하지는 않을지 궁금해졌다. 나는 다음 네 번의 토너먼트 중 세 번을 이겼다. 맥주 세 병을 더 얻었다. 마실수록 더욱 감칠맛이 났다. 그러나 매번 술을 홀짝일 때마다 죄책감이라는 쓴맛이 남았다.

집으로 돌아오자 페리와 나는 바로 예전처럼 지냈다. 공포영화. 긴 대화. 케임브리지. 세븐일레븐. 칩위치. 그러나 이따금 그를 볼 때마다 배신감의 무게가 묵직하게 느껴졌다. 페리와 케임브리지에서 세븐일레븐으로 걸어가다가 나는 더 이상 나의 배신을 마음에 담아둘 수가 없다는 생각이 들었다. 죄책감은 나를 조금씩 갉아먹고 있었던 것이다. 우리는 페리의 워크맨에 각각 헤드폰을 꽂고 프린스(*미국의 싱어송라이터 겸 배우)의 음악을 듣고 있었다. '퍼플 레인'이라는 곡이었다. 나는 페리의 어깨를 두드리며 헤드폰을 벗으라고 말했다.

"뭔데?"

"어떻게 말해야 좋을지 모르겠어."

그가 쳐다봤다.

"뭔데 그래?"

"페리. 나 우리 약속을 깼어."

"설마."

"나 호주에서 맥주 마셨어."

"하나만?"

"네 병."

"네 병이나!"

나는 눈을 내리깔았다. 페리는 생각에 잠기더니 멍하니 산을 응시했다.

"그러니까, 우리는 인생에서 선택을 해, 안드레. 그리고 너는 너의 선택을 한 거고. 나도 나의 선택을 하게 되겠지."

그러나 바로 몇 분 후 그는 맥주 맛이 어땠냐고 물었고, 나는 다시 솔직해질 수밖에 없었다. 나는 그에게 정말 맛있었다고 말해주었다. 다시 한번 사과를 했지만, 후회하는 척 해봤자 별 의미가 없었다. 페리 말대로 이번만큼은 내게 선택권이 있었고, 그래서 선택을 했다. 분명 나는 약속을 깨고 싶지 않았지만, 내 자유의지를 마침내 실현한 데 대해 기분이 나쁘지는 않았다.

페리는 아버지처럼 상을 찡그렸다. 우리들의 아버지보다는 TV에 나오는 아버지의 모습 같았다. 카디건 스웨터를 입고 파이프를 물고 있어야 할 것 같은 분위기였다. 페리와 내가 한 약속은 근본적으로는 서로의 아버지가 되겠다는 약속, 즉 서로를 다잡아주자는 것이었다. 나는 다시 한 번 사과하고는 내가 집을 떠나있을 때 얼마나 페리를 그리워했는지 깨달았다. 다시는 집을 떠나지 않겠다고 나 자신과 또 다른 약속을 했다.

아버지가 부엌에서 나를 불러 세웠다. 할 말이 있다고 했다. 나는 맥주에 관해 그가 들은 바가 있는지 궁금해졌다. 아버지는 나에게 테이블 앞에 앉으라고 하고는 맞은편에 앉았다. 테이블 위에는 조각이 흩어진 노먼 록웰 퍼즐이 놓여있었다. 아버지는 〈60분(*미국 CBS사의 대표적인 시사프로그램)〉에서 최근에 알게 된 이야기를 해주었다. 탬파베이 근처 플로리다의 서쪽 해안가에 있는 테니스 기숙학교에 관한 내용이었다. 그런 유형으로는 최초의 학교라고 했다. 젊은 테니스 선수들을 위한 일종의 극기훈련소로, 전직 낙하산부대원이었던 닉 볼리티에리라는 테니스 코치가 운영하는 학교였다.

"그래서요?"

"그래서, 네가 거기 가는 거지."

"뭐라고요?"

"라스베이거스에서는 더 이상 발전할 가능성이 없어. 이 지역에서 내로라하는 아이들을 다 이겼으니까. 서부지역 아이들을 다 이겼어. 안드레, 대학 선수들까지 다 이겼잖아! 이제 네가 배울 만한 사람은 없어."

입 밖에 내서 말하지는 않았지만 아버지가 하려는 말은 분명했다. 이제 나에게 다른 것을 시도해보기로 한 것이다. 다른 자식들에게 했던 것 같은 실수를 되풀이하고 싶지 않았던 것이다. 아버지는 너무 오래, 너무 꽉 잡고 놓지 않았기 때문에 자식들의 경기를 망쳤고, 그러면서 자식들과의 관계까지 망쳐버린 것이었다. 리타와는 사이가 너무나 안 좋아져서 최근에 그녀는 자기보다 서른 살 이상 연상인 테니스계의 전설, 판초 곤잘레스와 도망쳐버렸다. 아버지는 나를 가로막거나 무너뜨리거나 망치고 싶어하지 않았다. 그래서 나를 추방하려는 것이었다. 나를 멀리 보내 아버지 자신으로부터 나를 얼마간 보호하려는 것이었다.

"안드레, 먹고 마시고 잘 때도 테니스 생각만 해라. 그게 세계 최고가 되는 유일한 길이다."

나는 이미 그렇게 살아왔다. 그러나 아버지는 다른 곳에서 테니스에 모든 걸 쏟아붓길 바라는 것이었다.

"테니스 아카데미에 들어가는 데 비용이 얼마인데요?"

"일 년에 1만 2천 달러쯤."

"우린 그럴만한 형편이 안 되잖아요."

"너는 석 달만 있을 거니까 3천 달러면 된다."

"그래도 형편이 안 되기는 마찬가지예요."

친구 페리의 비밀

"투자라고 생각해. 너에 대한 투자. 방법을 찾게 될 거다."

"가고 싶지 않아요."

나는 아버지의 표정을 보고 이미 결정된 일이라는 걸 깨달았다. 이걸로 끝인 것이다.

좋은 쪽으로 생각해보려고 했다. 석 달뿐인데. 석 달이라면 어떤 것도 할 각오가 돼 있다. 게다가 나빠봤자 얼마나 나쁘겠는가? 호주랑 비슷할지도 모른다. 어쩌면 재미도 있을 것이다. 예기치 못한 혜택을 볼 수도 있지. 아마 테니스팀에서 활동하는 기분일지도 모른다.

"학교는 어쩌고요? 이제 8학년 중반인데요."

"옆 동네에 학교가 하나 있어. 아침에 그 학교에 가서 한나절만 있다가 오후 내내 그리고 밤까지 테니스 연습을 하는 거다."

벌써부터 기진맥진한 기분이었다. 잠시 후 어머니가 내게 〈60분〉에서 나왔던 내용은 볼리티에리라는 인물에 대한 폭로성 보도였는데, 그가 사실은 아동 노동력을 착취하는 테니스 공장을 운영하는 사람으로 그려졌다고 말해주었다.

케임브리지에서 나를 위한 환송회가 열렸다. 퐁 씨는 뚱한 표정이었고, 페리는 자살이라도 할 것 같은 표정이었으며, 아버지는 알 수 없는 표정이었다. 우리는 케이크 주변에 둘러서 풍선으로 테니스를 하다가 핀으로 풍선을 찔러 터뜨렸다. 모두가 내 등을 두드려주며 얼마나 신나는 일이 벌어지겠냐고들 했다.

"알아요. 플로리다 아이들과 같이 지낼 생각을 하니 너무너무 기다려지는데요."

이런 거짓말은 라켓 프레임에 빗맞아 튕겨나간 공처럼, 고의적인 실수처럼 들렸다.

출발일이 가까워오자, 잠을 잘 수가 없었다. 몸부림치고 땀에 젖어 몸이 비틀린 채로 잠자리에서 깼다. 먹을 수도 없었다. 갑자기 향수병이라는 개념이 완벽히 이해가 되었다. 집과, 내 형제와, 어머니와 제일 친한 친구를 떠나고 싶지 않았던 것이다. 집에서 느끼던 긴장감과 때때로 밀려오던 공포에도 불구하고 집에 남을 수만 있다면 뭐든지 할 것 같았다. 아버지로 인한 온갖 고통에도 불구하고, 변치 않는 유일한 사실은 아버지의 존재였다. 아버지는 언제나 그곳에, 내 등 뒤에 있었지만 이제 당분간 없을 것이다. 나는 버림받은 기분이었다. 내가 바라던 유일한 일은 아버지에게서 벗어나는 것이었는데, 이제 아버지는 나를 멀리 떠나보내려 한다니, 가슴이 찢어질 것 같았다.

나는 어머니가 나를 구해주러 올 거라는 희망을 품고 집에서 마지막 날을 보냈다.

떠나는 날, 나는 애원하듯 어머니를 바라보았으나 어머니의 표정은 이렇게 말하는 듯했다.

"나는 네 아버지가 세 아이를 망가뜨리는 걸 이미 봤어. 아직 네가 온전할 때 떠나는 게 다행이다."

아버지는 나를 공항까지 데려다 주었다. 어머니도 가고 싶어했으나 결근을 할 수는 없었다. 페리가 어머니 대신 따라왔다. 그는 가는 내내 아무 말도 하지 않았다. 나는 페리가 나를 응원해주려는 것인지 자기 자신을 다독이려는 것인지 분간하기 어려웠다.

"석 달 뿐이라고. 우리 편지랑 엽서도 주고받자. 괜찮을 거야. 너는 많은 걸 배워올 거고. 내가 놀러갈지도 모르지."

나는 우리가 처음 친구가 되었던 날 밤 함께 보았던 〈어둠속의 테러〉를 떠올렸다. 페리는 지금도 공포와 맞닥뜨릴 때마다 씰룩거리며 의자에서 튀어나오던 그때처럼 반응하고 있었다. 나 역시 늘 해왔던 대로였다. 개가 가득한 방에 던져진 고양이처럼.

5
닉 볼리티에리 테니스 아카데미

공항셔틀버스는 해가 진 후에야 기숙학교에 도착했다. 닉 볼리티에리 테니스 아카데미(NBTA)는 토마토 농장 위에 지어진 평범한 건물로, 교도소의 독방시설같이 생긴 몇 개의 별채로 이루어져 있었다. 각 건물의 이름도 B동, C동 하는 식으로 교도소 같았다. 나는 감시탑과 철조망을 찾을 수 있지 않을까 반쯤 기대하며 주위를 둘러보았다. 저 멀리 테니스 코트가 줄지어 늘어서 있는 것을 보자 더욱 불길한 느낌이 들었다.

태양이 칠흑 같은 늪 속으로 가라앉자, 기온이 뚝 떨어졌다. 나는 티셔츠 속으로 몸을 웅크렸다. 플로리다는 더울 거라 생각했었다. 내가 밴 밖으로 나오자 한 직원이 나를 맞아주더니 나를 데리고 곧장 숙소로 향했다. 숙소는 휑하고 으스스할 정도로 고요했다.

"다들 어디 있어요?"

"자습실에 있지. 몇 분 후면 자유시간이 될 거다. 자습시간과 취침시간 사이에 주어지는 시간이지. 레크리에이션 센터로 내려와서 다른 학생들에게 자기소개 해야지?"

레크리에이션센터에는 200여 명의 거친 소년들과 강인한 생김새의 여자아이들이 끼리끼리 무리지어 있었다. 가장 큰 무리 중 하나가 너프(*미국 완구 브랜드) 탁구대를 둘러싸고 바짝 붙어 서서 탁구치는 두 소년에게 욕설을 퍼붓고 있었다. 나는 벽에 기대어 방안을 둘러봤다. 아는 얼굴도 있었는데, 그 중 호주 여행 때 알게 된 아이들이 한두 명 정도 있었다. 저쪽에 있는 아이는 캘리포니아에서 시합을 했던 아이였다. 그 인상 더러운 고향친구와는 애리조나에서 힘들게 3세트 경기를 치른 적이 있다. 모두가 재능 있고 자신감이 넘쳐보였다. 세계 각지에서 온 아이들은 인종도 몸집도 나이도 모두 다양했다. 가장 어린아이가 일곱 살, 가장 나이 많은 아이가 열아홉이었다. 지금까지 라스베이거스가 내 세상이라고 생각했다가 갑자기 커다란 연못에 던져진 작은 물고기가 된 기분이 들었다. 혹은 늪이거나. 큰 물고기 중 가장 큰 놈들은 전국에서 최고의 선수들이었다(멀리 구석에서 자기들끼리 무리지어 있는 십 대 수퍼맨들이었다).

나는 탁구경기를 보려고 했다. 그러나 거기서도 나는 압도당하는 기분이었다. 고향에서는 너프 핑퐁에서 나를 이길만한 사람이 아무도 없었다. 여기서는? 반 이상이 아마 나를 묵사발로 만들 것이다.

이런 감방 같은 곳에서 과연 내가 적응을 할 수 있을지, 친구를 사귈 수는 있을지 도저히 상상이 안 되었다. 나는 당장에라도 집에 가거나 전화라도 하고 싶었지만 수신자부담으로 전화를 해야 했으므로 아버지는 분명히 전화를 받지 않으려 할 것이다. 아무리 원한다 해도 어머니나 필리의 목소리를 들을 수 없다고 생각하니 숨이 막힐 것 같았다. 자유시간이 끝나고 내 숙소로 돌아가 침대에 누워 칠흑 같은 잠속으로 빠져들기를 기다렸다.

"3개월이야. 딱 3개월뿐이라고."

나는 중얼거렸다.

닉 볼리티에리 테니스 아카데미

사람들은 볼리티에리 아카데미를 훈련캠프라고 부르길 좋아했지만, 사실상 포로수용소를 미화한 것이나 다름없었다. 게다가 미화할 것도 없었다. 우리는 죽−돼지고기나 닭고기에 끈적끈적한 스튜, 쌀 위에 부은 회색 수프 찌꺼기로 만든 것이었다−을 먹고 군대식 숙소의 합판 벽을 따라 줄지어있는 삐걱대는 침대에서 잤다. 새벽에 기상하고 저녁식사가 끝나자마자 취침이었다. 떠나는 사람도 거의 없었고, 바깥세상과 접촉도 극히 드물었다. 대부분의 죄수들과 마찬가지로 우리는 자고 공부하는 것만이 허락되었고, 우리의 주요 임무는 훈련이었다.

서브, 네트 플레이, 백핸드, 포핸드 훈련과 더불어, 강자에서 약자에 이르는 서열을 정하기 위해 이따금씩 시합을 벌이기도 했다. 때때로 우리는 콜로세움 아래서 결투를 준비하는 검투사 같은 기분이 들었다. 훈련 중에 우리에게 소리를 지르는 35명가량의 강사들은 자신들을 노예감시인이라고 생각하는 듯했다.

연습이 없을 때 우리는 테니스의 심리학을 공부했다. 정신적 강인함과 긍정적 사고, 그리고 시각화에 관한 수업을 들었다. 눈을 감고 스스로 윔블던 대회에서 이겨서 머리 위로 금색 트로피를 들어올리는 상상을 해보라고 배웠다. 그리고 유산소 운동을 하거나 웨이트 트레이닝을 하거나 아니면 쓰러지기 직전까지 깨진 조개껍데기가 즐비한 길 위를 달렸다.

지속적인 중압감, 치열한 경쟁, 어른의 감독이 전혀 없는 상황은 점차 우리를 야수로 만들었다. 이른바 정글의 법칙이 지배하는 것이었다. 라켓을 든 카라테 키드(*우리나라에는 2010년, 〈베스트 키드〉라는 제목으로 개봉된 영화)였고, 포핸드를 구사하는 파리대왕(*무인도에 난파된 영국 학생들이 점차 야수성을 드러내며 비극으로 치닫게 된다는 윌리엄 골딩의 소설)이었다. 어느 날 밤 두 명의 소년이 숙소에서 말다툼을 벌였다. 백인 소년과 아시아인 소년이었다. 백인 소년은 인종차별적인 욕설을 하고는 밖으로 나왔다. 거의 한 시간 동안 아시아인 소년은 숙소 한가운데 서서 팔다리를 스트레칭하고 손발을 털고 목을 돌렸다. 그는 연달아 유도 동작을 연습하더니 신중하게 차근차근 발목을 테이프로 감쌌다. 백인 소년이 돌아오자 아시아인 소년은 몸을 회전해 공중으로 다리를 돌려차면서 백인 소년의 턱을 강한 발차기로 공격했다. 놀라운 것은 아무도 쫓겨나지 않았고, 이미 만연해 있던 무질서한 분위기가 더 심해졌다는 사실이다.

다른 두 소년은 그보다는 덜했지만 오랫동안 사이가 좋지 않았다. 대부분 조롱이나 짓궂은 장난 같은 사소한 것들이었는데, 한 소년이 수위를 높였다. 며칠간 그는 양동이에 대소변을 보았다. 그러고 나서 어느 날 밤늦게 다른 소년의 숙소로 쳐들어가 그의 머리에 양동이를 들이부었.

불이 꺼지기 직전 멀리서 북소리가 들려오면 계속되는 폭력과 기습공격의 위협이 다가오는 것처럼 정글 한가운데 있는 기분이 더욱 강해졌다. 나는 한 소년에게 물었다.

"대체 이게 무슨 소리야?"

"아. 쿠리어야. 부모가 보내준 드럼세트 치는 걸 좋아하더라고."

"누구?"

"짐 쿠리어. 플로리다에서 온 애."

며칠 내로 나는 닉 볼리티에리 테니스 아카데미의 교도소장이자 창립자, 소유주인 닉의 시선을 받았다. 그는 50대였는데, 지나친 태닝과 테니스, 결혼 때문에 250살은 되어보였다(그는 다섯 명인가 여섯 명의 전처가 있었는데, 확실치는 않다). 햇빛을 너무 많이 받고 자외선 조사기 아래서 너무 오래 피부 깊숙이 그을린 탓에 그는 원래의 피부색이 영구적으로 변해버렸다. 그의 얼굴에서 육포색깔이 아닌 부분은 콧수염밖에 없었다. 그의 검은색 콧수염은 턱수염이 없이 염소수염과 비슷하게 세심하게 다듬어져 있어서 항상 찡그린 표정처럼 보였다. 닉은 성큼성큼 구내를 가로질러 얼굴

닉 볼리티에리 테니스 아카데미

을 덮는 큼지막한 선글라스를 쓰고 화가 나 붉어진 얼굴로 옆에서 조깅하는 사람을 꾸짖으며 속도를 맞추고 있었다. 나는 닉을 직접 상대하는 일이 없기를 빌었다. 그는 빨간색 페라리 안으로 미끄러져 들어가더니 뿌옇게 피어오르는 먼지를 남기고 서둘러 빠져나갔다. 한 소년이 닉이 소유한 네 대의 스포츠카를 닦고 광내는 것이 우리 일이라고 말해주었다.

"우리 일이라고? 말도 안 돼."

"그대로 닉한테 한번 직접 말해봐."

나는 형들이나 사정을 잘 아는 이들에게 닉에 대해 물었다.

"도대체 닉은 어떤 사람이에요? 그 사람은 대체 뭐가 불만인 거예요?"

그들은 닉이 테니스로 호의호식하는 사기꾼이라고 했다. 그러면서도 정작 자신은 테니스를 좋아하지 않으며 아는 것도 거의 없다고 했다. 그는 각도와 숫자와 테니스의 아름다움에 사로잡힌 아버지와는 다른 사람이었다. 그리고 또 한편으로는 아버지 같기도 했다. 그는 돈에 대한 집착이 매우 강한 사람으로, 해군 전투기 조종사 시험에 낙방하고 로스쿨을 중퇴한 후 테니스 교습에 대한 생각을 착안하게 된 것이었다. 억세게 운이 좋았다. 약간의 노력과 엄청난 운으로 테니스계의 거물이자 영재들의 멘토라는 인물로 변신한 것이다. 다른 아이들은 그로부터 배울 수 있는 게 있긴 하지만 기적을 행하는 사람은 아니라고 했다.

닉은 내가 테니스 경기를 더 이상 싫어하지 않도록 만들어줄 수 있는 사람은 아닌 것 같았다. 나는 동부 출신의 아이와 연습경기를 하고 있었고 그는 연신 감탄을 쏟아냈는데, 그때 닉의 심복 중 하나인 가브리엘이 내 뒤에서 빤히 우리를 쳐다보고 있다는 걸 알게 됐다. 몇 번 더 포인트를 주고받다가 가브리엘이 경기를 중단시켰다. 그리고는 닉이 내가 플레이하는 걸 본 적 있냐고 물었다.

"아니요."

그는 인상을 찌푸리며 자리를 떴다. 나중에 볼리티에리 아카데미의 모든 코트의 확성기를 통해 쩌렁쩌렁 방송이 울려나왔다.

"안드레 애거시는 실내 대형 코트로 오도록! 안드레 애거시, 실내 대형 코트로 와서 보고하도록! 지금 당장 오기 바란다!"

나는 한 번도 실내 대형 코트에 가본 적이 없었고, 왜 내 이름이 지금 불리는지 알 수 없었다. 나는 그리로 뛰어가서 가브리엘과 닉이 어깨를 맞대고 서서 나를 기다리는 걸 발견했다.

가브리엘이 닉에게 말했다.

"얘가 테니스 하는 걸 꼭 보셔야 해요."

닉은 그늘이 있는 곳으로 천천히 걸어갔다. 가브리엘은 네트의 맞은편에 앉아 내게 30분가량 연습을 시켰다. 나는 어깨너머로 이따금씩 훔쳐보았다. 희미하게나마 집중한 채 수염을 쓰다듬는 닉의 실루엣을 알아볼 수 있었다.

"백핸드를 좀 쳐봐."

닉의 목소리는 벨크로에 사포를 문지르는 것처럼 거칠었다. 나는 시키는 대로 백핸드를 쳤다.

"이제 서브를 좀 넣어봐."

나는 서브를 넣었다.

"네트로 와."

나는 네트로 갔다.

"이만하면 됐다."

닉이 앞으로 다가왔다.

"어디서 왔니?"

"라스베이거스요."

"전국 랭킹이 몇 위니?"

"3위요."

"아버지에게 어떻게 연락하면 되지?"

"일하시는 중이에요. MGM 호텔에서 야간근무조로 일하시거든요."

"어머니는?"

"이 시간에요? 아마 집에 계실 거예요."

"따라오너라."

우리는 사무실로 천천히 걸어갔고, 닉은 우리 집 전화번호를 물었다. 그는 검은색 가죽으로 된 긴 의자에 거의 등을 돌린 채 앉아 있었다. 나는 닉보다 얼굴이 훨씬 더 붉어진 기분이었다. 그는 다이얼을 돌려 어머니와 통화를 했다. 어머니는 아버지의 전화번호를 알려주었고, 그는 다시 전화를 걸어 큰 소리로 말했다.

"애거시의 아버지 되십니까? 닉 볼리티에리라고 합니다. 네, 맞습니다. 네, 제 말씀 잘 들으세요. 아주 중요한 말씀을 드릴 게 있습니다. 아드님은 제가 지금껏 이 아카데미에서 본 그 누구보다도 재능이 있습니다. 맞습니다. 그래요. 제가 최고로 만들 겁니다."

대체 무슨 얘기를 하는 것인가? 나는 여기 석 달만 있기로 했는데. 나는 이곳을 64일 후에 떠날 것이다. 지금 닉이 나보고 여기 남으라고 말하는 건가? 여기서 영원히 살라고? 아버지가 그렇게까지 하지는 않을 것이다.

"맞습니다. 아니오. 그건 문제가 안 됩니다. 제가 알아서 할 테니 비용은 한 푼도 걱정하지 않으셔도 됩니다. 안드레는 무료로 여기서 지낼 수 있습니다. 보내주신 수표는 찢어버리도록 하죠."

심장이 쿵 떨어지는 기분이었다. 나는 아버지가 무료라면 사족을 못쓴다는 걸 알고 있었다. 그렇게 내 운명이 결정된 것이다. 닉은 전화를 끊고 의자에 앉아 나를 보며 빙그르르 돌았다. 그는 아무런 설명도 하지 않았다. 위로도 없었다. 이게 내가 원했던 것인지 묻지도 않았다. 그는 이 말밖엔 하지 않았다.

"코트로 돌아가."

닉 볼리티에리라는 교도소장은 내 형량을 7년으로 확정지었고, 내가 할 수 있는 일이란 이제 망치를 들고 돌무지로 돌아가는 것밖엔 없었다.

볼리티에리 아카데미에는 매일 아침 악취가 진동했다. 주변의 야트막한 산등성이에는 오렌지 가공 공장이 몇 군데 들어서 있었고, 지독한 오렌지 껍질 탄내를 풍겼다. 이 냄새는 아침마다 내가 라스베이거스에 있지 않다는 사실, 집에 있는 듀스코트 침대에 있지 않다는 사실, 그리고 이것이 현실이라는 것을 일깨워주는 첫 신호탄이었다. 나는 오렌지 주스를 그리 좋아해 본 적도 없었지만, 볼리티에리 아카데미에 온 후로는 미닛메이드 주스통을 보는 것조차 힘들어졌다.

햇빛이 어둠을 얻어내고 아침 안개가 증발해버리면 나는 서둘러 다른 아이들보다 먼저 샤워실로 뛰어갔다. 처음 한 번만 뜨거운 물이 나왔기 때문이다. 사실상 그건 샤워라기보다는 아주 작은 노즐을 통해 물이 뾰족한 바늘처럼 뿜어져 나오는 것에 가까워서, 씻는 건 둘째치고 몸이 완전히 젖지도 않았다. 그리고 나서 우리는 아침을 먹으러 북새통을 이루는 카페테리아로 달려갔는데, 간호사들이 환자들에게 약을 나눠주는 걸 잊어버린 정신병원 같았다. 그래도 일찍 가는 게 낫지 늦으면 더욱 최악이었다. 버터에는 다른 아이들이 흘린 빵부스러기가 잔뜩 묻어있고 빵은 다 떨어졌으며 뻣뻣한 달걀은 얼음처럼 차가워지기 때문이었다.

아침을 먹자마자 곧장 우리는 26분 정도 떨어져 있는 브래덴톤 아카데미(*현지 대학진학 준비학교)로 가기 위해 버스를 탔다. 나는 둘 다 감옥이나 다름없는 아카데미를 다녔으나, 브래덴톤 아카데미는 더욱 이해할 수 없었으므로 더욱 갑갑하게 느껴졌다. 닉의 아카데미에서는 최소한 테니스에 관해 뭔가를 배운다는 생각이 들었다. 하지만 브래덴톤 아카데미에서 내가 배운 유일한 사실은 내가 멍청하다는 것뿐이었다.

브래덴톤 아카데미는 바닥이 뒤틀려 있었고 카펫은 더러웠다. 그리고 온통 회색빛으로 뒤덮여 있는 그런 건물이었다. 건물 안에는 창문이 하나도 없어서 형광등이 켜져 있었고, 곰팡내가 났으며 토사물과 화장실 냄새, 그리고 공포와 같은 온갖 악취로 가득 차 있었다. 닉 볼리티에리 아카데미의 오렌지 타는 냄새는 그에 비하면 아무것도 아니었다.

테니스를 하지 않는 그 지역의 다른 아이들은 개의치 않는 듯했다. 어떤 아이들은 브래덴톤 아카데미에서 꽤 잘 버텼는데, 아마도 하루 일과가 감당할만한 수준이었기 때문일 것이다. 그들은 학업과 준프로 운동선수로서의 직업을 병행하지 않았다. 멀미처럼 일어났다 가라앉는 향수병의 파고와 싸울 필요도 없었다. 하루에 7시간 수업을 듣고 집에 가서 저녁을 먹으며 가족들과 TV를 볼 수 있었다. 그러나 볼리티에리 아카데미에서 통학하는 우리들은 하루에 4시간 반 수업을 듣고 버스에 올라 해가 질 때까지 테니스 연습을 하는 힘겨운 본업으로 돌아갔다. 해 질 무렵이면 우리는 나무 침대에 다들 쓰러져 30분가량 쉬다가 레크리에이션 센터의 무질서한 상태로 돌아갔다. 그러고 나면 자유시간과 점호시간 전 몇 시간 동안 교과서를 펴놓고 꾸벅꾸벅 졸았다. 우리는 늘 학업성적이 뒤쳐져 있었고 점점 더 그 격차가 벌어졌다. 가능한 한 빨리 그리고 효율적으로 훌륭한 테니스 선수를 길러내는 동시에 성적이 나쁜 학생들을 배출하도록 시스템이 갖춰져 있었다.

나는 이렇게 조작된 것을 좋아하지 않기 때문에 노력을 많이 하지 않게 되었다. 공부하지 않고 숙제도 하지 않았다. 집중을 하지도 않았다. 전혀 내 알 바가 아니었던 것이다. 수업 때마다 선생님이 셰익스피어나 벙커힐 전투(*미국독립전쟁 초기에 미국군이 승리를 거둔 중요한 전투), 피타고라스 정리에 대해 단조로운 목소리로 떠들어대면, 나는 책상 앞에 조용히 앉아서 내 발만 노려보다가 어딘가 다른 곳을 꿈꾸곤 했다.

교사들은 내가 수업에 집중을 하든 말든 개의치 않았는데, 내가 닉의 아카데미 학생 중 하나였고 닉의 뜻을 거스르고 싶어하지 않기 때문이었다. 브래덴톤 아카데미는 닉 볼리티에리 아카데미가 학기마다 등록금을 지불하는 학생들을 버스에 가득 실어 보냈기 때문에 유지될 수 있었다. 우리는 교사들의 일자리가 닉에게 달려있어서 그들이 우리를 낙제시킬 수 없다는 것을 알고 있었기 때문에 우리의 특별한 지위를 소중히 여겼다. 그리고 정작 우리가 최고로 누려야 하는 것 – 교육 – 을 사실상 제대로 누리지도 못한다는 사실을 깨닫지도 못한 채, 우리의 지위를 뽐내고 싶은 기분이었다.

브래덴톤 아카데미의 금속제 정문 안쪽에는 사무실이 있었는데, 학교의 중심부에 해당하는 곳으로 엄청난 고통의 근원지이기도 했다. 성적표와 경고장은 그 사무실로부터 나왔다. 불량한 학생들은 그곳으로 보내졌다. 사무실은 또한 브래덴톤 아카데미의 공동 교장을 맡고 있는 G부부의 은신처이자, 불만에 찬 조연의 은신처라는 생각이 들었다.

G여사는 복부가 없는 꺽다리 같은 여자였다. 그녀는 어깨가 곧장 엉덩이에 붙어있는 것 같았다. 이런 특이한 체형을 스커트로 가리려고 했으나 오히려 문제를 더 부각시킬 뿐이었다. 얼굴에는 양 볼에 블러셔를 바르고 입술에는 립스틱이 번져 있어서, 사람들이 신발과 벨트를 맞춰 입는 방식으로 색깔이 대칭적인 삼위일체를 이루고 있었다. 뺨과 입은 언제나 조화를 이루었기 때문에, 거의 항상 등에 솟아있는 혹에서 시선을 분산시켰다. 그러나 G여사가 무엇을 입든 그녀의 거인 같은 손에서는 시선을 떼기가 어려웠다. 그녀에게는 라켓 크기만 한 장갑이 있었고, 그녀와 처음 악수를 했을 때 나는 기절할 것 같은 기분이었다.

그녀의 남편인 나이 지긋한 G박사는 키가 그녀의 절반쯤 되었는데 마

닉 볼리티에리 테니스 아카데미

찬가지로 신체적 문제가 있었다. 그들이 처음 만났을 때 공통점을 찾기란 그리 어려운 일이 아니었을 것이다. 노쇠하고 고약한 냄새가 나는 G박사는 태어날 때부터 오른팔이 쪼글쪼글했다. 어쩌면 그는 팔을 등 뒤로 감추거나 주머니에 손을 찔러넣어 감추는 것이 좋았을 것이다. 대신 그는 팔을 이리저리 흔들며 무기처럼 휘둘렀다. 일대일로 학생들과 얘기하기를 좋아했고, 그럴 때마다 오른팔을 위로 흔들어 학생의 어깨에 올려놓은 채 할 말을 마칠 때까지 그대로 두었다. 이런 상황에서 초조해하지 않는 사람은 거의 없을 것이다. G박사의 팔은 어깨 위에 놓인 돼지고기 안심 같은 느낌이었고, 몇 시간 후에도 계속 놓여있다는 걸 깨닫게 되면 몸을 떨지 않을 수 없는 것이다.

G부부는 브래덴톤 아카데미에 십여 개의 규칙을 만들었는데, 그 중 가장 엄격하게 시행된 규칙은 장신구 착용 금지였다. 그래서 나는 일부러 귀를 뚫었다. 내 생각에 이것은 손쉬운 반항의 표시였고 마지막 수단이기도 했다. 반항은 매일 하는 일이지만, 이번 반항은 남자가 귀걸이 하는 것을 늘 혐오했던 아버지에 대한 작은 조롱이었기에 더 의미가 있었다. 귀걸이는 동성애자나 하는 거라고 아버지가 말하는 걸 여러 번 들었다. 아버지가 내 귀걸이를 하루빨리 봤으면 싶었다(나는 버튼 형태와 달랑거리는 고리 형태 둘 다 샀다). 아버지는 결국 집에서 수천 마일 떨어진 이곳에 날 보내 타락하도록 내버려둔 것을 후회할 것이다.

나는 새로 산 장신구를 굳이 숨기기 위해 애쓰지 않았으며, 오히려 그 주위에 밴드를 붙이는 식으로 슬쩍 드러나게 했다. G여사는 물론 내가 바란 대로 이를 눈치 채고는 나를 교실 밖으로 끌어냈다.

"애거시 군, 그 밴드는 대체 뭐지?"

"귀를 다쳤어요."

"어딜 다쳤다고? 장난은 그만해. 밴드를 당장 떼어 내."

오픈

나는 밴드를 벗겼다. G여사는 버튼식 귀걸이를 보고 헉 하는 소리를 냈다.

"우리 브래덴톤 아카데미에서 귀걸이는 허락되지 않아, 애거시 군. 다음에 볼 땐 밴드와 귀걸이 모두 없었으면 좋겠군."

첫 학기 말까지 나는 거의 모든 과목을 낙제하기 직전이었다. 영어만 빼고. 나는 문학, 특히 시에 대해 이상한 소질이 있었다. 유명한 시를 외고 나만의 시를 쓰는 건 내게 자연스러운 일이었다. 우리에게 일상에 관한 짧은 시를 써오라는 숙제가 떨어지자 나는 선생님의 책상에 자랑스럽게 숙제를 가져다 놓았다. 그녀는 마음에 들어하며 수업 중에 큰 소리로 그걸 읽어주었다. 다른 몇몇 아이들은 내게 숙제를 대신해달라고 부탁하기도 했다. 나는 버스 안에서 별 어려움 없이 그들의 숙제를 부랴부랴 해주었다. 영어 선생님은 방과 후에 나를 불러서 재능이 있다고 했다. 나는 미소지었다. 닉이 나에게 재능이 있다고 말하는 것과는 다른 얘기였다. 정말 내가 하고 싶은 것처럼 느껴지는 그런 것이었다. 잠시 나는 테니스 외에 다른 것을 하면 어떨까 생각했다. 내가 선택한 어떤 것을. 나는 다음 수학수업에 들어갔고, 거기서 내 꿈은 대수공식의 구름 사이에서 시들어 버렸다. 나는 학자가 될만한 소질은 없는 것이다. 수학 선생님의 목소리가 저 멀리서 들려오는 것 같았다. 다음 불어수업은 더 심각했다. I'm très stupide(*나는 '정말 멍청해'의 불어). 나는 스페인어로 바꿨지만, 거기서도 마찬가지였다. I'm muy estúpido(*나는 '정말 멍청해'의 스페인어). 내 생각에 스페인어는 내 수명까지 단축시키는 것 같았다. 지루함, 혼란스러움으로 인해 의자에 앉은 채 세상을 하직할 뻔했다. 어느 날인가 나는 의자에 앉은 채 발견될지도 모른다. Muerto(*'죽은 채로'의 스페인어).

점차 학교 가는 일은 힘든 것에서 육체적으로 해로운 지경에 이르렀다. 버스에 오를 때의 긴장감, 26분간 차를 타는 일, G여사나 G박사와 어쩔 수 없이 마주치게 되는 일 등은 실제로 나를 병들게 했다. 가장 두려운 것은 내가 루저로 밝혀지는 매일의 순간이다. 학업에서 루저가 되는 일. 이런 두려움이 너무 커서 시간이 지날수록 브래덴톤 아카데미는 닉 볼리티에리 아카데미에 대한 내 생각을 바꿔놓을 정도였다. 나는 테니스 연습시간, 심지어 심리적 압박감이 따르는 토너먼트조차도 손꼽아 기다리게 되었다. 적어도 공부는 하지 않으니까.

특별히 큰 토너먼트가 열리는 바람에, 나는 낙제할 것이 분명했던 브래덴톤 아카데미의 중요한 역사시험에 불참하게 되었다. 그러나 시합이 끝나고 학교로 돌아오자 선생님이 보충시험을 볼 거라고 했다. 부당했다. 나는 보충시험을 보러 사무실로 내려가는 길에 어두운 골목으로 숨어들었고 거기서 컨닝페이퍼를 준비해서 주머니에 구겨넣었다.

사무실에는 뚱뚱하고 얼굴이 땀범벅이 된 붉은 머리 여학생만 앉아 있었다. 그 아이는 눈도 깜빡하지 않았고 내 존재를 알아차리지도 못한 것 같았다. 혼수상태에 빠진 듯했다. 나는 컨닝페이퍼를 베끼며 답안을 채웠다. 그런데 갑자기 뒤에서 누가 나를 쳐다보는 것이 느껴졌다. 고개를 들어보니 붉은 머리 소녀가 혼수상태에서 깨어나 나를 노려보고 있었다. 그녀는 책을 덮고 자리에서 일어났다. 나는 재빨리 컨닝페이퍼를 속옷의 가랑이 사이로 구겨 넣었다. 나는 노트의 한 페이지를 찢어 여자아이의 글씨체를 흉내내 썼다. 너 귀여운 것 같아! 연락 줘! 종이를 앞주머니에 찔러넣었을 때 G여사가 갑자기 들어왔다.

"연필 내려놔."

그녀가 말했다.

"무슨 일이에요, G선생님?"

"지금 컨닝하는 거니?"

"뭘요? 이거요? 컨닝할 생각이었으면 다른 과목을 했겠죠. 저는 이 역

닉 볼리티에리 아카데미에 도착한 직후, 나는 반항하기 시작했다.

사과목만큼은 완벽히 공부했다고요. 밸리 포지(*미국 펜실베니아주 동남부의 마을. 워싱턴 군대의 동기(冬期) 병영(兵營)이 있었다(1777~78)), 폴 리비어(*1773년 보스턴 티파티에 참여해, 애국파 동료들과 함께 인디언 복장을 하고 영국 선박에 올라가 영국의 부당한 과세징수에 항의하기 위해 차를 바다에 던짐). 이런 건 식은 죽 먹기에요."

"주머니에 있는 거 꺼내봐."

나는 동전 몇 개와 껌 한 통, 그리고 내가 꾸며 쓴 연서 쪽지를 꺼내놓았다. G여사는 종이 쪽지를 집어들더니 낮은 목소리로 읽었다.

"저기, 뭐라고 답장을 보내야 할지 생각 중인데요. 의견 있으세요?"

그녀는 나를 노려보고는 밖으로 나갔다. 나는 시험에 통과했고 그 일을 도덕적 승리로 기록했다.

영어 선생님은 나를 유일하게 지지해 준 분이었다. 그녀는 또한 G부부의 딸이기도 해서, G부부에게 내가 성적과 행동으로 나타나는 것보다 훨씬 똑똑한 아이라고 간곡히 설득했다. 심지어 그녀는 IQ테스트를 실시했고, 결과는 그녀의 의견을 뒷받침해주었다.

"안드레, 너는 부지런히 노력해야 해. G선생님께 너는 선생님이 생각하는 그런 아이가 아니라는 걸 보여드려."

그녀가 말했다. 나는 그녀에게 이미 열심히 노력 중이고 이 상황에서 가능한 한 잘 해내고 있다고 말했다. 그러나 나는 테니스를 하느라 항상 지쳐있는 상태고 토너먼트를 비롯해 소위 도전의 압박에 집중력이 흐트러졌다. 도전이라는 건 한 달에 한 번씩 서열이 높은 상대와 경기를 하는 것이었다. 오후에 올란도에서 온 녀석과 치열한 5세트 경기에 대비해야 하는 때에 어떻게 동사변화나 X값을 구하는데 집중할 수 있는지 설명해줄 수 있는 선생님이 있었으면 좋겠다.

나는 영어 선생님에게 모든 걸 말하지는 않았다. 할 수가 없었기 때문이다. 땀에 흠뻑 젖어 교실에 앉아있는 그 무수한 시간 동안 느꼈던 학교생활의 공포에 대해서 계집애처럼 조잘댈 수는 없었다. 나는 선생님에게 내 집중력 문제와 호명되는 것에 대한 공포, 그리고 이 공포가 뱃속 깊은 곳에서 어떻게 기포로 변하는지, 그리고 그것이 커지고 커져서 급기야 화장실로 달려가지 않으면 안 된다는 사실에 대해 말할 수가 없었다. 쉬는 시간마다 나는 화장실 안에서 문을 잠근 채 있곤 했다.

그리고 다른 사람들과 잘 어울리지 못하는 사회공포증의 문제도 있었다. 브래덴톤 아카데미에서 아이들과 어울리는 데에는 돈이 들었다. 아이들 대부분이 최신 유행을 좇는데 비해 나는 청바지 세 벌과 티셔츠 다섯 장, 테니스화 두 켤레, 그리고 회색과 검은색 정사각형이 그려진 라운드 면스웨터밖엔 없었다. 수업 중에는 〈주홍글씨〉에 관해 생각하기보다는 날씨가 따뜻해지면 뭘 할까 걱정하면서 일주일에 며칠이나 스웨터를 입지 않을 수 있을까에 대해 생각했다.

학교 성적이 나빠질수록 나는 거세게 반항했다. 술을 마시고 마리화나를 피웠으며 꼴통처럼 행동했다. 나는 내 성적과 반항 사이의 반비례를 희미하게나마 알고 있었지만 이를 곱씹어보지 않았다. 나는 닉의 이론을 좋아했다. 그는 내가 학교성적이 좋지 못한 이유는 세상에 대해 분노해 있기 때문이라고 했다. 그가 나에 대해서 그럭저럭 맞는 말을 한 것은 이때가 유일했던 것 같다(그는 보통 나를 스포트라이트를 원하는, 자신만만하고 과시욕 넘치는 사람으로 묘사한다. 아버지조차도 그보다는 나를 낫게 평가했다). 나의 평소 태도는 난폭하고 무의식적이며 멈출 수 없다는 점에서 성난 것 같았고 그래서 나는 내 몸의 많은 변화를 받아들이듯 그 말을 받아들였다.

마침내 내 성적이 바닥을 쳤을 때 반항은 한계점에 도달했다. 나는 브래덴톤 쇼핑몰에 있는 한 미용실에 들어가 헤어스타일리스트에게 모히칸 스타일(*가운데 머리만 세운 채 양옆을 면도로 밀어내는 인디언 모호크족 스타일)로 해달라고 말했다. 옆머리를 면도기로 밀고 머리 위까지 밀어서 중앙에 뾰족한 머리모양만 한 줄 남겨달라고 했다.

"진심이니, 꼬마야?"

나는 높게, 아주 뾰족하게 해달라고 했다. 그리고 분홍색으로 염색해달라고.

그는 8분 동안 가위로 앞뒤를 부지런히 오갔다. 그러고 나자 그는 다 됐다며 내 의자를 빙그르르 돌렸다. 나는 거울을 봤다. 귀걸이도 좋았지만 이건 훨씬 나았다. 나는 G여사의 얼굴을 보고 싶어 죽을 지경이었다.

쇼핑몰 밖에서 닉 볼리티에리 아카데미로 돌아가는 버스를 기다리는데 나를 알아보는 사람이 아무도 없었다. 나와 플레이하던 아이들, 같은 이층침대를 쓰던 아이들이 나를 보고도 지나쳐갔다. 무심코 보면 나는 튀기 위해 안간힘을 쓴 것처럼 보일 것이다. 그러나 사실 나는 내 자신을, 나의 내적 자아를 투명인간으로 만들어버린 것이었다. 최소한 처음 생각은 그랬다.

나는 크리스마스를 맞아 집으로 향했다. 비행기가 스트립에 도착할 무렵 비행기 오른쪽 날개 아래로 줄지어 선 카지노가 크리스마스 트리처럼 빛나고 있었다. 승무원은 착륙 대기중이라고 말했다. 불평하는 소리들. 카지노에 들어가고 싶어 다들 안달이라는 걸 알았기에 승무원은 착륙 전에 작은 게임을 해보는 것도 재밌을 것이라고 말했다. 환호성이 터졌다.

"모두 1달러를 꺼내서 이 위생봉투에 넣어주세요. 그리고 항공권에 좌석번호를 적고 이 두 번째 위생봉투에 넣어주세요. 항공권을 하나 뽑아서 그 좌석의 주인공이 상금을 받는 거죠!"

승무원이 승객들에게 1달러를 걷는 동안 다른 승무원 하나는 항공권을 걷었다. 이제 그녀가 맨 앞쪽에 서서 봉투 안에 손을 넣었다.

"그랑프리의 주인공은! 둥둥둥! 9F 번입니다!"

나였다. 내가 상을 탄 것이다! 나는 일어서서 손을 흔들었다. 승객들은 내 쪽을 돌아봤다. 불평하는 소리가 아까보다 더 커졌다.

"좋아요, 분홍색 모히칸 머리의 소년이 당첨됐습니다."

승무원은 마지못해 내게 96달러가 든 위생봉투를 건네주었다. 나는 남은 비행 동안 돈을 세고 또 세며 이 엄청난 행운에 그저 감사할 뿐이었다.

아버지는 예상대로 내 머리와 귀걸이에 경악했다. 그러나 자신을 탓하거나 닉 볼리티에리 아카데미를 비난하지는 않았다. 아버지는 나를 멀리 보낸 것이 실수임을 인정하려 하지 않았고 내가 집으로 돌아온 것에 대해 어떤 말도 용납하려 하지 않았다. 아버지는 나보고 게이냐고 물었다.

"아뇨."

나는 내 방으로 갔다. 필리 형이 따라왔다. 그는 내 새로운 모습을 칭찬해주었다.

"모히칸 스타일이 대머리보다 낫구나."

나는 그에게 비행기 안에서 있었던 뜻밖의 횡재에 대해 얘기해주었다.

"와! 그 돈 갖고 뭐할 거야?"

제이미에게 발찌 사주는 데 쓸까 생각하고 있었다. 그녀는 페리와 같은 학교에 다닌다. 그녀는 내가 마지막으로 집에 있었을 때 키스하게 해 주었다. 그러나 잘 모르겠다. 학교 갈 때 입을 새 옷이 정말 필요하긴 했다. 회색과 검은색이 섞인 스웨터 하나만으로 얼마나 더 버틸지는 모르겠다. 나는 다른 아이들과 섞이고 싶었다. 필리가 고개를 끄덕이며 말했다.

"어려운 일이지."

그는 내가 다른 아이들과 어울리고 싶어하면서 왜 모히칸 스타일에 귀걸이를 했느냐고 묻지 않았다. 다만 나의 딜레마를 진지한 것으로 내 모순을 일관된 것으로 생각해주었고, 대안을 찾는 걸 도와주었다. 우리는 여자친구에게 먼저 돈을 써야 하고 새 옷은 나중에 해결할 문제라고 결론내렸다. 그러나 손에 발찌를 쥔 순간 후회가 밀려들었다. 나는 플로리다로 돌아가 옷을 몇 벌 둘러보는 나를 그려보았다. 필리에게 말하자 그는 고개를 반쯤 끄덕였다.

아침에 눈을 뜨니 필리가 나를 내려다보며 웃고 있었다. 그는 내 가슴팍을 빤히 쳐다보고 있었다. 나는 아래를 보고는 지폐뭉치를 발견했다.

"이게 뭐야?"

"어젯밤에 나가서 카드를 한 판 했어. 운이 억세게 좋았나봐. 6백 달러 땄어."

"그래서…이게 뭔데?"

"3백 달러야. 스웨터 사 입으라고."

봄방학 동안 아버지는 내가 세미프로 토너먼트에 나가길 바랐다. 이른바 새틀라이트 토너먼트(satellite tournaments)라는 것으로, 자격제한이 없어서 누구나 시합에 나와 한 경기 이상은 치를 수 있었다. 토너먼트는 루이지애나주의 먼로나 미주리주의 세인트 조제프같은 외딴곳, 벽지에 있는 소도시에서 열렸다. 나는 열네 살이었으므로 혼자 여행할 수가 없었다. 그래서 아버지는 필리 형을 같이 보내 경기에도 참여하고 보호자 역할도 하도록 했다. 필리 형과 아버지는 형이 테니스로 뭔가를 해볼 수 있을 거라는 믿음을 여전히 저버리지 않고 있었다.

필리는 베이지색 옴니(Omni)를 렌트했고 이내 이동식 침실이 되었다. 한쪽은 형이, 한쪽은 내가 쓰는 방처럼. 우리는 수천 마일을 달렸고, 숙식과 시합을 위해서만 쉬어가곤 했다. 숙박은 무료였는데, 가는 곳마다 자원해서 선수들을 접대하는 지역 주민들 덕분이었다. 집주인들은 대부분 상냥했지만, 게임에 대해 지나칠 정도로 열정을 보였다. 낯선 사람과 함께 지내는 것은 어색한 일이지만, 팬케이크와 커피를 먹으며 테니스 얘기를 하는 건 따분한 일이었다. 내게는 그랬다. 필리는 아무하고나 말을 잘 하기 때문에 나는 종종 그를 쿡쿡 찌르며 갈 때가 됐다고 잡아끌곤 했다.

필리와 나는 둘 다 길 위를 떠돌며 하고 싶은 건 뭐든 하며 지내는 무법자 같다는 기분이 들었다. 우리는 어깨너머로 뒷좌석에 패스트푸드 포장지를 던져버렸다. 음악을 크게 틀고 우리가 원하는 모든 걸 쏟아내면서, 누군가가 우리말을 바로잡거나 조롱할거라는 걱정 없이 마음속에 있는 생각들을 말했다. 그러나 우리는 서로 다른 목적을 가지고 이 여행을 하고 있다는 사실은 굳이 언급하지 않았다. 필리는 ATP 포인트(*ATP는 남자프로테니스협회(Association of Tennis Professional)의 약자이며 ATP포인트란 ATP가 부여하는 성인남자프로랭킹을 산정하는데 필요한 점수를 말함)를 한 포인트라도 얻어서 랭킹에 오른다는 게 어떤 기분인지 알고 싶어했다. 나는 필리와 맞붙는 것만은 피하고 싶었다. 그렇게 되면 다시 사랑하는 형을 이기게 될 테니까.

첫 시합에서 나는 내 상대를 완패시켰고, 필리 형은 상대에게 완패당했다. 스타디움 옆 주차장 안의 렌터카에서 필리는 충격받은 듯한 얼굴로 운전대를 노려보았다. 무슨 이유에서인지 이번 패배는 다른 때보다 더 괴로웠던 것이다. 그는 주먹으로 운전대를 쳤다. 또 쳤다. 낮은 소리로 무슨 말인지 알아들을 수 없는 혼잣말을 중얼거리다가 다시 소리를 질렀다. 고함을 치며 스스로를 타고난 루저라면서 운전대를 치고 또 쳤다. 형이 운전대를 너무 세게 쳐서 손가락뼈가 부러질 것 같았다. 나는 트럭운전사를 때려눕힌 후 운전대를 상대로 혼자서 권투를 하던 아버지가 생각났다.

"차라리 내 주먹 따위 부러뜨리는 게 더 낫겠어! 적어도 그러고 나면 이 모든 게 끝날 거 아냐! 아버지가 옳았어. 나는 타고난 루저였어."

필리는 갑자기 말을 멈추더니 나를 보며 체념한 표정을 지었다. 평온했다. 마치 어머니처럼. 그는 미소 지었다. 폭풍우가 지나갔다. 마음의 독이 빠져나간 것이다.

"기분이 나아졌어."

형이 코를 훌쩍이고 웃으며 말했다. 주차장을 빠져나가면서 그는 내 다음상대에 대해 조언을 해주었다.

닉 볼리티에리 아카데미로 돌아온 며칠 후 나는 브래덴톤 쇼핑몰에서 집에 수신자 부담 전화를 걸어보기로 했다. 삐— 필리가 전화를 받았다. 그는 주차장에서와 같은 목소리였다.

"그래서, ATP에서 편지가 왔어."

"그래?"

"랭킹을 알고 싶어?"

"모르겠는데, 그래야 하나?"

"610등이야."

"진짜?"

"전 세계에서 610위라고, 인마."

닉 볼리티에리 테니스 아카데미

다시 말해, 전 세계에 나보다 잘하는 사람이 609명밖에 없다는 얘기다. 지구상에서, 태양계에서, 나는 610위인 거다. 나는 전화부스의 벽을 치며 기쁜 나머지 소리를 질렀다. 수화기가 조용했다. 그러고 나서 필리가 속삭이며 물었다.

"기분이 어때?"

필리는 실망감으로 쓰라린 기분이었을 텐데, 그의 귀에 대고 소리를 지른 내가 너무 경솔했다는 생각이 들었다. 내가 얻은 ATP 포인트의 절반을 필리에게 던져주고 싶은 마음이었다. 나는 아주 지루한 목소리로 하품하는 척하며 형에게 말했다.

"그거 알아? 별거 아니야. 좀 과대평가된 거겠지."

6
반항아의 최후

　　더 이상 내가 뭘 할 수 있었을까? 닉, 가브리엘, G부부. 아무도 더 이상 내 익살을 알아채지 못하는 듯했다. 나는 머리를 난도질하고 손톱을 길렀으며 새끼손톱 하나는 2인치 길이로 길러 타는 듯한 붉은색 매니큐어를 발랐다. 몸에 피어싱을 하고 규칙을 어기고 통금을 무시하고 주먹다짐을 벌였으며, 성질을 부리고 수업을 빼먹고, 심지어 점호시간 후에 여학생 숙소로 몰래 들어가기도 했다. 뻔뻔하게도 내 방 침대 위에 앉아 위스키를 들이켜곤 했으며, 한층 대담하게 잭 다니엘 빈병으로 3피트 높이의 탑을 쌓기도 했다. 담배를 씹고 스코울(Skoal)과 코디악(Kodiak)같은 센 마리화나를 위스키에 적셔 먹었다. 경기에서 지고나면 공 안에 자두 크기만 한 담배뭉치를 넣기도 했다. 패배가 크면 클수록 담배뭉치의 크기도 커졌다. 이제 반항할 것이 뭐가 남았나? 불행하다고, 이제 집에 가고 싶다고 세상에 알리기 위해 또 어떤 새로운 죄를 더 지어야 하나?

　　매주 반항심을 표출하지 않는 유일한 때는 자유시간으로, 레크리에이션 센터에서 빈둥거리거나 토요일 밤 브래덴톤 쇼핑몰에 가서 여자아이들과 시시덕거릴 때였다. 내가 행복하다거나 적어도 새로운 형태의 시민적 불복종을 생각해 내기 위해 뇌를 혹사시키지 않아도 된다고 느끼는 건 일주일에 고작 10시간 정도였다.

아직 열네 살이던 무렵 닉 볼리티에리 아카데미는 버스를 대절해 펜사콜라의 주요 토너먼트에 우리를 데리고 갔다. 닉 볼리티에리 아카데미는 매년 플로리다 전역에서 열리는 이런 토너먼트에 참여하기 위해 몇 시간씩 달려가곤 했는데, 닉은 이 경기가 좋은 시험대가 되리라 생각하는 듯했다. 그는 그걸 가늠자라고 불렀다. 플로리다가 테니스의 천국인 만큼, 우리가 플로리다 최고의 선수들보다 잘하게 된다면 세계 최고가 될 거라고 말했다.

나는 내가 속한 조에서 결승에 진출하는 데 문제가 없었지만, 다른 아이들은 성적이 썩 좋지 않아 일찌감치 나가떨어졌다. 그래서 다들 모여 내 시합을 관람하게 되었다. 달리 선택권이 없었고 갈 만한 곳도 없었던 것이다. 내 시합이 끝나면 우리는 다 같이 버스에 올라 12시간을 달려 닉 볼리티에리 아카데미로 돌아갈 것이었다.

"여유를 가져."

아이들이 농담을 던졌다. 느려터지고 악취 나는 버스를 12시간 넘게 타는 걸 반기는 사람은 아무도 없었다. 나는 재미삼아 청바지를 입고 경기에 나가기로 했다. 테니스용 반바지도 운동복 바지도 아닌, 찢어지고 빛바랜 더러운 작업복을 입기로 한 것이다. 그렇다고 경기 결과가 달라지지 않으리란 건 알고 있었다. 내가 상대하는 아이는 얼간이 같았다. 고릴라 의상을 입은 채 한 손을 뒤로 묶고 경기를 해도 그를 이길 수 있었다. 게다가 나는 아이라이너를 그리고 제일 천박한 귀걸이를 했다.

나는 스트레이트 세트(*한 세트도 잃지 않고 이긴 시합)로 이겼다. 다른 아이들은 열렬히 환호하며, 내게 특별 스타일 점수를 줬다. 닉 볼리티에리 아카데미로 돌아오는 길에 나는 관심과 격려, 장하다는 칭찬을 받았다. 마침내 잘 어울리게 된 것 같았고, 멋진 아이들, 리더 그룹의 일원이 된 기분이었다. 그뿐만 아니라 나는 승자였다.

다음 날, 점심시간 직후 닉이 예정에 없던 회의를 소집했다.

"모두 모여."

그는 크게 소리치며, 야외 관중석이 있는 백 코트로 우리를 안내했다. 2백 명의 정규 학생들이 조용히 자리를 잡자, 그는 우리 앞을 왔다갔다하면서 닉 볼리티에리 아카데미가 어떤 곳인지, 이곳에 다니고 있는 것을 얼마나 자랑스럽게 여겨야 하는지에 대해 얘기하기 시작했다. 그는 자신이 맨주먹으로 이곳을 세웠다며 그의 이름을 따 아카데미가 만들어진 것이 자랑스럽다고 했다. 볼리티에리 아카데미는 우수함을 상징한다. 볼리티에리 아카데미는 탁월함을 뜻한다. 볼리티에리 아카데미는 전 세계적으로 이름난 존경받는 곳이다.

그가 잠깐 말을 멈췄다.

"안드레, 잠깐 일어나 주겠니?"

나는 일어섰다.

"안드레, 너는 내가 이곳에 대해 방금 말한 그 모든 것들을 위반했다. 너는 이곳을 더럽혔고 어제 묘기를 부리며 이곳을 모욕했어. 결승전에 나오는데 청바지를 입고 화장을 하고 귀걸이를 하다니? 맙소사, 중요한 걸 말해줄 때가 된 것 같구나. 그런 식으로 행동하면서 여자처럼 입고 다닐거라면 내 할일은 분명한 것 같다. 다음 토너먼트에서 넌 스커트를 입고 경기를 해야 할 거다. 엘레세(*Ellesse, 이탈리아의 스포츠 브랜드)에 연락해서 널 위한 스커트를 보내달라고 요청해놨으니, 앞으로 너는 스커트를 입게 될 거야. 당연한 일이지. 네가 그런 사람이라면 우리 아카데미에서도 그

반항아의 최후

에 걸맞게 널 대접해야겠다."

2백 명의 아이들이 모두 나를 쳐다봤다. 4백 개의 눈이 모두 내게 고정되어 있었다. 많은 아이들이 웃음을 터뜨렸다. 닉은 계속했다.

"네 자유시간은 오늘부로 철회된다. 이제부터 네 자유시간은 내가 관리한다. 넌 이제 따로 할 일이 있다. 9시부터 10시 사이에 건물 내 모든 화장실 청소를 해야 한다. 변기가 이미 청소되어 있으면 구내를 감시하는 거다. 하기 싫다면 간단하다. 떠나라. 계속 어제처럼 행동할 생각이라면 너는 여기에서 필요 없다. 우리만큼 이곳을 네가 아낀다는 걸 보여줄 수 없다면, 여기서 그만 작별인사를 해야겠구나."

작별인사라는 마지막 말이 빈 테니스 코트 전체에 울려퍼졌다.

"이상이다. 모두 제자리로 돌아가도록."

아이들이 모두 서둘러 흩어졌다. 나는 꼼짝도 않고 서서, 뭘 해야 할지를 생각했다. 나는 닉에게 욕을 퍼부을 수도 있었다. 그에게 덤비겠다고 위협할 수도 있었다. 고함치는 것부터 시작할 수도 있었다. 나는 필리와 페리에 대해 생각했다. 그들은 내가 뭘 하길 바랄까? 나는 할머니가 아버지에게 창피를 주기 위해 여자아이 옷을 입혀 아버지를 학교에 보낸 일을 생각했다. 그날 아버지는 투사가 되었다.

더 이상 우물쭈물할 시간이 없었다. 가브리엘은 벌칙이 지금 당장 시작되는거라고 말했다.

"무릎을 꿇어. 잡초를 뽑아."

그는 남은 오후 시간 내내 나를 닦달했다.

황혼 무렵, 잡초 뽑는 일에서 벗어나 방으로 걸어갔다. 더 이상 망설임은 없었다. 뭘 해야 할지 정확히 알고 있었다. 나는 여행가방에 옷을 벗어 던지고 고속도로로 향했다. 여기는 플로리다니까, 어떤 얼간이 같은 미치광이가 나를 태우고 가버려 영영 실종될지도 모른다는 생각이 들었다. 그

오픈

러나 닉과 함께 있으니 차라리 미치광이랑 떠나버리는 게 나을 것 같았다.

지갑에서 신용카드를 꺼냈다. 아버지가 급한 일이 있을 때 쓰라고 준 카드였는데, 나는 지금이 바로 그 순간이라고 생각했다. 나는 공항으로 갔다. 내일 이 시간이면 나는 페리의 침실에 앉아 그에게 이야기를 들려주겠지.

나는 탐조등이 지나갈까 봐 경계를 늦추지 않았다. 멀리서 경찰견이 올까 봐 귀를 기울였다. 엄지손가락을 내밀자 차가 한대 멈춰 섰다. 나는 문을 열고 뒷좌석에 여행가방을 던져넣었다. 닉의 직원 중 규율담당관인 훌리오였다. 그는 아버지가 볼리티에리 아카데미에 전화해 나와 통화하고 싶어했다는 말을 전해주었다.

경찰견이 훨씬 나을 뻔했다. 아버지에게 집에 가고 싶다고 말하면서 나는 닉이 한 일을 털어놓았다.

"게이처럼 입었단 말이지? 당해도 싼 것 같은데."

나는 다음 계획으로 넘어갔다.

"아빠, 닉이 내 게임을 망치고 있어요. 베이스라인에서 치라는 거예요. 우린 한 번도 네트게임(*net game, 네트에 가까운 위치, 주로 서비스 라인의 전방 지역에서 전개하는 플레이의 총칭) 연습을 해본 적이 없다고요. 서브랑 발리도 마찬가지고요."

아버지는 내 게임방식에 대해 닉과 얘기해보겠다고 했다. 닉이 아카데미의 책임자라는 사실을 각인시키기 위해 내게 몇 주간만 벌을 줄 거라고 장담했다는 말도 했다. 한 마리 미꾸라지가 물을 흐리는 것은 두고 볼 수 없다는 거였다. 어느 정도의 훈육이 필요하다고 판단한 것이다.

이야기를 끝내며 아버지는 내게 아카데미에 더 있으라고 말했다. 내겐 선택권이 없었다. 딸깍. 발신음만 울렸다.

훌리오가 문을 쾅 닫자 닉은 내 손에서 수화기를 빼앗아 아버지가 내게서 신용카드를 뺏으라고 했다고 말했다. 신용카드는 절대 포기할 수 없지. 여기서 나갈 유일한 수단이니까. 무슨 일이 있어도 절대 안 되었다. 닉은 나와 협상을 시도했고 순간 깨달았다. 그는 내가 필요한 것이다. 그래서 훌리오를 보내 나를 따라가게 했고, 내가 떠나자 나를 다시 데리고 온 것이다. 나는 할 테면 해보라고 했다. 내가 문제를 일으키긴 했으나, 이 남자에게 가치 있는 존재인 것은 확실했다.

낮에는 나는 모범수였다. 잡초를 뽑고 화장실 청소를 하고 제대로 된 테니스 유니폼을 입었다. 밤이면 나는 복면을 쓰고 복수에 나섰다. 닉 볼리티에리 아카데미의 마스터키를 훔치고, 모두가 잠든 후 불만에 찬 다른 일단의 재소자들과 약탈에 나섰다. 내가 면도용 크림 폭탄을 던지는 등 사소한 것에 내 파괴적 열정을 쏟아 붓는 동안 내 공범들은 벽을 그래피티로 칠해놓았고, 닉의 사무실 문에 "멍청이 닉(Nick the Dick)"이라고 페인트칠을 해놓았다. 닉이 문을 새로 칠하면 또 낙서를 했다.

늦은 밤의 난동에 참여한 주요 공범은 오래전 페리가 자기소개를 했던 당시 나를 이겼던 로디 파크스였다. 그러다가 룸메이트의 밀고로 로디가 들키게 됐다. 로디가 쫓겨났다는 소식에 이제 우리는 어떻게 해야 쫓겨날 수 있는지 알게 되었다. 바로 '멍청이 닉'이라는 낙서였다. 기특하게도 로디가 그 책임을 떠안은 것이었다. 그는 아무도 배신하지 않았다.

이런 사소한 만행 이외에도 나의 주요 반란 행위는 침묵이었다. 나는 살아있는 한 절대 닉과 말을 하지 않기로 다짐했다. 이것이 나의 행동규칙이었고 종교였으며 새로운 아이덴티티였다. 침묵하는 소년, 이게 바로 나였다. 물론 닉은 알아채지 못했다. 그는 코트를 왔다갔다하며 내게 말을 걸었지만 나는 대답하지 않았다. 그는 대수롭지 않게 생각했다. 그러나 다른 아이들은 내가 입을 다물고 있는 걸 눈치챘다. 내 지위는 올라갔다.

닉이 눈치채지 못한 건 토너먼트를 기획하느라 바쁘기 때문이기도 했다. 그는 토너먼트를 통해 전국의 우수한 주니어 선수들을 끌어모을 수 있으리라 기대하는 듯했다. 이것을 보고, 닉에게 대항할 좋은 생각이 하나 떠올랐다. 나는 닉의 직원 중 한 명에게 다가가 라스베이거스에 사는 한 아이가 있는데, 이번 토너먼트에 적격일 거라고 귀띔해 주었다.

"그는 상당한 재능이 있어요. 그 애랑 경기할 때마다 정말 힘겨울 정도라니까요."

"걔 이름이 뭔데?"

"페리 로저스요."

나는 닉을 노린 덫에 신선한 미끼를 놓아둔 것이었다. 닉은 새로운 스타들을 발굴해 자기 토너먼트에 선보이고 싶어했다. 새로운 스타의 등장은 입소문을 낳게 마련이니까. 새로운 스타는 닉 볼리티에리 아카데미에 광채를 더해주고, 위대한 테니스 멘토로서의 그의 명성을 드높여 줄 것이다. 아니나다를까 며칠 후 페리는 항공권을 받았고 개인자격으로 토너먼트 초정을 받았다. 그는 플로리다로 날아와서 택시를 타고 닉 볼리티에리 아카데미로 왔다. 우리는 팔로 서로의 목을 껴안으며 닉을 속였다는 사실에 키득거렸다.

"나는 누구랑 시합하는 거야?"

"머피 젠슨."

"아, 이런. 너무 강한 상대잖아!"

"걱정 마. 며칠간은 시합이 없을 거야. 일단은 즐기자고."

토너먼트에 출전하는 아이들에게 주어지는 특전 가운에 하나는 탬파에 있는 부시 가든(*디즈니랜드, 케니 우드와 더불어 미국의 3대 놀이공원 중 하나) 견학이었다. 놀이공원으로 가는 버스에서 나는 페리에게 지금까지의 상황을 설명해 주고 나의 공개적 모욕과 닉 볼리티에리 아카데미에서 얼마나 지내기 힘들었는지 말해주었다. 그리고 브래덴톤 아카데미에 관해서도. 나는 거의 주저앉을 지경이라고 말했다. 거기서부터 그는 나를 이해하지 못했다. 페리는 이번만큼은 내 문제를 논리 정연하게 정리할 수 없었다. 그는 학교를 사랑했다. 동부 명문대학을 다니다가 로스쿨에 진학하는 것이 꿈이었다.

나는 화제를 바꿔 제이미에 대해 캐물었다.

"제이미가 나에 대해 무슨 얘기 안 해? 요새 어떻게 지낸대? 내가 사준 발찌 하고 다녀?"

나는 페리에게 라스베이거스로 돌아가면 제이미를 위해 내가 준비한 특별 선물을 전해줬으면 한다고 말했다. 부시 가든에서 산 괜찮은 물건이라고.

"그거 괜찮겠는데."

그가 동의했다. 10분 후 페리는 부시 가든에서 봉제인형으로 가득한 부스를 발견했다. 높은 선반 위에 흑백으로 된 거대한 팬더가 놓여있었는데, 다리가 좌우로 붙어있고 작고 붉은 혀가 대롱거리며 나와 있었다.

"안드레. 제이미한테 이거 줘야겠다!"

"음. 근데 이거 파는 게 아닌데. 팬더를 얻으려면 대상을 타야 하는데 이 게임에서 이긴 사람이 아무도 없네. 조작된 거다. 조작된 건 질색이야."

"에이. 콜라병 목 주변에 고무링을 두개 던지기만 하면 돼. 우린 운동선수잖아. 할 수 있어."

30분간 시도해 보았지만 고무링은 부스 주변에만 흩어졌다. 단 한 개의 링도 콜라병 근처에도 못갔다.

"좋아, 이렇게 하자. 네가 부스를 지키는 여직원의 주의를 딴 데로 돌려. 내가 몰래 뒤로 가서 병에 링 두 개를 걸어놓을게."

페리가 말했다.

"글쎄. 들키면 어쩌고?"

"생각해봐. 제이미를 위한거야. 뭐든 제이미를 위한 거라고."

오픈

나는 부스에 있는 여직원을 불렀다.

"실례합니다. 궁금한 게 있는데요."

그녀가 돌아봤다.

"뭔데?"

나는 링 던지기 규칙에 대해 말도 안 되는 걸 물어봤다. 옆을 슬쩍 보니 페리가 부스로 살금살금 가고 있었다. 정확히 4초 후 그가 서둘러 돌아왔다.

"이겼다! 이겼다!"

부스 여직원이 주위를 둘러봤다. 콜라병 두 개에 고무링이 걸려있었다. 그녀는 충격을 받은 듯 의심스러운 눈초리였다.

"잠깐만 기다려, 얘."

"이겼다! 팬더 주세요!"

"나는 못 봤는데?"

"못 본 건 내 책임이 아니죠. 그런 규칙은 없잖아요. 봤었어야죠. 던지는 걸 봐야 한다고 어디 쓰여 있어요? 관리자 부르실래요? 부시 가든스 씨 보고 직접 이리 오라고 해요! 여기 놀이동산 전체를 상대로 소송 걸 거예요! 이렇게 바가지 씌우는 법이 어디에 있어요? 이 게임하려고 1달러나 냈는데 그럼 암묵적인 계약인 거잖아요. 팬더는 내 거예요. 여길 고소할 거예요. 우리 아버지가 고소할 거예요. 정확히 3초 안에 팬더 내놔요. 나는 정정당당하게 이겼다고요!"

페리는 자기가 좋아하는 것-말-을 하고 있었다. 그는 그의 아버지가 하는 일, '공기를 파는 일'을 하고 있었다. 그리고 부스 여직원은 자기가 싫어하는 일, 놀이공원의 부스를 지키는 일을 하고 있었다. 경쟁이 되지않았다. 그녀는 문제를 만들고 싶지 않았고 이런 골치 아픈 일을 피하고 싶었을 것이다. 마침내 그녀는 긴 막대기로 큰 팬더를 갖고 내려와 마지못해 넘겨주었다. 팬더는 거의 페리 크기였다. 그는 대형 칩위치를 잡듯 팬더를 잡고 여직원의 마음이 바뀌기 전에 서둘러 자리를 떠났다.

그날 우리는 셋이서 밤을 보냈다. 페리, 나, 그리고 팬더. 우리는 팬더를 간이식당으로, 남자 화장실로, 그리고 롤러코스터에 태우고 돌아다녔다. 마치 혼수상태인 열네 살짜리 아이를 돌보는 것 같았다. 진짜 팬더는 훨씬 골치 아프겠지. 버스에 타야 할 시간이 되자 우리는 피곤했지만 팬더를 따로 좌석에 앉힐 수 있어서 기뻤다. 팬더는 따로 한 좌석을 다 차지할 정도였다. 팬더의 몸통은 키만큼이나 거대했다.

"제이미가 이걸 좋아했으면 좋겠다."

내가 말했다.

"좋아할 거야."

페리가 말했다. 우리 뒷좌석에는 여자아이가 앉아 있었다. 여덟 살이나 아홉 살쯤 되어보였다. 아이는 팬더에게서 눈을 떼지 못했다. 팬더에게 정답게 속삭이며 털을 쓰다듬었다.

"팬더가 정말 예뻐요! 어디서 났어요?"

"상으로 탄 거야."

"이 팬더 갖고 뭐할 거예요?"

"친구한테 줄 거야."

소녀는 팬더 옆에 앉아도 되는지 껴안아봐도 되는지 물었다. 나는 마음껏 그러라고 했다. 이 소녀가 좋아하는 것의 반만큼이라도 제이미가 팬더를 좋아했으면 좋겠다.

페리와 내가 다음 날 아침 숙소에서 시간을 보내고 있는데 가브리엘이 방 안으로 고개를 쑥 내밀었다.

"원장님이 너를 좀 보자시는데."

"뭐 때문에요?"

가브리엘은 어깨를 으쓱했다.

나는 천천히 여유 있게 걸어나갔다. 닉의 사무실 문 앞에 멈춰 서자 "멍청이 닉"이란 낙서가 기억나며 입가에 엷은 미소가 번졌다. 보고 싶을 거야, 로디.

닉은 검은색 긴 가죽의자 뒤에 기댄 채 책상 앞에 앉아 있었다.

"안드레, 들어와. 들어와."

나는 그를 마주하고 나무의자에 앉았다.

"어제 부시 가든스에 갔다는 거 알고 있다. 재밌었니?"

그는 헛기침을 했다. 나는 아무 말도 하지 않았다. 기다리다가 그는 다시 헛기침을 했다.

"그러니까, 어제 아주 큰 팬더랑 같이 숙소에 돌아왔더구나."

나는 계속해서 앞만 빤히 바라보았다.

"어쨌든 내 딸이 그 팬더랑 사랑에 빠진 게 분명한 것 같아서 말이다. 하하."

그가 말했다. 나는 버스에 있던 소녀가 생각났다. 닉의 딸이라. 그랬군. 어떻게 그걸 까맣게 잊어버렸지?

"딸애가 계속 팬더 얘기만 하더라고. 제안을 하나 하마. 내가 그 팬더를 사고 싶구나."

나는 계속 침묵했다.

"내 말 듣고 있는 거냐, 안드레?"

역시 침묵했다.

"무슨 말인지 알겠냐고?"

또다시 침묵.

"가브리엘, 왜 안드레가 아무 말도 않는 거지?"

"원장님이랑 말 안 하기로 했답니다."

반항아의 최후

"언제부터?"

가브리엘이 상을 찡그렸다.

"이봐. 얼마를 원하는지만 말해, 안드레."

나는 눈도 깜빡하지 않았다.

"알았다고. 그럼 얼마를 원하는지 좀 적어보지그래?"

그는 종이 한 장을 내 앞으로 밀었다. 나는 여전히 움직이지 않았다.

"2백 달러는 어때?"

더욱 깊이 침묵했다. 가브리엘이 닉에게 팬더에 관해서는 나중에 얘기할거라고 말했다.

"그래. 한번 생각해보라고, 안드레."

"아마 말해도 못믿을 걸. 닉이 팬더를 달래. 딸을 준다나? 버스에서 본 그 소녀가 닉의 딸이었어."

나는 숙소에서 페리에게 말했다.

"설마. 그래서 뭐라고 했는데?"

"아무 말도 안 했어."

"아무 말도 안 했다니 무슨 뜻이야?"

"침묵의 다짐, 기억나? 영원히 그럴 거야."

"안드레, 잘못 생각한 거야. 아니라고. 실수한 거야. 얼른 다시 생각해봐. 말하자면 이런 거지. 너는 팬더를 갖고가서 닉에게 주고 돈을 원하는게 아니라 성공할 기회를 원하는 거라고, 그리고 여기서 나갈 기회를 원하는 거라고 말해야 해. 와일드카드를 원한다고, 토너먼트 참가와 다른 규칙을 원한다고. 음식을 비롯해서 더 나은 수준을 원한다고 말이지. 무엇보다도 학교에 가고 싶지 않다고 해. 이렇게 해야 자유로워질 수 있어. 이제 진짜로 협상의 기회가 온 거야."

오픈

150

"그런 사람에게 내 팬더를 줄 수 없어. 안 돼. 게다가 제이미는 어쩌고?"

"제이미 걱정은 나중에 하자. 지금 네 미래가 걸린 일이라고. 닉에게 그 팬더를 줘야해!"

우리는 불이 꺼진 후에도 오랫동안 얘기하면서, 격앙된 채 숨죽이며 언쟁을 벌였다. 결국 페리가 날 설득했다. 그가 하품하며 말했다.

"그러니까, 내일 닉에게 팬더를 주는 거야."

"싫어. 헛소리 집어치워. 나는 지금 당장 사무실로 갈 거야. 마스터키가 있으니까 사무실에 들어가서 팬더 엉덩이를 위로 놓이게 해서 닉의 가죽 의자에 놓고 올 거야."

다음 날 아침식사 전에 가브리엘이 다시 왔다.

"사무실로. 급히."

닉이 의자에 앉아 있었다. 팬더는 허공을 응시하며 벽에 기댄 채 구석에 놓여 있었다. 닉은 팬더를 보더니 내 쪽을 쳐다보았다.

"너는 말을 하지 않아. 화장도 하지. 토너먼트에서 청바지를 입고. 네 친구 페리를 내가 초청하게 했지만 그는 테니스를 거의 할 줄 모르고, 껌을 씹으면서 동시에 걷는 것도 겨우 하는 수준이야. 그리고 그 머리. 그 머리에 대해 내가 지적하는 일이 없도록 해. 내가 요구하는 걸 주긴 했지만, 한밤중에 내 사무실로 쳐들어와서 내 의자에 팬더 엉덩이를 올려놔? 대체 어떻게 내 사무실에 들어온 거냐? 이런, 제길. 대체 너는 문제가 뭐야?"

"내 문제가 뭔지 알고 싶어요?"

닉은 내 목소리에 충격을 받은 듯했다. 나는 소리쳤다.

"당신이 내 빌어먹을 문제거든요. 당신이요. 그걸 모르셨다면 보기보다 멍청하시네요. 여기가 대체 어떤지 아세요? 집에서 3천 마일이나 떨어진 곳에 와서 이런 감옥 같은 곳에 살면서, 아침 6시 반에 일어나 30분간 그 쓰레기 같은 밥을 먹고, 고장 난 버스에 올라타 네 시간 동안 형편없는 학교에 갔다가 서둘러 돌아와서 30분간 더 꿀꿀이죽 같은 밥을 먹고 테니스 코트에 나가서 매일매일 연습하는 삶이 어떤지 아냐고요? 알아요? 손꼽아 기다리는 유일한 게, 매주 진짜 재밌게 보내는 시간이 토요일 밤 브래덴톤 쇼핑몰이라고요. 근데 그걸 빼앗아가다니! 당신은 나한테서 그걸 빼앗아 갔다고요! 이곳은 지옥이나 다름없고 다 태워버리고 싶어요!"

닉의 눈이 팬더보다 더 커졌다. 그러나 화난 건 아니었다. 슬퍼하는 것도 아니었다. 그는 오히려 기뻐했는데, 이것이야말로 그가 이해하는 유일한 언어였기 때문이었다. 그를 보니 영화 〈스카페이스〉의 알파치노가 생각났다. 극중에서 여자가 남자에게 "내가 누구랑, 왜, 언제, 그리고 어떻게 잤는지는 네가 알 바가 아니야"라고 하자 알파치노는 "인제야 말이 좀 통하는구나, 달링" 하고 말했던 것이다.

나는 깨달았다. 닉은 거친 것을 좋아했던 것이다.

"좋아. 네 생각을 밝혔구나. 그럼 원하는 게 뭐냐?"

페리의 목소리가 들리는 듯했다.

"학교를 그만두고 싶어요. 통신교육을 시작해서 게임에 전념할 수 있으면 좋겠어요. 지금까지 나한테 시킨 허튼짓 말고 당신의 도움이 필요해요. 난 와일드 카드를 원해요. 토너먼트 참가 같은 것. 프로로 전향하는데 필요한 진짜 과정을 밟고 싶어요."

물론 이중 어떤 것도 내가 진짜 원하는 건 없었다. 내가 원하는 거라고 페리가 말하도록 시킨 것이었고, 어쨌든 그것이 내가 지금 가진 것보다는 나은 것 같았다. 내가 요구하긴 했지만 불안한 기분이 들었다. 닉은 가브리엘을 쳐다보았고 또 가브리엘이 나를 보더니 이번에는 팬더가 우리 모두를 보는 것 같았다

"생각해보도록 하지."

닉이 말했다.

페리가 라스베이거스로 떠나고 몇 시간 후, 닉은 내 첫 번째 와일드 카드는 라퀸타에서 열리는 큰 규모의 토너먼트가 될 것이라는 말을 가브리엘을 통해 전했다. 또한, 나를 다음번 플로리다 새틀라이트 토너먼트에 데리고 갈 것이라고 했다. 그뿐만 아니라 나는 이로써 브래덴톤 아카데미로부터 제적되고 등교가 면제된다고 했다.

"닉이 통신교육 프로그램에 대해 좀 알아보고 나면, 곧 시작하게 될 거야."

가브리엘이 히죽히죽 웃으며 자리를 떴다.

"네가 이겼구나, 꼬마야."

나는 모두가 검은 연기를 뿜으며 덜컹거리는 브래덴톤 아카데미행 버스에 올라 떠나는 모습을 지켜보며 벤치에 앉아 일광욕을 했다. 그리고 혼자 되뇌었다. 너는 이제 열네 살이고, 다시는 학교에 가지 않아도 돼. 이제부터 매일 아침이 크리스마스처럼 느껴질 거고 여름방학의 첫날 같은 기분일거야. 몇 달 만에 처음으로 얼굴에 웃음이 번졌다. 이제 연필도 책도 선생님의 보기 싫은 얼굴도 안녕이다. 너는 자유야, 안드레. 다시는 공부할 필요가 없는 거라고.

7
인생의 첫 2천 달러

귀걸이를 하고 하드 코트로 내려갔다. 아침은 이제 온전히 내 것이었다. 나는 테니스공을 치면서 오전시간을 보냈다. 더 세게. 두 시간 동안 새로 얻은 자유의 느낌을 스윙할 때마다 쏟아부었더니 차이가 느껴졌다. 공이 라켓에서 폭발하는 느낌이랄까. 닉이 나타나더니 고개를 흔들었다.

"네 다음 상대가 안됐구나."

한편 어머니는 라스베이거스에서 나를 대신해 통신교육을 시작했다. 어머니의 첫 번째 통신은 사실상 내게 쓴 편지였는데, 당신의 아들이 대학은 안 갈지도 모르지만 고등학교만큼은 꼭 졸업할 거라고 쓰여 있었다. 나는 어머니에게 숙제를 대신해주고 시험을 대신 치러줘 감사한다고 답장했다. 그리고 졸업장을 받으면 어머니가 가져도 좋다고 덧붙였다.

1985년 3월, 나는 LA로 가서 필리와 함께 지냈다. 필리 형은 누군가의 접대용 별장에서 테니스 레슨을 하면서 앞으로 뭘 하고 살 것인지 탐색하는 중이었다. 그는 내가 연례 토너먼트 중 규모가 큰 라퀸타 대회에 대비해 훈련하는 걸 도와주었다. 접대용 별장은 라스베이거스에 있는 우리 방보다도 훨씬 작고 렌트한 옴니(Omni) 차보다도 작았지만, 우리는 신경 쓰지 않고 그저 다시 만난 것만 기뻐했다. 그리고 나의 새로운 진로에 대한 희망을 품었다. 그러나 한 가지 문제가 있었다. 돈이 없었던 것이다. 우리는 구운 감자와 렌즈콩 수프로 겨우 버티고 있었다. 하루에 세 번 감자 두 개를 굽고 이름없는 렌즈콩 수프 캔을 데워 수프를 감자 위에 부으면 식사가 완성됐다—이렇게 아침, 점심, 저녁을 먹었다. 전체 식비는 89센트로 세 시간가량 허기를 달랠 수 있다.

토너먼트 전날, 우리는 필리의 낡은 고물차로 라퀸타까지 갔다. 차는 검은 연기를 엄청나게 뿜어댔다. 여름철 폭풍우를 타고 가는 기분이었다.

"배기관에 감자를 쑤셔넣어야 할까봐."

나는 필리에게 말했다. 처음 차를 세운 곳은 식료품점이었다. 감자가 담긴 상자 앞에 서 있으니 속이 울렁거렸다. 더 이상 감자는 보기도 싫었다. 나는 물러서서 마트의 통로 사이를 돌아다니다가 냉동식품 코너 앞에 섰다. 눈이 특정 제품에 꽂혔다. 오레오 아이스크림 샌드위치였다. 나는 몽유병 환자처럼 나도 모르게 손을 뻗었다. 나는 케이스에서 아이스크림 한 박스를 꺼냈다가 형과 계산대 앞에서 만났다. 형 뒤에 슬쩍 다가서서 계산대 위에 아이스크림 샌드위치를 조심스레 올려놓았다. 형은 계산대를 내려다보더니 나를 쳐다보았다.

"이런 거 살 형편은 안 돼."

"감자 대신 이걸로 할게."

형은 상자를 들어 가격을 보더니 낮게 휘파람을 불었다.

"안드레, 이건 감자보다 열 배나 비싸. 이건 못 사."

"알았어. 젠장."

냉동식품 코너로 돌아가면서 생각했다. 필리 형이 싫다. 형이 좋다. 감

인생의 첫 2천 달러

자가 싫다.

허기로 머리가 멍한 채로, 나는 라퀸타 1회전에서 브로데릭 다이크와 맞붙어 6-4, 6-4로 이겼다. 2회전에서 릴 백스터를 6-2, 6-1로 이겼다. 3회전에서는 러셀 심슨을 6-3, 6-3으로 이겼다. 그리고 존 오스틴을 상대로 한 본선경기에서 나는 1회전을 6-4, 6-1로 이겼다. 1세트에서 브레이크를 당한 후, 나는 맹렬한 기세로 돌아섰다. 열다섯 살에 나는 성인을 제치고 때려눕혔으며, 거침없이 위로 올라갔던 것이다. 내가 가는 곳마다 사람들은 나를 가리키며 수군댔다. 저 사람이야. 저 애가 내가 말했던 애야. 그 신동 있잖아. 내가 지금까지 들은 말 중 가장 마음에 드는 말이었다.

라퀸타에서 2회전 진출 상금은 2천6백 달러였다. 그러나 나는 아마추어였기 때문에 아무것도 받을 수 없었다. 그런데, 토너먼트 주최측에서 선수들에게 비용을 정산해준다는 걸 필리가 알아냈다. 우리는 필리의 고물차에 앉아서 항목별 비용 리스트를 꾸며냈고, 여기에는 우리가 날조한 라스베이거스발 비행기와 5성급 호텔 숙박비, 호화로운 레스토랑 식비 등이 포함됐다. 우리가 만들어낸 비용이 정확히 2천6백 달러였기 때문에 우리는 빈틈없다고 생각했다.

대담하게도 이런 정도의 비용을 청구할 수 있었던 것은 필리 형과 내가 라스베이거스에서 왔기 때문이었다. 우리는 카지노에서 어린 시절을 보냈으므로 자연스럽게 허풍을 떨 줄 알았다. 큰 금액을 베팅할 줄도 알았다. 우리는 대소변 가리는 법을 배우기도 전에 더블다운(*블랙잭 용어로 이미 건 만큼의 돈을 더 걸고 카드를 한 장 더 받는 것을 의미함)하는 법을 먼저 배운 것이다. 얼마 전 필리와 나는 시저스 호텔로 걸어가고 있었는데, 슬롯머신이 막 대공황 시대의 노래인 '우리는 부자라네(We're in the Money)'를 연주하기 시작했을 때 그 옆을 지나고 있었다. 아버지한테서 배운 그 노래는 일종의 전조처럼 느껴졌다. 그 노래가 하루 종일 슬롯머신에서 흘러나왔을 거라는 생각은 하지 못했다. 우리는 가장 가까운 블랙잭 테이블에 앉았고 돈을 땄다.

마찬가지로 그런 천진함에서 나오는 으스대는 태도로 나는 찰리 파사렐 토너먼트 디렉터의 사무실로 비용청구서를 들고 갔고, 필리는 차 안에서 기다리고 있었다. 찰리는 테니스 선수 출신이었다. 사실 그는 1969년 윔블던에서 판초 곤잘레스와 남자 단식부문에서 사상 최장 경기를 펼쳤다. 판초는 지금의 내 매부다(그는 얼마 전 리타와 결혼했다). 필리와 내가 돈방석에 앉게 된다는 또 하나의 전조였다. 그러나 무엇보다도 가장 확실한 전조는 찰리의 오랜 친구 중 하나가 앨런 킹이라는 사실이었다. 앨런 킹은 시저와 클레오파트라, 1달러 은화로 가득한 외바퀴 손수레를 선보였던, 그리고 내가 볼보이로 일하며 웬디를 만났던, 내가 처음으로 공식 자격으로 프로 테니스 코트를 처음 밟았던 바로 그 라스베이거스 토너먼트를 주최한 사람 아닌가. 전조들, 전조들, 그 전조들은 어디에나 있었다. 나는 찰리의 책상에 목록을 놓아두고 물러서 있었다.

"흠. 아주 흥미롭군."

찰리가 리스트를 훑어보며 말했다.

"네?"

"비용은 보통 이렇게 딱 떨어지지 않는 법이지."

얼굴이 화끈거렸다.

"이 비용 항목들 말이야, 안드레. 이건 프로선수가 탈 수 있는 상금 액수와 정확히 일치하잖아."

찰리는 안경 너머로 나를 쳐다보았다. 심장이 렌즈콩만 하게 오그라드는 것 같았다. 나는 줄행랑을 칠까 생각했다. 필리와 남은 인생을 접대용 별장에서 살아야 하나 생각했다. 그러나 찰리는 미소를 누르며 금고에 손을 뻗어 지폐뭉치를 꺼냈다.

"여기 2천 달러 받아라, 꼬마야. 대신 나머지 6백 달러도 마저 달라고 보채지는 마라."

"감사합니다. 정말 감사합니다."

나는 밖으로 달려나와서 필리의 차 안으로 들어갔다. 우리가 마치 라퀸타 제일은행을 털기라도 한 듯, 필리는 페달을 급가속시켰다. 나는 천 달러를 세어 형에게 주었다.

"형 몫이야."

"뭐? 됐어! 안드레, 이 돈 벌려고 정말 열심히 했잖아, 인마."

"농담 아니야. 우린 함께 일한 거잖아. 형, 나는 형이 없었으면 여기까지 못 왔을거야! 불가능했다고! 우린 한배를 탄 거야."

우리는 둘 다 마음 한구석으로 내 가슴 위에 3백 달러가 놓여있던 날 아침을 생각했다. 또 애드코트와 듀스코트로 나뉘어 있던 우리 방에서 모든 것을 나누었던 숱한 밤들을 생각했다. 필리는 운전하면서 몸을 구부려 나를 안아주었다. 그리고 나서 어디서 저녁을 먹을지 얘기했다. 우리는 오늘이 생에 한번 찾아올까 말까한 특별한 날인만큼 정말 고급스러운 걸 먹어야 한다는데 합의했다.

"시즐러! 이미 립아이 맛이 느껴지는 것 같아."

필리가 말했다.

"나는 접시도 필요 없을 것 같아. 머리를 샐러드바에 바로 처박을 것 같은데."

"시즐러에는 뷔페식 슈림프 스페셜 메뉴도 있어."

"그런 메뉴를 개발한 걸 후회하게 될 걸!"

"내 말이!"

우리는 씨 한 알, 크루톤 한 조각도 남기지 않을 정도로 라퀸타 시즐러를 거의 물어뜯었고, 빈둥거리며 팁으로 남겨놓은 돈을 쳐다보았다. 우리는 지폐를 일렬로 늘어놓고 쌓아서 만지작거렸다. 새로운 친구 벤자민 프랭클린(*백 달러 지폐에 벤자민 프랭클린의 초상화가 그려져 있음)에 관해서도 얘기했다. 배를 잔뜩 채우고 나자 스팀다리미를 꺼내 지폐를 한 장씩 살살 다려가며, 벤자민의 얼굴에 있는 주름을 조금씩 폈다.

8
프로 전향과 나이키

나는 닉 볼리티에리 아카데미에서 계속 지내며 훈련을 했다. 닉은 내 코치로서 때로는 여행의 동반자 역할을 했으나, 그 자신을 고문으로 생각하는 듯했다. 솔직히 말하자면 친구에 가까웠다고도 할 수 있다. 우리의 임시 휴전은 놀랍게도 조화로운 관계로 발전했던 것이다. 닉은 내가 그에게 맞섰던 태도를 존중했고, 나는 그가 약속을 지키는 것을 보고 그를 존중하게 되었다. 우리는 전 세계 테니스 대회를 석권한다는 공동의 목표를 달성하기 위해 열심히 노력했다.

대진 선수들에 관해 닉으로부터 기대할 것은 그리 많지 않았다. 나는 닉에게 정보를 기대하기보다는 협력을 원했다. 동시에 닉은 내가 큰 승리를 거두어 자신의 아카데미에 도움이 되길 바랐다. 나는 그럴 능력이 없기 때문에 닉에게 급료를 지불하지 않았지만, 내가 프로로 전향하면 내가 벌어들이는 수익에 근거해 그에게 보너스를 지급하게 될 것이었다. 닉은 이편이 훨씬 후하다고 생각했다.

1986년 이른 봄. 나는 플로리다 전역을 돌아다니며 새틀라이트 토너먼트에 연달아 출전했다. 키시미. 마이애미. 사라소타. 탬파. 일 년간 테니스에만 집중해서 열심히 노력한 끝에, 나는 좋은 성적을 거두어 마스터즈 시리즈 대회에서 5위에 올랐다. 나는 결승에 올랐고 비록 졌지만, 결승전 출전선수에게 주어지는 천 백 달러 수표를 받을 자격이 생겼다.

나는 그 돈을 받고 싶었다. 그 돈이 간절했다. 필리와 내가 그 돈을 쓸 수 있다면 좋겠다고 생각했다. 그러나 그 수표를 받는다면 나는 영원히 프로선수로 남게 되고 되돌릴 수가 없게 되었다. 나는 라스베이거스에 있는 아버지에게 전화를 걸어 어떻게 해야 할지 물었다.

"대체 뭘 고민하고 있는 거야? 당연히 돈을 받아야지."

"돈을 받으면 되돌릴 수 없어요. 프로가 되는 거예요."

"그래서?"

"이 수표를 받으면요, 아빠. 그걸로 끝이라고요."

아버지는 전화 소리가 잘 안 들리는 것처럼 행동했다.

"넌 학교도 중퇴했잖아! 8학년 수준의 교육만 받고, 남은 게 뭐냐? 대체 뭐가 되겠다는 거냐고? 의사가 될래?"

이런 대화는 새로울 게 전혀 없었지만 나는 아버지의 표현방식이 싫었다. 나는 토너먼트 디렉터에게 돈을 받겠다고 말했다. 말이 입 밖으로 나가는 순간, 나는 수많은 가능성이 사라지는 기분이 들었다. 그런 가능성이 어떤 것인지는 모르겠으나 바로 그것이 핵심이었다. 나는 절대 알 수 없겠지. 남자에게 수표를 받고 사무실 밖으로 나오자, 어둡고 불길한 숲으로 이어지는 듯한 길고 긴 길로 들어서는 기분이 들었다.

1986년 4월 29일, 내 열여섯 번째 생일이었다. 못미더운 마음에, 나는 온종일 되뇌었다. 너는 이제 프로 테니스 선수야. 그게 바로 네 직업이야. 그게 너라는 사람이지. 몇 번을 되풀이해 말해도 뭔가 잘못된 것 같았다.

프로로 전향하겠다는 결정에서 확실히 좋은 것 하나가 있었다. 바로차를 렌트하는 것에서부터 호텔 예약과 라켓줄을 매는 것에 이르기까지, 프로로 전향하기 위해 처리해야 하는 자질구레한 일과 세부사항, 준비과정을 돕도록 아버지가 필리 형을 보내 나와 항상 함께 다니도록 한 것이다.

"그 애가 필요할거다."

아버지가 말했지만 우리 셋은 이미 필리 형과 내가 서로를 필요로 한다는 걸 알고 있었다.

내가 프로로 전향한 다음 날, 필리는 나이키로부터 전화를 받았다. 후원 계약에 관해 나와 만나고 싶다는 거였다. 필리와 나는 뉴포트 비치에 있는 러스티 펠리칸이라는 레스토랑에서 나이키 직원을 만났다. 그의 이름은 이언 해밀턴이었다.

나는 그를 해밀턴 씨라고 불렀는데 그는 자기를 이언이라 부르라고 했다. 그는 만남과 동시에 그를 믿고 싶게 만드는 그런 미소를 가진 사람이었다. 그러나 필리는 경계를 풀지 않았다.

"애들아, 안드레에게 아주 밝은 미래가 펼쳐질 것 같구나."

이언이 말했다.

"감사합니다."

"나이키에서는 그 밝은 미래에 동참하고 싶은데, 파트너가 되었으면 한다."

"감사합니다."

"너희들에게 2년짜리 계약을 제안하고 싶은데."

"감사합니다."

"2년간 나이키가 모든 장비를 지원하고 2만 달러를 지불하는 거란다."

"2년에 2만 달러요?"

"1년에 2만 달러."

"아!"

필리가 끼어들었다.

"그럼 안드레는 그 대가로 뭘 해야 하죠?"

이언은 혼란스러운 듯했다.

"글쎄. 안드레는 지금껏 해왔던 대로 하면 되는 거지. 안드레는 자기 일에 충실하기만 하면 되는 거야. 그리고 나이키 의류를 입는 거고."

라스베이거스에서 자라 우리는 허세부리는 법을 안다고 생각하며 서로를 쳐다보았다. 그러나 우리의 포커페이스는 사라진지 오래였다. 우리는 이미 시즐러에서 평정을 잃었다. 우리에게 이런 일이 벌어진다는 사실을 믿을 수가 없었을 뿐더러, 그런 감정을 숨길 수도 없었다. 그래도 필리 형은 이언에게 잠깐 실례해도 되겠냐고 물을 정도의 정신상태는 유지하고 있었다. 우리는 둘이서 잠시 그의 제안에 대해 논의할 시간이 필요했다.

우리는 러스티 펠리칸의 뒤쪽으로 빠르게 걸어가 공중전화로 아버지에게 전화를 걸었다.

"아빠, 필리 형이랑 저랑 나이키에서 왔다는 사람이랑 여기 있는데, 저한테 2만 달러를 준대요. 어떻게 생각하세요?"

내가 속삭였다.

"더 달라고 해."

"진짜요?"

"돈 더 달라고 해! 더 달라고!"

아버지는 전화를 끊었다. 필리와 나는 할 말을 연습했다. 나는 내 역할을, 형은 이언의 역할을 연습했다. 남자 화장실을 오가는 길에 우리와 마주친 남자들은 우리가 촌극을 연습한다고 생각했을 것이다. 마침내 우리는 태연히 테이블로 돌아갔다. 필리는 우리 쪽의 제안을 설명했다.

"돈의 액수를 높여 주세요."

형은 심각해보였다. 아버지 같은 얼굴을 하고 있었다.

"좋아. 내 생각에 그 부분은 조정가능할 것 같은데. 두 번째 해부터는 2

만 5천 달러 예산이 있어. 어때?"

이언이 말했다.

우리는 악수했다. 그리고 우리는 모두 러스티 펠리칸 밖으로 나왔다. 필리 형과 나는 이언이 떠나기를 기다렸다가 펄쩍펄쩍 뛰며 '우리는 부자라네'를 노래했다.

"이런 일이 우리에게 일어나다니 믿어져?"

"아니. 솔직히 말해서 정말 안 믿긴다! 내가 LA까지 운전할 수 있을까? 아니. 손이 떨리고 있잖아. 운전하다가 중앙분리대를 들이받을 거야. 그럴 수는 없어. 네가 2만 달러짜리라니! 와우!"

"그리고 내년엔 2만 5천이야."

필리의 집으로 돌아오는 내내 우리는 멋지면서도 저렴한 어떤 차를 사야 할지 의논했다. 시커먼 연기를 내뿜지 않는 배기관이 달린 차를 사는 것이 주요 쟁점이었다. 연기를 내뿜지 않은 차를 시즐러 앞에 대는 것, 그것이 최고의 사치가 될 것이다.

프로선수로서 참가한 첫 번째 토너먼트는 뉴욕의 스키넥터디에서 열렸다. 나는 10만 달러 상금의 토너먼트 결승에 올랐다가 라메쉬 크리슈난에게 6-2, 6-3으로 패했다. 기분이 상하지는 않았지만 크리슈난은 40위권이라는 랭킹에 비해 훨씬 잘했고, 나는 꽤 중요한 토너먼트의 결승에 진출한 무명의 십 대 선수였다. 이건 무척 드문 경우였고, 그다지 고통스럽지 않은 패배였다. 나는 그저 자부심을 느낄 뿐이었다. 사실 나는 한 줄기 희망을 느꼈는데, 내가 더 잘할 수 있었다는 걸 알았기 때문이기도 했고, 또 그 사실을 크리슈난도 알고 있었기 때문이었다.

다음 행선지는 버몬트의 스트래튼 마운틴이었는데, 거기서 나는 랭킹 12위의 팀 메이요트를 꺾었다. 준준결승 상대는 존 맥켄로였는데, 마치 존 레논과 플레이하는 기분이었다. 그는 전설이었다. 나는 자라면서 그를 보고 동경해왔으나 그를 응원하지는 않았다. 그의 최대 숙적이 내 우상이었던 비외른 보리였기 때문이었다.

  나는 맥켄로를 이기고 싶었지만, 이 경기는 그의 짧은 공백 이후 참가하는 첫 토너먼트였다. 그는 충분한 휴식 끝에 경기출전에 안달이 난 상태였고, 얼마 전 세계 랭킹 1위에 올랐다. 코트에 나가기 직전 나는 맥켄로처럼 세련되고 기량이 뛰어난 선수가 왜 휴식기가 필요했는지 궁금했다. 곧바로 그는 그 이유를 내게 보여주었다. 그는 휴식의 진가가 어떤 것인지를 증명해보였던 것이다. 그는 나를 6-3, 6-3으로 철저히 눌렀다. 그러나 지고 있는 상황에서도 나는 용케 강력한 스트로크를 구사해 맥켄로의 서브를 포핸드로 리턴했고, 공은 빠르게 그를 지나쳐갔다. 경기가 끝난 후 열린 기자회견에서 맥켄로는 기자들에게 말했다.

  "나는 베커와 코너스, 렌들과 경기를 했지만 내게 그렇게 강하게 서브를 리턴한 선수는 없었습니다. 그런 공은 본 적이 없었어요."

  멕켄로같은 위치에 있는 선수가 내 게임에 이토록 강력한 지지의사를 표명함으로써 나는 전국적으로 유명해지게 됐다. 신문에서는 나에 대해 떠들어댔다. 팬레터도 왔다. 필리는 갑자기 쏟아지는 인터뷰 요청을 받게 됐다. 그는 인터뷰를 잘 넘길 때마다 킬킬거렸다.

  "유명해지니 좋구나."

  한편 내 랭킹은 유명세와 같이 올라갔다.

  나는 시합에서 랭킹이 뛰어오르길 간절히 바라며, 1986년 늦여름 처음으로 US오픈에 출전했다. 비행기 창문을 통해 뉴욕의 스카이라인을 보자 내 열망은 사그라졌다. 아름다운 광경이었지만 사막에서 자란 나 같은 사람에겐 위협적인 풍경이었다. 사람도 많고 저마다의 꿈도 다양했다. 생각들도 각자 달랐다.

길거리에서 가까이 보면 뉴욕은 위협적이라기보다는 짜증스러웠다. 고약한 냄새, 고막이 찢어질 듯한 굉음, 그리고 팁문화. 팁으로 생계를 꾸렸던 집에서 자란 나는 팁문화를 자연스레 받아들였지만, 뉴욕에서 팁이란 전혀 새로운 차원이었다. 공항에서 호텔방까지 가려면 백 달러가 들었다. 택시기사와 도어맨, 벨보이, 그리고 안내원의 손에 팁을 쥐여주고나면, 돈이 다 떨어졌다.

그리고, 나는 언제나 지각생이었다. 뉴욕에서 A지점에서 B지점으로 가는 데까지 걸리는 시간을 줄곧 과소평가했던 것이다. 하루는 토너먼트 시작 직전이었는데, 연습경기를 2시부터 하기로 되어 있었다. 나는 호텔을 떠나면서 플러싱 메도우 테니스 경기장까지 시간이 충분하다고 생각했다. 호텔 밖에 서있는 전세버스에 올라 미드타운 정체에 걸려 트라이버로 브리지(*뉴욕시의 이스트 리버에 놓인 다리. 맨해튼, 퀸즈, 브롱크스의 세 구역을 연결함)를 건널 때쯤, 나는 이미 엄청나게 늦은 상태였다. 이미 내 코트를 치워버렸다고 한 여성이 와서 말해주었다. 나는 연습시간을 한 번만 더 달라고 그녀에게 간청했다.

"성함이 어떻게 되시죠?"

나는 내 신분증을 보여주며 힘없이 웃어보였다. 그녀 뒤에는 수많은 선수들의 이름이 적힌 칠판이 있었고, 그녀는 고개를 갸웃거리며 점검을 했다. G여사가 생각났다. 그녀는 손가락으로 왼쪽 열을 아래위로 왔다갔다 했었다.

"좋아요. 4시, 코트 8번이에요."

나는 같이 연습하게 될 선수의 이름을 자세히 들여다보았다.

"죄송합니다. 저 선수와는 연습 못합니다. 2회전 상대가 될 것 같아서요."

그녀는 다시 칠판을 살펴보더니 한숨을 내쉬고는 짜증스러운 표정을 지

오픈

었다. G여사가 오래전 잃어버린 여동생이 있나 싶을 정도였다. 이 여자에게 불쾌감을 줄지도 모르는 모히칸 헤어스타일은 아닌 게 다행이었다. 그보다는 다소 얌전한 머리에 가까웠다. 들떠 삐죽삐죽하게 위로 솟은 투톤 컬러의 멀릿 스타일(*일명 맥가이버 스타일. 앞머리, 옆머리, 윗머리는 짧고 뒷머리는 긴 헤어스타일)에, 머리뿌리는 검고 끝은 탈색해서 뾰족하게 세운 그런 헤어스타일이었다.

"좋아요. 17번 코트, 5시. 그런데 세 명의 선수와 같이 써야해요."

나는 닉에게 여기 와서 힘에 부치는 기분이라고 말했다.

"그럴 리가. 괜찮아 질 거다. 조금만 물러나서 보면 훨씬 괜찮아 보이는 법이다."

"그렇지 않은 것도 있나요?"

1회전 상대는 영국 출신의 제레미 베이츠였다. 우리는 관중과 주요 시합 현장에서 먼 백코트에 있었다. 흥분이 되었다. 자랑스럽기도 했다. 그리고 두려움이 밀려왔다. 토너먼트의 마지막 토요일이 된 기분이었다. 가슴이 꽉 조이면서도 울렁이는 기분이었다.

그랜드슬램이었기 때문에, 경기에서 뿜어져 나오는 에너지는 내가 경험한 어떤 것과도 달랐다. 열광의 도가니였다. 경기는 엄청난 속도로 진행되었고 그 리듬은 아주 낯설었다. 게다가 그날은 바람이 많이 불어서 포인트가 바람에 날리는 먼지처럼 빠르게 오가는 듯했다. 어리둥절할 뿐이었다. 테니스 같지가 않았다. 베이츠는 나보다 실력이 나은 선수가 아니었으나, 다음을 예상이라도 하듯 나보다 뛰어난 경기를 펼쳤다. 4세트를 이긴 그는 필리와 닉이 앉아있는 내 쪽의 박스석을 올려다보더니 주먹을 팔꿈치 안쪽에 쑤셔넣고는 엿 먹으라는 국제적 수신호로 가운뎃손가락을 날렸다. 베이츠와 닉에겐 둘만의 사연이 있는 게 분명했다.

나는 낙담한 기분에 다소 부끄럽기까지했다. 처음으로 참가하는 US오픈이나 뉴욕이라는 도시에 대해 전혀 준비되어 있지 않다는 걸 깨달은 것이다. 나는 현재 상황과 목표 사이의 갭을 알고 있었고, 그 차이를 메울 수 있다는 적당한 자신감도 있었다.

"점점 나아질 거야. 시간문제지."

필리가 어깨동무를 하며 말했다.

"고마워. 알고 있어."

그리고 나는 정말 알고 있었다. 정말이었다. 그러나 그 후 나는 지기 시작했다. 그냥 지기만 한 것이 아니고 아주 참패를 당했다. 힘없이. 비참하게. 멤피스의 1회전에서 나는 녹다운을 당했다. 키 비스케인(*마이애미 비치 바로 밑에 있는 섬)에서도 1회전에 참패.

"필리, 대체 어떻게 되는 걸까? 정말 이해가 안 돼. 내가 마치 주말에만 플레이하는 테니스광이 된 기분이야. 어떻게 해야 할지 모르겠어."

필라델피아의 스펙트럼 경기장에서는 최악이었다. 테니스 경기장이 아닌 농구장으로 개조한, 겨우 경기장의 구색을 갖춘 수준이었다. 휑뎅그렁하고 조명도 형편없는 경기장에는 두 개의 테니스 코트가 나란히 붙어 있었고, 두 개의 경기가 동시에 열렸다. 내가 서브를 리턴하는 그 순간에 다른 누군가가 옆 코트에서 역시 서브를 리턴하고 있었는데, 그가 사이드로 넓게 서브를 보낼 때 내가 킥서브를 넣기라도 하면 우리 둘 다 정면으로 충돌하지 않을까 걱정해야 했다. 다른 선수와 부딪치는 상황을 생각도 못할 정도로 내 집중력은 약해진 상태였다. 한 세트가 끝나고 나는 내 심장 박동소리 외에는 들을 수도 생각할 수조차 없었다.

상대선수의 실력이 형편없었는데도 나는 불리한 상황에 내몰렸다. 그나마 좀 나은 상대를 만났다 싶으면 최악을 달렸다. 나는 상대의 수준에 맞춰 플레이를 했다. 다른 선수에게 맞춰가면서 어떻게 내 게임을 유지해야할지 몰랐다. 마치 숨을 들이쉬면서 내쉬어야 하는 것 같았다. 뛰어난 선수와 만나면 잘 대처했다. 실력 없는 선수를 만나면 상대를 압박했는데, 테니스 용어로 상황을 흘러가는 대로 두지 않는다는 뜻이었다. 압박은 테니스에서 구사할 수 있는 아주 치명적인 기술이다.

필리와 나는 라스베이거스로 비틀거리며 돌아왔다. 우리는 실의에 빠져있었지만, 더 심각한 문제는 당장 돈이 한 푼도 없다는 사실이었다. 나는 몇 달간 전혀 수입을 올리지 못했고, 테니스 대회 참가로 인한 교통비, 숙박비, 자동차 렌트비, 식비 등으로 나이키에서 받은 돈을 거의 다 써버렸던 것이다.

우리는 공항에서 곧장 페리의 집으로 가 그의 방에서 탄산음료를 마시며 틀어박혀 있었다. 방문이 닫히자 안도감이 느껴지며 정신이 돌아오는 기분이었다. 나는 문득 벽에 〈스포츠 일러스트레이티드〉 표지 십여 장이 더 붙어있다는 걸 알아챘다. 나는 뛰어난 선수들의 얼굴을 찬찬히 들여다보았다. 그리고 페리에게 내가 원하든 그렇지 않든 나는 언젠가 위대한 스포츠 선수가 될 거라 믿었다고 말했다. 나는 그것을 당연하게 생각했던 것이다. 비록 내가 택한 길은 아니지만 그것이 내 삶이었고, 그런 확신이야말로 유일한 위안이 되었기 때문이었다. 적어도 운명이란 것은 어떤 구조가 있었다. 이제 나는 미래가 어찌될지 알 수 없었다. 잘하는 것이 있었지만 내 생각만큼 잘하는 것은 아닌 듯했다. 아마 나는 시작도 하기 전에 끝나버린 모양이다. 그렇다면 나와 필리 형은 어떻게 될 것인가?

나는 페리에게 평범한 열여섯 소년이 되고 싶지만, 내 삶은 점점 더 평범함과는 멀어지고 있다고 말했다. US오픈에서 창피를 당하는 건 평범하지 않은 일이니까. 거구의 러시아 선수들과 정면 충돌을 걱정하면서 스펙트럼 경기장을 뛰어다니는 건 절대 평범한 일이 아닌 것이다. 라커룸에서 사람들이 나를 피하는 건 평범한 일이 아니었다.

"사람들이 왜 널 피하는데?"

"나는 열여섯 살인데 상위 100위 안에 든 선수니까. 그리고 그리 환영받지 못하는 닉이랑 한편이니까. 나는 친구도 없고 동지도 없어. 나는 여자친구도 없다고."

제이미와 나는 끝났다. 가장 최근에 반했던 사람은 페리의 또 다른 학교 친구인 질리언이었는데, 그녀는 내 전화를 받지 않았다. 언제나 집을 떠나있는 남자친구는 원치 않았던 것이다. 그녀를 탓할 수는 없었다.

"이런 일들을 견디고 있는 줄은 몰랐어."

페리가 말했다.

"아직 최악의 소식이 하나 남았어. 난 파산상태야."

"나이키에서 받은 2만 달러는 어쩌고?"

"여행비, 경비로 썼지. 필리와 닉과 같이 다녔으니까. 비용이 더 나가지. 우승상금이 없으면 돈이 더 많이 들어. 2만 달러를 쓰는 건 순식간이야."

"아버지한테 돈 좀 빌려달라고 하면 안 돼?"

"안 돼. 절대 안 되지. 아버지한테 도움을 받으면 그만큼 대가를 치러야 돼. 이제 아버지로부터 벗어나는 중인걸."

"안드레. 다 잘 될 거야."

"응. 그래야지."

"정말이야. 이제 더 잘 되려고 그러는 거야. 너도 모르는 사이에 다시 이기게 될 거야. 눈 한번 깜빡하고 나면 네 얼굴도 어느새 〈스포츠 일러스트레이티드〉 표지를 장식하고 있을걸."

"칫."

"그럴 거야! 난 알아. 그리고 질리언? 그런 시시한 애는 잊어. 이제 여자들이 항상 너를 따라다니게 될걸. 그게 스타의 속성이지. 그렇지만 너한테 진짜 의미가 있는 여자는 아마―브룩 쉴즈가 될 거야."

"브룩 쉴즈? 브룩 쉴즈를 어디서 만날 수 있는데?"

페리가 웃었다.

"나도 몰라. 그저 〈타임〉지에서 읽었어. 프린스턴 졸업한다고. 세상에서 가장 아름다운 여자인데다 똑똑하고 유명하고. 언젠가 너는 그녀랑 데이트하게 될 걸. 오해하진 마. 네 인생이 평범해질 일은 절대 없으니까. 그렇지만 비정상이라는 건 정말 멋진 일이 될 거야."

페리의 말에 기분이 좋아져 나는 아시아로 갔다. 필리와 함께 아시아 투어를 하고 올 만큼의 돈은 있었다. 나는 일본오픈 테니스 대회에 출전해 몇 번 이겼으나, 안드레 고메즈에게 준준결승에서 졌다. 그리고 서울에 가서 결승에 올랐다. 나는 졌지만 상금 7천 달러를 받았고, 그 돈이면 다른 대회를 물색하는 3개월 동안 지낼 만큼은 되었다.

필리와 라스베이거스에 돌아오자 안도감이 밀려왔다. 들뜬 기분이었다. 아버지가 공항으로 마중을 나왔고, 나는 매캐런 국제공항을 빠져나오며 필리에게 중대결정을 내렸다고 말했다. 아빠를 꼭 안아드리겠다고.

"안아드린다고? 왜?"

"기분이 좋으니까. 행복한데 까짓 거 안 될 것 없잖아? 그렇게 할 거야. 한 번밖에 못 사는 인생인데."

아버지는 야구 모자를 쓰고 선글라스를 낀 채 게이트에 서 있었다. 나는 아버지에게 달려가서 팔로 그를 꼭 안았다. 그는 움직이지 않았다. 몸이 뻣뻣해졌다. 전봇대를 껴안는 느낌이었다.

나는 그를 놓아주고 다시는 이러지 않겠다고 속으로 다짐했다.

1987년 5월, 필리와 나는 로마에 갔다. 본선에 올랐기 때문에 우리 방은 무료 제공이었다. 우리는 TV도 샤워커튼도 없는, 필리가 예약한 허름한 숙소에서 도시 전체를 내려다보는, 주요 언덕 꼭대기에 있는 호화로운 카발리에리 호텔로 옮겼다.

토너먼트 시작 전 시합이 없는 날, 우리는 밖으로 나가 도시를 구경했다. 시스틴 대성당에서 베드로에게 천국의 열쇠를 건네는 그리스도의 프레스코화를 보았다. 우리는 미켈란젤로가 그린 천장벽화를 보면서 여행 가이드로부터 그가 작품(혹은 작업하기로 계획한 자재)에서 티끌만한 결점이라도 발견하면 분노에 휩싸이는, 고뇌에 찬 완벽주의자였다는 얘기를 들었다. 밀라노에서 하루를 보내며 성당과 박물관 곳곳을 돌아보기도 했다. 레오나르도 다 빈치의 〈최후의 만찬〉 앞에 30분간 서 있기도 했다. 우리는 인체의 상세한 관찰기록과 헬리콥터와 변기의 미래적인 설계를 담은 다빈치의 노트에 관해서도 들었다. 우리는 둘 다 어떻게 사람이 그토록 영감으로 가득할 수 있는지 놀라 할 말을 잃었다.

"영감을 받는 것, 그게 바로 핵심이지."

나는 필리에게 말했다.

이탈리아오픈은 바닥이 다소 부자연스럽게 느껴지는 레드 클레이 코트 대회였다. 나는 다소 빠른 코트인 그린 클레이에서만 경기를 해봤다. 레드 클레이는 표사층에 뜨거운 접착제와 젖은 타르가 덮여있는 것 같다고 닉에게 불평했다. 이런 형편없는 레드 클레이에 사람을 데려다 놓는 법이 어디 있느냐고 첫 연습경기 때 불만을 토로했다.

닉은 히죽히죽 웃었다.

"괜찮아질 거다. 익숙해지면 돼. 초초하게 굴지 말고 모든 포인트를 따내려 하지도 마."

나는 그가 무슨 말을 하는지 전혀 이해할 수가 없었다. 나는 2회전에서 졌다.

우리는 프랑스오픈에 참가하기 위해 파리로 갔다. 레드 클레이 일색이었다. 나는 1회전에서 간신히 이기는 데 성공했으나, 2회전에서 한방 먹었다. 다시 필리와 나는 도시를 구경하고 자기발전에 힘쓰기로 했다. 루브르 박물관에서 우리는 전시된 그림과 조각의 수 자체에 압도당했다. 어디로 가야할지 어떻게 서 있어야 할지도 몰랐다. 보고 있는 작품들을 이해할 수도 없었다. 우리는 방에서 방으로 이동하면서 놀라 말을 잇지 못했다. 그러다가 너무나 익숙한 작품과 마주쳤다. 이탈리아 르네상스 시대의 그림이었는데, 절벽에서 알몸으로 서 있는 젊은 남자를 묘사하고 있었다. 한 손으로는 막 부러지는 앙상한 나뭇가지를 잡고 있었고 다른 손으로는 한 여성과 두 아이를 떠받치고 있다. 그의 목 둘레에는 아마도 그의 아버지인 듯한 나이든 남자가 매달려 있었고 돈처럼 생긴 주머니를 꽉 잡고 있었다. 그들 아래에는 버틸 수 없었던 사람들의 몸뚱어리가 흩어진 심연이 놓여있다. 모든 것은 이 벌거벗은 한 남자의 힘―그의 손아귀―에 달려있었다.

"오래 바라보면 볼수록 나이든 남자의 팔이 더 꽉 영웅의 목을 죄는 것 같아."

나는 필리에게 말했다. 필리는 고개를 끄덕이며 벼랑 끝에 선 남자를 올려다보더니 부드럽게 말했다.

"조금만 버텨, 형씨."

1987년 6월 우리는 윔블던에 갔다. 프랑스 선수 앙리 르콩트와 '챔피언의 무덤(Graveyard Court)'이라고 알려진 2번 코트에서 경기하는 일정이었는데, 많은 선수들이 그 코트에서 참패를 당했다. 테니스의 성지에 온 건 생애 처음이었는데, 도착한 그 순간부터 나는 그곳이 싫었다. 교육을 받지 못하고 라스베이거스에서 과보호를 받고 자란 십 대였던 나는 낯선 모든 것을 거부했고, 런던은 아주 낯선 것 투성이였다. 음식, 버스, 유서 깊은 전통, 심지어 윔블던의 잔디마저 미미하게나마 고향의 잔디 냄새와 달랐다.

더욱 당혹스러웠던 건 윔블던 관계자들이 선수들에게 거만하고 고압적으로 이래라저래라 말하는 걸 즐기는 듯했다는 것이다. 나는 규칙을 싫어했지만 특히 자의적인 규칙을 싫어했다. 왜 흰옷을 입어야 하는가? 나는 흰옷을 입고 싶지 않았다. 내가 뭘 입든 다른 사람이 무슨 상관인가?

무엇보다도 나는 제지를 받거나 차단당할 때, 그리고 거부당하는 느낌이 들 때 화가 났다. 라커룸으로 들어가려면 배지를 제시해야 했는데, 그것도 메인 라커룸도 아니었다. 나는 이 토너먼트에 출전하면서도 불청객 취급을 당하고 있는데다 내가 뛰게 될 코트에서 연습하는 것마저 허용되지 않는 상황이었다. 나는 길가의 인도어 코트에서 경기하도록 제한받았다. 결과적으로 내가 처음 잔디에서 공을 쳤을 때가 윔블던에서 처음 경기한 셈이 됐다. 충격이었다. 공은 잘 튀지 않거나 아예 튀질 않았다. 잔디가 잔디가 아니라 바세린을 잔뜩 바른 얼음 같았다. 나는 미끄러질까 봐 발끝으로 다녀야 했다. 영국 팬들이 내가 불편해 하는 걸 눈치 챘을까 싶어 주위를 둘러보다가 깜짝 놀랐다. 그들은 바로 내 위에 있었던 것이다. 건물은 인형의 집 같은 구조였다. 결국 나는 챔피언의 묘지에서 숨을 거둔 선수들 명단에 이름을 올리게 됐다. 르콩트는 나를 안락사시켰다. 나는 닉에게 두 번 다시 재기할 수 없을 거라고 말했다. 윔블던에서 우승컵을 끌어안기 전에 아버지를 먼저 끌어안게 될 것이다.

몇 주 후, 여전히 불쾌한 기분으로 워싱턴 D.C.로 갔다. 1회전에서 파트릭 쿠넨과 시합을 했으나 아무런 소득 없이 끝났다. 바짝 타들어가는 느낌이었다. 길고 힘겨운 유럽투어 끝에 남은 건 아무것도 없었다. 여행, 패배, 스트레스, 이 모든 것이 나를 점점 무력하게 만들었다. 게다가 날은 숨막힐 듯 뜨거웠고 나는 체력적으로 건강하지도 못했다. 전혀 준비되지 않은 선수는 존재하지 않는 것과 마찬가지였다. 각각 한 세트씩 동점이 되었을 때, 나의 마음은 이미 코트를 떠난 상태였다. 마음이 몸을 떠나 경기장 밖으로 떠다녔다. 3세트가 시작됐을 때 나는 오래전에 끝난 것이나 다름없었다. 나는 6-0으로 졌다.

나는 네트로 걸어가 쿠넨과 악수했다. 쿠넨이 뭔가 말했으나 나는 그가 보이지도 들리지도 않았다. 터널 끝에 선 그는 에너지 덩어리처럼 보였다. 나는 테니스 가방을 집어 경기장 밖으로 비틀거리며 나갔다. 나는 길을 건너 록 크릭 공원을 지나 숲 속으로 들어갔고 아무도 없다는 걸 확인한 후 나무에 대고 화풀이를 했다.

"더 이상 못해먹겠어! 나는 이제 끝장난 거야! 그만둘 거야!"

나는 걷고 또 걸어 어느 빈터에 도착해 한 노숙자 무리에 둘러싸이게 되었다. 몇몇은 바닥에 앉아있었고, 몇몇은 통나무에 몸을 뻗은 채 잠들어 있었다. 둘은 카드게임을 하고 있었다. 모두들 동화 속 트롤(*지하나 동굴에 사는 초자연적 괴물로 거인 또는 난쟁이. 북유럽 신화에 등장) 같았다. 나는 그 중 정신이 말짱해 보이는 한 명에게 다가가 내 가방을 열고 프린스 라켓 몇 개를 꺼냈다.

"이봐요. 이거 갖고 싶어요? 원해요? 나는 이제 이런 거 필요 없거든요."

그는 무슨 일인지 어리둥절해 했으나, 마침내 자기보다 더 미친놈을 만났다고 확신하는 것 같았다. 그의 동료들이 발을 질질 끌며 다가왔고 나는 그들에게 말했다.

"모이세요, 여러분. 모여요."

그늘에 있으니 섭씨 38도쯤 될 것 같았지만, 그날은 크리스마스이브였다. 나는 테니스 가방을 버리고 나머지 라켓을 꺼내서 각각 백 달러 가까이 하는 라켓을 그들에게 나눠주었다.

"이봐요. 맘껏 가지세요! 난 진짜로 그런 거 필요 없을 거라고요!"

그리고 한껏 가벼워진 내 테니스 가방의 무게를 느끼며 필리와 함께 머무는 호텔로 돌아왔다. 여러 가지 의미에서 예전처럼, 내가 한쪽 침대에 앉고 필리가 다른 쪽 침대에 앉았다. 나는 필리 형에게 이제 신물이 난다고 말했다. 더 이상 못하겠다고.

그는 반박하지 않았다. 이해했다. 그보다 더 잘 이해할 사람이 누가 있을까? 우리는 하나하나 자세히 따져보며 계획을 짰다. 닉과 아버지에게 어떻게 말할지, 어떻게 생활비를 벌지 의논했다.

"테니스 치는 것 외에 뭘 하고 싶은데?"

"모르겠어."

우리는 저녁을 먹으러 나가 진지하게 토론하고 내가 경제적으로 어떻게 자립할 것인지를 분석했다. 이제 몇백 달러 정도만 남은 상황이었다. 우리는 감자에 렌즈콩 수프를 먹던 시절에 다시 가까워지고 있다고 농담을 던졌다.

호텔로 돌아오자 전화의 램프가 번쩍거렸다. 음성 메시지 하나가 들어와 있었다. 노스캐롤라이나의 테니스 시범경기 주최 측에서 선수 하나가 참가를 취소했다는 것이었다. 내가 경기에 출전할 수 있는지, 출전하면 2천 달러는 확실히 보장하겠다고 했다. 필리는 약간의 돈을 챙기고 테니스계를 떠나는 게 좋다는 데 동의했다. 나는 좋다고 했다. 마지막 토너먼트가 될 것이다. 우선 라켓을 구해야 했다.

1회전 추첨에서 나는 마이클 챙이란 녀석을 뽑았다. 나는 그와 테니스를 하며 자랐다. 주니어 시절 내내 그와 플레이를 했고, 한 번도 그에게 진 적이 없었다. 그와 경기할 때는 전혀 문제가 없었던 것이다. 게다가 그는 나보다 두 살 어린, 열다섯 살밖에 안 되었다. 내 배꼽까지밖에 키가 닿지 않았다. 그러니까 그 경기는 내 상처 입은 마음을 치유하기 위한 처방전인 것이었다. 나는 웃으며 코트로 걸어나갔다.

그러나 챙은 나와의 마지막 경기 이후 변화를 겪은 것 같았다. 기량이 엄청나게 좋아졌고 이제 엄청나게 빠른 스피드로 플레이를 하고 있었다. 그를 이기기 위해서는 내가 가진 모든 기술을 구사해야 했다. 그러나 아직 그를 이길 수는 있었다. 몇 달만의 첫 승리였다. 나는 은퇴를 늦추기로 했다. 몇 주만 더 미루는 것이었다. 나는 필리 형에게 작년에 좋은 성적을 냈던 스트래튼 마운틴으로 가고 싶다고 말했다. 스트래튼은 내 마지막 은퇴 경기에 적합한 장소일 거라고.

우리는 동료 선수 피터 두한과 켈리 에번든과 함께 버몬트로 향했다. 켈리는 우리가 떠나기 직전 그가 대진추첨에서 스트래튼을 뽑았다고 했다.

"안드레의 상대선수가 누구인지 알고 싶은 사람?"

"여기."

"아냐, 안드레. 아마 알고 싶지 않을걸."

"아냐. 내가 누굴 뽑았는데?"

"루크 젠슨."

"젠장."

루크는 세계 최고의 주니어 선수인데다 이번 투어에서 가장 유망한 녀석이었다. 나는 의자에 깊이 몸을 묻고 구름을 바라봤다. 잘하고 있을 때 그만뒀어야 했어. 챙을 이긴 후에 은퇴했어야 하는 건데.

루크는 양손으로 서브를 넣었고, 그 때문에 '양손잡이 루크'라는 별명이 붙었다. 그는 어느 쪽 손으로든 시속 209킬로미터의 속도로 서브를 넣을 수 있었다. 그러나 그날 나를 상대로 한 첫 번째 서브는 그다지 좋지 않았고, 나는 그의 두 번째 서브를 꺾을 수 있었다. 3세트만에 그를 간신히 이기고 앞서 나갔을 때 놀란 것은 오히려 나였다.

다음 상대는 팻 캐시였다. 그는 내가 챔피언의 무덤에서 몰락한지 12일 후에 윔블던에서 막 승리를 거둔 선수였다. 캐시는 테니스 기계였고 히드라처럼 움직임이 좋았다. 그리고 네트를 잘 커버하는 잘 훈련된 선수였다. 이기는 것은 생각조차 하지 않았고 단지 꿋꿋이 견뎌낼 수 있기만 바랐다. 그런데 나는 경기 초반에 그의 공에 탑스핀이 많이 걸리지 않았다는 걸 알게 됐다. 점점 더 깨끗하고 정확한 눈높이 자세를 갖추게 되면서, 연달아 위닝샷을 날릴 수 있었다. 이길 가능성은 없었고 단지 믿을 수 있는 사람으로 보이는 것만이 목표였기 때문에 나는 자유로웠고 느긋할 수 있었는데 그것이 캐시를 긴장하게 만들었던 것이다. 그는 경기진행 상황에 충격을 받은 것 같았다. 그가 첫 서브를 놓치자, 나는 그 틈을 타 반걸음 정도 눈속임을 해서 온 힘을 다해 공을 리턴했다. 캐시 뒤로 공을 쳐서 넘길 때마다, 그는 네트 너머로 나를 쳐다보았다. 그리고 이렇게 말하는 듯했다. 이건 계획에 없었어, 네가 이럴 리가 없어.

캐시는 어리석었다. 베이스라인으로 돌아와 새로운 전략을 생각해낼 생각은 안 하고 거만한 자세를 유지했던 것이다. 그러다가 놀란 눈빛으로 네트를 바라보곤 했다. 내가 리턴을 훌륭히 해내면 그는 그럭저럭 발리를 했고, 나는 다시 그의 옆으로 공을 쳤다. 그는 엉덩이에 손을 대고 서서 나를 노려보았다. 공정하지 않다고 생각하는 것 같았다. 나는 속으로 생각했다.

'계속 노려보라지. 계속하자고.'

경기 후반이 될수록 그는 점점 쉬운 공을 쳐주었다. 너무나 치기 좋은, 놀라울 정도로 맞추기 좋은 공을 넘겨보내주니 불공평해보일 정도였다. 나는 적절한 기회를 틈타 포인트마다 위닝샷을 날렸다. 그에게 좋은 경기라는 인상을 남기려고 했을 뿐인데 결국 나는 그에게 큰 상처를 남기고 말았다. 충격적인 반전을 기록해 7-6, 7-6으로 이겼던 것이다.

스트래튼 마운틴은 정말 놀라운 산이라는 생각이 들었다. 윔블던을 상쇄할 만했다. 나는 작년에 여기서 내 레벨 위의 선수들과 경기를 했을 때보다 두 배는 잘하고 있었다. 대회 장소는 기가 막히게 아름다웠고 평화로웠으며 아주 미국적이었다. 거만하기 짝이 없는 영국인들과 달리 스트래튼 주민들은 나를 알고 있거나, 적어도 내가 바랐던 이상적인 모습으로 나를 기억하고 있었다. 그들은 지난 12개월간 내가 겪었던 고통스러운 과거도, 노숙자들에게 라켓을 나눠준 일도, 은퇴를 목전에 두고 있다는 사실도 알지 못했다. 설령 알았다 하더라도 그 때문에 나를 나쁘게 생각하는 일도 없었을 것이다. 그들은 젠슨과의 경기 중에는 나를 응원할 뿐이었지만, 내가 캐시를 압도적으로 이기자 나를 주민의 일원으로 받아주었던 것 같다. 이 사람은 우리 사람이야. 이 사람은 경기를 잘해. 그들의 요란한 응원에 고무된 나머지 나는 랭킹 1위인 이반 렌들과의 준결승까지 올라갔다. 나의 최대 승부였다. 아버지가 라스베이거스에서 날아왔다.

시합 1시간 전 렌들은 테니스화만 신고 라커룸을 돌아다녔다. 아주 느긋하게 알몸으로 내 앞에서 돌아다니는 그를 보니 상황이 이해됐다. 압도적 기세에 압도적 기세로 대응하고자 했던 것이다. 결국 나는 3세트 만에 졌다. 그러나 나는 2세트에서 이겼기 때문에 용기를 잃지 않고 걸어나올 수 있었다. 30분 동안 나는 그가 원했던 최고의 기량을 보여주었다. 그리고 그 승리에 마음을 의지할 수 있었다. 기분이 좋았다. 적어도 렌들이 신문에서 나에 관해 떠들어댄 기사를 보기 전까지는 그랬다. 나와의 경기에 대한 질문에 그는 비웃으며 헤어스타일과 포핸드가 기억에 남는다고 말했던 것이다.

프로 전향과 나이키

9
데님 반바지와 가발

1987년은 멋지게 마무리됐다. 브라질의 이타파리카에서 열린 첫 토너먼트에서 프로 자격으로 우승했는데, 처음에는 적대적이었던 브라질 관중 앞에서 치른 경기였기에 더욱 기억에 남았다. 최고의 브라질 선수인 루이즈 마타르에게 이긴 후에도 브라질 관중은 불만을 품은 것 같지 않았고, 오히려 나를 명예 브라질 시민으로 대해줬다. 코트로 내려와 나를 어깨에 메고 공중에서 헹가래를 치는가 하면, 해변에서는 코코넛 버터를 잔뜩 칠한 채 경기장으로 달려와 나도 코코넛 범벅이 되었다. 비키니와 티팬티만 입은 여성들은 내게 입을 맞춰댔다. 음악이 연주되고 사람들이 춤을 추자 누군가 내게 샴페인 한 병을 가져와 군중들에게 뿌리라고까지 했다. 그곳의 축제 분위기는 내 마음속의 마르디 그라(*사순절 동안은 예수의 고통을 함께 하기 위해 참회와 단식을 하게 되는데 바로 그 전날인 마르디 그라까지 2주일 동안 먹고 마시는 축제를 벌이게 되는 풍습)를 완벽히 충족시켜 주었다.

그리고 마침내 돌파구를 찾았다. 연속 다섯 경기를 이겼던 것이다(슬램에서 이기려면 일곱 번을 이겨야 한다는 걸 약간 불안한 마음으로 알게 됐다). 우승자에게 주는 수표를 건네받자 나는 숫자를 다시 확인했다. 9만 달러였다.

청바지 주머니에 수표를 구겨넣은 채, 나는 이틀 후 아버지의 거실에 서 있었다. 교정심리학의 수법을 조금 이용해 내가 물었다.

"아빠, 제가 내년에 얼마나 벌 거라 생각하세요?"

"허허, 수백만 달러는 벌겠지."

아버지는 밝게 웃으며 말했다.

"좋아요. 그럼 제가 차를 사도 뭐라고 안 하시겠네요."

아버지는 얼굴을 찡그렸다.

"그래라."

나는 내가 원하는 차가 뭔지 정확히 알고 있었다. 모든 옵션이 추가된 흰색 코르벳이었다. 아버지는 점원이 나를 속이는 것은 아닌지 확인하러 부모님이 나와 함께 대리점에 가야 한다고 주장했다. 안 된다고 할 수가 없었다. 아버지는 나의 주인이자 관리인이니까. 나는 더 이상 닉 볼리티에리 아카데미의 정규 학생이 아니었기 때문에 다시 아버지와 한집에서 살게 되었고, 아버지의 영향력 아래 놓이게 되었다.

전 세계를 여행하면서 돈을 꽤 벌었고 어느 정도 명성을 얻었지만, 나는 여전히 아버지로부터 용돈을 받아썼다. 정당하지 않다고 생각했지만 어쩔 수 없었다. 나는 열일곱밖에 안 되었고 독립할 준비도 되어있지 않았다. 겨우 테니스 코트에 혼자 나갈 수 있게 되었지만, 나는 리우데자네이루에서 한 손으로는 티팬티를 입은 소녀의 손을 잡고 다른 한 손으로는 9만 달러짜리 수표를 들고 있었다. 너무 많은 것을 보아버린 사춘기 소년이었고, 입출금계좌도 없는 남자아이였던 것이다.

아버지와 자동차 대리점 세일즈맨과의 협상은 순식간에 논쟁으로 변했다. 놀랍지도 않았다. 아버지가 새로운 제안을 할 때마다 세일즈맨은 매니저와 상의하기 위해 자리를 떠야 했다. 아버지는 그때마다 주먹을 쥐락펴락 했다. 세일즈맨과 아버지가 마침내 가격 합의를 보았고 나는 꿈에 그리던 차를 갖기 직전이었다. 아버지는 안경을 쓰고 서류를 마지막으로 훑어보면서 손가락으로 항목별 요금 리스트를 짚어 내려갔다.

"잠깐만, 이게 뭐죠? 49.99달러는?"

"서류작성비죠."

세일즈맨이 말했다.

"내 서류가 아니잖소. 당신 거 아뇨. 당신 서류비는 직접 내셔야지."

세일즈맨은 아버지의 말투가 거슬리는 모양이었다. 결국 욕설이 오갔다. 아버지는 트럭운전사를 때려눕혔을 때와 같은 눈빛이었다. 그곳의 차들을 보기만 해도 아버지는 운전할 때처럼 짜증이 밀려오는 것 같았다.

"아빠, 차 값이 3만 7천 달러인데 겨우 50달러 때문에 화내시는 거예요?"

"너한테 돈을 뜯어내려고 하잖아, 안드레! 나한테 돈을 뜯어내고 있다고. 세상이 날 속이고 있어!"

아버지는 세일즈맨의 사무실을 박차고 나가 메인 쇼룸으로 갔고, 그곳에는 매니저가 하이 카운터에 앉아 있었다. 아버지는 매니저와 세일즈맨에게 소리쳤다.

"여기 있으면 안전할 줄 알았나? 카운터 뒤에 앉아 있으면 안전할 줄 알았냐고? 거기서 좀 나오지 그래?"

아버지의 주먹이 올라갔다. 아버지는 한번에 다섯 명까지와도 싸울 수 있었다.

어머니는 나를 껴안고는 밖에 나가서 기다리는 게 낫겠다고 말했다. 우리는 인도로 나가서 아버지가 열변을 토하는 것을 대리점 유리창을 통해 지켜보았다. 아버지는 책상을 주먹으로 치며 손을 흔들어댔다. 무성 공포영화를 보는 것 같았다. 당황스러웠지만 살짝 부럽기도 했다. 아버지의 분노를 조금이라도 느껴봤으면 하는 생각이 들었다. 그런 분노를 이용하면 힘든 경기를 잘 치를 수 있을 것 같았다. 또 그런 분노를 이용해 네트 위로 공을 넘긴다면 좋은 기록을 낼 수 있지 않을까 하는 생각도 들었다. 그러나 어떤 분노든지 간에 나는 그 분노를 나 자신에게로 돌렸다.

"엄마, 어떻게 생각하세요? 이 모든 세월을?"

"글쎄다. 아버지가 감옥에 갈 만한 일을 한 것도 아니고 아직 이렇게 멀쩡하게 살아있잖니. 생각해보면 우리는 운이 퍽 좋은 것 같아. 아버지가 감옥에 가거나 죽는 일 없이 이 사태를 잘 넘기고 지나갔으면 좋겠구나."

아버지의 분노와 더불어 어머니의 침착함을 일부분이라도 갖고 싶었다.

필리 형과 나는 다음 날 대리점으로 다시 갔다. 세일즈맨은 내게 새로 뽑은 코르벳 열쇠를 건네주었지만 불쌍하다는 듯한 태도를 보였다. 그리고 내가 아버지와는 다른 사람인 것 같다며 그건 칭찬이라고 했다. 나는 어렴풋하게나마 기분이 상했다. 집으로 오면서 새로 코르벳을 탔을 때의 짜릿함도 잦아들었다. 고속으로 이리저리 차량 사이를 빠져나가면서 나는 필리 형에게 이제부터 상황이 달라질 거라고 했다.

"때가 된 것 같아. 내가 내 돈을 관리해야겠어. 내 지긋지긋한 삶도 이제 주도권을 되찾아야지."

경기가 길어지면 나는 기력이 떨어졌다. 그리고 내 서브는 보통수준이었기 때문에 모든 경기가 다 길게 느껴졌다. 서브를 이용해 문제를 해결할 수 없었고 서브로 쉽게 포인트를 따지도 못했기 때문에, 항상 12회전 끝까지 가곤 했다. 게임에 대한 나의 이해도는 향상되고 있었지만 내 몸은 상태가 나빠지고 있었다. 나는 마르고 약했으며 다리는 빨리 지쳤고 뒤이어 정신력도 바닥났다. 나는 닉에게 세계 최고를 상대하기에는 건강이 썩 좋지 않다고 말했다. 닉은 동의하며 말했다.

"다리가 모든 걸 결정하지."

나는 라스베이거스에서 레니라는 이름의 퇴역 장군 출신 트레이너를 찾아냈다. 강인한 체력의 소유자인 레니는 선원처럼 욕을 했고 해적처럼 입이 걸었는데, 이 모든 것은 그가 말하기를 꺼렸던 오래전 전투에서 입은 총상 때문이었다. 레니와 한 시간 동안 훈련하고 나자 차라리 죽는 게 낫겠다는 생각이 들었다. 그는 나를 괴롭히고 추잡한 말을 던지면서 아주 즐거워하는 듯했다.

1987년 12월, 사막에는 때 아닌 추위가 찾아왔다. 블랙잭 딜러들은 산타클로스 모자를 썼고 야자수는 전구로 뒤덮였다. 스트립의 매춘부들은 귀걸이 대신 크리스마스 장식을 달았다. 나는 페리에게 새해가 빨리 왔으면 좋겠다고 말했다. 강해진 기분이었다. 테니스를 이제서야 이해하기 시작한 것 같았다.

1988년 멤피스에서 열린 첫 번째 토너먼트에서 우승했을 때는 공이 내 라켓을 떠날 때마다 살아있는 것처럼 느껴졌다. 내 포핸드에 익숙해지고 있었다. 내가 친 공이 상대선수를 지나쳐갈 때마다 상대는 '대체 어떻게 저런 공을 치는 거지?'라는 눈빛으로 나를 쳐다보았다.

팬들의 표정도 읽을 수 있었다. 사인을 요구한다든가 경기장에 들어올 때 소리를 지른다든가 하는 행동들은 나를 불편하게 하기도 했지만 동시에 마음속 깊이 자리한 어떤 욕구, 존재하는지도 미처 몰랐던 감춰진 욕망을 충족시켰다. 나는 수줍음이 많지만 동시에 관심을 좋아했다는 것이다. 팬들이 나처럼 옷을 입기 시작했을 때는 움츠러들기도 했지만 한편으로는 즐겁기도 했다.

1988년에 나처럼 입는다는 건 데님 반바지를 입는다는 말이었다. 그건 내 트레이드마크 같은 거였다. 데님 반바지는 나와 동의어였고, 나에 대한 글과 프로필에 항상 언급되었다. 이상하게 들릴지 모르지만 데님 반바지를 선택한 것은 내가 아니었다. 나는 오히려 선택받은 쪽이었다. 1987년, 오레곤주 포틀랜드에서 나이키 국제 선수권대회(Nike International Challenge)에 출전 중이었을 때 나이키 대표단은 나를 호텔 스위트룸으로 초대해 최신 데모와 의류 샘플을 보여주었다. 거기에는 맥켄로도 있었고 물론 그에게 우선권이 있었다. 그는 데님 반바지 하나를 들어올리더니 대체 이것들이 다 뭐냐면서 불평했다.

나는 눈이 휘둥그레졌다. 그리고 입술을 적시며 생각했다.

'와, 진짜 멋진데. 맥, 싫다면 이제 다 내거야.'

맥이 치워버린 바지를 내가 집어 들었다. 이후 모든 경기에 나는 데님 반바지를 입고 출전했고 팬들도 따라 입게 됐다. 스포츠 기자들은 내 복장을 두고 비방 기사를 써댔다. 내가 튀고 싶어 한다는 거였다. 사실 나는 모히칸 헤어스타일과 마찬가지로 숨고 싶을 뿐이었다. 그들은 내가 게임을 바꾸려 한다고도 말했다. 오히려 나는 게임이 나를 바꾸는 걸 막으려 했을 뿐이다. 나를 반항아라 부르기도 했지만 나는 반항아가 되는 것 따위엔 관심도 없었고, 다만 지극히 평범한 십 대들처럼 일상적인 반항을 표출했을 뿐이다. 미묘한 차이지만 중요한 차이였다. 나는 나 자신이 되고 싶다는 마음이 있었지만 내가 누군지 잘 몰랐기 때문에, 거북함을 무릅쓰고 닥치는 대로 여러 가지 시도를 했던 것이다. 물론 모순적인 면도 있었다. 나는 닉 볼리티에리 아카데미에서 했던 것과 다르지 않은 행동을 하고 있었던 것이다. 권위에 맞서고 정체성을 시험하며 아버지에게 메시지를 보내고 내 삶에 선택권이 없다는 사실에 몸부림쳤다. 그러나 이번에는 그 범위가 넓었다.

어떤 이유에서 무엇을 하든 반향이 있었다. 의미가 무엇이든지 간에 나는 늘 미국 테니스계의 구세주로 불렸다. 내 생각에 그건 내 시합의 분위기와 관계가 있는 것 같았다. 팬들은 내 복장뿐 아니라 헤어스타일을 추종했다. 멀릿 스타일의 남녀(여성에게 더 잘 어울렸다) 추종자들을 보니 기분이 좋아졌지만 몹시 부끄럽고 혼란스럽기도 했다. 나는 나 자신이 되고 싶지 않았는데 이 사람들이 모두 안드레 애거시가 되고 싶어한다는 게 믿어지지 않았다.

이따금씩 인터뷰에서 이런 얘기를 했지만, 제대로 뜻이 전달된 적이 없었다. 생각이 깊은 사람이 되고자 했으나 나 자신도 내가 하는 말이 이해되지 않았다. 나는 말을 멈추고 기계적인 대답과 단조로움으로 일관했고, 기자들이 듣고 싶어하는 말을 해주었다. 그게 내가 할 수 있는 최선이었다. 내가 나 자신의 동기부여와 괴로움에 대해 이해하지 못하고 있는데 마감에 쫓기는 기자들에게 어떻게 설명할 수 있었겠는가?

설상가상으로 기자들은 내가 말한 그대로를 받아썼다. 내가 말한 것을 글자 그대로, 마치 틀림없는 진실이기라도 한 것처럼. 나는 그들에게 '잠깐만, 그 말은 쓰지 말아요, 그냥 생각나는 걸 말해본 것뿐이니까'라고 말하고 싶었다. 여러분은 내가 제일 무지한 부분에 대해 묻는군요 ─ 바로 나 말입니다. 나 자신을 좀 편집하고 반박하게 해줘요. 그러나 시간이 없었다.

그들은 좋거나 나쁜, 명쾌한 답변을 원했으며, 7백 단어로 된 단순한 줄거리를 찾았고, 이내 다음으로 넘어갔다.

시간이 좀 더 있었다면, 스스로에 대한 자각이 좀 더 있었더라면, 나는 기자들에게 내가 누군지 알아가는 중이라고 하지만, 이것만큼은 내가 아니라고 자신 있게 말할 수 있는 부분이라고 말했을 것이다. 내 옷이 나를 말해주는 것은 아니었다. 게임 역시 마찬가지였다. 나는 대중이 생각하는 그런 사람이 아니었다. 라스베이거스 출신에다 화려한 옷을 입고 있다고 해서 나를 쇼맨이라 할 수는 없었던 것이다. 나는 기사에서 묘사하는 것처

열여덟 살의 나, 내 트레이드 마크인 탈색한 멀릿 스타일과 데님 반바지.

데님 반바지와 가발

럼 앙팡 테리블(*불어에서 온 말. 범상치 않은 사고와 행동으로 세상 사람들을 놀라게 하는 성공한 젊은이)도 아니었다(발음하기도 어려운 그 무언가가 되기는 힘든 일 아닌가). 게다가 제발, 난 펑크 록커가 아니었다. 나는 배리 매닐로우와 리처드 막스처럼 은은하고 대중적인 팝을 들었다.

물론 내 정체성의 핵심이며, 기자들에게 절대 털어놓을 수 없는 나 자신에 관한 확실한 한 가지는 탈모가 진행되고 있다는 사실이었다. 빠르게 탈모가 진행된다는 사실을 감추기 위해 나는 길고 들뜬 머리스타일을 고수했다. 필리 형과 페리만이 이 사실을 알았는데 그들도 같은 처지였기 때문이다. 사실 필리는 뉴욕에 가서 가발을 몇 개 사려고 헤어클럽 포맨(Hair Club for Men)의 사장과 만나기도 했다. 결국 형은 물구나무서기를 포기했다. 그리고 내게 헤어클럽에 얼마나 다양한 가발이 있는지 놀랐다며 전화로 얘기해주었다.

"가발 연회장이라니까. 시즐러의 샐러드바 같은데, 다 가발로 채워져 있는거지."

나는 형에게 내 것도 하나만 사다달라고 부탁했다. 매일 아침 나는 베개와 싱크대, 하수구에서 내 정체성의 일부를 발견하곤 했다. 나는 자신에게 물었다.

"가발을 정말 쓸 생각이야? 시합 중에?"

나는 대답했다.

"그럼 어쩌라고?"

1988년 2월, 인디언 웰스 대회에서 나는 준결승까지 거침없이 올라갔고, 거기서 세계에서 가장 유명한 선수인 독일 출신의 보리스 베커를 만났다. 그는 인상적인 모습이었는데, 1센트 동전 같은 구릿빛 머릿단에 다리가 내 허리만큼이나 굵었다. 나는 그가 최고조의 컨디션일 때 그와 만났지만 1세트를 이겼고 다음 두 세트를 내리 졌다. 3세트는 특히 격렬하고 힘겨웠다. 우리는 발정 난 황소들처럼 서로를 쏘아보면서 코트 밖으로 나왔다. 나는 다음번에 만나면 다시는 그에게 지지 않겠다고 다짐했다.

3월, 키 비스케인에서 나는 닉 볼리티에리 아카데미의 동창이었던 애론 크릭스테인과 만났다. 우리 둘은 자주 비교되곤 했는데, 닉과의 관계라든가 일찌감치 습득한 기술 등이 그 이유였다. 나는 2-0으로 두 세트를 앞서다가 지쳐버리고 말았다. 5세트가 시작되자 경련이 일었다. 다음 단계로 가기에는 아직 체력적으로 회복되지 않은 상태였던 것이다. 결국 지고 말았다.

그다음에는 찰스턴 근처의 팜스 섬으로 가서 세 번째 토너먼트에서 우승했다. 토너먼트 중에 나는 열여덟 살이 되었다. 토너먼트 디렉터가 센터코트로 케익이 올려진 카트를 밀고 들어왔고 모두가 노래를 불렀다.

나는 생일을 항상 싫어했다. 어렸을 때는 생일을 챙겨준 사람이 아무도 없었다. 그러나 그때의 기분은 좀 달랐다. 이제 법적으로 인정받는 나이라고 모두가 말해주었기 때문이다. 법적인 면에서 나는 성인이 된 것이다. 그렇다면 법은 머저리다.

나는 뉴욕시에서 열린 토너먼트 챔피언십(Tournament of Champions)에 출전했다. 내게 매우 중요한 분기점이었는데, 전 세계 최고 선수가 모이는 자리였기 때문이다. 다시 한번 나는 마이클 챙과 겨루게 되었는데, 그는 마지막으로 만난 이후 나쁜 버릇이 들어 있었다. 이길 때마다 하늘을 가리키며 승리에 관해 신에게 감사하고 영예를 돌리는 것이었다. 나는 그런 행동이 불쾌했다. 신이 테니스 경기에서 편을 들거나 내 상대편의 손을 들어주거나 챙의 서비스 박스를 지켜준다는 것은 너무나 터무니없을 뿐더러 모욕적으로 느껴지기까지 했다. 나는 챙을 이겨서 그의 신을 모독하는 스트로크가 주는 달콤함을 맛봤다. 그리고 나는 크릭스테인에게 당한 패배

데님 반바지와 가발

도 설욕했다. 결승상대는 복식경기로 잘 알려진 세르비아 선수, 슬로보단 지보이노비치였다. 나는 한 세트도 지지 않고 연속으로 그를 이겼다.

이제 전보다 이기는 경우가 더 많아졌다. 당연히 기뻐야 할 텐데도 긴장은 풀리지 않았다. 경기가 끝났기 때문이었다. 나는 큰 승리를 거두었던 하드 코트 시즌을 즐겼고 내 몸은 하드 코트에서 계속 시합하길 원했으나, 클레이 시즌이 시작되었다. 갑자기 지면 상태가 바뀌자 모든 것이 달라졌다. 클레이는 다른 게임이므로 경기 운영도 달라져야 했으며 몸도 마찬가지였다. 양옆으로 뛰어다니다가 멈춰 섰다가 다시 달려나가는 대신, 미끄러지듯 움직이고 몸을 굽히며 자유롭게 움직일 줄 알아야 했다. 주로 사용하던 근육은 이제 보조역할로 밀려나고 쉬던 근육이 활동을 시작해야 했다. 최고조의 상황에서 나를 잘 모른다는 건 꽤 괴로운 일이었다. 갑자기 전혀 다른 사람이 된다는 것, 클레이 코트형 인간이 된다는 것은 또 다른 좌절감과 불안을 더해주었다.

어떤 친구가 내게 테니스 코트의 네 가지 표면이 마치 사계절 같다고 말했다. 코트마다 다른 것을 요구한다는 것이다. 코트의 각 표면은 다른 선물을 안겨주는 동시에 그에 따른 대가를 요구한다. 또한 선수의 시야를 급격히 변화시키며, 선수의 기량을 미세한 수준까지 달라지게 만든다. 1988년 5월, 이탈리아오픈의 3회전 이후 나는 더 이상 안드레 애거시가 아니었다. 그리고 더 이상 토너먼트에 출전하지도 않았다.

나는 비슷한 수준을 기대하고 1988년 프랑스오픈에 출전했다. 롤랑 가로스(*프랑스오픈은 '롤랑 가로스 프랑스 국제 대회', '롤랑 가로스 대회'로 흔히 불림) 라커룸으로 들어가는 길에 곁눈질로 벽에 기대 서 있는 클레이 코트의 강자들을 보았다. 닉은 그들을 더러운 쥐새끼라고 불렀다. 그들은 여기에 몇 달씩 머물며 연습하고는 우리가 하드 코트 경기를 끝내고 그들의 클레이 텃밭으로 날아오길 기다리는 것이었다.

혼란스러운 코트 바닥만큼이나 파리시 자체도 하나의 충격이었다. 파리는 뉴욕과 런던과 마찬가지로 교통 문제가 심각했다. 사람들도 많고 문화적 부조화와 더불어 언어 장벽도 존재했다. 그뿐만 아니라 레스토랑에 개가 들어와 있는 걸 보고는 몹시 신경이 쓰였다. 처음 샹젤리제 거리의 카페에 들어갔을 때 개 한 마리가 다리를 들고 내 바로 옆 테이블에 오줌 줄기를 갈겼다.

롤랑 가로스 대회에서는 그런 낯선 풍경으로부터 도망칠 수가 없었다. 내가 출전한 곳 중 시가와 파이프 냄새가 진동하던 곳은 프랑스오픈이 유일했다. 경기의 아주 중요한 순간에 내가 서브를 넣을 때면 파이프 담배를 든 손가락이 내 코밑에 와있기도 했다. 나는 담배 피우는 사람을 찾아서 한마디 하고 싶었지만, 어떤 쭈글쭈글한 호빗이 야외 테니스 경기장에 앉아 뻐끔거리며 담배를 피울지 몰라 누군지 찾고 싶지 않기도 했다.

몇몇 불편함에도 불구하고 나는 첫 세 명의 상대선수를 그럭저럭 이겼다. 심지어 준준결승에서 클레이 코트계의 달인인 기예르모 페레즈 롤단도 이겼다. 다음 상대는 마츠 빌란데르였다. 그는 세계 랭킹 3위였지만, 내 마음속의 그는 이 시대 최고의 선수였다. 그리고 그는 기록적인 한해를 만들어 가는 중이었다. 이미 호주오픈에서 우승했으며, 이 토너먼트에서도 우승후보였다. 나는 가까스로 5세트까지 갔으나 심한 경련에 시달리며, 6-0으로 졌다.

나는 닉에게 윔블던에 출전하지 않겠다는 의사를 다시 한 번 전달했다.

"왜 잔디 코트로 바꿔서 그 모든 에너지를 낭비해요? 한 달 동안 출전하지 않고 쉬면서 여름에 있을 하드 코트 대회를 준비하자고요."

닉은 런던에 가지 않아도 된다는 사실에 매우 행복해했다. 그는 나만큼이나 윔블던을 좋아하지 않았다. 또한 그는 빨리 미국으로 돌아가 내게 더 나은 트레이너를 찾아주고 싶어했다.

닉은 팻이라는 칠레 출신의 실력자를 고용했다. 팻은 자기가 하고 싶지 않은 것은 내게도 시키지 않는 사람이었고, 나는 그 점을 존경했다. 그러나 팻은 말할 때 침을 뱉고, 내가 웨이트 리프팅을 하면서 얼굴에 땀이 비 오듯 할 때 내게 기대는 버릇이 있었다. 나는 팻의 운동시간에 비옷이라도 입어야 하는 게 아닌가 싶었다.

팻의 훈련요법의 핵심은 라스베이거스 외곽의 언덕을 인정사정없이 매일같이 오르내리는 것이었다. 언덕은 외진 곳에서 햇볕을 쨍쨍 받으며 자리하고 있었고, 꼭대기에 다다를수록 활화산처럼 뜨거워졌다. 게다가 집에서 한 시간 거리여서 쓸데없이 먼 것 같았다. 달리기하러 리노에 차를 타고 간다는 얘기는 들어본 적도 없었다. 그러나 팻은 이 언덕이 내 체력 문제에 대한 답이 될 거라고 주장했다. 언덕 아래 도착해 차에서 내리면 그는 곧장 앞으로 내달리기 시작했고 내게 따라오라고 지시했다. 곧 나는 허리를 짚었고 땀이 송골송골 맺혀 떨어졌다. 정상에 도달할 무렵에는 숨도 쉴 수가 없었다. 팻은 이게 좋은 거라고 했다. 건강하다는 증거이므로.

어느 날 팻과 내가 언덕 꼭대기에 오르는데 낡은 트럭 하나가 나타났다. 나이가 아주 많은 북미 원주민 남자 하나가 트럭에서 내려 막대기를 들고 우리 쪽으로 걸어왔다. 그가 날 죽이려 했다면, 나는 팔을 들어올리지 못해 그의 공격을 막지 못했을 것이고, 숨을 고르지 못해 달아날 수도 없었을 것이다.

"여기서 뭐 하는 거요?"

그 남자가 물었다.

"훈련 중입니다. 당신은 여기서 뭐 하는 거죠?"

"방울뱀을 잡으려는 거요."

"방울뱀이라고요? 방울뱀이 여기 삽니까?"

"여기서 훈련을 한다고요?"

나는 웃음을 멈췄다. 그 인디언은 내가 엄청난 행운을 갖고 태어난 모양이라며, 그곳이 방울뱀이 출몰하는 언덕이라고 말해 주었다. 그는 매일 이 언덕에서 열두 마리 정도의 방울뱀을 잡았으며 그날 아침에도 열두 마리쯤 잡을 생각이었던 것이다. 언제라도 공격할 태세인 크고 불룩한 방울뱀을 내가 한 마리도 밟지 않은 건 정말 기적에 가까웠다. 팻의 얼굴에 침을 뱉고 싶은 충동이 느껴졌다.

7월, 나는 미국 데이비스컵 대표팀의 역대 최연소 선수 중 하나로 아르헨티나에 갔다. 아르헨티나 출신의 마르틴 하이테에 맞서 잘 싸웠고 관중들은 내게 마지못해 존경을 표했다. 2세트를 먼저 따낸 상태였고, 3세트에서 4-0으로 앞서며 하이테의 서브를 기다리고 있었다. 아르헨티나는 한겨울이었기 때문에 나는 추위서 어깨를 움츠리고 있었다. 기온은 영하 1도 정도 되는 게 틀림없었다. 하이테의 서비스가 레트되자 다시 그는 허를 찌르며 리턴이 어려운 서브를 넣었고, 나는 팔을 위로 뻗으며 손으로 공을 잡았다. 폭동이 일어났다. 관중은 내가 자국 선수를 무시해서 곤란하게 만들려는 심산이라 생각했는지 내게 몇 분간 야유를 보냈다.

다음날 신문기사도 나에 대해 혹평을 쏟아놓았다. 자신을 변호하기보다 나는 신랄하게 맞섰다. 나는 언제나 이런 것을 해보고 싶었다고 말했다. 그러나 진실을 말하자면 나는 단지 추위서 아무 생각도 나지 않았을 뿐이었다. 나는 멍청했을 뿐 거만하게 군 건 아니었다. 하지만 내 평판은 엄청난 타격을 입었다.

그러나 스트래튼 마운틴의 관중은 며칠 후 나를 돌아온 탕아처럼 환영해주었다. 나는 관중의 기대에 부응하기 위해 플레이했다. 아르헨티나에서의 기억을 잊어버리려고 그들에게 감사하는 마음으로 경기에 임했다. 에메랄드 산에 사는 사람들, 버몬트의 공기에는 어떤 것이 있었다. 나는 토너먼트에서 이겨 곧 세계 랭킹 4위에 올랐다. 그러나 축하하기엔 너무

데님 반바지와 가발

지쳐있었다. 팻과 데이비스컵과 투어의 단조로움을 오가며, 나는 12시간씩 잤다.

1988년에는 US오픈의 예행연습에 해당하는 뉴저지의 마이너 토너먼트에 출전하기 위해 늦여름 뉴욕으로 날아갔다. 결승에 올랐고 타랑고와 만났는데, 그를 수월하게 이겼다. 그 승리가 더욱 달콤했던 건, 아직도 눈을 감으면 여덟 살 때 타랑고가 부정행위를 저질렀던 생각이 선명히 떠오르기 때문이었다.

나의 첫 패배. 나는 절대 잊지 못할 것이다. 위닝샷을 날릴 때마다 생각했다.

"꺼져버려, 타랑고, 꺼지라고."

US오픈에서 나는 준준결승에 올랐다. 상대는 지미 코너스였다. 시합 전 라커룸에서 나는 그에게 조용히 다가가 우리가 만난 적이 있다는 사실을 상기시켰다.

"라스베이거스에서? 네 살 때? 시저스 팰리스 호텔에서 테니스를 했다고? 우리가 같이 시합을 했다고? 그럴 리가 없는데."

그가 말했다.

"뭐 어쨌든. 사실 우린 또 몇 번 만났는데, 제가 일곱 살 때였죠. 라켓을 가져다드리곤 했는데 기억나세요? 당신이 우리 동네로 올 때마다 아버지가 라켓 스트링을 매주면, 당신이 제일 좋아하던 스트립의 레스토랑으로 갖다줬었잖아요."

"그런 일 없었어."

그는 이렇게 말하면서 벤치에 누워 다리 위로 긴 흰색 수건을 끌어당기더니 눈을 감았다.

지미 코너스에 대해 다른 선수들에게 들었던 모든 얘기가 우스워졌다. 그들은 지미를 개자식이라고, 무례하고 거들먹거리며 자기밖에 모르는 불쾌한 놈이라고 말했다. 그러나 나는 우리의 오랜 인연을 생각할 때 그가 나는 다르게 대할지도 모른다고, 내게는 애정을 조금이나마 보일지도 모른다고 생각했었다.

나는 페리에게 그를 3세트 만에 쉽게 이길 것이며, 그는 아홉 게임 이상 이기지 못할거라고 말했다. 관중은 코너스를 응원했다. 스트래튼과는 정반대였다. 여기서 악역은 나였던 것이다. 나는 감히 원로에게 맞서는 주제넘은 신출내기였다. 관중은 코너스가 역경을 극복하고 나이에 굴하지 않길 바랐으며, 나는 단지 훼방꾼에 불과했던 것이다. 관중이 환호할 때마다 생각했다. 이 사람들은 코너스가 라커룸에서 어떤 인간인지 아는 걸까? 사람들은 동료들이 코너스에 대해 뭐라고 하는지 알까? 그가 친근한 인사에 어떻게 반응하는지 알긴 하는 걸까?

나는 수월하게 경기에서 이기며 순항 중이었는데, 그때 관람석 위쪽에 앉아 있던 한 남자가 외쳤다.

"이봐, 지미, 그 녀석은 신출내기 펑크에 불과해. 당신은 전설이라고!"

그 말이 잠시 허공에 머물러 있다가 하늘에 떠있는 굿이어 블림프(*마케팅 도구로 사용되는 소형 비행선. 굿이어 타이어가 원조격)보다 점점 더 큰 소리를 내더니 급기야 2만 여명의 팬들이 깔깔대고 웃기 시작했다. 코너스는 교활한 미소를 보내며 고개를 끄덕이고는 소리 지른 남자에게 기념으로 공을 쳐보냈다.

이제 관중이 일어섰다. 기립박수였다. 극도의 흥분과 분노에 휩싸여 나는 마지막 세트에서 전설이라 불린 사나이를 6-1로 완패시켰다. 시합 후 기자들에게 시합 전 예측했던 바에 대해 말하자, 그들은 코너스에게 물었다.

"나는 내 아이들뻘 선수들과 경기하는 걸 즐깁니다. 아마 애거시 선수도 그 중 하나겠지요. 나는 라스베이거스에도 자주 갔었죠."

데님 반바지와 가발

준결승에서 나는 다시 렌들에게 졌다. 4세트까지 갔으나 그는 너무 강했고, 그를 지치게 만들려다 오히려 내가 지치고 말았다. 다리를 절뚝이던 레니와 침을 뱉던 팻의 열성적인 노력에도 불구하고 나는 렌들 정도의 실력을 가진 사람을 따라갈 수가 없었다. 라스베이거스로 돌아가면 내가 출전 준비를 잘하도록 도와줄 수 있는 사람을 찾아나서야겠다고 다짐했다.

그러나 언론과의 싸움에서 나를 강인하게 만들어줄 수 있는 사람은 없었다. 그건 싸움이라기보다는 학살에 가까웠기 때문이다. 신문이나 잡지에서는 매일같이 나에게 적대적인 글들이 쏟아졌다. 동료 선수의 비아냥, 스포츠 전문기자의 공격, 분석을 가장해 새롭게 쏟아져나오는 인신공격. 나는 풋내기였고 광대였으며 협잡과 운으로 버티는 사람이었다. 나는 모의와 일단의 방송사, 그리고 십 대들 덕분에 상당한 관심을 받았다. 그러나 아직 슬램을 달성한 적이 없었기 때문에 내가 받는 관심의 정도를 평가하지는 않았다.

수백 만 팬들이 나를 좋아하는 건 분명했다. 나는 포댓자루 한가득 팬레터를 받았는데, 그 중에는 가장자리에 전화번호를 갈겨쓴 여자의 나체 사진이 들어있던 적도 있었다. 그럼에도 불구하고 나는 매일 내 생김새나 행동, 그리고 알 수 없는 이유로 비방의 대상이 되었다. 나는 악역과 반항아의 역할을 흡수하고 받아들였으며 그렇게 성장했다. 그 역할은 내 일의 일부인 듯했고, 그래서 충실히 이행했다. 그러나 오래지 않아 나는 그 역할에 고정되었다. 언제까지고 모든 시합과 토너먼트에서 악역과 반항아로 남게 될 것 같았다.

나는 페리에게 의지했다. 주말이면 동부로 날아가 그를 찾았다. 페리는 조지타운 대학에서 비즈니스를 공부하고 있었다. 우리는 거하게 저녁을 먹으러 나갔고, 그가 가장 좋아하는 툼즈(the Tombs)라는 바에 가서 맥주를 마시며 페리는 늘 하던 일을 했다. 그는 나의 괴로움을 새롭게 해석하고 이를 보다 논리정연하게 만들었다. 내가 리턴의 명수라면, 그는 말을 바꿔 표현하는 리워딩의 명수였던 것이다. 먼저 그는 문제를 나와 세계 사이에 협상으로 재정의했다. 페리는 예민한 사람이 매일같이 공개적으로 혹평을 당하는 건 끔찍한 일이라는 걸 인정했으나 그건 일시적일 뿐이라고 주장했다. 고통이 언제까지고 지속되지는 않는다는 거였다. 내가 그랜드슬램을 달성하는 순간 상황이 나아질 거라고 했다.

이긴다고? 그게 무슨 소용인가? 왜 우승이 나에 대한 인식을 바꾸어 준단 말인가? 이기거나 지거나 나는 똑같은 사람일 텐데. 그래서 내가 이겨야 한다는 것인가? 사람들보고 입 닥치라고? 날 알지도 못하는 스포츠 기자들과 보도기자들을 만족시키기 위해서? 그게 협상의 조건이란 말인가?

필리는 갈 길을 모색하며 괴로워하는 나를 보며 그 역시 자기 길을 찾는 중이었다. 그는 지금껏 자기 인생을 찾아 나서왔고 최근에는 더 맹렬히 탐색하기 시작했다.

필리는 라스베이거스 서쪽에 있는 건물단지 내에 있는 일종의 교회 같은 곳에 다니기 시작했다고 했다. 그곳은 특정 종교와 무관하며 목사가 좀 다르다는 것이었다. 그가 나를 교회에 끌고 가는 바람에, 존 패런티 목사는 다르다고, 형이 옳다고 인정해야 했다. 패런티 목사는 청바지에 티셔츠에 긴 황갈색 머리를 하고 있었다. 그는 목사라기보다는 서퍼에 가까웠으며 관습에 얽매이지 않는, 내가 존경하는 부류였다. 그는 반항아-달리 표현할 길이 없다-였다. 또 그의 두드러진 매부리코와 강아지처럼 슬퍼 보이는 눈이 마음에 들었다. 무엇보다도 나는 편안한 예배 스타일이 마음에 들었다. 그는 성경을 단순화했다. 에고도 도그마도 없었다. 다만 상식과 명료한 사고만이 존재했다.

패런티 목사는 격의 없는 사람이어서 목사님이라고 불리길 원치 않았다. 그저 자신을 J.P.라고 부르라고 했다. 또 교회가 교회처럼 느껴지지

데님 반바지와 가발

않았으면 좋겠다고, 친구들과 모이는 집처럼 편안했으면 좋겠다고 했다. 그는 자신에게는 대답해줄 것이 없다면서 그저 성경을 처음부터 끝까지 수십 번 읽었을 뿐이며 나누고 싶은 의견만 좀 있을 뿐이라고 했다.

나는 그가 말한 것보다 훨씬 더 대답해 줄 것이 많다고 생각했다. 그리고 대답이 필요했다. 나는 스스로 기독교인이라 생각했지만 J.P.의 교회는 내가 진정으로 신과 가깝다고 느낀 최초의 교회였다.

나는 매주 필리 형과 교회에 갔다. 우리는 시간을 맞춰서 J.P.가 설교를 시작할 때 들어갔고, 우리를 알아보지 못하도록 항상 뒷자리에 구부정하게 앉아 있었다. 어느 일요일, 필리는 J.P.를 만나고 싶다고 했다. 나는 머뭇거렸다. 나 역시 J.P.를 만나고 싶은 마음이 조금 있었지만 한편으로는 낯선 이를 경계하는 마음이 들었다. 나는 언제나 수줍음이 많은 편이었지만 최근의 빗발치는 언론의 악평으로 편집증적 경계선 환자가 된 것 같았다.

며칠 후 나는 라스베이거스를 돌아다니다가 나에 관한 비방 기사를 읽고 참담한 기분이 되었다. 나는 어느새 J.P.의 교회 밖에 주차를 하고 있었다. 비서는 서류작업 중이었다. 문을 두드리고 그녀에게 J.P.를 만날 수 있겠느냐고 물었다. 그녀는 J.P.가 집에 있다면서 '내가 어디로 가야 할지'는 말해주지 않았다. 떨리는 목소리로 나는 J.P.에게 전화해줄 수 있느냐고 물었다. 그와의 대화가 절실히 필요했다. 누군가에게 털어놓아야 했다. 그녀는 J.P.에게 다이얼을 돌렸고 내게 전화를 바꿔줬다.

"여보세요?"

"안녕하세요. 네. 아마도 절 모르시겠죠. 안드레 애거시입니다. 테니스 선수요. 그리고 저…"

"압니다. 지난 6개월간 교회에서 봤어요. 물론 알아봤죠. 그저 불편하게 하고 싶지 않았습니다."

나는 내 프라이버시를 존중해준 그의 배려에 감사했다. 최근에 그런 존중을 받은 적이 없었던 것이다.

"저기요. 만나뵐 수 있을까 해서요. 대화요."

내가 말했다.

"언제요?"

"지금?"

"아. 그럼, 사무실로 제가 가서 만나뵙죠."

"대단히 죄송하지만, 제가 그쪽으로 갈 수 있을까요? 제가 빠른 차가 있으니 목사님이 이리 오시는 것보다 제가 가는 게 더 빠를 것 같아서요."

그는 잠시 말을 멈췄다가 다시 말했다.

"알겠습니다."

나는 정확히 13분 후 도착했다. 그는 나를 현관에서 맞아주었다.

"만나겠다고 해주셔서 감사합니다. 달리 갈 곳이 없어서요."

"뭐가 필요하신 거죠?"

"그러니까, 그저 우리가 서로를 좀 더 알아갈 수 있지 않을까 해서요."

그가 웃으며 말했다.

"내 말 들어봐요. 나는 아버지 노릇 같은 거 정말 못해요."

나도 웃으며 고개를 끄덕였다.

"그렇죠, 그래요. 그래도 뭔가 과제 같은 것을 주실 수 있지 않을까 해서요. 인생의 과제라든가. 독서 같은 것?"

"멘토처럼?"

"네."

"멘토 노릇도 잘 못합니다."

"아."

"말하고 듣고 유대감을 형성하는 것, 이런 게 제가 할 수 있는 겁니다."

내가 얼굴을 찡그리자 J.P.가 말했다.

"이봐요. 내 인생은 옆자리의 남자보다도 더 엉망이에요. 더 망가졌는지도 모르죠. 나는 인도라고 할 만한 걸 할 처지가 못돼요. 나는 그런 종류의 목사가 아니에요. 나한테 조언을 바라는 모양입니다만 어려울 것 같군요. 친구를 찾는 거라면 도와줄 수 있어요. 아마도."

나는 고개를 끄덕였다.

그는 문을 열어놓고는 들어오고 싶은지 물었다. 나는 그에게 드라이브 가는 건 어떠냐고 물었다. 나는 운전할 때 머리 회전이 잘 되기 때문이었다. 그는 목을 길게 빼더니 내 흰색 코르벳을 보았다. 진입로에 주차된 작은 흰색 전용기같이 보였다. 색이 약간 바랜 상태였다.

나는 J.P.를 태우고 라스베이거스 전역을 돌아다니며 스트립을 오르내리고 도시를 둘러싼 산으로 달리기도 했다. 그에게 내 코르벳이 얼마나 성능이 좋은지를 보여주었고, 쭉 뻗은 고속도로 위에서 엔진을 열어보이고 그리고 나 자신을 열어보였다. 들쑥날쑥하고 두서없이 내 이야기를 털어놓았고, 그는 페리와 마찬가지로 내 말을 조리 있게 바꿔 표현함으로써 내게 다시 들려주었다. 그는 내 모순을 이해했으며 그 중 일부는 잘 풀어내기도 했다.

"당신은 아직 부모와 같이 사는 아이지만, 전 세계적으로 유명세를 얻고 있죠. 힘든 거 알아요. 자유롭게, 창의적으로, 또 예술적으로 생각하는 바를 표현하고 싶겠지만, 매번 비난 일색인거죠. 정말 힘들 거예요."

그가 말했다. 나는 그에게 내게 일어난 일련의 일들에 대해 털어놓았다. 조금씩 조금씩 랭킹이 올라간 것, 누군가를 흠씬 두들겨 팬 적이 한 번도 없었다는 것 등. 특히 운이 억세게 좋았다는 것. 그는 순풍도 즐겨보지 못한 내가 지금 역풍을 맞고 있는 거라고 말했다.

나는 웃었다. 그는 낯 모르는 사람들이 나를 안다고 생각하고 무턱대고

오픈

나를 좋아하거나, 나를 안다고 생각하고 무턱대고 불쾌감을 표하는 사람들이 있다는 건 이상한 일이라고 말했다. 오히려 나는 나 스스로가 퍽 낯설게 생각되는데. 나는 그에게 더 고약한 것은 모든 게 테니스를 둘러싸고 벌어지는 일들이며, 내가 테니스를 싫어한다는 사실이라고 말했다.

"그래, 그렇겠죠. 그렇지만 진짜 테니스가 싫지는 않은 겁니다."

"진짜라니까요. 정말 싫어요."

나는 아버지에 대해 말했다. 아버지의 호통과 압박과 분노와 나를 버려둔 일에 대해 말했다. J.P.는 재밌는 표정을 지어보였다.

"신은 당신 아버지와는 다릅니다. 알죠? 이미 알겁니다. 그렇죠?"

나는 코르벳을 거의 갓길로 몰고 갔다. 그는 계속했다.

"신은 당신 아버지와 정반대입니다. 신은 항상 당신에게 화내지 않아요. 귀에다 대고 소리치지도 않고, 불완전함을 질타하지도 않죠. 매일같이 듣는 그 화난 목소리요? 그건 신이 아닙니다. 당신 아버지일 뿐이에요."

나는 그에게 말했다.

"부탁 좀 들어주실래요? 그 말씀 한 번만 더 해주세요."

그는 부탁을 들어주었다. 그 말 그대로.

"한 번만 더요."

그는 다시 말해주었다. 나는 그에게 감사하며 그 자신의 인생은 어떠냐고 물었다. 그는 자기가 하는 일이 싫다고, 목사 노릇을 견디기가 힘들다고 했다. 더 이상 사람들의 영혼을 구원하는 일을 하고 싶지 않다고 했다. 24시간 멈추지 않는 일이며 읽고 사색할 개인적인 시간이 거의 없다고 했다(이 말은 나를 살짝 찔러보는 것인지 궁금했다). 그는 또 살해위협에 시달린다고도 했다. 매춘부와 마약밀매인들이 교회로 와 개심하고 나면 그들의 수입에 의존해 살던 포주와 마약중독자, 그리고 가족들이 그를 비난한다는 거였다.

"이 일 대신하고 싶은 게 있으세요?"

"사실 난 작사가에요. 작곡가이기도 합니다. 전업 음악가가 되고 싶어요."

그는 곡을 하나 썼는데, '신이 계셨을 때(When God Ran)'란 곡은 기독교 음악차트에서도 엄청난 히트를 기록했다. 몇몇 바에서 노래를 하기도 했다. 그의 목소리는 듣기 좋았고 노래는 호소력이 있었다. 나는 그렇게 하고 싶다면 열심히 노력해서 성공하라고 했다.

갑자기 피로가 느껴졌다. 시계를 보니 새벽 3시였다. 나는 하품을 참으며 말했다.

"실례가 안 된다면 부모님 집에 저 좀 내려주실래요? 바로 여기 코너에 살거든요. 그리고 몹시 피곤하네요. 1분도 더 운전하기 힘들 것 같아요. 제 차를 갖고 가서 집에 가셨다가 시간 될 때 돌려주세요."

"차는 필요 없습니다."

"왜요? 재밌을 텐데. 바람처럼 빨리 달려요."

"그런 것 같습니다. 하지만 사고라도 나면 어쩌고요?"

"사고가 나더라도 다치시지만 않으면 괜찮을 거예요. 차는 신경 안 써요."

"내가 얼마나 오래, 그러니까 언제 차를 돌려줘야 하는 겁니까?"

"언제든지요."

그는 다음 날 차를 돌려줬다. 이런 차를 타고 교회에 가는 건 정말 어색한 일이라며 내게 열쇠를 던져주었던 것이다.

"그런데 안드레, 내가 장례식을 집전하게 됩니다. 그러니 그 흰색 코르벳을 타고 장례식에 올 수는 없어요."

나는 J.P.를 뮌헨에서 열리는 데이비스컵에 초청했다. 내가 데이비스컵을 고대해왔던 건 개인전이 아닌 국가대항전이었기 때문이었다. 나는 팀

대표로 출전하는 것과 거의 마찬가지일 것 같아서 이번 여행이 기분전환의 계기가 될 수도 있고 시합도 수월할 거라 생각했다. 그런 경험을 새로운 친구와 공유하고 싶었다.

초반에 나는 서독에서 신적인 지위를 누리고 있던 베커와 맞붙게 되었다는 걸 알게 됐다. 팬들은 박수갈채를 보내고 있었고, 1만 2천 명의 독일 관중은 그가 스윙할 때마다 환호하며 내게 야유를 퍼부었다. 그럼에도 불구하고 나는 동요하지 않았다. 멍한 상태였기 때문이다. 집중력을 잃고 나만의 세계에 빠져있는 기분이었다. 나는 실패해서는 안 되었다. 게다가 나는 몇 달 전에 나 자신에게 다시는 베커에게 지지 않겠다고 다짐한데다가 그 약속을 잘 지켜가고 있었다. 나는 두 세트를 앞서게 됐다. J.P.와 필리, 닉만이 나를 응원하는 유일한 사람들이었고, 그들의 목소리가 들려왔다.

뮌헨의 어느 화창한 날. 나는 집중력을 잃고 자신감마저 잃었다. 게임에 졌고 엔드 체인지(*end change, 테니스 경기 시 양팀이 치른 게임의 합이 홀수일 때 코트를 바꾸는 행위) 하는 동안 낙담한 채 내 의자 쪽으로 가고 있는데, 갑자기 독일 직원 몇몇이 내 쪽을 향해 떠들고 있었다. 그들은 나를 다시 코트로 불렀다. 게임이 아직 끝나지 않은 것이었다.

"애거시 선수, 돌아오세요. 어서 돌아오세요."

베커가 킬킬거렸다. 관중의 웃음이 귓전에 울렸다. 코트로 다시 걸어오면서 눈이 화끈거리는 기분이었다. 다시 한 번 나는 볼리티에리 아카데미에서 다른 아이들을 앞에 두고 닉에게 창피를 당하는 기분이었다. 나는 언론에서 웃음거리가 되는 것만 해도 충분히 힘들었는데, 직접 웃음거리가 되는 건 더 견딜 수 없었다. 나는 게임에 졌다. 시합에도 졌다.

샤워를 한 후 경기장 밖의 차에 올라타고는 J.P.를 무시한 채 닉과 필리를 향해 말했다.

데님 반바지와 가발

"테니스에 대해 나한테 제일 먼저 얘기하는 사람은 해고야."

나는 뮌헨의 호텔방 발코니에 앉아 도시를 내려다보고 있었다. 아무 생각 없이 물건에 불을 붙이기 시작했다. 종이, 옷, 신발. 몇 년간 그런 식으로 몰래 극도의 스트레스에 대처해왔다. 의식적으로 하는 건 아니었지만 충동이 생기면 성냥에 손을 뻗었다.

작은 모닥불을 피웠을 때쯤 J.P.가 나타났다. 그는 나를 지켜보더니 조용히 호텔 필기구를 가져다 모닥불에 던져넣었다. 그리고 냅킨을 던져넣었다. 나는 룸서비스 메뉴를 던져넣었다. 우리는 15분간 모닥불을 지피며 둘 다 아무 말도 하지 않았다. 마지막 불꽃이 사그라들자 그가 잠깐 걷자고 했다.

우리는 뮌헨 중심가의 술집 야외석을 지나 걸어갔다. 지나가는 곳마다 사람들은 활기가 넘쳤고 축제분위기에 젖어있었다. 1리터짜리 맥주잔을 들고 마시면서 노래하고 웃었다. 이들의 웃음소리를 들으니 몸이 떨렸다. 조약돌로 된 보도가 있는 커다란 돌다리를 건넜다. 그 아래에는 강이 세차게 흐르고 있었다. 우리는 다리 꼭대기에 섰다. 아무도 없었다. 노래와 웃음소리가 잦아들었다. 우리는 흐르는 물소리만 들었다. 나는 강을 들여다보며 J.P.에게 물었다.

"내가 쓸모없으면 어쩌죠? 오늘이 운 나쁜 날이 아니라 내 최고의 날이었다면? 나는 지면 항상 변명을 했어요. 여차여차했다면 그를 이겼을지도 모르죠. 내가 원했더라면 말이에요. 경기에서 최고의 기량을 발휘했더라면. 판정을 받았더라면. 그러나 내가 최선을 다했는데도, 내가 마음을 쓰고 원했는데도 불구하고 세계 최고가 아니라면?"

"글쎄… 그렇다면?"

"그럼 죽는 게 나을 것 같아요."

나는 난간에 기대어 흐느꼈다. J.P.는 아무 말 없이 가만히 있어주는 지혜와 예의를 아는 사람이었다. 그는 아무런 할 말도, 해줄 수 있는 것도 없으며 다만 이런 시련이 지나가기만을 기다려야 한다는 걸 알고 있었다.

나는 심신이 지쳐 있어 다음날 오후에 카를 우베 슈티브라는 독일 선수와 완벽히 잘못된 경기를 치렀다. 나는 그의 최대 약점인 백핸드를 공격했으나 페이스를 조절해가며 쳤다. 그에게 숨돌릴 틈을 주지 않는다면 그는 스스로 페이스를 만들어야 했으므로 백핸드가 훨씬 약해졌을 것이다. 그의 최대 단점이 드러날 수 있었다. 그러나 내 페이스를 이용해 그는 이처럼 공이 빠른 코트에서도 낮게 깔리는 로우 슬라이스를 칠 수 있었다. 완벽해지기 위해 필요 이상으로 공을 강하게 치려 한 탓에 나는 그의 실력을 돋보이게 만들었다. 따뜻한 미소로 슈티브는 내 선물을 받았고, 다리와 백핸드에 탄력을 받아 놀라운 경기를 펼쳤다. 이후, 데이비스컵의 팀 리더는 유명 스포츠 전문기자처럼 내가 경기를 망쳤다고 비난했다.

1989년 내 게임의 문제는 어느 정도는 라켓 때문이었다. 나는 언제나 프린스(Prince) 제품을 썼지만 닉은 도네이(Donnay)사와 새로 계약하라고 나를 설득했다. 왜? 닉은 금전문제를 겪고 있었고, 나를 도네이사와 연결해주면 그 자신에게도 수지맞는 계약이었기 때문이다.

"닉, 나는 프린스가 좋아요."

나는 그에게 말했다.

"대걸레로 경기를 할 수는 있겠지. 상관 없을 거야."

막상 도네이사의 라켓을 드니 정말로 대걸레를 들고 경기하는 기분이었다. 뇌 손상으로 왼손잡이라도 된 것 같았다. 모든 것이 조금씩 빗나갔다. 공은 내 말을 듣지 않았고 내가 원하는 방향으로 나가지 않았다.

나는 뉴욕에서 J.P.와 시간을 보냈다. 자정이 훨씬 넘은 시각. 형광색 불빛이 번쩍이는 지저분한 식당에 앉아 카운터 직원이 동유럽 언어로 시끄럽게 떠들어대는 걸 듣고 있었다. 우리는 커피를 마셨고 나는 손으로 머리를 짚은 채 J.P.에게 쉴 새 없이 말했다.

"이 새로운 라켓으로 공을 치면 대체 어디로 날아갈지 모르겠어요."

"방법이 있을 겁니다."

J.P.가 말했다.

"어떻게요? 뭔데요?"

"나는 모르지만 당신은 알겠죠. 일시적인 위기일 뿐이에요, 안드레. 수많은 것 중 하나일 뿐이라고요. 우리가 여기 앉아있는 게 틀림없는 현실인 것처럼, 분명 다른 위기도 닥칠 거예요. 크고 작은 위기 그리고 중간 정도의 위기도 있습니다. 이 상황을 다음번 위기에 대비한 연습이라고 생각해요."

위기는 연습 중에 해결되었다. 며칠 후 플로리다의 닉 볼리티에리 아카데미에 갔는데, 누군가 내게 새 프린스 라켓을 주었던 것이다. 나는 공 세 개만 쳤을 뿐이었는데 거의 종교적인 경험에 가까운 느낌을 받았다. 모든 공이 내가 원하는 지점에 정확히 레이저를 쏘듯 맞았던 것이다. 신천지가 열리듯 코트가 열리는 기분이었다.

"계약은 신경 쓰지 않을래요. 계약 때문에 내 인생을 희생할 순 없어요."

나는 닉에게 말했다.

"내가 알아서 하지."

닉은 프린스 라켓을 조금 손보더니 도네이 제품처럼 보이도록 스텐실을 했고, 나는 인디언 웰스 대회에서 손쉽게 몇 번의 우승을 따냈다. 나는 준준결승에서 졌지만 상관없었다. 다시 나만의 라켓을 찾았고 경기의 느낌을 되찾았기 때문이었다. 다음 날, 도네이 임원 세 명이 인디언 웰스로 왔다.

"이건 용납할 수 없습니다. 조작한 프린스 라켓을 들고 경기하는 건 누가 봐도 다 알겁니다. 우리 회사를 망칠 셈이군요. 우리 회사에 손해를 끼친 데 대해 책임을 물을 겁니다."

"당신네 라켓은 내 경기를 망친 데 대해 책임져야 해요."

내가 미안해하는 기색은커녕 미동도 않는 걸 보고, 도네이사의 임원들은 더 좋은 라켓을 만들어 주겠다고 했다. 그들은 돌아가서 닉이 했던 것처럼 프린스와 똑같은 라켓을 더욱 그럴싸하게 만들어왔다. 나는 가짜 도네이 라켓을 들고 로마로 가서 주니어 시절에 알게 된 녀석과 경기를 치르게 됐다. 샘프러스 아무개라는 사람이었다. 아마 샘프러스였던 것 같다. 캘리포니아 출신의 그리스계 이민자 선수였는데, 주니어 시절에 그와 경기하면 손쉽게 이길 수 있었다. 나는 열 살이었고 그는 아홉 살이었다. 그 이후에 만난 건 불과 몇 달 전 토너먼트에서였는데, 정확히 언제였는지는 기억나지 않았다.

나는 시합에서 이긴 직후 호텔 옆의 푸른 언덕에 앉아 있었다. 필리와 닉이 내 옆에 앉아 있었다. 우리는 기지개를 켜고 신선한 공기를 들이마시며 시합에서 참패한 샘프러스를 바라보고 있었다. 그는 시합 후 연습 때문에 호텔 코트에 있었는데, 공을 엉망으로 치고 있었다. 네 번 스윙에 세 번은 놓쳤다. 어색한 원핸드 백핸드는 새로운 스타일이었다. 누군가가 그의 백핸드를 어설프게 교정한 것 같았고, 그의 경력에 오히려 독이 되는 게 분명해 보였다.

"저 사람, 투어에 오르긴 틀렸네."

필리가 말했다.

"토너먼트 예선이라도 통과하면 다행이지."

내가 말했다.

"그의 게임을 이 지경으로 만든 사람은 수치스러운 줄 알아야 할 거야."

닉이 말했다.

"기소당해 마땅할걸. 신체적으로 재능을 타고났어. 185센티 가까운 키에 움직임도 좋은데, 훈련을 엉망으로 시켜놨네. 저따위로 만들어 놓은 거 책임져야 돼. 대가를 치러야 한다고."

필리가 다시 말했다. 처음에는 필리 형의 맹렬함에 놀랐다. 그리고 깨달았다. 그는 샘프러스에게서 자신의 모습을 발견한 것이다. 형은 대회 출전에 시도했다가 좌절되는 것이 어떤 것인지, 특히 본의 아니게 원핸드 백핸드를 구사하는 게 어떤 것인지 잘 알았다. 샘프러스의 고통과 운명을 보면서 필리는 그 자신의 인생을 보았던 것이다.

그때 로마에서 내가 본 샘프러스는 예전보다 실력이 향상되었지만, 많이는 아니었다. 강한 서브를 넣었지만 놀라운 정도는 아니었고 베커의 서브에도 못 미쳤다. 하지만 그는 팔이 빨랐고 운동능력과 움직임이 좋았으며 공이 날아오는 자리에 가까이 있었다. 상대방을 크게 이기고, 실점하더라도 크지는 않았다. 실수로 공을 상대의 가슴 쪽으로 서브하는 그런 선수는 아니었다. 그의 진짜 문제는 서브 다음이었다. 그는 일관성이 없었다. 공 세 개를 연달아 라인 사이로 치는 것조차 힘겨워했다. 나는 그를 6-2, 6-1로 이기고 코트 밖으로 나가면서 그의 앞길이 앞으로 길고 험난할 것이라고 생각했다. 그가 딱하게 느껴졌다. 그는 좋은 사람인 것 같았지만 다시 테니스 투어에서 만나게 될 것 같지는 않았다.

나는 결승까지 올라가 알베르토 만시니를 만났다. 그는 강인하고 다부진 체격에 두꺼운 다리를 갖고 있었고, 공에 엄청난 무게와 관통력, 그리고 토네이도급 스핀을 걸어 메디슨 볼(*체조용구로 쓰이는 공)처럼 내 라켓을 때리는 사람이었다. 나는 4세트에서 매치포인트를 잡은 상황이었으나, 포인트를 잃고 말았다. 그리고는 무너졌다. 결국 시합에서 졌다.

호텔로 돌아와 몇 시간 동안 방안에 앉아 이탈리아 TV를 보았고, 물건들을 태웠다. 내 생각에 사람들은 결승에서 질 때의 고통을 잘 이해하지 못하는 것 같았다. 맹렬히 연습하고 먼 거리를 이동해 악착같이 출전준비를 한다. 일주일간 연속 네 번의 시합을 이긴다(또는 슬램에서 2주일간 여섯 번의 시합이라든가). 그리고 나서 결승시합에서 지면 우승 트로피에도 이름이 없고 대회 우승기록도 남지 않는다. 한 번 졌을 뿐인데 루저가 되는 것이다.

1989년 프랑스오픈에 출전했을 때는 3회전에서 닉 볼리티에리 아카데미 동창인 쿠리어를 만났다. 나는 인기선수였고 강력한 우승후보였지만 쿠리어가 역전승을 거두며 지난날의 내 아픈 상처를 들쑤셨다. 그는 주먹을 들어올리고 나와 닉을 노려보았다. 그뿐만 아니라 안드레를 이긴 것만으로는 충분한 유산소 운동이 되질 않았다는 듯 라커룸에서는 모두에게 운동화 끈을 매고 조깅하러 가는 모습을 보여주었다.

이후에 챙이 토너먼트에서 이기고 공이 네트를 넘어간 데 대해 신에게 감사하는 모습을 보면 역겨움이 밀려들었다. 다른 사람도 아닌 챙이 어떻게 나보다 먼저 슬램을 달성할 수 있는가?

나는 윔블던을 또 건너뛰었다. 또다시 언론의 야유가 들렸다. 애거시는 출전한 슬램에서도 우승하지 못했고 가장 중요한 슬램도 건너뛰었다는 것이다. 그러나 별 의미는 없었다. 나는 그런 것에 무감각해지고 있었다.

스포츠 전문기자들의 동네북 노릇을 하고 있었지만, 유명 기업에서는 줄곧 내게 자신들의 상품을 광고해달라고 부탁했다. 1989년 중반 내 후원기업 중 하나였던 캐논이 네바다주 황야의 하나인 불의 계곡(Valley of Fire)에서 사진촬영 일정을 잡았다. 괜찮은 얘기였다. 나는 매일 불의 계곡을 통과해 걸었다.

카메라 광고였기 때문에 감독은 컬러풀한 세팅을 원했다. 선명함. 그리고 영화 같은 느낌. 그는 사막 한가운데에 테니스 코트를 지었다. 일꾼들을 보자 사막에 테니스 코트를 짓던 아버지 생각을 떨칠 수가 없었다. 그간 나는 많은 진전을 이뤘구나. 진짜 그런가?

하루 종일 감독은 불타는 듯한 붉은 산, 그리고 주황색 암반층을 배경으로 내가 혼자서 테니스 하는 장면을 촬영했다. 지치고 햇볕에 타서 쉬고 싶었지만, 감독은 계속했다. 그는 내게 셔츠를 벗으라고도 했다. 활력이 넘치던 십 대 시절, 나는 셔츠를 벗어 관중에게 던지는 것으로 유명했기 때문이다. 그리고 동굴 안에서 렌즈를 깨부수기라도 할 것처럼 카메라를 향해 테니스를 하는 나를 촬영하고 싶어했다. 미드 호수에서 물가를 배경으로 몇 장면을 더 촬영하기도 했다.

모든 게 우스꽝스럽고 바보 같아 보였지만 나쁠 것은 없었다. 라스베이거스로 돌아와 우리는 스트립에서 몇 장면을 더 촬영했고 수영장 주변에서도 몇 장면을 더 촬영했다. 운 좋게도 촬영팀은 예전에 꽤 잘나갔던 케임브리지 라켓 클럽의 수영장을 선택해 마지막 장면 촬영준비를 했다. 감독은 내게 흰 수트를 입혀 흰색 람보르기니를 태운 다음 현관 앞까지 차를 몰고가도록 했다. 그리고 차에서 내려 카메라 쪽을 보고 검은색 선글라스를 조금 내린 다음 '보이는 것이 전부다'라고 말하라고 했다.

"보이는 것이 전부라고요?"

"네. 보이는 게 전부죠."

촬영 중간마다 나는 주위를 둘러보다가 구경꾼들 사이에서 어린 시절 좋아했던 볼걸 웬디가 성숙한 여인이 되어 나타난 것을 발견했다. 앨런 킹 토너먼트 이후로 눈에 띄게 달라진 그녀는 여행가방을 들고 있었다. 막 대학을 중퇴하고 집으로 온 것이었다.

"제일 먼저 보고 싶은 게 너였어."

그녀는 아름다웠다. 갈색 머리는 길고 곱슬거렸으며 눈은 믿을 수 없을 정도의 초록빛이었다. 감독이 내게 이래라저래라 하는 동안에도 내 머릿속에는 그녀에 대한 생각밖에 없었다. 해가 지자 감독이 소리쳤다.

"컷! 이제 끝냅시다!"

웬디와 나는 새로 산 지프를 타고 문과 지붕을 연 채, 굉음을 내며 '보니와 클라이드(*1930년대 대공황기 미국을 떠들썩하게 했던 2인조 강도)'처럼 달렸다.

"너한테 계속 카메라를 향해 말하라고 시켰던 슬로건이 뭐였어?"
"보이는 것이 전부다."
"그게 무슨 뜻인데?"
"모르겠어. 그냥 카메라 회사 광고였어."

몇 주 후 나는 이 슬로건을 하루에 두 번씩 들을 수 있었다. 그러다가 하루에 여섯 번, 열 번으로 늘어났다. 나뭇잎이 불길하게 조금씩 바스락거리다가 마침내 3일 내내 계속되는 강풍으로 변해가는 라스베이거스의 폭풍 같았다. 하룻밤 새 그 슬로건은 나와 동의어가 됐고 스포츠 전문기자들은 이 슬로건을 나의 내면인 양, 내 존재의 본질인 양 떠들어댔다. 그들은 그 말이 바로 내 철학이자 종교이고 그것이 내 묘비명이 될 것이라고 했다. 나는 알맹이 없는 이미지일 뿐이며, 내가 슬램을 달성하지 못한 것도 그 때문이라 했다. 내가 명성을 이용하고 돈만 밝히며 테니스에 관해서는 관심도 없는 선전꾼이라고 했다. 내 시합을 보는 팬들도 그 슬로건을 갖고 나를 비난하기 시작했다. 이봐, 안드레. 보이는 게 전부야! 내가 감정을 드러내기라도 하면 그들은 그 말을 외쳐댔다. 아무런 반응을 보이지 않아도 마찬가지였다. 내가 이겨도 져도 그 말을 외쳐댔다.

그 슬로건은 곳곳에 깔려있었고, 그로 인한 적의와 비판, 야유는 몹시도 고통스러웠다. 나는 광고회사와 캐논의 임원들, 스포츠 전문기자, 그리고 팬들에게 배신당한 기분이었다. 버림받은 것 같았다. 처음 닉 볼리티에리 아카데미에 도착했을 때와 같은 기분이었다.

그러나 최대의 치욕은 단지 광고에 나와서 한마디 했다는 것 때문에 내가 스스로를 알맹이 없는 이미지라 불렀다고, 그렇게 주장했다고 사람들이 우길 때였다. 사람들은 툭 내뱉은 이 우스꽝스러운 슬로건을 내 고백이라도 되는 것처럼 받아들였는데, 이건 마치 영화 〈대부〉에서 말론 브랜도가 던진 대사 때문에 그를 살인혐의로 체포하는 것만큼이나 어이없는 일이었다.

그 광고가 점점 확산되고 이 교활한 슬로건이 나에 관한 모든 기사에 인용되면서 나는 변해갔다. 신랄해지고 심술궂은 성격으로 변했던 것이다. 인터뷰도 그만두었다. 그리고 선심과 상대선수, 기자들, 심지어 팬들에게까지 폭언을 퍼부었다. 온 세계가 내게 등을 돌리고 나를 가만두려 하지 않았으므로 정당한 행동이라 생각했다. 나는 아버지처럼 되어가고 있었다.

관중이 야유하고 이미지가 전부라며 소리치면 나는 똑같이 소리쳐주었다. 당신들이 내가 여기 있는 걸 싫어하는 만큼 나도 여기 있기 싫거든! 인디애나폴리스에서 아주 심하게 경기에서 진 후, 쩌렁쩌렁한 야유가 터져 나오자 한 기자가 내게 뭐가 잘못된 거냐고 물었다.

"오늘은 평소 같지 않으신데요. 괴로운 일이라도 있으십니까?"

기자는 가식적인 웃음을 띠었다.

나는 그에게 글자 그대로 똥이나 처먹으라고 했다. 기자에게 화내서는 안 된다고 조언해준 사람은 아무도 없었다. 화내고 이빨을 드러내면 기자들을 더욱 사납게 만들 거라고 아무도 얘기해 주지 않았다. 두려움을 내보이지 말고 이빨도 드러내선 안 돼. 설사 누군가 내게 이런 분별 있는 조언을 해줬더라도 내가 받아들였을지는 잘 모르겠다.

그 대신 나는 숨었다. 도망자 같은 내 칩거에 동참한 사람은 필리 형과 J.P.였다. 우리는 매일 밤 페퍼밀즈라 불리는 스트립의 오래된 카페에 갔다. 커피를 끝없이 들이켰고 파이를 먹으며 떠들어댔다. 그리고 노래를 불렀다. J.P.는 목사에서 작곡가이자 음악가로 변신했다. 오렌지 카운티로 이사해 음악에 다시 뛰어들었던 것이다. 필리와 함께 우리는 페퍼밀즈의 다른 손님들이 고개를 돌려 쳐다볼 때까지 제일 좋아하는 노래를 열창했다.

성공하지 못한 코미디언으로 제리 루이스(*미국 코미디계의 제왕. 슬랩스틱 코미디를 부조리극에 비견할 만한 새로운 경지로 끌어올렸다고 평가받음)의 추종자이기도 했던 J.P.는 필리와 나를 요절복통하게 만드는 슬랩스틱 레퍼토리를 선보이기도 했다. 우리는 J.P.를 뛰어넘어보려 웨이트리스 주위에서 춤을 추고 바닥을 기어다녔으며 결국 너무 웃어서 숨을 못 쉴 정도가 되었다. 어릴 때부터 그때까지 웃었던 것보다 그날 훨씬 많이 웃었던 것 같다. 발작적인 웃음이긴 했지만 덕분에 마음이 많이 치유되었다. 늦은 밤 한바탕 웃었더니 예전의 나(그게 누구였든)로 돌아간 기분이었다.

10
길 레이예스와의 만남

　　아버지 집에서 멀지 않은 곳에는 불규칙하게 뻗어나간 네바다 주립대학의 콘크리트 캠퍼스가 있었는데, 1989년 스포츠팀으로 명성을 얻은 학교였다. 농구팀은 NBA에 진출할 만한 선수들로 구성된 강팀이었고 축구팀도 실력이 상당했다. 달리는 반항아들이라 불리는 육상팀은 스피드와 최상의 컨디션 훈련으로 유명했다. 팻은 자신이 없을 때 네바다 주립대학에 있는 누군가가 건강을 유지하도록 도와줄 것이라고 했다.

　우리는 대학 캠퍼스 내의 체육관을 찾았다. 시스틴 대성당만큼이나 위압적인 새 건물이었다. 완벽한 몸매들이 즐비했다. 다부진 체구도 많았다. 나는 180센티미터에 67킬로그램 정도였는데, 내가 입은 나이키 의상은 그저 내 몸에 걸쳐진 수준이었다. 실수라는 생각이 들었다. 내가 형편없이 왜소하다는 기분이 드는 것도 그렇지만, 종류를 불문하고 나는 학교라는 공간에 있으면 여전히 초조한 기분이 들었던 것이다.

　"팻, 이래서 되겠어요? 여긴 내가 있을 곳이 아닌 것 같아요."

　"일단 왔잖아." 그가 침을 뱉으며 말했다.

우리는 학교의 체력 담당 코치의 사무실을 찾았다. 팻에게 기다리라고 한 후 안으로 들어가 출입구 안쪽으로 머리를 내밀었더니, 사무실을 가로질러 모퉁이 맨 끝에 내 코르벳 크기만 한 책상 앞에 그 거인이 앉아 있었다. 그는 내가 제일 처음 US오픈에 출전했을 당시 보았던, 록펠러 센터를 향해 서 있는 아틀라스 동상처럼 보였다. 다만 체육관에 차곡차곡 쌓여있는 역기처럼 크고 동그란 검은 눈동자에 검은 머리를 하고 있다는 것만 달랐다. 그는 방해하는 사람은 그 즉시 때려눕힐 것 같았다. 나는 다시 출입구로 돌아갔다.

"어서 가요, 팻."

이번에는 팻이 안으로 들어갔다. 뭐라고 말하는 소리가 들렸다. 깊은 바리톤의 우렁찬 음성으로 대답하는 소리도 들렸다. 트럭 엔진 같은 소리였다. 마침내 팻이 나를 불렀다. 나는 숨을 참고 다시 출입구로 갔다.

"안녕하세요."

"안녕."

"음. 그러니까, 제 이름은 안드레 애거시에요. 저는 테니스를 하고 또 라스베이거스에 살아요. 그리고…"

"이미 알고 있다."

그가 일어섰다. 키는 183센티미터 정도 되었고 가슴둘레는 최소한 56인치는 되어보였다. 잠깐 나는 그가 분노로 책상을 뒤엎을지도 모른다고 생각했다. 그러나 그는 뒤에서 다가와 손을 내밀었다. 내가 본 가장 큰 손이었다. 그의 어깨와 이두근과 다리가 손과 함께 움직였는데, 일찍이 경험한 적 없는 놀라운 장면이었다.

"길 레이예스라고 한다."

"만나뵙게 되어서 반갑습니다, 레이예스 씨."

"길이라고 불러."

"좋아요, 길. 아주 바쁘시다는 거 알아요. 시간을 많이 뺏고 싶지는 않습니다. 제가 궁금한 건, 그러니까 팻과 제가 궁금한 것은, 가끔씩 이 학교 시설을 이용하는 것에 관해 얘기를 나눌 수 있을까 하는 것인데요. 저는 컨디션 조절능력을 향상시키느라 정말 애를 먹고 있거든요."

"물론."

그의 목소리는 깊은 바다 밑바닥과 지구의 핵을 생각나게 했다. 그러나 부드럽기도 했다. 그는 우리에게 시설을 구경시켜주었고 우리를 학생 선수 몇몇에게 소개해주기도 했다. 우리가 테니스와 농구 사이의 차이점과 유사점 등에 관해 얘기하고 있는데 마침 축구팀이 들어왔다.

"실례합니다. 저 친구들과 얘길 좀 해야겠군요. 편히 계세요. 이용해보고 싶은 기구나 역기가 있으면 해보세요. 그래도 주의하기 바랍니다. 조심하고요. 엄밀히 말하면, 아시다시피, 규정 위반이긴 하니까요."

"감사합니다."

벤치프레스를 몇 번 하고 다리 들어올리기와 윗몸일으키기를 했지만, 나는 길을 보는 데 더 관심이 있었다. 축구선수들은 그 앞에 모여서 그를 존경의 눈빛으로 바라보았다. 그는 신대륙 정복자들에게 연설하는 스페인 장군처럼 명령을 내렸다. 너는 이 벤치를 맡고. 너는 저 기구를 잡아. 너는 저 스쿼트 랙. 그가 말하는 동안 아무도 눈길을 돌리지 않았다. 그는 집중을 요구하는 것이 아니라 그냥 강제로 시키고 있었다. 마지막으로 그는 선수들을 가까이 모이게 한 후 노력만이 유일한 해답이라고 말했다. 모두가 이 말을 받아들이고 손을 맞잡았다. 하나, 둘, 셋—레블스!(*Rebels. 반항아들. 축구팀의 별칭에서 따온 구호) 그들이 해산하고 흩어져 웨이트 트레이닝을 하는 걸 보고 내가 이 팀에 소속되어 있으면 얼마나 좋았을까 생각했다.

팻과 내가 매일 네바다 주립대학의 체육관으로 가서 컬(*curl, 다리나 팔을 구부리는 동작)을 하고 벤치프레스를 할 때마다 길이 우리를 주시하고 있다는 걸 느낄 수 있었다. 다른 선수들도 나를 주시하고 있다고 느껴졌다. 길은 나의 나쁜 자세를 기록했다. 나는 내가 풋내기처럼 느껴져서 체육관을 떠나고 싶을 때가 많았지만, 그때마다 그는 나를 불러세웠다.

몇 주가 지나자 팻은 동부로 가게 되었다. 집안에 급한 일이 생겨서였다. 나는 길의 사무실 문을 노크하고는 팻이 사정이 있어 지금은 없지만, 내가 그동안 지켜야 할 운동 스케줄을 남기고 갔다고 했다. 그리고 팻의 운동 스케줄이 적힌 종이 쪽지를 건네고는 내가 스케줄대로 운동하도록 도와줄 의향이 있는지 물었다.

"물론이지."

그러나 그는 속았다는 듯한 말투였다. 팻의 운동 스케줄을 훑어보더니 눈썹을 치켜올리며 손에서 종이를 뒤집고는 상을 찡그렸다. 나는 그가 무슨 생각을 하는지 알려달라고 재촉했으나 그는 더 깊이 상을 찡그릴 뿐이었다.

"대체 이 운동의 목적이 뭐지?"

"잘 모르겠어요."

"다시 말해봐라. 얼마나 오랫동안 이렇게 운동을 했지?"

"오랫동안요."

나는 그에게 왜 그러는지 말해달라고 했다.

"다른 사람의 감정을 상하게 하고 싶지는 않다. 주제넘게 말하고 싶지도 않고. 그렇지만 거짓말을 할 수는 없구나. 누군가 너의 운동 스케줄을 종이쪽지에 쓸 수 있다면, 그건 그냥 종이쪽지로 그치는 문제가 아니란다. 너는 지금 나한테 네가 어떤 상황인지, 기분이 어떤지, 어디에 집중해야 하는지, 이런 것들을 전혀 고려하지 않고 여기서 훈련을 시켜달라고 부탁하고 있는 거야. 변화를 하려고도 안 하면서 말이지."

길 레이예스와의 만남

"일리가 있네요. 저 좀 도와주세요? 뭐 조언이라든가?"

"글쎄…일단 네 목표가 뭐니?"

나는 그에게 최근 아르헨티나 출신의 알베르토 만시니 선수에게 패한 일을 얘기했다. 그는 나보다 체력적으로 우수했고, 어릴 적 해변에서 내 얼굴에 모래를 뿌리며 못살게 굴었던 녀석처럼 나를 괴롭혔다. 나는 시합에서 이기고 그를 완패시켰지만 완전히 끝장낼 수는 없었다. 매치포인트에서 내가 서브를 넣었고, 만시니는 나를 브레이크하면서 타이브레이크에서 이긴 후, 5세트에서 나를 세 번이나 더 브레이크했다. 내겐 기력이 남아있지 않았다. 나는 체력을 길러 앞으로는 그런 일이 없도록 하고 싶었다. 지는 것과 압도당하는 건 다른 문제였으니까. 나는 그런 기분을 더 이상 참을 수 없었다. 길은 끼어들지 않고 가만히 내 얘기를 듣더니 모든 것을 이해한 것 같았다.

"그 보풀 달린 공이 이리저리 튀는 바람에 컨트롤하기가 어려워요. 그래도 그나마 제가 컨트롤 할 수 있다고 생각되는 게 제 몸이거든요. 적어도, 올바른 정보가 있다면 그럴 수 있을 것 같아요."

길은 넓은 가슴으로 한껏 공기를 들이마시더니 천천히 숨을 내쉬었다.

"스케줄이 어떻게 되지?"

"다음 5주 동안 여길 떠나있을 거예요. 여름철 하드 코트 시즌이거든요. 그렇지만 돌아와서 같이 일해 볼 수 있다면 정말 영광일 거예요."

"좋다. 방법을 찾아보자꾸나. 행운을 빈다. 돌아오면 만나자."

1989년 US오픈 준준결승에서 나는 코너스와 다시 만났다. 다섯 번을 연달아 진 후 테니스 선수생활 사상 처음으로 5세트 만에 시합에서 이겼다. 그런데 어찌 된 일인지 내겐 비난이 쏟아져 들어왔다. 코너스를 3세트 만에 끝내버렸어야 했다는 것이다. 어떤 이는 내가 박스석에 있는 필리에게 5세트까지 끌고 가서 코너스를 괴롭게 만들겠다고 소리치는 걸 들었다고 주장했다.

뉴욕 〈데일리 뉴스〉지의 칼럼니스트 마이크 루피카는 3세트에서 내가 저지른 19개의 범실을 지적하며 코너스를 5세트까지 끌고 간 건 단지 내가 그만큼 강인하다는 걸 증명하기 위해서였다고 했다. 내가 일부러 졌다고 맹비난하지 않는 대신 이젠 내가 이긴 방식을 놓고 물고 늘어졌던 것이다.

체육관으로 돌아가자 길이 나를 기다렸다는 듯 서 있었다. 우리는 악수를 했다. 뭔가가 시작되는 기분이었다. 그는 나를 원판거치대로 데리고 가 내가 지금껏 해온 운동은 대부분 잘못됐다고, 완전히 틀렸다고, 그러나 내가 연습한 방식은 더욱 잘못됐다고 말했다. 나는 재난을 자초했으며 다치려고 작정을 했던 것이다.

그는 내게 인체구조에서 물리학과 수력학, 그리고 건축학이라 할 수 있는 신체역학에 관한 속성 지침서를 주었다. 내 몸이 무엇을 원하는지 이해하고 무엇이 필요하고 무엇이 필요하지 않는지 알기 위해서는 얼마 동안은 엔지니어, 수학자, 예술가, 신비론자가 되어야 한다고 말했다.

나는 강의를 잘 이해하는 편은 아니었지만, 모두가 길처럼 강의했다면 계속 학교에 다녔을 것이다. 나는 한 단어도 놓치지 않겠다고 다짐하며, 그의 통찰력 있는 견해를 흡수했다. 길은 인체에 관한 얼마나 많은 오류가 있는지, 우리가 우리 몸에 대해 아는 게 얼마나 적은지 참 놀랍다고 말했다. 예를 들어 남자들은 상부흉근 운동으로 인클라인 벤치프레스를 하는데, 그건 효과적으로 시간을 쓰지 못하는 것이라고 했다.

"나는 30년간 인클라인 운동을 해본 적이 없어. 내가 인클라인 운동을 하면 가슴이 지금보다 커질 가능성이 있을까?"

"아니요."

"네가 지금 하고 있는 스텝업 운동은 말이다. 너는 올라가며 걸을 때 허리에 무거운 웨이트를 짊어지고 하잖아. 그렇게 하다간 심각한 부상을 초래하게 될 거다. 무릎이 망가지지 않은 게 다행인 줄 알아."

"왜죠?"

"안드레, 중요한 건 각도란다. 어떤 각도에서는 사두근으로 버티는 거지. 좋아. 다른 각도에서는 무릎으로 버티는 건데, 무릎에 하중을 가한다는 말이다. 무릎을 너무 혹사시키면, 결국 버티고 있던 것이 끊어지게 되는 거야. 가장 좋은 운동은 중력을 이용하는 거야."

그는 내게 중력과 저항을 이용해 근육을 분해했다가 더 강하게 만드는 법을 알려주었다. 그리고 올바르고 안전한 이두근 컬을 하는 방법을 보여주었다. 그리고 나를 화이트보드 앞으로 데리고 가서 내 근육과 팔, 정강이, 힘줄을 다이어그램으로 그렸다. 그는 활시위가 팽팽하게 당겨졌을 때 활의 압점을 보여주며 이 모델을 이용해 시합과 운동 후에 허리가 왜 아픈지에 대해 설명해주었다. 내가 내 척추와 척추뼈가 어긋난 증상인 척추전방전위증에 관해 얘기하자 그는 내용을 받아적더니, 의학서적에서 그 증세를 찾아보고 나를 위해 철저히 공부하겠다고 했다.

"요컨대 지금까지 하던 대로 하면 선수생활을 일찍 끝내야 할 거라는 거다. 심각한 허리 문제와 무릎 문제를 일으킬 거야. 게다가 내가 관찰한 대로 계속 컬 운동을 한다면 팔꿈치에도 문제가 생기게 돼."

이 모든 걸 일일이 설명하면서 길은 가끔씩 글자 그대로 하나하나 철자를 말하기도 했다. 그는 키워드의 철자를 발음함으로써 강조하길 좋아했다. 그리고 나를 위해 단어를 분해하고 열어젖혀서 견과류 껍질 속 알맹이를 꺼내듯, 그 안에 있는 지식을 드러내 보였다. 예를 들면 칼로리(Calorie)만 해도 그렇다. 그는 칼로리가 라틴어 'calor'에서 온 것으로 열의 측정단위를 나타내는 거라고 했다.

"사람들은 칼로리가 나쁜 거라고 생각하지만 칼로리는 단지 열량일 뿐이고 우리는 열이 필요하지. 음식으로 우리는 몸이라는 천연 보일러에 연료를 공급하는 거야. 그게 어떻게 나쁠 수가 있어? 언제 얼마나 많이 먹는가 하는 선택의 문제지. 그게 차이를 만드는 거다. 사람들은 먹는 게 나쁘다고 생각하지만 우리 몸에 불을 지피려면 먹어야지.”

"네. 저도 그렇게 생각해요. 제 몸 안에 불을 때야죠.”

열에 관해서 말하자면, 길은 따뜻한 날씨가 싫다고 무심히 말하곤 했다. 참을 수가 없었던 것이다. 그는 높은 기온에 상당히 예민한 편이었고 그에게 고문이란 직사광선 아래 앉아있는 것이었다. 그는 늘 에어콘을 세게 틀었다. 나는 팩과 함께 방울뱀 언덕을 달렸던 얘기와 고지에 올랐을 때의 기분에 관해서도 얘기했다.

"매일 얼마나 달리니?”

"5마일이요.”

"왜?”

"모르겠어요.”

"시합에서 5마일씩 달린 적 있어?”

"아니요.”

"시합 중에 멈추기 전 한 방향으로 다섯 걸음 이상 움직이는 경우가 얼마나 자주 있니?”

"많지 않아요.”

"나는 테니스에 대해 아는 게 없지만 내가 보기에 세 걸음 정도 움직였을 때 멈출 생각을 하는 게 나을 거다. 그렇지 않으면 공을 치고 나서 계속 달려야 할 거야. 다시 말하면 다음 샷을 치기에는 이미 정위치에서 벗어나 있다는 말이니까. 속도를 낮추고, 공을 친 다음에 제동을 걸었다가 뒤로 재빨리 움직이는 게 요령이야. 내 생각에 테니스는 뛰어다니는 운동이 아니라 출발과 정지를 잘하는 게 관건인 운동이야. 출발과 정지를 잘하는 데 필요한 근육을 만드는 데 집중할 필요가 있어."

나는 웃으며 테니스에 관해 내가 들어본 것 중 가장 재치 있는 발언인 것 같다고 말했다. 밤에 체육관 문을 닫을 때가 되자, 나는 길을 도와 청소하고 불을 껐다. 그리고 내 차에 앉아서 같이 얘기했다. 그는 내가 이를 딱딱 부딪치는 걸 눈치채고 물었다.

"이 멋진 차에는 히터가 없니?"

"있어요."

"히터를 켜는 게 어때?"

"더위에 민감하다고 하셔서요."

그는 말을 더듬으며 내가 그 사실을 기억하고 있다는 걸 믿을 수 없다고 했다. 그리고 내가 그 때문에 줄곧 괴로워하고 있었다고 생각하니 견딜 수가 없다며 차의 히터를 최대로 틀었다. 이야기를 계속하다보니 길의 이마와 윗입술에 곧 땀방울이 맺혔다. 나는 히터를 껐고 창문을 내렸다. 우리는 다시 30분 동안 얘기를 했는데 결국 나는 추위로 입술이 다시 새파래졌다. 그는 다시 히터를 최대로 올렸다. 이런 식으로 주거니 받거니 하면서 우리는 새벽까지 대화를 나누고 서로에 대한 존경을 더해갔다.

나는 길에게 내 이야기를 조금 해주었다. 아버지와 드래곤, 필리 형, 페리에 대해서. 닉 볼리티에리 아카데미로 추방되다시피 했던 일에 대해 말했다. 그러자 그도 자신의 이야기를 해주었다. 그는 유년 시절 뉴멕시코주의 라스 크루세스 외곽에서 자랐는데, 그의 부모는 농장에서 일하는 사람들이었다. 겨울이 되면 피칸을 땄고 여름에는 목화를 땄는데 무척 힘든 일이었다. 그리고 동부 LA로 이사 오게 됐고 길은 거친 거리에서 자라며 빨리 어른이 되었다.

"거의 전쟁이었지. 나는 총에 맞았어. 다리에 아직도 총알구멍이 있지. 게다가 나는 영어도 못하고 스페인어만 할 줄 알았기 때문에 학교에 앉아 있으면 남의 시선이 신경 쓰여 말도 안 했지. 〈LA타임스〉의 짐 머레이 기자의 글을 읽고 라디오에서 다저스 게임을 중계하는 빈 스컬리의 목소리를 들으며 영어를 배웠어. 작은 트랜지스터 라디오가 있어서 매일 밤 KABC 방송을 들었어. 빈 스컬리는 내 영어선생이었지."

영어를 마스터한 후 길은 신이 그에게 내려준 몸을 마스터하기로 결심했다.

"강한 자만 살아남는 거니까, 그렇지? 우리 동네에서는 웨이트를 할 형편이 안 되서 나만의 기구를 만들었지. 술집에 있던 남자들이 어떻게 하는지 가르쳐줬어. 커피캔을 시멘트로 채우고 막대기의 양 끝에 캔을 끼우면 나만의 벤치프레스가 되는 거야. 나는 우유 박스로 진짜 벤치프레스를 만들었어."

그는 가라테에서 검은띠를 딴 얘기도 해주었다. 프로 경기에 스물두 번 출전했던 일이며 시합 중에 턱이 나갔던 얘기도 해주었다.

"그렇지만 녹아웃 당하진 않았지." 그가 자랑스레 말했다.

하늘이 밝아와서 작별인사를 할 때가 되자 나는 마지못해 길과 악수하고는 다음 날 다시 오겠다고 말했다.

"그래."

나는 1989년 가을 내내 길과 함께 운동했다. 얻은 것이 많았고, 우리의 유대감도 강해졌다. 나보다 열여덟 살이나 많은 길은 자신이 나에게 아버지 같은 존재라는 걸 알고 있었다. 나 역시 굳이 말하지 않아도 내가 아들이 없는 그에게 아들 같은 존재라는 걸 어느 정도는 느낄 수 있었다(그는 딸만 셋이었다). 그 밖의 것들은 터놓고 얘기하거나 자세히 설명하곤 했다.

길과 그의 아내인 게이에게는 멋진 가족 간 전통이 있었다. 목요일 밤마다 가족 모두가 먹고 싶어하는 것을 뭐든 주문할 수 있었고, 게이가 이를 요리하는 것이었다. 딸이 핫도그를 먹고 싶어해도 좋았고 다른 딸이 초콜릿 칩 팬케익을 원해도 문제없었다. 나는 목요일마다 길의 집에 들러 다른 사람들의 저녁을 뺏어먹곤 했다. 그리고 급기야는 길의 집에서 거의 매일같이 저녁을 먹게 되었다. 시간이 늦어 집에 돌아가고 싶지 않을 때면 그의 집에서 잠이 들었다.

길에겐 또 하나의 전통이 있었다. 아무리 불편해 보이더라도 사람이 잠들 정도라면 그렇게 불편하지는 않은 것이라 생각해 그대로 놔둔다는 것이었다. 그래서 그는 나를 깨운 적이 없었다. 가벼운 모포만 덮어주고는 아침까지 자도록 내버려뒀다.

"이봐. 알다시피 네가 여기 있는 게 좋아. 그렇지만 짚고 넘어가야겠어. 잘 생기고 부자인데다 갈 곳도 많은 애가 목요일 밤마다 핫도그를 먹으러 우리 집에 오니까 말야. 바닥에서 몸을 웅크리고 자고."

"저는 바닥에서 자는 게 좋아요. 등이 편안하거든요."

"바닥 얘기가 아니야. 그러니까 여기 말이야. 여기 있고 싶은 게 진짜야? 더 갈 곳이 많을 텐데."

"다른 곳은 생각해 본 적도 없는데요, 길."

그는 나를 안아주었다. 안긴다는 게 어떤 건지 안다고 생각했었는데, 가슴둘레가 56인치나 되는 남자에게 안기자 전혀 다른 느낌이었다. 1989년 크리스마스이브, 길은 자기 집에서 그의 가족들과 같이 휴일을 보내겠냐고 물었다.

"안 물어보실 줄 알았어요."

게이가 쿠키를 굽는 동안 딸들은 위층에서 자고 있었고, 길과 나는 거실 바닥에 앉아 산타클로스 선물로 장난감과 기차 세트를 준비하고 있었다. 나는 이렇게 편안한 기분이었던 적이 언제였는지 모르겠다고 말했다.

"파티 가서 노는 게 더 재밌지 않겠어? 친구들이랑?"

"지금 있고 싶은 곳에 있는 걸요."

나는 손에 든 장난감 조립을 멈추고 길을 뚫어지게 쳐다보며 내 삶이 단 하루도 내 것처럼 느껴진 적이 없었다고 말했다. 내 삶은 언제나 다른 누군가의 것이었다. 처음에는 아버지, 그다음엔 닉의 것이었다. 그리고 항상 내 삶은 테니스를 위한 삶이었다. 내 몸조차도 아버지가 아들을 대하듯 하는 길을 만나기 전까지는 내 것이었던 적이 없었다. 길이 나를 더욱 강하게 만들었다.

"여기 당신의 가족들과 같이 있으니 평생 처음으로 내가 있을 곳에 있다는 느낌이에요."

"그만하면 됐다. 다시는 묻지 않으마. 메리 크리스마스, 안드레."

11
안드레 애거시 팀의 탄생

가장 외로운 스포츠인 테니스를 꼭 해야 한다면, 나는 무슨 일이 있어도 코트 밖 가능한 많은 사람에게 둘러싸여 할 것이다. 그 사람들은 각자의 정해진 역할을 하게 된다. 페리는 뒤죽박죽인 내 생각을 정리하도록 도와줄 것이고, J.P.는 내 아픈 영혼을 치료해줄 것이다. 닉은 내 게임의 기본적인 사항들을 점검해줄 것이고, 필리 형은 세부사항과 준비작업을 도와주며 언제나 나를 보살펴줄 것이다.

스포츠 기자들은 내 '수행단'을 두고도 비난했다. 내가 자존심을 충족시키기 위해 이 사람들과 함께 여행을 다니는 것이고, 내가 혼자서 지낼 수 없는 사람이라 주위에 많은 사람들을 필요로 하는 거라고 했다. 반쯤은 맞는 말이었다. 나는 혼자 있는 것이 싫었다. 그러나 내 주변의 사람들은 내 수행단이 아니라 하나의 팀이었다. 친구로, 변호인으로, 그리고 단계적인 교육의 하나로 그들이 필요했다. 그들은 나와 같은 팀원인 동시에 스승이기도 했고, 최고의 정예부대이기도 했다. 나는 그들을 연구하고 또 그들의 지혜를 훔쳤다. 페리의 표현력을 취했고, J.P.의 이야기를 들었으며, 닉으로부터 태도나 제스처를 배웠다. 모방을 통해 나 자신에 대해 배우고 스스로를 창조했다. 달리 내가 어떻게 할 수 있었겠는가? 나는 격리실 같은 곳에서 유년을 보냈고 고문실에서 내 십 대를 보냈는데.

사실, 나는 내 팀을 축소하기보다는 오히려 더 키우고 싶었다. 길을 공식적인 팀원으로 풀타임 고용해 내 체력과 컨디션 조절을 맡기고 싶었다. 나는 조지타운 대학에서 공부하는 페리에게 전화해 내 문제를 얘기했다.

"무슨 문제야? 길과 함께 일하고 싶다고? 그럼 고용하면 되잖아."

"그렇지만 이미 팻이 있으니까. 그 침 뱉는 칠레사람. 그 사람을 해고하기가 좀 그래. 누구든 해고는 못하겠어. 그럴 수 있다 쳐도, 내가 네바다 주립대학같이 급여도 좋고 괜찮은 자리를 떠나달라고 길에게 어떻게 요구할 수 있겠어? 나만을 위해 일해달라고? 대체 내가 뭐라고."

페리는 닉이 지도하는 다른 테니스 선수들과 팻이 일하도록 업무를 새로 맡기면 된다고 말해주었다.

"길에게 그 문제를 꺼내봐. 결정은 그가 내리도록 하는 거야."

1990년 1월, 나는 길에게 함께 일하고 여행하면서 그에게 지도를 받을 수 있는 영광스런 기회를 줄 수 있는지 물었다.

"대학을 떠나라고?"

"네."

"나는 테니스에 관해 아는 게 없는데."

"걱정 마세요. 저도 몰라요." 그가 웃었다.

"길, 저는 많은 걸 성취할 수 있을 것 같아요. 뭔가를 할 수 있을 거란 생각이 들어요. 그런데 우리가 잠깐이나마 함께 한 후에, 당신의 도움이 있어야만 할 수 있다는 상당한 확신을 하게 됐어요." 그를 설득하는 것은 어렵지 않았다.

"좋아. 같이 일하자꾸나."

그는 내가 얼마의 급여를 지불할지도 묻지 않았다. 돈이라는 말을 입에 담지도 않았다. 그저 우리가 위대한 모험을 시작하는, 목표가 같은 사람들이라고만 했다. 그는 우리가 만난 그 시점부터 내가 운명을 짊어지고 있는 걸 알고 있었다며 내가 랜슬롯 같다고 말했다.

"그게 누군데요?"

"랜슬롯 경이지. 아서왕 알지? 원탁의 기사. 랜슬롯은 아서왕 최고의 기사였단다."

"그가 용을 죽였어요?"

"모든 기사가 용을 죽였지."

우리에겐 장애가 딱 하나 있었다. 길의 집에는 개인 체육관이 없어서 주차장을 개조해 본격적인 체육관을 만들어야 했던 것이다. 그러기 위해서는 시간이 많이 걸릴 게 뻔했는데, 길이 직접 근력 운동기구를 만들고 싶어했기 때문이었다.

"만든다구요?"

"내 손으로 직접 금속을 용접하고 로프와 도르래를 만드는거야. 나는 그 어떤 것도 운에 맡기고 싶지 않구나. 네가 다치지 않도록 할거야. 내 눈앞에서는 그런 일이 없도록."

나는 볼머신과 블로어를 만들었던 아버지가 생각났다. 이것이 아버지와 길의 유일한 공통점일까? 길의 체육관이 완성되기까지 우리는 네바다 주립대학에서 운동을 계속했다. 그는 대학에서 계속 일을 하면서 레블스 농구팀과 전국 대항전에서 듀크 대학에 대대적인 승리를 거두는 것으로 시즌 정점을 찍었다. 업무가 끝나고 홈 체육관도 거의 완성되면 준비완료일 거라고 길이 말했다.

"안드레, 이제 준비됐니? 마지막으로 묻겠는데, 정말 이렇게 하고 싶니?"

"길, 지금까지 제가 해온 그 어떤 일보다도 저는 이 일에 대해 확신해요."

"나도 그렇다."

그는 아침에 대학에 가서 열쇠를 반환하고 올 계획이라고 했다. 한 시간 후 그가 대학을 빠져나올 무렵, 나는 거기서 그를 기다리고 있었다. 그는 나를 보자 웃었고, 우리는 치즈버거를 먹으러 가서 새로운 출발을 축하했다.

길과 운동하는 건 대화에 가까웠다. 우리는 웨이트에는 손도 안 댔다. 우리는 프리벤치에 앉아 자유롭게 생각을 나눴다. 강해지는 데는 여러 가지 방법이 있으며, 때로는 대화가 가장 좋은 방법이라고 길이 말했다. 내 몸에 대해 배우지 않는 시간에는 그에게 테니스에 대해, 투어를 떠나는 삶에 대해 가르쳤다. 나는 경기가 어떻게 조직되는지, 그리고 마이너 토너먼트 순회경기와 모든 선수들이 기준으로 삼는 그랜드슬램이라 불리는 4개의 메이저 대회에 관해 말해주었다. 지구 반대편에서 호주오픈을 시작으로, 태양이 움직이는 방향을 따라 시합이 개최되는 연간 테니스 대회일정에 관해서도 말해주었다. 그러고 나면 클레이 시즌이 유럽에서 시작되는데, 파리에서 열리는 프랑스오픈에서 정점을 맞게 되고, 6월이 되면 잔디 코트 시즌과 윔블던이 돌아오는 것이다. 나는 혀를 내밀고 얼굴을 찌푸렸다. 그다음에 무더위가 닥치는 하드 코트 시즌이 시작되어 US오픈도 이때 열리게 된다. 이후에 인도어 시즌이 시작되면, 슈투트가르트와 파리에서 월드 챔피언십이 열리고 이렇게 항상 똑같은 일정이 반복된다. 같은 장소, 같은 상대에 연도와 점수만이 다를 뿐이지만 시간이 지나면 점수도 모두 전화번호처럼 뒤섞이게 된다.

나는 길에게 내 마음에 대해 설명하며 처음부터 중심이 되는 사실부터 얘기했다. 그는 웃었다.

"너는 진짜로 테니스를 싫어하지는 않는 거야."

"정말이에요 길. 테니스가 정말 싫어요."

그가 인상을 쓰자 나는 그가 대학 일자리를 너무 일찍 그만뒀다고 생각

안드레 애거시 팀의 탄생

하는 건가 싶었다.

"그게 사실이라면, 왜 테니스를 하지?"

"다른 건 할 줄 모르거든요. 다른 건 어떻게 해야 할지 모르겠어요. 테니스는 제가 능력이 되는 유일한 거거든요. 게다가 아버지는 제가 다른 걸 했다면 졸도하셨을 거예요."

길은 귀를 긁었다. 그런 행동은 그에게서 처음 보는 것이었다. 길은 수백 명의 운동선수를 알아왔지만 운동을 싫어하는 선수를 본 적이 없었던 것이다. 그는 할 말을 찾지 못했다. 나는 아무 말도 안 해도 된다고 그를 안심시켰다. 나조차도 이해가 안 되었으니까. 그저 나는 그에게 단지 어떤지만 설명할 수 있을 뿐이었다.

나는 또 '보이는 것이 전부'라는 슬로건으로 인한 말썽에 관해서도 얘기했다. 왠지 그것에 대해 알아야만 그가 어떤 일에 뛰어드는 건지 이해할 것이라는 생각이 들었다. 그 모든 걸 생각하면 나는 여전히 화가 났지만, 이제 그 분노는 어느 정도 잦아든 상태였다. 말하기도, 이해시키기도 어려웠다. 위속에 위산이 한 스푼 담긴 기분이랄까. 그 얘기를 듣고 길도 화를 냈지만, 그는 진짜 분노에까지는 못 미쳤다. 대신 당장 행동에 나서고 싶어했다. 광고회사 임원 한두 명쯤은 때려눕힐 수 있다는 거였다.

"매디슨애비뉴의 어떤 머저리 같은 녀석이 우스꽝스러운 광고를 만들어놓고, 카메라에다 대고 너한테 몇 마디 하라고 시켰는데, 그게 너에 대해 말해 주는 거라고?"

"수많은 사람들이 그렇게 생각해요. 그렇게 말하고요. 그런 기사를 써요."

"그 사람들은 너를 이용하는 거야. 분명하고 간단해. 네 잘못이 아니야. 너는 네가 무슨 말을 하는지도 몰랐고, 그 말이 어떻게 받아들여질지, 어떻게 왜곡되고 오해를 살지 몰랐던 거야."

우리의 대화는 웨이트룸 밖에서도 이어졌다. 저녁을 먹으러 가기도 하고 아침을 함께 먹기도 했다. 하루에 여섯 번이나 통화를 했다. 밤늦게 길에게 전화해 몇 시간 동안 얘기하기도 했다. 대화가 점점 잦아들자, 그가 말했다.

"내일 우리 집에 와서 운동 좀 해보겠니?"

"그랬으면 좋겠지만, 지금 도쿄에 있어요."

"우리가 세 시간 동안 얘기했는데, 도쿄에 있는 거라고? 바로 근처에 있는 줄 알았다. 미안해지는구나. 너를 이렇게 줄곧 붙잡아 뒀다니." 그는 이야기를 멈췄다.

"그거 알아? 미안하기보다는 오히려 영광인데. 너는 나랑 대화가 필요했던 거고, 도쿄에 있든 팀북투에 있든 상관없었던 거야. 알겠다. 좋아, 안드레. 이해가 되는구나."

처음부터 길은 내 운동량을 꼼꼼히 기록했다. 갈색 장부를 사서 매일 운동할 때마다 횟수와 세트를 적었고, 내 체중과 식단, 맥박, 여행을 기록했다. 가장자리에는 다이어그램과 그림을 그려넣었고, 내 체력향상 과정을 도표로 만들어서 그가 앞으로 참조할 수 있는 데이터베이스를 만들고 싶다고 했다. 나를 연구해 밑바닥부터 다시 새롭게 만들려는 것이었다. 그는 대리석 조각을 감정하는 미켈란젤로 같았지만 내 약점을 보고 흥미를 잃지는 않았다. 오히려 노트에 모든 것을 적어 내려간 다빈치 같았다. 나는 길의 노트에서, 노트에 드러난 그의 세심함을 통해서, 하루도 기록을 빼먹지 않는 그의 성실함을 통해서, 내가 그에게 자극이 된다는 사실을 알게 되었고, 그것이 도리어 나를 자극하는 요인이 되었다.

길이 수많은 토너먼트에 나와 함께 다닐 것임은 당연한 일이었다. 그는 시합 중 나의 컨디션을 관찰해 식사를 점검하고 언제나 나의 수분섭취가 충분한지를 봐야 했던 것이다(수분유지를 위한 것만은 아니었다. 길은 물과 탄수화물, 소금, 그리고 전해질로 이루어진 특별한 혼합물을 제조해 시합 때마다 전날 밤 내가 마시도록 했다). 그의 트레이닝은 여행 중에도 멈추지 않았다. 오히려 여행 중 트레이닝이 훨씬 중요했다.

우리가 함께한 첫 여행은, 그 역시 동의했는데, 1990년 2월 스코츠데일이 될 예정이었다. 나는 그에게 토너먼트가 시작되기 며칠 전에 친선경기를 위해 그곳에 가야 할 거라고 했다.

"자선기금 마련을 위해 유명인사가 참여하는 시범경기 같은 거예요. 기업 후원자들도 생색을 내고 팬들에게 즐거움도 주고요."

"재밌을 것 같구나."

"게다가 우리는 제 신형 코르벳을 타고 갈 거예요."

나는 코르벳이 얼마나 빠른지 그에게 보여주고 싶어 못 견딜 지경이었다. 그러나 길의 집 앞에 차를 댔을 때, 내가 생각이 없었다는 걸 깨달았다. 차는 아주 작았고, 길은 몸집이 너무 컸다. 차가 너무 작아 길이 두 배는 더 커 보였다. 그는 조수석으로 겨우 몸을 구겨넣었고, 그러고도 모자라 옆으로 몸을 기울여야 했으며, 그래도 머리가 천장에 닿았다. 코르벳은 당장 터져나갈 것만 같았다.

길이 찌그러져서 불편해하는 걸 보자, 빨리 달려야겠다는 생각이 들었다. 사실 코르벳에 그 이상의 동기부여는 필요 없었다. 차는 거의 초음속으로 달렸다. 우리는 음악을 크게 틀고는 라스베이거스를 벗어나 후버댐을 가로질러 애리조나 북서쪽의 험준한 바위투성이인 조슈아 트리 산림 지대(Joshua Tree Forest)쪽으로 내려갔다. 킹맨(Kingman) 카운티를 벗어나자 점심을 먹기로 했다. 코르벳의 스피드와 큰 음악소리, 그리고 길이 옆에 있다는 사실과 음식에 대한 생각이 겹쳐지면서 나는 페달을 힘껏 밟았다. 마하 1(*1,224km/h)의 속도를 내는 것 같았다. 갑자기 길이 얼굴을 찡그리고 손가락을 빙글빙글 돌렸다. 백미러로 고속도로 순찰차가 뒤쪽 범퍼 바짝 붙어있는 것이 보였다. 경찰관은 내게 즉시 속도위반 딱지를 떼주었다.

"처음은 아니에요." 나는 고개를 젓는 길에게 말했다.

킹맨에서 우리는 칼스 주니어(*미국의 패스트푸드 체인점)에 들러 점심을 엄청나게 많이 먹었다. 우리는 둘 다 먹는 걸 좋아하는 데다가 패스트푸드라면 사족을 못 썼기 때문에 잠시 영양식은 잊었다. 프렌치 프라이를 주문하고 또 같은 것을 주문했다가 탄산음료를 리필했다. 다시 길을 코르벳에 어렵사리 태우고 나자 좀 늦었다는 걸 깨달았다. 시간을 벌 필요가 있었다. 엑셀을 힘껏 밟고 빠르게 후진해 95번 국도로 달렸다. 시속 2백 마일(*약 322km/h)로 스코츠데일까지 그렇게 두 시간을 달렸다.

20분 후, 길은 아까처럼 손가락을 빙글빙글 돌려 사이렌 흉내를 냈다. 이번에는 다른 경찰관이었다. 그는 내 면허증과 자동차등록증을 가져가더니 물었다.

"최근에 속도위반 딱지 끊은 적 있습니까?"

길을 보니 그는 인상을 찌푸리고 있었다.

"저기, 1시간 전을 최근이라고 생각하신다면, 네. 맞습니다. 딱지 끊었어요."

"잠시만 기다리십시오."

그는 차로 돌아가더니 일 분 후에 다시 돌아왔다.

"킹맨 법원으로 가셔야 합니다."

"킹맨으로요? 왜요?"

"같이 가시죠."

"같이 가다니, 그럼 차는요?"

"친구분이 운전하실 겁니다."

"그냥 제가 경관님을 따라가면 안 될까요?"

"제가 하는 말 잘 들으시고 제가 하라는 대로 하셔야지 안 그러면 수갑을 찬 채로 킹맨으로 돌애거시게 될 겁니다. 제 차 뒷좌석에 앉으시면 친구분이 우릴 따라올 겁니다. 당장 나오시죠."

나는 경찰차 뒷좌석에 앉았고, 길은 빳빳한 코르셋처럼 그를 조이는 코르벳을 타고 뒤따라왔다. 외딴곳에서 갑자기 영화 〈구출(Deliverance)〉에 나오는 정신 나간 듯 찌르릉 대는 밴조 소리를 듣게 되다니. 45분이 걸려서야 킹맨 지방법원에 도착했다. 나는 경찰관을 따라 옆문으로 들어가 체구가 작고 나이가 지긋한 판사 앞에 서게 되었는데, 그는 카우보이 모자와 파이(pie) 주형 사이즈의 벨트 버클을 차고 있었다.

밴조 소리가 점점 커졌다. 나는 벽에 붙은 증명서를 둘러보았다. 여기는 진짜 법정이며 그가 진짜 판사라는 걸 증명하기 위한 것인듯했다. 여기저기에 죽은 동물의 머리가 보였다. 판사는 무작위로 질문을 줄줄이 던지며 시작했다.

"스코츠데일에서 경기를 한다고 했나요?"

"네. 판사님."

"전에도 그 토너먼트에 출전한 적이 있습니까?"

"아, 네. 판사님."

"어떤 시합을 하게 되죠?"

"네?"

"1회전에 출전하나요?"

알고 보니 판사는 테니스 팬이었다. 또 내 기록을 다 꿰고 있었다. 그는 내가 프랑스오픈에서 쿠리어에게 이겼어야 했다고 생각하고 있었다. 또 코너스와 렌들, 챙, 게임의 판세, 훌륭한 미국 선수들의 희소함 등에 대해서도 상당한 의견을 갖고 있었다. 그는 나와 25분간 의견을 나누더니 물었다.

"우리 애들한테 줄 물건에 사인 좀 부탁해도 될까요?"

"당연하죠, 판사님."

나는 그가 내미는 모든 것에 사인을 해주었고, 선고를 기다렸다

"좋아요. 스코츠데일에 가서 상대선수들한테 본때를 보여주라고 판결하겠습니다."

"뭐라고요? 잘 이해가, 그러니까, 판사님. 저는 여기까지 30마일을 되돌아왔고, 구치소행이나 최소한 벌금형은 확실했었는데요."

"아닙니다! 절대 그런 게 아니고, 내가 애거시 선수를 만나고 싶었어요. 그렇지만 친구에게 스코츠데일까지 운전을 맡기는 게 나을 것 같군요. 오늘 한 번 더 속도위반 딱지를 끊으면 나는 오랫동안 애거시 선수를 킹맨에 잡아둬야 할겁니다."

나는 법정을 나서서 길이 기다리고 있는 코르벳으로 뛰어가 판사가 나를 만나고 싶어했던 테니스 애호가였다고 말했다. 길은 내가 거짓말을 한다고 생각했다. 내가 이 법정에서 빨리 나가자고 하자 그는 천천히 차를 뺐다. 보통 때 같으면 길은 조심스럽게 운전했을 것이다. 그러나 그는 애리조나주 사법당국과의 충돌로 마음이 불안해져서 차의 기어를 6단에 놓고 스코츠데일까지 가는 내내 시속 54마일로 달렸다.

당연히 나는 친선경기에 늦었다. 스타디움 주차장으로 들어가면서부터 나는 테니스 장비를 착용했다. 경비초소에 멈춰 경비원에게 내가 여기 초대된 선수라고 말했으나 그는 믿지 않았다. 나는 운전면허증을 보여주며 면허증을 계속 갖고 있을 수 있어서 다행이란 생각을 했다. 마침내 그가 들어가라고 손짓했다.

"차 걱정은 마. 내가 잘 보고 있으마. 어서 들어가."

나는 테니스 가방을 들고 주차장을 통해 뛰어갔다. 길은 내가 경기장에 들어갔을 때 박수소리를 들었다고 나중에 얘기해 주었다. 코르벳의 창문은 위로 올려져 있었지만, 관중의 함성을 들을 수 있었던 것이다. 그 순간

내가 그에게 무슨 말을 하려고 했는지 느낄 수 있었다고 했다. 옛 서부지역 심판(the Old West judge)을 위한 초청친선경기(command performance) 후 우레와 같은 박수가 스타디움을 가득 채우자 그는 비로소 이해했다. 그는 이 여행을 떠나기 전까지는 내 삶이 정상궤도에서 한참 벗어나 있다는 걸 깨닫지 못했었노라고 고백했다. 자신이 어떤 일자리를 얻은 것인지 알지 못했던 것이다. 나는 나도 몰랐었노라고 말했다.

우리는 스코츠데일에서 즐거운 시간을 보냈다. 함께 여행하는 사람들이 상대에 대해 알아가듯이 우리는 서로에 대해 단시간 동안 많은 걸 알게 됐다. 한낮에 있었던 시합 중에는 경기를 잠시 중지시키고 토너먼트 관계자에게 길이 앉아 있는 곳에 파라솔을 빨리 갖고 오라고 하고 기다렸다. 길이 직사광선을 받으며 엄청나게 땀을 흘리고 있었던 것이다. 관계자가 길에게 파라솔을 건네자 길은 어리둥절한 표정이었으나 내가 손을 흔드는 걸 보고는 상황을 이해했다. 그는 가슴을 활짝 펴며 미소를 지었고, 우리 둘 다 웃음을 터뜨렸다.

어느 날 밤 우리는 저녁을 먹으러 갔다. 이미 늦은 시간이어서 저녁 메뉴와 아침 메뉴의 콤보플래터를 시켜서 먹고 있는데, 네 명의 남자들이 레스토랑으로 불쑥 들어와 한 테이블 정도 떨어져 앉았다. 그들은 웃고 떠들며 내 헤어스타일과 옷차림에 대해 얘기했다.

"아마 게이일거야." 그 중 하나가 말했다.

"분명히 호모일걸." 그의 친구도 말했다.

길은 헛기침을 하더니 종이 냅킨으로 입을 닦고는 내게 마저 맛있게 먹으라고 했다. 자신은 다 먹었다는 것이었다.

"더 안 드실 거예요? 길?"

"난 됐다. 싸움 중에 제일 싫은 게 더부룩한 거야."

내가 다 먹고 나자 길은 옆자리 사람들에게 볼일이 있다고 했다.

"무슨 일이 일어나더라도, 걱정 마라."

그는 아주 천천히 일어서서 네 명의 남자들에게 다가갔다. 그가 기대자 테이블이 삐걱거렸다. 길은 그들 면전에서 가슴을 활짝 펴고 말했다.

"남의 식사 망치는 게 좋은가봐? 그런 식으로 시간을 보내나 보지? 이런, 나도 한번 해봐야겠군. 뭘 먹고 있나? 햄버거?"

그는 남자의 햄버거를 집어들더니 한 입에 반 정도를 잘라먹었다. 입안을 가득 채운 채로 길은 계속했다.

"케첩이 필요한데. 이제 목도 말라. 네가 마시고 있는 거 몇 모금 마셔야겠다. 너희들 중 누가 나 좀 말려야 할 걸."

길은 한참을 들이마시더니 천천히, 운전하듯 천천히 남은 탄산음료를 테이블 위에 모두 쏟아버렸다. 네 명 중 어느 누구도 움직이지 않았다. 빈 컵을 내려놓으며 길은 내 쪽을 보았다.

"안드레, 갈 준비 됐니?"

토너먼트에서 이기지 못했지만 상관없었다. 라스베이거스로 돌아오면서 나는 만족스럽고 행복했다. 떠나기 전에 우리는 조스 메인 이벤트(Joe's Main Event)에서 간단히 식사를 했다. 우리는 지난 72시간 동안 일어났던 일들을 얘기하면서, 이번 여행이 더 큰 여행의 시작처럼 느껴진다는 데 동의했다. 길은 다빈치 노트에다 수갑을 찬 내 모습을 그려놓았다.

밖으로 나와 우리는 주차장에 서서 별을 바라보았다. 길에 대해 마음이 북받치는 사랑과 고마움을 느꼈다. 그가 한 모든 것들에 감사했지만 그는 고마워할 필요가 없다고 말했다. 그리고 긴 이야기를 시작했다. 신문과 야구경기를 통해 영어를 배운 길이 조스 메인 이벤트 밖에서 유려하고 경쾌하면서도 시적인 독백을 시작했던 것이다. 내 인생에 가장 후회되는 것 중 하나가 녹음기를 갖고 다니지 않았다는 것이다. 그렇지만 나는 그 말을 단어 하나하나 거의 그대로 기억하고 있다.

"안드레, 나는 너를 바꿀 생각은 절대 하지 않을 거다. 나는 지금껏 그래 본 적이 없거든. 내가 누군가를 변화시킬 수 있다면, 나 자신을 변화시키는 일이겠지. 그렇지만 네가 원하는 것을 성취하기 위한 설계도와 조감도는 마련해줄 수 있을 것 같다. 농마와 경주마는 다른 법이란다. 그 둘을 똑같이 대해서는 안 돼. 사람을 평등하게 대하라는 말을 항상 듣겠지만, 평등하다는 말이 똑같다는 말은 아니라고 생각한다. 내 생각에 너는 경주마란다. 그리고 난 너를 언제나 그에 걸맞게 대할 생각이다. 나는 단호하지만 공평할거야. 나는 리드를 하겠지만 강요하지는 않을 거다. 나는 감정을 잘 표현하거나 조리 있게 말하는 사람은 아니지만 지금부터 이것만은 알아둬라. 이제 시작이야, 안드레. 이제 시작이라고. 내가 무슨 말 하는지 알지? 너는 싸우는 중이고, 최후의 한 사람이 남을 때까지 날 믿어도 돼.

저 하늘 위에 어딘가 네 이름이 새겨진 별이 있을 거다. 네가 그걸 찾게 도와줄 수는 없을지 몰라도 나는 꽤 튼튼한 어깨를 가졌으니 네가 그 별을 찾는 동안 내 어깨 위에 너를 태울 수는 있단다. 물론 네가 원한다면 말이지. 내 어깨에 올라서서 손을 뻗어봐, 안드레. 손을 뻗어."

12
샘프러스와의 대결

1990년 프랑스오픈에서 나는 핑크색 옷을 입어 신문 1면에 오르내렸다. 스포츠 페이지의 전면에 기사가 나고 뉴스 면에 실리기도 했다. "애거시, 핑크를 입다." 구체적으로 나는 염소 표백한 반바지 위에 핑크색 컴프레션 타이즈 차림이었다. 나는 기자들에게, 엄밀히 말해 그건 핑크색이 아니라 핫 라바(hot lava, 용암) 색이라고 말했다. 사람들이 제대로 이해하는지에 내가 꽤 신경을 쓴다는 사실에 나는 깜짝 놀랐다. 그러나 내 성격상 결함을 화제로 삼느니 차라리 내 바지 색깔에 관해 글을 쓰도록 내버려 두는 게 낫다는 생각이었다.

길과 필리 형과 나는 언론과 대중과 파리시 자체를 상대하기가 싫었다. 우리는 길을 잃었을 때 영어를 쓰는 것 때문에 사람들의 시선을 받는 게 싫었다. 그래서 호텔방에 갇혀서 에어컨을 틀고 맥도날드와 버거킹에 배달주문을 시켰다. 그러나 닉은 밀실공포증 증상을 보였고, 밖으로 나가 구경하고 싶어했다.

"이봐들, 우리는 파리에 와 있다고! 에펠탑? 루브르?"

"다 가봤고 해봤어요. 루브르 근처에는 가고 싶지 않아요. 그럴 필요도 없고. 눈을 감으면 벼랑에 매달린 남자의 아버지가 그의 목을 잡고 사랑하는 사람들이 그의 팔다리에 매달려 있는 끔찍한 그림이 떠오른다니까요. 그저 이 게임에 이겨서 집에 가고 싶을 뿐이라고요."

괜찮은 성적으로 초반전을 치르다가 다시 쿠리어와 만났다. 그는 타이 브레이크에서 첫 세트를 이겼지만 휘청휘청하다가 2세트에서 나에게 졌다. 내가 3세트를 이기고, 다음 4세트에서 6-0으로 이기자 그는 부끄러워 죽겠다는 표정으로 얼굴이 벌게졌다. 꼭 핫 라바색 같았다. 그에게 충분히 유산소 운동이 된 거라면 좋겠다고 말해주고 싶었지만 그러지 않았다. 아마도 내가 조금 성숙했졌는지도. 더 강해진 건 틀림없었다.

다음 상대는 챙으로 그는 전년도 우승자였다. 나는 싸울 기세로 맞섰다. 그가 나보다 먼저 슬램을 달성했다는 걸 믿을 수 없었기 때문이다. 나는 그의 근면함이 부러웠고 그의 코트 예절에 감탄했지만 어쨌든 그가 싫었다. 그는 코트에서 신이 그의 편이라는 말을 거리낌 없이 계속했고 그런 이기주의와 종교적 언행이 짜증났다. 나는 그를 4세트 만에 이겼다.

준결승에서는 요나스 스벤슨과 겨루게 됐다. 그는 엄청나게 강력한 서브를 넣었고 네트 가까이 다가가는 걸 전혀 두려워하지 않았다. 그는 공이 빠르게 튀는 코트에서 실력이 더 좋은 편이었지만 나는 클레이 코트에서 그를 따라잡을 생각을 하니 기분이 좋았다. 그가 원을 그리며 강력한 포핸드를 구사했기 때문에, 나는 그의 백핸드를 일찌감치 끌어내기로 했다. 나는 몇 번이고 계속해서 약한 백핸드를 공략해서 5-1로 빠르게 리드를 잡았다. 스벤슨은 만회하지 못했다. 애거시의 세트.

2세트에서 나는 4-0으로 리드를 잡았다. 그는 3-4로 다시 브레이크했다. 그가 게임에서 이기도록 거의 내버려둔 덕분에 그는 제법 자신감을 찾더니 3세트를 따냈다. 보통 때 같으면 나는 당황했겠지만 그때는 내 박스석에 길이 앉아 있었다. 나는 길이 주차장에서 했던 말을 떠올리며 4세트를 6-3으로 이겼다.

마침내 결승 진출이었다. 슬램에서 내 첫 결승이었다. 나는 몇 주 전 이긴 적이 있는 에콰도르 출신의 고메즈 선수를 상대로 맞았다. 그는 서른 살의 은퇴 직전의 노장이었으며, 나는 이미 그가 은퇴한 거나 다름없다고 생각했다. 신문에서는 애거시가 잠재력을 발휘할 거라고 떠들어댔다.

그런데 재앙이 닥쳤다. 결승 전날 밤 샤워를 하다가 필리 형이 사준 가발이 내 손에서 갑자기 산산조각이 난 것이다. 내가 잘못된 린스를 썼던 것이 틀림없다. 짜임이 풀어지고 있었다. 그 빌어먹을 물건이 망가지고 있었던 것이다. 극도의 패닉 상태에 빠져서 나는 필리 형을 호텔방으로 불렀다.

"정말 재수 없는 일이 생겼어. 이 가발 좀 봐!" 그는 가발을 살펴봤다.

"말려줄 테니까 핀으로 잘 고정하면 돼." 그가 말했다.

"뭘로?"

"헤어핀으로."

그는 헤어핀을 찾으러 온 파리 시내를 돌아다녔지만 하나도 구할 수가 없었다.

"무슨 도시가 이따위야? 헤어핀이 없다니?" 그는 내게 전화해서 말했다.

호텔 로비에서 필리 형은 크리스 에버트를 우연히 만나 헤어핀이 있으면 좀 달라고 했다. 그러나 그녀 역시 하나도 갖고 있지 않았다. 그녀가 헤어핀이 왜 필요하냐고 물었지만 필리 형은 대답하지 않았다. 마침내 형은 헤어핀을 한가득 갖고 있는 리타 누나의 친구를 찾아냈다. 그러고는 나를 도와 가발을 잘 매만져 원래 모양을 유지하게 하고는 20개가 넘는 헤어핀을 그대로 꽂아두었다.

"잘 버틸까?"

"그럼, 그럼. 너무 많이 움직이지만 말고." 우리는 둘 다 희미하게 웃었다.

물론 가발 없이도 테니스를 할 수는 있었다. 그러나 몇 달에 걸친 조롱과 비난, 조소로 나는 남의 시선에 극도로 민감해져 있었다. 이미지가 전부라고? 내가 줄곧 가발을 쓰고 있었다는 걸 알면 뭐라고 말할까? 이기거나 지거나, 그들은 내 게임에 대해서는 한마디도 안 하겠지. 내 머리에 대해서만 떠들어 댈 것이다. 닉볼리티에리 아카데미의 아이들이나 데이비스 컵에서 1만 2천 명의 독일 관중이 나를 비웃는 대신, 이제 전 세계가 나를 조롱할 것이다. 눈을 감으니 그 소리가 들리는 것만 같았다. 나는 내가 못 견디리라는 걸 알고 있었다.

시합 전에 워밍업을 하면서 기도했다. 이기게 해달라고가 아니고 가발이 제대로 붙어있게 해달라고. 보통 때라면, 슬램에서 첫 결승에 나가는 거라 신경이 날카로웠을 것이다. 그러나 내 아슬아슬한 가발 때문에 나는 잔뜩 긴장했다. 가발이 흘러내리지도 않는데 나는 흘러내리는 상상을 했다. 앞으로 돌진할 때마다, 뛰어오를 때마다, 나는 가발이 아버지가 하늘에 총을 쏘아 잡은 매처럼 클레이 코트에 떨어지는 상상을 했다. 관중석에서 놀라는 소리가 들리겠지. 수백 만의 사람들이 갑자기 TV로 가까이 다가가 서로를 쳐다보며 수십 개 국어와 방언으로 이렇게 떠들어 댈 것이다. 안드레 애거시의 머리가 지금 벗겨진 거야?

날선 신경과 내 소심함 때문에 고메즈와의 경기에 대한 작전도 영향을 받았다. 그는 적지 않은 나이인데다, 그가 5세트 만에 주저앉을 걸 알았기 때문에, 나는 시합을 질질 끌어서 롱랠리로 그의 체력을 저하시키고자 했다. 그러나 시합이 시작되자 고메즈 역시 나이의 한계를 알고 경기진행의 속도를 높이려 했다. 그는 위험을 감수하며 빠르게 경기를 이끌어 갔고 서둘러 첫 세트를 따냈다. 2세트에서는 졌으나 그 역시 급한 감이 있었다. 이제 나는 네 시간은커녕 길어야 세 시간이면 시합이 끝날 거라는 걸 알았다. 그 말은 결국 컨디션 조절이 별 영향을 주지 못한다는 뜻이었다. 고메즈가 이길 수 있는 경기는 샷메이킹(*더 많은 득점을 올리기 위해 위험을 무릅쓰고 경기를 하는 것) 시합뿐인 것이다. 두 세트가 끝났는데도 시간이 많이 지나지 않았으므로, 5세트까지 간다 해도 나는 팔팔한 상대와 마주해야 할 것이었다.

당연히 내 전략에는 처음부터 치명적인 결함이 있었다. 정말 한심했다. 아무리 시합이 길어진다 한들 그런 작전이 먹힐 리가 없었다. 지지 않기만을 바라거나 상대방이 지기를 기다리는 것으로 슬램의 결승전에서 이길 리는 만무한 것이다. 롱랠리 전략으로 나가려 했다가 오히려 고메즈를 더 대담하게 만들고 말았다. 그는 이번이 슬램에서 마지막 기회가 될지도 모른다는 사실을 아는 베테랑이었던 것이다. 그를 이길 수 있는 유일한 방법은 공격적인 플레이를 통해 그의 믿음과 욕망을 앗아가 버리는 것뿐이었다. 그는 내가 방어적으로 플레이하면서 시합을 주도하기보다는 상황을 이용한다는 걸 알고 대담해졌다.

고메즈가 3세트를 따냈다. 4세트가 시작되자 나는 또다시 오판했다는 걸 깨달았다. 대부분의 선수들은 경기 후반에 피로해지면 서브의 속도가 다소 떨어지게 마련이었다. 지친 다리로 높이 뛰어오르는 게 부담이 되기 때문이다. 그러나 고메즈는 슬링샷 서브를 넣었다. 절대 높이 뛰어오르지 않았고 공 쪽으로 몸을 숙였다. 피로해지면 훨씬 더 많이 숙였고 그 때문에 그의 자연스러운 슬링샷 동작이 더욱 두드러졌다. 그의 서브가 약해지길 기다렸지만, 도리어 점점 날카로워지기만 했다.

시합에 이긴 고메즈는 품위가 넘쳤고 매력적이었다. 울기도 하고 카메라를 향해 손을 흔들기도 했다. 그는 에콰도르 사람들의 국민적 영웅이 되리라는 걸 알고 있는 것 같았다. 나는 내가 에콰도르에 살면 어떨지 궁금했다. 거기로 이사 가는 게 좋을지도 모른다. 아마 지금 이 순간 느끼는 부

샘프러스와의 대결

끄러움에서 도망칠 유일한 장소가 되겠지. 라커룸에 앉아서 고개를 푹 숙인 채, 동료뿐 아니라 수많은 칼럼니스트와 보도기자들이 뭐라고 쓸지도 생각했다. 당장이라도 그들의 목소리가 들리는 것 같았다. 보이는 것이 전부다. 애거시는 아무것도 아니었군. 미스터 핫핑크는 핫한 문제아였어.

필리 형이 들어왔다. 형의 눈을 보니 그냥 내 기분에 공감하는 게 아니라 그 역시도 나와 같은 기분이라는 걸 알 수 있었다. 그의 패배나 마찬가지였던 것이다. 형은 괴로워하며 해야 할 말을 그에 걸맞은 목소리로 전했다. 나는 형의 그런 점이 언제나 좋았다.

"이런 형편없는 도시에서 빨리 나가자."

길은 우리 짐을 커다란 카트에 싣고 샤를 드골 공항을 빠져나갔다. 나는 한 발짝 앞에서 걷다가 출발과 도착편을 보느라 멈춰 섰다. 길은 계속 카트를 밀고 가다가 나와 부딪혔다. 카트의 끝은 날카로운 금속제로 되어 있어서, 무방비 상태였던 내 부드러운 아킬레스건을 뚫고 들어왔다. 나는 양말 없이 로퍼를 신고 있었다. 피가 유리바닥으로 뿜어져 나왔다. 아킬레스건에서 피가 솟구쳤다. 길이 급히 가방에서 반창고를 꺼내왔다. 나는 그에게 침착하라고, 천천히 하라고 말했다.

"괜찮아요. 적절한 타이밍이에요. 파리를 떠나기 전에 내 아킬레스건에서 나온 피가 바닥을 흥건히 적시게 될 거예요."

나는 다시 윔블던을 건너뛰고 여름 내내 길과 열심히 훈련에 임했다. 그의 홈 체육관이 완성되었고 거기에는 십여 개의 수제 기구가 가득했다. 길만의 솜씨가 엿보였다. 창문에는 거대한 에어컨을 달아놓았고, 바닥에는 푹신한 인조잔디를 고정시켜 놓았다. 코너에는 오래된 당구대가 있어 운동하고 쉬는 사이사이에 나인볼을 쳤다. 새벽 4시까지 운동을 하면서 밤을 보내는 동안 길은 몸과 함께 내 마음을 강인하게 만들고 자신감을 키워줄 새로운 방법을 찾았다. 나만큼이나 프랑스오픈 결과에 충격을 받았던 것이다. 하루는 해가 뜨기도 전에, 그의 어머니가 항상 하셨다던 말을 해주었다.

"Qué lindo es soñar despierto. 깨어있는 동안 꿈을 꾸는 게 얼마나 멋진 일인가. 깨어있는 동안 꿈을 꿔, 안드레. 누구든 자는 동안은 꿈을 꿀 수 있지만, 너는 항상 꿈을 꿔야 해. 그리고 네 꿈을 입 밖으로 소리 내서 크게 말하고 그걸 믿어."

슬램 결승에 나갔을 때 나는 꿈을 꿨어야 했다. 이기기 위해 플레이를 했어야 하는 것이다. 나는 고맙다며 그에게 선물을 주었다. 황금색 피라미드가 달린 목걸이였는데, 피라미드 안에는 세 개의 고리가 있었다. 성부, 성자, 그리고 성령을 의미했다. 나는 목걸이를 직접 디자인해서 플로리다의 보석상에게 만들어달라고 주문했고, 그와 짝을 이루는 귀걸이도 갖고 있었다. 길이 목에 목걸이를 걸었고, 나는 그가 목걸이를 벗어던지기 전까지 결코 오늘을 잊을 수 없으리라 생각했다.

길은 내가 운동할 때 소리 지르는 걸 좋아했지만 아버지와는 달랐다. 그의 목소리에는 사랑이 담겨 있었다. 내가 개인 최고기록을 경신해보려고 할 때면, 내가 평소보다 웨이트를 더 들어올릴 준비를 할 때면, 길은 내 뒤에 서서 고함을 쳤다. 그렇지, 안드레! 해보는 거야! 크게 들어올려! 그의 고함소리가 너무 커서 심장이 갈비뼈에 부딪힐 것 같았다. 그리고 내게 의욕을 불어넣기 위해 나를 비켜서게 한 후, 그가 들어올릴 수 있는 최고 무게를 들어보이기도 했다. 250킬로그램이었다. 가슴 위로 그렇게 무거운 고철 덩어리를 들어올리는 광경은 놀라웠고, 그럴 때마다 불가능은 없다는 생각이 들곤 했다. 꿈을 꾼다는 건 얼마나 아름다운 일인가. "하지만 꿈은 정말 피곤한 일이기도 해요." 나는 언젠가 쉬는 시간에 길에게 말했다.

"지치지 않을 거라는 약속은 못하겠구나. 그래도 이것만은 알아둬라. 피로 끝에 너를 기다리고 있는 좋은 것들이 아주 많단다. 지치도록 운동을

라스베이거스 외곽의 사막에서 길과 함께. 1990년, 우리가 풀타임으로 함께 일하게 된지 얼마 되지 않았을 무렵.

해봐, 안드레. 그러고 나면 너 자신에 대해 잘 알게 될거다. 피로의 다른 면을 발견하게 될 거야."

길의 관리와 면밀한 감독 아래 나는 1990년 8월까지 근육량을 4.5킬로그램 정도 늘렸다. 뉴욕에서 열리는 US오픈에 나갔을 때는 날렵하고 슬림하면서도 힘이 넘치는 기분이었다. 나는 소련 출신의 안드레이 체르카소프를 3세트 만에 쉽게 이겼다. 준결승까지 파죽지세로 치고 올라가며 베커와도 맹렬히 겨뤄 4세트 만에 그를 이겼는데, 아직도 내 몸에는 기운이 펄펄 남아도는 기분이었다. 우리는 호텔로 돌아와 내일 누가 내 상대가 될지 보기 위해 다른 선수들의 경기를 시청했다. 맥켄로 아니면 샘프러스였다.

 불가능해 보였지만, 다시 볼 수 없을 거라 생각했던 샘프러스는 다시금 일어서고 있었다. 그리고 맥켄로와 아주 힘겨운 싸움을 벌이고 있었다. 하지만 나는 곧 샘프러스가 맥켄로를 상대로 싸움을 벌이는 것이 아니라, 맥켄로가 샘프러스를 상대로 싸움을 벌이고 있다는 걸 깨달았다. 맥켄로는 지고 있었다. 내일 상대는 믿을 수 없게도 샘프러스가 될 것이었다.
 카메라는 샘프러스의 얼굴을 가까이서 잡자 나는 그가 모든 걸 소진해 버렸다는 사실을 깨달았다. 게다가 해설가는 칭칭 테이프로 감은 그의 발에 물집이 가득하다고 말했다. 길은 더 못마실 때까지 내게 길워터를 마시라고 했다. 나는 웃으며 침대로 가서 얼마나 재미있는 일이 벌어질지, 샘프러스가 진이 빠지도록 달리게 만들어주면 어떨지 생각했다. 물집에서 그가 피가 나도록 양 사이드를 전력 질주하면서, 샌프란시스코에서 브래덴톤까지 왕복하는 기분이 들도록 만들어야 겠다. 아버지가 입버릇처럼 하던 얘기가 떠올랐다. 녀석의 뇌에 수포를 만들어버려. 나는 마음도 안정되고 컨디션도 좋았던 데다가 자신감도 넘쳤다. 길의 집에 가지런히 쌓인 덤벨들처럼 곤히 잤다.
 아침이 되자 나는 10세트라도 거뜬할 것 같았다. 이제 가발 문제도 없었다. 더 이상 가발을 쓰지 않았으니까. 나는 유지비용이 낮은 두꺼운 헤어밴드와 밝은 염색머리로 위장술을 바꿨다. 샘프러스에게 진다는 건, 작년의 그 불운한 꼬마가, 코트에서 공도 제대로 다루지도 못했던 그 얼뜨기에게 진다는 건 있을 수 없는 일이었다.
 그런데 전혀 달라진 샘프러스가 등장했다. 공을 빗맞히는 법이 없었다. 우리는 포인트를 오래, 그리고 힘겹게 주고받았고 그는 실수하는 법이 없었다. 그는 리치의 범위가 넓었고 모든 공을 쳐냈으며 영양처럼 이리저리 뛰어다녔다. 또 순발력 넘치는 서브로 네트를 넘어 경기를 압도하고 있었다. 그는 내 서브를 완전히 제압했다. 나는 무력했고 화가 치밀었다. 이럴 수는 없었다. 아니야, 지금 일어나는 일이야. 그래, 이럴 수는 없는 거야.

어떻게 이길까를 생각하는 대신 어떻게 지지 않을까를 생각하기 시작했다. 고메즈와 시합할 때와 똑같은 실수를 저지르고 똑같은 결과를 얻었다. 시합이 모두 끝나자 나는 기자들에게 샘프러스가 뉴욕의 옛날 강도들처럼 플레이를 했다고 말했다. 딱 들어맞지는 않는 비유였지만 나는 강탈당한 기분이었다. 그렇다. 내 것으로 생각했던 그 무언가가 빠져나갔다. 하지만 경찰조서를 쓸 수도 없었고 처벌을 기대할 수도 없었다. 모두가 피해자를 비난할 게 뻔했다.

몇 시간 후 눈을 번쩍 떴다. 나는 호텔방에 누워있었다. 모두 꿈이구나. 황홀했던 그 짧은 순간 동안 나는 필리와 닉이 샘프러스가 경기를 망친 것을 조롱하는 동안, 바람 부는 언덕에서 잠시 곯아떨어졌던 거라고 믿었다. 하고많은 사람 중 하필 샘프러스가 슬램의 결승전에서 나를 이기는 꿈을 꾼 것이다.

그러나 아니었다. 현실이었다. 실제 일어난 일이었다. 나는 방안이 서서히 밝아지는 것을 느끼며 내 마음과 온 정신이 점점 어두워지는 걸 또렷이 알 수 있었다.

13
윔블던 챔피언이 되다

'보이는 것이 전부'라는 광고를 찍을 때 웬디가 나를 보러 온 이후로 우리는 커플이 되었다. 그녀는 나와 함께 여행하면서 나를 돌봐주었다. 함께 자라왔기에 완벽한 한 쌍이었고 계속 함께할 수 있을 것 같았다. 같은 지역 출신에다 원하는 것도 같았다.

우리는 서로 죽고 못 사는 사이였지만, 개방적인 관계로 지내자는 데 합의했다. 웬디의 생각이었다. 그녀는 한 사람에게 헌신하겠다고 약속하기엔 너무 어렸고 너무 혼란스러워했다. 자기 자신에 대해서도 잘 몰랐다. 모르몬교도로 자랐으나 모르몬교의 교리를 믿지 않기로 했고, 대학에 갔다가 자신에게 맞지 않는 학교라는 걸 깨닫기도 했다. 스스로가 어떤 사람인지 알기까지는 온전히 나에게 마음을 줄 수 없다는 게 그녀의 설명이었다.

1991년 우리는 길과 함께 나의 스물두 번째 생일을 축하하러 애틀랜타에 있었다. 우리는 벅헤드의 지저분하고 오래된 바에 있었는데, 담배에 그을린 당구대와 플라스틱제 맥주잔이 있는 곳이었다. 우리 셋은 웃으며 술을 마셔댔고, 술은 입에도 안 댔던 길도 약간 취한 것 같았다. 웬디는 그날 밤을 후세를 위해 기록하겠다며 가져온 캠코더를 내게 건네며 천막 안 게임장에서 농구하는 모습을 찍어달라고 했다. 나를 가르치겠다는 거였다. 나는 그녀를 3초 정도 찍고는 천천히 그녀의 몸을 위에서 아래로 찍었다.

"안드레, 내 엉덩이에서 카메라 치워줘." 그녀가 말했다.

사람들이 왁자지껄하게 들어왔다. 대충 내 나이 또래였는데 현지 축구팀이거나 럭비팀 같았다. 그들은 나에 대해 거친 말을 쏟아내더니 이내 웬디에게 시선을 집중했다. 그리고 술에 취해 상스러운 행동을 하면서 웬디 앞에서 나를 난처하게 만들려 했다. 14년 전 내게 똑같은 짓을 했던 나스타세가 생각났다.

"다음은 우리 차례야." 럭비팀은 우리 당구대 끝에 쌓아 올려진 25센트 동전을 무너뜨렸다.

길은 플라스틱 머그컵을 내려놓으며 쿼터를 집어들고는 자판기로 천천히 걸어갔다. 그리고 땅콩 한 봉지를 사서 당구대로 돌아왔다. 그는 천천히 땅콩을 먹으면서 럭비 선수들이 다행히 다른 바로 이동할 때까지 이들에게서 눈을 떼지 않았다. 웬디는 킥킥 웃으며, 길이 맡은 역할과 임무 외에 내 경호원 역할도 겸하는 게 좋겠다고 제안했다.

"이미 그런 셈이야."

그렇다 하더라도 그 말이 썩 맞지는 않았다. 길을 설명하는 데 적합한 단어는 아니었던 것이다. 길은 내 몸과 머리와 게임과 마음과 여자친구를 지켜주는 존재였다. 내 인생의 단 하나의 상수(常數)였다. 그는 내 목숨을 구한 사람이었다.

나는 사람들―기자든, 팬이든, 괴짜든 간에―이 길에게 내 경호원이냐고 물을 때가 유달리 좋았다. 그럴 때면 그의 입술에 미소가 스쳐 지나갔고, 그는 언제나 이렇게 말했다.

"그에게 손대보시면 알게 될 겁니다."

1991년 프랑스오픈에서 나는 6회전까지 밀고 올라가 결승에 진출하게 됐다. 세 번째 슬램 결승전이었다. 쿠리어와 겨루게 됐는데 인기는 내가 더 있었다. 모두들 내가 그를 이길 거라고 했고 나도 그를 이길 거라고 말했다. 나는 그를 이겨야 했다. 세 번 연속 슬램 결승전에 진출해 우승하지 못하는 기분이 어떤지 상상하고 싶지 않았다.

좋은 점은 쿠리어를 이기는 방법을 내가 알고 있다는 거였다. 나는 작년에 이 토너먼트에서 그를 이겼으니까. 나쁜 점은 사적인 감정 때문에 긴장이 된다는 것이었다. 우리는 같은 곳에서 시작해 닉볼리티에리 아카데미의 같은 숙소에서 지냈고, 우리의 이층침대는 몇 피트밖에 떨어져 있지 않았다. 나는 쿠리어보다 훨씬 잘했고 닉에게 훨씬 인정을 받았기 때문에 슬램의 결승에서 그에게 지는 것은 토끼가 거북이에게 지는 것과 비슷한 기분이었을 것이다. 챙이 나보다 먼저 슬램을 달성한 것으로도 충분했다. 그리고 샘프러스. 그런데 쿠리어까지? 그럴 수는 없었다.

나는 우승하기 위해 경기에 출전했다. 지난 두 번의 슬램에서의 실수로부터 충분히 배울 만큼 배웠다. 나는 6-3으로 첫 세트를 무난히 이겼고, 2세트에서 3-1로 리드하면서 브레이크포인트를 잡았다. 이번 포인트를 따내면 나는 세트와 매치에서 완전히 그를 제압하게 되리라. 그런데 갑자기 비가 내리기 시작했다. 팬들은 몸을 가리고 비 피할 곳을 찾았다. 쿠리어와 나는 라커룸으로 들어가 우리에 갇힌 사자처럼 서성거렸다. 나는 라커룸으로 들어온 닉에게 조언과 격려를 구했으나, 그는 아무 말도 하지 않았다. 아무 말도. 나는 오래전부터 실제 코칭 때문이 아니라 늘 하던 대로, 그리고 의리 때문에 닉과 함께 해왔다는 걸 알고 있었다. 그 순간에 내가 필요로 했던 건 코칭이 아니라 인간미였다. 여느 코치라면 당연한 일이었다. 이 순간 내가 잔뜩 흥분해 있는 사실을 인정해 줄 사람이 필요했다.

그것이 무리한 요구였을까?

비 때문에 연기되었던 경기가 시작되자, 쿠리어는 내 샷의 파워를 낮출 생각으로 베이스라인 훨씬 뒤쪽에 자리 잡고 있었다. 쉬면서 경기를 되돌아보고 체력을 보충한 그는 나의 브레이크를 막기 위해 맹렬한 기세로 돌아오더니 2세트를 따냈다.

나는 화가 났다. 격분에 가까웠다. 3세트를 6-2로 이겼다. 쿠리어와 나 자신의 마음속에 2세트는 요행이었다는 걸 확고히 한 것이다. 2-1의 스코어로 한 세트를 앞서자 결승점이 가까워져 왔다는 걸 느낄 수 있었다. 나의 첫 슬램 달성이었다. 여섯 번의 게임이 남아 있었다.

4세트가 시작되자 나는 첫 13포인트 중 12포인트를 잃었다. 내가 흐트러지고 있는 건가, 아니면 쿠리어가 경기운영을 잘하는 건가? 모르겠다. 절대 알 수 없다. 그러나 이 기분은 너무나 익숙했다. 잊을 수 없으리만치 익숙했다. 반드시 일어날 것 같은 이 느낌. 모멘텀이 사라지자 찾아온 이 무중력 상태. 쿠리어는 이번 세트를 6-1로 이겼다.

5세트에서 4-4로 동점이 되었고, 그는 나를 브레이크했다. 갑자기 나는 지길 바랐다. 다른 식으로는 설명할 수가 없었다. 4세트에서도 의지를 잃었으나 지금은 아예 의욕을 잃은 상태였다. 경기 시작 때 승리를 확신했던 것만큼이나 이제는 패배를 확신하고 있었다. 게다가 패배를 바라고 있었다. 아니 열망하고 있었다. 나는 낮게 중얼거렸다. 빨리 닥쳐라. 지는 것이 죽음과 같다면 뒤늦게 패하는 것보단 차라리 빨리 겪는 게 낫다.

더 이상 관중의 함성도 들리지 않았다. 나 자신의 생각도 들리지 않았고, 귀에서 윙윙거리는 소리만 났다. 지고 싶다는 욕망 외에 어떤 감정도 들고 느낄 수 없었다. 나는 10세트까지 가길 포기했고, 5세트의 결정적인 게임마저 포기하고는 쿠리어에게 축하한다고 말했다. 친구들은 지금까지 그렇게 절망적인 내 표정은 본 적이 없다고 했다.

나는 나 자신을 꾸짖지 않았다. 대신 스스로에게 이렇게 설명했다. 너는 그 선을 넘는 데 필요한 것을 갖고 있지 않아. 너는 스스로를 포기한 거야. 너는 이 게임을 그만둬야 했어.

패배는 상흔을 남겼다. 웬디는 내가 벼락에 맞았고 심지어 그 흔적이 보일 정도라고 했다. 라스베이거스로 돌아오는 비행기에서 그녀가 한 말은 그게 다였다. 부모님 집에 들어가자, 아버지가 우리를 현관에서 맞아주었다. 그리고는 곧장 나를 비난하기 시작했다.

"비가 그친 다음에 왜 전략을 수정하지 않았어? 왜 상대의 백핸드를 노리지 않았냐고?"

나는 대답하지 않았다. 움직이지도 않았다. 지난 24시간 동안 아버지의 꾸지람을 예상하고 있었고, 이미 거기에 무뎌진 상태였다. 그러나 웬디는 그렇지 않았다. 그녀는 아무도 시도하지 않았던, 내가 항상 어머니가 해주길 바랐던 것을 했다. 우리 사이에 끼어드는 것 말이다.

"두 시간 동안만 테니스 얘기 안 하면 안 될까요? 두 시간만요. 테니스는 그만."

아버지는 말을 멈추고는 입을 딱 벌렸다. 아버지가 그녀를 때리기라도 할까 봐 두려웠다. 그러나 그는 복도를 지나 침실로 황급히 올라갔다. 나는 웬디를 바라보았다. 그녀가 그렇게 사랑스러울 수가 없었다.

나는 라켓에 손도 대지 않았다. 테니스 가방을 열지도 않았다. 길과의 훈련도 그만뒀다. 웬디와 공포영화를 보면서 뒹굴었다. 공포영화를 볼 때만 다른 생각을 하면서, 쿠리어와의 5세트 경기에서 느꼈던 감정을 잠시 억누를 수 있었기 때문이다. 닉이 내게 윔블던에 나가라고 잔소리를 했다. 나는 그의 그은 얼굴에다 대고 빈정거렸다.

"다시 도전해야지. 그것밖엔 방법이 없어, 안드레."

"집어치워요."

"그러지 말고. 솔직히, 나빠져 봤자 얼마나 더 나빠지겠어?" 웬디가 말했다.

너무 우울해서 반박할 힘도 없었기 때문에 닉과 웬디가 나를 런던행 비행기에 태우는 걸 제지하지도 않았다. 우리는 대로변에서 벗어나 있는 멋진 이층집을 빌렸는데, 올 잉글랜드 론 테니스 앤드 크로켓 클럽(*All England Lawn Tennis and Croquet Club, 윔블던 테니스 대회의 예선경기와 결승경기가 열리는 곳)에서 가까웠다. 건물 뒤에는 멋진 정원이 있었고, 분홍색 장미와 여러 종류의 꾀꼬리가 있어서, 앉아 있으면 내가 왜 영국에 있는지조차 잊을 정도로 평화로운 곳이었다. 웬디는 그곳을 집처럼 편안한 분위기로 만들어 주었다. 양초와 식료품, 그녀의 향수 냄새로 공간을 채웠고 밤에는 맛있는 식사를 만들어주었다. 아침에는 연습 코트로 가지고 갈 도시락을 싸주었다.

토너먼트가 비 때문에 닷새 연기됐다. 집은 아늑했지만 5일째가 되자 우리는 답답해 미칠 지경이었다. 나는 코트로 나가고 싶었다. 프랑스 오픈에서 얻은 나쁜 기억을 지우고 싶었다. 아니면 지고 집에 가든가.

마침내 빗줄기가 약해졌다. 내 상대는 그랜트코넬 선수로, 빠른 코트에 강점이 있는 서브앤발리어(serve & volleyer, 서브와 발리로 경기를 풀어가는 선수)였다. 몇 년 만에 처음으로 잔디 코트에서 만난 상대치고는 어색했다. 그는 나를 완패시킬 생각이었으나 나는 5세트 경기 끝에 간신히 그를 이길 수 있었다.

나는 준준결승에서 데이비드 휘튼을 상대로 맞아 2-1의 스코어로 한 세트를 앞서고 있었다. 그런데 4세트에서 브레이크 두 개로 앞서다가 갑자기 관절을 구부릴 때 쓰는 엉덩이굴근에 뭔가 당기는 느낌을 받았다. 다리를 절뚝거리며 시합을 끝냈고 휘튼은 쉽게 이겼다.

이길 수 있었던 게임이었다. 프랑스오픈에서보다는 기분도 나아지기 시작했다. 망할 놈의 엉덩이. 좋은 소식은, 내가 이기고 싶은 생각이 들었다는 것이다. 어쩌면 나는 의욕을 되찾고 올바른 방향으로 가고 있는 건지도 몰랐다.

나는 빨리 회복하는 편이었다. 며칠이 지나자 엉덩이가 괜찮아졌다. 그러나 마음은 계속 욱신거렸다. US오픈에 출전해 첫 회 만에 지다니. 1회전 패배라니. 그러나 더 두려웠던 건 내가 시합에 진 방식이었다. 나는 반갑게도 크릭스테인과 겨루게 되었지만, 이번에도 이기고 싶지 않았다. 나는 그를 이길 수 있으리라는 걸 알고 있었지만 그런 수고를 할 만한 가치가 없었다. 나는 필요한 만큼의 에너지를 쏟아붓지 않았다.

나는 내 노력부족을 이상하리만치 분명히 느낄 수 있었다. 자극원이 없었던 것이다. 그뿐이었다. 의문의 여지가 없었다. 나는 그런 상태가 사라지길 애써 바라지도 않았다. 크릭스테인이 달리고 뛰어올랐다가 돌진을 하는 동안, 나는 그를 맥없이 바라보았다. 잠시 후에야 부끄러움이 밀려왔다.

달콤하게 나를 유혹하는 패배의 손길을 끊어낼 뭔가 극적인 것이 필요했다. 나는 혼자 이사가기로 결심했다. 라스베이거스 남서쪽에 방 3개짜리 트랙홈(*단독주택의 일종. 주택개발 회사들이 몇 개의 모델 홈을 만든 후 일반인에게 분양하는 것)을 사서 독신자용 아파트로 만들었다. 거의 독신자용 아파트를 모방한 것이었다. 나는 침실 하나를 유명 게임들 ― 아스테로이드, 스페이스 인베이더, 디펜더 등 ― 을 가득 채운 아케이드로 만들었다. 이 게임들을 잘하지는 못했지만 잘하고 싶었다. 격식을 차린 거실은 홈시어터로 개조하고 첨단 음향 기기와 저음용 스피커를 소파에 두었다. 식당은 당구장으로 만들었다. 메인 거실을 제외한 집안 곳곳에 고급 가죽의자를 비치해 놓았고, 거실에는 아주 큰 조립식의 초록색 셔닐 직물로 된 소파를 갖다 놓았는데 오리털이 이중으로 속을 채운 형태였다. 부엌에는 내가 제일 좋아하는 마운틴듀를 채운 음료수 자판기와 가정용 맥주탭을 놓았다. 뒤쪽에는 욕조와 밑바닥이 검은 석호를 만들어 놓았다.

침실은 동굴처럼 만들어 놓았는데, 한 줄기 빛도 새어 들어올 수 없이 암막 커튼을 단 칠흑같이 검은 그런 방이었다. 억눌린 사춘기 소년, 세상과 담을 쌓기로 결심한 청년의 집다웠다. 나는 호화로운 놀이방을 갖춘 새로운 집을 둘러보고는 내가 얼마나 컸는지 생각해봤다.

나는 1992년 초반 호주오픈을 건너뛰었다. 아예 출전하지도 않았고 당분간 출전할 것 같지도 않았다. 그러나 데이비스컵에는 참가했고 성적도 꽤 괜찮았는데, 어쩌면 하와이에서 열렸기 때문인지도 모른다. 아르헨티나에서는 두 시합에서 모두 이겼다. 시합이 끝나기 전날 밤에 웬디와 맥켄로와, 그의 아내 테이텀 오닐과 함께 술을 마시러 갔다가 과음을 해버렸다. 흔히 데드 러버(*승패에 영향을 미치지 않는 경기)라 불리는 의미 없는 일요일 시합에 나 대신 누군가 나가겠지 생각하고는 새벽 4시에 잠자리에 들었다.

그러나 상황은 그렇지 않았다. 나는 숙취로 탈수증상까지 있었지만, 시합에 나가 내가 언젠가 손으로 서브를 받아낸 적 있는 하이테와 경기를 치러야 했다. 다행히 하이테도 숙취로 고생 중이었다. 데드 러버인 게 당연했다. 우리 둘 다 죽을 것 같은 얼굴로 누렇게 떠 있었으니까. 충혈된 눈을 감추기 위해 나는 오클리 선글라스를 쓰고 테니스를 했는데 웬일인지 결과가 좋았다. 나는 느긋하게 경기를 했고 승자가 되어 코트를 나서며 생각했다. 슬램 같은 진짜 시합을 할 때도 이런 종류의 느긋함이 도움이 될까? 술기운이 가시지 않은 채로 모든 시합에 출전해야 하나?

그다음 주에 나는 〈테니스〉란 잡지 표지에 오클리 선글라스를 쓴 모습으로 등장했다. 잡지가 가판대에 놓인 지 몇 시간도 되지 않았을 것이다. 웬디와 나는 내가 꾸민 독신자 아파트에 있었는데, 배달 트럭 한 대가 문

앞에 섰다. 밖으로 나가자 배달원이 서 있었다.

"여기 사인 부탁합니다."

"이게 뭐죠?"

"선물입니다. 짐 재너드 오클리 회장님이 보내셨습니다."

트럭 뒤쪽이 낮아지더니 빨간색 닷지 바이퍼(*Dodge Viper, 크라이슬러에서 만든 미국의 대표적인 레이싱 카)가 천천히 내려왔다. 게임에서 져도 여전히 내가 제품을 움직일만한 영향력이 있는 사람이라는 걸 알게 되다니 기분이 좋았다.

하지만 내 랭킹은 곤두박질쳐서 상위 10위에서도 벗어났다. 코트에서 나름의 자신이 있었던 유일한 때는 데이비스컵에 출전했을 때였다. 포트 마이어스에서 나는 미국 팀이 체코슬로바키아에 승리하는데 일조했고, 두 시합 모두 이겼다. 그 외에 내가 경기력 향상을 보였던 유일한 게임은 아스테로이드였다.

1992년 프랑스오픈에서 나는 샘프러스를 이겨 기분이 좋았다. 그러고는 다시 쿠리어와 준결승에서 만났다. 작년의 기억이 생생해 여전히 괴로웠다. 나는 다시 스트레이트 세트로 졌고 쿠리어는 런닝화 끈을 고쳐 매고는 조깅하러 가버렸다. 나는 그를 상대로 아직 온 힘을 다할 수 없었다.

플로리다로 힘없이 날아가 닉의 집에 처박혔다. 거기 있는 동안 한 번도 라켓을 잡지 않았다. 그러고는 마지못해 닉 볼리티에리 아카데미에서 짧게 하드 코트 연습을 하고는 윔블던으로 날아갔다.

1992년 런던에는 놀랍게도 재능 있는 선수들이 많이 모여들었다. 쿠리어도 있었다. 그는 랭킹 1위였으며, 두 번의 슬램 우승을 막 거둔 상태였다. 샘프러스도 점점 실력이 향상되고 있었다. 스테판 에드베리는 정신 나간 것처럼 테니스를 하고 있었다. 나는 12번 시드(*seed, 대진상 우선적인 자리를 받는 선수를 일컫는 용어. 토너먼트로 처러지는 경기에서 강한 선수들이 대회 초반에 만나지 않도록 상위 랭커들을 드로상에서 분리시켜 놓는 역할을 함)를 배정받았는데, 내 경기성적을 고려하면 더 낮은 시드로 배정되었어야 했다.

나는 1회전 시합에서 러시아 출신의 안드레이 체스노코프를 상대로 낮은 시드에 배정된 다른 선수들처럼 플레이했다. 첫 세트에서 지자 좌절감으로 자신을 다그치고 욕을 했다. 엄파이어(umpire, 심판)는 내가 욕한 데 대해 공식 경고를 줬다. 그에게 거의 연달아 욕설을 날릴 뻔했지만 겨우 숨을 고르고 침착을 되찾을 수 있었다. 그를 비롯해 모든 이를 놀래주기로 결심하자 아주 놀라운 성적을 냈다. 다음 3세트를 이긴 것이다.

이제 준준결승에 진출하게 됐다. 상대는 지난 7년간 윔블던 결승에 여섯 번이나 올랐던 베커였다. 그는 윔블던에서 홈경기를 치르는 거나 마찬가지였다. 그러나 그의 서브를 유심히 지켜봐 온 나는 이틀간의 시합 끝에 그를 5세트 만에 이길 수 있었다. 뮌헨에서의 기억은 이제 평온을 찾게 됐다.

준결승에서 나는 세 번이나 윔블던에서 우승한 맥켄로를 상대하게 됐다. 33세의 그는 거의 선수경력 막바지였고, 시드 배정을 받지 않았다. 약자라는 입장과 그의 전설적인 대회기록 때문인지 팬들은 당연히 그를 응원했다. 나 역시 얼마간은 그가 이기길 바랐다. 그러나 3세트 만에 그를 이기고는 결승에 진출하게 되었다.

샘프러스와 결승에서 만나길 기대했으나, 그는 준결승에서 크로아티아 출신의 강서브 머신으로 알려진 고란 이바니세비치 선수에게 졌다. 나는 이바니세비치와 전에 두 번 경기를 치른 적이 있었는데, 두 번 다 그는 나를 세트 연속으로 완패시켰다. 그래서 샘프러스가 측은하게 여겨졌다. 나도 곧 같은 처지가 될 것이 분명했다. 나는 도저히 이바니세비치를 이길 수 있을 것 같지 않았다. 미들급 대 헤비급 매치나 다름없었으니까. KO로 끝날지 TKO로 끝날지가 관건일 뿐이었다.

보통 때 이바니세비치의 서브가 파워풀한 수준이었다면, 그날은 거의 예술에 가까웠다. 그는 좌우로 에이스 서브를 넣었는데, 속도측정기로 쟀을 때 시속 138마일(약 222km/h)에 달하는 무지막지한 서브였다. 그러나 문제는 속도만이 아니라 그 경로였다. 서브한 공이 75도 각도로 땅에 떨어졌다. 신경 쓰지 않으려고 애쓰며 나는 에이스일 뿐이라고 혼잣말을 했다. 매번 그가 리턴하기 어려운 서브를 넣을 때마다 나는 그가 언제까지고 이럴 수는 없을 거라고 스스로를 다독였다. 그냥 반대편에 서서 준비하기만 하면 돼, 안드레. 제2 서브 몇 번이면 승부가 결정될 것이었다.

그가 첫 세트를 7-6으로 따내는 동안 나는 한 번도 그를 브레이크하지 못했다. 과잉반응을 보이지 않으려 노력하면서 고른 호흡을 유지하고 침착하려고 애썼다. 네 번째 슬램 결승에서 지기 직전이라는 생각이 들었지만 일부러 그런 생각을 한쪽으로 치워버렸다. 2세트에서 이바니세비치가 치기 쉬운 공을 몇 번 넘겨줬을 때 나는 그를 브레이크했다. 그리고 2세트를 따냈다. 그리고 3세트. 나는 기분이 더욱 가라앉고 있었는데, 또다시 슬램까지 한 세트를 남겨놓은 상황이었기 때문이다.

이바니세비치는 4세트에서 다시 무섭게 일어서더니 나를 완패시켰다. 내가 그를 화나게 만든 것이다. 그는 몇 포인트를 빼놓고는 거의 실점이 없었다. 또다시 반복이었다. 내일 머리기사가 어떻게 될지 뻔히 보였다. 5세트가 시작되자 나는 혈액순환이 되도록 제자리에서 뛰면서 한 가지 생각만 했다. 너는 이걸 원하는 거야. 이번만큼은 지고 싶지 않아. 지난 세 번의 슬램에서 문제점은 네가 정말로 바라지 않았기 때문에 덤벼보지 않았던 거였어. 하지만 이번엔 네가 원하는 거라구. 그러니까 이바니세비치와 여기 있는 다른 모든 사람들에게 네가 진짜 이기고 싶어한다는 걸 알려줘야 해.

스코어가 3-3이 되고, 나는 브레이크포인트에서 서브를 넣었다. 나는 이 세트를 통틀어 한 번도 제1 서브를 넣을 수가 없었는데, 이제서야 다행히도 서브를 처음 넣게 됐다. 그는 코트 중간으로 공을 리턴했고, 나는 그의 백핸드를 공격했다. 그가 다시 칩로브샷을 치자 나는 두 발짝 뒤로 가야 했다. 오버헤드샷은 쉽게 구사할 수 있는 샷이었다. 또 슬램에서 내가 고전했던 대표적 샷이기도 했는데, 너무 쉽기 때문이었다. 나는 너무 쉬운 건 싫었다. 손에 쥐기만 하면 되었으니까. 그렇게 해볼까? 나는 스윙을 했고 오버헤드샷의 정석을 보여주었으며, 포인트를 땄다. 그리고 계속해서 서브를 하게 됐다.

이바니세비치가 스코어 4-5에서 서브를 넣었으나 더블폴트를 범했다. 그것도 두 번이나. 그는 게임포인트 0-30을 기록하며 뒤처졌다. 게다가 무리해서 몸이 망가지고 있었다. 나는 지난 한 시간 반 동안 이 사내를 브레이크한 적이 없는데 이제는 그가 스스로 무너지고 있었다. 그는 제1 서브를 다시 놓치며 침착함을 잃고 있었다. 나는 알 수 있었다. 눈에 보였으니까. 무너지는 게 어떤 건지 나보다 더 잘 아는 사람은 없었다. 나는 또 그것이 어떤 기분인지도 알고 있었다. 나는 이바니세비치의 몸에 어떤 일이 일어나고 있는지 정확히 잘 알고 있었다. 그는 목이 잠겨오는 것이었다. 다리도 후들거리고 있었다. 그러나 그는 몸을 진정시키고는 서비스 박스 뒤쪽으로 제2 서브를 넣었고, 테니스공이 그리는 노란 빛줄기가 가까스로 라인에 닿았다. 자동소총으로 라인을 쏘기라도 한 듯, 초크 가루가 날아올랐다. 그러고 나서 리턴하기 어려운 서브를 넣었다. 갑자기 30-30이 되었다.

그는 다시 첫 서브를 놓치고 제2 서브를 넣었다. 나는 강하게 리턴했고, 그는 하프 발리로 공을 쳤다. 나는 안쪽으로 달려가 그에게 공을 넘기고는 베이스라인 뒤쪽으로 되돌아왔다. 나는 마음속으로 한 번의 스윙이면 이길 수 있다고 되뇌었다. 스윙 한 방. 이렇게 성공을 눈앞에 둔 적은 없었잖

아. 아마 다시 이런 기회는 없을지도 몰라.

그러나 그것이 문제였다. 거의 이기기 직전까지 왔는데 이기지 못한다면 비웃음만 남을 것이다. 비난이 뒤따를 것이다. 나는 생각을 멈추고 이바니세비치에게 다시 집중하려고 했다. 그가 어느 쪽으로 서브를 넣을 것인지 예측해야 했다. 좋아, 전형적인 왼손잡이처럼 압점에서 애드 코트로 서브를 넣어, 미끄러지듯 휘는 공을 넓게 쳐서 나를 코트 밖으로 쫓아내려 하겠지. 그러나 이바니세비치는 전형적이지 않았다. 압점에서 그의 서브는 보통 중간에 떠 있는 납작한 폭탄 같았다. 왜 그가 그런 서브를 선호하는지는 신만이 알겠지. 모를 수도 있고. 그러나 그가 선호하는 것만은 확실했다. 나는 그것만큼은 알 수 있었다. 그는 가운데로 나올 것이다. 확실히 그는 가운데로 나왔으나 서브가 네트에 걸렸다. 좋은 일이었다. 그의 서브는 바로 눈앞에 날아오는 혜성 같았기 때문이다. 내가 제대로 예측하고 제대로 움직였더라도 나는 라켓을 공에 댈 수조차 없었을 것이다.

이제 관중이 일어섰다. 나는 나 자신과 소리 내어 대화하기 위해 타임을 요청했다.

'이 포인트를 따지 않으면 계속 우승 타령은 끝나지 않을 거야, 안드레. 그가 더블폴트를 범할 거라는 기대도 하지 말고 그가 서브를 놓칠 거란 기대도 하지 마. 네가 컨트롤 할 수 있는 것을 컨트롤 해. 온 힘을 다해서 서브를 리턴했지만 놓치게 되더라도 감수하는 길밖에 없어. 이겨낼 수 있어. 후회 없도록 리턴하는거야. 더 세게 쳐.'

그는 공을 토스해 내 백핸드 쪽으로 서브했다. 나는 공중으로 뛰어올라서 온 힘을 다해 스윙을 했으나 너무 긴장한 탓에 그의 백핸드 쪽으로 친 공의 속도가 썩 빠르지 못했다. 그런데 어쩐 일인지 그는 쉬운 발리를 놓쳤다. 그가 친 공은 네트를 강타했다. 22년간 2천2백만 번의 테니스 라켓 스윙을 한 끝에, 나는 1992년 윔블던 챔피언이 되었다.

윔블던 챔피언이 되다

나는 무릎을 꿇고 앞으로 넘어졌다. 밀려드는 감정을 주체할 수가 없었다. 휘청거리며 일어났을 때 이바니세비치가 내 옆으로 다가왔다. 그는 나를 끌어안고는 따뜻하게 말했다.

"윔블던 챔피언이 된 것을 축하합니다. 오늘 정말 잘했어요."

"멋진 경기였어요, 이바니세비치 선수."

그는 내 어깨를 두드려주고는 웃으며 자기 의자로 걸어가 머리를 타월로 감쌌다. 나는 그의 감정이 나 자신의 감정보다 더 잘 이해가 되었다. 의자에 앉으면서도 내 마음은 아직 그를 따라가고 있었고, 나 스스로를 추스르기 위해 애썼다.

전형적인 영국인처럼 생긴 남자가 내게 다가오더니 일어서달라고 말했다. 그러고는 금으로 된 사랑스러운 우승컵을 전해주었다. 나는 어떻게 그것을 들어야 할지 어디로 가지고 가야 할지도 몰랐다. 그는 내게 코트를 가리키며 그 주위를 돌라고 말했다.

"머리 위로 트로피를 드세요." 그가 말했다.

나는 트로피를 머리 위로 치켜든 채 코트 주변을 돌았다. 팬들이 환호했다. 한 남자가 내게서 트로피를 빼앗아가려고 하자 나는 뒤로 끌어당겼다. 그는 내 이름을 새기려는 거라고 친절히 설명해주었다.

내 박스석을 쳐다보며 닉과 웬디, 필리에게 손을 흔들었다. 그들은 모두 손뼉을 치면서 웃고 있었다. 필리 형은 닉을, 닉은 웬디를 끌어안고 있었다. 사랑해, 웬디. 나는 영국 왕실 가족들에게 인사하고 코트 밖으로 나왔다.

라커룸에서 트로피에 비친 내 얼굴을 빤히 쳐다보았다. 트로피와 트로피에 비친 내 얼굴에다 대고 한 마디 했다.

"네가 지금까지 내게 모든 고통과 괴로움을 안겨줬구나."

너무나 기분이 좋아서 불안해지기까지 했다. 이렇게까지 중요한 일은 아닐 거야. 이렇게 기분이 좋을 리가 없잖아. 안도감과 우쭐한 기분과 다소 병적인 평정심이 뒤섞인, 주체할 수 없는 감정이 나를 계속 엄습해 들어왔다. 마침내 비평가들로부터 잠깐이나마 한숨 돌릴 수 있게 되었다. 특히 나 자신으로부터.

오후 늦게 렌트한 집으로 돌아와 길에게 전화했다. 길은 길었던 클레이 시즌 이후에 가족들과 집에 있어야 했기 때문에 같이 윔블던에 올 수 없었다. 그는 함께 있었더라면 정말 좋았을 거라고 말했다. 그리고 시합에 관한 자세한 내용들을 논의했다. 짧은 시간 동안 테니스에 관해 그가 얼마나 많은 것을 알게 되었는지 놀라웠다. 나는 페리와 J.P.에게도 전화했고, 떨리는 마음으로 라스베이거스에 있는 아버지에게도 다이얼을 돌렸다.

"아빠? 저에요! 제 말 들리세요? 기분이 어떠세요?"

침묵만이 돌아왔다.

"아빠?"

"4세트에서 지지 말았어야지."

정신이 멍해졌고 무슨 말을 해야 할지 몰랐다.

"그래도 5세트에서 이겼으니까 좋은 거잖아요. 그죠?"

아버지는 아무 말도 없었다. 내 생각과 다르거나 못마땅해서가 아니라 울고 있었던 것이다. 희미하게 아버지가 훌쩍거리며 눈물을 닦아내는 소리가 들렸고, 나는 아버지가 나를 자랑스러워하며, 단지 어떻게 표현해야 할지 모를 뿐이라는 걸 깨달았다. 마음속에 있는 말을 어떻게 꺼내야 할지 모르는 사람을 비난할 수는 없었다. 이것도 집안 내력이다.

결승전이 치러진 날 밤은 윔블던 만찬이 열리는 것으로 유명하다. 나는 몇 년째 그 얘기를 들었고, 정말 가고 싶었다. 우승한 남자선수는 우승한 여자선수와 춤을 추게 되는데, 그해에도 여느 해처럼 슈테피 그라프가 여자 단식에서 우승했기 때문이었다. 나는 프랑스 TV에서 그녀의 인터뷰를 처음 본 순간부터 그녀에게 반했다. 벼락이라도 맞은 듯 그녀의 절제된 우아함과 꾸밈없는 아름다움에 압도되었다. 그녀에게는 어쩐지 좋은 냄새가 날 것 같았다. 그뿐만 아니라 도덕적 올바름과 더 이상 이 세상에 존재하지 않는 그런 품위가 넘치는, 근본적으로 선한 사람인 것 같았다. 그녀의 머리 위에서 후광을 본 것 같은 생각마저 들었다. 작년 프랑스오픈 이후로 그녀에게 메시지를 전하려고 했으나, 응답이 없었다. 나는 춤출 줄 모른다는 생각은 까맣게 잊은 채, 댄스 플로어에서 그녀와 춤추고 싶어 못 견딜 지경이었다.

웬디는 슈테피에 대한 내 마음을 알고 있었지만 전혀 질투하지 않았다. 우리는 개방적인 관계라고 그녀가 내게 상기시켜 주었고 우리는 둘 다 스물한 살이 넘었다. 사실, 결승 전날 밤 우리는 내가 필요할 때를 대비해 턱시도를 사러 해롯 백화점에 갔었고, 웬디는 내가 슈테피 그라프와 춤출 생각 때문에 이기고 싶어하는 거라고 여점원과 농담을 주고받았다.

난생처음 블랙 타이를 매고 웬디와 팔짱을 끼고 만찬장으로 힘차게 들어갔다. 우리는 곧바로 은발의 영국인 부부 옆에 자리안내를 받았다. 남자는 귓속에 털이 나 있었고, 여자에게서는 오래된 술 냄새가 났다. 이들 부부는 내 우승을 기뻐하는 듯했지만, 그보다는 클럽에 새로운 사람이 들어왔다는 걸 기뻐하고 있었다. 이런 즐거울 것 없는 행사에 말 붙일 새로운 사람이 생긴 거라고 누군가가 말해주었다. 웬디와 나는 상어떼에 둘러싸인 스쿠버다이버처럼 서로 등을 맞대고 서서 진한 영국식 액센트를 해독하느라 애를 먹었다. 나는 베니 힐(*1992년 사망한 영국의 코미디언, 배우, 가수로, 장기간에 걸쳐 방송했던 TV 프로그램 〈베니 힐 쇼〉로 잘 알려짐)을 닮은 한 나이든 여성에게, 여자 챔피언과 춤추는 관례가 무척 기대된다고 의사를 분명히 했다.

"안타깝게도, 올해는 그 관례가 없을 거예요." 그 여성이 말했다.

"뭐라고요?"

"작년에 선수들이 댄스를 그다지 탐탁지 않아 해서요. 그래서 취소됐어요."

그녀는 실망한 내 표정을 알아차렸다. 웬디가 돌아보더니 내가 실망한 걸 알고 미소를 지었다. 슈테피와 춤을 출 수는 없었지만 정식으로 소개하는 자리인 콘솔레이션 매치가 있을 예정이었다. 나는 밤새도록 그 경기를 손꼽아 기다렸다. 드디어 슈테피와 악수를 하면서 작년 프랑스오픈에서 그녀에게 연락했었노라고 말할 수 있었다. 내 뜻을 오해하지는 말았으면 좋겠다, 언젠가 시간이 되면 꼭 같이 얘기해보고 싶다고도 말했다.

그녀는 애매한 미소만 지을 뿐 대답이 없었다. 내가 한 말을 듣고 기쁜 것인지 아니면 불안한 것인지 알 수가 없었다.

14
바브라 스트라이샌드와의 스캔들

슬램을 달성한 이후 나는 다른 사람이 되라는 주문을 받았다. 모두가 말했다. 더 이상 "이미지가 전부"는 아니라고. 스포츠 전문 기자들은 이제 안드레 애거시에게는 승리가 모든 것이라고 말했다. 나를 사기꾼에, 큰 대회에서 실력발휘 못하는 선수, 이유 없는 반항아라고 부르더니 이제는 나를 승자이며 내실 있는 선수라고, 진짜 선수다운 선수라고 치켜세우기 시작했다. 윔블던 우승 덕분에 나를 재평가하고 진짜 내가 누구인지 재고해보게 되었다는 것이었다.

그러나 나는 윔블던 때문에 바뀐 것 같지 않았다. 오히려 감추고 싶은 비밀을 알게 된 기분이었다. 이겨봤자 아무것도 변하지 않는다는 비밀. 이제 슬램에서 이긴 덕분에, 지구 상에서 극소수만 알 수 있는 것을 알게 된 것이다. 승리는 패배가 괴롭게 느껴질 만큼 그렇게 좋지는 않았고, 그 기분 좋은 것이 기분 나쁜 것만큼 오래 가지도 않았다. 전혀 달랐다.

1992년 여름이 더 행복했고 스스로도 더욱 꽉 찬 느낌이었지만, 그 이유가 윔블던 때문은 아니었다. 웬디 때문이었다. 우리는 한층 가까워졌고 서로에게 다짐을 속삭였다. 나는 슈테피와 함께할 운명이 아니라는 걸 받아들였다. 환상이 유지되는 동안 기분이 좋긴 했지만 웬디에게 전념하기로 했고, 그건 웬디도 마찬가지였다. 그녀는 일을 하지 않았고 학교에도 가지 않았다. 몇몇 단과대학을 전전했으나 맞는 곳이 없었다. 그녀는 온종일 나와 시간을 보냈다.

그런데 1992년, 시간을 함께 보내기가 갑자기 복잡해졌다. 극장에 앉아 있거나 레스토랑에서 식사할 때 우리끼리만 있었던 적이 없었던 것이다. 사람들이 불쑥 나타나 사진과 사인을 요청하며 우리를 방해했다. 윔블던이 나를 유명인사로 만들어 놓은 까닭이었다. 나는 이미 오래전부터 유명했다고 생각했지만(나는 여섯 살 때 처음 사인을 해주었으니까), 그전까지는 사실상 무명이나 마찬가지였음을 깨달았다. 얼마 전 만난 에이전트와 매니저, 마케팅 전문가 등의 말을 빌자면, 윔블던은 내 존재를 정당화시켰고 매력의 폭을 넓고 깊게 만들어 준 것이었다. 사람들은 내게 다가오고 싶어 했다. 그들은 그럴 권리가 있다고 느꼈다. 미국에는 모든 것에 세금이 붙는 법이니까. 결국 그 역시 스포츠에서 성공의 대가로 붙는 세금이니 팬 한 명당 15초 정도를 할애해야 했다. 머리로는 받아들일 수 있었다. 그저 내 여자친구와의 사적인 시간을 잃게 되지 않기만을 바랐다.

웬디는 이를 아무렇지 않게 생각했으며, 우리 사이를 비집고 들어오는 사람들을 능숙하게 대했다. 또 내가 나 자신을 포함해 모든 걸 너무 심각하게 받아들이지 않도록 해주었다. 웬디의 도움으로 유명세에 대한 가장 좋은 처신은 나 스스로 유명하다는 사실을 잊는 것이라는 걸 깨달았고, 명성을 마음에서 몰아내기 위해 노력했다.

그러나 명성이란 힘이었다. 제지할 수 없었다. 창문 밖에 세워두어도 문 아래로 미끄러져 들어왔다. 어느 날 문득 주위를 둘러보니 내겐 유명인사 친구 십여 명이 생겼고 그 중 절반 정도는 어떻게 처음 만났는지도 몰랐다. 유명인사들이 모이는 파티와 VIP룸, 이벤트, 특별행사 등에 초대받았고 많은 이들이 내 전화번호를 묻거나 내 전화에 자기 번호를 남겼다. 윔블던 대회 우승과 동시에 자동으로 나는 모든 잉글랜드 클럽의 평생회원이 된 것처럼 애매하게 '유명인사 클럽'에 들어가게 되었다. 내가 알고 지내는 사람들 중에는 케니지와 케빈 코스트너, 그리고 바브라 스트라이샌드도 있었다. 백악관 만찬에도 초대되었고 미하일 고르바초프 소련 공산당 서기장과의 정상회담 전에 조지 부시 대통령과 저녁을 먹기도 했다. 나는 백악관에 있는 링컨의 침실에서 잤다.

이런 일들은 처음에는 초현실적으로 느껴졌다가 이내 일상적인 것으로 받아들여졌다. 나는 얼마나 빨리 초현실이 일상이 되는지를 알고 충격을 받았다. 또 유명해진다는 것이 얼마나 재미없는 일인지, 유명한 사람들이 얼마나 평범한지 알고 놀랐다. 우리가 항상 들어온 금언, 예를 들면 돈으로 행복을 살 수 없다는 말이 생각났으나, 그 말은 우리가 직접 눈으로 보기 전까지는 절대 믿을 수 없는 것이었다. 1992년, 나는 이런 것들을 경험하고 새로운 자신감을 얻었다.

음반 제작자인 데이비드 포스터와 새로 친구가 되어 함께 휴가를 보내는 중에 밴쿠버 섬 근처로 요트를 타러 간 적이 있었다. 웬디와 내가 포스터의 요트에 오른 직후 케빈 코스트너가 요트에 올라타 우리를 50야드 떨어진 곳에 정박해 있는 자신의 요트로 초대했다. 우리는 궁합이 잘 맞았다. 요트를 소지하고 있긴 했지만, 케빈 코스트너는 전형적으로 남자다운 남자 같았다. 원만한 성격에 재밌고 멋진 사람이었다. 스포츠를 좋아했고, 열성적인 스포츠 팬이었으며 나도 그러리라 생각하는 것 같았다. 나는 스포츠를 그리 좋아하지 않는다고 그에게 수줍게 고백했다. 나는 스포츠를 좋아하지 않는다고.

"그게 무슨 뜻이죠?"

"그러니까, 스포츠를 좋아하지 않는다고요."

"테니스 말고 다른 운동말이죠?" 그가 웃었다.

"스포츠 중에 테니스를 제일 싫어합니다."

"그래요, 그래. 힘든 일이라는 거 알겠어요. 그렇지만 테니스가 정말 싫은 건 아닐 거예요."

"싫습니다."

웬디와 나는 선상에서 코스트너의 세 아이들을 보면서 대부분의 시간을 보냈다. 예의 바르고 매력적인 그의 아이들은 매우 아름다웠으며 어머니의 노먼 록웰 퍼즐에서 막 튀어나온 것처럼 생겼다. 4살배기 조 코스트너는 내 바짓가랑이를 잡고 크고 파란 눈으로 나를 올려다 보며 소리쳤다.

"우리 레슬링 해요!"

나는 그를 들어올려 거꾸로 들었다. 아이가 깔깔대는 목소리는 아주 감미로운 소리 중 하나였다. 웬디와 나는 코스트너 아이들의 매력을 도저히 거부할 수가 없다는 말을 주고받았다. 실제로 우리는 일부러 아이들의 부모인 척하며 시간을 보냈다. 이따금씩 웬디는 어른들 틈에서 빠져나와 아이들을 다른 시선으로 쳐다보았다. 그녀는 좋은 엄마가 되리라. 나는 그녀 옆에서 푸른 눈과 금발머리를 한 세 아이를 함께 기르는 상상을 해봤다. 마음이 설레었다. 나는 가족과 미래에 관한 이야기를 어렵사리 꺼냈다. 그녀는 눈도 깜빡하지 않았다. 그녀도 원했던 것이다.

몇 주 후에 케빈 코스트너는 LA에 있는 자신의 집에서 열린 새로운 영화 〈보디가드〉 시사회에 나를 초대했다. 웬디와 나는 그 영화에 대해 별 생각이 없었지만, 영화 주제곡에는 빠져들었다. I Will Always Love You (나는 영원히 당신을 사랑할 거예요).

"이건 우리 노래야." 웬디가 말했다.

"영원히."

우리는 서로에게 이 노래를 불러주고 가사를 읊어댔다. 라디오에서 그 노래가 흘러나오면 하던 일을 멈추고 서로를 유혹하는 눈빛으로 바라보는 통에 주변 사람들을 민망하게 만들기도 했다. 하지만 우리는 아랑곳하지 않았다.

나는 필리 형과 페리에게 웬디와 평생을 함께할 생각이며, 곧 프러포즈할 것 같다고 말했다. 형은 나를 향해 크게 고개를 끄덕였다. 페리도 좋다는 표시를 했다.

"웬디가 내 짝인 것 같아요." 나는 J.P.에게 말했다.

"슈테피 그라프는 어쩌고?"

"날 무시했는걸요. 잊어버리려고요. 웬디가 짝인 것 같아요."

나는 J.P.와 웬디에게 새로운 장난감을 자랑했다.

"이걸 뭐라고 부른다고 했죠?" J.P.가 물었다.

"허머(*GM사가 만든 오프로드 차량)요. 걸프전 때 사용됐었대요."

내 허머는 미국에서 판매된 첫 차량이었다. 우리는 라스베이거스 외곽의 사막 곳곳을 운전하며 돌아다니다가 모래에 빠져 꼼짝 못하게 됐다. J.P.는 걸프전 중에는 모래를 들이받지 않았을 거라고 농담했다. 우리는 차에서 내려서 사막을 가로질러갔다. 오후에 비행기를 타야 했고 다음날 시합이 있었다. 사막에서 나가지 못하면 모두가 내게 화를 낼 것이 분명했다. 그런데 걷다보니 시합이 갑자기 사소하게 느껴지며 생존이 당면 문제가 되었다. 어느 쪽으로 가도 아무것도 없었고, 엎친 데 덮친 격으로 어둠이 밀려오기 시작했다.

"이 순간이 우리 인생의 전환점이 될지도 몰라요. 좋은 의미는 아니에요." J.P.가 말했다.

"긍정적인 생각을 알려줘서 고맙네요."

마침내 우리는 한 판잣집에 다다랐다. 나이 들어 보이는 주인이 우리에

오픈
·
270

게 삽을 빌려주었다. 우리는 한참을 걸어 다시 허머로 돌아와서 서둘러 뒷바퀴 주변을 파기 시작했다. 갑자기 삽이 단단한 무언가를 건드렸다. 네바다 사막 아래의 시멘트처럼 딱딱한 퇴적층인 칼리치였다. 갑자기 손목 안쪽 깊은 곳 어딘가가 툭 끊어지는 느낌이 들었다. 나는 소리를 질렀다.

"왜 그래?" 웬디가 물었다.

"모르겠어." 나는 손목을 보았다.

"그 위에 흙을 좀 문질러 보세요." J.P.가 말했다.

나는 허머를 파냈고 비행기를 타고 날아가 다음 날 시합에서 이기기까지 했다. 그러나 며칠 후 고통으로 잠에서 깼다. 손목이 부러진 것 같았다. 손목을 앞뒤로 구부릴 수 없을 정도였다. 바늘 몇 개와 녹슨 면도날이 관절에 삽입된 듯한 기분이었다. 좋지 않았다. 큰일이었다.

통증이 사라지자 나는 안심했다. 하지만 통증은 다시 찾아왔다. 무서웠다. 이내 간헐적인 통증이 지속되었다. 아침에는 참을만했지만 저녁 무렵이면 날카로운 바늘로 찌르는 듯한 느낌 때문에 아무 생각도 할 수가 없었다.

의사는 내가 건염에 걸렸다고 했다. 구체적으로는 관절피막염이었다. 손목에 작은 열상이 생겼는데, 잘 낫지 않는 거라고 했다. 너무 많이 써서 그런 거라고 의사가 말했다. 유일한 치료법은 휴식과 수술이었다.

나는 휴식을 택했다. 완전히 쉬면서 아픈 손목을 달랬다. 몇 주간 다친 새를 안듯 조심스레 손목을 보호했지만, 여전히 푸시업 같은 운동을 하거나 상을 찡그리지 않고 문을 열기는 어려웠다.

손목 부상으로 좋은 점이 하나 있다면 웬디랑 보낼 시간이 더 많아졌다는 것이었다. 1993년은 하드 코트 시즌 대신 웬디 시즌이 되었고, 나는 완전히 거기에 몰두했다. 그녀는 그런 관심을 즐겼지만 동시에 공부를 게을리 한다며 걱정하기도 했다. 그녀는 단과대학에 또 등록을 한 상태였다.

다섯 번째였다. 아니면 여섯 번째였나. 몇 번째인지도 모르겠다.

레인보우 대로를 따라 운전하면서 아픈 오른쪽 손목 대신 왼손으로 핸들을 돌리며 창문을 내리고 라디오를 켰다. 봄바람에 웬디의 머리칼이 흩날렸다. 그녀는 라디오의 볼륨을 낮추고는 그녀가 진짜 원하는 게 뭔지 알게 된 이후로 오랜 시간이 흘렀다고 말했다. 나는 고개를 끄덕이고는 다시 볼륨을 높였다. 그녀는 다시 라디오의 볼륨을 낮추더니 자신은 그동안 여러 주에 살면서 여러 대학에 다녔으며 지금까지 자기 인생의 의미와 목적을 찾아 헤매왔다고 말했다. 그런데 그 어느 것도 맞지 않는다는 느낌이 들어 그녀 스스로도 자신이 누구인지 모르는 것 같다고 했다. 다시 나는 고개를 끄덕였다.

"그래. 나도 그 느낌 알아. 윔블던에서 우승했다고 윔블던을 구하기 위해 뭔가를 했다는 뜻은 아니니까."

나는 웬디가 그냥 하는 말이 아니라는 걸 깨달았다. 그녀는 뭔가를 얘기하려는 것이었고, 우리에 대한 자기 생각을 밝혔다. 그녀가 의자를 돌려 내 눈을 바라보았다.

"안드레, 이 문제에 대해 많이 생각해 봤는데 나는 내가 누구인지 알아낼 때까지, 내 인생에서 뭘 해야 하는지 알아내기 전까지는 절대, 진짜로 행복해질 수는 없을 것 같아. 그리고 우리가 함께하면서 어떻게 그 길을 찾아야 할지도 모르겠어." 그녀는 울고 있었다.

"너의 여행 동반자든, 조수든, 아니면 팬이든 더 이상은 못할 것 같아. 아니, 언제나 너의 팬으로 남겠지만. 내가 지금 무슨 말 하는지 알겠지?"

그녀는 자신이 갈 길을 찾아야 했고, 그러기 위해서는 자유로울 필요가 있었던 것이다. 그리고 그건 나 역시 마찬가지라고 말했다.

"우리가 함께한다면 서로의 목표를 실현할 수 없을 거야."

개방적인 관계에서조차 너무나 제약이 많았던 것이다. 나는 그녀의 말을 반박할 수 없었다. 그녀가 그렇게 느꼈다면, 내가 할 수 있는 말은 없는 것이다. 나는 그녀가 행복하길 바랐다. 당연하게도 그 순간 우리의 노래가 라디오에서 흘러나왔다. I will always love you. 나는 웬디를 가만히 쳐다보았다. 그녀의 눈동자를 바라보려고 했지만 그녀는 얼굴을 돌려버렸다. 유턴을 해 그녀의 집으로 돌아와서 문 앞까지 바래다주었다. 그녀는 마지막으로 나를 오래 안아주었다.

나는 블록 끝까지 가서야 겨우 차를 세우고 페리에게 전화했다. 그가 전화를 받았지만 말이 나오지 않았다. 나는 심하게 울고 있었다. 그는 장난 전화라고 생각했나보다.

"여보세요. 여보세요?" 그가 짜증 난 목소리로 전화를 끊었다.

다시 전화를 했지만 여전히 아무 말도 하지 못했다. 그는 다시 전화를 끊었다.

나는 잠적했다. 독신자 아파트에 숨어서 술을 퍼마시고 자면서 정크푸드만 먹어댔다. 가슴에 총이라도 맞은 듯 마음이 저려왔다. 길에게 사정을 말하자 그는 실연한 사람처럼 들린다고 말했다. 낫기를 거부하는 작은 열상. 지나친 사용으로 인한 결과.

"윔블던은 어떻게 되는 거야? 해외로 진출하는 거 생각해볼 때가 되지 않았나. 도전할 때야, 안드레. 이제 시작이라고."

나는 테니스 라켓은 둘째치고 전화기도 간신히 들어올릴 수 있을 정도였다. 그렇지만 나는 시작하고 싶었다. 마음을 다른 데로 돌리고 싶었다. 공동의 목표에 전념하면서 길과 여행을 할 수도 있을 것이다. 나는 지난 대회 우승자니까. 선택의 여지가 없었다.

비행기에 오르기 직전 길은 시애틀에 있는 의사에게 연락을 했다. 내게 코티존 주사를 놔줄 수 있는 최고의 의사라고 했다. 주사는 효과가 있었다. 나는 통증이 사라진 손목을 마음껏 돌리며 유럽에 도착했다.

우리는 예비 대회를 위해 제일 먼저 독일의 할레로 갔다. 닉이 거기서 우리를 맞아주었고 곧장 내게 돈을 요구했다. 닉 볼리티에리 아카데미를 팔았는데, 빚을 지게 됐기 때문이었다. 그의 인생 최대의 실수였다. 너무 싼 가격에 아카데미를 판 나머지 현금이 필요했던 것이다. 그는 예전의 그가 아니었다. 아니 어쩌면 그는 지극히 그다운 거였는지도 모른다. 그는 자신이 받아야 할 몫을 받지 못하고 있다며 내가 불안정한 투자처였다고 말했다. 나를 성장시키느라 수십만 달러를 썼으며 내가 이미 그에게 지불한 돈보다 수십만 달러는 더 받아야 한다는 거였다. 나는 그에게 집으로 돌아가서 얘기하자고 했다. 지금 당장 내 머릿속에 걸리는 몇 가지 문제가 있었기 때문이다.

"물론이지. 집에 가서 얘기하자고."

할레 토너먼트에서 치른 경기에 너무 충격을 받은 나머지 슈티브를 상대로 치른 1회전 경기를 완전히 망치고 말았다. 그는 나를 3세트 만에 이겼다. 연습경기는 이 정도로 해두었다.

나는 작년에 거의 시합에 출전하지 않았기 때문에 시합 출전 때마다 성적이 너무 나빠서, 윔블던 역사상 가장 낮은 시드 배정을 받은 지난 대회 우승자였다. 센터 코트에서 내 첫 시합 상대는 독일 출신의 베른트 카르바허였다. 그의 풍성한 머리숱이 경기 초반부터 끝까지 똑같아 보인다는 단지 그 이유만으로도 정말 짜증이 났다. 카르바허는 아예 작정하고 상대를 혼란스럽게 하려는 것 같았다. 부러운 머리털과는 달리 안짱다리였는데, 하루 종일 말을 타다 이제 막 내려 긴 여정으로 엉덩이가 부르텄다는 듯이 그렇게 걸었다. 외모에 걸맞게 그는 아주 특이하게 게임을 했다. 그의 엄청난 백핸드는 게임의 백미라 할 수 있었지만, 뛰고 싶지 않을 때만 백핸드를 사용했다. 그는 달리기를 싫어했고 움직이는 걸 싫어했던 것이다. 가끔은 서브도 그다지 신경 쓰지 않는 것 같았다. 공격적인 제1 서브를 넣었으나 제2 서브는 그리 대단치 않았다.

감각이 둔해진 손목 때문에, 나 역시 서브를 넣는 데 문제가 있었다. 움직임을 바꿔야 했고, 작은 백스윙을 하며 갑작스러운 움직임을 자제해야 했다. 당연히 문제가 생겼다. 1세트에서 2-5로 급격히 뒤처지면서 몇십 년 만에 최초로 1회전에서 나가떨어지는 전년도 우승자가 될 판이었다. 그러나 나는 마음을 다잡고 억지로 새로운 서브에 적응하며 승리를 위해 참고 견뎠다. 그러나 카르바허는 아랑곳 않고 시합을 끝내버리더니 그대로 가버렸다.

영국 팬들은 친절했다. 환호하며 크게 웃어주었고 아픈 손목으로 경기에 임한 나의 노력을 인정해주었다. 그러나 영국 일간지들은 달랐다. 그들은 독설을 날려댔다. 다른 것보다도 내 가슴에 대해 이상한 기사를 써댔는데, 내가 최근에 면도를 했다는 얘기였다. 단순히 제모를 약간 한 것을 가지고 팔다리라도 자를 것이라 생각하는 것 같았다. 나는 손목이 부러졌는데, 일간지에서는 내 가슴에 대한 얘기만 늘어놓았다.

내 기자회견은 최근에 매끄러워진 가슴근육에 관한 질문만 쉴새 없이 터져나오는, 몬티 파이톤(*영국 텔레비전 희극 스케치 쇼를 선보인 희극단)의 촌극이 되었다. 영국 기자들은 체모에 집착했다. 내 머리에 관한 사실을 그들이 알았더라면 어떻게 됐을까. 몇몇 타블로이드지는 내가 퉁퉁하다고도 했는데, 기자들은 나를 버거킹이라 부르며 악의적인 쾌감을 만끽하는 것 같았다. 길은 내 외모를 손목에 맞은 코티존 주사 탓으로 돌렸다. 주사 때문에 몸이 부을 수 있다는 말이었지만 아무도 믿지 않았다.

그러나 바브라 스트라이샌드만큼 영국인들을 열광하게 만드는 건 없었다. 그녀는 센터 코트에 도착해 내 경기를 관람했는데 거의 트럼펫 연주가 울려 퍼질 정도였다. 윔블던에는 항상 유명인사가 참석했지만 바브라의 등장으로 지금껏 보지 못했던 소동이 일어났다. 기자들이 그녀에게 몰려들었고, 나중에 내게도 바브라에 대해 집요하게 캐물었으며, 일간지들은 열정적인 우정에 불과한 우리의 관계를 해부하고 비하하는데 열을 올렸다.

기자들은 우리가 어떻게 만났는지 알고 싶어했으나 나는 설명을 거부했다. 바브라는 내가 아는 사람 중 가장 수줍음이 많고 사생활을 중시하는 사람이었기 때문이었다. 사실은 어릴 때부터 알아왔던 카지노계의 황제인 스티브 윈과 먼저 시작된 관계였다. 하루는 그와 골프를 치다가 바브라 스트라이샌드의 음악을 좋아한다고 말했더니 자신이 바브라와 친하게 지낸다는 것이었다. 그 후 전화가 걸려오기 시작하면서 바브라와 알게 된 것이다. 윔블던에서 우승했을 때 그녀는 정감어린 전보를 보내주며 축하해 주었다. 전보에는 빈정대는 말투로 얼굴을 보면서 목소리를 듣는 게 좋을 거라고 쓰여있었다.

몇 주 후 그녀는 말리부에 있는 자신의 목장에서 열리는 작은 모임에 나를 초대하여 마침내 우리는 만나게 되었다. 데이비드 포스터와 몇몇 친구가 더 올 거라고 했다. 그녀의 목장에는 작은 오두막집이 많았는데, 그 중 하나가 극장이었다. 점심을 먹고, 우리는 주변을 거닐며 영화 〈조이럭 클럽〉의 깜짝 시사회를 기다렸다. 전형적인 여성용 영화여서 보는 내내 지루해 죽을 뻔했다. 다른 오두막으로 이동하자 그곳은 창문 아래 그랜드 피아노가 있는 음악 살롱으로 꾸며져 있었다. 우리는 데이비드가 피아노 앞에 앉아 감상적인 노래를 이어서 연주하는 동안 서서 먹고 떠들었다. 데이비드는 바브라에게 노래를 시키려고 몇 번 시도를 했으나 그녀는 내켜하지 않았다. 상황이 어색해질 때까지 데이비드는 그녀에게 집요하게 요구했다. 그가 그만했으면 싶었다. 바브라는 팔꿈치를 피아노에 걸쳐놓고 있었고, 등은 나를 향하고 있었다. 그녀의 몸이 경직되는 게 보였다. 다른 사람들 앞에서 공연하는 것을 두려워하는 게 분명했다.

그러나 채 5분도 지나지 않아 그녀에게서 선율이 흘러나오기 시작했다. 그 소리는 천장에서 마룻바닥까지 온 방 안을 가득 채웠다. 모두가 이야기를 멈췄다. 유리창이 흔들리고 식기류가 달그락거렸다. 내 갈비뼈와 손목이 진동하는 듯했다. 나는 잠시 누군가가 바브라의 앨범을 보스 사운드 시스템(*미국 프리미엄 음향 회사의 오디오 시스템)에 올려놓고 음량을 최고로 높인 거라고 생각했다. 인간이 저런 소리를 낼 수 있다는 사실을, 인간의 목소리가 방 구석구석을 뚫고 들어갈 수 있다는 사실을 믿을 수가 없었다.

그 순간부터 나는 바브라에게 한층 더 호기심을 갖게 되었다. 그녀가 그토록 폭발적인 악기를 갖고 있다는 사실, 그런 엄청난 재능을 갖고 있으나 재미를 위해 함부로 사용하지 않는다는 사실은 대단히 매력적이었다. 그리고 익숙하기도 했다. 우울한 일이기도 했다. 우리는 곧 그 다음 날 다시 만났다. 그녀가 나를 목장으로 초대해 같이 피자를 먹으며 몇 시간 동안 이야기를 나누었다. 우리는 서로에게 공통점이 많다는 사실을 알게 됐다. 그녀는 자신이 잘하는 것을 하기 싫어하는 고통 받는 완벽주의자였다. 그렇지만 거의 은퇴한 거나 다름없었던 지난 몇 년간에도 불구하고, 스스로에 대한 의구심과 집요하게 따라다니는 공포에도 불구하고, 그녀는 컴백 콘서트를 여는 것에 대해 곰곰이 생각하고 있다고 고백했다. 나는 그렇게 하라고 그녀에게 권유했다. 세상으로부터 그런 놀라운 목소리를 빼앗아가는 건 잘못된 일이라고, 무엇보다도 두려움에 굴복하는 건 위험한 일일 거라고 그녀에게 말해주었다. 두려움이란 중독성이 약한 약물 같은 것이어서 작은 것에 굴복하기 시작하면, 더 큰 것에도 곧 굴복하게 되는 거라고. 두려움에 중독되어 공연이 하고 싶지 않으면 어떻게 할 거냐고, 해야만 한다고 그렇게 말했다.

이 말을 바브라에게 할 때마다 스스로가 위선자처럼 느껴졌다. 나 자신의 두려움과 완벽주의와 싸우면서 나는 이길 때보다 질 때가 더 많았다.

바브라 스트라이샌드와의 스캔들

나는 기자들에게 말하듯 그녀에게 말했다. 내가 사실이라고 알고 있던 것들, 그리고 사실이길 바랐던 것들을 그녀에게 말했고, 그 대부분은 나 스스로도 온전히 믿고 행동할 수 없는 것들이었다.

함께 테니스를 하면서 긴 봄날 오후를 보낸 후 나는 바브라에게 라스베이거스에서 본 새로운 가수 얘기를 했다. 바브라의 목소리와 다르지 않은 성량이 큰 여가수였다.

"한번 들어볼래요?" 내가 물었다.

"그럼요."

나는 그녀를 차로 데리고 가 새로운 센세이션을 일으킨 셀린 디온이라는 캐나다 여가수의 CD를 넣었다. 바브라는 집중해서 듣더니 엄지손톱을 깨물었다. 나는 그녀의 생각을 읽을 수 있었다. 그 정도는 나도 할 수 있어, 라고 생각하는 듯했다. 그리고 컴백하는 자기 모습을 그려보는 것 같았다. 그녀에게 도움이 된 듯한 기분이었지만, 다시 극심한 위선자가 된 것 같기도 했다.

위선이라는 느낌은 바브라가 마침내 공연하기로 결정했을 때 최고조에 달했다. 나는 맨 앞줄에, 검은색 야구모자를 쓰고 앉아 있었다. 내 가발은 다시 삐걱대기 시작했고 사람들이 뭐라고 말할지 두려웠다. 그날 밤 위선자 행세를 넘어, 이제 두려움의 노예가 된 듯한 기분마저 들었다.

바브라와 나는 종종 우리의 만남이 일으키는 스캔들과 충격에 대한 이야기를 듣고 웃었다. 우리는 서로에게 좋은 상대라고 생각했으며, 그녀가 나보다 스물한 살이 많으면 뭐 어떠냐는 생각도 들었다. 우리는 마음이 잘 맞았고 대중의 격렬한 반응은 우리 관계를 더욱 돈독하게 할 뿐이었다. 그 때문에 우리의 우정은, 마치 금기이자 금지된 것처럼 느껴졌고, 내 반항심을 또다시 부추기게 되었다. 바브라 스트라이샌드와 데이트하는 것은 핫 라바를 입는 것 같았다.

그러나 윔블던에서 그랬듯, 피로하거나 기분이 좋지 않으면 대중의 비하가 아프게 느껴졌다. 그리고 바브라는 기자들에게 내가 젠 마스터(禪師)라고 말함으로써 나를 비방하는 사람들에게 놀아난 꼴이 되었다. 신문들은 이 말을 신 나게 떠들어댔다. 젠 마스터를 인용한 말이 끝없이 생겨나기 시작했다. '이미지가 전부'라는 말을 가볍게 대체한 것이다. 어쩌면 내가 젠 마스터가 뭔지 몰랐기 때문에 그런 반응을 이해할 수 없었는지도 모르겠다. 다만 나는 바브라가 내 친구였으므로 젠 마스터가 좋은 것이라고 생각할 뿐이었다.

바브라에 대한 얘기를 일축하고 언론의 관심을 피하면서, 나는 1993년 윔블던에 몰두했다. 카르바허를 이긴 후, 포르투갈 출신의 호앙 쿠냐 실바와 호주 출신의 패트릭 래프터, 그리고 네덜란드 출신의 리하르트 크라이첵을 이겼다. 준결승에서는 샘프러스와 만났다. 언제나처럼 그였다. 나는 엄청난 힘이 실린 그의 서브를 내 손목이 얼마나 받아낼 수 있을지 몰랐다. 그러나 샘프러스 역시 통증으로 괴로워하고 있었다. 뻐근한 어깨 때문에 그의 게임은 다소 부실했다. 혹은 그렇다고들 했다. 하지만 그건 그가 나를 상대할 때 어떤 식인지 절대 모르고서 하는 말이었다. 그는 내가 시합을 준비하느라 옷을 갈아입는 시간보다 더 짧은 시간 내에 첫 세트를 이겨버렸다. 마찬가지로 2세트도 빨리 따냈다.

"짧은 하루가 되겠군." 나는 중얼거렸다. 내 박스석을 바라보자 바브라가 그녀 주변을 환하게 밝히며 앉아 있었다. 이게 진짜 내 삶이란 말인가?

3세트가 시작되자 샘프러스가 비틀거리기 시작한 반면 나는 기운을 차렸다. 3세트는 내 차지가 되었고, 4세트 역시 마찬가지였다. 운명은 내 편이었다. 샘프러스의 얼굴에 두려움이 엄습했다. 우리는 각자 두 세트씩을 따 동점이 되었고, 의구심, 그 명백한 의구심이 윔블던 잔디 위에 내려앉은 오후의 긴 그림자처럼 그를 따라다녔다. 이번만은 스스로를 닦아세우고 욕을 퍼붓는 건 내가 아닌 샘프러스였다.

　5세트에서 주춤하면서 그는 어깨를 주무르며 트레이너를 요청했다. 경기가 지연되었고 트레이너가 그에게 처치하는 동안이 시합은 내가 이긴 거라고 생각했다. 윔블던에서 2회 연속 우승이라면 대단한 일 아닐까? 타블로이드지가 뭐라고 할지 봐야겠지. 아니면 내가 무슨 말을 하게 될지. 버거킹 맛이 어떠시죠?

　그러나 시합이 재개되자 샘프러스는 전혀 다른 선수가 된 것 같았다. 되살아난 것도 에너지를 충전한 것도 아닌, 완전히 다른 선수였다. 뱀이 허물을 벗듯 그는 의구심으로 가득 차 있던 샘프러스라는 허물을 벗어던졌던 것이다. 그리고 나를 다시 공격해 들어왔다. 5-4로 리드하면서 그는 세 번 연속 에이스를 터뜨리면서 세트의 10게임을 시작했다. 그러나 그냥 단순한 에이스가 아니었다. 각각 소리도 달랐다. 마치 남북전쟁의 대포 소리 같았다. 트리플 매치포인트였다.

　그는 네트 쪽으로 걸어가 손을 내밀었고 다시 한 번 승자가 되었다. 연약한 내 손목과는 무관하게, 악수는 정말 아팠다.

　샘프러스에게 패하고 며칠 후 독신자 아파트로 돌아와서 나는 단순한 목표 하나를 세웠다. 일주일간은 테니스에 대한 생각을 피하고 싶었다. 휴식이 필요했다. 마음이 쓰라렸고, 손목이 아팠으며 관절이 피로했다. 한 주 동안은 아무것도 하고 싶지 않았다. 그저 앉아서 조용히 지내는 것 외에는. 고통도 드라마도 서브도 타블로이드도 가수도 매치포인트도 없이. 나는 커피 한 잔을 마시며 〈USA투데이〉를 넘겨보다가 헤드라인에 눈이 갔다. 내 이름이 실려 있었기 때문이다. "볼리티에리 아카데미, 애거시와 결별". 닉은 나와 끝났다고 기자들에게 말하면서 가족들과 시간을 더 보내고 싶다고 했다. 10년이 지나자 그는 이런 식으로 내게 알려온 것이다. 아무런 말도 없이, 내 의자에 팬더 엉덩이를 올려놓지도 않고 말이다.

몇 분 후 닉으로부터 온 편지가 페덱스 서류봉투에 담겨 배달됐다. 신문에서 밝힌 것과 크게 다르지 않은 얘기였다. 나는 수십 번을 읽어보고는 구두상자에 넣었다. 거울 앞으로 갔다. 기분이 아주 나쁘지는 않았다. 아무런 기분도 느끼지 못했다. 무감각했다. 코티존이 내 손목을 타고 들어가 전신을 집어삼키기라도 한 듯.

나는 길을 찾아가서 체육관에 그와 함께 앉았다. 그는 내 말을 듣더니 나만큼이나 화를 냈다.

"아, 모두가 안드레와 헤어지자는 심산인가봐요. 처음에는 웬디, 이번에는 닉."

내 주변 사람들이 내 머리보다 빠르게 내 곁을 떠나고 있었다. 이해가 되지는 않았으나, 나는 다시 코트에 서고 싶었다. 테니스만이 줄 수 있는 그 고통을 원했다.

그러나 이렇게 심한 고통을 원한 건 아니었다. 코티존이 완전히 사라지자 바늘 끝이 내 손목을 찌르는 느낌은 극심해지기만 했다. 나는 새로운 의사를 찾았고, 그는 손목을 수술해야 한다고 했다. 다른 의사는 쉬는 게 더 효과가 있을지도 모른다고 했다. 나는 쉬라는 의사의 말을 듣기로 했다. 그러나 4주를 쉬고 다시 코트를 밟았을 때 스윙을 한 번 해보고는 수술만이 답이라는 걸 깨달았다.

나는 외과의를 믿지 않았다. 아니 믿는 사람은 극소수였고 이제 막 만난 사람에게 모든 통제권을 넘겨주면서, 완전히 낯선 사람을 믿는다는 생각이 정말 마음에 들지 않았다. 수술대에 의식을 잃은 채 누워있는 동안 누군가가 내 밥벌이인 손목을 절개한다는 생각에 몸이 움찔했다. 내 랭킹은 상위 10위에 들었지만 언젠가 나는 그저 아마추어에 지나지 않았다고 기억될지도 모른다. 내 의사가 의료계의 안드레 애거시라면 어떻게 되는 거지? 그날 그의 컨디션이 최상이 아니라면? 그가 술에 절어있거나 약을 한다면?

 나는 수술하는 동안 길에게 수술실에 있어달라고 부탁했다. 그가 파수꾼이자 감시인, 포수이자 증인으로 있어주길 바랐던 것이다. 그가 내게 늘 해주던 일. 나를 지켜주는 일. 그러나 이번에는 가운과 마스크를 쓰고.

 그는 얼굴을 찌푸리며 고개를 저었다. 길은 햇빛을 싫어하는 것처럼 몇 가지 까다로운 점이 있었는데, 그 중 최고는 비위가 약한 것이었다. 그는 바늘이 오가는 장면을 견딜 수 없었다. 독감 예방주사를 맞아야 할 때도 소름이 끼친다고 했다. 그렇지만 나를 위해 마음을 다잡기로 했다.

"참고 견디면 되지."

"신세 지게 됐네요."

"아니야. 우리 사이에 빚 같은 건 없어."

 1993년 12월 19일, 길과 나는 산타바바라의 한 병원에 입원했다. 간호사들이 부산하게 돌아다니며 수술준비를 하는 동안 나는 길에게 몹시 불안해서 기절할 것 같다고 말했다.

"그럼 마취할 필요도 없겠네."

"이게 제 테니스 선수로서의 마지막일지도 몰라요, 길."

"아니야."

"그럼 뭔데요? 전 뭘 해야 할까요?"

 의료진이 내 코와 입에 마스크를 씌우고는 깊게 숨을 들이쉬라고 말했다. 눈꺼풀이 무거워졌다. 나는 눈을 뜨려고 안간힘을 쓰며 통제력을 잃지 않으려고 했다. 가지 마요, 길. 떠나지 마세요. 길의 수술 마스크 너머로 눈도 깜빡이지 않은 채 그의 검은 눈동자를 바라보았다. 길이 여기 있다. 마음속으로 생각했다. 길이 나를 지켜주고 있어. 모든 게 괜찮아지겠지. 나는 눈을 감고 안개 같은 것이 나를 삼키게 내버려두었다. 잠시 후 눈을 떠보니 길이 나를 내려다보며 손목이 생각보다 상태가 나빴다고 말해

오픈

주었다. 훨씬 안 좋다고.

"그래도 원인을 깨끗이 제거했어, 안드레, 그러니 좋은 일만 생각하자. 그렇게 하는 수밖에 없잖아? 좋은 결과를 기대하자고."

나는 초록색 셔닐로 된 거위털 양면 소파에 앉아 한 손에는 리모콘을, 다른 한 손에는 전화기를 들고 지냈다. 의사가 내게 손목을 며칠간 높이 들고 있어야 한다고 해서 크고 딱딱한 베개 위에 손을 올려놓았다. 강력한 진통제를 맞고 있었지만, 여전히 상처 입고 불안한 채 마음이 약해질 대로 약해진 상태였다. 그래도 머리를 식힐 수는 있었다. 여자 덕분이었다. 케니 지의 아내 린디의 친구였다.

케니 지와는 마이클 볼튼을 통해 알게 되었는데, 마이클 볼튼과는 데이비스컵 시합 중에 알게 되었다. 우리는 모두 같은 호텔에 투숙 중이었던 것이다. 그리고 별안간 린디가 내게 전화해서 완벽한 여인을 만났다고 했다.

"아, 완벽한 건 좋죠."

"둘이 잘 맞을 것 같아요."

"왜요?"

"그녀는 아름답고 영리하고 아주 세련되고 재밌는 사람이거든요."

"별로 그럴 것 같지 않은데요. 아직 웬디를 잊으려고 노력 중이에요. 게다가 소개팅 같은 건 안 해요."

"한번 해봐요. 이름은 브룩 쉴즈에요."

"들어본 적 있어요."

"손해 볼 거 없잖아요?"

"많아요."

"안드레."

"생각해볼게요. 전화번호가 어떻게 되죠?"

"전화는 안 돼요. 지금 촬영하느라 남아프리카 공화국에 있거든요."

"전화기는 있을 거 아니에요."

"없어요. 지금 외진 곳에 있거든요. 텐트나 막사, 덤불 같은 데 있을 거예요. 팩스로만 연락이 돼요."

그녀는 내게 브룩의 팩스번호를 주며 내 번호를 물었다.

"저는 팩스가 없어요. 집에 없는 유일한 거네요."

나는 그녀에게 필리 형의 팩스번호를 주었다. 그리고 수술 직전에 나는 형에게 전화를 받았다.

"우리 집에 너한테 온 팩스가 있어. 브룩 쉴즈라던데?"

그렇게 시작되었다. 만난 적도 없는 여인과 장거리 팩스로 편지를 주고받다니. 특이하게 시작된 관계는 점점 더 이상해졌다. 대화의 속도는 너무 느려터져서 오히려 우리 모두에게 잘 맞았다. 둘 다 서두르지 않았다. 그러나 지리적으로 너무 멀리 떨어져 있어서 서로에 대한 경계심을 빨리 풀게 되었다. 우리는 팩스를 몇 번 주고받다가 단순히 상대의 관심을 끌려던 사이에서 아주 내밀한 비밀을 털어놓는 사이로 발전했다. 며칠 안에 팩스에 담긴 우리의 메시지에는 애정과 친밀함이 가득 담기게 되었다. 만난 적도 말해본 적도 없는 여인과 데이트라도 하는 기분이었다.

나는 바브라에게 전화하지 않게 되었다. 움직이지도 못하면서 붕대를 감은 손목을 베개 위에 올려놓은 채 브룩에게 다음 팩스를 보내는 데만 정신이 팔려 있었다. 길이 나를 보러 왔다가 팩스 초고를 작성하는 걸 도와주기도 했다. 나는 브룩이 불문학 학위가 있는 프린스턴 졸업생이라는 사실에 위축이 되었다. 그에 비하면 나는 9학년(*우리나라의 중3 정도에 해당)에서 중퇴한 게 전부였으니까. 길은 그런 말을 일축하고 내 자신감을 북돋아주었다.

"그녀가 널 좋아하는지 아닌지를 두고 걱정하지 마. 네가 브룩을 좋아하는지가 중요한 거지."

"네. 그 말이 맞아요."

나는 그에게 브룩 쉴즈가 찍은 작품을 빌려다 달라고 부탁해 둘만을 위한 영화제를 열었다. 팝콘을 만들고 조명을 어둡게 한 후 길이 첫 번째 영화를 틀었다. 〈블루 라군〉이었다. 브룩이 사춘기 전 아름다운 소녀로 등장하는데, 파라다이스 같은 섬에 한 소년과 좌초된 이야기였다. 아담과 이브의 이야기를 다시 쓴 것 같았다. 우리는 되감기를 했다가, 앞으로 빨리 돌리기를 했다가, 화면을 정지시키면서 브룩 쉴즈가 내 타입인지를 논의했다.

"나쁘지 않은데. 썩 괜찮아. 확실히 팩스를 주고받을 만한 여자야." 길이 말했다.

팩스를 통한 연애가 몇 주간 계속되었고, 마침내 브룩이 영화촬영을 끝내고 미국으로 돌아온다는 짧은 팩스를 보냈다. 그녀는 2주간 머물 거라고 했다. 그녀가 LA 공항에 도착했고, 우연히 나는 그녀가 도착한 다음 날 LA에 가 있게 되었다. 짐 롬(*제임스 필립 롬. 미국 스포츠 라디오 토크쇼 진행자)과의 인터뷰 촬영이 있었기 때문이다.

우리는 그녀의 집에서 만났다. 나는 로마에서 인터뷰 때 한 두꺼운 화장을 지우지 않은 채, 스튜디오에서 곧장 그녀의 집으로 달려갔다. 목에 스카프 같은 것을 두른 그녀는 근사한 영화배우처럼 보였다. 게다가 민얼굴이었다(적어도 나보다는 옅은 화장이거나). 그러나 짧게 자른 그녀의 머리를 보자 가슴이 철렁했다. 지금껏 줄곧 길게 머리를 늘어뜨린 브룩의 모습만 그려왔던 것이다.

"배역 때문에 잘랐어요."

"무슨 영화인데요? 여기 나쁜 소식이 있습니다(*〈Bad News Bears〉라는 영화로, 국내에는 '꼴찌 야구단'으로 제목이 번역된 영화인데, 여기서는 필자의 실망감을 나타내는 표현인 듯) 인가요?"

별안간 그녀의 어머니가 나타나 우리는 악수를 했다. 그녀의 어머니는 다정하지만 경직되어 보였다. 앞으로 무슨 일이 일어나든 이 여성과는 결코 잘 지낼 수 없으리라는 생각이 본능적으로 들었다. 나는 브룩을 차에 태우고 저녁을 먹으러 갔다. 가는 길에 그녀에게 엄마와 사는지 물었다.

"네. 그러니까, 사실 그렇지는 않아요. 설명하기 복잡해요."

"부모와의 문제는 늘 그렇죠."

우리는 산 빈센테에 있는 작은 이탈리아 음식점인 파스타 마리아에 갔다. 그리고 다른 사람들의 시선에서 벗어나기 위해 레스토랑의 구석 자리를 요구했다. 얼마 후 나는 브룩의 어머니며, 브룩의 짧은 머리 등 모든 것을 금세 잊게 됐다. 그녀는 놀라우리만치 침착하고 카리스마가 있으며 아주 재밌는 사람이었다. 웨이터가 우리 테이블로 와서, 두 숙녀분은 메뉴를 보고 고르신 게 있습니까, 라고 묻자 우리는 둘 다 웃음을 터뜨렸다.

"이제 머리를 잘라야 하나봐요."

나는 브룩에게 아프리카에서 막 촬영을 마친 영화에 대해 물었다. 그녀는 배우로 사는 것을 좋아하는 걸까? 그녀는 영화제작의 짜릿함과 재능 있는 배우와 감독들과 함께 일하는 게 얼마나 즐거운지 열정적으로 얘기했다. 자기가 뭘 원하는지 몰랐던 웬디와는 정반대의 타입인 것 같았다. 그녀는 자기가 뭘 원하는지 정확히 알고 있었다. 자신의 꿈을 보고 그려내는 데 흔들림이 없었으며, 꿈을 어떻게 이루어야 하는지 알아내기가 어렵다고 해도 마찬가지였다. 나보다 다섯 살이 많은 그녀는 세상에 대해 경험이 더 많고 의식 있는 사람이었지만, 비현실적인 순수함과 사랑을 갈구하는 느낌으로 보호해주고 싶다는 생각이 들게 만들었다. 내게서 나도 몰랐던 길과 같은 모습을 이끌어냈던 것이다.

우리는 대부분 팩스로 이미 얘기했던 것들에 대해 말했다. 그렇지만 직접 만나 파스타를 먹을 때는 그런 이야기가 다르게 들렸다. 더 가깝게 느껴졌던 것이다. 뉘앙스가 있고 행간의 뜻도 읽을 수 있으며, 보디랭귀지와 페로몬을 느낄 수도 있다. 그녀는 나를 많이 웃게 만들었고, 자신도 많이 웃었다. 브룩은 사랑스럽게 웃었다. 내 손목 수술 때와는 달리 세 시간이 순식간에 지나갔다.

그녀는 내 손목에 대해 아주 친절하게 묻고는 다정히 대해 주었다. 1인치 길이의 분홍색 흉터를 살펴보더니 살짝 만져보고는 이것저것 묻기도 했다. 자신도 양 발에 수술을 앞두고 있어 내게 쉽게 공감해주는 것 같았다. 그녀는 수년간의 댄스 트레이닝으로 발가락이 망가진 상태였으며, 의사들이 발가락을 부러뜨렸다가 다시 맞춰 넣을 것이라고 했다. 나는 내 수술실을 지키고 있었던 길에 관해 이야기했다. 그러자 그녀는 그를 좀 빌려줄 수 있겠냐며 농담을 했다.

겉으로 보기에 우리는 너무나 다른 삶을 사는 것 같았지만, 시작점이 비슷하다는 걸 알게 되었다. 그녀는 자신만만하고 야심 찬 극성부모 밑에서 자라는 게 어떤 것인지 잘 알고 있었다. 그녀의 어머니는 브룩이 11개월 때부터 매니저 역할을 해왔다고 했다. 나와 다른 점이라면 그녀의 어머니는 여전히 매니저 노릇을 하고 있다는 사실이었다. 그리고 브룩의 경력이 침체일로에 있어서 거의 파산상태라는 것. 그 아프리카 영화는 오랜만에 찾은 큰 일거리였다. 대출금을 갚기 위해 유럽에서 커피 광고도 찍었다. 그녀는 우리가 몇 십 년간 알아온 사이인 것처럼, 이런 이야기들을 놀랍도록 솔직하게 이야기했다. 우리가 그간 팩스로 서서히 가까워졌기 때문만은 아니었다. 그녀는 원래 항상 솔직한 사람이었다. 내가 그녀의 반만큼이라도 솔직해질 수 있다면 좋겠다. 나는 내면의 고통에 대해 그녀에게 솔직할 수 없었다. 그럼에도 테니스를 싫어한다고 고백하지 않을 수 없었다.

"진짜 테니스를 싫어하는 건 아닌 거예요." 그녀는 웃었다.

"그렇다니까요."

"그렇지만 진심으로 테니스를 싫어하는 건 아닐걸요."

"진짜에요. 난 테니스가 싫어요."

우리는 여행, 좋아하는 음식, 음악, 영화에 관해 이야기했다. 얼마 전 본 〈섀도 랜드(Shadow lands)〉라는 영화에 관해 얘기하기도 했는데, 그 영화는 C.S. 루이스 라는 영국작가가 쓴 이야기에 바탕을 둔 것이었다. 나는 그 영화를 보고 느끼는 바가 있었다고 말했다. 이야기 속에는 루이스와 형과의 밀접한 관계가 드러나 있었고, 세상으로부터 고립되어 은둔하는 그의 삶이 있었다. 위험에 대한 두려움과 사랑의 고통도 담겨 있었다. 그러나 아주 용감한 한 여성이 고통은 인간으로 살아가는 대가이며 충분히 그럴만한 가치가 있다는 사실을 그에게 일깨워주었다. 마지막에 루이스는 그의 학생들에게 이렇게 말했다. "고통은 귀를 닫은 세상을 깨우는 신의 메가폰이다. 우리는 돌덩어리와 같다. 우리를 너무나 고통스럽게 하는 신의 끌이 움직이면 우리는 완벽해진다." 나는 페리와 그 영화를 두 번이나 봤으며 대사의 반 정도를 외우고 있다고 브룩에게 말했다. 브룩도 〈섀도우 랜드〉를 좋아한다는 사실은 감동적이었다. 하지만 그녀가 루이스의 책을 여러 권 읽었다는 사실에는 약간 위축되었다.

자정이 지나자 웨이터와 레스토랑 주인의 초조한 눈빛을 더 이상 외면할 수 없었다. 나는 브룩을 집에 바래다주었는데, 그녀의 어머니가 위층 커튼 사이로 우리를 내려다보고 있다는 느낌을 받았다. 브룩의 볼에 입을 맞추고 다시 전화해도 되겠느냐고 물었다.

"그래요."

내가 돌아서자 그녀는 내 청바지의 엉덩이 윗부분에서 구멍을 발견했다. 그녀는 구멍 사이로 손가락을 집어넣고 손톱으로 내 꼬리뼈를 간지럽혔다. 그리고 집안으로 뛰어들어가면서 짓궂게 웃었다.

나는 렌터카를 몰고 선셋대로를 따라 내려갔다. 데이트가 이렇게 잘 될지 생각도 못했다. 라스베이거스로 돌아가려다가 비행기를 타기엔 너무 늦어 바로 옆 호텔에서 하룻밤을 더 보내기로 했다. 홀리데이 인 호텔이었는데, 낡아보였다. 10분 후 나는 선셋대로와 405번 프리웨이를 따라 휙휙 지나가는 자동차 소리를 들으며 2층의 퀴퀴한 냄새가 나는 방에 누워 있었다. 데이트에 대해, 특히 데이트가 어떤 의미인지 결론을 내보려고 곰곰이 생각해 보았다. 그러나 눈꺼풀이 무거웠다. 나는 억지로 뜨고 있던 눈을 감고 의식을 내려놓았고, 최후의 선택권을 잃어버리는 듯한 기분에 빠져들었다.

15
브래드 코치와의 만남

　　　　　브룩과의 세 번째 데이트는 그녀가 발 수술을 받기 전날 밤이었다. 우리는 맨해튼에 있는 그녀의 호화주택 1층 거실에 있었다. 키스하기 직전이었는데, 먼저 나는 탈모에 대해 솔직히 털어놓아야 할 것 같았다. 그녀는 내가 할 말이 있다는 걸 눈치챘다.

"왜 그래요?"

"아무것도 아니에요."

"말해 봐요."

"당신에게 정말 솔직하지 못했던 것 같아서요."

　우리는 소파에 누워있었다. 나는 일어나 앉아 베개를 치면서 심호흡을 했다. 여전히 나는 적당한 말을 찾으며 벽을 바라보았다. 아프리카의 가면으로 장식된 벽에는 머리카락도 눈도 없는 얼굴이 나를 바라보고 있었다. 으스스했다. 막연히 익숙한 느낌도 들었다.

"안드레, 뭐에요?"

"브룩, 인정하고 싶지 않지만… 이것 봐요. 나는 꽤 한동안 탈모가 진행

되고 있어서 그걸 감추려고 가발을 썼어요."

나는 내 가발 위에 그녀의 손을 얹었다. 그녀가 웃었다.

"그런 것 같았어요."

"그래요?"

"별것 아니에요."

"알면서 얘기하지 않은 거예요?"

"내가 매력을 느낀 건 당신 눈이고 마음이었지, 머리가 아니에요."

나는 눈동자와 머리가 없는 가면을 바라보면서 그녀에게 점점 빠져드는 것은 아닌지 궁금해졌다.

브룩과 함께 병원에 가서 회복실에서 그녀를 기다렸다. 그녀가 시합 전의 나처럼 발에 붕대를 감고 실려 나올 때까지 기다렸다가, 깨어날 때 옆에 있었다. 그녀를 보호해주고 싶다는 마음과 그녀를 향한 애정이 넘치는 기분이었다. 하지만 그녀가 가까운 친구인 마이클 잭슨에게 전화를 받자 그런 기분이 썰물처럼 빠져나갔다. 나는 모든 사건과 고발 등을 생각할 때, 마이클 잭슨과 지속해온 그녀의 우정을 가늠할 수 없었다. 그러나 브룩은 그 역시 우리와 마찬가지라고 했다. 유년시절을 잃어버린 또 한 명의 천재라는 것이었다.

브룩의 집까지 따라가 그녀가 회복하는 동안 침대를 지키며 며칠을 보냈다. 그런데 그녀의 어머니가 어느 날 브룩의 침대 옆 바닥에 누워있는 나를 보더니 무지하게 화를 냈다.

"바닥에서 잠을 자? 무례하기 짝이 없군."

나는 허리 때문에 바닥에서 자는 게 좋다고 했다. 하지만 그녀는 발끈하면서 나갔다. 나는 브룩에게 아침 인사로 키스를 하며 말했다.

"당신 어머니랑 나는 발끝에서부터 관계가 꼬인 것 같군요."

우리는 그녀의 발을 내려다봤다. 단어선택이 왠지 잘못된 것 같았다.

브래드 코치와의 만남

떠나야 할 때였다. 수술 이후 스코츠데일에서 열리는 첫 토너먼트에 출전해야 했기 때문이다.

"몇 주 후에 다시 만나요." 그녀에게 다시 키스하고 끌어안으며 말했다.

스코츠데일에서는 대진운이 좋았지만, 그렇다고 두려움이 덜한 것은 아니었다. 내 손목이 처음으로 진짜 시험대에 오르는 것이었기 때문이다. 만약 치료가 안 된 거라면? 더 나빠지기라도 했다면? 시합 도중에 손이 말을 듣지 않을지도 모른다는 악몽에 계속 시달렸다. 호텔에서 눈을 감고 손목이 좋아져 시합이 잘 풀리는 장면을 그려보려 했는데 누군가 문을 두드렸다.

"누구세요?"

"브룩이에요."

그녀는 두 발이 부러진 채로 여기까지 달려온 것이었다. 나는 아무런 통증 없이 토너먼트에서 우승했다.

몇 주 후, 샘프러스와 나는 한 잡지와 동시 인터뷰를 진행했다. 내 호텔에서 인터뷰했는데, 그는 거기서 피치스를 보고 깜짝 놀랐다.

"대체 이게 뭐야?" 샘프러스가 말했다.

"샘프러스, 피치스랑 인사해. 예전에 라스베이거스에 있는 애완동물 가게에서 구해낸 앵무새야. 거의 망하기 직전인 곳이었거든."

"괜찮은 새네." 그는 비웃듯 말했다.

"정말 괜찮은 녀석이야. 물지 않아. 사람흉내도 내."

"누구 흉내?"

"나! 나처럼 재채기하고 나처럼 말하지ー새로 말을 배웠을 때는 빼고. 전화벨이 울릴 때마다 얼마나 웃기는데. 피치스가 전화 받아, 전화 받아, 하고 소리치거든."

라스베이거스에 있을 때는 거의 동물원을 가진 거나 마찬가지였다고도 했다. 킹이라는 이름의 고양이와 버디라는 토끼를 기르며 어떻게든 외로움을 잊으려 했었다고. 누구도 혼자가 아니므로. 하지만 그는 고개를 흔들었다. 나만큼 테니스가 외롭다고 생각하는 건 아닌 듯했다. 샘프러스에게 구태여 말을 하진 않았지만 나는 피치스를 계속 성장하고 변화하며 끊임없이 새로운 것을 시도하는, 내 팀의 핵심멤버로 생각했다.

인터뷰하는 동안에는 방안에 두 마리의 앵무새와 같이 있는 기분이었다. 적어도 나는 기자에게 허튼소리를 늘어놓을 때만큼은 나만의 스타일로 색깔을 좀 덧입혀 인터뷰하곤 했다. 하지만 샘프러스는 피치스보다도 더 로봇 같았다.

닉과 웬디를 잃었지만 브룩을 얻었고, 라스베이거스 출신의 밝고 다정한 슬림이란 녀석도 얻었다. 우리는 하루 차이로 같은 병원에서 태어났고, 같은 초등학교에 다녔다. 그는 길 잃은 영혼이긴 했지만, 좋은 사람이어서 개인 조수로 고용했다. 그는 내 집을 봐주고 수영장 관리인과 각종 잡역부를 총괄했으며 메일을 분류했고 팬들의 사진과 사인요청에 응대했다.

내 팀에 매니저를 추가할 필요가 있는지도 생각하게 됐다. 나는 페리에게 현재의 관리상황을 털어놓으며 팀원들이 부당하게 금액을 청구하는 건 아닌지 봐달라고 했다. 그는 계약서를 읽어보더니 상황을 더 개선할 수 있을 거라고 했다. 나는 그의 어깨에 팔을 두르고는 고맙다고 인사했다. 그러다 한 가지 생각이 떠올랐다. "네가 내 매니저가 되어주는 건 어때, 페리? 믿을 만한 사람이 필요해."

그가 바쁘다는 건 알고 있었다. 그는 애리조나대 로스쿨 2학년이었고 공부하느라 정신이 없었다. 그러나 나는 그에게 파트타임이라도 한번 생각해달라고 부탁했다.

두 번 부탁할 필요가 없었다. 페리는 그 일을 원했고, 당장 시작하고 싶

브래드 코치와의 만남

어했다. 수업이 없는 시간을 이용하면 된다는 것이었다. 아침, 주말, 그리고 시간이 나면 언제든 일을 할 수 있었다. 그에게도 좋은 기회가 되겠지만, 그 일을 통해 페리가 내게 진 빚을 조금씩 갚을 수도 있을 것이다. 나는 페리가 아버지에게 손을 벌리고 싶어하지 않았기 때문에 로스쿨 학비를 빌려주었던 것이다. 그는 어느 날 밤 내 앞에서 그의 아버지가 돈으로 어떻게 자신과 사람들을 통제하는지에 대해 얘기했다.

"나는 아버지로부터 벗어나야 해. 도망쳐야겠어, 안드레. 완전히."

그보다 더 설득력 있는 간청은 없었다. 나는 그 자리에서 그에게 수표를 써주었다.

나의 매니저로서 페리의 주요 과제는 내게 닉을 대신할 새로운 코치를 찾아주는 일이었다. 그는 후보 명단을 간략히 작성했는데, 가장 상위에는 〈추한 승리(Winning Ugly)〉라는 테니스에 관한 책을 쓴 사람의 이름이 있었다. 페리는 내게 그 책을 건네더니 읽어보라고 재촉했다.

"고맙지만 됐어. 공부는 그만." 나는 그를 노려보았다.

나는 그 책을 읽을 필요가 없었다. 저자인 브래드 길버트를 알고 있었으니까. 그것도 아주 잘 알았다. 그는 동료 테니스 선수였던 것이다.

그와는 여러 번 마주쳤고 몇 주 전에도 만났었다. 그의 게임 스타일은 나와는 정반대로, 그는 정크볼을 구사하는 선수였다. 말하자면, 공의 스피드가 일정치 않고 페이스 변화를 이용하거나 주의를 돌리거나 혹은 속임수를 쓰는 타입이었다. 기술도 제한적이었는데, 그에 비해 자부심은 대단했다. 내가 노력에 비해 성과가 떨어지는 대표적인 유형이라면, 브래드는 기대 이상의 성적을 내는 데는 최고였다. 그는 상대선수를 제압하기보다는, 상대의 약점을 공격하면서 좌절시켰다. 나도 여러 번 괴롭혔는데, 흥미롭긴 했으나 그럴듯하지는 않았다. 브래드는 아직 현역이었고, 사실 수술과 시합출전 공백 때문에 랭킹은 나보다 높은 상태였다.

"아니. 그의 선수경력이 이제 거의 끝이야. 서른두 살이니까 코치 생각이 아예 없지는 않을걸."

페리는 브래드의 책이 얼마나 인상 깊었는지 여러 번 말하며 내게 필요한 현실적인 조언이 담겨있다고 말했다.

1994년 3월, 토너먼트 참가를 위해 우리 모두 키 비스케인에 갔을 때, 페리는 브래드를 피셔 아일랜드의 이탈리안 레스토랑으로 초대했다. 카페 포르토 체르보(Café Porto Chervo)라는 수상 카페로, 우리가 좋아하는 레스토랑 중 하나였다.

이른 저녁, 해가 부두에 정박해 있는 보트의 돛대와 돛 너머로 막 사라지고 있었다. 페리와 나는 조금 일찍 왔고, 브래드는 시간에 맞춰 왔다. 나는 그가 얼마나 눈에 띄는 인상인지 잊고 있었던 것 같다. 그는 가무잡잡한 피부에 다부진 얼굴로 확실히 잘생긴 편이었다. 전형적인 미남은 아니었고 깎아놓은 듯 윤곽이 뚜렷한 이목구비는 아니었으나 점토로 빚은 것처럼 잘 생겼다. 하지만 나는 그가 이제 막 불을 발견해 숨이 넘어갈 듯 타임머신을 타고 급하게 도착한 초창기 인류처럼 생겼다는 생각을 떨칠 수가 없었다. 어쩌면 이런 생각을 하게 된 건 그의 머리 때문이었는지도 모른다. 그의 머리와 팔, 이두근, 어깨, 얼굴이 모두 검은 털로 뒤덮여 있었기 때문이었다. 나는 소름이 끼치면서도 그의 털이 부러웠다. 눈썹만 해도 아주 매력적이었다. 왼쪽 눈썹만 갖고도 괜찮은 부분 가발을 만들 수 있을 정도였다.

수석 웨이터인 레나토가 와서 부두가 내려다보이는 테라스에 앉아도 된다고 했다.

"그렇게 합시다." 내가 말했다.

"안 됩니다. 아니 안 돼요. 안쪽에 앉아야 해요." 브래드는 거부했다.

"왜죠?"

"매니 때문에요."

"뭐라고요? 매니가 누굽니까?"

"매니 모스키토요. 모기요. 네, 모기가 있어요. 진짜에요. 매니가 여기 있어요. 매니가 아주 많이 몰려나왔다고요. 게다가 매니는 나를 좋아하거든요. 저것 봐요! 아주 떼로 몰려있잖아요! 안 되겠어요. 실내로 가요. 매니한테서 멀리요!"

후덥지근한데다 38도 가까이 되는데도, 반바지 대신 청바지를 입고 있는 이유가 모기 때문이라니.

"매니라구요." 그는 마지막으로 몸서리치며 말했다. 페리와 나는 서로를 바라보았다.

"좋아요. 안으로 가죠." 페리가 말했다.

레나토는 우리를 창가 테이블로 안내하고는 메뉴판을 건네주었다. 브래드는 메뉴판을 훑어보더니 상을 찡그렸다.

"문제가 있군요."

"뭐라고요?"

"내가 마시는 맥주가 없네요. 버드아이스요."

"있을지도 몰라요."

"버드아이스가 아니면 안 돼요. 난 버드아이스만 마셔요."

그는 버드아이스를 사러 나갔다 와야한다고 했다. 페리와 나는 레드 와인을 한 병 주문하고 말 없이 기다렸다. 그는 5분 만에 버드아이스 다섯 병을 들고 돌아와서는 레나토에게 얼음에 넣어 달라고 부탁했다.

"냉장고는 안 돼요. 충분히 차가워지지 않거든요. 얼음 속 아니면 냉동실에 넣어야죠."

브래드가 마침내 준비를 끝내고 버드 아이스 반병을 마셨을 즈음, 페리가 말을 꺼냈다.

오픈

"그러니까, 길버트 씨. 여기서 당신을 보자고 한 이유는 안드레의 경기에 대한 당신의 생각을 좀 들어보고 싶어서예요."

"무슨 생각이라고요?"

"안드레의 게임이요. 어떻게 생각하는지 들어보고 싶은데요."

"내 생각을? 내가 애거시 선수의 게임에 대해 어떻게 생각하는지 알고 싶다고요?"

"맞아요."

"솔직하게 말할까요?"

"솔직히!"

"정말로 솔직히?"

"가감 없이요."

그는 맥주를 엄청나게 마시더니 테니스 선수로서의 나의 단점에 대해 신중하면서도 철저하게, 그가 말했듯이 아주 잔인할 정도로 솔직히 말해주었다.

"테니스는 로켓 사이언스가 아니에요. 내게 그만한 기술, 재능, 서브리턴, 풋워크 능력이 있다면 난 정상일 겁니다. 그런데 당신은 열여섯 살 때 갖고 있던 그 열정을 잃었어요. 공을 재빨리 받아치면서 공격적인 플레이를 보여주던 그 꼬마에게 대체 무슨 일이 일어난 겁니까?"

브래드는 나의 전반적인 문제점이자 생각보다 일찍 내 선수경력을 끝낼지도 모르는 문제점(아버지가 물려준 문제점 같기도 했다)이 바로 완벽주의라고 했다.

"당신은 언제나 완벽하려고 해요. 그리고 언제나 그에 못 미치게 되면 자책하죠. 당신의 자신감은 샷에서 나오는데 그것도 완벽주의 때문이죠. 안정적이고 일관된 페이스로 나가는 것, 그게 핵심이에요. 그렇게만 해도 90%는 이긴 게임인데 당신은 모든 공에 욕심을 내요."

그는 끊임없이 윙윙거리는 모기처럼 쉴 새 없이 떠들어댔다. 또 모든 스포츠를 비유적으로 설명하면서 논리를 펼쳤다. 그는 상당한 스포츠 팬이었고 비유를 사용하는 것도 그만큼 즐겼다.

"KO를 노리는 건 그만 해요. 홈런을 치려고 하지도 말고요. 그저 빈틈없는 자세를 유지하는 거예요. 단식이든 복식이든 다음 단계에 대비하는 거죠. 스스로에 대한 생각과 게임에 대한 생각은 잊고 네트 맞은편 선수에게 약점이 있다는 것만 기억해요. 그리고 약점을 공격하세요. 공격에 나설 때마다 세계 최고가 될 필요는 없어요. 상대방보다 낫기만 하면 되는 거예요. 당신이 성공한다는 생각보다 상대를 실패하게 한다고 생각해요. 그가 스스로 무너지게 두면 더욱 좋고요. 결국, 승산과 확률 문제에요. 라스베이거스 출신이니까 승산과 확률에 대해 잘 알 겁니다. 카지노가 항상 이겨요, 그렇죠? 왜? 확률이 카지노에 유리하게 짜여 있거든요. 그러면? 카지노가 되는 거죠! 확률을 나한테 유리하게 만드는 겁니다. 당신은 모든 공에 완벽한 샷을 날림으로써 자신에게 불리한 승률을 배당하는 거예요. 너무 많은 리스크를 떠안는다는 거죠. 그렇게 많은 리스크를 떠안을 필요가 없어요. 집어치워요. 그냥 공이 움직이도록만 하는 거예요. 왔다갔다. 무난하게. 빈틈없이. 중력처럼. 알겠어요? 그놈의 중력처럼 말이에요. 완벽함을 좇으면서, 완벽함을 최종목표로 삼으면 어떻게 되는지 알아요? 존재하지 않는 걸 쫓아가는 거란 말입니다. 주변 사람들을 비참하게 하는 거라고요. 당신은 자신을 비참하게 만들고 있어요. 완벽? 완벽하게 잠에서 깨는 게, 일 년에 아마 다섯 번쯤 될 겁니다. 아무에게도 지지 않겠다고 한다면요. 그런데 테니스 선수는 일 년에 다섯 번만 테니스를 하는 게 아니니까요. 그냥 일반인이라도요. 나머지 360일이 있는 거예요. 결국, 어떻게 생각하느냐의 문제죠. 당신의 재능으로는 단순히 게임차원에서 50%의 확률이지만, 머리로 95% 확률이라고 생각하게 되면 이기는 거예요. 그런데 게임차원에서는 95%의 승률인데 머리로는 50%밖에 안 된다고 생각하면 지는 거죠. 지는 겁니다. 진다고요. 라스베이거스 출신이시라니까 이렇게 말해봅시다. 슬램에서 우승하려면 21세트를 이겨야 합니다. 그뿐이에요. 그냥 21세트를 이기면 되는 겁니다. 일곱 번의 매치에서 다섯 번 이기는 방식인 거죠. 그게 21세트에요. 테니스도 카드와 마찬가지로 21이 승자에요. 블랙잭이라고요! 그 숫자만 기억하면 잘못될 일은 없어요. 단순하게 생각해요. 단순하게. 한 세트를 이길 때마다 자신에게 말하는 겁니다. 하나 됐고. 하나가 주머니에 있다고. 토너먼트가 시작되면 21부터 거꾸로 세는 겁니다. 그게 긍정적 사고에요, 알겠어요? 물론 나로 말할 것 같으면, 블랙잭을 할 때 16으로 이기는 게 낫죠. 왜냐하면, 그게 추한 승리거든요. 꼭 21 갖고 이기란 법은 없어요. 완벽할 필요는 없으니까요."

그는 장장 15분 동안 이야기를 했다. 페리와 나는 중간에 끼어들지도 않았고 서로 쳐다보지도 않았으며 와인을 홀짝이지도 않았다. 마침내 브래드는 두 번째 맥주병을 비우고는 큰 소리로 외쳤다.

"여기 책임자는 어디 있는 거야? 화장실 좀 다녀와야겠네."

"이 사람이야." 그가 자리를 뜨자 나는 페리에게 말했다.

"당연하지."

웨이터가 주문을 받으러 오자 브래드는 그릴드 치킨과 모차렐라 치즈를 얹은 펜네 아라비아따를 주문했다. 페리는 치킨 파마산을 주문했다. 브래드는 싫다는 표정으로 페리를 바라봤다.

"형편없는데? 치킨 브레스트는 따로 하고 모차렐라와 소스는 사이드로 주문하는 게 나을 거요. 생각해봐요. 그렇게 하면 치킨 브레스트는 신선하면서 축축하지 않을 테고, 치킨과 치즈, 소스 비율도 마음대로 조절할 수 있으니까요."

페리는 메뉴 고르는 걸 도와줘서 고맙다고 했으나 자신은 원래대로 주문하겠다고 했다. 웨이터가 나를 쳐다보자 나는 브래드를 가리키며 말했다.

"뭐든 저 사람이 먹는 거 주문하겠습니다."

브래드가 웃었다. 페리는 헛기침을 하더니 말했다.

"그러니까 길버트 씨. 안드레의 코치가 되는 것에 관심이 있으신가요?"

브래드는 곰곰이 생각하는 것 같았다. 3초쯤.

"그러죠. 좋은 생각인 것 같네요. 내가 당신을 도울 수 있을 것 같습니다."

"언제 시작할 수 있습니까?" 내가 물었다.

"내일. 아침 10시에 코트에서 뵙죠."

"아. 그런데. 그건 좀 어려울 것 같은데요. 오후 한 시 전에는 안 치거든요."

"애거시 선수, 우린 열 시에 시작할 겁니다."

나는 당연히 늦었다. 브래드가 시계를 쳐다봤다.

"우리가 열 시라고 한 거 생각납니까?"

"아침 열 시에도 눈을 뜰 수 있는지 몰랐네요."

연습이 시작되자 브래드도 말을 시작했다. 그는 지난밤의 독백과 오늘 아침의 운동 사이가 잠깐의 막간이었다는 듯이 말을 멈출 줄 몰랐다. 내 게임을 하나하나 꼬집어 비판하며 내가 구사하는 샷을 예측하고 분석했다. 그가 강조하는 요점은 라인을 따라 백핸드를 스트레이트로 치라는 것이었다.

"백핸드를 칠 기회를 잡자마자 바로 쳐야 해요. 그게 바로 돈 되는 샷이에요. 내 자산을 만들어주는 샷이고. 그 샷 하나로 많은 돈을 벌 수 있어요."

우리는 게임을 몇 차례 했는데 그는 거의 포인트마다 경기를 중단하고 네트로 와서 내가 방금 얼마나 멍청한 짓을 저질렀는지 설명했다.

"왜 그런 겁니까? 그게 강력한 킬러샷이라는 건 알겠지만, 모든 샷이

킬러샷일 필요는 없습니다. 가장 좋은 샷은 홀딩샷일 때도 있죠. OK 샷이란 말입니다. 상대방에게 실수할 기회는 주는 샷이에요. 상대방이 알아서 하게 두는 겁니다."

이런 느낌이 좋았다. 나는 브래드의 생각과 열정, 에너지에 부응했다. 또한, 완벽주의가 임의적이라는 그의 주장에 편안한 기분을 느꼈다. 나를 망가뜨리는 완벽주의는 내가 선택한 것이었으니 다른 것을 선택할 수도 있었다. 다른 것을 선택해야만 한다. 아무도 내게 이런 말을 해준 적이 없었다. 나는 항상 완벽주의는 줄어드는 머리숱이나 두꺼워진 척추뼈와 같은 거로 생각했다. 타고난 나의 일부분이라 생각했던 것이다.

점심을 가볍게 먹은 후에는 나무 그늘에 앉아 발을 뻗고 쉬면서 TV를 보거나 신문을 읽었다. 그러고는 나가서 내 나이 또래인 영국 출신의 마크 페체이와의 시합에서 이겼다. 다음 상대는 닉이 코치를 맡은 베커였다. 내 라이벌 선수의 코치가 되는 건 상상도 할 수 없다고 공개적으로 말해놓고는, 닉은 내 최대 숙적 중 한 명의 코치가 되어 그의 박스석에 앉아 있었다. 베커는 언제나처럼 시속 217킬로미터의 강서브를 보냈지만, 닉이 그의 옆에 있는 걸 보자 아드레날린이 솟구쳐 공을 족족 다 쳐버렸다. 베커도 그걸 알고는 경기를 멈추고 관중의 환호에 응답했다. 한 세트 뒤지면서 한 번 브레이크 당한 상태에서 라켓을 공걸에게 건네며 이렇게 말하는 듯했다. 여기서 너도 나만큼 잘할 수 있을 거야.

"그래, 그 애를 대신 내보내. 둘 다 끝장내줄 테니."

베커를 처리한 후 결승에 올랐다. 상대는? 샘프러스였다. 언제나처럼 샘프러스였다. 시합은 전국에 TV로 중계될 예정이었다. 브래드와 나는 한껏 고무되어 라커룸으로 들어가면서 샘프러스가 바닥에 앉아있는 걸 발견했다. 의사와 트레이너가 그를 살펴보고 있었고, 토너먼트 디렉터는 뒤에서 서성이고 있었다. 샘프러스는 무릎을 가슴에 끌어안고 신음하고 있었던 것이다.

"식중독입니다." 의사가 말했다.

"지금 애거시 선수가 방금 키 비스케인에서 이긴 것 같은데요." 브래드가 내게 속삭였다.

디렉터는 브래드와 나를 한쪽으로 데리고 가서 샘프러스가 회복할 시간을 줄 수 있느냐고 물었다. 나는 브래드가 긴장하는 걸 느꼈다. 그가 무슨 말을 원하는지 알고 있었다. 그러나 나는 디렉터에게 말했다.

"필요한 만큼 샘프러스 선수에게 시간을 주세요."

디렉터는 한숨을 쉬더니 내 팔에 손을 얹었다.

"감사합니다." 밖에 1만 4천 명의 관중이 있어요. 게다가 방송국에서도 와있고요."

브래드와 나는 라커룸에서 빈둥거리며 TV 채널을 이리저리 돌리며 전화를 했다. 나는 브룩에게 전화했다. 그녀는 브로드웨이 뮤지컬 〈그리스〉에 오디션을 보고 있었다. 그렇지 않았다면 여기 있었을 거다. 브래드는 나를 노려봤다.

"진정해요. 샘프러스는 아마 낫기 힘들 거예요." 나는 그에게 말했다.

의사는 샘프러스에게 정맥주사를 놓고 일으켜 세웠다. 그는 막 태어난 망아지처럼 비틀거렸다. 절대 회복하지 못할 것 같았다. 토너먼트 디렉터가 우리에게 다가왔다.

"샘프러스 선수가 준비됐다고 합니다."

"알겠소. 우리도 준비됐습니다." 브래드가 말했다.

"금방 끝날 거예요." 나는 브래드에게 말했다.

그러나 샘프러스는 또다시 일어났다. 마치 사악한 쌍둥이 동생을 코트에 보낸 것 같았다. 라커룸 바닥에 앉아서 몸을 웅크리고 있던, 정맥주사를 맞고 제자리에서 비틀거리던 그가 아니었다. 코트 위의 샘프러스는 인생의 절정에서 엄청난 속도로 서브를 넣었고 땀조차 거의 흘리지 않았다. 그는 최고의 경기를 펼치고 있었고 무적이었으며, 금세 5-1로 앞서 나갔다.

이제 나는 화가 났다. 상처 입은 새를 발견하고 집에 데려와서 다시 건강하게 돌봐줬더니 내 눈을 찌르려고 하는 것 같았다. 나는 반격했고 다음 세트를 따냈다. 샘프러스만이 할 수 있는 공격을 버텨냈으니 그에겐 이제 남은 것이 없을 것이다. 그러나 그는 2세트에서 실력이 더 나아졌고 3세트에서는 괴물 같았다. 그는 3세트를 먼저 따내 우승했다.

나는 라커룸으로 뛰어들어갔다. 브래드는 분을 참지 못한 채 나를 기다리고 있었다. 그가 내 입장이었다면, 샘프러스가 몰수패를 당하도록 했을 거라고 했다. 또 디렉터에게 우승선수에게 수표를 지급하라고 요구했을 거라고 했다.

"그건 내 방식이 아니에요. 그런 식으로 이기고 싶지는 않아요. 게다가 식중독에 걸려 바닥에 누워있는 사람을 이길 수 없다면, 나는 자격이 안 되는 거죠."

브래드는 갑작스레 말을 중단하고 눈을 둥그렇게 뜨며 고개를 끄덕였다. 반박할 수가 없었던 것이다. 그는 내 원칙을 존중한다고 말했으나 동의하지는 않는다고 했다.

우리는 영화 〈카사블랑카〉 마지막 장면의 험프리 보가트와 클로드 레인즈처럼 함께 스타디움 밖으로 걸어나왔다. 아름다운 우정의 시작이었다. 이렇게 또 한 명의 핵심 팀멤버가 탄생했고 우리 팀은 패배 일로를 걷게 되었다. 브래드의 아이디어를 채택하는 것은 왼손으로 글씨 쓰는 법을 배우는 것과 비슷했다. 그는 자신의 철학을 브래드 테니스라고 불렀고, 나는 그걸 '브래드다움(Braditude)'이라 불렀다. 뭐라고 이름 붙이든 간에, 브래드다움을 습득하는 건 힘들었다. 다시 학교로 돌아가 다른 무언가를 꿈꾸는 기분이었다. 중력과 같이 안정적이고 일관된 페이스를 유지할 필요가 있다고 브래드는 반복해서 말했다.

"중력처럼 움직여요. 지속적인 압박으로 상대선수를 눌러야 해요."

그는 내게 추한 승리의 기쁨, 추한 승리의 미덕을 이해시키려 노력했으나 나는 추하게 지는 법만을 알 뿐이었다. 그러나 나는 그를 믿었고, 그의 조언이 정곡을 찌른다는 걸 알았으며, 그가 하라는 모든 것을 했다. 그런데도 나는 왜 이기지 못하는가? 나는 완벽주의를 버렸는데 왜 나는 완벽하지 못한가?

오사카에서 다시 샘프러스에게 졌다. 중력 대신 나는 플러버(*Flubber, 고무의 성질을 가지고 있으면서 성형이 비교적 자유로운 플라스틱과 같은 탱탱볼)같았다. 몬테카를로에 가서는 예브게니 카펠니코프에게 1회전에서 졌다. 설상가상으로 카펠니코프는 시합 후 기자회견에서 많은 팬이 나를 응원하는 분위기에서 나에게 이긴 소감이 어땠냐는 질문까지 받았다.

"어려웠습니다. 애거시 선수는 거의 신의 아들 같은 존재니까요."

그가 무슨 뜻으로 한 말인지는 몰랐지만, 아무튼 칭찬은 아닌 것 같았다. 조지아주 덜루스에서는 말리바이 워싱턴에게도 졌다. 라커룸으로 돌아왔을 때 나는 절망적인 기분이었다. 그때 브래드가 웃으며 나타났다.

"좋은 일이 일어나려는 겁니다."

나는 의아한 얼굴로 그를 바라봤다.

"고통이 필요한 시점이에요. 아슬아슬한 승부에서 많이 져봐야 합니다. 그래야 언젠가 박빙의 승부를 펼쳤을 때 하늘이 훤히 트이게 되면서 돌파구를 찾을 거예요. 그 한 번의 돌파구, 그 한 번의 틈이 필요해요. 그리고 나면 당신이 세계 최고가 되는 덴 아무 문제가 없을 겁니다."

"미쳤군요."

"깨닫게 될 겁니다."

"정신 나갔군요."

"두고 봐요."

1994년 프랑스오픈에서는 토마스무스터와 격렬한 5세트 경기를 펼쳤다. 5세트에서 1-5로 뒤처지고 있었는데 무슨 일인가가 일어났다. 항상 머릿속으로 외고 있었던 브래드의 철학이 밖에서 들어오는 게 아니라 안에서부터 나오고 있었던 것이다. 나는 아버지의 목소리를 내면화했던 것처럼 그의 철학을 내면화했다. 간신히 게임의 주도권을 되찾고, 게임 스코어를 5:5 동점으로 만들었다. 무스터는 나를 브레이크했고 매치포인트 서브를 넣었다. 그러나 나는 게임을 30-40으로 끌고 가면서 희망을 얻었다. 준비태세를 갖추긴 했지만 무스터는 내가 받아칠 수 없는 백핸드를 쳤고 나는 팔을 뻗어 공을 사이드라인 밖으로 넓게 치고 말았다. 무스터의 매치였다.

그는 네트로 다가와 내 머리를 문지르고 헝클어뜨렸다. 잘난체하는 건 둘째치고, 그 제스처 때문에 가발이 거의 벗겨질 뻔했다.

"잘했어."

나는 증오로 불타 그를 노려보았다.

"큰 실수한 거야, 무스터. 머리는 손대지 말았어야지. 다시는 머리에 손대지 마. 당신한테 약속 하나 하지. 다시는 당신한테 지지 않겠어."

브래드가 라커룸에서 오히려 나를 축하해줬다.

"좋은 일이 일어날 겁니다."

"뭐라고요?"

"날 믿어요. 좋은 일이라니까요."

브래드가 고개를 끄덕였다. 그는 패배로 말미암은 고통을 이해하지 못하는 게 분명했다. 이해하지 못하는 사람에겐 설명하려고 노력해봤자 소용이 없다.

1994년 윔블던에서는 4회전까지 갔으나 토드 마틴에게 박빙의 승부로 졌다. 나는 상처받고 두려움에 떨면서 실의에 빠졌다. 그런데도 라커룸에서 브래드는 웃으며 말했다.

"좋은 일이에요."

우리는 캐나다오픈에 갔다. 브래드는 토너먼트 초반에 이번에는 좋은 일이 일어나지 않을 거라며 나를 놀라게 했다. 오히려 몇 가지 안 좋은 일들이 닥칠 거라고 했다. 그는 내 대진표를 살펴봤다.

"NG로군."

"NG가 대체 무슨 뜻이에요?"

"좋지 않다는 거죠. 대진표가 최악인데요."

"어디 좀 봐요."

나는 종이를 빼앗았다. 그의 말이 맞았다. 내 첫 상대는 스위스 출신의 야콥 흘라세크로, 너무나 손쉬운 선수였으나, 2회전에서 나를 항상 궁지로 몰아넣었던 데이비드 휘튼과 만나게 되어 있었다. 그러나 낮은 기대보다 더 좋은 건 없었다. 어쩔 수 없다고 나 자신에게 말했다. 그리고 브래드에게 전부 이겨버릴 거라고 했다.

"그렇게 되면 당신은 귀걸이를 해야 될 거예요." 내가 덧붙였다.

"나는 장신구를 좋아하지 않는데." 그는 잠시 생각했다.

"좋아요. 그렇게 하죠. 합시다."

캐나다오픈의 테니스 코트는 너무 작게 느껴져서 상대선수가 더 커 보였다. 휘튼은 몸집이 원래 큰 선수였으나, 거기서는 3미터는 되어 보였다. 착시였지만 그래도 그는 내 얼굴 위로 2인치는 더 있는 것 같았다. 산만해져서 나는 3세트 타이브레이크에서 두 개의 매치포인트를 내줬다.

그러자 전혀 나답지 않게 침착해졌다. 나는 산만함과 착시를 떨쳐버리고 반격에 나서서 결국 그를 이겼다. 브래드에게 공언했던 말을 지켰고 아슬아슬한 시합에서 이긴 것이다. 나중에 나는 브래드에게, 그 경기에서 내가 이길 거라고 했던 그의 말이 옳았다고 했다.

"변화가 생길 거라고 당신이 말했던 그런 경기였어요."

그는 식당에 나 혼자 앉아 있기라도 한 것처럼 크게 웃으며, 소스와 치즈를 따로 담은 치킨 브레스트가 곁들여진 치킨 파마산을 주문했다.

"아주 좋아, 애송이 양반. 모든 일엔 순서가 있는 법이니까."

게임에 속도가 붙을수록 내 마음은 더욱 차분해졌고, 나는 그 기세로 나머지 대진순서 끝까지 밀고 올라가 캐나다오픈에서 우승했다. 브래드는 단추형 다이아몬드 귀걸이를 골랐다.

1994년 US오픈에 참가하면서, 나는 21번을 배정받았다. 시드 배정을 받지 않은 것이다. 1960년대 이래로 US오픈에서 시드 배정을 받지 않은 선수가 우승한 적은 없었다. 브래드는 내가 시드 배정을 받지 않기를 바랐다며 좋은 상황이라고 했다. 내가 조커 카드이길 바란다는 것이었다.

"토너먼트 초반에 상대를 강하게 몰아붙여서 이기면, 이번 토너먼트는 이길 겁니다."

그는 확신했다. 너무 확신한 나머지 내가 우승하면 온몸의 털을 밀겠다는 맹세까지 했다. 나는 언제나 브래드에게 털이 너무 많다고 말했었는데, 그는 이번 기회에 원인(猿人) 같은 생김새를 대머리 코작 형사(*대머리 형사 테오 코작이 뉴욕 경찰서에서 활약하는 모습을 다룬 70년대 인기 범죄 시리즈의 주인공)처럼 만들겠다는 것이었다. 적어도 가슴과 팔, 그리고 눈썹 털을 정리할 필요는 있었다. 아니면 이름이라도 붙여 주든가.

"날 믿어요. 가슴 털을 밀고 나면 한 번도 느껴보지 못한 기분일 걸요."

"US오픈에서 우승하면 당신도 그런 기분일 겁니다."

랭킹이 낮았기 때문에 나는 US오픈에서 주목받지 못했다(고개를 돌릴 때마다 플래시 세례를 받는 브룩의 도움이 없었더라면, 나는 더욱더 묻힐 뻔했다). 나는 경기에만 집중하기로 하고 어울리는 복장을 했다. 검은 모자와 검은 바지, 검은 양말, 흑백 슈즈 차림이었다. 그러나 1회전 시작에서 로버트 에릭슨이 상대로 나오자, 예전의 불안과 초조함이 느껴졌다. 속이 메슥거렸으나 브래드를 생각하면서 완벽에 대한 생각을 버리기 위해 애썼다. 그리고 빈틈없는 자세에 집중하며 에릭슨 스스로 무너지도록 내버려 두었고, 실제로 그는 경기에 졌다. 나는 그를 이기고 2회전에 진출했다.

잠시 숨이 막힐 것 같았던 순간이 지나고, 다시 프랑스 출신의 기 포르제에게 이겼다. 그리고 남아프리카공화국 출신의 웨인 페레이라를 연속 세트로 이겼다. 그다음 상대는 챙이었다.

나는 시합 당일 아침 극심한 설사증세를 느꼈고 시합 시작 때까지도 힘없이 체력이 고갈된 채 피치스처럼 횡설수설했다. 길은 내게 길워터 한 병을 더 마시게 했으나 이번 것은 진하고 뻑뻑한 기름같아 억지로 마시다가 몇 번이나 토할 뻔했다.

"나를 믿어줘서 고마워." 길이 속삭였다.

나는 챙 특유의 맹렬함과 맞닥뜨리게 됐다. 그는 아주 보기 드문 선수로, 더도 덜도 아닌 꼭 나만큼 우승을 원하는 선수였다. 우리는 첫 서브 때부터 갈 데까지 가리라는 걸 직감했다. 대접전이 되리라. 다른 방법은 없을 것이다. 그러나 5세트에서 타이브레이크가 될 것 같다는 생각이 들자 리듬을 되찾아 그를 일찍 브레이크할 수 있었다.

나는 맹렬한 샷을 날려댔고 그가 점점 힘이 빠지는 걸 느낄 수 있었다. 이처럼 치열한 대접전에서 내가 슬그머니 빠져나가는 건 있을 수 없는 일이었다. 마지막 몇 분을 앞두고 나는 그와 더욱더 초박빙의 난투극을 벌여야 했는데, 미안하게도 너무 쉽게 풀렸다.

챙은 기자 회견에서 나와의 경기에 대해 전혀 엉뚱한 말을 했다. 두 세트는 더 버틸 수 있었을 거라고 말했던 것이다.

"안드레가 운이 좋았죠."

게다가 챙은 내가 게임의 허점을 드러낸 데 대해 상당한 자부심을 표했고, 토너먼트에 참가하는 다른 선수들은 그에게 고마워해야 한다고 했다. 내가 이제 약해졌으며 끝장나는 건 시간문제라는 것이었다.

다음 상대는 무스터였다. 나는 그에게 다시는 지지 않겠다는 맹세를 지켰다. 네트에서 그의 머리를 헝클어뜨리지 않기 위해 온 힘을 다해 자제력을 발휘해야 했다.

이제 준결승이었다. 토요일에 마틴과 겨루게 되어 있었고, 길과 나는 금요일 오후 P.J. 클락스에서 점심을 먹고 있었다. 우리는 늘 먹던 것을 골랐다. 토스트한 잉글리시 머핀으로 만든 치즈버거였다. 또 제일 좋아하는 웨이트리스가 서빙하는 구역에 앉아 있었다. 우리는 그녀를 두고 누군가 용감하게 데이트 신청을 한다면 분명히 할 얘기가 많을 거라는 데 의견 일치를 보았다. 음식이 나오길 기다리는 동안 뉴욕 일간지들을 넘겨보다가 나에 관한 마이크 루피카의 칼럼을 보게 되었다. 읽지 말았어야 했는데 결국 읽고 말았다. 그는 내가 US오픈에서 지기에는 아쉬움이 크겠지만, 어떻게든 질 거라는 사실만은 분명하다고 썼다.

"안드레 애거시는 그저 챔피언이 아닐 뿐이다." 루피카는 이렇게 썼다.

신문을 덮자 사방의 벽이 나를 옥죄어 오면서 시야가 바늘구멍만 하게 좁아지는 기분이 들었다. 루피카는 미래를 보기라도 한 듯 아주 확신에 차 있었다. 그가 옳으면 어쩌지? 이걸로 끝이라면, 이것이 진실의 순간이라면, 그래서 내가 가짜로 밝혀진다면 어쩌지? 지금이 아니라면, 내가 언제 US오픈에서 다시 우승할 기회를 잡게 될까? 많은 일을 겪어야 할 것이다. 결승에 오르는 건 쉬운 일이 아니다. 이 토너먼트에서 절대 우승할 수 없다면? 이 토너먼트를 언제나 후회하며 돌아보게 된다면? 브래드를 고용한 것이 실수였다면? 브룩이 내 여자가 아니라면? 신중하게 구성한 내 팀이 실은 엉터리라면?

길이 고개를 들고 내가 하얗게 질린 것을 발견했다.

"왜 그래?"

나는 그에게 칼럼을 읽어주었다. 그는 꼼짝도 하지 않았다.

"한번 루피카를 만나보고 싶군."

"그가 옳으면 어쩌죠?"

"컨트롤 할 수 있는 걸 컨트롤 해."

"알았어요."

"컨트롤 할 수 있는 걸 컨트롤 하는 거야."

"맞아요."

음식이 나왔다.

윔블던에서 막 나를 꺾은 마틴은 무서운 상대였다. 홀드게임(hold game, 서버가 자기 서비스게임에서 승리하는 것)이 훌륭한 편이었고, 브레이크게임(break game, 리시버가 상대의 서비스게임에서 승리하는 것)도 빈틈이 없었다. 198센티미터의 거대한 체구에, 정확하게 확신을 하고 두 팔로 서브를 리턴했다. 대단치 않은 서브 정도는 박살냈기 때문에 나 같은 보통의 서버는 엄청난 압박감을 받을 수밖에 없었다. 무시무시할 정도로 정확한 서브를 구사했고 설사 빗맞혔다 해도 아주 미미한 수준일 뿐이었다. 그는 라인을 강타했으며 안쪽 절반을 맞추는 데는 별 관심이 없었고 라인의 바깥쪽 절반을 노렸다. 어떤 이유에서인지 나는 크게 빗나가는 강 서버들에게는 강한 편이었다. 앞으로 나가는 척하며 서브가 어느 방향으로 오는지 예측하길 좋아했다. 하지만 마틴과 같은 선수를 만나면 예측이 자주 틀려서 측면 코트 커버 구역이 줄어들었다. 그는 나 같은 선수에게는 최악의 상대였고, 준결승이 시작되면서 내 승산보다는 그의, 그리고 루피카에게 더 승산이 있다는 생각이 들었다.

그러나 초반 몇 번의 게임 후 몇 가지가 내게 유리하다는 걸 깨달았다. 마틴은 하드 코트보다는 잔디 코트에 강했던 것이다. 여기는 내게 유리한 코트였다. 게다가 그도 나처럼 실력보다 결과가 못한 선수였다. 또 긴장감에 취약했다. 단순히 적을 안다는 사실이 엄청난 이점으로 작용했다.

무엇보다도 마틴은 틱 장애가 있었다. 텔(*tell, 포커에서 상대가 자신의 카드가 얼마나 강한지 알려주는 단서가 되는 행동이나 제스처)이나 마찬가지였다. 어떤 선수들은 서브를 넣을 때마다 상대선수를 보고 어떤 선수들은 허공을 본다. 마틴은 서비스 박스의 특정 지점을 보았다. 그가 그 지점을 오래 바라보면 반대 방향으로 서브를 넣는 거였고, 그저 흘깃하는 정도면 바로 그 지점으로 서브를 넣는 것이었다. 포인트가 0-0이거나 15-0이면 눈치 채지 못했겠지만, 브레이크포인트에서 그는 공포영화의 살인마나 사이코 같은 눈초리로 그 지점을 노려봤다. 포커 테이블의 초심자처럼 흘겨봤다가 바라보는 것 같기도 했다.

그런데 시합이 아주 쉽게 풀려서 마틴의 텔이 더는 필요 없게 되었다. 그는 침착함을 잃은 듯 보였고 그런 상황에 위축됐지만 나는 전에 없던 투지로 맞서고 있었다. 그가 자신을 의심하기 시작하는 게 보였다. 거의 그의 목소리가 들릴 정도였다. 동정심이 들었다.

4세트 만에 승자가 되어 코트 밖으로 나오면서 나는 마틴에게 개선할 부분이 있다고 생각하다가 문득 생각을 멈췄다. 지금 내가 다른 누군가를 평가한 건가?

결승에서는 독일 출신의 미카엘 스티히와 만났다. 그는 최근의 윔블던 우승자로 마틴과는 달리 모든 종류의 코트에서 위협적인 존재였다. 또한, 비현실적인 윙스팬(*wingspan, 팔 끝에서 팔 끝까지의 길이)을 가진 엄청난 선수였다. 그는 무겁고 빠른 위력적인 제1 서브를 구사하며 경기가 시작되면 언제나처럼 서브 한 방에 상대를 녹다운시킬 수 있었다. 또 매우 정확해서 공을 빗맞히는 건 충격적인 일이라, 포인트를 유지하려면 그 충격을 극복해야 할 정도였다. 설사 그가 빗맞힌다 하더라도 안심하긴 일렀다. 왜냐하면, 그리고 나서는 안전한 서브를 구사하기 시작하는데, 그게 상대를 땅에 완전히 주저앉히는 너클볼이었기 때문이다. 게다가 상대를 당황하게 하기 위한 패턴이나 경향도 보이지 않았기에 그가 서브앤발리를 하려는 건지 아니면 베이스라인 뒤쪽에 있을 생각인 건지 절대 알 수가 없었다.

주도권을 장악하고 판세를 주도하기 위해 나는 아무런 두려움을 느끼지 않는 척 깔끔하고 힘차게 공을 치면서 빠르게 달려나왔다. 공이 라켓을 떠나며 내는 소리가 좋았다. 우와 하는 관중의 함성도 좋았다. 한편 스티시는 움츠러든 듯했다. 첫 세트를 스티시처럼 6-1로 빠르게 지면, 본능에 따라 공황상태에 빠지게 마련이다. 나는 그의 몸짓을 통해 그런 본능에 그가 굴복하고 있음을 알 수 있었다.

그러나 2세트에서 그는 기운을 차리고 치열한 싸움을 시작했다. 나는 7-6으로 이겼으나 운이 좋았다. 상황이 반대될 수도 있었다는 걸 알았기 때문이다.

3세트에서는 둘 다 위험을 감수해야 했다. 결승점이 가까워졌다고 느껴졌지만 이제 그는 심적으로 완전히 싸움에 몰두한 상태였다. 그가 나에 맞서 포기하며 불필요한 위험을 감수했던 것은 그가 자신을 믿지 않았기 때문이었다. 그러나 이번엔 달랐다. 내가 진정으로 우승을 원한다면 그에게서 트로피를 빼앗아야 한다는 사실을 증명이라도 하듯 멋진 플레이를 펼치고 있었다. 나는 정말로 우승을 원했다. 그래서 나는 트로피를 빼앗기로 했다.

나의 서브로 랠리를 한참 하다가 그는 마침내 내가 전력을 다하고 있다는 걸, 내가 하루 종일이라도 경기를 계속할 것이라는 사실을 깨달았다.

오픈

그는 숨이 차서 옆구리를 잡았다. 나는 트로피를 안고 라스베이거스의 아파트로 돌아가면 기분이 어떨지 머릿속에 그려보기 시작했다.

3세트 내내 서브 브레이크는 없었다. 적어도 스코어가 5-6이 될 때까지는. 마침내 내가 그를 브레이크하고 매치포인트 서브를 넣을 차례였다. 브래드가 마치 내 바로 뒤에 있기라도 한 것처럼 그의 목소리가 선명하게 들렸다. '상대의 포핸드를 노려요. 확신이 안 설 때는 포핸드, 포핸드.' 그래서 나는 스티시의 포핸드를 노렸다. 그는 자꾸 놓쳤다. 결과는 누가 봐도 뻔했다.

나는 무릎을 꿇었다. 눈에 눈물이 가득 찼다. 내 박스석을 돌아보니 페리와 필리 형, 길, 그리고 브래드가 눈에 들어왔다. 가장 위대한 승리의 순간에 사람들의 얼굴을 보면 그들에 대해 알아야 할 모든 것들을 알게 되는 법이다. 나는 처음부터 브래드의 능력을 믿었지만, 내 행복을 빌어주는 순수하고 가식 없는 모습을 보고 그를 더욱 믿게 되었다.

기자들은 1966년 이래로 시드 배정을 받지 않은 선수가 우승한 것은 내가 처음이라고 했다. 게다가 시드 배정을 받지 않은 최초의 결승진출 선수가 프랭크 쉴즈라고 했다. 바로 내 박스석에 앉은 다섯 번째 인물, 브룩 쉴즈의 할아버지였던 것이다. 그녀는 시합이 있을 때마다 항상 자리를 지키며 브래드만큼이나 기뻐해 주었다.

새 여자친구, 새 코치, 새 매니저, 내 대부. 마침내, 나의 팀은 확고하고 확실하게 갖춰졌다.

16
세계 랭킹 1위에 오르다

"그 가발은 벗어 던지는 게 좋을 것 같아요. 그리고 그 포니테일도. 머리를 짧게 밀어요. 짧게. 그리고 이제 그만 머리에서 손 떼요." 브룩이 말했다.

"그건 안 돼. 벌거벗은 기분일 걸."

"자유로운 기분일 걸요."

"벌거벗은 기분일 거야."

그녀의 제안이 마치 이를 다 빼라는 것처럼 느껴져 나는 그녀에게 그 일을 잊어버리라고 했다. 하지만 돌아서서 며칠간 생각해봤다. 내 머리로 말미암은 고통과 가발의 불편함, 위선과 가식, 거짓말에 대해. 아마 그렇게 이상한 일은 아닐지도 모른다. 정상적인 삶을 향한 첫걸음일지도 모른다.

"그렇게 하지." 어느 날 아침 브룩에게 말했다.

"뭘 말이에요?"

"다 잘라 버리자고. 싹 다."

우리는 밤늦게, 보통 모임과 요란한 파티가 벌어지는 시간에 머리 깎기

의식을 거행하기로 했다. 의식은 브룩이 극장에서 돌아온 후 그녀의 고급 주택 안 부엌에서 치러질 예정이었다 (브룩은 그리스의 배역을 맡았다). "우리 기념 파티해요. 친구도 좀 부르고." 브룩이 말했다.

페리와 웬디도 왔다. 브룩은 공개적으로 웬디 앞에서 짜증을 냈고, 그건 웬디도 마찬가지였다. 페리는 당혹스러워했다. 나는 브룩과 페리에게 웬디와는 헤어졌지만 그래도 친한 평생의 친구로 남아있을 거라고 설명했다. 머리를 깎는 건 극적인 일이었고, 손목수술을 받을 때 길이 필요했던 것처럼 정신적인 지지가 필요했기 때문에 친구를 불렀다. 사실, 이 수술을 위해서 안정제를 맞아야 하는 게 아닌가 하는 생각도 들었다. 대신 우리는 와인을 배달시켰다. 브룩의 헤어 디자이너 매슈가 내 머리를 싱크대 위에 놓고는 머리를 감긴 후 바짝 잡아당겼다.

"안드레, 정말 결심한 거예요?"

"아뇨."

"준비됐어요?"

"아뇨."

"거울 앞에서 했으면 좋겠어요?"

"아뇨. 보고 싶지 않아요."

매슈는 나를 나무 의자에 앉히고 머리를 싹둑 잘랐다. 포니테일도 잘려 나갔다. 모두가 박수를 쳤다. 그 다음에는 옆머리를 두개골에 가깝게 바짝 자르기 시작했다. 브래덴톤 쇼핑몰의 모히칸 머리가 생각났다. 눈을 감고 결승에 나가기 직전처럼 심장이 두근거리는 걸 느꼈다. 실수였다. 아마 내 인생의 결정적인 실수인지도 모른다. J.P.는 하지 말라고 경고했었다. 그는 내 시합에 올 때마다 사람들이 내 머리에 관해 얘기한다고 했다. 여자들은 내 머리 때문에 나를 좋아하고 남자들은 그 때문에 싫어한다는 것이었다. J.P.는 목회자 일을 그만두고 음악에 전념하면서 광고 일과 라디오, TV 광고 CM송 관련 일을 하고 있었기 때문에 다소 권위 있는 발언을 하기도 했다. 기업의 생리에 관한 한, 안드레 애거시는 머리가 생명이라는 것이었다. 안드레 애거시의 머리가 사라지면 기업 광고주들도 사라질 거라고 했다. 또한, 성경에서 삼손과 델릴라의 이야기를 다시 읽어봐야 한다고 역설했다.

매슈가 머리를 자르고 자르고 또 자르고 나자, J.P.의 말을 들어야 했다는 생각이 들었다. J.P.가 나를 잘못된 길로 이끈 적이 있었나? 머리가 뭉텅뭉텅 바닥에 잘려 떨어지자 내 일부가 뭉텅뭉텅 떨어져 나가는 기분이었다.

다 자르는 데 11분이 걸렸다. 알아볼 수 없는 사람이 거울 속에 있었다. 내 앞에는 매우 낯선 사람이 서 있었다. 거울에 비친 내 모습은 다르지 않았지만, 그냥 내가 아닌 것 같았다. 그러나 진짜로 내가 잃은 게 뭐지? 이런 모습이 더 편할지도 모른다. 브래드와 이 모든 시간을 함께 하면서, 내 머릿속에 있는 생각을 고치려고 하면서도 막상 내 머리 위에 있는 것을 고칠 생각은 한 번도 하지 않았다. 나는 내 모습에 미소를 짓고는 민머리를 한 번 쓰다듬었다. 안녕. 만나서 반갑다.

아침까지 와인 몇 병을 비우면서 나는 즐거워했고 브룩에게 큰 빚을 진 기분이었다.

"당신 말이 맞아. 내 가발은 족쇄였고, 비정상적인 길이에 세 가지 색으로 염색했던 내 진짜 머리 역시 나를 짓누르는 짐이었던 거야. 별것 아닌 것 같지, 내 머리? 내 외적인 이미지의 핵심이었고 내 자아상이기도 했던 머리는 가짜였던 거야."

이제 그 가짜가 브룩의 마룻바닥에 널려있었다. 자르길 잘했다는 생각이 들었다. 진짜가 된 기분이었다. 자유로웠다.

그리고 그런 기분으로 테니스를 했다. 1995년 호주오픈에서 나는 인크

레더블 헐크가 되어 나타났다. 나는 결승까지 철저한 공세로 단 한 세트도 내주지 않았다. 호주 경기에 출전한 것은 처음이었는데, 나는 왜 지금까지 이토록 오래 기다렸는지 알 수가 없었다. 코트 표면도 좋았고 장소와 열기도 좋았다. 호주오픈의 특징은 뜨거운 기온이었는데, 나는 라스베이거스에서 자라 다른 선수들만큼 더위를 느끼지 않았다. 프랑스 오픈 이후에는 시가와 파이프 연기가 기억 속에 떠다니듯, 거대한 가마에서 경기하던 흐릿한 기억이 멜버른을 떠난 후에도 몇 주간 떠나지 않았다.

호주 사람들도 좋았다. 예전과 달라진 나를 그들도 좋아해 주는 것 같았다. 두건을 쓰고 염소수염을 기른 채 고리모양 귀걸이를 하고 해적의 모습으로 나타난 새로운 대머리 선수가 바로 나였던 것이다. 나를 응원하던 팬들은 혼란스러워했다. 상대선수를 응원하던 팬들은 나를 싫어할 새로운 이유를 찾았다. 해적 말투를 흉내 내는 여러 가지 농담에 대해서도 읽고 듣게 됐다. 해적과 관련된 농담이 그렇게 많은지 몰랐다. 그러나 개의치 않았다. 내가 트로피를 높이 쳐들면 모두 이 해적을 상대하고 받아들이게 될 것으로 생각했다.

결승에서 나는 샘프러스와 정면으로 맞붙어 순식간에 첫 세트에서 졌다. 더블폴트를 범하며 무력하게 졌던 것이다. 다시 시작이었다.

2세트가 시작되기 전 마음을 가라앉히는 데는 시간이 걸렸다. 내 박스석 쪽을 잠시 쳐다봤다. 브래드는 초조해 보였다. 그는 샘프러스가 더 나은 선수라는 사실을 믿지 않는 것 같았다. 그의 얼굴은 이렇게 말하고 있었다.

'당신이 더 훌륭한 선수예요, 안드레. 그를 너무 높게 보지 마세요.'

샘프러스는 살아있는 수류탄을 차례차례 서브하고 있었다. 샘프러스만의 맹렬한 사격이었다. 그러나 2세트 중반에 이르자 그가 지쳐가고 있다는 걸 느낄 수 있었다. 그의 수류탄은 안전장치가 풀리지 않은 상태였다.

세계 랭킹 1위에 오르다

지난 며칠간 지옥 같은 시간을 보낸 탓에 그는 체력적으로 감정적으로 지쳐가고 있었던 것이다. 오랫동안 그의 코치를 맡아온 팀 걸릭슨이 두 번의 뇌졸중을 겪은 이후 뇌종양에 걸렸다는 사실을 알게 되어 샘프러스는 몹시 충격을 받은 상태였다. 승리가 내 쪽으로 기울자 죄책감이 느껴졌다. 예전에 샘프러스가 라커룸에서 정맥주사를 맞고 슬램에서 나를 보기 좋게 걷어찼던 것처럼 이번에도 경기를 멈춰야 하는 건지 몰랐다.

나는 그를 두 번 브레이크했다. 그는 어깨를 주저앉히며 세트를 내주었다. 3세트는 타이브레이크가 되어 조마조마했다. 나는 3-0으로 리드를 얻었고 샘프러스는 다음 4포인트를 얻었다. 6-4로 앞서자 그는 매치포인트 서브를 넣었다. 나는 길과 함께 웨이트룸에 있는 듯 원시인처럼 소리를 질렀고, 온 힘을 다해 서브를 리턴하면서 네트를 넘겨 반대편 라인 안쪽으로 공을 보냈다. 샘프러스는 공과 나를 노려보았다.

다음 포인트에서 그는 포핸드를 길게 쳤고 6-6 동점이 되었다. 내가 네트 앞으로 와서 소프트 백핸드 드롭 발리를 치며 그를 놀라게 한 후 비로소 격렬한 랠리가 끝났다. 이 방법은 상당히 효과가 있었고, 나는 다시 한번 게임을 따냈다. 애거시의 세트. 그리고 애거시의 모멘텀.

4세트는 이미 결정된 거나 마찬가지였다. 나는 기세를 유지해 6-4로 이겼다. 샘프러스는 결연한 표정이었다. 넘어야 할 산이 너무 많았기 때문이다. 사실상 그는 네트 앞으로 오면서 기이할 정도로 침착함을 보였다.

연속 2회째 슬램 달성이었고 통산 세 번째였으며, 모두 이번이 최고의 슬램이라고 했다. 슬램 결승에서 샘프러스를 상대로 첫 승을 거두었기 때문이다. 그러나 20년 후 나는 대머리로 달성한 최초의 슬램으로 기억할 것이었다.

나의 우승은 즉각 화제가 되었다. 샘프러스는 70주 동안 1위였고, 내 팀원들은 모두 내가 그를 콧대 높은 정상에서 끌어내릴 운명이라고 말했다.

나는 테니스는 운명과는 무관하다고 말했다. 운명은 ATP 포인트 계산보다 더 나은 일에 관여하는 거라고. 그러나 나는 1위를 목표로 했다. 내 팀원들이 바랐기 때문이었다.

길의 체육관에 틀어박혀서 미친 듯 훈련에 열중했다. 길에게 내 목표에 관해 얘기하자 그는 전술을 짰다. 먼저 그는 교육과정을 마련했다. 세계 최고의 스포츠 닥터와 영양학자들의 전화번호와 주소를 수집해 마스터 리스트를 만들고 그들 모두에게 연락해 자신의 개인 컨설턴트로 만들었다. 콜로라도 스프링스의 미국 올림픽 훈련센터 전문가들과도 비밀리에 협의했다. 대륙을 횡단하며 실력과 명성에서 최고인 의료와 건강분야 전문가들을 인터뷰하고 자신의 다빈치 노트에 그들의 말 한 마디 한 마디를 모두 기록했다. 그는 운동잡지에서 잘 알려지지 않은 의학연구 자료와 재미없는 보고서에 이르기까지 모든 것을 읽었다. 〈뉴잉글랜드 의학저널〉도 정기구독했다. 눈 깜짝할 새에 그는 교수 한 명에 하나의 과목만 가르치는 이동식 대학으로 변했다. 물론 학생은 나 한 명이었다.

그리고 그는 내 체력적 한계를 진단하고 나를 한계지점까지 몰아붙였다. 136킬로그램에 달하는 웨이트를 5세트에서 7세트 정도 들도록 하는, 내 체중의 거의 두 배 가까운 벤치프레스를 시켰다. 또 50파운드(약 23킬로그램)짜리 덤벨을 세 가지 방식으로 3세트씩 들어올리도록 했는데, 몹시 고통스러웠다. 내 어깨의 세 가지 근육을 태우기 위해 3회 연속 굽혔다 펴는 운동도 시켰고 이두근과 삼두근 운동도 했다. 근육이 재가 되는 기분이었다. 하지만 길이 근육을 태우고 불을 붙인다고 말할 때가 좋았다. 내 방화벽(防火壁)을 생산적인 데 사용할 수 있다는 것이 좋았다.

다음으로 우리는 길이 고안해 만든 특별한 기구로 시작해 복근운동에 집중했다. 그는 이 모든 기구를 직접 자르고 쪼개서 다시 용접했다(그의 다빈치 노트에 있는 도면은 놀라울 정도였다). 그 기구는 내 취약한 허리를 쓰지 않고도 복근운동을 하게 도와주었다.

"세상에서 단 하나뿐이지. 이제 중량을 무겁게 해서 배에 불이 붙을 때까지 운동을 할 거야. 그리고 나서 러시안 트위스트를 할 거고. 큰 바퀴 모양의 45파운드(약 20킬로그램)짜리 철판을 들고 좌, 우, 좌, 우로 회전을 시켜. 옆구리와 사근을 태울 거야."

마지막은 길이 직접 제작한 랫 머신이었다. 보통의 흔한 랫 머신과 달리, 길이 만든 랫 머신은 내 허리나 목에 부담을 주지 않았다. 등근육 운동을 위해 잡아당긴 손잡이는 약간 내 앞쪽에 있었다. 부자연스러운 자세가 된 적은 한 번도 없었다.

리프팅을 하는 동안 길은 20분마다 한 번씩 나에게 끊임없이 먹을 것을 주었다. 단백질을 한 번 섭취할 때 탄수화물을 네 번 섭취하도록 했고, 내 섭취량을 거의 매초 기록하는 것 같았다. 그는 언제 어떻게 먹느냐가 관건이라며 내가 뒤를 돌아볼 때마다 고단백 오트밀 한 사발, 베이컨 샌드위치 아니면 피넛버터, 꿀을 바른 베이글 등을 먹었다.

내 상반신과 위장이 자비를 호소하면, 우리는 밖으로 나와 길의 집 뒤쪽 언덕을 오르내리며 달렸다. 힘과 스피드로 빠르게 위아래를 오르내리며 나는 제발 그만하라고 내 몸이 소리칠 때까지 달렸다. 그리고 그런 소리를 무시한 채 달리고 또 달렸다.

해 질 무렵이 되면 너무 지쳐 집까지 운전해서 갈 수 없을 것 같은 상태가 되곤 했다. 때로는 그런 생각조차 할 수 없었다. 시동을 걸 힘조차 남아 있지 않게 되면, 나는 안으로 돌아가 길의 벤치에 웅크리고 누워 잠이 들었다.

길과의 혹독한 훈련이 끝나자, 나의 낡은 육체는 아주 신형 모델로 업그레이드된 것처럼 보였다. 그래도 여전히 개선할 것은 있었다. 체육관 밖에서 먹는 음식에도 더 신경을 써야 했다. 그러나 길은 내 일탈에 대해 잔

소리를 하지 않았다. 그는 확실히 내가 밖에서 먹을 때의 식습관을 탐탁지 않아 했으나—타코벨, 버거킹 같은 것들을 먹었으니—가끔 스트레스 해소를 위해 정크푸드를 먹을 필요도 있다고 했다. 내 마음이 허리보다 나약하기 때문에 지나치게 스트레스를 주고 싶지 않다는 거였다. 게다가 사람이라면 숨통이 트일 만한 출구가 한두 개는 있어야 하니까.

길은 모순적인 구석이 있었고 우리는 그걸 알고 있었다. 그는 내가 밀크셰이크를 홀짝이는 걸 보면서도 영양의 중요성에 대해 강의했다. 하지만 내 손에서 밀크셰이크를 뺏지는 않았다. 오히려 한 입 먹어 보는 사람이었다. 나는 모순을 안고 있는 사람들을 좋아했다. 당연했다. 그리고 길이 엄한 감독관이 아니라서 좋았다. 평생 나를 들볶을 감독관들은 진절머리가 났다. 길은 나를 이해해주었고, 애지중지해주었으며 이따금, 정말 이따금, 내가 정크푸드를 마음껏 먹게 내버려두었다. 아마 길도 같이 즐겼기 때문이겠지.

인디언 웰스에서, 나는 다시 샘프러스와 만났다. 그를 이길 수 있다면 나는 거의 최고가 될 것이었다. 컨디션은 최고조였지만, 어이없는 실수를 연발하며 경기를 엉망으로 치렀다. 둘 다 주의가 산만했던 것이다. 샘프러스는 여전히 코치 문제로 괴로워하고 있었고 나는 며칠 전 심장수술을 받은 아버지가 걱정되었다. 샘프러스가 혼란스러운 상황을 용케 이겨냈지만 나는 마음이 휩쓸려 정신을 차리지 못해 3세트 만에 지고 말았다.

UCLA 의료센터로 달려가니 아버지가 긴 튜브가 주렁주렁 달린 기계에 의지해 있었다. 어린 시절 볼머신이 생각났다. '너는 드래곤을 이길 수 없어.' 어머니는 나를 안아주었다.

"아버지가 어제, 네 시합을 보셨단다. 네가 샘프러스한테 지는 걸 보셨어."

"죄송해요, 아버지."

아버지는 약을 복용하고 무력하게 누워 있다가 눈꺼풀을 파르르 떨며

세계 랭킹 1위에 오르다

눈을 뜨셨다. 그리고 나를 보고는 손짓을 했다.

"가까이 오너라."

나는 아버지 쪽으로 몸을 기댔다. 아버지는 입과 목구멍에 튜브를 끼고 있어 말을 하지 못했지만 뭔가를 중얼거리셨다.

"무슨 말인지 안 들려요, 아버지."

아버지는 몸짓으로 뭔가를 더 말씀하셨으나 무슨 말을 하려는지 알 수가 없었다. 아버지는 화를 냈다. 침대 밖으로 나올 힘이 있었다면, 아마 나를 때려눕혔을 것이다. 급기야 아버지는 노트와 펜을 달라는 시늉을 했다.

"나중에 얘기하세요, 아버지."

아버지는 고개를 저었다. 지금 당장 말해야 한다는 것이다.

간호사가 노트와 펜을 주자 아버지는 단어를 몇 개 적더니 붓으로 그리는 동작을 해 보였다. 화가처럼, 부드러운 붓질이었다. 마침내 나는 이해했다. 백핸드를 말하려고 했던 것이다.

'샘프러스의 백핸드를 노려. 그의 백핸드를 더 노렸어야지.'

'발리를 해. 더 세게 치라고.'

나는 아버지를 용서하고 싶다는 강한 충동을 느꼈다. 아버지는 어쩔 수 없다는 사실을, 자신을 이해할 수 없었던 것처럼 자신도 어쩔 수가 없었던 것이라는 사실을 깨달았다. 아버지는 나를 사랑하는 것과 테니스를 사랑하는 것이 뭐가 다른지 알 수 없었고, 그저 똑같은 사랑일 뿐이었던 것이다. 극소수의 운 좋은 이들만 자기 자신이 누구인지 알 뿐, 스스로에 대해 알기 전까지 아마도 우리에게는 한결같은 태도만이 최선일 것이다. 아버지는 대단히 일관적인 사람이었다.

아버지의 손을 옆구리에 갖다 놓고, 이제 무슨 말인지 알겠으니 손짓은 그만하라고 했다.

"네, 네, 백핸드 쪽이요. 다음 주에 키 비스케인에서는 샘프러스의 백핸드를 노릴게요. 혼쭐을 내줄게요. 걱정 마세요, 아버지. 이길 거예요. 그러니 이제 쉬세요."

아버지는 고개를 끄덕이며 손을 계속 탁탁거리다가 잠이 들었고, 다음 주에 나는 키 비스케인에서 열린 결승에서 샘프러스를 이겼다.

시합이 끝난 후 우리는 뉴욕에서 데이비스컵 참가를 위해 유럽행 비행기를 타기로 되어 있었다. 나는 도착하자마자 샘프러스를 데리고 유진 오닐 극장으로 가서 뮤지컬 〈그리스〉에서 리조 역으로 출연하는 브룩을 만났다. 샘프러스가 브로드웨이 쇼를 본 건 그때가 처음 같았지만, 나는 벌써 〈그리스〉를 열다섯 번째 보는 거였다. 극 중 '우리 함께 가요(We Go Together)'라는 곡의 모든 가사를 암송할 수 있었고, 데이비드 레터맨 쇼에서는 무표정한 얼굴로 연기를 펼쳐 보여 청중을 폭소하게 했다.

나는 브로드웨이를 좋아했다. 극장이라는 공간의 분위기가 익숙했다. 브로드웨이 배우의 일은 육체적으로 고되고 부담이 컸으며 야간공연으로 말미암은 압박감도 심했다. 최고의 브로드웨이 배우들을 보면 운동선수가 생각났다. 최선을 다하지 않으면 자신이 느끼고, 자신이 모른다 해도 관중이 깨닫도록 해준다. 그러나 샘프러스는 이 모든 걸 이해하지 못했다. 오프닝 넘버(*오프닝 코러스라고도 함. 서곡이 끝난 후 연주되는 곡)때부터 하품을 하면서 안절부절못하며 시계를 확인했다. 극장을 좋아하지 않았고 배우들을 이해하지 못했다. 지금껏 실제와 다른 척하며 살아본 적이 없기 때문이었다. 무대가 어두컴컴해지자 나는 그가 불편해하는 걸 보고 웃었다. 어쩐 일인지 그가 의자에 앉아 〈그리스〉를 끝까지 보게 하는 것이 키 비스케인에서 그를 이긴 것보다 훨씬 만족스러웠다. 노래 가사가 흘러나왔다. We go together, like rama lama lama…

아침에 우리는 콩코드를 타고 파리로 가서 다시 팔레르모로 가는 전세기를 탔다. 호텔방에 막 도착했을 때 전화벨이 울렸다. 페리였다.

"지금 내 손에 최근 발표된 랭킹이 있어."

"어서 말해봐."

"네가 세계 1위야."

샘프러스를 정상에서 끌어내린 것이었다. 82주 만에 1위에 올라 이제 샘프러스가 나를 올려다보고 있었다. 나는 컴퓨터로 기록을 집계한 이래로, 20년 만에 정상에 선 열두 번째 선수였다. 다음으로 전화한 사람은 기자였다. 나는 그에게 랭킹에 만족한다고, 세계 최고가 될 수 있다는 건 기분 좋은 일이라고 말했다.

그건 거짓이었다. 전혀 내 기분이 아니었다. 그렇게 느끼고 싶었을 뿐이었다. 내가 느낄 것으로 생각했던, 느끼는 게 당연할 거라고 스스로 생각했던 기분이었다. 그러나 실제로 난 아무 느낌도 없었다.

17
다시 샘프러스에게 지다

팔레르모 거리를 배회하면서 진한 블랙커피를 마시고 대체 내가 왜 이러는지 생각하며 많은 시간을 보냈다. 나는 해냈다. 하지만 세계 1위의 테니스 선수가 되었는데도 공허했다. 1등이 되는 게 공허하고 불만족스러운 일이라니 대체 무슨 일이란 말인가? 그냥 은퇴해버리는 게 나을까?

그만둔다고 발표하는 장면을 생각해봤다. 기자 회견에서 할 말도 골랐다. 그러자 몇몇 장면이 떠올랐다. 브래드, 페리, 아버지, 모두 어이없어 하며 실망할 것이다. 나는 은퇴가 본질적인 문제를 해결해주지는 않을 거라고, 내가 앞으로 뭘 하고 싶은지 알아내는 데도 도움이 되지 않을 거라고 자신을 타일렀다. 25세에 은퇴한 선수가 되는 것은 9학년 중퇴생이라는 것과 다를 게 없었다.

내게 필요한 건 새로운 목표였다. 문제는 내가 목표설정을 잘못했다는 것이었다. 나는 진정으로 세계 최고가 되고 싶어한 적이 없었고, 다른 사람들이 내가 성취하길 바랐기 때문에 최고가 된 것이었다. 이제 컴퓨터는 나를 좋아한다. 그래서? 내가 어릴 때부터 언제나 원하는 일이라고 생각했던 것에 비해, 지금 원하는 것은 훨씬 어려웠고 훨씬 더 현실적이었다. 나는 프랑스오픈에서 우승하고 싶었다. 그리고 나면 내 이름으로 네 개의 슬램을 달성하게 되는 것이었다. 완결판인 것이다. 오픈 시대(*1968년부터 시작된 테니스의 프로화 시대를 의미)에 그러한 업적을 성취한 최초의 미국인이자 세계에서 두 번째 선수가 되는 것이었다. 나는 컴퓨터 랭킹을 신경 써 본 적이 없었고 내가 달성한 슬램의 수에 관심을 기울인 적도 없었다. 로이 에머슨은 최다 슬램(12회) 기록을 갖고 있지만, 아무도 그가 로드 레이버보다 낫다고 생각하지 않았다. 아무도. 내가 존경하는 테니스 전문가나 역사학자와 더불어 나와 동시대의 선수들은 레이버가 최고이자 왕이라는 데 동의한다. 그는 그랜드슬램을 달성했기 때문이다. 게다가 그는 같은 해에 두 번이나 슬램을 달성했다. 그렇다 하더라도, 당시에는 코트의 종류가 잔디 코트와 클레이 코트, 두 가지뿐이었다. 그래도 그는 역시 신적인 존재였다. 따라갈 수 없는 수준이었다.

나는 과거의 위대한 선수들에 대해 생각했다. 어떻게 그들이 레이버의 뒤를 쫓았는지, 어떻게 그들이 그랜드슬램에서 우승하는 걸 꿈꿨는지. 그들은 모두 특정 슬램은 건너뛰었다. 우승의 양은 개의치 않았기 때문이다. 그들은 다재다능함을 꿈꿨다. 또 그들은 네 개의 트로피 중 하나 혹은 두 개가 빠져 자신들의 이력서가 불완전하면 진정 위대한 선수로 인정받지 못할까 봐 두려워했다.

그랜드슬램을 달성한다는 생각을 하면 할수록 나는 더욱 흥분되었다. 스스로에 대한 갑작스럽고도 충격적인 통찰이었다. 이것이야말로 내가 오랫동안 바랐던 것이었다. 가능해 보이지 않는다는 이유로 특히 2년 전 연속으로 결승에서 패한 이후로 그런 욕망을 억눌러왔었다. 나조차 나를 이해하지 못했고, 어떤 선수가 몇 개의 슬램을 달성했는가 하는 의미 없는 숫자로 선수의 업적을 평가하는 스포츠 전문기자들과 팬들 때문에 샛길로 빠진 적도 있었다. 하지만 그랜드슬램을 달성하는 건 진정한 궁극의 목표였다. 나는 1995년 팔레르모에서 전속력으로 이 목표를 좇기로 했다.

한편 브룩은 자신의 개인적인 인생목표를 추구하는데 조금도 흔들림이 없었다. 브로드웨이 공연은 엄청난 성공으로 평가되었다. 그녀는 공허함을 느끼지는 않았으나 그 이상을 원했다. 차기 대작을 생각하고 있었지만, 배역 제의는 빨리 들어오지 않았다. 나는 돕고 싶었다. 대중이 그녀를 잘 모르는 것 같았다. 안다고 생각하지만 실제로는 그렇지 않았다. 그런 문제라면 나는 경험이 있는 편이었다. 어떤 사람들은 브룩을 모델이라고 생각했고 어떤 사람들은 배우라고 생각했다. 그 때문에 그녀는 이미지를 다듬을 필요가 있었다. 나는 페리에게 도와달라고, 브룩의 경력을 좀 봐달라고 부탁했다. 페리는 곧 의견을 정리해 계획을 세웠고 지금 브룩에게 필요한 것은 TV쇼라고 했다. 그녀의 미래가 TV에 달려있다는 말을 듣고 부룩은 즉시 자신이 잘할 수 있는 스크립트와 파일럿 프로그램을 찾기 시작했다.

1995년 프랑스오픈이 시작되기 직전 브룩과 나는 며칠간 피셔 아일랜드에 갔다. 우린 둘 다 수면과 휴식이 필요했다. 그러나 난 둘 다를 얻지는 못했다. 파리에 대한 생각을 멈출 수 없었다. 밤에는 침대에 누워 팽팽하게 당겨진 줄처럼 천장에서 테니스 시합을 펼쳤다.

그런 집착은 파리행 비행기에서 브룩이 옆에 있는데도 불구하고 계속됐다. 그녀는 일하고 있는 상태가 아니었기 때문에 파리로 휴가를 갈 여유가 있었다.

"우리 처음으로 같이 파리에 가는 거예요." 그녀가 내게 키스했다.

"그렇지." 나는 그녀의 머리를 쓰다듬었다.

이번 여행이 휴가가 아니라는 사실을 그녀에게 어떻게 말할까? 온전히 우리 둘만을 위한 시간이 아니라는 걸. 우리는 개선문 바로 근처의 호텔 라파엘에 투숙했다. 브룩은 손으로 닫는 철문이 달린, 삐걱거리는 구식 엘리베이터를 좋아했다. 나는 로비에 조그만 촛불을 켠 바가 마음에 들었다. 하지만 브래드는 방도 작고 TV도 없다는 사실에 경악했다. 그는 이런 현실을 받아들일 수 없었던 것이다. 그는 체크인했다가 몇 분 후 체크아웃을 하고는 현대식 호텔로 옮겼다.

브룩은 불어를 할 줄 알아서 내게 새롭고 폭넓은 시각으로 파리를 보여줄 수 있었다. 파리 시내를 돌아다니면서도 편안한 기분이었다. 브룩이 통역을 했기 때문에 길을 잃을 염려도 없었다. 나는 그녀에게 필리 형과 처음 파리에 왔을 때 얘기를 해주었다. 또 루브르 박물관과 우리를 놀라게 했던 그림에 대해서도 말했다. 그녀는 이야기에 매료되어 그림을 보러 가자고 했다.

"다음에."

멋진 레스토랑에서 식사하고, 나 혼자라면 절대 가보지 않았을 외딴 동네를 방문하는 그런 일에 어느 정도는 매료되기는 했지만 사실 대부분은 흥미를 느끼지 못했다. 집중력을 흐트러뜨리는 게 싫었기 때문이었다. 한 카페 주인은 우리를 자신의 오래된 와인 저장실로 초대하기도 했다. 퀴퀴한 냄새가 나는 중세 무덤 같은 분위기에 먼지가 앉은 병으로 가득 찬 곳이었다. 그는 한 병을 브룩에게 건넸다. 라벨에 찍힌 연도를 보니 1787년산이었다. 그녀는 와인병을 아이를 안듯 부드럽게 잡고는 의심스러운 표정을 짓는 내게 들어 보였다.

"이해가 안 되는군. 그저 병일 뿐이잖아. 먼지가 앉았다고."

그녀는 병을 내 머리 위에 내려치고 싶다는 듯 나를 노려봤다. 하루는 밤늦게 센 강을 따라 산책했는데, 그날은 그녀의 서른 번째 생일이었다. 강까지 이어져 내려가는 석조계단 옆에 멈춰 섰을 때 나는 다이아몬드로 된 테니스 팔찌를 그녀에게 선물했다. 그녀의 손목에 팔찌를 두르고 걸쇠를 채우자 그녀가 웃었고 우리는 팔찌가 달빛을 받아 빛나는 모습을 감탄하며 바라보았다. 그런데 그때 브룩의 어깨 위 석조계단 위에서 한 술 취한 프랑스인이 비틀거리며 나타나 센 강 쪽으로 아치모양을 그리며 오줌줄기를 높이 내뿜었다. 나는 보통 전조 같은 것을 믿지는 않았지만, 그때만큼은 아주 불길했다. 프랑스오픈에 대한 것인지 아니면 브룩과의 관계에 대한 예고인지 알 수가 없었다.

마침내 토너먼트가 시작됐다. 나는 첫 네 번의 시합에서 한 세트도 내주지 않고 이겼다. 스포츠 기자와 해설가들은 분명히 나를 다르게 보았다. 미션이라도 수행하는 것처럼 더 강하고 목표에 집중하는 선수가 된 것이다. 다른 선수들은 이런 변화를 더 확실히 느꼈다. 나는 선수들이 무리의 선두를 말없이 인정하는 방식, 가장 유력한 우승 후보를 거론하는 방식에 대해 항상 알고 있었다. 이번 토너먼트에서는 처음으로 내가 유력한 후보가 됐다. 선수들이 모두 라커룸에서 나를 바라보는 시선을 느낄 수 있었다. 아주 사소한 것이라도 내 모든 움직임을 주시하고 있었고 심지어 가방을 정리하는 방식까지 눈여겨보고 있었다. 내가 걸어갈 때는 재빨리 옆으로 비켜섰고 트레이닝 테이블도 기꺼이 내주었다. 나는 새로운 존경의 시선이 쏟아지는 걸 너무 진지하게 생각하지 않으려고 했지만, 즐거운 기분이 드는 건 어쩔 수 없었다. 다른 사람도 아닌 내가 이런 대접을 받다니 즐거운 일이었다.

그러나 브룩은 내게서 어떤 변화도 알아차리지 못했고 나를 다르게 대하지도 않았다. 나는 호텔에서 파리의 야경을 절벽 위의 독수리처럼 내다보았으나, 그녀는 〈그리스〉와 파리, 그리고 이러저러한 누군가가 그렇고 그런 얘기를 했다는 얘기만 늘어놨다. 내가 길의 체육관에서 감내했던 훈련도 이해하지 못했다. 시련과 희생과 집중의 시간을 거쳐 이런 자신감을 얻게 되었다는 것도 앞으로 엄청난 과제가 기다리고 있다는 것도 이해하지 못했던 것이다. 이해하려는 시도조차 하지 않았다. 다음에 어디 가서 뭘 먹을지, 어떤 와인 저장고를 둘러볼지에 더 관심이 있었다. 그녀는 내가 우승할 것이라는 사실을 당연하게 여겼고 내가 서둘러 우승을 거머쥐어서 빨리 즐거운 시간을 함께 하길 바랐다. 그녀가 이기적이어서라기보다는 이기는 게 정상이고 지는 게 비정상이라고 생각했기 때문이었다.

준준결승에서 나를 신의 아들에 비유했던 러시아 출신의 카펠니코프 선수와 만났다. 나는 시합이 시작되자 네트 너머로 그를 비웃었다. 신의 아들이 너를 자동차 안테나 채찍처럼 휘둘러주마. 나는 카펠니코프를 이길 수 있다는 걸 알고 있었고 그 역시 그 사실을 알고 있었다. 그의 얼굴에도 쓰여 있었다. 그러나 1세트 초반에 공을 향해 돌진하다가 뭔가가 툭 끊어지는 느낌이 들었다. 엉덩이 굴근이었다. 나는 그 느낌을 무시하고 아무렇지 않은 척 행동했지만, 통증이 엉덩이에서 다리까지 아래 위로 퍼져 나갔다. 구부릴 수가 없었다. 움직일 수도 없었다. 트레이너를 요청해 아스피린 두 알을 먹었으나 그 밖에 트레이너가 할 수 있는 건 없다고 했다. 그의 눈이 포커칩만큼 커졌다.

나는 1세트에서 졌다. 그리고 2세트도 졌다. 3세트에서는 랠리 끝에 내가 4-1로 앞서게 됐다. 관중이 앞으로 밀고 나가라고 소리쳤다. 힘내라, 애거시(Allez, Agassi)! 그러나 점점 움직이기가 어려워졌다. 카펠니코프는 여전히 움직임이 좋았고 세트 동점을 이끌어냈다. 나는 팔다리가 느슨해지는 기분이었다. 러시아식으로 또 한 번 십자가형을 당했다. 이것으로 궁극의 목표도 끝이구나. 나는 라켓을 집지도 않은 채 코트를 빠져나왔다.

진짜 시험대는 카펠니코프가 아니라 클레이 코트를 휩쓸며 내 머리를 헝클어뜨렸던 무스터와의 시합이었다. 카펠니코프와는 그럭저럭 시합을 끝냈지만 무스터와 경기를 치르며 얼마나 다리를 절뚝거렸는지 모른다.

그러나 다시는 그에게 지지 않겠다고 약속했고, 그 말은 농담이 아니었다. 나는 기회를 놓치고 싶지 않았다. 네트 반대편에 누가 있든지 훨씬 잘할 수 있을 거라 생각했다.

파리를 떠나며 나는 패배감에 젖지는 않았다. 하지만 속은 기분이었다. 그냥 그런 거였다. 나의 마지막 기회였다. 다시는 파리에서 그토록 젊고 강해진 기분을 느끼지 못할 것이다. 다시는 라커룸에서 선수들에게 두려운 존재가 되지 못할 것이다. 그랜드슬램 달성이라는 황금 같은 기회는 이제 사라졌다.

브룩은 이미 나보다 먼저 집에 돌아갔고, 길과 둘이서만 비행기에 올랐다. 길은 어떻게 굴근을 치료할지, 앞으로 어떻게 훈련을 조정해야 할지, 곧 있을 잔디 코트 대회를 어떻게 준비할지 부드럽게 얘기했다. 우리는 라스베이거스에서 일주일간 머무르며 영화를 보고 내 엉덩이가 낫기만을 기다리며 한가롭게 지냈다. 부상이 영구적인 건 아니라는 MRI 결과를 받았지만 별 위안이 되지 않았다.

우리는 잉글랜드로 날아갔다. 1995년 윔블던에서 1번 시드를 배정받았다. 여전히 내가 세계 랭킹 1위였기 때문이었다. 팬들은 내 기분과는 달리 열광적으로 기뻐하며 나를 맞아주었다. 나이키는 일정보다 먼저 와서 대회 분위기를 고조시키며 애거시 키트(붙였다 뗄 수 있는 구레나룻과 만주식 콧수염, 그리고 밝은색 두건)를 나눠주고 있었다. 이것이 나의 새로운 모습이었다. 나는 해적에서 무법자로 변신했다. 언제나 그렇듯 나처럼 꾸민 남자들을 보면 비현실적인 기분이 들었고, 나처럼 꾸민 여자들을 보면 그런 기분이 한층 더했다. 구레나룻과 만주식 콧수염을 단 여자라니. 웃음이 터져 나올 뻔했다.

매일같이 비가 왔지만, 팬들은 윔블던으로 몰려들었다. 그리고 비와 추위를 무릅쓰고 테니스에 대한 사랑으로, 처치로드까지 줄을 섰다. 나는 밖으로 나가 그들과 함께 서서 왜 그렇게 테니스를 좋아하게 됐는지 답을 듣고 싶었다. 테니스 게임에 대해 그토록 열정적일 수 있다는 건 어떤 느낌일지 궁금했다. 가짜 만주식 콧수염이 빗속에서도 버틸 수 있는지, 아니면 내 옛날 가발처럼 떨어져 나갈지도 궁금했다.

나는 첫 두 시합에서 수월하게 이겼고, 휘튼을 4세트 만에 이겼다. 그러나 그날의 빅 뉴스는 시합에서 지고 엄파이어와 싸운 후 경기장을 떠난 타랑고였다. 그러고 나서 타랑고의 아내가 엄파이어를 때렸다. 윔블던 역사상 전에 없는 스캔들이었다. 나는 타랑고 대신 독일 출신의 알렉산더 므론츠와 맞붙게 됐다. 기자들은 어떤 상대가 나은지 물었고, 나는 8살 때 타랑고가 부정행위를 했던 얘기를 정말 하고 싶었다. 그러나 그러지 않았다. 타랑고와 공개적으로 구설에 휘말리기 싫었고, 그의 아내를 적으로 만들고 싶지 않았다. 나는 타랑고가 더 위험한 상대이긴 했지만, 누구와 시합을 하든 상관없다는 식의 요령 있는 대답을 내놓았다.

나는 3세트 만에 쉽게 므론츠를 이겼고, 준결승에서는 베커가 상대선수로 출전했다. 나는 이미 그를 여덟 번 꺾은 적이 있었다. 샘프러스는 이미 결승에 올라 나와 베커의 시합 승자를 기다리고 있었다. 모든 슬램의 결승은 나와 샘프러스의 고정 데이트처럼 생각되기 시작했으므로 아마도 그는 나를 기다리고 있었을 것이다.

나는 문제없이 첫 세트를 따냈다. 2세트에서도 4-1로 앞서 갔다. 이제 곧 간다, 샘프러스. 준비하고 기다려. 갑자기 베커가 거칠고 억센 플레이를 시작했다. 그는 산만하게 포인트 몇 점을 따내고 조금씩 내 자신감을 못으로 깎아내더니 이제 커다란 해머를 꺼내고 있었다. 그는 베이스라인에서 플레이했는데, 그건 평소와 다른 전략이었고, 나를 완전히 힘으로 제압하는 것이었다. 그가 나를 브레이크하자, 내가 4-2로 여전히 앞서 있었음에도 뭔가가 끊어지는 기분이 들었다. 이번에는 엉덩이가 아니라 내 마음이었다. 갑자기 생각을 컨트롤할 수가 없었다. 나를 기다리고 있는 샘프러스를 생각했다. 여동생 리타와 오랜 위암 투병 끝에 세상을 떠난 그녀의 남편 판초를 생각했다. 여전히 닉과 함께 일하는 베커를 생각했다. 닉은 전보다 더 그을린 얼굴로 베커의 박스석에서 우리를 내려다보고 있었다. 나는 닉이 베커에게 내 비밀에 대해 말했는지 궁금했다 — 예를 들면, 내가 베커의 서브 스타일을 알아낸 사실이라든지(베커는 공을 토스하기 직전에 혀를 내밀고, 그의 목표지점을 작고 붉은 화살표처럼 혀로 가리킨다).

이번 주에 법대 학생이자 샘프러스의 여자친구인 드레이나 멀커히와 해롯 백화점에서 쇼핑을 한 브룩에 대해서도 생각했다. 이런 모든 생각이 내 머릿속을 강타하면서 마음이 산만해지고 틈이 생기자, 베커가 경기의 탄력을 받았다. 그는 경기의 주도권을 다시는 내주지 않으며 4세트 만에 나를 이겼다.

그때의 패배가 내 인생에서 가장 충격적인 패배 중 하나였다. 이후, 누구에게도 단 한마디도 하지 않았다. 길, 브래드, 브룩, 그 누구에게도. 아무 말도 할 수 없었기 때문이었다. 나는 배에 총이라도 맞은 듯 실의에 빠졌다.

브룩과 나는 휴가를 가기로 되어 있었다. 우리는 몇 주간의 휴가를 계획했었다. 전화도 다른 사람도 없는 외딴곳을 원했다. 그래서 낫소에서 240킬로미터 떨어져 있는 인디고 아일랜드를 예약했다. 윔블던에서의 참패 이후 취소하고 싶었지만, 브룩은 우리가 섬 전체를 예약했다는 걸 상기시키며 예약금은 환불이 안 된다고 했다.

"인디고 아일랜드는 파라다이스 같대요. 우리 둘 다에게 좋을 거예요."

나는 얼굴을 찌푸렸다. 내가 두려워했던 대로 섬은 파라다이스라기보다는 최고의 수감시설 같았다. 섬 전체에 집이라곤 달랑 하나였고 우리 셋이 지내기엔 그리 크지 않았다. 브룩과 나와 그리고 내 침울한 기분.

브룩은 햇볕을 쬐면서 내가 말하기를 기다렸다. 그녀는 내 침묵에 놀라지도 않았고, 이해하지도 못했다. 그녀가 속한 세계에서는 모두 실제로 그런 척 연기를 하지만, 내가 속한 세계에서는 그런 척한다고 해결되지 않는 것들이 있었다.

이틀간 침묵한 후 나는 그녀에게 참을성 있게 기다려줘 고맙다고 하고는 돌아가겠다고 말했다.

"해변에 조깅하러 돌아가야겠어."

느긋한 속도로 출발해 100미터 달리기 선수처럼 달렸다. 이미 체력단련과 여름 하드 코트 시즌을 위한 재충전에 마음이 쏠려 있었다.

나는 워싱턴 D.C.로 갔다. 레그 메이슨 테니스 클래식 대회였다. 날씨는 불쾌할 정도로 더웠다. 브래드와 나는 오후 한창때 연습하면서 열기에 적응하도록 했다. 연습이 끝나자 팬들이 몰려와 질문을 퍼부어댔다. 다른 선수들은 팬들과 어울리며 이야기를 하는 사람이 거의 없었지만 나는 달랐다. 그런 걸 즐겼다. 나에게 팬이란 언제나 기자들보다 훨씬 나은 상대였다.

마지막으로 사인을 끝내고 질문에 답하고 나자 브래드가 맥주를 마시러 가자며 은밀한 표정을 지었다. 할 말이 있는 것이었다. 우리는 페리가 조지타운 대학에서 공부할 때 그를 만날 때마다 종종 들렀던 '툼스'에 갔다. 바에는 도로 쪽으로 난 작은 문이 있었고 좁은 층계가 축축한 어둠으로 이어졌으며 불결한 화장실 냄새가 났다. 오픈 키친도 있어서 요리하는 모습을 볼 수도 있었는데, 어떤 곳에서는 그런 것이 플러스 요인이 되기도 했지만 툼스에서는 별로 그렇진 않았다. 우리는 칸막이 좌석을 찾아 마실 것을 주문했다. 브래드는 버드아이스가 없다는 사실에 화를 냈지만 결국 버드를 마시는 것으로 타협을 봤다. 나는 기분이 최고였고 편안했으며 컨디션도 좋았다. 거의 20분간 베커에 대한 생각을 한 번도 하지 않았다. 브래드가 그런 공백을 깨고 검은색 캐시미어 풀오버의 안쪽 주머니에서 종이 뭉치를 꺼내더니 아주 격분한 듯 테이블에 종이를 올려놓았다.

"베커에요."

"뭐라고요?"

"그가 윔블던에서 당신한테 이긴 후에 한 말이 나와 있어요."

"무슨 상관이에요?"

"말 같지 않은 소리를 하니까요."

"무슨 소리를 했는데요?"

브래드는 기사를 읽어주었다. 베커는 시합 후 기자회견에서 윔블던이 다른 선수들에 비해 내게 훨씬 호의적이라고 비판했다. 윔블던 관계자들이 편파적으로 내 시합 스케줄을 센터 코트로 배정할 정도로 나를 지나치게 배려했다는 것이다. 모든 메이저 토너먼트가 내게 아부한다는 불만도 쏟아놓았다. 또 너무 감정적이 된 나머지 나를 엘리트주의자라 부르며 내가 다른 선수들과 어울리지 않는다고도 했다. 나는 투어에서 그리 환영받지 못하는 존재이며, 내가 닫힌 태도를 버려야 다른 선수들이 나를 두려워하지 않을 거라는 거였다. 한 마디로 그는 선전포고를 한 셈이었다.

브래드는 베커를 좋아했던 적이 없었다. 브래드는 언제나 그를 B.B. 소크라테스라고 불렀다. 지적인 척하려고 하지만 실상은 제멋대로 자란 촌뜨기 소년에 지나지 않는다는 거였다. 그러나 브래드는 이제 격분해서 툼스에 가만히 앉아 있을 수조차 없었다.

"안드레, 이건 완전히 당신을 엿 먹이자는 거예요. 내 말 잘 들어요. 우리는 이 괘씸한 녀석을 다시 만나게 될 거예요. US오픈에서요. 그러니까 그때까지 준비하고 훈련하고 복수 계획을 짜야죠."

베커가 기자회견에서 한 말을 다시 읽어 보았다. 믿을 수가 없었다. 그가 나를 좋아하지 않는다는 건 알았지만, 이 정도라니. 나는 주먹을 쥐었다 폈다 했다.

"듣고 있어요? 당신이 이 자식을 끝장내 버렸으면 좋겠어요."

"그렇게 하죠."

우리는 맥주병을 부딪치며 서약을 했다. 그뿐 아니라 나는 베커 이후에 계속 이기기만 하겠다고 다짐했다. 더는 지지 않을 것이다. 적어도 날이 추워지기 전까지는 절대 그런 일은 없을 것이다. 지는 것도 실망하는 것도 지겨웠고 나만큼이나 내 게임을 헐뜯는 녀석들도 넌덜머리가 났다.

1995년 여름은 복수의 여름이 되었다. 순전히 적개심에서 나는 D.C 토너먼트를 제압해버렸다. 결승에서는 스테판 에드베리와 만났다. 실력은 내가 더 나았다. 하지만 기온이 37도가 넘었던 데다가 그런 엄청난 열기는 선수들의 기량을 평준화시켜 버리곤 했다. 그런 열기 속에서 선수들은 모두 똑같아진다. 시합 초반, 나는 생각을 할 수도 리듬을 찾을 수도 없었다. 다행히 에드베리도 마찬가지 상황이었다. 내가 첫 세트를 이겼고, 그는 2세트를 이겼다. 3세트에서는 내가 5-2로 앞서 갔다. 팬들은 환호했다. 열사병으로 괴로워할 리가 없었으니까. 시합이 몇 번 중단이 되면서 관중석의 누군가가 치료를 받았다.

매치포인트 서브를 넣었다. 아니 그렇다고 말한 것 같았다. 환청이 들리는 것 같기도 했다. 내가 무슨 게임을 하고 있는지도 모를 지경이었다. 지금 이게 너프 핑퐁인가? 이 털북숭이 노란 공을 앞뒤로 치라는 건가? 누구에게? 이가 딱딱 부딪쳤다. 공 3개가 네트를 넘어오는 게 보였고, 나는 중간 것을 쳤다.

내 유일한 바람은 에드베리도 환청에 시달렸으면 하는 것이었다. 그가 나보다 먼저 정신을 잃고 내가 몰수승을 거둘지도 모른다. 기다렸다가 그가 가까이 오는 걸 보았으나 위가 꽉 조이는 느낌이 들며 상황은 더 나빠졌다. 그는 나를 브레이크했다.

그가 서브를 넣을 차례였다. 나는 타임을 요청하고 코트를 벗어나 코트 뒤쪽에 있는 장식용 화분에 아침 먹은 것을 게워냈다. 다시 제자리로 돌아왔지만 에드베리는 문제없이 서브게임을 이겼다.

나는 다시 매치포인트 서브를 넣게 됐다. 우리는 힘없이 랠리를 주고받으며 코트 중앙에서 10살짜리 소녀가 배드민턴을 치는 것처럼 자신 없는 샷을 쳐댔다. 그가 나를 브레이크했다. 또다시. 5-5가 됐다. 나는 라켓을 내려놓고 비틀거리며 코트를 나갔다.

테니스에는 라켓을 가지고 코트를 떠나면 몰수패가 된다는 암묵적인 규칙이 있다(어딘가에 쓰여 있을지도 모르지만). 그래서 나는 라켓을 두고 사람들에게 내가 다시 돌아올 것이라는 걸 알렸다. 혼미한 상태에서도 테니스 규칙을 신경 쓰고 물리학의 법칙에 대해 생각한 것이다. 나는 라커룸으로 가는 길에 몇 차례 더 토했고, 화장실로 달려가 며칠 전에 먹은 것까지 게워냈다. 아마 몇 년 전에 먹은 건지도 몰랐다. 쇼크 상태에 빠질 것만 같았다. 마침내 라커룸의 에어컨이 돌아가고 속을 완전히 비우고 나니, 다시 살아나기 시작했다.

레프리가 문을 두드렸다.

"애거시 선수! 지금 당장 코트로 돌아오지 않으면 포인트를 잃게 될 겁니다!"

속이 비고 머리가 팽팽 도는 상태로 코트로 돌아갔다. 나는 에드베리를 브레이크했다. 어떻게 했는지 알 수가 없었다. 그리고는 마지막까지 버텼다. 내가 네트 쪽으로 비틀거리며 걸어가자 에드베리가 실신 직전의 상태로 비스듬히 서 있었다. 우리는 시상식을 위해 힘겹게 코트에 남아 있었다. 트로피를 받으며 나는 그 안에 토할 것 같다는 생각이 들었다. 대회 측이 마이크를 건네며 몇 마디 소감을 부탁했는데 그 위에도 토할 것 같았다. 나는 내 행동에 대해, 특히 엉뚱한 용도로 쓰인 화분 옆에 앉아있던 사람들에게 사과했다. 공개적으로 대회 관계자들에게 이 토너먼트를 아이슬란드에서 개최하는 것을 고려해보라고 제안하고 싶었지만, 다시 토해야 했다. 나는 마이크를 내려놓고 달렸다.

브룩이 왜 그만두지 않았냐고 물었다.

"왜냐하면, 복수의 여름이니까."

시합이 끝나자 타랑고는 공식적으로 내 행동에 이의를 제기했다. 내가 왜 코트를 떠났는지 해명을 요구한 것이다. 복식경기 출전을 기다리고 있었는데, 나 때문에 지연이 됐다고 했다. 그는 짜증이 났겠지만 나는 즐거웠다. 코트로 돌아가 화분을 찾아서 선물포장을 한 다음 타랑고에게 보내면서 메모에 이렇게 적고 싶었다. '이것'도 아웃시켜 보시지, 사기꾼.

나는 절대 잊지 못한다. 베커도 쓰라린 경험을 통해 배우게 될 것이다.

워싱턴 D.C에서 몬트리올로 향했고, 그곳은 다행히도 좀 시원했다. 나는 결승에서 샘프러스를 꺾었다. 치열했던 3세트였다. 샘프러스를 이기는 건 언제나 기분 좋은 일이었지만 이번에는 거의 기억조차 나지 않았다. 내가 원한 건 베커였다. 나는 신시내티 마스터스 결승에서 챙을 이기고 신을 찬양했으며, 이내 북동부의 용광로 같은 여름 날씨인 뉴 헤이븐으로 건너가 결승에 진출해 리하르트 크라이첵과 만났다. 그는 최소한 키가 196센티미터는 되어 보이는 건장한 체격의 거구였으나, 놀랍게도 발놀림이 가벼웠다. 두 걸음만 걸으면 그는 어느샌가 네트 앞에 와 있었고, 내 심장을 물어뜯을 것처럼 으르릉거렸다. 게다가 그의 서브는 무시무시했다. 나는 세 시간씩이나 그의 서브를 막아내고 싶지는 않았다. 연달아 3개의 토너먼트에서 우승하고 나니 에너지가 거의 고갈상태였던 것이다. 그러나 브래드는 그런 말을 용납하지 않으려 했다.

"지금 훈련 중이라는 거, 기억해요? 모든 설욕전을 끝장내기 위한 설욕전이라는 거 몰라요? 그냥 흘려보내요."

그래서 나는 그냥 내버려두었다. 문제는 크라이첵도 마찬가지라는 거였다. 그는 첫 세트에서 나를 6-3으로 꺾었다. 그리고 2세트에서 두 번이나 매치포인트를 가져갔다. 그러나 나는 굴하지 않았다. 세트를 동점으로 만들고 타이브레이크에서 이기면서 3세트도 끝내버렸다. 나의 20회 연속 시합 승리였고, 4회 연속 토너먼트 승리였다. 나는 그해 70회의 시합 중 63회를 이겼고 그 중 46회 하드 코트 시합 중 44회 승리를 거뒀다. 기자들은 천하무적이 된 기분이냐 물었지만 나는 아니라고 했다. 그들은 내가 겸손하다고 생각했을 테지만 사실 내 기분은 그랬다. 나는 복수의 여름을 그렇게밖에 느낄 수 없었다. 자만심은 나쁜 것이고 스트레스는 좋은 것이다. 나는 자신감을 원하지 않았다. 분노를 느끼고 싶었다. 끝없이 나를 사로잡는 분노를 느끼고 싶었다.

투어에서는 온통 내 숙적인 샘프러스에 관한 얘기뿐이었다. 그 이유는 상당 부분 나이키의 새로운 광고 때문이었는데, 한 유명한 TV 광고 중에 우리가 샌프란시스코 한가운데서 택시에서 뛰어나와 테니스 네트를 세우고 맹렬히 테니스를 하는 장면이 있었다. 〈뉴욕타임스 선데이 매거진〉은 우리 둘 사이의 경쟁관계와 성격차이에 대해 긴 소개 글을 썼다. 그 글은 테니스에 대한 샘프러스의 사랑과 몰입에 대해 쓰고 있었다. 그 필자가 테니스에 대한 나의 진짜 생각을 알았더라면 그 차이에 대해 뭐라고 했을지 궁금해졌다. 그에게 말을 했더라면.

나는 그 기사를 밀어두었다가 다시 집어들었다. 그 글을 읽고 싶지 않았지만 읽어야만 했다. 이상하게 불안한 기분이었다. 내 머릿속을 차지하고 있는 건 샘프러스에 대한 생각이 아니었기 때문이다. 베커, 오로지 베커에 대해서만 생각했다. 그럼에도 나는 그 글을 훑어 내려가다가 샘프러스가 나의 어떤 점이 좋으냐는 질문에 답한 부분을 읽고 움찔했다.

다시 샘프러스에게 지다

"그가 여행하는 방식이 마음에 듭니다." 그는 도대체 생각이 있는 걸까?

마침내 8월이 됐다. 길과 브래드와 나는 1995년 US오픈에 참가하기 위해 뉴욕으로 갔다. 루이 암스트롱 스타디움의 첫날 아침, 나는 라커룸에서 브래드가 손에 대진 추첨표를 들고 있는 걸 봤다.

"아, 정말 좋네요. AG(All Good)예요. 다 좋아요."

나는 베커 쪽 대진표에 있었다. 브래드의 계획대로 모든 게 풀려간다면 준결승에서 베커를 만나게 된다. 그리고 샘프러스. 우리가 태어났을 때 우리 인생의 대진표를 살펴보고 결승까지 행로를 예측할 수 있었다면, 하는 생각이 들었다.

초반전에는 거칠 것이 없었다. 나는 내가 원하는 게 뭔지 알았고, 그저 앞으로 나가면서 내가 원하는 것만 보았으며, 상대선수들은 그저 미미한 장애물에 불과했다. 에드베리. 알렉스 코레챠. 페트르 코르다. 나는 그들을 지나쳐 내 목표에 도달하기만 하면 되었고, 실제로 그렇게 되었다. 하지만 브래드는 특유의 자신만만한 태도를 보이지 않았다. 웃지도 않았고 축하해주지도 않았다. 그는 베커 생각에 사로잡혀 있었던 것이다. 베커의 약진을 모니터링하고 그의 시합을 기록하며 베커가 모든 시합에서 승리하고 포인트를 따내길 바랐다.

또 한 번의 승리로 코트를 나서는데 브래드가 건조하게 말했다.

"오늘도 좋은 날입니다."

"고마워요. 네, 기분 좋네요."

"아니, 그 뜻이 아니라 B.B. 소크라테스 말이에요. 그가 이겼어요."

샘프러스는 자신의 역할을 해내고 있었다. 자신의 대진 상대를 모두 꺾고 결승에 올라 애거시-베커 싸움의 승자를 기다리고 있었다. 또다시 윔블던의 상황이 재연되고 있었다. 제2부였다. 그러나 이번에 나는 샘프러스를 생각하고 있지 않았다. 나는 베커를 겨냥해왔고, 지금 이 순간 내 집중력이 최고조에 달해 두려워지기까지 했다.

어떤 친구가 상대선수와 사적인 감정으로 얽혀있을 때, 라켓을 놓고 인정사정없이 달려들고 싶은 충동을 조금도 느끼지 않느냐고 물었다. 설욕전인 경우나 악감정이 있는 경우라면 예전 방식으로 몇 번 치고받고 하는 권투로 해결하는 게 낫지 않을까? 나는 친구에게 테니스는 권투라고 말해주었다. 테니스는 몸의 접촉이 없는 권투이므로, 모든 테니스 선수는 조만간 자신을 권투선수와 동일시하게 된다. 테니스는 난폭한 일대일 싸움이며 어떤 링에 오르든 선택은 단순하다. 죽거나 죽이거나. 이기거나 패배를 받아들이거나. 테니스에서의 패배는 내면을 멍들게 한다. 오래전 라스베이거스의 사채업자들이 오렌지가 든 주머니로 사람을 때리던 수법이 생각났다. 겉으로는 멍이 들지 않기 때문이었다.

그렇긴 하지만 나도 인간이었다. 베커와 터널에 서서 코트로 나가기 전 나는 제임스라는 보안요원에게 우리를 따로 나가게 해달라고 했다. 나는 이 독일놈이 내 눈앞에 얼쩡거리는 게 싫다고.

"정말이에요, 제임스. 아마 당신도 내가 그를 보는 게 싫을 걸요."

베커도 비슷한 기분인 듯했다. 그는 자기가 한 말을 기억하고 있었고, 내가 그 기사를 50번이나 읽고 외웠다는 사실도 알고 있었다. 내가 여름 내내 그의 말을 곱씹으며 지냈다는 것도 알았고, 내가 피를 볼 때까지 싸우려 한다는 것도 알았다. 그 역시 마찬가지였다. 그는 내게 호감을 느낀 적이 없었고, 그에게도 이번이 복수의 여름이었던 것이다. 우리는 서로의 눈을 피하며 코트로 걸어나갔다. 관중이 우리의 장비와 테니스 가방, 그리고 곧 시작될 치열한 전투에 온 시선을 집중하고 있었다.

오프닝 벨이 울리자 내가 생각한 대로였다. 우리는 비웃고 코웃음 치며 두 가지 언어로 욕을 해댔다. 내가 첫 세트를 7-6으로 이겼으나 베커는 당연히 극도로 침착했다. 그렇게 우리의 윔블던 경기가 시작됐다. 그는 뒤처지는 걸 걱정하지 않았으며, 내가 날리는 최고의 한 방을 맞고도 견딜 수 있다는 걸 증명해 보였다.

2세트도 내가 7-6으로 이겼다. 그는 동요하기 시작했고 우위를 노리고자 했다. 내 마음을 흔들어보려는 것이었다. 그는 전에 내가 이성을 잃는 걸 한 번 봤기 때문에 내가 다시 이성을 잃을만하다고 생각하는 짓을 했다. 테니스 선수가 다른 선수를 초토화할 수 있는 가장 심한 행동. 내 박스 석에 키스를 날린 것이다. 바로 브룩에게.

효과가 있었다. 나는 너무 화가 나서 순간적으로 집중력을 잃었다. 3세트에서 내가 4-2로 앞서는 상황에 베커가 잡아서는 안 되는 공을 향해 몸을 날렸다. 그는 공을 쳐냈고 포인트를 땄으며 나를 브레이크하고는 세트를 따냈다. 관중은 이제 흥분으로 날뛰었다. 이 시합이 감정적인 싸움이라는 것을, 이 두 남자가 서로 싫어한다는 것을, 우리가 복수전을 이르고 있다는 것을 알아차린 듯했다. 그들은 드라마를 감상하면서 복수전이 끝까지 이어지길 바랐고, 이제 시합은 또다시 윔블던과 같은 양상이 된 것 같았다. 베커는 관중의 반응에 고무되어 음흉하게 웃으며 브룩에게 키스를 몇 번 더 날렸다. 한번 통한 방법이 다시 통하지 말란 법은 없으니까. 나는 브래드와 브룩을 바라보았다. 브래드는 나에게 매서운 눈빛으로 특유의 표정을 내보이며 이렇게 말하는 것 같았다.

"힘내요! 할 수 있어요!"

4세트는 막상막하였다. 우리는 브레이크할 기회를 노리며, 각각 자신의 서브게임을 놓치지 않고 있었다. 시계를 힐끔 보니 9시 반이었다. 하지만 집에 가는 사람이 아무도 없었다. 문을 잠그고 샌드위치 배달을 시키고는 우리의 승부가 결정 날 때까지 코트를 떠나지 않으려는 것이었다. 경기의 격렬함이 온몸으로 느껴졌다. 이토록 시합을 원해본 적이 없었다. 아니 그 어떤 것도 이토록 강렬히 원한 적은 없었다. 나는 서브게임에서 이기며

6-5로 앞서 갔고 베커의 서브로 시합이 계속됐다.

그가 내 오른쪽으로 혀를 내밀었다. 오른쪽 서브라는 뜻이었다. 나는 오른쪽으로 공이 올 거라고 예측하고는 으스러져라 힘껏 내리쳤다. 성공이었다. 그의 다음 두 서브도 다 제압했으며, 그는 0-40포인트에서 서브를 넣고 있었다. 트리플 매치포인트였다.

페리는 그를 향해 고래고래 소리 질렀고, 브룩은 오싹할 정도의 비명을 퍼부었다. 베커는 웃으며 미스 아메리카라도 되는 양 둘에게 손을 흔들었다. 그의 첫 서브는 불발이었다. 제2 서브는 훨씬 공격적으로 나올 것이었다. 그는 챔피언이었고 챔피언처럼 달려들 테니까. 다시 그가 혀를 내밀고는 빠른 제2 서브로 네트를 넘어 돌진해왔다. 보통은 바운스가 높은 킥 서브에 신경을 쓰고 안쪽으로 들어와서 어깨 위로 튀어 오르기 전에 먼저 잡도록 해야 하지만, 나는 도박이라는 생각으로 내 위치를 고수했다. 도박은 성공적이었다. 이제 공은 내 통제 아래 있었다. 나는 엉덩이를 밖으로 빼고 내 일생일대의 가장 시원한 한 방을 날리기로 했다. 서브는 내 예상보다 약간 더 빨랐지만, 곧 적응했다. 나는 와이어트 어프와 스파이더맨과 스파르타쿠스가 된 기분으로 만반의 준비를 했다. 스윙을 하자 내 몸의 모든 털이 곤두섰다. 짐승 같은 괴성이 내 입에서 터져 나오며 공이 내 라켓을 떠났다. 나는 다시는 그런 소리를 내지 못할 것이고, 다시는 테니스공을 그보다 더 세게 더 완벽하게 칠 수 없을 것이다. 완벽하게 공을 쳐내는 것, 그것만이 유일한 안식이었다. 공이 베커 쪽 코트 바닥에 닿았는데도, 내 입에서는 여전히 괴성이 흘러나왔다.

"으아아아아아아!"

공이 섬광처럼 베커를 지나쳐갔다. 애거시의 매치.

베커가 네트 쪽으로 걸어왔다. 나는 그를 거기 세워두었다. 팬들이 일어서서 기뻐 날뛰며 요동쳤다. 나는 브룩과 길, 페리와 브래드, 특히 브래드를 바라보았다. 어서 와요! 나는 계속해서 브래드를 쳐다봤다. 베커는 여전히 네트 앞에 있었다. 상관없었다. 나는 여호와의 증인을 현관 앞에 세워두는 것처럼 그를 내버려두었다. 마침내, 마침내, 나는 손목밴드를 벗고 네트로 가 베커를 쳐다보지도 않고 근처에서 손을 내밀었다. 그는 악수를 하더니 손을 휙 빼버렸다.

TV 기자가 코트로 달려와 나에게 몇 가지 질문을 했다. 나는 별 생각 없이 대답하다가 카메라를 보고 웃으며 말했다.

"샘프러스! 곧 만나자고!"

터널을 지나 트레이닝룸으로 들어가자 길이 걱정스러운 얼굴로 맞이했다. 그는 이번 승리가 내게 체력적으로 어떤 손실을 주었는지 알고 있었다.

"컨디션이 좋지 않아요, 길."

"누워봐."

머리가 울렸다. 나는 완전히 젖어있었다. 밤 10시였고, 18시간이 지나기도 전에 결승에 나가야 했다. 오늘 내일 사이에 나는 이런 반미치광이 같은 상태에서 벗어나 집에 가서 양질의 식사를 하고, 신장이 열을 받을 때까지 길워터를 4리터나 마셔야 한다. 그리고 숙면을 취해야겠지.

길은 나를 태우고 브룩의 집으로 데려갔다. 저녁을 먹고 나는 한 시간 동안 샤워실에 서 있었다. 이럴 때면, 환경단체 몇 군데에 수표라도 쓰거나 나무라도 심어야 하는 게 아닌가 싶은 생각이 들었다. 새벽 2시가 되자 브룩 옆에 누워 기절하듯 잠이 들었다.

여기가 어딘지 어리둥절해하며, 다섯 시간 후 눈을 떴다. 일어나 앉아 비명을 질렀다. 베커와의 시합을 이것으로 짧게 마무리한 기분이었다. 그런데 움직일 수가 없었다. 처음에는 위경련이라고 생각했다. 하지만 상태가 훨씬 심각하다는 걸 깨달았다. 나는 침대에서 굴러떨어져 무릎을 꿇고 엎드렸다. 어떻게 된 일인지 알 것 같았다. 전에도 이런 적이 있었으니까.

늑골 사이의 연골이 찢어진 것이다. 시합 중 언제 찢어진 것인지 바로 짐작이 갔다. 이번 열상은 특히 심한 게 분명했다. 가슴을 똑바로 펼 수가 없었고, 숨쉬기조차 힘들었다.

이런 상처가 나으려면 3주 정도가 필요하다는 걸 어렴풋이 기억해냈다. 그러나 결승까지는 9시간밖에 남지 않았다. 이미 오전 7시였고 시합은 오후 4시였다. 나는 브룩을 불렀다. 하지만 그녀는 밖으로 나간 것 같았다. 나는 옆으로 누워 소리를 질렀다.

"이럴 수는 없어. 제발 이러면 안 돼."

눈을 감고 코트까지 걸어갈 수 있기를 기도했다. 하지만 그런 걸 바란다는 게 우스울 정도였다. 서 있을 수도 없었기 때문이다. 노력하면 할수록 일어나기는 점점 어려워졌다.

"신이시여, 제발. 이러면 US오픈 결승에 나갈 수가 없습니다." 나는 전화기가 있는 곳까지 기어가 길에게 전화했다.

"길, 일어날 수가 없어요. 말 그대로 일어나는 게 불가능해요."

"바로 갈게."

그가 도착할 무렵, 나는 서 있기는 했지만, 여전히 숨쉬기가 힘들었다. 나는 내 생각을 말했고 그도 같은 생각이었다. 내가 커피 마시는 걸 바라보다가 그가 일어섰다.

"시간이 됐어. 가야 해."

우리는 시계를 보고는 이런 순간에 할 수 있는 유일한 것을 떠올렸다. 소리 내 웃는 것이었다. 길은 나를 스타디움까지 차로 데려다 주었다. 연습 코트에서 공을 치자 갈비뼈가 조여오는 것 같았다. 또 한 번 치자 고통으로 비명이 새어나왔다. 세 번째. 여전히 아팠지만, 늑골 부위에 겨자를 좀 치니 숨 쉴 만 했다.

"지금은 어때?"

"좀 낫네요. 38% 정도 회복된 것 같아요."

"아마 그 정도면 충분할 거야."

샘프러스는 100% 충전된 상태였다. 그는 내가 베커와의 시합에서 보여준 격렬함에 대비해 단단히 무장하고 나왔던 것이다. 나는 첫 세트를 6-4로, 2세트를 6-3으로 졌다.

하지만 3세트는 내가 이겼다. 나는 내가 어떤 것을 잘해낼 수 있는지 배웠고, 손쉬운 길과 타협, 은밀한 방법들을 찾아냈다. 이런 것들을 기적으로 만들 만한 몇 번의 기회가 있었지만 이용하지 않았을 뿐이었다. 하지만 또다시 4세트에서 7-5로 졌다.

기자들은 26연승을 거두고 여름 내내 연승행진을 기록하다가 샘프러스라는 거대한 네트를 넘지 못한 기분이 어떠냐고 물었다. 나는 당신 같으면 어떨 것 같으냐고 되묻고 싶었다.

"다음 여름에는 좀 지면서 할 겁니다. 지금 26-1을 기록했는데, 이 마지막 한 번을 이기기 위해서라면 스물여섯 번의 승리를 포기하겠습니다."

브룩의 집으로 돌아오는 길, 나는 늑골을 잡고 창문 밖을 내다보면서 복수의 여름을 지나오며 스쳐온 모든 장면 하나하나를 다시 떠올렸다. 분노와 승리와 훈련과 뜀박질과 땀범벅이 된 순간들, 그리고 결국 공허하고 실망스러운 감정만 남게 된 지금. 얼마나 많이 이기든 마지막에 이긴 게 아니라면 루저에 불과한 것이다. 나는 결국 항상 루저였다. 항상 샘프러스가 있었기 때문이다. 언제나 샘프러스가 있었다.

브룩은 거리를 유지했다. 그녀는 나를 따뜻하게 바라보며 동정하는 듯 얼굴을 찌푸렸지만, 진짜같이 느껴지지는 않았다. 그녀는 이해하지 못했기 때문이다. 그녀는 내 기분이 나아지고 이런 상황이 지나가길, 그래서 다시 모든 게 원래대로 돌아오길 기다렸다. 지는 건 비정상적인 일이니까.

그녀는 내가 경기에 져서 말없이 슬퍼하고 있는 동안 옷장을 뒤져 몇 달간 입지 않은 옷들을 모조리 꺼냈다. 그다음 스웨터와 티셔츠를 개고, 양말과 스타킹과 신발을 서랍과 박스에 다시 정리해놓았다. 이것을 일종의 의식을 치른다고 했는데, 모든 게 원래대로 돌아올 때까지 시간을 때우는 방법이라고 했다. 샘프러스에게 진 날 밤, 나는 브룩의 옷장을 들여다보았다. 아주 말끔했다. 우리의 짧은 연애기간 동안, 그녀는 시간을 때울 일이 아주 많았던 것이다.

다시 샘프러스에게 지다

18
브룩 쉴즈와의 약혼

데이비스컵 메츠 빌랜더와의 경기에서 나는 찢어진 늑연골을 보호하기 위해 움직임을 바꿨다. 하지만 하나를 보호하다 보면 다른 하나가 다치는 법이라고 했던가. 포핸드는 어색해졌고 흉부근육에 통증도 느껴졌다. 시합 내내 통증부위가 후끈거렸는데, 다음 날 아침 일어나자 아예 움직일 수가 없을 정도였다. 의사는 몇 주간 경기를 그만두라고 했다. 브래드는 죽을 것 같은 표정을 지었다.

"그렇게 쉬고 나면 랭킹 1위가 날아가 버릴 거라고요."

나는 전혀 개의치 않았다. 컴퓨터가 뭐라고 하든 1등은 샘프러스였으니까. 샘프러스는 그해에만 두 번의 슬램에서 우승했고 뉴욕에서 치러진 나와의 대결에서도 승리를 거뒀다. 나는 1위라는 것에는 눈곱만큼도 관심이 없었다. 1등은 좋은 일이겠지만, 내 목표는 아니었다. 그리고 샘프러스를 이기는 것도 내 목표는 아니었다. 하지만 그에게 지고 나자 끝없는 우울로 곤두박질쳤다.

아슬아슬한 패배의 상처를 떨쳐버리는 건 언제나 어려운 일이었지만,

이번의 패배는 달랐다. 패배의 궁극이라 할 수 있었고, 최대의 패배였으며, 다른 모든 것을 뛰어넘는 패배의 알파와 오메가였다. 이전에 샘프러스에게 졌을 때나 쿠리어에게 졌을 때, 고메즈에게 졌을 때가 찰과상이었다면, 이번 것은 창이 심장을 관통하는 정도였다. 매일 새롭게 패배감에 젖었다. 이제 그만 생각하라고 자신을 타일렀으나, 다음 날 아침이면 다시 마찬가지였다. 유일한 휴식은 은퇴를 상상할 때뿐이었다.

한편 브룩은 쉴 새 없이 일하며 연기자로 도약하고 있었다. 페리의 조언에 따라 그녀는 LA에 집을 샀고 TV 드라마의 배역을 얻기 위해 노력한 끝에 시트콤 〈프렌즈〉의 한 에피소드에 작지만 근사한 게스트 역할을 따냈다.

"전 세계적으로 최고의 시청률을 자랑하는 프로라고. 1위 시청률이야!"

나는 움찔했다. 또다시 순위 얘기였다. 하지만 그녀는 알아채지 못했다. 〈프렌즈〉의 프로듀서가 브룩에게 제안한 역할은 스토커였다. 나는 스토커와 지나친 열성팬 때문에 그녀가 감내해야 했던 악몽의 나날들을 생각하자 당혹스러웠다. 그러나 브룩은 수많은 스토커를 겪은 경험이 이 역할을 준비하는 데 도움이 될 거라고 생각하는 듯했다. 그녀는 스토커의 심리상태를 이해한다고까지 말했다.

"게다가, 안드레, 이건 〈프렌즈〉라고요. 시청률 1위의 TV쇼에요. 그 프로에 고정으로 출연하게 될지도 몰라요. 또 내가 출연한 분량이 슈퍼볼 직후에 방영될 거예요. 그럼 5천만 명이 보게 되는 거예요. 이건 나에게 US 오픈 같은 거라고요."

테니스를 이용한 비유였다. 이로써 나는 확실히 그녀와 내가 단절돼 있다는 느낌을 받았다. 그러나 나는 기쁜 척했고, 그녀가 듣고 싶어하는 말을 해주었다.

"당신이 행복하면 나도 행복해."

그녀는 내 말을 믿었다. 아니면 믿는 척했거나. 두 가지는 종종 차이가 없어 보였다. 페리와 나는 그녀와 함께 할리우드로 가서 촬영을 구경하기로 했다. 그녀가 항상 내 박스석에 앉아 있었던 것처럼 나는 페리와 함께 그녀의 박스석에 앉아 있기로 했다.

"재밌을 것 같지 않아요?"

나는 속으로는 아니라고 생각했지만, 겉으로는 재밌을 것 같다고 말했다. 가고 싶지 않았다. 그러나 다시 혼잣말을 하면서 집 근처를 배회하고 싶지도 않았다. 쓰라린 가슴, 상처받은 자아. 집에 그런 내가 혼자 있어야 한다는 게 싫었다.

〈프렌즈〉의 녹화를 앞두고 며칠 동안 우리는 LA에 있는 브룩의 집에 틀어박혀 있었다. 그녀는 매일 밤 대사 리딩을 도와줄 동료 배우를 데리고 왔고, 나는 그들을 구경했다. 브룩은 긴장해서 압박감을 느끼며 열심히 연습했고, 그 장면을 보니 익숙한 기분이 들었다. 그녀가 자랑스러웠다. 나는 그녀에게 스타가 될 거라고 말했다. 좋은 일이 일어날 거라고.

녹화 당일 우리는 오후 늦게 스튜디오에 도착했다. 대여섯 명의 배우들이 우리를 따뜻하게 맞아주었다. 〈프렌즈〉의 극 중 친구들로 나오는 출연진들인 것 같았다. 어쩌면 의외로 웨스트 코비나(*미 캘리포니아주 로스앤젤레스 카운티의 작은 도시로, 유명 배우들이 이곳에서 많이 출생함)에서 온 별 볼 일 없는 배우들이었는지도 모른다. 나는 한 번도 그 프로를 본 적이 없었으니까. 하지만 브룩은 그들과 포옹하면서 얼굴을 붉혔고, 며칠 같이 연습했는데도 말을 더듬거렸다. 나는 그녀가 이토록 스타를 동경하는 모습을 본 적이 없었다. 그녀를 바브라 스트라이샌드에게 소개했을 때도 이런 반응을 보이지는 않았었다.

나는 브룩의 뒤에 몇 발짝 떨어져 서 있었다. 그녀에게 쏟아지는 스포트라이트를 빼앗고 싶지 않았던 데다가 사교적인 성격도 아니었기 때문이다. 그러나 그 배우들은 테니스 팬이었고 나를 계속 대화에 끌어들였다. 또 내 부상에 대해 물으며 성공적인 한 해를 축하해 주었다. 절대 성공적인 한 해라고 생각되지 않았지만 나는 최대한 정중히 감사인사를 하고 다시 뒤로 물러났다. 하지만 그들은 끈질기게 US오픈과 샘프러스와의 라이벌 구도에 대해 물었다.

"어떤 기분이에요?"

"두 분은 정말 대단한 선수라니까요."

"네, 뭐."

"둘이 친구예요?"

친구? 정말 그렇게 질문한 걸까? 자기들이 친구사이라고 이런 질문을 하는 건가?

"거기에 대해 한 번도 생각해본 적은 없지만, 네, 샘프러스랑 친구인 것 같네요."

나는 페리에게 도와달라고 했으나, 그 역시 브룩처럼 이상하게도 스타들에게 열광했다. 사실 그는 꽤 자연스럽게 배우들과 쇼 비즈니스에 관해 얘기하면서 유명인들의 이름을 들먹이고 그들처럼 행동했다.

다행히도 브룩이 자기 트레일러로 불려 갔다. 페리와 나는 그녀를 따라가 함께 앉아 있었다. 한 팀이 그녀의 머리를 세팅하고 빗기자 다른 팀이 들어와 그녀의 화장과 의상을 준비해 주었다. 브룩은 거울을 들여다보고 있었다. 그녀는 16세 생일을 준비하는 소녀처럼, 아주 행복하고 흥분된 표정이었다. 나는 아주 어색한 기분이었고, 고립된 느낌이었다. 그녀에게 적당한 말을 해주고 웃으며 격려를 해주었지만, 마음속 밸브가 단단히 잠긴 것 같았다. 내가 토너먼트 전에 긴장할 때나 아니면 패배 후에 실의에 빠져있을 때, 브룩이 이런 기분일까? 관심 있는 척하는 태도, 판에 박은 대답, 근본적인 무관심, 이런 것들로 나는 그녀를 매도했던 걸까?

브룩 쉴즈와의 약혼

잠시 후 우리는 중고 가구로 꾸며진 보라색 아파트 세트장으로 갔다. 나는 시간을 때우며 우두커니 서 있었다. 몸집이 큰 남자들이 조명을 갖고 호들갑을 떨었고, 감독은 작가들과 상의를 했다. 누군가가 좌중의 분위기를 부드럽게 하려고 농담을 했다. 나는 브룩이 등장하기로 되어 있는 가짜 문에서 가까운 맨 앞줄에 자리를 하나 발견했다. 사람들이 웅성거렸고, 스태프도 부산하게 움직였다. 점점 기대감이 높아지고 있었다. 하지만 나는 계속 하품이 났다. 억지로 〈그리스〉를 봤던 샘프러스의 기분이 이랬을 것이다. 브로드웨이 공연은 그토록 칭찬을 해놓고 왜 이런 촬영장은 무시하게 되는 건지 궁금했다.

갑자기 누군가가 소리를 질렀다. 조용! 누군가가 또 소리를 질렀다. 액션! 브룩이 앞으로 걸어나오며 가짜 문을 두드렸다. 문이 활짝 열리자 브룩이 첫 대사를 읊었다. 관객들이 웃으며 환호했다. 감독이 소리쳤다. 컷! 내 몇 줄 뒤에 있던 여자가 소리쳤다. "정말 잘했어요, 브룩!" 감독도 브룩을 칭찬했다. 그녀는 고개를 끄덕이며 칭찬을 들었다.

"감사합니다. 더 잘할 수 있어요."

브룩은 그 장면을 다시 찍고 싶어했고, 감독은 그러라고 했다. 다음 장면을 찍기 위해 세트를 만드는 동안, 페리는 브룩에게 조언을 해주었다. 그는 연기에 대해서는 아무것도 몰랐지만, 브룩은 마음이 불안한 나머지 누가 하는 말이든 받아적을 기세였다. 그녀는 열심히 듣고 고개를 끄덕였다. 페리는 마치 액터즈 스튜디오(*1947년 미국 뉴욕에서 설립돼 명배우의 산실로 많은 스타를 배출한 배우양성기관)의 대표라도 되는 양 브룩에게 설명하고 있었다.

"제 위치로 가세요!"

브룩은 페리에게 고맙다고 말하고는 다시 문으로 달려갔다.

"모두 조용히 해주세요!"

브룩은 눈을 감았다.

"액션!"

그녀는 가짜 문을 두드렸고, 장면은 전과 똑같이 진행됐다.

"컷! 훌륭해요." 감독이 브룩에게 말했다.

그녀는 재빨리 내게 달려와 어땠냐고 물었다.

"아주 좋았어. 정말이야."

그녀는 정말 훌륭했다. TV를 보면 짜증이 났고, 분위기며 가짜 세트 모든 것에 흥미가 없었지만 나는 노력을 존중했다. 일에 전념하는 그녀에게 감탄했다. 그녀는 혼신을 다하고 있었던 것이다. 나는 그녀에게 키스하고는 그녀가 자랑스럽다고 말했다.

"끝난 거야?"

"아니, 아직 한 장면이 더 남았어요."

우리는 다른 세트장으로 갔다. 레스토랑이었다. 브룩의 스토커 캐릭터가 사랑하는 대상인 조이와 데이트를 하는 장면이었다. 그녀는 조이를 연기하는 배우 맞은편 테이블에 앉아있었다. 또다시 끝없이 기다렸다. 페리는 그녀에게 쪽지를 더 건넸다. 마침내 감독이 소리쳤다.

"액션!"

조이 역의 배우는 꽤 괜찮은 사람인 듯했다. 그러나 촬영이 시작되자 그의 엉덩이를 걷어차 주고 싶어졌다. 대본에는 브룩이 조이의 손을 잡고 핥는 것으로 되어 있었는데, 브룩은 그 장면에서 더 나아가 아이스크림콘처럼 그의 손을 탐닉했던 것이다.

"컷! 좋았어요. 그래도 한 번 더 갑시다."

브룩과 조이도 웃으며 냅킨으로 손을 닦았다. 나는 눈이 휘둥그레졌다. 브룩은 손을 핥는 것에 대해서는 아무런 언급도 않았었다. 내 반응이 어떨지 알고 있었던 것이다.

이건 내 인생이 아니야. 내 인생일 리가 없어. 나는 진짜 여기 있는 게 아닐 거야. 여기 200여 명의 사람들과 같이 앉아서 내 여자친구가 다른 남자의 손을 핥는 걸 지켜보고 있는 건 현실이 아니야. 나는 천장의 조명을 똑바로 올려다보았다. 사람들은 장면을 다시 찍을 준비를 하고 있었다.

"조용히 해주세요! 액션!"

브룩은 조이의 손을 잡고 손가락 끝까지 입속에 집어넣더니 눈을 희번덕거리며 혀로 주변까지 핥았다. 나는 자리를 박차고 일어나 아래층으로 내려가 옆문으로 나갔다. 어두웠다. 어떻게 이렇게 빨리 어두워질 수가 있지? 문밖에는 링컨 렌터카가 서 있었다. 페리와 브룩이 뒤따라왔다. 페리는 어리둥절해 있었고 브룩은 허둥대며 내 팔을 잡았다.

"어디 가는 거예요? 이렇게 가면 안 돼요!"

"왜 그래? 뭐가 문제야?" 페리가 물었다.

"알잖아. 둘 다 이미 알잖아."

브룩은 가지 말라고 애원했다. 페리도 거들었다. 하지만 그렇게는 안 될 것 같았다. 그녀가 다른 남자의 손을 핥는 걸 보고 싶지는 않았다.

"이러지 마요."

"나? 내가 뭘? 나는 아무것도 안 했어. 돌아가서 마저 끝내. 잘 해봐. 다른 손도 더 핥아봐. 나는 가야겠어."

나는 차량 사이를 이리저리 빠져나가면서 고속도로를 빠르게 달렸다. 내가 어디로 가고 있는지 알 수가 없었다. 적어도 브룩의 집으로 가고 있지는 않았다. 젠장. 문득 내가 라스베이거스 쪽으로 무작정 달리고 있으며 도착하기 전까지는 멈추지 않을 거라는 사실을 깨달았다. 기분이 좋아졌다. 나는 엔진을 열고 굉음을 내며 시 경계를 지나 사막으로 달렸다. 나와 내 침대 사이에는 길게 뻗은 황무지와 소용돌이치는 별뿐인 곳.

라디오가 지직거리자 나는 내 감정에 귀 기울이려고 애썼다. 나는 질투

오픈

가 났지만 혼란스럽기도 했다. 자신이 낯설게 느껴졌다. 브룩처럼 나는 바보 같은 남자친구 역할을 연기한 거였고 잘하고 있다고 생각했다. 그러나 손을 핥는 장면이 시작되자 더는 그 역할을 할 수가 없었다. 물론 예전에 브룩이 부대에서 남자와 키스하는 걸 본 적이 있었다. 브룩이 열다섯 살 때 그녀와 사랑을 나눈 적이 있다는 걸 나에게 말해주고 싶어 안달이 난 변태를 만난 경험도 있었다. 하지만 이번엔 달랐다. 선을 넘은 것이다. 그 선이 어딘지는 모르겠지만, 손 핥기는 확실히 선을 넘은 거였다.

새벽 2시에 내 아파트에 차를 세웠다. 운전으로 피로해져서 분노가 좀 누그러들었다. 여전히 화난 상태였지만 후회도 밀려들었다. 나는 브룩에게 전화를 걸었다.

"미안해. 난 그저… 그냥 거기서 나와야 했어."

그녀는 사람들이 모두 내가 어디 있느냐고 물었다고 했다. 내가 창피를 주었으며 그녀에게 온 절호의 기회를 위태롭게 만들었다고 했다. 모두 그녀에게 잘했다고 했는데도 브룩은 그러한 성공을 단 한 순간도 즐기지 못했다. 기쁨을 나누고 싶었던 유일한 사람이 사라졌기 때문이었다.

"당신 때문에 집중할 수가 없었어요. 대사에 집중할 수 있도록 당신에 대한 생각을 머릿속에서 몰아내야 했죠. 모든 게 힘들어졌어요. 내가 당신 시합 중에 그런 짓을 했다면, 아마 당신은 단단히 화를 냈을 걸요." 그녀는 격앙된 목소리로 말했다.

"당신이 그 남자의 손을 핥는 걸 보고 있을 수가 없었어."

"그건 연기라고요, 안드레. 연기요. 내가 배우라는 거 잊었어요? 연기가 직업이라는 거 잊었냐고요. 그런 척하는 거, 가장이라는 거 몰라요?"

"잊을 수 있다면 좋겠어."

나는 나 자신을 변호하기 시작했으나, 브룩은 듣고 싶지 않다며 전화를 끊었다. 거실 한가운데 서 있었는데, 바닥이 흔들리는 것 같았다. 라스베이거스에 지진이 일어날 가능성에 대해 잠시 생각해봤다. 내가 뭘 해야 할지, 어디에 있어야 할지 알 수가 없었다. 테니스 트로피를 올려놓는 선반으로 걸어가 하나를 집어들고는 거실과 부엌 바닥으로 던져버렸다. 트로피는 몇 조각으로 깨졌다. 다른 트로피 하나를 집어 다시 벽에 던지다가 결국 모든 트로피를 던져버렸다. 데이비스컵? 박살 냈다. US오픈? 박살 냈다. 윔블던? 박살 내고 또 박살 냈다. 테니스 가방에서 라켓을 꺼내 유리로 된 커피 테이블을 박살 내려 했으나 라켓만 망가졌다. 나는 깨진 트로피들을 집어 다시 벽에 던지고 집안의 다른 물건들을 향해서도 던졌다. 더 깨뜨릴 트로피가 없어지자 나는 벽에서 떨어져 나온 석고로 뒤덮인 소파에 몸을 던졌다.

몇 시간 후 눈을 떴다. 나는 다른 사람의 잘못인 양 난장판이 된 집을 살펴봤다. 사실이었다. 다른 누군가의 짓이 분명했다. 내가 저지른 일의 절반은 다른 사람 탓이었다.

전화가 울렸다. 브룩이었다. 나는 다시 사과하고 내 트로피를 다 부숴버렸다고 말했다. 그러자 그녀의 말투가 좀 누그러졌다. 걱정하는 목소리였다.

"당신이 그렇게 화내고 질투에 사로잡히는 게 싫어요. 당신이 고통받는 게 싫다고요."

"당신을 사랑해."

한 달 후 인도어 시즌이 시작되자 나는 슈투트가르트로 갔다. 모든 대륙과 나라와 도시와 마을을 통틀어 가장 가고 싶지 않은 곳을 꼽으라면, 슈투트가르트가 첫 번째일 것이다. 천 살까지 산다 해도, 내가 슈투트가르트에 있는 한 좋은 일은 절대 생기지 않을 것이다. 슈투트가르트를 싫어할 다른 이유는 없다. 다만 나는 지금 여기서 테니스를 하고 싶지 않을 뿐이다.

그럼에도 나는 슈투트가르트에 있었고 중요한 시합을 앞두고 있었다. 이긴다면 나는 세계 랭킹 1위를 굳힐 수 있을 것이고, 그건 브래드가 간절히 바라는 것이기도 했다. 상대선수는 내가 잘 아는 말리바이 워싱턴이었다. 나는 주니어 시절 내내 그와 테니스를 했다. 그는 좋은 선수였고 방수포처럼 코트를 커버했지만 언제나 내게 졌다. 그의 다리는 짙은 구릿빛으로 다리를 공략하긴 어려웠다. 보통의 다른 선수들처럼 그를 지치게 할 수가 없었다. 대신 그의 허를 찔러야 했다. 그리고 실제로 그렇게 했다.

내가 한 세트를 앞서며 잘 되어간다고 생각했는데, 갑자기 쥐덫에라도 걸린 듯한 기분이 들었다. 아래를 내려다보니 신발 바닥이 떨어져 있었다. 벗겨진 것이었다. 나는 여분의 테니스화를 챙겨가지 않았기에 시합을 중지시키고 대회 관계자에게 새 신발이 필요하다고 말했다. 다급한 독일식 억양의 장내 방송이 확성기를 통해 흘러나왔다.

"애거시 선수에게 신발을 빌려주실 수 있는 분 계십니까? 사이즈는 267센티미터입니다."

"나이키 브랜드여야 해요. 나이키랑 계약이 되어 있거든요." 내가 덧붙였다.

관중석 위쪽에 앉아있던 한 남자가 일어서서 신발을 흔들어 보였다.

"자기 신발을 빌려줄 수 있게 되었으니 그는 행복해 할 겁니다."

브래드가 스탠드로 올라가서 신발을 가져왔다. 신발 사이즈는 254였지만, 나는 머저리 신데렐라처럼 억지로 발을 구겨 넣었고 시합이 재개됐다. 이게 내 인생이란 말인가? 내 인생이 이럴 리가 없어.

나는 슈투트가르트에서 낯선 이에게 빌린 신발을 신고, 전 세계 랭킹 1위를 지키기 위해 계속 시합을 했다. 어렸을 때 테니스공을 이용해 신발을 고쳐주던 아버지 생각이 났다. 이건 훨씬 더 어색하고 우스꽝스러웠다. 나는 감정적으로 지친 상태였고, 테니스를 왜 그만 두지 않는지 스스로 궁금해졌다. 그냥 퇴장하면 된다. 코트를 떠나면 된다. 왜 나는 계속하고 있지? 도대체 내가 어떻게 샷을 선택하고 서브게임을 이기고 서브를 브레이크 하는 걸까? 마음은 이미 경기장을 떠나있었다. 나는 이미 산에 가서 스키 별장을 빌려 오믈렛을 만들고 누워 쉬면서 숲 속의 눈 덮인 냄새를 한껏 들이마시고 있었다.

"이번 시합에 이기면, 난 은퇴하는 거야. 져도, 은퇴할 거야." 나는 다짐했다.

나는 졌다. 하지만 은퇴하지 않았다. 대신 은퇴의 반대방향을 택했다. 비행기를 타고 호주로 날아가 슬램에 참가한 것이다. 1996년 호주오픈이 며칠 남지 않은 상태였고, 나는 전년도 우승자였다. 아무 생각도 없었다. 그저 정신이 나간 듯 보였다. 눈에는 핏발이 서 있었고, 얼굴은 수척했다. 승무원이 나를 쫓아버릴 것만 같았다. 사실 나는 거의 뛰쳐나갈 뻔했다. 브래드와 함께 탑승한지 몇 분 뒤 자리를 박차고 일어나 거의 도망칠 뻔했던 것이다. 브래드는 내 표정을 보고는 팔을 잡았다.

"이봐요. 침착해요. 어떻게 될지 모르는 거잖아요. 아마 좋은 일이 일어날지도 몰라요."

수면제를 삼키고 보드카를 마신 다음 눈을 떠보니 비행기가 멜버른 공항에 착륙하고 있었다. 브래드는 더 코모 호텔로 향했다. 머릿속이 뿌옇게 안개가 낀 것 같았다. 벨보이가 피아노와 중앙에 반짝이는 나선형 나무계단이 있는 방까지 나를 데려다 주었다. 나는 피아노 건반을 몇 번 눌러보다가 비틀거리며 층계를 올라가 침대로 갔다. 그런데 벌러덩 뒤로 눕다가 그만 무릎이 금속 난간의 날카로운 끝에 부딪혀 찢어지고 말았다. 나는 계단에서 굴러떨어졌다. 사방이 피로 범벅이 되었다.

길이 전화를 받고 2분 만에 달려왔다.

"슬개골이 심하게 베였군. 심한 타박상이야."

그는 붕대를 감아주며 나를 소파에 눕혔다. 그는 나에게 쉬라고 하며 연습도 시키지 않았다.

"슬개골 부상을 조심해야 해. 일곱 번의 시합을 견뎌낸다면 거의 기적일걸."

나는 눈에 띄게 절뚝거리며 무릎에 붕대를 감고 흐릿한 눈빛으로 첫 경기를 치렀다. 팬들과 스포츠 전문기자, 해설가들의 눈에 나는 일 년 전의 그 선수가 아니라는 게 분명했다. 나는 첫 세트를 놓쳤고, 2세트에서도 금세 두 번의 브레이크를 당했다. 로스코 테너 이후로 슬램 첫 경기에서 진 전년도 챔피언이 될 참이었다.

내 상대선수는 아르헨티나 출신의 가스통 에틀리스 선수였지만 그게 누구든 상관없었다. 그는 테니스 선수 같지 않고 대체교사처럼 보였다. 땀에 젖은 곱슬머리가 늘어져 있는 데다 수염이 거뭇거뭇한 게 불길했다. 그는 복식 위주의 선수였는데 운 좋게 자격을 획득해 단식에 나오게 된 것이었다. 그는 자신이 이 자리에 나오게 되어 놀란 듯 보였다. 보통 때 같으면 라커룸에서 강하게 한번 노려보기만 해도 쉽게 이길 만한 상대였지만, 그는 나를 한 세트 앞서며 2세트를 앞서 갔다. 맙소사. 게다가 고통스러워하는 쪽은 그였다. 내가 짜증스러워 보였다면, 그는 패닉상태인 듯했다. 마치 40킬로그램짜리 황소개구리가 목구멍을 막고 있는 것 같은 얼굴이었다. 나는 그가 시합을 끝내고 나를 끝장내버릴 만한 샷을 날리길 바랐다. 시합에서 지고 일찍 퇴장하는 게 나았기 때문이었다. 그러나 에틀리스는 구역질을 하고 몸이 얼어붙어서 어이없는 실수를 연발했다.

나는 점점 힘이 빠졌다. 아침에 두피가 훤히 보일 정도로 머리를 완전히 밀어버렸다. 나 자신을 벌주고 싶었기 때문이다. 왜냐고? 브룩의 〈프렌즈〉 카메오 출연분량을 망쳐버렸다는 사실에 마음이 괴로웠기 때문에. 내 트로피를 모두 박살 내 버렸기 때문에. 노력 없이 슬램에 참가했다는 것 때문에. 그리고 빌어먹을 US오픈에서 샘프러스에게 졌다는 것 때문에. 거울에 비친 사람을 속일 수는 없어. 길은 항상 그렇게 말했다. 그래서 나는 내가 대가를 치르게 하려는 것이다. 투어에서 내 별칭은 응징자였다. 선수들을 이리저리 뛰게 했기 때문이다. 이제 나는 가장 끈질긴 적인 바로 나 자신의 머리를 태워버림으로써 자신을 필사적으로 응징하고자 했다.

임무수행 완료였다. 호주의 태양이 내 피부를 바짝 태웠다. 나는 자신을 꾸짖었다가 용서했다. 그리고 다시 리셋 버튼을 누르고는 2세트에서 동점을 만들 방법을 찾아내 타이브레이크에서 이겼다.

마음이 흔들렸다. 인생에서 다른 할 일이 뭐가 있을까? 브룩과 헤어져야 할까? 아니면 결혼해야 할까? 나는 3세트에서 졌다. 하지만 에틀리스는 그런 호기를 살리지 못했다. 나는 또다시 타이브레이크에서 4세트를 따냈다. 5세트에서 에틀리스는 결국 지쳐서 포기하고 말았다. 자랑스럽지도 안도하지도 않았다. 부끄러울 뿐이었다. 머리가 피가 고인 수포 같았다. "뇌에 수포를 쳐발라."

나중에 기자들이 햇볕에 타는 게 걱정되냐고 물었을 때 나는 웃으며 솔직히 말했다.

"솔직히 타는 것은 별 걱정거리가 안 됩니다."

그리고 덧붙이고 싶었다. 나는 이미 정신적으로 바짝 타버린 상태거든요. 그러나 입을 꾹 다물었다.

준준결승에서 쿠리어와 만났다. 그는 나를 여섯 번 연속 이겼으며, 우리는 테니스 코트와 신문지면에서 엄청난 전쟁을 벌였다. 1989년 프랑스 오픈에서 나를 이긴 후 그는 내가 받는 관심에 대해 불평을 쏟아냈다. 그는 언제나 나에게 가려 자신이 안 보이는 것 같은 기분이라고 말했다.

"자신감이 없다는 소리로 들리는데요." 내가 기자들에게 이렇게 말하자 쿠리어는 그 말을 받아쳤다.

"내가 자신감이 없다고?"

그는 또 계속해서 바뀌는 내 외모와 심리상태에 대해서도 예민하게 굴었다. 새로운 애거시 선수에 대해 어떻게 생각하느냐는 질문에, 그는 이렇게 대답한 적이 있다.

"새로운 애거시요 아니면 더 새로운 애거시요?"

우리는 그 이후로 대충 마무리를 지었다. 쿠리어에게 그의 성공을 기원한다고, 그를 친구로 생각한다고 말했더니 그 역시 같은 말을 했다. 그러나 우리 사이에는 긴장의 벽이 가로놓여 있었고 적어도 우리 중 한 명이 은퇴하기 전까지는 이런 긴장이 계속될 것 같았다. 우리의 경쟁구도는 사춘기 시절, 닉의 아카데미로까지 거슬러 올라가기 때문이다.

시합은 여자 준준결승이 지연되는 바람에 늦게 시작됐다. 우리는 자정이 다 된 시각에야 코트에 서게 됐고 각각 서브게임에서 9게임씩 이겼다. 그러다가 비가 내리는 바람에 대회 관계자들이 지붕을 덮었지만, 그러느라 40분이 걸렸다. 관계자들은 내일 다시 와서 시작하는 게 좋겠다고 했고 우리는 그러겠다고 했다.

자고 일어나니 기분이 상쾌했고 쿠리어를 이기고 싶어졌다. 그러나 네트 맞은편에 서 있는 사람은 쿠리어가 아니었다. 쿠리어를 닮은 창백한 사람이었다. 두 세트 0패로 자신이 앞선 상태였는데도 쿠리어는 머뭇거렸고 탈진한 듯했다. 나는 그 표정을 알아봤다. 이미 거울 속에서 여러 번 본 적이 있었다. 나는 먹잇감을 노리며 덮쳐들어 몇 년 만에 처음으로 쿠리어를 꺾고 시합에서 이겼다. 기자들이 쿠리어와의 게임에 대해 묻자 나는 이렇게 대답했다.

"쿠리어가 오늘 제대로 실력발휘를 못 한 것 같네요."

하지만 사실 나는 이렇게 말하고 싶었다.

"많은 일이 있었죠."

브룩 쉴즈와의 약혼

시합에 이긴 덕분에 나는 계속 랭킹 1위를 지킬 수 있었다. 또다시 샘프러스를 왕좌에서 몰아냈지만, 내가 그를 꺾지 못했고 꺾을 수 없었다는 사실만 상기시킬 뿐이었다.

준결승에서는 마이클 챙을 만났다. 나는 이기지 못하리라는 것, 질 거라는 것을 알았다. 사실, 나는 지고 싶었고, 져야만 했다. 베커가 결승에서 기다리고 있었기 때문이다. 지금 가장 피하고 싶은 건 베커와의 전쟁이었다. 나는 감당할 수 없을 것 같았다. 그와의 경기에 나서고 싶지도 않았다. 질 것이 뻔했으니까. 베커와 챙 중에 선택할 수 있다면, 챙에게 지는 게 차라리 나을 것 같았다. 게다가 결승보다는 준결승에서 지는 것이 심리적으로 받아들이기가 더 쉬웠다.

'그래서 나는 오늘 질 것이다. 축하한다, 챙. 너와 너의 신이 행복하겠군.'

그러나 일부러 진다는 것도 쉽지 않았다. 이기는 것보다 더 어려웠다. 관중이 알아채지 못하도록 져야 하고, 나 자신도 모르게 져야 하니까. 나 자신도 일부러 진다는 걸 완전히 의식할 수 없어야 한다. 절반만 의식하는 것도 안 된다. 정신 상태는 망가지고 있지만, 몸은 계속 싸워야 한다. 근육이 기억하고 있기 때문이다. 일부러 지는 건 온 마음으로 원해서가 아니라, 그로부터 분리된 마음, 떨어져 나간 일부 조각이 패배를 원하기 때문이다. 잘못된 판단은 몰래 표면 아래서 이루어지는 것이다.

해야 하는 사소한 것들을 하지 말아야 한다. 조금 더 뛰어야 할 때 뛰지 않고 돌진해야 할 때 돌진하지 않아야 한다. 멈춰 있다가 천천히 움직이고, 몸을 굽히거나 찌르며 나가야 할 때 망설여야 한다. 다리와 엉덩이를 쓰지 않고 손으로 해결해야 한다. 부주의한 실수를 범하고 나서 멋진 샷으로 실수를 만회하고, 다시 두 번의 실수를 더 저지르고는 천천히 그러나 확실하게 뒤쪽으로 미끄러지듯 움직여야 한다. 공을 네트에 걸리게 하겠다고 일부러 이런 행동을 하는 것이 아니다. 그보다 훨씬 복잡하고 은밀한 것이다. 경기 후 기자회견에서 브래드는 기자들에게 이렇게 말했다.

"오늘 애거시 선수는 체력이 바닥난 상태였습니다."

사실이었다. 실제로 정말 그랬다. 그러나 나는 브래드에게 매일같이 체력이 바닥이었다고 말하지는 않았다. 오늘은 나름 괜찮았다고, 오히려 자축하며 져서 기뻐했다고, 오랜 숙적인 B.B 소크라테스와의 시합을 위해 다시 신발 끈을 고쳐매느니 LA로 돌아가는 비행기를 타는 게 나았다고 말하면 그가 너무나 실망하리라는 걸 알았기 때문이다. 여기만 아니라면 다른 어디든 괜찮을 것 같았다. 심지어 다음 기착지인 할리우드일지라도. 시합에 졌으니 나는 시간에 맞춰 집에 가서 슈퍼볼을 보고, 브룩 쉴즈가 특별출연한 〈프렌즈〉의 한 시간짜리 특별회를 시청할 것이다.

페리는 매일 잘못된 게 뭐냐, 뭐가 문제냐며 나를 못살게 굴었다. 하지만 나는 말할 수 없었다. 모르니까. 더 정확히 말하자면 알고 싶지 않았으니까. 페리나 나 자신에게 샘프러스에게 패한 것이 이토록 오래 영향을 주고 있는 거라고 인정하고 싶지 않았다. 페리와 앉아서 내 무의식의 실타래를 풀어내고 싶지 않았다. 나 자신을 이해하는 것도 포기했다. 자기분석에도 흥미가 없었다. 길고 오랜 나 자신과의 싸움 끝에, 나는 망가지고 있었다.

나는 산호세 SAP오픈에서 샘프러스에게 완패당했다. 확실히 의사의 지시를 무시한 탓이었다. 나는 시합 중 몇 차례나 이성을 잃고 라켓에 욕을 퍼부으며 나 자신에게 소리를 질렀다. 샘프러스는 멍한 표정이었다. 엄파이어는 내게 욕을 했다는 이유로 감점을 당했다.

"그게 맘에 들어? 그럼 가져가든가."

나는 공을 관중석 위층으로 서브했다.

인디언 웰스 대회에 출전했다가 준준결승에서 챙에게도 패했다. 시합 후 기자회견을 할 자신도 없어 기자회견을 생략했다가 무거운 벌금을 물었다. 그런 다음 몬테카를로로 가서 54분 만에 스페인 출신의 알베르토 코스타에게 패했다. 코트를 나서면서 휘파람과 야유를 들었다. 어쩌면 내 마음속에서 들리는 소리인지도 몰랐다. 나는 관중에게 소리치고 싶었다. 나도 그렇게 생각한다고!

"왜 그래?" 길이 물었다.

"솔직히 말할게요. US오픈에서 샘프러스한테 진 후로 의욕을 잃었어요."

"그럼 이렇게는 하지 말아야지. 지금 뭘 하고 있는 건지 분명히 할 필요가 있어."

"이제 그만두고 싶은데, 어떻게 해야 할지, 언제가 될지 모르겠어요."

1996년 프랑스오픈에서 나는 이성을 잃었다. 1회전 시합 내내 나 자신에게 소리를 질러댔다. 결국, 공식적인 경고를 받고 말았다. 나는 더욱 크게 소리 질렀다. 다시 1포인트를 감점당했다. 한 번만 더 욕하면 토너먼트에서 실격당하기 직전이었다. 비가 내리기 시작해 시합이 지연되는 동안 나는 라커룸에 앉아 최면에라도 걸린 듯 멍하니 앞을 응시했다.

시합이 재개되자, 나는 상대선수를 제압했다. 하코보 디아즈 선수의 얼굴을 볼 수가 없었다. 그는 테니스 코트 앨리(*복식 사이드라인과 단식 사이드라인 사이의 길고 좁은 공간)를 따라 생긴 빗물 물웅덩이에 비친 얼굴처럼 흐릿하고 희미했다.

디아즈에게 이겼으나 패배를 지연시킨 것에 지나지 않았다. 다음 시합에서 나는 테네시주 출신의 크리스 우드러프에게 졌다. 그를 보면 항상 컨트리 웨스턴 가수가 생각났고, 로데오 경기에 더 어울려 보였다. 클레이 코트에서 그는 훨씬 더 어색했고, 패배를 설욕하기 위해 백핸드를 위주로 공격적인 플레이를 펼쳤다. 그의 공세를 막아낼 수가 없었다. 나는 63개의 범실을 저질렀다. 그는 뛸 듯이 기뻐했고 나는 그의 승리가 아닌 열정이 부러워 그를 노려봤다.

스포츠 기자들은 내가 최선을 다하지 않았으며 경기운영이 엉망이었다고 비난했다. 그들은 한 번도 나를 제대로 이해한 적이 없었다. 내가 시합을 망쳤을 때는 최선을 다하지 않는다고 했고 내가 최선을 다했을 때는 시합을 망쳤다고 했다. 나는 하마터면 시합을 망친 게 아니라 최선을 다하지 못한 데 대해 스스로를 벌주고 있었다고 말할 뻔했다. 내게 이길 자격이 없음을 깨달을 때마다, 내가 승리에 걸맞지 않는다는 사실을 깨달을 때마다 나는 스스로를 괴롭혔다.

그러나 아무 말도 하지 않았다. 나는 의무적으로 하게 되어 있는 기자회견을 또 빼먹고 스타디움을 떠났다. 다시 기꺼이 벌금을 물었다. 돈이 아깝지 않았다.

브룩은 나를 맨해튼에 있는 음식점으로 데려갔다. 라운지는 전화부스보다 작았지만 메인 다이닝룸은 컸고, 따뜻한 머스터드 색이었다. 깜빠뇰라. 나는 브룩이 그 단어를 발음할 때가 좋았다. 그 냄새도 좋았고, 우리 둘이 길을 벗어나 걸을 때 느끼는 기분도 좋았다. 휴대품 보관소 옆의 시나트라의 사인이 있는 사진이 멋졌다.

"여기가 뉴욕에서 제가 제일 좋아하는 곳이에요."

나도 그곳을 제일 좋아하는 장소로 삼기로 했다. 우리는 코너에 앉아서 혼잡한 점심시간과 바쁜 저녁시간 사이의 어스름한 시각에 가볍게 식사를 했다. 보통 그 시간에는 식사가 안 돼지만 매니저가 우리에겐 특별히 예외라고 했다.

우리는 깜빠뇰라에 자주 드나들게 됐고 그곳은 우리 관계의 연장선이 되었다. 브룩과 나는 그곳에 가서 우리가 잘 맞는 이유를 되새기곤 했다. 특별한 때에 그곳에 갔고, 단조로운 주중에도 특별한 기분을 느끼고 싶을 때에도 종종 드나들었다. 우리가 그곳에 자주 들르고, US오픈에서 시합이 끝날 때 마다도 항상 들르게 되자 쉐프와 웨이터들은 우리가 오는 시간을 맞춰 놓기 시작했다. 5세트가 되면 나는 가끔 한 눈으로는 TV를 보면서 모차렐라 치즈와 토마토, 프로슈토를 준비하는 깜빠뇰라의 사람들을 생각하곤 했다. 공을 바운드시키면서 서브하기 직전에는, 곧 깜빠뇰라의 코너 테이블에 앉아 화이트 와인 소스와 레몬을 곁들인 버터 바른 새우튀김과 부드럽고 달콤한 라비올리를 디저트로 먹게 될 거란 생각을 했다. 시합에 이기든 지든, 브룩과 내가 문을 열고 들어가면 박수가 터져 나올 것이었다.

깜빠뇰라의 매니저 프랭키는 항상 길처럼 깔끔하고 멋지게 차려입었다. 이탈리안 슈트에 꽃무늬 타이, 실크 행커치프. 그는 항상 벌어진 치아 사이로 미소를 띠며 우릴 맞아주었고 재밌는 이야기를 한껏 풀어놓았다.

"그는 거의 아버지나 마찬가지예요."

브룩이 우리를 소개하며 그렇게 말했는데, 그 말에는 놀라운 힘이 있었다. 대부는 내가 가장 존경하는 역할이었기 때문에 나는 곧 프랭키를 좋아하게 되었다. 그리고 그는 우리에게 레드 와인 한 병을 서비스하고는 유명인사와 사기꾼, 은행간부, 조직폭력배 등 그의 레스토랑을 들락거리는 사람들에 관해 얘기해 주었다. 또 브룩의 얼굴이 붉어질 때까지 웃게 만들어서, 나도 그를 좋아하는 나름의 이유가 생겼다.

어느 날 프랭크가 "존 고티?" 하고 말을 꺼냈다.

"고티에 대해 알고 싶어요? 그는 언제나 홀을 쳐다볼 수 있도록 저쪽, 코너 테이블에 앉았지요. 누군가 그를 쓰러뜨리기 전에, 먼저 상대가 오는 걸 확인하려 한 거예요."

"저도 같은 생각이에요." 내가 말했다.

"네, 압니다."

프랭키는 희미하게 웃으며 고개를 끄덕였다.

프랭키는 솔직하고 열심히 일하는 진실한 사람으로 나와 같은 종류의 사람이었다. 나는 깜빠뇰라의 문을 열고 들어가는 순간부터 그의 얼굴을 찾았다. 프랭키가 팔을 내밀고 웃으며 우리를 테이블로 안내하면 기분이 좋아졌고 통증과 근심이 사라졌다. 때로 그가 다른 손님들을 쫓아내면 브룩과 나는 그들이 상을 찌푸리며 불평하는 걸 눈치채지 못한 척했다.

내 생각에 프랭키의 최대 장점은 아이들에 관해 얘기할 때였다. 그는 아이들을 사랑했고 아이들 자랑을 하며 주저 없이 아이들 사진을 꺼내 보여주었다. 아이들의 미래를 걱정하기도 했다. 어느 날 밤에는 지친 얼굴을 손으로 쓸어내리며, 아이들이 아직 초등학교에 다니고 있지만 벌써 대학 문제로 걱정이라고 했다. 고등교육 비용이 너무 높다고 불평하면서 어떻게 해야 할지 모르겠다는 거였다.

며칠 후 나는 페리에게 프랭키 앞으로 나이키 주식으로 된 예비금을 따로 저축해달라고 부탁했다. 그다음 브룩과 함께 깜빠뇰라에 들렀을 때 프랭키에게 그 주식은 10년간은 손댈 수 없지만, 만기가 될 때는 그 가치가 학비 부담을 상당히 덜 정도로 올라갈 거라고 말해 주었다. 프랭키의 아랫입술이 떨렸다.

"안드레, 나를 위해 그런 일을 해주다니 믿을 수가 없군요."

그는 완전히 충격받은 얼굴이었다. 나는 교육의 의미와 가치, 그리고 교육이 학부모 대부분과 아이들에게 주는 어려움과 압박감을 이해하지 못했다. 교육에 대해 그런 식으로 생각해본 적도 없었다. 학교는 언제나 빠져나오기 위해 애를 써야 하는 곳이었고, 소중히 여길만한 것도 아니었다. 주식을 따로 떼어둔 건 단지 프랭키가 구체적으로 대학을 언급했기 때문이었고 나는 그저 돕고 싶었을 뿐이었다. 그러나 교육이 그에게 그토록 큰 의미가 있다는 걸 알았을 때 나는 비로소 소중한 가치를 깨닫게 되었다.

프랭키를 돕는 일은 1996년에 일어난 그 어떤 일보다도 나에게 더 많은 만족감을 주었다. 그와 더 마음이 통하는 기분이었으며 나 자신이 살아있는 것 같았다. 나는 다짐했다. 이걸 잊지 말자. 놓치지 말자. 이것이야말로 실재하는 유일한 완벽함이며, 그 완벽함은 타인을 돕는 데서 나오는 것이다. 이것이야말로 지속적인 가치나 의미가 있는, 우리가 할 수 있는 유일한 것이다. 그러므로 우리가 여기 있는 것이다. 서로 안심할 수 있도록.

1996년이 저물어가면서, 안심한다는 말이 아주 특별한 의미로 다가왔다. 브룩은 정기적으로 스토커에게서 죽음과 공포를 연상시키는 협박편지를 받았으며, 가끔은 내가 받기도 했다. 편지는 소름이 끼칠 정도로 병적인 내용이었다. 우리는 FBI에 그 편지를 전달하면서 길에게도 FBI 요원들과 함께 일하며 수사과정을 모니터해달라고 부탁했다. 몇 차례 편지 추적이 가능해지자 길은 독자적인 행동에 나섰다. 비행기를 타고 스토커를 찾아갔던 것이다. 그는 보통 새벽이 막 지난 이른 아침에 스토커의 집 앞이나 직장에 나타났다. 그리고는 편지를 들고 매우 부드럽게 말했다.

"나는 네가 누군지 어디 사는지 알거든. 나를 잘 봐둬. 앞으로 또 브룩과 안드레를 괴롭히면 나를 다시 만나게 될 거고, 그건 아마 너도 싫을 거야. 한판 붙게 될 테니까."

하지만 가장 무서운 편지는 추적할 수가 없었다. 섬뜩한 정도를 넘어서 특정한 날 무슨 일인가가 일어날 거라는 구체적인 협박이 날아오자 길은 우리가 자는 동안 브룩의 아파트 밖에 서 있겠다고 했다. 말 그대로 서 있겠다는 것이었다. 현관에 팔짱을 끼고. 정말로 그는 좌우를 살피며 밤새도록 그곳에 서 있었다. 매일 밤.

긴장감과 야비한 행동은 길에게 상당한 타격을 주었다. 그는 자신이 충분히 대처하지 못하고 뭔가를 놓치고 있다는 생각에 걱정을 멈추지 못했다. 눈을 한 번 깜빡하거나 눈길을 잠깐 돌렸다가는 변태가 시야에서 빠져나갈지도 모른다며 집착했다. 그는 거의 심각한 우울증에 빠질 정도였고, 나 역시 그와 비슷한 상태가 되었다. 내가 원인이었기 때문이다. 내가 길의 이런 상황을 초래한 것이었다. 심한 죄책감이 들었고 불운의 예감으로 마음이 괴로웠다.

나는 스스로 다짐하며 이 상황을 벗어나려고 노력했다. 은행에 돈도 있고 전용기도 있는데 불행할 리가 없다고 자신을 타일렀다. 그러나 어쩔 수 없이 무력해졌고, 절망적인 기분이 되었다. 내가 선택하지 않은 삶이라는 덫에 빠져 알지도 못하는 사람들에게 쫓기는 것 같았다. 게다가 나는 그런 부분을 브룩과 전혀 얘기할 수 없었다. 약한 모습을 인정할 수 없었기 때문이다. 패배 이후 우울함을 느끼는 것과 아무 일도 없이 삶 전반에 대해 우울함을 느끼는 것은 완전히 다른 문제였다. 이런 기분을 느낀다는 사실을 인정하고 싶지 않았다.

브룩과 이 문제를 상의하고 싶었지만, 우리는 그즈음 의사소통이 잘 안 되고 있었다. 주파수가 맞지 않았고 대역폭이 달랐다. 프랭키를 돕는 데서 오는 충만함과 같은 얘기를 해보려 해도 그녀는 듣고 있는 것 같지 않았다. 나에게 프랭키를 처음 소개한 이후로 그녀는 마치 자기 역할을 다 했다는 듯, 이제는 무대 밖으로 물러날 때가 됐다는 듯, 그에 대해 냉담하고 무관심했다. 예전에도 그런 적이 있었는데, 그것은 브룩이 내 삶으로 끌고 들어오는 많은 사람과 장소와 함께 반복되는 일종의 패턴인 듯했다. 박물관, 갤러리, 유명인사, 작가, 쇼, 친구들에 이르기까지 그녀보다 내가 그들로부터 얻는 것이 훨씬 많았다. 하지만 내가 뭔가를 막 즐기고 배우려고 하면 그녀는 그걸 밀어내 버렸다.

우리가 잘 맞는 것 같지 않았다. 하지만 생각할 시간을 갖자고 말할 수가 없었다. 테니스로부터도 멀어졌는데 브룩까지 잃고 싶진 않았다. 브룩과 테니스 없이 나는 아무것도 아닐 테고 그런 공허함과 어둠이 두려웠다. 나는 브룩에게 매달렸고, 그녀도 내게 매달렸다. 그런 애착이 사랑스럽긴 했지만, 예전에 루브르 박물관의 그림에서 본 매달려 있는 사람들이 자꾸 생각나는 건 어쩔 수 없었다. 필사적으로 매달리는 사람들.

브룩과 만난 지 2주년 되는 기념일이 다가오면서 나는 우리 관계를 공식화해야겠다고 결심했다. 2년은 내 연애에서 의미 있는 이정표였다. 과거의 관계를 통해 생각해보면 2년은 운명이 갈리기에 충분한 순간이었다. 나는 언제나 이별을 택했었다. 2년마다 내가 연애 중인 상대에게 싫증을 느끼거나 아니면 상대가 나를 지겨워하게 됐던 것이다. 마치 마음의 타이머가 꺼지기라도 하는 것 같았다. 웬디와 나는 2년간 만났지만 그녀는 우리 관계를 개방적인 관계라고 선언했으니 이미 거기서 결말이 예정된 셈이었다. 웬디를 만나기 전에도 나는 멤피스에서 정확히 2년간 한 여자아이와 만나다가 헤어진 적이 있었다. 왜 내 연애가 2년을 주기로 하는지는 알 수 없었다. 페리가 지적하기 전까지는 거기에 2년이라는 일정한 패턴이 있다는 사실을 알지도 못했다.

이유가 뭐가 됐든 나는 변하기로 했다. 스물여섯에 이 패턴을 깨지 않으면 서른여섯이 되어서도 2년짜리 관계들이나 뒤돌아 봐야 할 게 분명했다. 가족을 만들어야 한다면, 행복해지고 싶다면, 2년짜리 관계에 종지부를 찍고 한 사람에게만 전념해야 했다.

물론 엄밀히 말하면 브룩과의 관계가 2년을 꽉 채운 것은 아니었다. 내 경기와 그녀의 영화 촬영으로 둘 다 엄청나게 바빴기 때문에 함께 보낸 시간은 실제로는 몇 달밖에 되지 않았다. 우리는 여전히 서로 알아가는 단계였으므로 억지로 결정을 내려서는 안 된다는 것도 알고 있었다. 지금 당장 결혼하고 싶지도 않았다. 그러나 내가 뭘 원하든 무슨 상관인가? 무엇을 할 때 반드시 시기를 정해놓고 해야 하는 것은 아니지 않은가? 기대를 잔뜩 안고 토너먼트에 참가했다가 초반에 진 시합이 얼마나 많았나? 마지못해 고통에 몸부림치며 출전했다가 우승을 차지한 경우는 또 얼마나 많았나? 궁극의 매치플레이이자 궁극의 싱글 엘리미네이션 토너먼트인 결혼 역시 마찬가지일지도 모른다. 게다가 내 주변의 모두가 결혼하고 있었다. 페리, 필리 형, J.P. 모두가 결혼했다. 공교롭게도 필리 형과 J.P.는 자신들의 아내를 같은 날 밤 함께 만났다. 복수의 여름 이후 결혼의 겨울이 온 것이었다.

나는 페리에게 조언을 구하며 라스베이거스에서, 그리고 전화로 몇 시간씩 얘기했다. 그는 결혼으로 마음이 기울었다.

"브룩이 바로 네 짝이야. 네가 어떻게 프린스턴 출신의 슈퍼모델보다 더 나은 사람을 만나겠어? 몇 년 전 우리가 브룩에 대해 막연한 환상을 품었던 거 잊었어? 대체 문제가 뭐야?"

페리는 그때 그녀가 우리와 함께 어울리게 될 거라고 예상하지 않았었나? 이제 그녀는 정말 운명이 되어버렸다. 페리는 내게 〈섀도 랜드(Shadowlands)〉를 상기시켰다. C.S. 루이스는 사랑에 눈을 뜨기 전까지 완전히 살아있는 존재가 아니었고 어른이 되지도 못했다. 그 영화는 사랑이 우리를 성장하게 한다는 메시지를 전했으며, 루이스는 그의 학생들에게 '신은 우리가 성장하길 바라신다'고 말했던 것이다.

페리는 그가 약혼할 때 반지를 구입했던 LA의 보석상을 소개해 주었다.

"프러포즈를 할 것인지의 문제는 제쳐놓고, 지금은 반지에만 집중해."
페리가 말했다.

브룩이 자신이 어떤 종류의 반지를 원하는지 나에게 말한 적이 있었다. 둥근 티파니 컷이었다. 그녀는 솔직했고, 보석이나 옷, 자동차, 신발 등에 관해 얘기하는 걸 부끄러워하지 않았다. 부끄러워하기는커녕 우리는 이런 물건들에 대해 가장 열띤 대화를 나눴다. 우리의 꿈과 어린 시절에 대해 얘기한 적도 있지만 점점 최고의 소파와 최고의 스테레오, 최고의 치즈버거에 대해 열렬히 토론하게 되었고, 그런 생활의 중요한 기술에 관해 얘기하는 게 재미있다고 생각했다. 나는 브룩과 내가 그런 것에 과도하게 집중하고 있는 게 아닌가 염려스럽기도 했다.

마음의 준비를 단단히 하고 보석상에 전화를 건 후 그녀에게 약혼반지를 사러 나왔다고 말했다. 내 목소리는 거칠고 쉰 것처럼 들렸다. 심장이 쿵쾅거렸다. 즐거워야 하는 게 아닐까? 일생에서 가장 멋진 순간 중의 하나가 아닌가? 내가 대답을 미처 생각하기도 전에 보석상 직원이 내게 질문을 퍼부었다.

"사이즈는요? 캐럿은? 색깔은? 투명도는?" 직원이 계속 투명도에 관해서 질문해대자 나는 속으로 생각했다. 이봐요, 지금 엉뚱한 사람한테 투명도에 대해 묻고 있다고요.

"내가 아는 건 둥근 티파니 컷뿐입니다."

"언제 필요하시죠?"

"아마도 곧?"

"좋아요. 바로 준비될 거예요."

며칠 후 큰 상자에 담긴 반지가 우편으로 배달됐다. 나는 2주 동안 주머니에 반지를 넣고 돌아다녔다. 상자는 나만큼이나 무겁고 위험하게 느껴졌다.

브룩은 촬영하느라 멀리 떠나있었다. 매일 밤 그녀와 통화하면서 나는 한 손으로는 전화기를 잡고, 다른 한 손으로는 반지를 만지작거렸다. 그녀는 노스캐롤라이나와 사우스캐롤라이나를 오가고 있었는데, 혹한의 날씨임에도 대본에는 훈훈한 날씨로 묘사되어 있었다. 감독은 그녀와 다른 배우들에게 얼음을 빨아먹게 했다. 그래야 입김이 하얗게 서리는 걸 방지할 수 있기 때문이었다. 적어도 손을 빠는 것보다는 나았다. 그녀가 내게 자신의 대사를 몇 마디 들려줬는데, 꾸며낸 듯한 느낌 때문에 둘 다 웃고 말았다.

전화를 끊고 나는 드라이브하러 나갔다. 차 안의 히터를 세게 틀고 둘러보니, 스트립의 불빛들이 다이아몬드처럼 빛나고 있었다. 우리의 대화를 곱씹어 봤다. 브룩의 대사와 우리가 서로에게 한 말이 크게 다른 것 같지 않았다. 코트 주머니에서 반지 상자를 꺼내 열어 보니 반지는 빛을 받아 반짝반짝 빛나고 있었다. 나는 그것을 대시보드 위에 올려놓았다. 투명도라….

브룩이 촬영을 마치자 나는 테니스 투어를 그만두었다. 기자들은 내 선수생활이 끝났다고 공개적으로 떠들어댔다. 세 번의 슬램이라니. 그들은 내가 생각보다 훨씬 더 많은 우승을 차지했다고 했다. 브룩은 아주 멀리 떠나자고 했다. 이번에는 하와이를 골랐다. 나는 반지를 챙겼다.

비행기가 화산 쪽으로 급강하하자, 뱃살이 출렁였다. 나는 야자수와 파도가 이는 해안선과 안개가 자욱한 열대우림을 바라보았다.

'또 파라다이스 섬이로군. 우리에겐 항상 파라다이스 섬으로 도망쳐야 한다는 강박관념이라도 있는 걸까?'

〈블루 라군〉 신드롬 같았다. 나는 엔진이 털털거리며 화산의 입구로 빙글빙글 돌며 추락하는 장면을 상상했다. 하지만 유감스럽게도 우리는 안전하게 착륙했다.

마우나 라니 리조트의 방갈로를 빌렸다. 침대 두 개, 부엌 하나, 식당 하나, 수영장 하나, 풀타임 쉐프가 딸린 방이었다. 게다가 길게 뻗은 전용 백사장도 있었다. 첫 며칠간 우리는 방갈로 주변을 돌아다니며 수영장에서 느긋하게 쉬었다. 브룩은 30대에 싱글로 살면서 행복해지는 법에 관한 책에 몰입해 있었다. 그녀는 책을 얼굴 위로 들어 올리고 손가락에 침을 묻혀가며 책장을 넘겼다. 나는 이 전조를 알아채지 못했다. 오로지 머릿속에는 프러포즈할 생각만 가득했다.

"안드레, 당신 다른 데 정신이 팔린 것 같아요."

"아니야. 괜찮아."

브룩 쉴즈와의 약혼

"정말 다 괜찮은 거예요?"

'날 좀 내버려 둬. 언제 어디서 프러포즈할지 생각하는 중이니까." 나는 속으로 생각했다.

나는 계획을 세우고 끊임없이 시각과 장소에 대해 생각하는 살인마 같았다. 동기가 있다는 것만 빼고는. 셋째 날 밤, 방갈로에서 저녁을 먹기로 했는데도 나는 특별한 날인 것처럼 옷을 잘 차려입자고 말했다. 브룩은 좋은 생각이라고 했다. 한 시간 후 그녀는 발목까지 내려오는 흘러내리는 듯한 흰 드레스를 입고 침실에서 나왔다. 나는 리넨 셔츠와 베이지색 바지를 입었다. 옷을 잘못 고른 것 같았다. 바지 주머니가 얕아서 반지 상자가 들어가지 않았기 때문이다. 나는 불룩하게 튀어나온 걸 가리기 위해 주머니 위에 손을 올려놓았다.

내가 테니스 경기라도 할 것처럼 기지개를 켠 다음 다리를 털면서 산책을 하자고 했다.

"좋은 생각이에요."

그녀는 와인을 한 모금 마시고는 무슨 일이 일어날지 상상도 못한 채 언제나처럼 미소를 띠었다. 10분 정도 걷다가 인적이 끊긴 해변에 도착하자 나는 목을 길게 빼고 아무도 없는지 확인했다. 관광객도 없었다. 파파라치도 없었다. 아무도 없었다. 〈탑건〉의 대사가 생각났다. 기회가 왔고, 위험이 없어서, 기회를 잡았다.

나는 브룩의 몇 발자국 뒤에서 가다가 한쪽 무릎을 모래 위에 꿇었다. 그녀가 나를 뒤돌아 보았다. 석양빛이 점점 선명해지면서 그녀의 얼굴에서 핏기가 가시기 시작했다.

"브룩 크리스타 쉴즈?"

그녀는 프러포즈하는 남자가 법적 풀네임인 브룩 크리스타 쉴즈라고 불러줬으면 좋겠다고 여러 번 얘기했었다. 왜 그런지 물어볼 생각은 안 했지만, 지금 그 기억이 났다.

"브룩 크리스타 쉴즈?" 내가 반복하자 그녀는 이마 위에 손을 올려 놓았다.

"잠깐만요. 뭐하는 거예요? 지금 당신이…? 잠깐만요. 아직 준비가 안 됐어요."

"나도 마찬가지야."

그녀는 눈물을 훔쳤고 나는 주머니에서 반지 상자를 꺼냈다. 그리고 그녀의 손가락에 반지를 살며시 끼워주었다.

"브룩 크리스타 쉴즈? 나랑…"

그녀가 나를 일으켜 세우자 나는 그녀에게 키스했다. 속으로는 이런 생각이 들었다.

'내가 충분히 생각한 거라면 좋겠군. 이 사람이 안드레 커크 애거시가 여생을 같이할 사람인가?'

"네. 네, 네, 네." 그녀가 대답했다.

'잠깐, 잠깐…' 나는 속으로 생각했다.

다음 날이 되자 그녀는 해변에서는 너무 놀라 내가 하는 말을 제대로 듣지 못했다며, 한 글자도 틀리지 말고 프러포즈를 그대로 다시 해달라고 졸랐다.

"다시 말해줘요. 진짜 일어난 일인지 믿을 수가 없어서 그래요."

"나도 마찬가지야."

섬을 떠나기 전부터 그녀는 결혼 준비를 시작했고 나는 LA로 돌아와 계획도 없고 형식에 얽매이지도 않은 내 선수생활의 마지막을 재개했다. 토너먼트에서 차례차례 미끄러지며 대회 초반에 시합에 져서 집에 있는 시간이 많았다. 내가 차분하고 멍한 상태였지만 브룩은 즐거워했다. 웨딩 케이크과 청첩장에 관해 얘기할 시간이 많았기 때문이다.

1996년 윔블던 참가를 위해 영국으로 갔다. 토너먼트 시작 직전 브룩은 도체스터 호텔에서 오후 티타임을 가져야 한다고 우겼다. 못하겠다고 했지만, 그녀는 물러서지 않았다. 우리는 트위드 재킷과 보타이, 리본을 맨 나이 든 사람들에게 둘러싸여 가장자리를 잘라낸 핑거 샌드위치와 에그 샐러드, 잼과 버터 바른 스콘이 수북한 접시를 옆에 두고 식사를 했다. 맛도 없으면서 동맥경화까지 일으킬 게 뻔한 것들이었다. 음식은 짜증스러웠고, 양로원에서 아이들이 다과회라도 하는 것처럼 우스꽝스러운 분위기였다. 나는 계산서를 달라고 하려다가 문득 브룩의 표정을 보았다. 그녀는 황홀해하는 표정으로 몹시 재미있어하면서 잼을 더 달라고 하고 있었다.

1회전에서 내 상대선수는 랭킹 281위의 더그 플래치였다. 아주 버겁게 예선을 통과한 선수였는데, 아마 나를 상대로 싸우게 될 줄은 몰랐을 것이다. 그는 로드 레이버(*호주의 은퇴한 전 세계 랭킹 1위 테니스 선수)처럼 경기를 했고, 나는 랄프 네이더(*미국의 변호사, 저술가, 연사, 정치인)처럼 경기를 했다. 챔피언의 무덤인 2번 코트를 배정받았으니 나는 묘비라도 세워야 할 지경이었다. 일찌감치 시합에 지는 바람에 브룩과 함께 LA로 서둘러 돌아갔다. 그리고 바텐버그 레이스와 시폰으로 안감을 댄 천막에 관해 더 깊이 있는 대화를 나눴다.

여름이 되자 흥미와 영감을 일으키는 화려한 야외행사가 딱 하나 있었다. 내 결혼식, 이 아니라 애틀랜타 올림픽이었다. 왜 그런지는 몰랐다. 아마도 새로워서 그랬을지 모른다. 또 어쩌면 나와 상관없다고 생각했기 때문일지도 몰랐다. 내 조국을 위해서, 팀을 위해서 3억 명의 미국인과 함께 경기를 하다니. 나는 비로소 순환고리를 완성하게 되는 것이다. 올림픽 출전선수였던 아버지에 이어 이제는 나였다.

길과 나는 함께 올림픽 출전선수로서의 훈련계획을 짰고 최선을 다했다. 매일 아침 길과 두 시간씩 운동했고 브래드와 두 시간씩 테니스 연습을 했으며, 가장 더운 한낮에는 다시 길과 언덕을 오르내렸다. 나는 더위를 원했다. 고통을 원했다.

게임이 시작되자 스포츠 기자들은 내가 개막식을 빼먹었다고 비난을 퍼부었다. 페리도 같은 이유로 나를 비난했다. 그러나 나는 개막식에 참석하러 애틀랜타에 온 것이 아니라 금메달을 따러 온 것이었고, 최근 내가 비축한 얼마 안 되는 에너지와 집중력을 아껴둘 필요가 있었다.

테니스 시합은 개막식이 열린 시내에서 차로 1시간 거리에 있는 스톤마운틴에서 열리고 있었다. 조지아주의 열기와 습도 속에 답답한 코트와 타이 차림으로 우두커니 서 있다가, 몇 시간을 기다려 트랙을 한 바퀴 돈 다음 스톤마운틴으로 차를 몰고 가 최선을 다하라고? 아니, 나는 그럴 수 없었다. 화려한 행사를 구경하고 올림픽의 스펙터클을 맛보고도 싶었지만 첫 시합 전에는 그럴 수 없다. 선택과 집중의 문제였다. 나는 스스로를 타일렀다. 이건 이미지보다 본질을 우선한다는 뜻이야.

잔뜩 먹고 잘 잔 탓인지 나는 스웨덴 출신의 요나스 비요르크만을 상대로 1회전에서 승리를 거뒀다. 2회전에서는 슬로바키아의 카롤 쿠세라 선수를 무난히 물리쳤다. 3회전에서는 이탈리아 출신의 안드레아 가우덴치 선수와 힘든 경기를 치렀다. 그는 근력 위주의 경기를 펼쳤는데 몸으로 치고받는 걸 좋아해 존경심을 보여주면 더 마초가 되었다. 나는 그에게 존경을 표하지 않았다. 그러나 공도 내게 존경을 표하지 않았다. 나는 온갖 종류의 범실을 저질렀고, 어떻게 된 건지 깨닫기도 전에 한 세트 뒤진 채 브레이크를 당했다. 브래드 쪽을 돌아보았다. 어떻게 해야 되죠?

"그만 좀 놓쳐요!" 브래드는 소리쳤다.

아. 그렇지. 현명한 조언이었다. 나는 브래드의 말에 더는 위닝샷을 시

도하지 않으면서 가우덴치를 압박했다. 정말 간단했다. 나는 치욕스러우면서도 만족스러운 승리를 겨우 따냈다.

준준결승에서는 페레이라를 상대로 탈락 위기에 놓이게 되었다. 그는 3세트에서 5-4로 앞서며, 매치포인트 서브를 했다. 하지만 나를 이긴 적은 없었다. 나는 정확히 그의 몸 안에서 무슨 일이 일어나는지 알고 있었고, 아버지가 내게 하던 말이 생각났다. 그놈의 엉덩이에 숯을 박아넣으면 다이아몬드를 얻게 될 거다(둥근 티파니 컷으로). 페레이라의 괄약근이 바짝 조여들고 있다는 걸 깨닫자 나는 자신감이 생겼다. 결국 랠리와 브레이크로 시합에서 이겼다.

준결승에서는 인도 출신의 린더 파에즈 선수와 마주쳤다. 그는 이번 투어에서 가장 빠른 손을 가진 선수로, 쉴 새 없이 튀는 콩처럼 넘치는 운동에너지로 가득했다. 하지만 테니스공을 치는 법은 배운 적이 없는 듯했다. 생각보다 느린 스피드로 공을 쳤다가 빨리 쳤다가 칩샷을 날렸다가 로브를 띄우는, 이른바 뭄바이의 브래드 같았다. 하지만 모든 정크볼에도 불구하고 네트 앞으로 날아와 커버를 훌륭히 해냈으므로 그 모든 게 효과가 있는 듯 보였다. 한 시간이 지난 후에도 그가 공을 깔끔하게 쳐낸다는 느낌은 들지 않았다. 그럼에도 수월하게 상대를 이길 수 있다니. 하지만 나는 그에 대비했기 때문에 침착하게 평정을 유지하면서 파에즈를 7-6, 6-3으로 꺾었다.

결승에서는 스페인 출신의 세르게이 브루게라와 만났다. 시합은 천둥으로 연기가 되었고, 기상캐스터는 5시간 정도가 지나야 경기가 가능할 거라고 했다. 나는 웬디스에서 매콤한 치킨 샌드위치를 게걸스럽게 먹어댔다. 마음을 달래주는 음식이었다. 시합 당일이면 나는 칼로리와 영양소보다는 에너지와 포만감을 걱정했다. 또한, 신경을 많이 써서 허기를 느끼는 경우도 드물었으므로 식욕을 느낄 때마다 이를 잘 활용해야 했다. 위가 달라는 건 뭐든 주고 싶었다.

그러나 스파이시 치킨의 마지막 한 조각을 삼키면서 구름이 걷혔다. 폭풍은 날아가 버렸고 더위가 밀려왔다. 뱃속에는 이미 스파이시 치킨 샌드위치가 가득했고 기온은 32도였으며 대기는 걸쭉한 그래비 소스처럼 답답했다. 나는 움직일 수가 없었다. 금메달을 따기 위해 계속 경기를 해야 하나? 마음을 달래기 위해 먹은 것치고는 좀 많았다. 속이 몹시 불편했다.

그러나 상관없었다. 길이 기분이 어떠냐고 묻자 나는 좋다고 말했다. 모든 공에 전력을 다 쏟아부어서 이 남자를 뛰게 하리라. 그가 메달을 따서 귀국할 거라 생각한다면 오산이다.

"바로 그거야." 길은 입을 크게 벌리고 웃었다.

그 시합이 내가 두려움 없이 코트로 들어가는 걸 본 몇 안 되는 경우였다고 나중에 길이 말했다. 첫 서브에서 나는 브루게라에게 연타를 날렸고 코너 끝에서 끝까지 달리며 바르셀로나만 한 면적을 커버하게 만들었다. 모든 포인트가 그의 복부를 강타했다. 2세트 중간에 우리는 엄청난 랠리를 주고받았다. 그가 포인트를 따내더니 듀스를 만들었는데, 다음 포인트에 대비하는 데 많은 시간이 걸린 나머지 내가 엄파이어에게 따져야 할 정도였다. 원칙대로 했다면 나는 당연히 따져야 했고 브루게라는 경고를 받았어야 했다. 대신 나는 그 순간 볼보이에게 다가가 타월을 집는 척하며 길에게 귓속말을 했다.

"저기 저 친구 지금 어떤 것 같아요?"

길은 얼굴에 미소를 띠었다. 그는 원래 시합 중에는 절대 웃지 않았는데, 그 순간에는 거의 웃을 뻔했다. 브루게라가 포인트를 따냈지만, 길과 나는 그가 다음 여섯 번의 게임에서 지게 될 거라 생각했던 것이다.

"바로 그거야!" 길이 외쳤다.

시상대에 올라가며 나는 생각했다. 이건 어떤 느낌일까? TV에서 수없

브룩 쉴즈와의 약혼

이 봐왔는데, 내가 기대했던 대로일까? 아니면 다른 많은 것들처럼 기대에 못 미칠까? 좌우를 돌아보았다. 동메달을 딴 파에즈와 은메달을 딴 브루게라가 내 양쪽에 서 있었다. 내가 서 있는 단상은 30센티미터 정도 더 높았지만, 기분으로는 3미터는 더 높이 있는 것 같았다. 내가 다른 선수들보다 키가 컸던 몇 안 되는 경우였다. 한 남자가 내 목에 금메달을 걸어주었고, 국가가 울리기 시작했다. 가슴이 부풀어 오르는 것 같았다. 이건 테니스나 나 자신과는 상관없는 것이었다. 결국, 시상식은 내 기대를 훨씬 뛰어넘었다.

관중을 둘러보다가 길과 브룩, 브래드를 발견했다. 아버지는 보이지 않았다. 전날 밤 아버지는 자신이 수년 전 빼앗긴 것을 내가 되찾아주었다면서 자신은 그 자리에 나타나고 싶지 않다고, 내 특별한 순간을 방해하고 싶지 않다고 했다. 아버지는 이 순간이 특별한 이유가 나를 위한 자리가 아니라는 사실을 이해하지 못했다.

며칠이 지나자 올림픽의 후광은 사라졌다. 이해가 되지 않았다. 나는 신시내티의 코트에서 시합을 치르고 있었는데, 거의 미쳐가고 있었다. 다시 나 자신을 위해 시합을 하는 것이었고 나는 분노에 못 이겨 라켓을 박살 냈다. 그러나 나는 토너먼트에서 우승을 거뒀고, 우습게도 모든 게 우스워 보였던 내 기분에 부채질을 한 셈이 되었다.

그리고 8월 인디애나폴리스에서 열린 RCA 챔피언십에서 캐나다 출신의 다니엘 네스터와 1회전 경기를 치렀다. 내가 한참 앞서고 있었다. 그러나 그가 막 내 서브를 브레이크했다는 사실에 과도하게 짜증이 났다. 나는 갑작스러운 분노를 다스릴 수가 없었다. 하늘을 올려다보며 분노가 멀리 날아가는 상상을 했다. 나는 날 수 없지만 적어도 테니스공은 날 수 있을 테니. 자유롭게 날아가거라. 나는 공을 스탠드 너머로 높이 쳐서 스타디움 밖으로 날려버렸다.

즉각 경고가 날아왔다. 엄파이어인 데이나 라콘토의 목소리가 마이크를 타고 흘러나왔다.

"코드 바이얼레이션. 경고입니다. 볼 남용입니다."

"엿이나 먹어, 데이나."

데이나는 레프리를 불러 내가 엿 먹으라고 했다고 말했다.

"정말 그렇게 말했습니까?"

"네."

"이 시합은 종료입니다."

"좋아. 당신도 엿이나 먹어보시지. 당신이 올라탄 엄파이어도 엿 먹으라고 해."

팬들이 폭동을 일으키기 시작했다. 내가 하는 말을 들을 수 없었기 때문에 무슨 일인지 몰랐던 것이다. 그들이 아는 건 시합을 보려고 돈을 냈는데 취소가 되었다는 사실뿐이었다. 그들은 야유를 퍼부었고 좌석 쿠션을 태웠으며 물병을 코트로 던졌다. RCA 챔피언십의 마스코트인 스퍼드 매켄지(*버드와이저 광고에 나오는 개 캐릭터)가 코트로 달려나와 좌석 쿠션과 물병을 피해 다녔다. 그리고 네트 중앙으로 나와 뒷다리를 들고 오줌을 갈겼다. 나도 그러고 싶었다.

개는 의기양양하게 코트를 나갔다. 나는 바로 개 뒤에서 머리를 숙이고 테니스 가방을 끌어당겼다. 관중은 글래디에이터가 나오는 영화의 관객처럼 미쳐 날뛰며 코트에 쓰레기를 투하했다.

"대체 무슨…?" 라커룸에서 브래드가 물었다.

"나를 부전패 처리했어요."

"왜?"

사정을 얘기하자 브래드는 고개를 흔들었다. 일곱 살 난 그의 아들 잭은 사람들이 안드레 아저씨에게 못되게 군다며, 스퍼드 매켄지가 네트에 오줌을 늦다며 울었다. 나는 둘을 보내고 라커룸에 한 시간 동안 고개를 푹 숙이고 앉아 있었다. 결국, 여기까지 오다니. 다시 바닥이다. 괜찮다. 나는 감당할 수 있다. 오히려 편하다. 적응할 수 있다. 맨 밑바닥은 아주 편안했다. 적어도 쉴 수는 있었으니까. 당분간은 더 떨어질 곳이 없다는 걸 알고 있으니까.

그러나 밑바닥은 더 아래에 있었다. 1996년 US오픈에 출전하자 즉각 논란이 일었다. 시드 배정 때문이었다. 몇몇 출전 선수들은 내가 특별대우를 받았다고 불평하며, 나와 샘프러스의 결승전을 기대하는 대회 관계자와 CBS 방송국 때문에 내가 대진추첨에서 유리하게 배치를 받았다고 했다. 무스터는 내가 프리마돈나라고 했다. 그래서 나는 준준결승에서 머리를 헤집는 그 녀석을 탈락시켜버렸고, 다시는 그에게 지지 않겠다는 다짐을 지켜냈다.

준결승에서는 챙과 만났다. 몇 달 전 인디언 웰스에서 패한 후 그에게 한 방 먹이고 싶어 근질거리던 참이었다.

"문제없을 겁니다. 그는 이미 전성기가 지났으니까요." 브래드가 말했다.

사람들은 나한테도 같은 얘기를 했다. 게다가 내겐 금메달이 있었다. 시합 중에 금메달을 목에 걸 수 있었으면 싶었다. 그러나 챙은 내 금메달 따위는 아랑곳하지도 않았다. 그는 16개의 서브 에이스를 터뜨렸고 세 번의 브레이크포인트를 빠져나왔으며, 나는 마흔다섯 번의 범실을 저질렀다. 마지막 슬램을 달성한 이후로 7년 만에 챙은 무한한 힘을 가진 전능한 존재가 되어 있었다. 그는 일어섰고 나는 추락했다.

다음 날 아침이 되자 스포츠 기자들이 나를 혹평하기 시작했다. 내가 시합을 망쳤다고 말이다. 나는 개의치 않았다. 그들이 나한테 화내는 이유를 알고 있었기 때문이다. 그들은 나의 패배 때문에 하루 더 챙을 상대해야 했던 것이다.

나는 샘프러스가 챙을 연속해서 이겨버리는 장면을 TV로 보고 싶지 않았다. 그러나 결승전 결과에 관한 기사는 읽었다. 모든 기사에 한결같이 샘프러스가 이 시대 최고의 선수라고 객관적인 평을 내놓고 있었다.

그해가 저물어갈 무렵 나는 뮌헨으로 갔다. 야유 소리가 고막을 찢을 듯했다. 내가 2년 전 6-0, 6-0으로 이겼던 마크 우드퍼드에게 지자, 브래드는 화가 나서 졸도할 지경이었다. 그는 내게 뭐가 문제냐고 애원하듯 물었다.

"모르겠어요."

"말해봐요, 안드레. 말해보라니까요."

"그럴 수 있다면 좋겠어요."

우리는 내가 쉴 필요가 있다는 데 합의를 보고 호주오픈에서 발을 뺐다.

"집에 갑시다. 좀 쉬어요. 약혼녀랑 시간도 보내고. 그러면 당신을 괴롭히는 문제가 해결될 거예요."

19
다시 훈련을 시작하다

브룩과 나는 퍼시픽 팰리세이즈에 있는 집을 구입했다. 내가 원했던 집은 아니었다. 나는 내심 주방 근처에 거실이 딸리고 불규칙하게 뻗어있는 농가를 염두에 두고 있었다. 그러나 브룩이 마음에 들어 했기 때문에 절벽을 등지고 프랑스의 시골마을을 본뜬 다층 구조의 집에 살게 되었다. 어떤 흐름도 없었고 메마른 느낌이어서, 서로 각방을 쓰면서 많은 시간을 보낼 계획인 아이 없는 부부에게 이상적인 집이었다.

부동산 중개인은 스카이라인의 숨 막힐 듯한 경치에 대해 침이 마르게 칭찬했다. 앞쪽으로는 선셋 대로가 보였고, 밤에는 우리가 처음 데이트하던 날 밤 내가 묵었던 홀리데이인 호텔이 보였다. 밤마다 나는 그 호텔을 바라보며 그날 내가 브룩에게 다시 전화하지 않고 계속 갔다면 어떻게 됐을까 생각했다. 결국, 안개나 스모그로 홀리데이인을 볼 수 없을 때의 경치가 더 낫다는 결론을 내렸다.

1996년이 끝나갈 무렵 신년맞이 파티를 겸한 집들이를 하기로 하고 라스베이거스의 친구들과 브룩의 할리우드 유명인 친구들을 초대했다. 우리는 길과 보안에 대해 상의했고, 협박 편지를 보낸 침입자를 막기 위해 길이 대문 진입로 아래 서서 도착한 사람들의 신분을 확인하기로 했다. 매켄로가 나타나자 나는 길이 당신 같은 유명인의 신분도 확인했느냐며 놀렸다. 그가 테라스의 난간에 앉아 요즘 내가 제일 싫어하는 주제인 테니스 얘기를 꺼내는 바람에 나는 집안을 들락날락해야 했다. 나는 마가리타를 만들고 J.P.가 버디 리치 타입의 스틱으로 드럼을 치는 모습을 보면서 벽난로 앞에 앉아 밤을 보냈다. 불을 피우고 장작을 때면서 불길을 빤히 응시했다. 1997년은 1996년보다 나으리라. 나는 1997년이 나의 해가 될 거라고 맹세했다.

브룩과 함께 골든 글로브 시상식장에 있다가 길의 전화를 받았다. 그의 열두 살 난 딸 케이시가 사고를 당한 것이었다. 케이시는 라스베이거스에서 북쪽으로 한 시간 거리에 있는 찰스턴 마운틴으로 교회 수련회를 갔는데, 그곳에서 눈썰매를 타다가 얼어붙은 눈더미에 정면으로 충돌해 목이 부러졌다. 나는 브룩을 떠나 라스베이거스행 비행기를 탔고 턱시도를 입은 채 병원에 도착했다. 길과 게이는 가까스로 버티고 있었다. 서로를 끌어안고 나서 그들은 나에게 케이시의 상태가 매우 심각해 수술을 받게 될 거라고 했다. 불구가 될 가능성도 있다고 했다.

우리는 며칠 동안 병원에서 지내면서 의사들과 얘기하고 케이시를 편안하게 해주려 애썼다. 길은 쉬어야 할 것 같았지만 집으로 갈 생각은 않고 딸을 지키려고만 했다. 좋은 생각이 떠올랐다. 나에게는 튜닝한 큰 미니밴이 있었는데, 예전에 페리의 아버지로부터 산 것이었다. 위성안테나와 접이식 침대도 있었다. 병원 밖 출입문 바로 앞에 그 차를 세워놓았다는 데 생각이 미쳤다.

"이제 면회시간이 끝났어요. 집에 가기 싫으면 내가 새로 산 밴의 뒷좌석에서 몇 시간이라도 눈을 붙이고 와요. 병원 앞 미터기가 달린 주차장에 세워놨기 때문에 컵 홀더에 쿼터(*25센트 동전)를 잔뜩 채워놨어요."

 처음으로 우리의 역할이 바뀌었다. 며칠 동안 그에게 힘을 실어준 건 나였다. 일주일 후 케이시는 위험한 고비를 넘기고 퇴원했다. 의사는 수술이 성공적이라 곧 무사히 일어날 거라고 했다. 그러나 나는 라스베이거스의 집까지 케이시를 따라가 그 아이가 회복하는 걸 보고 싶었다. 길은 내 말을 들으려 하지 않았다. 내가 산호세에서 시합을 치른다는 걸 알고 있었기 때문이다. 나는 길에게 토너먼트에 출전하지 않겠다고 말했다.

 "그건 절대 안 돼. 우리가 할 수 있는 일이라곤 기다리면서 기도하는 일뿐이야. 무슨 일 있으면 바로바로 알려줄 테니 가. 시합에 나가야지."

 나는 한 번도 길과 언쟁을 벌인 적이 없었고, 이번에도 언쟁할 생각은 없었다. 마지못해 산호세로 가서 석 달 만에 첫 시합을 치렀다. 상대는 닉 볼리티에리 아카데미에서 나의 룸메이트였던 마크 놀스였다. 복식부문에서 탄탄한 경력을 쌓은 후 그는 단식부문으로 진출하려 하고 있었다. 그는 훌륭한 운동선수였지만 그가 어려운 상대여서는 안 되었다. 나는 마크 자체보다도 그의 경기운영방식에 대해 잘 알고 있었다. 그럼에도 3세트까지 가야 했다. 결국 내가 이겼지만 쉬운 경기는 아니었고, 그 사실이 마음에 들지 않았다. 나는 기세 좋게 토너먼트를 치고 올라갔고 샘프러스와 한판 승부가 예정된 듯했지만, 준결승에서 캐나다 출신의 그렉 루세드스키 선수를 만나 휘청거렸다. 내 마음은 몸보다 몇 시간 먼저 라스베이거스에 가 있었다.

 케이시는 상태가 썩 좋지 않았고, 의사들도 이유를 모른다고 했다. 길은 이성을 잃기 직전이었다. 내 결혼식도 다가오고 있었다. 결혼식을 연기할까 아니면 모조리 취소해 버릴까 생각했지만, 막상 어떻게 해야 할지 몰랐다. 조수인 슬림도 스트레스를 받고 있었다. 얼마 전부터 여자친구를 사귀었는데 콘돔이 찢어졌다는 것이다. 그는 이제 너무 늦었다고 했다.

그와 우리 집에서 TV를 보고 있었는데, 광고가 나오는 동안 그가 갑자기 일어서더니 할 만한 일이 딱 하나 있다는 것이었다.

"약에 취하는 거예요. 나랑 같이 해볼래요?"

"약에 취해?"

"네."

"뭔데?"

"객(gack)이에요."

"대체 그게 뭔데?"

"크리스털 메스(*메스암페타민)요."

"왜 그걸 객이라고 불러?"

"약에 취했을 때 사람들이 내는 소리거든요. 정신이 핑핑 돌아서 할 수 있는 말이 '객'밖에 없거든요. 객, 객!"

"내 기분도 항상 그래. 근데 그러는 이유가 뭐야?"

"슈퍼맨이 된 것 같은 기분이 되거든요. 진짜에요."

"그냥 해버려, 까짓 거. 약에 취해 보자고." 마치 다른 사람의 입에서 나온 말인 것처럼, 바로 내 뒤에 누군가가 서 있기라도 한 것처럼 이런 말이 들렸다.

슬림은 커피 테이블에 분말을 쏟아놓고는 일정량으로 나누더니 코로 들이켰다. 그가 다시 일정량을 긁어오자 나는 그것을 코로 들이켰다. 소파에 편하게 눕자 루비콘 강을 건넌 기분이었다. 후회 뒤에 엄청난 슬픔이 몰려왔다. 그리고는 내 머릿속에 있는 부정적인 생각들, 내가 지금껏 느꼈던 모든 부정적인 생각들을 모조리 쓸어가 버릴 정도의 행복감이 밀려들었다. 대뇌피질 하부에 코티존 주사를 맞은 기분이었다. 나는 그토록 살아있다는 느낌을 받은 적이 없었고, 희망적인 기분을 느낀 적이 없었다. 그리고 무엇보다도 엄청난 에너지가 용솟음치는 걸 느꼈다. 나는 청소를 해야겠다는 충동, 절박한 욕망에 사로잡혀 집 안 구석구석을 돌아다니며 철저히 청소했다. 가구에 먼지를 털어내고 욕조를 문질러 닦았다. 침대를 정리하고 바닥을 쓸었다. 청소할 것이 없어지자 빨래를 했다. 빨래가 다 끝나고 스웨터와 티셔츠까지 개어놨지만, 아직도 에너지가 넘쳐났다. 앉아있기 싫었다. 은제 식기가 있었다면 반짝반짝 문질러 닦았을 것이다. 가죽구두가 있었다면 광을 냈을 것이다. 동전을 담아둔 커다란 병이 있었다면 종이로 동전을 다 싸두었을 것이다. 나는 슬림을 찾았다. 그는 주차장에서 자기 차의 엔진을 분해하고 조립하길 반복하고 있었다. 나는 그에게 지금 뭐든지 할 것 같은 기분이라고, 뭐든지 어떤 것이든지 할 수 있을 것 같다고 말했다. 차를 타고 팜 스프링스까지 운전해서 18홀 골프를 치고 집으로 돌아와 점심을 만들고 수영을 할 수도 있을 것 같다고 말했다. 나는 이틀간 잠을 자지 않았다. 마침내 잠이 들자 죽은 듯 고요히 잤다.

몇 주 후의 경기에서는 스콧 드레이퍼를 상대로 고전해야 했다. 그는 왼손잡이로 재능있는 훌륭한 선수지만 예전에는 그 정도는 손쉽게 꺾을 수 있었고 당연히 경기가 쉽게 풀렸어야 했다. 하지만 오히려 그는 나를 끝장내고 말았다. 사실 드레이퍼를 이기기는커녕, 마지막으로 나를 이긴 게 정말 그였는지 의아하기까지 했다. 별로 오래전도 아닌데 어떻게 그렇게 잘할 수가 있지? 그는 경기의 모든 순간에 나를 훨씬 압도했다.

기자들은 내게 괜찮은지 물었다. 비난이나 짓궂은 뉘앙스가 아니라 페리와 브래드처럼 걱정하는 말투에 염려하는 표정이었다.

브룩은 놀랍게도 무심한 얼굴이었다. 나는 이제 시합에 매번 졌고 지지 않는 경우란 시합을 포기할 때뿐이었다. 그런데 브룩이 하는 말이란 고작 내가 더 자주 곁에 있어서 좋다는 것이었다. 게다가 시합에 나가는 일이 적어지니 내가 별로 침울해하지 않는 것 같다고 했다.

그녀의 무관심은 결혼준비 때문이기도 하지만 혹독한 결혼 전 운동 프로그램 때문이기도 했다. 그녀는 웨딩드레스를 입기 위해 길과 함께 몸매 가꾸는 운동을 했다. 달리기와 리프팅, 스트레칭을 하면서 매회 칼로리를 측정했으며, 동기부여를 위해 냉장고 문에 사진을 붙여놓고 사진 주변에 하트 모양의 자석을 붙여 놓았다. 그것은 완벽한 여성의 사진이라고 했다. 완벽한 다리를 가진 완벽한 여성, 브룩이 원하는 다리였다. 하지만 나는 사진을 보고 깜짝 놀라 손을 뻗어 자석을 만져보았다.

"이건?"

"네. 슈테피 그라프에요."

나는 4월에 데이비스컵에 출전해 활력을 찾고 싶었다. 열심히 연습하고 훈련했다. 우리는 네덜란드를 상대로 싸우게 되었고, 뉴포트비치에서 열린 내 첫 시합 상대는 솅 샬켄 선수였다. 그는 196센티미터였지만, 서브는 166센티미터짜리 같았다. 그러나 공은 깔끔하게 쳤고, 나처럼 그도 뒤쪽에서 상대선수를 녹초가 되게 만드는 베이스라이너, 응징자였다. 나는 내가 어떤 상황인지 잘 알고 있었다. 날은 화창했지만 바람이 불었고 으스스했다. 네덜란드 팬들은 나무 신을 신고 튤립을 흔들었다. 나는 녹초가 되어 샬켄을 3세트 만에 꺾었다.

이틀 후 나는 이른바 가비지맨(*쓰레기 수거인이라는 뜻)으로 알려진 얀 시메링크와 싸웠다. 그는 훌륭한 왼손잡이 발리어였고, 네트에 빠르게 다가가 커버를 잘했다. 그러나 그런 부분이 경기할 때 안정된 모습을 보여주는 유일한 면이었다. 그의 포핸드는 모두 범타처럼 보였고, 백핸드는 엉뚱한 방향으로 날아가는 것 같았다. 서브는 우스꽝스럽고 볼품없는 수준이었다. 쓰레기 같은 수준. 나는 자신 있게 경기를 시작했고 이내 형편없는 자세가 그의 무기라는 걸 생각해냈다. 그의 최악의 샷메이킹에 항상 허

다시 훈련을 시작하다

를 찔렸고 타이밍이 전혀 맞지 않는다는 느낌이 들었다. 두 시간 후 나는 기습을 당했고 숨을 거칠게 몰아쉬며 깨질 것 같은 두통에 시달리게 되었다. 세트 스코어는 2-0으로 뒤처졌다. 그러나 어찌 된 일인지 나는 데이비스컵 경기에서 24-4로 상대선수를 이겼다. 미국인이 기록한 최고 성적 중 하나라고 했다. 스포츠 기자들은 이 조그마한 승리를 칭송하며 왜 여세를 몰아 나머지 게임을 승리로 이끌지 않았느냐고 물었다. 다소 누그러진 말투였지만 나는 그 칭찬을 마음껏 즐겼다. 기분이 좋았다. 데이비스컵 주최 측에 고마운 생각까지 들었다.

반면에 데이비스컵은 나의 네일케어 스케줄을 엉망으로 만들었다. 브룩은 결혼식 문제로 내게 여러 가지 요구를 했고 그중 그녀가 절대 양보할 수 없는 부분은 내 손톱이 완벽해야 한다는 거였다. 큐티클(cuticle, 손톱 부분의 단단한 피부층)을 잡아 뜯는 것은 긴장하면 나오는 나의 오랜 습관이었다. 브룩은 내 손가락에 결혼반지를 끼웠을 때, 내 손이 완벽한 상태였으면 좋겠다고 했다. 가비지 맨과의 경기 바로 직전에 그리고 경기 후에 나는 브룩의 말을 따르기로 했다. 네일케어 샵에 앉아 관리사가 내 큐티클을 정리하는 걸 보자, 가비지맨과 시합을 치를 때만큼이나 당황스럽고 허를 찔린 기분이었다. 이거야말로 진짜 가비지(*쓰레기)로구나.

1997년 4월 19일, 파파라치가 잔뜩 올라탄 네 대의 헬리콥터가 머리 위에서 원을 그리고 있었고, 브룩과 나는 결혼식을 올렸다. 결혼식은 살인이라도 날 듯, 숨 막히는 더위 속에 몬터레이의 작은 교회에서 거행됐다. 신선한 공기를 단 한 줌이라도 마실 수 있다면 뭐든 내주고 싶을 정도였지만, 헬리콥터 소음 때문에 창문을 꼭 닫아야 했다.

땀에 흠뻑 젖은 건 더위 때문이기도 했다. 그러나 진짜 이유는 내 몸과 온 신경이 긴장으로 녹초가 되었기 때문이었다. 목사님이 웅얼거리는 목소리로 설교하는 동안 내 눈썹과 턱, 귀에서는 땀방울이 뚝뚝 떨어졌다.

모두가 그걸 보고 있었다. 그들도 땀을 흘렸지만, 나만큼은 아니었다. 던힐 턱시도가 흠뻑 땀으로 젖었다. 걸을 때마다 신발도 질퍽거릴 정도였다. 신발 속에 깔창을 넣으라는 것도 브룩의 타협할 수 없는 요구 중 하나였다. 거의 182센티미터였던 그녀는 결혼식 사진에서 나보다 커 보이는 게 싫다고 했다. 그래서 자신은 굽이 납작한 옛날식 펌프스를 신었고, 내게는 죽마에 올라탄 느낌이 들 정도로 바닥을 높인 신발을 신겼다.

교회를 나서기 전, 브룩을 대신해 가짜 신부가 먼저 떠났다. 파파라치를 따돌리기 위해서였다. 처음에 나는 이 계획을 무시하고 말을 듣지 않았는데, 막상 브룩과 비슷하게 생긴 사람이 떠나는 걸 보니 자기 결혼식 날 이런 짓을 하는 사람이 또 어디 있을까 하는 생각이 들었다. 나도 떠나고 싶었다. 가짜 신랑이 나를 대신해주길 바랐다.

말이 끄는 마차가 나와 브룩을 스톤파인이라는 목장의 리셉션장으로 싣고 가기 위해 대기하고 있었다. 그러나 먼저 우리는 마차까지의 짧은 거리를 차를 타고 갔다. 브룩 옆에 앉아 내 무릎을 바라보니 땀의 공격에 절어 있어 몹시 당황스러웠다. 브룩은 괜찮다고 했다. 그녀는 매우 다정했지만 괜찮지 않았다. 괜찮은 건 아무것도 없었다.

엄청난 소음을 뚫고 리셉션장 안으로 들어갔다. 윙윙거리는 컨베이어 벨트가 지나가듯 필리 형, 길, J.P. , 브래드, 슬림, 그리고 부모님의 얼굴이 지나갔다. 내가 모르는, 만난 적도 없고 겨우 알아보기만 하는 유명인사들도 있었다. 브룩의 친구인가? 친구의 친구들? 시트콤 〈프렌즈〉에 나온 배우들인가? 신랑 측 들러리이자 자칭 웨딩 프로듀서를 맡은 페리를 겨우 알아보았다. 그는 무선 헤드셋을 끼고 사진작가와 플로리스트, 케이터링 업체 관계자와 계속 얘기를 주고받고 있었는데, 너무 들뜨고 흥분한 상태라 내가 더 불안해질 지경이었다. 페리의 이런 모습을 보게 될 줄은 상상도 못했다.

다시 훈련을 시작하다

밤이 끝나갈 무렵, 브룩과 나는 신혼부부 스위트룸으로 비틀거리며 올라갔다. 방은 내가 미리 준비한 수백 개의 양초로 가득했는데, 너무 많아서 거의 찜통이 되어 있었다. 교회보다도 더 더웠다. 나는 다시 땀이 났다. 촛불을 끄기 시작하자 화재경보기가 울렸다. 경보기를 끄고 창문을 여니 방안이 시원해졌다. 우리는 리셉션장이 있는 아래층으로 다시 내려가 결혼 첫날밤 파티 분위기 속에서 초콜릿 무스를 먹으며 보냈다.

다음 날 오후, 브룩과 나는 친구와 가족들을 위한 바비큐 파티에 당당히 입장했다. 브룩의 계획에 따르면, 우리는 카우보이 모자와 데님 셔츠를 입고 말을 타게 되어 있었다. 내 말의 이름은 슈가였다. 생기 없는 슬픈 눈동자를 보니 피치스가 생각났다. 사람들은 나를 둘러싸고 말을 걸면서 축하한다고 말하고, 등을 두드려 주었다. 달아나고 싶었다.

바비큐 파티에서 리타와 판초의 아들인 조카, 스카일러를 새로이 만나 많은 시간을 보냈다. 우리는 활과 화살을 잡고 멀리 떨어진 참나무를 과녁 삼아 연습을 했다. 활을 뒤로 당기자 갑자기 손목에 날카로운 통증이 느껴졌다.

나는 1997년 프랑스오픈에서 기권했다. 클레이 코트는 다른 어떤 코트보다도 손목에는 최악이었다. 내가 매니큐어 손질을 받고 슈가를 타고 노는 동안 클레이 코트에서 연습과 훈련을 계속해온 클레이 코트 선수들을 상대로 5세트 이상 버틸 자신이 없었다. 그러나 윔블던에는 출전하고 싶었다. 브룩도 영국에서 배역을 맡아 나와 함께 영국으로 갈 수 있게 되었다. 이건 좋은 일일 거야. 장소의 변화. 남편과 아내로서 섬이 아닌 다른 곳으로 떠나는 우리의 첫 여행. 그러나 생각해보니 영국도 섬나라였다.

런던에서 우리는 즐거운 며칠 밤을 보냈다. 친구들과 저녁을 먹고 실험적인 연극도 구경했다. 템스 강을 따라 걷기도 했다. 별들이 윔블던에서의 좋은 성적을 기원하는 듯했다. 그러자 나는 템스 강에 뛰어들고 싶었다. 갑자기 연습을 할 수 없을 것만 같았다. 결국, 나는 브래드와 길에게 토너먼트에서 기권하겠다고 말했다. 나는 지금 제동력 상실로 당황한 상태라고.

"도대체 제동력 상실이라는 게 무슨 뜻이에요?"

"여러 가지 이유로 게임을 치러왔지만, 그 중 어떤 것도 내 것 같지 않아요."

말이 생각지도 않게 한꺼번에 쏟아져 나왔다. 슬림과 같이 있었던 밤에 그랬던 것처럼. 그러나 그 말은 아주 진실하게 들렸다. 사실 정말 그랬기 때문에 그 말을 손으로 쓰기까지 했다. 기자들에게도 같은 말을 했다. 그리고 거울을 보면서도.

토너먼트에서 기권한 후 나는 런던에 머물며 브룩이 촬영을 마치길 기다렸다. 어느 날 밤 배우들과 브룩이 가보고 싶어했던 세계적으로 유명한 아이비라는 레스토랑을 찾았다. 브룩과 다른 배우들은 내가 테이블 한쪽 끝에서 조용히 몸을 웅크리고 음식을 먹는 동안 서로에 관해 얘기를 나눴다. 나는 거의 게걸스럽게 먹어치우고 있었다. 코스요리를 5개나 시켰고 디저트로 끈적끈적한 토피 푸딩도 입에 퍼넣었다. 드디어 누군가가 내 테이블에서 음식이 얼마나 많이 사라지고 있는지를 알아차렸다. 그녀는 나를 보고 놀란 눈치였다.

나는 워싱턴 D.C.에서 열린 시합에 나갔고 더그 플래치가 상대선수였다. 브래드는 내게 어서 작년 윔블던의 설욕을 되갚아 주라고 말했지만, 나는 중요한 게 뭔지 알 수 없었다. 복수? 다시? 이미 그 길은 가보지 않았나? 브래드가 그의 브래드다움 때문에 내가 어떤 기분인지 전혀 눈치채지 못하고 있다는 사실에 슬퍼졌다. 도대체 그는 자기가 뭐라고 생각하는 건가? 브룩이라도 된다고 생각하나? 당연히 나는 플래치에게 졌고 브래드에게 이번 여름은 관두겠다고 말했다.

다시 훈련을 시작하다

"여름 내내?"

"가을에 다시 만나요."

브룩은 LA에 있었지만 나는 라스베이거스에서 시간을 보내는 일이 더 많았다. 슬림과 나는 자주 약에 취하곤 했다. 에너지를 얻고 행복감을 느끼며 제동력 상실에서 벗어나는 것은 바람직한 변화였다. 나는 다시 열의를 갖게 됐다. 비록 약물에 의존한 것이긴 했지만. 나는 밤새 깨어 있었고, 어떤 날은 며칠씩 연이어 잠을 안 자며 적막을 즐겼다. 전화하는 사람도, 팩스를 보내는 사람도, 나를 귀찮게 하는 사람도 없었다. 집 주변에서 춤을 추며 빨래를 개키고 생각하는 게 전부였다.

"공허함에서 벗어나고 싶어." 나는 슬림에게 말했다.

"네, 네. 공허함이요."

약에 취해 윙윙거리는 소리 외에도, 내가 나를 괴롭히고 선수생활을 단축하는 데서 만족감을 얻었다는 건 부인할 수 없는 사실이었다. 지금까지는 단순히 자기학대를 조금씩 맛보는 정도였다면 이제는 적극적으로 스스로를 고문하고 있었다.

그러나 육체적인 대가는 끔찍했다. 이틀간 약에 취해 잠도 안 자고 있으니 외계인이 된 것 같았다. 나는 뻔뻔하게도 왜 이렇게 더러운 기분인지 궁금해졌다. 운동선수니까 내 몸은 이 정도는 이겨내야 하지 않나? 슬림은 항상 약에 취해 있었는데도 괜찮아 보였다.

그러다가 갑자기 그가 안 좋아 보였다. 그는 알아볼 수 없을 정도가 되었고, 그건 꼭 약 때문이라고는 할 수 없었다. 그는 아버지가 된다는 사실에 이미 제정신이 아니었던 것이다. 그리고 어느 날 밤인가 병원에서 내게 전화를 걸었다.

"결국 일이 터졌어요."

"뭐라고?"

"그녀가 아이를 낳았어요. 예정일보다 몇 달 일찍이요. 아들이에요. 안드레, 1파운드밖에 안 나가요. 170그램이에요. 의사들이 애가 살 수 있을지 모르겠대요."

나는 선라이즈 병원으로 달려갔다. 슬림과 내가 24시간 차이로 태어난 곳이었다. 나는 유리창을 통해 아이라는 녀석을 봤는데, 내 손바닥 크기밖에 안 됐다. 의사들은 아이가 매우 아프다며 항생제 정맥주사를 놓아야 한다고 했다.

다음 날 아침, 의사들은 정맥주사가 튀어나왔다고 말했다. 정맥주사액이 아이의 다리에 흘러내려서 다리에 화상을 입은 상태라는 거였다. 게다가 아이가 혼자 숨을 쉬지 못해 산소호흡기를 달아야 한다고 했다. 위급한 것이었다. 의사들은 아이의 폐가 산소호흡기에 의존할 수 있을 정도로 충분히 자라지 못했지만, 호흡기를 떼면 죽을 거라고 했다.

슬림은 아무 말이 없었다. 나는 최선이라 생각되면 뭐든지 해달라고 했다. 우려했던 대로 몇 시간 후에 아이의 폐 한쪽이 허탈하게 되었다. 그리고 나머지 한쪽도 폐허탈이 일어났다. 이제 의사들은 폐가 산소호흡기를 견뎌내지 못하지만, 그거라도 없으면 아이가 죽을 거라고 했다.

하지만 마지막 희망이 하나 남아 있었다. 폐를 손상시키지 않고 산소호흡기 역할을 대신할 수 있는 기계로, 아이의 피를 뽑아 산소를 공급한 후 다시 몸에 넣어 순환시키는 것이었다. 그러나 기계가 있는 가장 가까운 곳은 피닉스였다.

나는 의료용 항공기를 준비했다. 의사와 간호사 팀이 아기를 호흡기에서 떼어내 계란을 옮기듯 활주로로 옮겼다. 슬림과 그의 여자친구와 나는 다른 비행기를 탔다. 간호사가 도착한 다음 아이가 비행에서 무사한지 알고 싶으면 전화를 하라면서 전화번호를 주었다.

비행기가 피닉스의 활주로에 내리자, 나는 숨을 들이쉬고 전화를 걸었다. 아이는 살아남았다고 했다. 그러나 이제는 아이를 기계에 연결해야 했다.

우리는 병원에서 기다리고 또 기다렸다. 시계가 움직이지 않는 것 같았다. 슬림은 줄담배를 피워댔다. 그의 여자친구는 조용히 잡지를 보며 흐느꼈다. 나는 잠시 자리를 떠나 길에게 전화했다. 케이시도 상태가 좋지 않다고 했다. 그 아이는 계속 고통에 시달리고 있었다. 평소의 길 같지 않았다. 슬림의 목소리를 듣는 것 같았다.

대기실로 돌아왔다. 의사가 나타나더니 마스크를 내렸다. 나는 상황이 더 나빠졌다는 얘기를 감당할 수 있을 것 같지 않았다.

"가까스로 아이를 기계에 연결했습니다. 지금까지는 괜찮습니다만 다음 6개월이 고비가 될 겁니다."

나는 슬림과 그의 여자친구를 위해 병원 근처에 집을 빌렸다. 그리고 다시 LA로 날아갔다. 기내에서 잠을 자는 대신 내 앞좌석의 뒤만 노려보며 모든 게 얼마나 부서지기 쉬운지 생각했다. 다음 6개월이 고비가 될 겁니다. 그 끔찍한 말에 해당하지 않는 사람이 누가 있을까?

집에 돌아와 주방에 앉아서, 나는 브룩에게 그 슬프고 지독한 이야기를 해주었다. 그녀는 놀라면서도 어리둥절해했다.

"어쩌다가 그렇게 깊이 관여하게 된 거예요?"

"어떻게 그러지 않을 수가 있어?"

몇 주 후, 브래드가 잠시 돌아와 신시내티에서 열리는 ATP 챔피언십에 참가하라고 나를 설득했다. 내 상대는 브라질 선수인 구스타보 쿠에르텐이었다. 그는 나를 꺾는 데 46분이 걸렸다. 1회전에서 연달아 세 번째 진 셈이었다. 걸릭슨은 나를 데이비스컵 팀에서 제외한다고 공표했다. 나는 미국 최고의 테니스 선수 중 한 명이었지만 그를 비난할 수는 없었다.

1997년 US오픈에서 나는 3년 만에 처음으로 시드 배정을 받지 못했다. 나는 복숭아색 셔츠를 입었는데, 구내 매장에는 이미 재고가 바닥났다고 했다. 놀라웠다. 사람들은 여전히 나처럼 옷을 입고 싶어했다. 나처럼 보이고 싶어 했다. 최근의 나를 자세히 보긴 했던 것일까?

나는 16회전에 진출해 래프터를 상대로 싸우게 됐다. 그는 아주 성공적인 해를 맞고 있었다. 프랑스오픈에서 준결승까지 진출했고, 나는 이번 토너먼트에서 그가 우승하길 정말로 바랐다. 그는 샘프러스를 생각나게 하는 훌륭한 서브앤발리어였으나 좀 더 일관성이 있었기 때문에, 그와 나는 미적으로 좋은 경쟁자라고 항상 생각했다. 샘프러스는 38분간 형편없는 경기를 펼친 후 1분간 무지막지한 플레이를 선보이다가 세트를 따내지만 래프터는 항상 경기운영이 좋은 편이었다. 188센티미터에 무게중심이 낮아 스포츠카처럼 방향을 바꿀 수 있었다. 그는 투어에서 통과하기 가장 어려운 선수 중 하나였고, 좋아하지 않을 수가 없었다. 이기든 지든 정말 최고였고, 그날은 그가 이겼다. 그는 신사답게 웃으며 내게 악수를 청했으나 동정하는 눈빛이 역력했다.

나는 열흘 만에 슈투트가르트에서 열리는 시합에 참가했다. 때를 기다리면서 쉬고 연습해야 했지만, 그러는 대신 노스캐롤라이나의 마운트 플레즌트라는 작은 마을에 갔다. 브룩 때문이었다. 그녀는 자신의 새로운 TV 드라마 출연배우인 데이비드 스트릭랜드와 가깝게 지냈다. 그리고 데이비드는 가족들과 생일을 보내기 위해 노스캐롤라이나에 온 것이었다. 브룩은 따라가고 싶어했다. 그녀는 시골을 돌아다니며 신선한 공기를 마시면 좋을 거라 생각했고, 나는 딱히 싫다고 할 이유를 생각해낼 수 없었다.

마운트 플레즌트는 남부지방의 예스러운 동네였지만, 산이라고는 찾아볼 수가 없었고 플레즌트라는 이름이 붙을 정도로 유쾌해 보이지도 않았다. 대신 스트릭랜드의 집은 편안한 분위기에 오래된 나무바닥과 부드러운 침대, 그리고 시나몬과 파이 껍질 냄새가 따뜻하게 집안 공기를 감싸고 있었다. 그러나 다소 어울리지 않게 그의 집은 골프코스에 자리 잡고 있었다. 뒷베란다는 골프장의 그린에서 18미터 정도밖에 떨어져 있지 않았다. 그래서 시야에 항상 퍼팅라인을 읽고 있는 누군가가 들어왔다. 집의 안주인인 그래니 스트릭랜드는 풍만한 가슴에 볼에 홍조를 띤, 고루한 시골 마을에서 방금 튀어나온 것 같은 생김새였고, 언제나 스토브 앞에 서서 뭔가를 굽거나 빠에야를 준비하고 있었다. 훈련에 적합한 음식은 아니었지만, 나는 예의 바르게 접시를 깨끗이 비우고 한 접시를 더 청했다.

브룩은 천국에라도 온 듯한 얼굴이었고, 나는 그 기분을 어느 정도 이해했다. 그 집은 경사진 언덕과 오래된 나무에 둘러싸여 있었고, 잎은 저마다 다른 아홉 가지 오렌지빛으로 변해 있었다. 그리고 그녀는 데이비드를 좋아했다. 그들 사이에는 특별한 유대감이 있었고 재미있는 농담에는 둘만의 비밀스러운 언어가 담겨 있었다. 이따금 그들은 드라마의 캐릭터에 빠져 한 장면을 연기하고는 배꼽 빠지게 웃어서 목이 쉴 정도였다. 그러고 나면 나에게 재빨리 방금 한 행동과 말에 대해 설명을 하고 상황을 이해시키려 했다. 그래서인지 소외된 기분은 들지 않았으나 충분하지는 못했다. 나는 불청객이었고, 그걸 알고 있었다.

밤이 되자 기온이 떨어졌다. 서늘한 공기에 섞여든 소나무 향과 흙냄새에 슬퍼졌다. 나는 뒷베란다에 서서 별을 바라보면서 뭐가 문제인지 왜 이런 경치에도 내 마음은 아무런 반응이 없는지 생각했다. 몇 년 전 필리 형과 함께 테니스를 그만두려고 했던 때, 이곳 노스캐롤라이나에서 시합에 참가해야겠다고 결정한 그때를 떠올렸다. 나머지는 알고 있는 그대로였다. 나는 나 자신에게 묻고 또 물었다. 과거에 이랬다면, 저랬다면?

일을 해야겠다고 결심했다. 언제나처럼 일이 답이었다. 결국, 슈투트가르트 대회는 며칠만 빠진 걸로 하기로 했다. 이기면 좋을 것이다. 나는 브래드에게 전화했고, 그는 한 시간가량 떨어진 곳에 있는 테니스 코트를 찾아냈다. 그는 또 뒤지고 뒤져서 연습 상대를 찾아냈다. 매일 아침 나와 테니스 연습하는 걸 즐겼던 젊은 아마추어 선수였다. 나는 아침 안개를 뚫고 블루리지 마운틴으로 달려가 그 아마추어 선수를 만났다. 그에게 시간을 내주어 고맙다고 했으나, 그는 오히려 자신이 더 즐겁다고 했다. 이런 외딴곳까지 와서도 내 일을 하고 있다는 생각에 으쓱한 기분이 들었다.

우리는 연습을 시작했다. 고도가 높은 곳에서는 중력이 약해져서 공이 사방으로 날아간다. 마치 우주공간에서 테니스를 하는 것 같다. 노력하는 게 별 의미가 없었다. 게다가 그 젊은 아마추어는 어깨를 다쳤다.

남부에 머무는 나머지 이틀간 나는 빠에야를 게걸스럽게 먹어대며 생각에 잠겨 있었다. 너무 지루해서 소나무에 머리라도 찧고 싶은 심정이었다. 골프코스에라도 나가 뒷마당 홀에서 버디를 잡고 싶었다.

떠날 때가 온 것 같았다. 브룩과 그래니 스트릭랜드에게 작별 키스를 하고 마이애미로 가서 슈투트가르트 직항편을 갈아탔다. 게이트로 들어가다가 뜻밖에도 샘프러스를 만났다. 언제나처럼 샘프러스였다. 그는 지난달 연습만 죽어라 한 것 같았고, 연습하지 않을 때는 텅 빈 독방 같은 곳에서 간이침대에 누워 어떻게 나를 꺾을까 생각하고 있었던 것 같았다. 그는 원기를 회복했고 시합에 집중하면서 전혀 흐트러짐이 없었다. 나는 항상 샘프러스와 나와의 차이점을 스포츠 기자들이 부풀려 말한다고 생각했었다. 우리가 마치 테니스계의 양키스와 레드삭스처럼 극과 극이라는 사실은 팬들과 나이키, 그리고 게임 자체를 위해서도 너무나 간단하고 중요해 보였으니까. 최고의 서버 대 최고의 리터너. 소심한 캘리포니아 출신과 자신만만한 라스베이거스 출신의 대결. 다 헛소리 같았다. 샘프러스의 표현을 빌자면 난센스였다.

그러나 게이트에서 잡담을 나누다 보니 우리 둘은 좋은 것과 나쁜 것이

다른 만큼 정말 깜짝 놀랄 정도로 달랐다. 나는 종종 브래드에게 샘프러스의 삶에서 테니스는 너무나 중요하지만 내겐 그렇지 않은 편인데, 샘프러스는 그 비율을 잘 유지하는 것 같다고 말했었다. 테니스는 그의 일이었고, 그는 열의와 헌신을 다해 테니스를 했다. 반면에 나는 테니스 외의 삶을 유지한다고 떠들어댔는데, 딱 그만큼인 것 같았다. 말 뿐이었다. 주의가 산만한 것을 합리화하기 위한 말일 뿐이었다. 샘프러스가 나를 완패시켰던 때를 포함해 내가 그를 알게 된 이후 처음으로 그의 둔감함이 부러웠다. 놀라울 정도로 상상력이 결여된 샘프러스를 닮고 싶었고 상상력이 필요하지 않는 특유의 기질을 본받고 싶었다.

나는 슈투트가르트의 1회전에서 마틴에게 패했다. 스타디움에서 차를 몰고 나오면서 브래드는 내가 한 번도 못 봤던 표정을 짓고 있었다. 놀람과 슬픔, 래프터가 그랬듯 연민이 가득한 얼굴로 나를 바라보았던 것이다. 호텔에 차를 세우자 그는 자기 방으로 가자고 했다. 그리고 미니바를 이리저리 뒤지더니 맥주 두 병을 꺼냈다. 라벨을 보지도 않았다. 독일 맥주인지 아닌지 상관도 하지 않았다. 무슨 일이 있는 듯했다. 청바지에 검은 터틀넥을 입은 그는 침울하고 심각해 보였다. 나이가 들어 보였다. 내가 그를 늙게 만든 것이다.

"안드레, 우리는 중대한 결정을 내려야 해요. 오늘 밤 이 방을 나서기 전에 결정을 내리게 될 거예요."

"무슨 일이에요, 브래드?"

"우리는 이렇지 않았잖아요. 당신은 이것보다 훨씬 잘해요. 적어도 예전엔 더 잘했어요. 테니스를 그만두거나 아니면 처음부터 다시 시작해야 해요. 이런 식으로 자신을 부끄럽게 만드는 건 안 돼요."

"뭐라고요?"

"내 말을 먼저 들어봐요. 게임이 아직 남았죠. 최소한 난 그렇다고 봐요. 아직 이길 수 있어요. 아직 좋은 일이 일어날 수 있다고요. 그렇지만 당신은 전면 재정비가 필요해요. 처음으로 돌아가요. 모두 손 떼고 다시 마음을 가다듬어요. 원점으로 돌아가란 얘기에요."

브래드가 토너먼트 기권에 대해 얘기하다니, 나는 그가 정말 진지하다는 걸 깨달았다.

"당신은 지난 몇 년간 해보지 않았던 방식으로 훈련할 필요가 있어요. 아주 혹독하게. 몸을 먼저 만들고 정신을 바르게 하고 밑바닥부터 시작하는 겁니다. 챌린저 대회 얘기에요. 당신과 시합하는 건 둘째치고, 단 한 번도 당신을 만날 기회가 없을 거라고 생각했던 사람들 말이에요."

그는 거기서 말을 멈추고는 맥주를 한참 들이켰다. 나는 아무 말도 하지 않았다. 우리는 중대한 갈림길에 서 있었다. 올 것이 온 것이다. 지난 몇 달간 여기까지 한참을 달려온 기분이었다. 아니 몇 년간. 나는 창밖 너머로 지나다니는 슈투트가르트의 자동차들을 바라보았다. 그 어느 때보다도 테니스가 싫어졌다. 나 자신은 더욱 싫었다. 그래서 테니스가 싫으면 어쩔 건데? 상관없잖아? 수많은 사람, 먹고 살기 위해 싫어하는 일을 견디는 수백만 명의 사람들은 어쨌거나 그냥 일을 하고 있다. 싫어하는 일을 하더라도 잘, 기분 좋게 해내는 것 그게 중요한 거다. 테니스를 싫어하면 그냥 실컷 싫어하면 된다. 그리고 계속 소중히 하면 된다. 나 자신도.

"좋아요. 아직 그만둘 준비는 안 됐어요. 적극 찬성이에요. 뭘 해야 할지 말해주세요. 그럼 할게요."

다시 훈련을 시작하다

20
마약의 함정

"**변해요.** 변해야 할 때에요, 안드레. 이런 식으로는 안 돼요."
변화, 변화, 변화. 나는 이 말을 혼자서 매일 하루에 몇 번이고 되뇌었다. 아침 토스트에 버터를 바르거나 양치질을 할 때도 마찬가지였다. 경고라기보다는 안심하기 위한 주문이었다. 나를 우울하게 하거나 부끄럽게 하려는 것이 아니라, 머리부터 발끝까지 완전히 변해야 하고 다시 중심을 찾아야 한다는 생각 때문이었다. 마음의 각오를 할 때 따라다니던 끈질긴 자기회의에도 귀 기울이지 않았다. 이번에는 실패하지 않을 것이고 그럴 수도 없었다. 지금이 아니면 영영 변할 수 없기 때문이었다. 이런 상태의 나 자신으로 남은 평생을 살아가야 한다는 생각이야말로 진정 우울하고 부끄러운 일이었다.

하지만 아무리 뛰어난 의지도 외부의 힘—오래전부터 스스로를 움직여 온 그런 힘—으로 인해 종종 좌절되곤 한다. 특히 잘못된 결정은 스스로 추진력을 만들어 내고, 그 추진력은 일단 시작되면 여간해서는 멈추지 않으려 한다. 운동선수들은 다 알 것이다. 변하기로 맹세하고 잘못을 속죄

한다 하더라도, 과거에서 비롯된 추진력이 우리를 계속 잘못된 길로 이끈다는 걸. 추진력은 세계를 지배한다. 그리고 말한다. 잠깐만, 그렇게 빨리는 말고. 아직 여기 굴러가는 다른 게 있잖아. 누군가가 그리스 시를 인용해 이렇게 말했던 것 같다. "영원을 사는 존재는 하루아침에 생각이 변하지 않는다."

슈투트가르트에서 시합이 끝나고 몇 주 후 라구아르디아 공항에서 전화를 한 통 받았다. 목소리가 거친 남자는 자신이 ATP에서 일하는 의사라고 했다. 나는 ATP가 무슨 뜻인지 생각해봤다. Association of Tennis Professionals(프로 테니스 협회). 그의 목소리에는 마치 내가 죽기라도 할 것 같은 비운이 서려 있었다. 그리고 그게 바로 그가 말한 내용이기도 했다.

그는 토너먼트에서 받은 소변 샘플을 검사하는 게 자신의 일이며, 표준 ATP 약물테스트를 통과하지 못했다고 알려주는 게 자신의 의무라고 했다.

"제출하신 소변 샘플에서 크리스털 메틸렌 성분이 소량 나왔습니다."

나는 수하물 찾는 곳의 의자에 털썩 앉았다. 메고 있던 배낭도 어깨에서 벗어 바닥에 내려놓았다.

"애거시 선수?"

"네. 말씀하세요. 그래서 어떻게 되는 겁니까?"

"절차가 있습니다. 약물복용을 인정하거나 결백을 주장하는 편지를 ATP 측에 보내는 거죠."

"그렇군요."

"약물이 몸 안에 남아있을 가능성이 있다는 걸 알았습니까?"

"네. 네, 알고 있었습니다."

"그렇다면 어떻게 그 약물이 몸에 남게 됐는지 편지에 밝혀야 합니다."

"그다음은요?"

"패널이 당신의 서한을 검토할 겁니다."

"그리고요?"

"알고도 그 약물을 복용했다면, 그러니까 말하자면 유죄를 인정한다면 물론 제재가 취해질 겁니다."

"어떻게요?"

그는 테니스의 약물복용 위반은 3단계로 나뉘어 있는데, 경기능력을 향상시키는 약물이 1급에 해당하며 2년간 대회 출전이 정지된다고 했다. 크리스털 메틸렌은 2급에 해당했다. 레크리에이션용 약물이라는 것이다. 레크리에이션이라. 리-크리에이션(Re-creation)이로군. 재창조의 의미이기도 했다.

"2급은 어떻게 되죠?"

"3개월간 출전 정지입니다."

"편지를 보내려면 어떻게 해야 합니까?"

"주소를 불러드리겠습니다. 메모하실 수 있나요?"

배낭에 손을 넣어 노트를 찾았다. 나는 멍하니 그가 불러주는 거리이름과 도시명, 우편번호를 받아적었지만 진짜로 편지를 보낼 생각은 없었다.

그 의사는 몇 가지 사항을 더 말해주었으나 나는 듣지 않고 전화를 끊었다. 그리고 공항에서 허둥지둥 빠져나와 택시를 잡아탔다. 맨해튼으로 돌아오는 길, 얼룩진 차창을 내다보며 택시기사의 뒤에 대고 말했다.

"잔돈은 됐습니다."

나는 곧장 브룩의 아파트로 갔다. 다행히 그녀는 LA에 있었다. 나는 아마 내 감정을 그녀에게 숨길 수 없었을 것이다. 그러면 모든 얘기를 했을 테고 그런 상황을 감당할 수는 없었을지도 모른다. 침대에 쓰러져 곧장 정신을 잃었다. 한 시간 후에 눈을 뜨자 모든 것이 악몽이 아닐까 하는 생각이 들었다. 그렇다면 정말 다행이었다. 하지만 아니었다. 진짜로 전화가 걸려왔다는 걸 깨닫는 데는 고작 몇 분도 안 걸렸다. 의사는 진짜였고, 크리스털 메스도 부정할 수 없는 진짜였다.

내 이름, 내 경력, 모든 것이 위태로웠고 도박판의 승자는 아무도 없었다. 내가 성취한 모든 것, 내가 노력한 모든 것이 곧 무의미해질지도 몰랐다. 테니스를 생각하면 불편해지는 감정은 부분적으로 테니스가 무의미하다는 느낌이 늘 따라다녔기 때문이기도 했다. 나는 무의미함의 진짜 의미를 배우고 있었다.

꼴 좋군. 나는 뭘 해야 할지 누구에게 말해야 할지 생각하느라 새벽까지 뜬눈으로 지새웠다. 내 옷이나 경기 때문이 아니라, 누군가 나에게 얹어 놓은 마케팅 슬로건 때문이 아니라, 순전히 나 자신의 어리석음 때문에 공개적으로 망신을 당한다는 게 어떤 기분일지 생각해보려고 애썼다. 나는 버림받게 될 것이다. 경계해야 할 표본이 될 것이다.

그러나 고통에도 불구하고 패닉상태가 되지는 않았다. 아직은 그 정도는 아니었다. 그럴 수가 없었다. 더 끔찍한 다른 문제들이 사방에서 밀려들고 있었으니까. 내 주변의 사람들, 내가 사랑하는 사람들이 상처 입고 있었다.

의사들은 어린 케이시의 목에 두 번째 수술이 필요하다고 했다. 첫 번째 수술은 완전히 실패였다. 나는 케이시를 LA로 데리고 가서 최고의 치료를 받도록 했으나 수술 후 회복 과정에서 그녀는 다시 움직일 수 없게 되었다. 결국, 병원 침대에 누워서 끔찍한 고통을 다시 겪게 되었다. 머리를 움직일 수 없어서 케이시는 두피와 다른 피부가 얼얼하다고 했다. 게다가 병실은 이루 말할 수 없이 더웠고 케이시는 그 부분에서는 아버지를 똑 닮았다. 열기를 견딜 수 없어 했던 것이다. 나는 그녀의 뺨에 키스하고는 걱정할 것 없다고, 다 나을 거라고 말했다.

길은 참 작아 보였다. 나는 가장 가까운 가전제품점으로 달려가 그때까지 남아있는 것 중에 제일 크고 좋은 에어컨을 샀다. 그리고 케이시의 창문에 에어컨을 설치했다. 손잡이를 누르고 냉방을 최대로 올린 다음 전원을 켜고는 길과 나는 박수를 쳤다. 케이시는 찬바람이 동그랗고 예쁜 얼굴에서 앞머리를 날리게 하자 가만히 미소를 지었다.

그다음에는 장난감 가게로 달려가 물놀이용품을 둘러보다가 갓난아이들을 위한 작은 이너 튜브를 샀다. 그 튜브를 케이시의 몸에 밀어넣고 중앙에 머리를 놓고는, 목의 각도를 바꾸지 않고도 부드럽게 천천히 튜브가 머리를 들어 올릴 때까지 튜브에 바람을 불어넣었다. 안도와 고마움, 기쁨의 표정이 드러나자, 나는 이 용감한 소녀의 모습에서 내가 찾아 헤매던 것, 좋고 나빴던 지난 몇 년간의 모든 경험을 하나로 만들어주는 철학자의 돌을 찾을 수 있었다. 케이시의 괴로움, 그 앞에서도 떠날 줄 모르는 그녀의 쾌활한 미소, 그리고 그녀의 괴로움을 덜어주는 나의 역할, 이것으로 모든 게 설명되었다. 무슨 설명이 더 필요한가? 이 때문에 우리가 여기 있는 것이다. 고통과 끝까지 싸우는 것, 그리고 가능하다면 타인의 고통을 덜어주는 것. 아주 간단했다. 깨닫기가 어려울 뿐. 길은 모든 걸 다 이해한다는 얼굴이었다. 뺨이 눈물로 반짝이고 있었다.

케이시가 잠들고 길도 구석에서 잠이 들었다. 그 사이 나는 침대 옆 등받이가 딱딱한 의자에 앉아서 무릎에 노트를 펴고 ATP에 보낼 편지를 썼다. 약간의 진실을 짜 넣은 거짓으로 가득한 편지였다. 약물을 복용한 사실은 인정했지만 알고도 먹은 건 절대 아니라고 주장했다. 그 일이 있은 후 슬림을 해고했는데, 그는 소문난 마약 중독자였고 종종 탄산음료에 크리스털 메스를 타서 마시곤 했다고 썼다. 여기까지는 사실이었다. 그다음 나는 편지의 핵심이 되는 거짓말로 옮겨갔다. 얼마 전 실수로 슬림이 약을 탄 음료를 마시게 되었고 나도 모르는 새 약을 먹게 된 것이라고 했다. 약에 중독된 느낌이 들었지만 약 성분이 금방 빠져나갈 것으로 생각했다는 것이었다. 결국, 그렇지는 않게 됐지만.

나는 이해와 선처를 구하면서 서둘러 서명을 했다. 맺음말과 함께. 무릎 위에 편지를 올려놓고 케이시의 얼굴을 바라보니 부끄러운 마음이 들었다. 그러나 안드레 아저씨가 마약중독자가 되어 테니스 시합에 3개월간 출전정지를 당했다는 걸 알면 케이시의 표정이 어떨까를 상상하니, 그리고 나를 아는 수백 만의 얼굴들이 그런 표정을 짓는다고 생각하니 거짓말할 생각만 들었다.

이것을 마지막으로 다시는 거짓말을 하지 않겠다고 다짐했다. 나는 편지를 보내겠지만, 그 이상은 하지 않을 것이다. 내 변호사들이 나머지 일을 처리하도록 할 것이다. 패널 앞에서 누군가의 얼굴을 보고 거짓말을 하는 일은 더는 없을 것이다. 그리고 이 순간부터 이 일에 대해 앞으로는 절대 공개적으로 거짓말을 하지 않을 것이다. 나는 이 문제를 운명의 손에 그리고 변호사들에게 맡겨둘 것이다. 그들이 은밀하고 조용히 이 일을 처리할 수 있다면 그것으로 그만이다. 아니라면 그에 따른 결과를 감수해야겠지.

길이 잠에서 깼다. 나는 편지를 접고 그와 함께 복도로 나갔다. 형광들 불빛 아래서 보니 그는 더 핼쑥하고 창백해 보였다. 그리고 믿을 수 없었지만, 약해 보였다. 나는 인생이 어떤 것인지 알게 되는 건 병원의 복도에서라는 사실을 잊고 있었다. 그에게 팔을 두르고 사랑한다고 말하고는, 이 상황을 같이 헤쳐나가자고 말했다.

그는 고맙다면서 알아들을 수 없는 말을 중얼거렸다. 우리는 오래 침묵하며 서 있었다. 그의 눈을 보니 깊은 고뇌에서 헤어나오지 못하는 것 같았다. 하지만 그는 그런 생각을 떨쳐버리려 애썼다. 무슨 말이든, 어떤 얘기든 꺼내서 불안과 걱정을 잊어야 했던 것이다. 그는 나의 근황을 물었다.

나는 다시 테니스에 집중하기로 했으며, 마이너리그에서 다시 시작해

마약의 함정

제자리를 찾겠다고 했다. 케이시가 나를 일깨워 주었으며 그 길을 보여주었다고 했다. 길은 나를 돕고 싶어했다.

"아니에요. 너무나 바쁘신 거 알아요."

"이봐. 내 어깨에 올라타라고 한 말, 잊었어? 손을 내밀라고."

그가 여전히 나에 대한 믿음을 저버리지 않았다는 걸 믿을 수 없었다. 의심을 품을 만한 이유는 많았기 때문이다. 나는 스물일곱이었고 테니스 선수로서는 이제 내리막길을 걷기 시작하는 나이였는데, 이제 와서 또 다른 기회에 대해 얘기하고 있다니. 그러나 길은 얼굴을 찡그리지 않았고 눈썹을 치켜 올리지도 않았다.

"도전해보자. 이제 시작이야."

십 대라도 되는 것처럼, 전에 한 번도 운동이란 걸 해보지 않은 것처럼 처음부터 다시 시작했다. 나는 이미 그런 상태였기 때문이다. 움직임이 느리고 살이 쪘으며 약하기 짝이 없었다. 나는 지난 일 년간 덤벨을 한 번도 들지 않았다. 최근에 든 것 중 가장 무거웠던 것이 케이시의 에어컨이었을 정도였다. 몸을 다시 만들고 조심스럽게 서서히 근력을 키울 필요가 있었다.

먼저 우리는 길의 체육관에서 시작했다. 나는 프리 벤치에 앉아있고, 길은 레그 익스텐션 기구에 기대어 있었다. 나는 내 몸에 어떤 짓을 했는지 그에게 얘기했다. 크리스털 메스. 출전정지 건에 대해서도. 내가 얼마나 깊이 추락했는지 그가 알기 전까지는 나를 수렁에서 건져달라고 부탁할 수가 없었기 때문이다. 내게 길은 언제나 아틀라스 동상(*뉴욕 록펠러 센터 앞쪽에 있는 아틀라스 동상. 아틀라스는 그리스 신화에 나오는 거인 신으로, 제우스에 의해 하늘을 두 어깨로 드는 형벌을 받게 되었다고 함)을 생각나게 했다. 하지만 내 고백을 들은 그는 말 그대로 세계를 어깨에 짊어진 듯한 얼굴이 되었다. 60억 인구의 문제를 벤치프레스로 들어 올리기라도 하는 듯 그의 목소리가 갈라졌다. 나는 그때만큼 자신이 역겨웠던 적이 없었다.

이제 약을 끊었으며 다시는 손대지 않겠다고 말했으나, 사실 말할 필요도 없었다. 그는 나만큼이나 이 문제에 대해 잘 알고 있었다. 그는 헛기침을 하더니 솔직하게 말해줘서 고맙다고 했다. 그리고 일단 이 문제는 젖혀놓자고 했다.

"지금까지 어땠는가는 중요하지 않아. 지금부터 어떻게 해나가느냐가 중요하지."

"어떻게 해나가느냐?"

"그래." 그는 계획을 짜고 적절한 식단을 그려 보였다.

"더는 봐주지 않을 거야. 탈선도 안 되고 패스트 푸드도 안 되고 손쉬운 방법도 안 돼. 이제 술도 줄여야 해."

무엇보다도 그는 엄격한 스케줄을 지킬 것을 요구했다. 아내와 함께하는 시간이 줄어들 것이다. 하지만 그녀가 알아챌지 궁금해졌다.

나는 길과 혹독하고 힘든 한 달을 보냈다. 모든 면에서 1995년 초 우리가 함께했던 미니 훈련캠프만큼이나 힘들었다. 그 후 프로 테니스 선수 세계에서 가장 밑바닥인 도전자로 나섰다. 우승상금은 3천5백 달러였다. 관중은 고등학교 풋볼 게임의 관중 수보다도 적었다.

장소는 네바다 주립대였다. 이런 생소한 순간에 낯익은 장소라니. 길과 함께 주차장으로 들어가면서, 내가 얼마나 멀리 온 것인지 또 얼마나 제자리걸음인지에 대해 생각했다. 일곱 살 때 테니스를 했던 것과 똑같은 테니스 코트가 눈앞에 있었다. 길이 직장을 그만두고 나와 함께 일하게 된 그날 내가 왔던 장소였다. 길의 사무실 밖에서 우리 앞에 놓인 도로를 보고 신나게 한쪽 발로 깡충깡충 뛰었던 기억이 났다. 나는 이제 그곳으로부터 나무 세 그루 정도 떨어진 곳에서, 엉터리 선수들과 한물간 사람들을 상대하고 있었다. 다시 말해 나 같은 사람들이었다.

삼류라는 챌린저의 의미는 선수 휴게실에서 가장 극명하게 드러났다. 시합 전 식사는 기내식과 다름없었다. 뻣뻣한 고무 같은 치킨, 시든 채소, 김빠진 탄산음료. 슬램에 나갔을 때는 끝도 없이 늘어진 뷔페식을 먹었고, 흰 모자를 쓴 쉐프가 가볍고 부드러운 오믈렛과 가정식 파스타를 만들어 주는 동안 함께 잡담을 하곤 했다. 이제 그 모든 게 사라졌다.

치욕스러움은 거기서 끝나지 않았다. 챌린저 대회에는 볼보이도 몇 명 없었다. 사실상 공이 별로 없었기 때문에 그러는 것도 당연했다. 시합 당 공이 세 개만 주어졌던 것이다. 내가 있는 코트 맞은편에는 코트가 줄지어 늘어서 동시에 시합이 벌어졌다. 서브하기 위해 공을 토스하면, 좌우로 선수들이 보였고 그들이 언쟁하는 소리까지 들렸다. 다른 선수가 시합에 집중하는 데 방해되는 것 따위는 상관도 하지 않았다. 시합이든 집중력이든 알아서 하라는 거였다. 이따금 다른 코트의 공이 발밑을 지나갔고, 뒤이어 공 좀 던져달라는 말이 들려오기 일쑤였다. 그러면 하던 걸 멈추고 공을 다시 던져줘야 했다. 내가 볼보이가 되는 것이었다. 다시.

점수계산도 내가 손으로 해야 했다. 코트체인지를 하는 동안 작은 플라스틱 숫자판을 직접 뒤집어야 하니 마치 아이들 경기에 나와 있는 듯한 기분이 들었다. 팬들은 웃으며 소리쳤다.

"막강했던 선수가 이토록 추락할 수가 있나! 이봐, 보이는 게 전부라고 하지 않았나, 응?"

한 대회 고위 관계자는 공개적으로 챌린저 대회에서 뛰는 안드레 애거시가 구석진 바에서 연주하는 브루스 스프링스틴(*보스라는 별명을 지닌 미국 록음악계의 대부, 싱어송라이터) 같다고 했다. 구석진 바에서 연주하는 스프링스틴이 뭐가 어쨌단 말인가? 나는 이따금 스프링스틴이 바에서 연주한다면 진짜 멋질 거라 생각했다.

나는 이제 세계 랭킹 141위로, 어른이 된 후 매겨진 최하위 순위였다.

스포츠 기자들은 내가 굴욕을 당하고 있다는 말을 자주 했다. 그러나 그건 완전히 잘못된 생각이었다. 나는 브래드와 호텔방에 있는 게 치욕스러웠고 슬림과 크리스털 메스를 피운 것이 굴욕적이었다. 지금 여기 있게 된 것은 기뻤다.

브래드 역시 같은 생각이었다. 그는 챌린저 대회를 결코 모욕적이라고 받아들이지 않았다. 그는 다시 활력을 찾고 일에 전념했으며, 나는 그런 그가 좋았다. 윔블던에서 그랬던 것처럼 그는 다시 코치 노릇을 하면서 챌린저 대회 출전을 즐거워했다. 그리고 결코 이것이 다시 1위가 되기 위해 거쳐야 하는 1단계라는 생각을 의심하지 않았다. 나는 당연히 그의 믿음을 즉각 시험했다. 나는 내 과거의 자아가 만들어낸 그림자였으니까. 내 팔과 다리는 회복 중일지 몰라도, 내 마음은 여전히 극도로 망가져 있었다. 결승에 진출했지만, 정신이 기진맥진해져 버렸다. 압박감과 어색함, 관중석의 조소로 마음이 요동치는 바람에 나는 지고 말았다. 브래드는 태연했다.

"어떤 기술은 다시 배워야 해요. 말하자면 샷을 선택하는 법이 그렇죠. 테니스 선수들이 한창 시합 중에 이 샷을 쳐야 하고 저 샷은 안 된다는 결정을 하게 만드는 그런 근육을 다시 훈련해야 합니다. 세계 최고의 샷을 치느냐 아니냐는 중요하지 않아요. 기억나요? 타이밍이 맞지 않으면 잘못된 샷인 거예요."

모든 샷은 어느 정도 알고 계산해 치는 것인데, 나는 더 이상 그런 지식이 없었다. 주니어 시절만큼이나 서툴렀다. 첫 슬램을 달성하기까지, 내 재능을 알아보는 데까지는 22년이 걸렸지만, 그 재능을 잃어버리는 데는 2년밖에 걸리지 않았다.

라스베이거스에서 챌린저 대회가 끝나고 1주일 후 나는 버뱅크의 챌린저 대회에 나갔다. 장소는 공원이었다. 센터 코트 한쪽에는 커다란 나무가 있어서 6미터에 달하는 그림자가 드리워졌다. 선수생활 동안 수천 개의 코트에서 시합을 해봤지만 이건 가장 비참한 수준이었다. 멀리서 아이들이 킥 볼과 피구 하는 소리가 들렸고 자동차의 엔진 소리와 휴대용 카세트가 요란하게 울려댔다.

토너먼트는 추수감사절 주말까지 이어졌다. 나는 3회전에 진출하게 됐는데 바로 추수감사절 당일에 시합이 있었다. 칠면조는 집에다 버려두고 버뱅크 공원에서 전투를 벌였다. 내 랭킹은 2년 전 추수감사절보다 120위가 더 떨어졌다. 한편 괴테부르그에서는 데이비스컵이 한창이었다. 챙과 샘프러스는 스웨덴을 상대로 시합 중이었다. 슬픈 일이지만, 내가 거기 없는 게 올바른 결정이었다. 나는 거기 있어서는 안 되었다. 나는 여기서, 이 우스꽝스러운 테니스 코트 옆 나무 아래 있어야 옳았다. 내가 있어야 할 곳에 있다는 사실을 받아들일 수 없다면, 나는 다시는 그곳에 돌아갈 수 없을 것이다.

시합 전 워밍업을 하면서 나는 브룩이 촬영 중인 〈서든리 수잔(Suddenly Susan)〉의 스튜디오가 여기서 4분 거리에 있다는 걸 깨달았다. 페리가 지금 그 드라마의 프로듀서였다. 드라마가 엄청난 히트를 기록하는 바람에 브룩은 하루 열두 시간씩 일할 정도로 바빠졌다. 그래도 그녀가 대회에 나타나 몇 장면이라도 보지 않는다는 게 이상했다. 집에 갔을 때도 그녀는 내게 시합에 대해 묻지 않았다. 나 역시 드라마에 대해 묻지 않았다. 우리는 몇 가지 얘기를 나눴지만 아무런 의미 없는 것들이었다.

내가 훈련을 쉬는 유일한 때는 페리와 만나 내 이름으로 된 자선단체의 준비 작업에 대해 논의할 때였다. 입안 가득 칩위치를 문 십 대 이상주의자였던 우리는 이것에 대해 15년 전부터 얘기해왔다. 우리는 남에게 베풀 수 있을 정도의 정상에 오르고 싶었고, 마침내 그 위치까지 오게 되었다. 나는 나이키와 장기계약 협상을 해왔고, 나이키 측에서는 10년간 1천만 달러를 지급하기로 했다. 나는 부모님에게 집을 사드렸고 내 팀원들을 모두 돌봤다. 경제활동 범위는 더 커지고 시야도 넓어졌다. 1997년에는, 내가 곤두박질을 쳤기 때문인지 아니면 곤두박질을 쳤음에도 불구하고 인지, 마음의 준비도 끝났다.

내가 가장 우려하는 건 위험에 처한 아이들이었다. 어른들은 언제나 도움을 요청할 수 있지만, 아이들은 목소리를 내기 어렵고 무력하다. 내 재단에서 처음 착수한 프로젝트도 학대와 방치 속에 살아온, 법원의 보호구치소에 머물러 온 아이들을 위해 쉼터를 마련해주는 것이었다. 쉼터에는 몸이 아픈 아이들을 위한 작은 집과 임시학교가 있었다. 다음으로 우리는 매년 3천 명의 도심 지역 아이들에게 옷을 나눠주는 프로그램을 시작했다. 그리고 네바다 주립대학에 일정 금액의 장학금을 지급했다. 그리고 미국 소년소녀 클럽도 지원했다. 애거시 재단은 허물어져 가는 204.4m^{2}의 건물을 인수해 컴퓨터실, 카페테리아, 도서관, 테니스 코트가 있는 2,323m^{2}짜리 명소로 탈바꿈시켰다. 콜린 파월이 헌당식에서 연설을 했다.

나는 새로운 소년소녀 클럽에서 느긋한 시간을 보내며 아이들과 만나 그들의 이야기를 들었다. 아이들을 테니스 코트로 데리고 가서 제대로 그립을 쥐는 법을 가르치면서 눈이 반짝이는 걸 봤다. 그 아이들은 전에 라켓을 쥐어본 적이 없었기 때문이다. 컴퓨터실에서 아이들과 앉아 있는 동안, 온라인에 접속하고자 하는 많은 아이들이 길게 줄을 서서 자기 차례가 오길 참을성 있게 기다리는 것도 봤다. 아이들의 배우고자 하는 의지가 얼마나 강한지를 알고 나는 충격과 아픔을 느꼈다. 또 어떤 때는 소년소녀 클럽의 레크리에이션 센터에 앉아 아이들과 탁구를 하기도 했다. 나는 레크리에이션 센터에 갈 때마다 닉 볼리티에리 아카데미의 레크리에이션 센터를 떠올렸다. 그곳에 도착한 첫날밤 나는 너무 무서워서 벽에 등을 기대고 있었다. 그 기억 때문에 겁에 질린 아이들을 볼 때마다 입양하고 싶은 생각이 들었다.

하루는 레크리에이션 센터에 소년소녀 클럽을 운영하는 스탠과 함께 앉아 있었다.

"우리가 더 할 일이 있나요? 어떻게 하면 아이들의 삶을 더 많이 변화시킬 수 있을까요?"

"아이들이 몰두할 수 있는 일을 찾아야 합니다. 그렇지 않으면 한 발 앞으로 나갔다가도 뒤로 두 발 후퇴하는 꼴이 될 거예요. 정말 아이들의 인생을 변화시키고 싶다고요? 지속적인 영향을 주고 싶다고요? 그렇다면 아이들이 더욱 열중할 수 있는 일을 찾아야 해요. 온종일 할 수 있는 뭔가가 필요하지요."

1997년, 나는 다시 페리와 함께 머리를 맞대고 우리 일에 교육사업을 추가하자는 생각을 했다. 우리는 잠시 사립학교를 여는 방안을 고려했으나 행정적이고 경제적인 걸림돌이 너무 컸다. 우연히 나는 〈60분〉에서 차터스쿨(charter school, 미국의 교육 시스템으로, 대안학교의 성격을 가진 공립학교)에 관한 이야기를 보게 됐는데, 차터스쿨은 일부는 주 정부의 자금지원을 받고, 일부는 민간자본으로 운영되는 학교였다. 자금조달은 만만치 않았지만 좋은 점이 있다면 학교 운영의 모든 권한을 가진다는 사실이었다. 차터스쿨 방식으로라면 우리가 원하는 방식을 시도할 수 있었다. 우리만의 무언가를 만드는 일도 자유로울 것이었다. 특별한 공간이 될 수 있었다. 그리고 효과가 있다면 삽시간에 퍼져 나갈 수도 있었다. 전국적인 차터스쿨의 모범이 될지도 모른다. 그러면 우리가 아는 교육은 변화를 맞이할 것이다.

나는 그 아이러니를 믿을 수 없었다. 예전의 〈60분〉에 소개된 내용은 아버지로 하여금 나를 멀리 떠나보내도록 하고 내 마음을 아프게 했는데, 이제 〈60분〉에 새롭게 소개된 내용이 집으로 가는 길을 밝혀주었고, 내 삶의 의미를 찾고 내 사명을 밝혀주는 지도가 된 것이다. 페리와 나는 미국 최고의 차터스쿨을 짓기로 했다. 우리는 좋은 급여수준으로 최고의 교사를 고용해 시험점수와 성적에 책임을 지도록 했다. 그리고 아주 높은 기준을 세운 다음 돈줄을 풀면 어떤 것을 성취할 수 있는지 전 세계에 보여주기로 했다.

학교를 세우기 위해 내 사비로 몇백만 달러를 털어 넣기로 했으나, 먼저 몇백만 달러를 더 모금해야 했다. 우리는 4천만 달러의 채권을 발행하기로 했다. 그 채권을 내 명성을 이용해 재투자함으로써 이익을 얻는 식이었다. 결국, 내 명성도 쓸모가 있었다. 파티에서나 브룩을 통해 만났던 모든 유명인사에게 그들의 시간과 재능을 우리 학교에 기부하도록 하고, 아이들을 찾아오게 하며, 매년 모금 행사에서 공연을 하도록 요청할 것이다. 우리는 그 행사를 아이들을 위한 그랜드슬램이라고 부를 것이다.

페리와 내가 학교 부지를 찾아다니는 동안 나는 개리 밀러로부터 전화를 한 통 받았다. 그는 남아공의 테니스 선수로, 투어에서 경기도 하고 코치도 하던 사람이었다. 그는 케이프타운에서 테니스 행사를 주최해 넬슨 만델라 재단을 위한 모금을 할 계획을 하고 있다고 했다. 그는 내게 참여할 생각이 있는지 물었다.

"만델라가 그 자리에 올지는 저희도 모르겠습니다." 그가 말했다.

"조금이라도 그럴 가능성이 있다면 저도 참여하겠습니다."

"좋은 소식이에요. 그 사람을 만날 겁니다." 개리가 바로 다시 전화해 말했다.

"설마요."

"아니에요. 만델라가 행사에 온답니다."

수화기를 꽉 움켜쥐었다. 나는 오랫동안 만델라를 존경했다. 그의 투쟁과 투옥, 그리고 기적 같은 그의 석방과 놀라운 정치적 이력을 경탄하는 눈으로 지켜보았다. 그를 실제로 만난다는 생각에, 그와 대화를 나눌 수 있다는 생각에 아찔한 기분이 들었다.

브룩에게 만델라를 만나게 될 것 같다고 하자 그녀도 좋아했다. 내가 그렇게 행복해하는 걸 본 게 오랜 만이어서였으리라. 그녀도 같이 가고 싶다고 했다. 행사 장소는 우리가 처음 팩스를 주고받던 1993년, 브룩이 아프리카에서 영화를 찍을 때 머물렀던 곳에서 비행기로 얼마 되지 않는 거리에 있었다. 그녀는 즉시 사파리에 어울리는 복장을 사기 위해 쇼핑하러 갔다.

J.P. 역시 나만큼 만델라를 존경했기 때문에 그와 그의 아내 조니를 우리 여행에 동참시켰다. 브룩과 나는 조니를 좋아했다. 우리 넷은 먼저 남미로 갔다가 요하네스버그행 비행기로 갈아탔다. 그리고 부서질 듯한 프로펠러 비행기를 타고 아프리카의 한가운데로 날아갔다.

폭풍우가 몰려와서 우리는 예상치 않게 착륙하게 되었다. 인적이 끊긴 곳에서 짚으로 지붕을 이은 오두막에 들어가 폭풍우를 피했고, 천둥소리에 수백 마리 동물들이 피할 곳을 찾아 뛰어다니는 소리를 들어야 했다. 오두막 창밖의 광활한 초원 위로 먹구름이 지평선 너머에서 소용돌이치는 걸 보면서, J.P.와 나는 이것이 그 순간 중 하나라고 생각했다. 우리는 만델라의 회고록인 〈자유를 향한 머나먼 길(Long Walk to Freedom)〉을 읽고 마치 헤밍웨이 소설에 나오는 영웅이 된 기분이 들었던 것이다. 나는 만델라가 인터뷰에서 한 말을 생각했다. "인생의 어느 순간에 있든 항상 나아갈 길이 있는 법이다." 만델라가 좋아하는 인용구도 떠올렸다. 윌리엄 어니스트 헨리의 시 '인빅터스'에서 따온 말로, 그에게 남은 여정이 많지 않다고 생각했던 순간마다 그를 지탱하게 해 주었던 말이었다. "나는 내 운명의 주인이요, 내 영혼의 선장이다."

폭풍우가 지나간 후 우리는 다시 프로펠러 비행기를 타고 금렵구로 날아가 3일간 사파리 여행을 했다. 매일 아침 새벽이 되기 전 지프에 올라타고 운전하고 또 운전해 가다가 멈추고는 칠흑 같은 어둠 속에 엔진을 켠 채 한동안 앉아 있곤 했다. 그러다가 새벽이 밝아오면 우리가 수십 종의 동물들에게 둘러싸여 광대한 안개로 뒤덮인 습지의 비탈 위에 있다는 걸 알게 되는 것이었다. 수백 마리의 임팔라를 보기도 하고 75마리는 족히 넘을 것 같은 얼룩말도 봤다. 2층 건물 높이만 한 수십 마리의 기린도 봤다. 이들은 우리 주변을 돌다가 나무 사이로 미끄러져 들어가 제일 높이 자란 가지를 야금야금 갉아 먹으며 셀러리를 씹을 때 나는 소리를 냈다. 풍경이 우리에게 말을 거는 듯했다. 모든 동물은 위험천만한 세계에서 하루를 시작하면서도 놀라울 정도로 평온했으며 환경에 순응하고 있었다. 우리도 못할 이유가 없잖은가?

기사와 사격수가 우리와 함께 다녔는데, 사격수의 이름은 존슨이었다. 우리는 그를 좋아했다. 마치 아프리카인 길과 같았다. 그는 우리를 지켜주었고, 우리가 자신을 좋아하는 걸 알고는 명사수로서의 자신감을 담아 미소를 지었다. 그는 또한 임팔라보다 그 지역을 더 잘 알고 있었다. 어느 지점에서 그가 나무를 향해 손을 흔들면 때를 맞추기라도 한 듯, 천여 마리의 작은 원숭이들이 낙엽처럼 땅으로 우수수 떨어졌다.

그러던 어느 날 아침, 덤불 속 깊이 운전해 들어갔는데 지프가 갑자기 마구 흔들리고 방향이 홱 틀어지며 오른쪽으로 빙글빙글 돌았다.

"무슨 일이에요?"

우리가 길 한가운데서 자고 있는 사자를 자동차로 칠 뻔한 것이었다. 사자는 일어서더니 '나를 깨운 게 너희냐?'라는 듯한 표정으로 노려보았다. 사자 머리는 엄청났다. 눈은 게토레이의 레몬-라임 색이었다. 또 원시적인 사향 냄새가 아주 강해서 머리가 어지러웠다. 사자 털은 예전 내 머리카락 같았다.

남아공의 사파리에서 브룩과 함께 1997년 말, 만델라를 만나기 며칠 전.

"소리 내지 말고 뭘 하든 간에 절대 일어서지 마세요." 운전사 존슨이 속삭였다.

"왜요?"

"사자는 우리를 지금 큰 포식자로 인식하고 있어요. 우릴 두려워하고 있는 거라고요. 지금 여러분이 일어서면 사자는 우리가 여러 명의 작은 사람들이란 걸 알게 돼요."

"알겠습니다."

몇 분 후, 사자는 덤불 속으로 뒷걸음질쳐갔다. 우리는 계속 운전하며 앞으로 나아갔다.

"할 말이 있어요." 나중에 야영지로 돌아오는 길에 나는 J.P.에게 기대어 속삭였다.

"말해 봐요."

"나는 지금 아주 힘든 시기를 보내고 있거든요. 나쁜 일은 잊으려고 노력 중이에요."

"무슨 문제인데요?"

"자세히 말할 순 없어요. 다만 내가 좀 달라 보인다면 사과할게요."

"지금 그런 말을 듣고 나니 좀 달라 보이네요. 달라졌어요. 대체 무슨 일이에요?"

"당신을 좀 더 잘 알게 되면 얘기할게요."

그는 웃었다. 하지만 내가 진지하다는 걸 알고 있었다.

"괜찮은 거예요?"

"모르겠어요. 솔직히 정말 모르겠어요."

J.P.에게 나의 우울과 혼란, 슬픔과 함께한 시간, ATP 출전 정지가 예정되어 있다는 사실에 대해 털어놓고 싶었다. 하지만 그럴 수 없었다. 아직은 아니었다. 한참 지난 일이 되기 전까지는 말할 수 없었다. 마치 사자가 몇 발짝 떨어져서 나를 노려보는 기분이었다. 굳이 문제를 들춰 사자가 덤벼들게 하고 싶지는 않았다. 그저 J.P.에게 그 존재를 일깨워 주고만 싶었다.

나는 테니스 2부 리그에서 뛰고 있다는 사실을 털어놓으면서, 이 힘든 시기를 잘 이겨내고 복귀하게 되면 모든 것이 달라질 거라고 했다. 만약 잘 안 되어서 내 선수생활이 그대로 끝나고 모든 걸 잃게 된다고 해도 나는 달라질 거라고.

"끝난다고요?"

"그냥 알려주고 싶었어요."

일종의 고백이자 증언이었다. J.P.는 슬픈 얼굴로 나를 바라보더니, 내 팔을 꽉 잡고는 내가 내 인생의 주인이라고 말해주었다.

케이프타운을 여행하면서 나는 토요일 아침 심부름을 하는 아이처럼 누가 봐도 아주 안달이 난 표정으로 테니스를 했다. 그리고 마침내 때가 되었다. 우리가 헬리콥터를 타고 구내로 들어가자 만델라가 수많은 사진작가와 고위관리, 기자들, 수행원들에 둘러싸인 채 직접 헬리콥터 이착륙장으로 우릴 맞이하러 나왔다. 그는 내 예상보다 더 컸을 뿐 아니라 더 강하고 강인해 보였다. 마치 전직 운동선수 출신 같았는데, 수년간에 걸친 그의 노역과 고문을 생각해 보면 놀라지 않을 수가 없었다.

역시 그는 젊었을 때 권투를 했던, 전직 운동선수 출신이었다. 그리고 회고록에도 쓰여 있듯 감옥 안에서 제자리 뛰기를 비롯해 조악한 임시 테니스 코트에서 이따금 치는 테니스를 통해 건강을 유지했다고 한다. 그러나 그런 체력에도 불구하고 그의 미소는 부드럽고 천사처럼 온화했다.

나는 J.P.에게 만델라가 성인처럼 보인다고 말했다. 간디처럼 모든 신산함이 사라진 그런 얼굴. 그의 눈은 감옥의 석회 채석장에서 눈부신 불빛을 받으며 수년간 일한 탓에 손상되었으나 지혜로 가득했다. 또한, 뭔가 본질적인 어떤 것을 이해하는 듯한 느낌을 주었다. 만델라가 그런 눈으로 나를 뚫어지게 쳐다보며 악수를 하고, 내 경기를 감탄하며 봤다는 말을 하자 나는 당황해 횡설수설했다.

우리는 그를 따라 큰 홀로 들어갔는데, 거기에는 정식 만찬이 준비되어 있었다. 브룩과 나는 만델라의 테이블에 앉았다. 브룩은 내 오른쪽에, 만델라는 그녀의 오른쪽이었다. 식사하는 내내 나는 묻고 싶은 게 많았지만, 그가 말하는 데 감히 끼어들지는 않았다. 그는 로벤 아일랜드에 대해서도 말했다. 27년간 수감생활을 하는 중에 18년간 갇혀 있었던 곳이었다. 그는 그곳에서 몇몇 간수의 마음을 얻어 가끔 낚싯대를 가지고 작은 호숫가 가장자리에서 산책하는 특별대우를 받았다고 했다. 또 스스로 저녁을 해먹을 수 있도록 배려해 주었다고도 했다. 그는 그 기억을 떠올리며 향수에 젖은 듯 미소를 지었다.

저녁 식사 후 만델라는 내 마음을 뒤흔드는 얘기를 꺼냈다. 그의 테마는 우리 모두 서로를 아껴줘야 한다는 것이었다. 그것은 그의 인생의 과제였다. 우리가 서로를 조심스럽게 다루고 아껴줘야 한다는 말은 또한 우리의 결정에 대해 조심스러워야 하고, 관계에 있어서 신중해야 하며, 우리가 하는 말에도 신중해야 한다는 뜻이다. 우리는 희생자가 되지 않기 위해 우리 삶을 신중하게 다루어야 한다. 이는 직접 나를 향해 하는 말처럼 들렸다. 마치 내가 스스로의 재능과 건강을 소홀히 했다는 걸 알고 있는 것처럼.

만델라는 남아공뿐만이 아닌 전 세계에 산재해 있는 인종차별주의에 대해서도 얘기했다. 인종차별은 단순한 무지에 지나지 않으며, 교육이야말로 유일한 해결책이라고 했다. 감옥에서 만델라는 자유시간이 몇 시간 주어지면 공부하는 데 시간을 보냈으며, 일종의 대학 시스템을 만들어 감방 동료와 서로의 교수가 되어 주기도 했다. 또한, 독서를 통해 수감생활의 외로움을 견딜 수 있었다고 했다. 그는 특히 톨스토이를 좋아했다. 간수들이 고안한 가장 지독한 처벌 중 하나는 4년간 공부할 권리를 박탈하는 것이었다. 그의 이야기는 나의 개인적 경험과 연관되어 일렁이는 것 같았다. 나는 페리와 내가 라스베이거스에서 착수한 일, 우리의 차터스쿨에 대해 생각하며 만델라의 말에 기운을 얻었다. 동시에 부끄럽기도 했다. 수년 만에 처음으로 내 교육의 부재에 대해 절실히 깨닫게 됐기 때문이다. 나는 부족함, 불운함의 무게를 느꼈다. 그리고 그 범죄의 공모자가 된 듯한 기분이었다. 내 고향에서는 지금 이 순간에도 이러한 범죄의 희생양이 되고 있는 사람이 얼마나 많은가, 그들은 자신들이 얼마나 많은 걸 잃고 있는지 알지 못한 채 교육 기회를 박탈당하며 살고 있지 않은가.

마침내 만델라는 자신이 걸어온 길에 대해 이야기를 꺼냈다. 그는 모든 인간의 여정에는 어려움이 따르지만 그런 여정을 거친다는 것 자체에 명료함과 고결함이 있다고 했다. 그의 여정에 비하면 나의 여정은 아무것도 아니었지만, 그게 만델라가 하고자 하는 말은 아니었다. 만델라는 모든 여정이 중요하며 불가능한 여정은 없다고 말하는 것이었다.

만델라와 작별인사를 하면서 나는 매혹되었다. 올바른 방향으로 가고 있었다. 이후에 한 친구가 내게 퓰리처상 수상소설인 〈가족의 죽음(A Death in the Family)〉에 나온 한 구절을 보여주었는데, 소설 속 한 여인이 깊이 슬퍼하며 생각하는 장면이었다.

> 이제 나는 좀 더 성숙한 인류의 구성원에 가까워졌다.
> 그녀는 전에는 단 한 번도 인류가 가진 인내심을 자각해본 적이 없었다.
> 그녀는 고통을 겪은 모든 사람, 그리고 고통을 견뎌내지 못한 사람들까지 사랑했고 존경했다.

이것이 내가 만델라를 떠날 때 느낀 감정에 가깝다. 헬리콥터가 그의 부지를 떠날 때 이런 생각이 들었다. '나는 고통을 겪고 또 겪어온 모든 이들을 사랑하고 존경한다. 이제 나는 인류의 성숙한 구성원에 조금 더 가까워졌다. 신은 우리가 성장하길 원하신다.'

12월 31일 밤, 끔찍했던 1997년의 마지막 순간. 브룩과 나는 또 한 번 새해 파티를 열었다. 다음 날 아침 일찍 잠에서 깨어 머리 위까지 이불을 끌어 올렸다가, 투어에서 빈스 스파데아라는 청년과 연습하기로 되어 있다는 사실을 기억해냈다. 취소하고 싶었다. 하지만 나는 스스로를 꾸짖었다.

'아냐. 취소하면 안 돼. 너는 이제 그런 사람이 아니야. 1998년을 늦잠과 연습 취소로 시작할 순 없지.'

억지로 침대 밖으로 나와 스파데아를 만났다. 그저 연습경기였지만 우리는 경기를 하고 싶어했다. 그는 연습경기를 거의 격투 수준으로 몰고 갔고, 시합에서 내가 이겼기 때문에 그의 그런 자세가 더욱 고마웠다. 코트를 나서면서 숨이 찼지만 강해진 기분이었다. 예전의 그 강했던 느낌. '올해는 나의 해가 될 것'이라고 스파데아에게 말했다. 1998년은 애거시의 해다.

나는 1998년 호주오픈에 참가했다. 브룩과 함께였다. 초반에는 세 명의 선수를 처리했으나, 불행히도 그다음에 스페인 출신의 알베르토 베라사테구이와 맞닥뜨리게 되었다. 2-0으로 두 세트를 앞서고 있었는데, 이해할 수 없게도, 말도 안 되게, 아무런 이유 없이, 나는 지고 말았다. 베라사테구이는 형편없는 선수였고 나는 그를 꼼짝 못하게 했다. 생각지도 못한 패배였다. 2-0으로 앞서다가 진 건 정말 극히 드문 경우였다. 제자리를 찾기 위한 우회로인가 아니면 막다른 골목인가?

산호세 SAP오픈에서는 꽤 잘했다. 결승에서는 샘프러스와 만났다. 그는 다시 나와 붙게 되어 기뻐하는 것 같았다. 나 역시 그가 그리웠음을 인정할 수밖에 없었다. 내가 6-2, 6-4로 이겼는데, 막판으로 갈수록 그가 얼마간 나를 응원해주고 있다는 생각조차 들었다. 그는 내가 지금 어떤 시도를 하고 있는지, 얼마나 멀리 돌아가야 했는지 알고 있었던 것이다.

그를 이기는 게 얼마나 쉬웠는지 라커룸에서 그를 놀리기까지 했다.

"랭킹 100위 안에도 못 드는 선수에게 졌는데 기분이 어때?"

"별로 걱정 안 해. 다시는 그런 일 없을 테니까."

나는 샘프러스의 사생활에 관한 최근 보도를 들먹이며 그를 계속 놀렸다. 그가 법대생과 헤어지고 지금은 여배우와 사귄다는 기사가 나왔던 것이다.

"별로 좋지 않은데?"

몇 마디 말을 주고받으며 우리는 둘 다 긴장이 풀어졌다. 미디어룸에서 기자들은 내게 1위 자리를 놓고 다투는 샘프러스와 마르셀로 리오스에 대해 물었다.

"둘 중 누가 1위에 오를 거라고 생각하십니까?"

"아무도 못 오를 겁니다." 긴장 섞인 웃음이 터져 나왔다.

"내가 1위가 될 거니까요."

요란한 웃음소리가 터져 나왔다.

"아니요. 정말입니다. 농담이 아닌데요."

그들은 나를 빤히 쳐다보다가 각자의 수첩에 나의 헛된 예상을 열심히 받아썼다.

3월에는 스코츠데일에 가서 2회 연속으로 토너먼트 우승을 차지했다. 호주 출신의 제이슨 스톨텐버그를 꺾었는데, 그는 전형적인 호주인으로, 빈틈없고 안정적으로 공격과 방어에 모두 능란하게 게임을 운영하는 선수여서, 마치 상대선수를 처형이라도 하는 듯한 플레이를 선보였다. 그는 내 직감을 확인해보거나 담력을 테스트하기에 좋은 상대였고, 나는 통과했다. 이 순간 나를 방해하는 사람이 있다면 누구든 정말 뼈저리게 후회하게 될 것이다.

나는 인디언 웰스에서 래프터를 꺾었으나, 젊은 테니스 천재인 잔 마이클 갬빌에게 지고 말았다. 사람들은 그가 떠오르는 십 대 선수 중 최고라고 했다. 나는 그가 앞으로 무슨 일이 닥칠지를 알고 있는지, 준비가 되어 있는지 궁금했다. 과연 준비를 할 수 있는 사람이 있는지는 잘 모르겠지만.

키 비스케인에서는 정말로 이기고 싶었다. 그토록 간절히 우승을 바란 적은 없었다. 보통은 지고 싶지 않다는 기분이 전부였다. 그러나 1회전이 시작되기 전 워밍업을 하면서 나는 내가 이걸 정말 원한다고 스스로에게 말했고, 그 이유도 정확히 알고 있었다. 재기가 문제가 아니었다. 내 팀이 걸린 문제였다. 나의 새로운 팀, 나의 진정한 팀 말이다. 내가 세운 차터스쿨을 위해 기금을 마련하고 가능한 많은 유명세를 얻기 위해 시합에 나온 것이었다. 시간이 많이 지나고 나서야 나는 내가 항상 원하던 것, 나 자신보다 더 큰 목적을 위해서지만 여전히 나와 밀접한 관련이 있는 그 어떤 것을 얻게 된 것이었다. 내 이름을 달고 있지만 나 자신에 관한 것이 아닌 어떤 것. 바로 안드레 애거시 대학진학 예비 아카데미(Andre Agassi College Preparatory Academy) 말이다.

처음에는 학교명에 내 이름이 들어가지 않았으면 했다. 그러나 친구들이 내 이름을 달면 명성과 신뢰를 얻게 될 것이며 기금 조성도 쉬워질 거라고 설득했다. 페리가 '아카데미'라는 단어를 골랐는데, 나는 마지막에 가서야 아카데미라는 이름이 내 과거를 잇는 영원한 고리가 된다는 사실에 고맙게 생각하게 됐다. 어린 시절 감옥과 같았던 브래덴톤 아카데미와 닉 볼리티에리 아카데미가 이로써 이어지게 된 것이다.

나는 LA에 친구가 많지 않았던 반면, 브룩은 친구가 셀 수도 없었다. 그래서 그녀는 밤이 되면 대부분 사람들과 어울리며 밖에서 시간을 보냈고, 나는 집에 혼자 있었다.

J.P.가 있는 게 다행이었다. 그는 오렌지카운티에 살고 있어 이따금씩 나와 함께 난롯가에 앉아 시가를 피우며 인생에 대해 이야기를 나누곤 했다. 그가 목회자로 일하던 시절은 오래전 얘기 같았지만 난롯가에 앉아 대화하는 동안 마치 그가 보이지 않는 연단에 서서 내게 설교하는 듯한 기분이었다. 마음이 쓰여서가 아니었다. 나는 그의 고적한 교회당에 있는 것이 좋았다. 신도가 한 명뿐인 교회당이었다. 1998년 초, 그는 몇 가지 큰 주제들에 대해 얘기했다. 동기부여, 영감, 유산, 숙명, 부활과 같은 것들. 그는 내가 만델라와 함께 한 자리에서 느꼈던 사명감을 지켜가도록 도와주었다.

어느 날 밤 나는 J.P.에게 경기에 대해 놀라울 정도로 자신감이 생겼으며, 코트에 설 때 새로운 목표가 생겼다고 말했다.

"그런데도 왜 여전히 이 두려움을 느끼는 걸까요? 그런 두려움이 완전히 사라져야 하는 것 아닌가요?"

"그렇지 않아요. 두려움은 당신 안의 불씨에요, 안드레. 그 불씨가 완전히 소진되면 당신을 보고 싶지 않을 걸요."

J.P.는 집안을 둘러보더니 시가를 한 모금 빨아들이고는 한 번도 우리 집에 아내가 있는 걸 본 적이 없는 것 같다고 했다. 그가 집에 올 때마다 브룩은 밖에서 친구들과 어울리고 있었다. 그는 그런 질문이 불편한 것 같았다. 하지만 나는 미처 깨닫지 못하고 있었다.

1998년 4월, 몬테 카를로에서 샘프러스에게 졌다. 그는 내게 이기고 나서 주먹을 들어 올렸다. 더 이상 나를 응원하지 않는 것이다. 다시 싸움이 시작됐다.

나는 로마로 가서 시합 후 휴식을 취했다. 호텔 침대에 누워 계속 전화를 했다.

처음엔 필리 형. 형은 거의 엉엉 울기 직전인 것처럼 코를 훌쩍였다. 아내인 마티가 이제 막 딸을 출산했다는 것이었다. 아기 이름은 카터 베일리라고 했다. 형은 평소와 달랐다. 물론 행복하고 자랑스러움으로 가득한 목소리였지만, 동시에 축복이라도 받은 듯한 분위기였다. 자신을 행운아라 생각하는 듯했다. 나는 형과 마티가 행복해하니 기쁘다면서 가능한 한 빨리 집에 가겠다고 약속했다.

"브룩과 내가 새로 태어난 조카를 보러 곧장 달려갈게." 나는 목소리를 꾹꾹 눌러담으며 말했다.

다시 전화가 울렸다. 이런 늦은 시간에? 새벽 세 시인데? 내 기억 속에는 그때가 언제나 흐릿하게 남아있다. 두 번의 전화가 며칠 간격으로 걸려왔던 것 같다. 내 변호사들이 스피커폰으로 전화를 건 것이었다.

"안드레? 들려요? 안드레?"

"네. 들립니다. 말씀하세요."

"ATP측에서 결백을 주장하는 당신의 진심 어린 서한을 읽고 신중히 검토했습니다. 당신의 해명이 받아들여졌다고 말씀드릴 수 있게 되어 기쁩니다. 탈락한 약물 테스트 결과는 무시됩니다. 따라서 이후 그 사안은 마무리된 것으로 간주될 겁니다."

"출전 정지가 아니라는 겁니까?"

"네."

"그러니까 자유롭게 선수생활을 지속할 수 있다는 거죠? 문제 없이?"

"그렇습니다."

"확실합니까? 그러니까 진짜 끝난 거 맞죠?" 나는 몇 번을 더 물었다.

"ATP에 관한 한 그렇습니다. 당신의 해명을 믿고 받아들였어요. 축하합니다. 모두가 이 문제를 이만 정리하고 잊고 싶어하리라 생각합니다."

나는 전화를 끊고 허공을 바라보며 생각하고 또 생각했다. 새로운 인생이 시작되는구나.

1998년 프랑스오픈에 참가해, 러시아 출신의 마라트 미하일로비치 사핀과 경기를 펼치면서 나는 어깨를 다쳤다. 이 클레이 코트에서 공이 얼마나 무겁게 느껴지는지 항상 잊고 있었다. 포환던지기를 하는 것 같았다. 어깨가 고통스러웠지만 나는 그 고통에 오히려 감사했다. 테니스 코트에서 부상 입을 수 있는 특권을 앞으로는 절대 당연하게 생각하지 않을 것이었다.

의사는 내가 충돌증후군이 있다고 했다. 신경이 압박을 받는다는 것이다. 2주간 아무것도 하지 않고 쉬었다. 연습도 스파링도, 아무것도 하지 않았다. 경기가 그리웠다. 그뿐만 아니라 나 스스로가 그리워하도록 만들었다. 그런 마음을 즐기고 또 자축하기까지 했다.

윔블던에서는 독일 출신의 토미 하스와 만났다. 3세트에서 치열한 타이브레이크를 벌이는 와중에 라인즈맨이 형편없는 실수를 저질렀다. 하스가 네트를 넘어 공을 길게 옆으로 빠지게 친 것이 명백한데, 라인즈맨은 그걸 인(in)으로 판정했고, 하스가 우위를 점하면서 6-3으로 리드하게 되었다. 선수생활에 있어 최악의 콜이었다. 나는 공이 아웃된 걸 알고 있었고 그건 의심의 여지가 없었다. 그러나 항의해 봤자 소용없었다. 다른 라인즈맨과 엄파이어가 그 콜을 인정했던 것이다. 나는 타이브레이크에서 계속 졌다. 2-1로 뒤처지며 가파른 구덩이에 빠지고 말았다.

날이 어두워지자 관계자들이 시합을 잠시 중지시키고 연기를 선언했다. 호텔로 돌아와 뉴스로 확인하니 공이 몇 인치 밖으로 나와 있었다. 웃음밖에 나오지 않았다.

다음 날, 코트로 나와서 나는 여전히 웃고 있었다. 콜에 대해서는 더 이상 개의치 않았다. 그저 이곳에 있게 된 것이 행복했다. 어쩌면 나는 행복해지는 법과 플레이를 잘하는 법을 동시에 어떻게 하는지 아직 모르는 것 같기도 했다. 하스가 4세트를 따냈다. 그는 기자회견에서 내가 자신의 우상이었다고 했다.

"저는 애거시 선수를 존경했어요. 제겐 특별한 승리죠. 애거시 선수는 1992년 윔블던 우승자고 저는 그런 애거시 선수를 꺾었으니, 그랜드슬램도 몇 번 달성하고 랭킹 1위였던 선수를 이겼으니 말이에요."

그 말은 추도사처럼 들렸다. 나를 이겼다고 혹은 아예 묻어버렸다고 생각하는 건가? 기자실에 있던 그 누구라도 내가 실은 세 번의 슬램을 달성했었다고 그에게 알려주기나 한 건가?

브룩은 〈블랙 앤 화이트(Black and White)〉라는 인디 영화에서 배역을 맡았다. 그녀는 고무되어 있었다. 감독이 천재인데다 영화의 주제가 인종관계였으며 그녀는 대사를 애드리브로 처리하고 레게머리를 할 예정이었기 때문이다. 또 한 달간 숲 속에 살면서 동료 배우들과 한 곳에서 잠을 자게 되었다. 그녀는 전화로 배우들이 모두 24시간 내내 배역에 빠져 살게 될 거라고 했다.

"멋지지 않아요?"

"멋지군." 나는 눈을 말똥거리며 말했다.

그녀는 집에 온 첫날 주방에서 아침을 먹으며, 로버트 다우니 주니어와 마이크 타이슨, 말라 메이플스에 대한 얘기와 다른 영화에 출연한 스타들에 대해 할 얘기가 많다고 했다. 나는 관심 있는 척 노력했다. 그녀도 테니스에 대해 물었고 관심 있는 척 노력하는 것 같았다. 우리는 낯선 사람들처럼 머뭇거렸다. 우리는 주방을 공유하는 부부같지 않고, 유스호스텔을 같이 쓰는 십 대들 같았다. 예의 바르고 공손했으며 심지어 친절하려 노력했지만 분위기는 불안정했다. 모든 것이 언제라도 산산이 부서질 것만 같았다. 나는 주방 난롯가에 통나무를 하나 던져 넣었다.

"당신에게 할 말이 있어요. 집을 떠나있는 동안, 문신을 새겼어요."

"설마." 나는 몸을 휙 돌렸다.

불빛이 환한 욕실로 가서 그녀는 청바지를 내리고 문신을 보여주었다. 엉덩이에 개 그림이 있었다.

"나한테 물어봐야겠다는 생각을 하긴 한 거야?" 나는 하지 말았어야 할 말을 하고 말았다.

"당신 강압적이군요."

언제부터 그녀가 몸에 장식을 하기 위해 내 허락을 필요로 했단 말인가? 나는 다시 주방으로 가서 커피를 한 잔 더 마시고 불꽃을 더 뚫어져라 쳐다보았다. 더 세게, 뚫어져라 바라보았다.

일정이 맞지 않아 브룩과 나는 결혼 직후에 신혼여행을 갈 수 없었다. 그러나 지금 그녀는 막 촬영을 끝낸 상태였고, 나 역시 시합이 끝났기 때문에 완벽한 타이밍인 것 같았다. 우리는 인디고 아일랜드의 남동쪽에 있는, 영국령 버진 군도의 네커 아일랜드에 가기로 했다. 리처드 브랜슨이라는 억만장자가 소유한 섬이었는데, 그는 파라다이스 같은 곳이라 우리가 분명 좋아할 거라고 했다.

하지만 도착한 그 순간부터 우리는 삐걱댔다. 편안하게 지낼 수가 없었다. 어떻게 시간을 보낼지 의견일치가 안 되었다. 나는 쉬고 싶었다. 브룩은 스쿠버다이빙을 원했고 내가 함께하길 원했다. 그러니까 같이 수업을 듣자는 거였다. 나는 신혼여행에서 설사 다른 모든 일이 하고 싶더라도 수업을 듣는 일만큼은 하고 싶지 않다고, 대장내시경을 받는 느낌이라고 했다. 그리고 나서 〈프렌즈〉를 보고 있었는데, 그녀는 계속 고집을 부렸다. 결국 우리는 수영장에서 몇 시간 동안 강사에게 잠수복과 산소탱크, 마스크에 대해 배웠다. 물이 계속 마스크 안으로 새어 들어왔다. 오후에 거뭇하게 수염이 자란 데다가 그 까칠한 수염 때문에 마스크가 내 피부에 밀착되지 않았기 때문이다. 나는 방으로 올라가 면도를 하고 다시 돌아왔다.

훈련의 마지막 단계는 수중 카드게임이라고 했다. 풀장의 밑바닥에 앉아서 태연히 카드놀이를 하면서 수면으로 올라가지 않고 끝까지 게임을 마칠 수 있으면, 스쿠버다이버가 다 된 거라는 거였다. 결국 나는 스쿠버 장비를 끼고 카리브해 한가운데에서 풀장의 밑바닥에 앉아 고피쉬(*Go Fish, 단어쌍을 맞추는 게임) 게임을 하게 되었다. 하지만 내가 스쿠버다이버란 기분은 들지 않았다. 영화 〈졸업〉의 더스틴 호프만이 된 기분이었다. 결국 나는 풀장 밖으로 나와서 브룩에게 말했다.

"난 못하겠어."

"새로운 건 항상 시도조차 않잖아요."

"당신은 마음껏 즐겨. 원하는 대로 바다 한복판에 가서 놀아. 인어공주한테 안부도 전하고. 나는 방에 있는 게 좋겠어."

주방으로 들어가 프렌치프라이 큰 접시를 주문했다. 그리고 방으로 올라가 신발을 벗고 소파에 누워 하루 종일 TV를 봤다. 우리는 3일 정도 일찍 파라다이스 섬을 떠났다. 신혼여행도 끝났다.

1998년 레그 메이슨 클래식 테니스 대회 출전을 위해 워싱턴 D.C.로 갔다. 또 다른 7월의 열기와 기를 죽이는 토너먼트 분위기였다. 선수들은 더위에 대해 불평하고 있었다. 나 역시 평소라면 불평을 쏟아냈겠지만, 나는 감사의 마음과 강철 같은 의지로 오히려 선선함을 느낄 정도였고, 매일 아침 일찍 일어나 목표를 써내려가면서 그런 마음상태를 유지했다. 종이에 목표를 적고 나면 그것을 여러 번 소리 내어 읽었다.

'지름길은 없다.'

토너먼트 시작 직전, 브래드와의 마지막 연습이 있었다. 나는 내키지 않는 마음으로 경기에 임했다. 페리가 나를 호텔로 데려다 주는 동안 나는 말없이 창밖을 바라보았다.

"세워봐."

"왜?"

"그냥 차 세워봐."

그는 갓길로 차를 몰고 갔다.

"앞으로 3킬로미터만 더 가서 기다려."

"무슨 말이야? 미쳤어?"

"난 안 끝났어. 오늘 최선을 다하지 않았어."

나는 록 크리크 공원(Rock Creek Park)을 가로질러 3킬로미터를 달렸다. 1987년, 노숙자들에게 내 라켓을 나눠줬던 바로 그 공원이었다. 한 걸음씩 달릴 때마다 숨이 턱에 닿았지만 상관하지 않았다. 열사병으로 쓰러진다 해도 이렇게 달리고 나면 오늘 밤 잠들기 전 아주 중요한 10분간 마음의 평화를 누릴 수 있을 것이다. 나는 그 10분을 위해 살아가고 있었다. 그 10분이 나의 모든 것이었다. 수천 명의 환호와 야유를 받아봤지만 잠들기 전 그 10분간 내 머릿속에서 들리는 야유만큼 괴로운 건 없었다.

차에 도착하자 얼굴이 옅은 보랏빛이 되었다. 나는 조수석으로 미끄러져 들어가 에어컨을 켜고 페리에게 웃어 보였다.

"이게 우리 방식이지." 그가 내게 수건을 건네며 차에 시동을 걸었다.

나는 결승에 진출해 다시 드레이퍼와 만났다. 얼마 전 내가 그를 어떻게 꺾을 수 있었더라? 내가 그를 이겼다는 사실을 믿을 수 없어 고개를 저었던 생각이 났다. 내 인생의 최저점에 이르렀을 때였다. 나는 그를 50분 만에 6-2, 6-0으로 격파했다. 토너먼트에서 네 번째 우승이었다.

메르세데스 벤츠컵에서는 한 세트도 잃지 않고 준결승까지 진출해 결국 결승까지 제패하고 말았다. 토론토에서 열린 뒤 모리에오픈에서는 샘프러스와 다시 만났다. 그는 첫 세트에서는 훌륭했지만, 2세트부터는 지쳐갔다. 내가 그를 이기면서 그는 랭킹 1위를 내주게 되었고, 나는 9위로 올라갔다.

준결승에서 크라이첵을 만났다. 그는 여전히 1996년 윔블던 우승으로 기분이 좋은 듯했다. 윔블던에서 우승한 유일한 네덜란드인이었기 때문이다. 그가 준준결승에서 샘프러스를 꺾으면서 샘프러스는 몇 년 만에 처음으로 윔블던에서 패배를 맛보게 됐다. 그러나 나는 샘프러스가 아니었고, 예전의 나도 아니었다. 크라이첵은 한 세트 뒤지면서 2세트에서 3-4로 러브-포티가 된 채 서브를 넣었다. 트리플 브레이크포인트. 나는 내 인생 최고의 서비스 리턴을 날렸다. 공은 1센티미터 차이로 네트를 넘어가는 듯했고 선명한 스키드 마크(skid mark, 노면 상에 생긴 자국)를 남겼다. 전형적인 강한 서브리턴이었다. 크라이첵은 눈을 감고 라켓을 강하게 밀더니 맹렬한 발리로 공격해 들어왔다. 공은 어디로든 튈 수 있었다. 그는 공이 어디로 갈지 아무 생각이 없었지만, 위닝샷이었다. 그의 라켓이 0.5도만 더 벌어져 있었어도, 공은 맨 앞줄에 있는 누군가를 치고 나는 서브를 브레이크해서 시합의 주도권을 잡았을 것이다. 하지만 그대신 그는 포인트를 따내고 서브게임을 이기며 3세트 만에 나를 꺾었다. 나의 15회 연속 무패행진에 종지부를 찍게 한 것이다. 예전 같으면 나는 패배를 극복하는 것이 꽤 어려웠을 것이다. 하지만 이제는 브래드에게 말할 수 있었다.

"이게 테니스죠. 안 그래요, BG?"

1998년 US오픈에 출전하면서 나는 세계 랭킹 8위에 올랐다. 관중은 나를 전적으로 응원하며 항상 내 기운을 북돋워 주고 발걸음을 가볍게 해주었다. 16회전에서는 카롤 쿠세라와 만났다. 그는 서브로 나를 짜증스럽게 하려는 것처럼 공을 토스하고 멈췄다가 다시 공을 잡고 다시 토스했다. 나는 2-0으로 두 세트가 뒤처져 있었고 이 남자 때문에 정말 짜증이 났다. 바로 그때 기억이 났다. 쿠세라를 상대로 좋은 경기를 펼치면 펼칠수록 그 녀석은 더욱 잘하게 된다. 엉터리 공을 날리면 그도 엉터리 공을 날린다. 바로 그거였다. 나는 아주 잘하고 있었던 거다! 서브도 너무 잘 넣고 있었다. 나는 서브할 차례가 되면 쿠세라를 따라 했다. 관중이 웃어댔다. 또 바보 같은 문볼(*moon ball, 상대방의 베이스라인 근처에 빠듯하게 들어가도록 높고 깊게 친 공. 비행궤도가 보름달처럼 아치 모양을 그림)을 크게 쳤다. 쿠세라를 짜증스럽게 만들며 시합 자체를 거슬리게 만들었던 것이다.

비가 와서 시합은 다음 날로 연기되었다. 브룩과 나는 그녀의 친구들과 늦은 저녁을 먹으러 갔다. 배우들이었다. 언제나 배우들이었다. 하늘이 개어 우리는 옥상에 테이블이 있는 중심가의 레스토랑 야외석에서 저녁을 먹은 후 인사를 하고 헤어졌다.

"내일 행운을 빌어요!"

배우들은 한 잔 더 한다며 택시를 잡아타고 떠났다. 브룩은 아랫입술을 삐죽 내밀고 고민에 빠져 있었다. 해야 하는 일과 하고 싶은 일 사이에서 갈등하는 아이 같았다. 나는 1리터짜리 길워터를 벌컥벌컥 마시며 말했다.

"가봐."

"정말요? 괜찮겠어요?"

"괜찮아. 재밌게 놀다 와." 나는 거짓말을 했다.

택시를 타고 브룩의 아파트로 갔다. 그녀는 브라운스톤을 팔고 어퍼 이스트 사이드에 있는 그 집을 사들였다. 하지만 나는 브라운스톤이 그리웠다. 길이 보초를 서던 현관이 그리웠다. 브룩과 내가 서로 마스크를 쓰지 않았을 때 거기 있었다면, 눈이 없고 머리털이 없는 아프리카 마스크까지 그리웠을 것이다. 길워터를 마저 다 마시고 침대로 들어가 잠이 들었다. 브룩은 몇 시간 후 집에 돌아왔다. 나는 잠에서 번쩍 깼다.

"다시 자요." 그녀가 속삭였다.

다시 잠을 청했으나 잘 수가 없었다. 나는 일어나서 수면제를 먹었다.

다음 날 아침 나는 쿠세라와 대대적인 전투를 벌였다. 가까스로 시합을 무승부로 만들었으나 그는 활기와 정력이 넘쳤고, 힘겨웠던 5세트에서 나를 꺾었다.

나는 LA에 있는 우리 집 욕실 구석에 앉아서 브룩이 나갈 준비하는 걸 지켜보았다. 나는 다시 집에 있게 되었던 것이다. 우리는 왜 늘 이런 식이 되어 버리는지에 대해 이야기를 나눴다. 그녀는 내가 자신의 세계에 끼어들길 거부한다며 나를 비난했다. 또 새로운 경험과 사람들에 대해 마음을 달아놓고 있다고 했다. 솔직히 나는 그녀의 친구들을 만나는 데 별 관심이 없었다. 물론 천재들과 매일 밤 교제할 수도 있을 것이다. 천재 작가, 예술가, 배우, 음악가, 감독. 미술관 개관식에 참석하거나 월드 프리미어, 새로 상연되는 연극, 시사회에 참석할 수도 있을 것이다. 그러나 내가 하고 싶은 건 집에 머물면서 TV를 보는 것이었다. 만약에, 정말로 만약에 내가 사람들과 어울리고 싶어 한다면, 그건 바로 J.P.와 조니를 저녁 식사에 초대하는 것이었다. 나는 거짓말을 할 수가 없었다. J.P.나 조니와의 장면을 상상하니 완벽한 저녁 시간인 것 같았다.

"안드레, 그들은 당신에게 별로 좋지 않아요. 페리, J.P., 필리, 브래드. 모두 당신을 소중하게 생각하고 즐겁게 해주고 힘을 불어넣어 주죠. 하지만 그들 중 어느 누구도 진심으로 당신에게 최선을 바라고 있지는 않아요."

"그러니까 내 친구들이 모두 나한테 좋지 않다는 거야?"

"길만 빼고요."

"모두?"

"모두요. 특히 페리요."

나는 그녀가 페리와 불화를 빚어왔다는 걸 알고 있었고, 페리가 그녀가 출연하는 〈서든리 수잔〉의 프로듀서를 포기했다는 사실도 알고 있었다. 그녀는 내가 당연히 편을 들어줄 줄 알았으나 그러지 않아서 화가 나 있었다. 그러나 그녀가 내 팀원들 모두를 깎아내릴 줄은 몰랐다.

"안드레, 당신은 가시에 둘러싸인 장미 같아요." 거울에서 얼굴을 돌리며 그녀가 말했다.

"둘러싸인 장미?"

"당신의 돈을 쥐어짜는 사람들에게 둘러싸인 순수한 사람요."

"나는 그렇게 순수하지 않아. 게다가 그 가시들은 내가 어렸을 때부터 도와준 사람들이야. 그들은 내 목숨을 구했다고."

"아니요. 그들은 당신의 발목을 잡고 있어요. 성장을 막고 있다고요. 발전을요. 당신은 발전이 안 됐다고요, 안드레."

페리와 나는 웨스트 라스베이거스에서 가장 환경이 열악한 동네에 아카데미를 세우기로 했다. 학교가 그 지역의 등불이 될 수 있도록. 몇 달간 장소를 물색해 적당한 가격에 캠퍼스 확장을 수용할 수 있을 만한 그런 부지를 찾아다닌 끝에, 우리 조건에 들어맞는 8에이커의 토지를 사들일 수 있었다. 전당포와 쓰러지기 일보 직전의 집들이 늘어선 도심의 황무지 한가운데였다. 그곳은 라스베이거스가 탄생한 곳으로, 초기 라스베이거스 정착민들이 버리고 떠난 후 오랫동안 잊혀진 소도시로 남아있었다. 나는 버림받은 역사의 현장에 학교가 들어서게 된다는 게 마음에 들었다. 아이들의 삶에 변화를 일으키기에 이만한 곳이 또 있을까?

수십 명의 정치인과 고위 인사, 지역 유지들이 기공식에 참석했다. 기자와 TV 카메라, 연설이 뒤를 이었다. 황금색 삽을 쓰레기가 뒤엉켜 있는 흙 속에 찔러 넣은 후 주위를 둘러보니 아이들이 웃고 뛰어놀며 질문하는 소리가 들리는 것 같았다. 이곳을 거쳐 앞으로 나아갈 수많은 아이들의 모습이 그려졌다. 이곳에서 그들이 꿈을 꾸고 삶을 만들어가며 더 나은 미래를 향해 갈 거라는 생각을 하니 정신이 아찔해졌다. 앞으로 몇 년 후 일어날 일들에 벌써 가슴이 벅차올랐다. 내가 죽고 몇십 년이 지나면 더 이상 연설 따위는 들리지 않겠지. 미래는 현재를 흘려보낸다.

누군가가 나를 부르는 바람에 공상에서 깨어났다. 단체사진을 찍으러 올라오라는 거였다. 플래시가 터지고 행복한 순간이었지만, 갈 길이 멀다는 생각에 두렵기도 했다. 학교를 열고 인가를 받고 자금을 마련하는 건 힘겨운 싸움이 될 터였다. 지난 몇 주간 테니스 선수로서 재기하고 건강과 균형을 되찾기 위해 싸우며 선전하지 못했더라면 나는 용기를 내지 못했을 것이다. 사람들은 브룩은 왜 기공식에 오지 않았는지 물었다. 나는 나도 모르겠다고 솔직하게 대답했다.

12월 31일, 1998년의 마지막이었다. 브룩과 나는 예전처럼 새해 파티를 열었다. 우리 사이가 아무리 소원하다 하더라도 명절에 친지들에게 우리 문제를 드러내서는 안 된다고 브룩이 주장했다. 배우가 되어 손님을 관객으로 맞는 기분이었다. 청중이 없을 때조차 그녀는 그럴싸하게 보였고 나는 그녀에게 맞춰 주었다. 손님들이 도착하기 몇 시간 전부터 우리는 행복한 척했다. 최종연습 같은 거였다. 손님들이 다 떠나간 후에도 우리는 연기를 계속했다. 일종의 쫑파티였다.

내 친구와 가족들보다 브룩의 관객들이 더 많은 것 같았다. 브룩이 새로 데려온 강아지도 있었는데, 샘이라 불리는 알비노 핏불테리어였다. 샘은 브룩이 내 친구들을 어떻게 생각하는지 보여주기라도 하는 듯 그들에게 으르렁댔다. J.P.와 나는 거실 구석에 앉아 브룩의 발밑에서 우리를 바라보는 개를 빤히 쳐다보았다.

"저 개가 여기 와서 앉아있었다면 썩 괜찮았을 텐데." J.P.는 내 발 옆을 가리켰다.

"아니, 정말로 좋은 개가 아니에요. 당신 개도 아니고요. 이건 당신 집도 아니죠. 당신 삶이 아니에요."

"음."

"안드레, 이 의자에 붉은 꽃이 있어요."

나는 마치 처음 본다는 듯 그가 앉아 있는 의자를 보았다.

"안드레. 붉은 꽃이에요. 붉은 꽃이요."

1999년 호주오픈에 참가하기 위해 짐을 꾸리는데, 브룩이 인상을 쓰며 집안을 쿵쿵거리고 돌아다녔다. 내가 재기를 시도하자 짜증이 났던 것이다. 우리 사이의 숱한 갈등을 생각하면, 내가 여행을 떠나는 것에 대해 그녀가 그토록 분개해 하는 게 이상했다. 나는 그녀가 내 시간을 낭비하고 있다고 생각할 수밖에 없었다. 그녀는 절대 혼자가 아니었으니까. 그녀에게 작별 키스를 하자 그녀도 내게 행운을 빌어주었다.

나는 16회전까지 갔다. 시합 전날 밤 브룩에게 전화했다.

"힘들군요."

"뭐가?"

"우리요. 이거요."

"그래. 힘들어."

"우리 사이는 참 먼 것 같아요."

"호주는 머니까."

"아니. 우리가 같은 방에 있을 때조차도 그래요. 거리가 느껴진다고요."

브룩은 내 친구들한테 형편없다고 했다. 그런데 어떻게 거리가 없을 수 있겠는가?

"알아."

"집에 돌아오면 얘기 좀 해요. 얘기를 해야겠어요."

"무엇에 대해?"

"집에 오면 얘기해요."

그녀는 북받친 것 같았다. 울고 있는 건가? 그녀는 화제를 바꾸려고 했다.

"상대선수가 누구예요?"

선수가 누군지 말해 주었으나 그녀는 선수들의 이름을 알지도 못했고 무슨 의미인지 이해하지도 못했다.

"TV에 나와요?"

"모르겠어. 아마도."

"지켜볼게요."

"그래."

"그래요."

"잘 자."

몇 시간 후 나는 1년 전 새해 아침의 연습 상대였던 스파데아와 시합을 치르게 됐다. 그는 내 실력의 반도 안 됐다. 한창때였다면 주걱으로도 그를 이길 수 있었으리라. 그러나 나는 지난 52주 중 32주간을 이동해왔고, 길과의 훈련이나 학교 문제, 브룩과의 일도 있었다. 마음은 여전히 브룩과의 전화통화에 가 있었다. 스파데아는 4세트 만에 나를 근소한 차로 이겼다.

언론은 매우 가혹하게 내가 일찌감치 지난 여섯 번의 슬램에서 쫓겨났다고 지적했다. 그건 괜찮았다. 하지만 내가 스스로를 부끄럽게 만들고 있다는 말은 심했다. 떠날 때를 모른다는 것이었다. 애거시는 세 번의 슬램에서 우승했다. 거의 29세인데, 얼마나 더 많은 걸 성취하려 하는 걸까? 대부분의 또래 선수들이 은퇴를 생각하는 나이에. 신문마다 이런 흔해빠진 문구들이 들어가 있었다.

문을 열고 들어가 브룩의 이름을 불렀다. 아무도 없었다. 오전도 절반이나 지났으니 브룩은 스튜디오에 있을 게 뻔했다. 그녀가 돌아오길 기다리며 하루를 보냈다. 알비노 핏불이 나를 노려보고 있어서 제대로 쉴 수도 없었다.

브룩이 집에 왔을 때는 이미 어둡고 날씨도 악화됐을 때였다. 겨울처럼 춥고 비 내리는 밤이었다. 그녀는 나가서 저녁을 먹자고 했다.

"스시?"

"좋지."

차를 타고 우리가 좋아하는 장소인 마츠히사에 가서 바에 앉았다. 그녀는 사케를 주문했다. 나는 너무 허기가 졌다. 늘 주문하던 참치회와 게살, 참치뱃살, 오이, 아보카도 핸드롤을 주문했다. 브룩이 한숨을 쉬었다.

"당신은 언제나 똑같은 것만 시키는군요."

난 너무 배가 고프고 피곤해서 그녀가 못마땅해하는 걸 신경 쓸 겨를이 없었다. 그녀가 다시 한숨을 쉬었다.

"왜 그래?"

"지금은 당신 눈을 못 보겠어요."

그녀의 눈가가 젖어있었다.

"브룩?"

"아니, 정말 당신을 못 쳐다보겠어서 그래요."

"천천히 해봐. 숨을 깊이 들이쉬고. 제발, 울지 마. 계산서 갖고 나가자고. 이런 얘기는 집에서 해."

지난 며칠간 나에 대해 쓴 기사들을 읽고 나니, 이유는 모르겠지만 내일 신문에 내가 아내와 싸우는 장면이 목격되었다는 식의 기사가 나오지 않는 것이 좋겠다는 생각이 들었다. 차 안에서 브룩은 여전히 울고 있었다.

"난 행복하지 않아요. 우리는 행복하지 않아요. 아주 오랫동안 행복하지 않았어요. 우리가 계속 함께하는 한 과연 행복해질 날이 올지 모르겠어요."

그것으로 끝이었다. 나는 좀비처럼 집으로 들어왔다. 옷장에서 여행 가방을 꺼내면서 옷장 속이 얼마나 정돈이 잘 되어있고 깔끔한지 깨닫고는 마음이 불편해졌다. 나의 패배와 나의 침묵과 오르락내리락하는 나의 삶이 브룩에게는 얼마나 견디기 힘들었을까. 동시에 이 옷장 안에는 나를 위한 공간이 거의 없다는 사실 또한 깨닫게 되었다. 상징적이었다. J.P.의 말이 생각났다. '이곳은 당신 집이 아니에요.'

내 옷이 걸린 옷걸이 몇 개를 들고 아래층으로 내려가자 브룩은 주방에서 흐느끼고 있었다. 레스토랑이나 차 안에서처럼 울지는 않았지만 흐느끼고 있었다. 그녀는 아일랜드 식탁 앞 의자에 앉아 있었다. 언제나 아일랜드였다. 섬. 어느 쪽이든 우리는 항상 섬에서 시간을 보냈다. 우리 자체가 섬이었다. 두 개의 아일랜드, 두 개의 섬. 그렇지 않았던 때는 떠올릴 수가 없었다.

"뭐하는 거예요? 무슨 일이에요?"

"무슨 말 하는 거야? 떠날 거야."

"비가 오니까 아침까지 기다려요."

"기다릴 필요가 있을까? 지금만 한 때도 없어."

나는 내 물건들을 챙겼다. 옷, 믹서기, 자메이카 커피빈, 프렌치 프레스. 모두가 브룩이 최근에 선물해 준 것들이었다. 필리 형과 몇 년 전 루브르 박물관에서 본 무서운 그림도 있었다. 그녀가 한 화가에게 똑같은 복제품을 만들어 달라고 주문했던 것이다. 절벽에 매달려 있는 남자를 보았다. 어떻게 그는 지금까지 절벽에서 떨어지지 않았을까?

자동차 뒷좌석에 모든 걸 던져놓았다. 내 차는 거의 새것이나 다름없는 엘도라도 캐딜락 1976년형 컨버터블로, 그 해에 생산된 마지막 모델이었다. 투명하게 빛나는 흰색, 백합의 흰색이어서 릴리라는 이름을 붙였다. 릴리의 시동을 걸자, 오래된 TV처럼 대시보드에 불이 들어왔다. 주행거리계에는 37,015킬로미터로 찍혔다. 릴리는 나와는 정반대였다. 오래됐지만 주행거리는 적었으니까.

진입로를 벗어나 집에서 1킬로미터 이상 멀어지자 나는 울기 시작했다. 눈물이 흐르는 데다 안개가 자욱해지면서 자동차 후드 위의 크롬화환 장식이 거의 안 보일 정도였다. 달리고 또 달려 산 베르나르디노에 다다르자 안개는 눈이 되었다. 산을 가로질러 가는 통행로는 막혀 있었다. 나는 페리에게 전화해 라스베이거스로 가는 또 다른 길이 있느냐고 물었다.

"무슨 일 있어?"

"시험 별거야. 우리는 더 이상 서로를 잘 몰라."

웬디와 헤어졌던 날이 생각났다. 그날도 나는 차를 세우고 페리에게 전화했었다. 그 후 많은 일이 일어났는데도 나는 여기 다시 차를 세우고 실연으로 괴로워하며 페리에게 전화를 하다니.

페리는 라스베이거스로 가는 다른 길은 없다고 했다. 유턴을 해서 해변가로 향하다가 첫 번째 나오는 모텔에서 방을 잡고 쉬라는 거였다. 나는 눈을 헤치며 천천히 운전했지만 고속도로에서 차가 빙그르르 돌면서 미끄러졌다. 모텔마다 멈춰 섰지만 빈 방이 없었다.

마침내 캘리포니아 어딘가의 더러운 모텔에서 마지막 남은 빈방을 구할 수 있었다. 나는 냄새 나는 이불 위에 누워 스스로를 추궁하기 시작했다. 어쩌다 대체 여기까지 오게 된 거지? 어쩌다 이 꼴이 되고 만 거야? 왜 이런 식으로 반응하는 거지? 네 결혼은 완벽과는 거리가 멀었어. 게다가 애초에 왜 결혼을 하게 됐는지, 아니 결혼이란 걸 정말 하고 싶긴 했는지 확신하지 못했잖아. 그런데 왜 그런 결혼이 끝날지 모른다고 생각하면서 감정적으로 만신창이가 된 거야?

'지는 게 싫기 때문이지. 이혼은 힘겨운 패배니까.'

그런데 이전에 힘겨운 패배를 겪어 봤는데도 왜 이번 패배가 이렇게 다르게 느껴지는 걸까?

'이 패배의 결과로 개선할 수 있는 여지가 보이지 않기 때문이지.'

이틀 후 브룩에게 전화했다. 나는 뉘우치고 있었지만 그녀는 강경해져 있었다.

"우리 둘 다 생각할 시간이 필요해요. 잠시 연락하지 않는 게 좋겠어요. 각자 내면을 좀 들여다보고 서로에게 시간을 주도록 해요."

"내면을 들여다보다니? 그게 대체 무슨 뜻이야? 얼마나 오래?"

"3주요."

"3주? 어떻게 3주라는 계산이 나온 거지?"

그녀는 대답하지 않았다. 대신 내게 3주간 테라피스트를 만나볼 것을 권했다.

테라피스트는 라스베이거스에 작고 어두운 사무실을 가진 작고 어두운 여인이었다. 나는 2인용 안락의자에 앉았다. 절묘한 아이러니였다. 그녀는 90센티미터 정도 떨어진 의자에 앉아 중간에 끼어들지 않고 내 말을 끝까지 들었다. 나는 차라리 그녀가 끼어들기를 바랐다. 답을 원했다. 하지만 얘기를 하면 할수록 언제나처럼 나 자신에게 말하고 있다는 사실만 더 절실히 느낄 뿐이었다. 이런 식으로는 결혼생활을 유지할 수 없다. 결혼은 한 사람이 얘기하는 걸로 지켜지거나 해결되는 것이 아니니까.

나는 그날 밤 늦게 바닥에서 깼다. 등이 뻣뻣했다. 거실로 나가 노트와 펜을 들고 소파에 앉은 다음 브룩에게 장문의 편지를 써내려갔다. 애원하듯 손으로 쓴 편지였으나, 이번엔 전부 사실이었다. 아침에 나는 편지를 브룩의 집에 팩스로 보냈다. 종이가 팩스 안으로 들어가는 걸 보면서, 처음 우리 관계가 시작된 5년 전이 떠올랐다. 필리 형의 팩스에 종이를 넣은 후 숨을 죽이고 기다리면, 재치 넘치고 유혹적인 답장이 아프리카 어딘가의 오두막에서 날아왔었지.

이번에는 아무런 답이 없었다. 다시 팩스를 보냈지만 여전히 답장이 없었다. 그녀는 아프리카보다 훨씬 더 먼 곳에 있는 것 같았다. 나는 전화를 걸었다.

"3주라고 했던 거 알아. 그래도 일단 얘기부터 해. 일단 만나는 게 좋겠어. 이 문제를 함께 풀어가야 해."

"아, 안드레."

나는 기다렸다.

"아, 안드레. 이해를 못 하는군요. 내 말을 못 알아듣고 있어요. 우리 얘기가 아니에요. 당신이라는 개인과 나라는 개인에 관한 거예요."

나는 그녀가 옳지만 이해가 안 된다고 했다. 어쩌다 우리가 이렇게 된 건지 모르겠다고. 또 내가 지금껏 얼마나 불행했었는지, 우리 사이가 너무 멀어지게 되어 얼마나 미안한지에 대해 말하고 내가 너무 냉담해진 건 사실이라고 했다. 나의 소용돌이에 대해서도, 엉망진창이 된 테니스 선수 생활이 일으킨 원심력과 그로 인해 일어난 끝없는 마음의 소용돌이에 대해서도 말했다. 나 자신이 누군지 오랫동안 모르고 있었다고도 했다. 아마 영영 모를지도 모른다고. 나 자신에 대한 탐색과 머릿속에서 끊임없이 이어지는 독백, 그리고 우울함에 관해서도 얘기했다. 내 가슴에 담아두었던 모든 이야기를 그녀에게 털어놓았다. 모든 것이 멈칫거리며 서투른 모습으로 어눌한 표현을 통해 흘러나왔다. 당혹스러웠지만 필요한 일이었다. 그녀를 잃고 싶지 않았다. 이제 게임이든 사람이든 잃는 게 지겨웠다. 솔직해진다면 그녀는 내게 다시 한 번 기회를 줄 거라 생각했기 때문이었다.

그녀는 내가 괴롭다니 안됐다고 하면서도 자신이 그 문제를 해결해줄 수는 없다고 했다. 나를 바로잡아줄 수 없다는 것이다. 결국 나 스스로 해야 하는 것이었다. 나 혼자서.

전화가 끊어지는 소리가 들리자 나는 단념하고 침착해졌다. 어울리지 않는 두 선수가 네트 앞에서 짧고 무뚝뚝하게 악수라도 한 듯한 기분이 들었다. 나는 뭔가를 먹고 TV를 본 후 일찍 잠자리에 들었다. 아침이 되자 페리에게 전화해 역사상 가장 빠른 이혼을 원한다고 말했다.

나는 플래티넘 결혼반지를 친구에게 건네며 가장 가까운 전당포를 알려준 다음 그쪽에서 처음 제시하는 가격으로 넘기라고 했다. 그가 들고 온 현금을 브룩 크리스타 쉴즈의 이름으로 새로운 차터스쿨에 기부했다. 그녀는 최초 후원자 명단에 영원히 이름이 올라있을 것이다.

21
슈테피 그라프와의 새로운 만남

브룩이 없이 시작한 새로운 인생의 첫 토너먼트는 산호세에서 열렸다. J.P.가 긴급 카운슬링을 위해 오렌지카운티에서 달려왔다. 그는 나를 격려하고 조언을 아끼지 않았으며 앞으로 좋은 일이 있을 거라고 장담했다. 또 내 기분이 오락가락하는 걸 이해해 주었다. 나는 브룩이 어찌 되든 말든 상관하지 않겠다고 했다가 갑자기 그녀를 그리워했다. 그는 그게 당연한 과정이라며 지난 몇 년간 내가 악취가 나고 발이 푹푹 빠지는 늪에 빠져 있었던 거라고 했다. 이제 사납게 날뛰며 흐르다가 다시 맑아지는 강물처럼 마음을 다스릴 때라는 것이었다. 그 말이 좋았다. 나는 그에게 이 이미지를 마음속에 간직하겠다고 했다. 그의 얘기를 계속 듣는 동안은 괜찮았다. 자신이 있었다. 그의 조언이 산소마스크처럼 느껴졌다.

하지만 그가 다시 오렌지카운티로 떠나자 다시 엉망이 되었다. 나는 시합 도중 코트 위에 서서 상대선수는 안중에도 없이 온갖 것들을 머릿속에 떠올렸다. 나는 나 자신에게 물었다. 신과 가족들 앞에서 맹세를 하고 네, 라는 대답까지 해놓고 지키지 않으면 대체 나는 뭐가 되나?

실패작. 나는 제자리걸음을 하면서 자신에게 욕을 퍼부었다. 라인즈맨이 내가 욕설을 퍼붓는 걸 듣고는 코트를 가로질러 가더니 엄파이어에게 내가 상소리를 했다고 고자질했다.

엄파이어는 내게 경고를 주었다. 라인즈맨은 다시 코트를 가로질러 제자리로 돌아갔다. 나는 그를 노려보았다. 입에 발린 소리만 하는 기분나쁜 놈. 한심한 고자질쟁이 같으니. 엄청난 대가가 따른다는 것을, 그러지 말아야 한다는 것을 알면서도 참을 수가 없었다.

"개 같은 놈아."

그는 멈춰 서서 나를 돌아보더니 곧장 엄파이어에게 달려가 또다시 고자질을 했다. 이번에는 포인트를 잃게 됐다. 라인즈맨이 제자리로 돌아가자 나는 다시 말했다.

"당신은 여전히 개자식이거든."

라인즈맨이 나를 돌아보고는 다시 엄파이어에게 다가갔다. 엄파이어는 괴로운 듯 한숨을 내쉬더니 의자에 앉아 몸을 앞으로 기울였다. 엄파이어가 수퍼바이저를 부르자 그 역시 한숨을 쉬더니 손짓으로 나를 불렀다.

"애거시 선수. 라인즈맨에게 개자식이라고 했습니까?"

"제가 거짓말을 하길 바라십니까, 아니면 사실대로 말씀드릴까요?"

"진짜 그렇게 말했는지 알아야겠습니다."

"그렇게 말했습니다. 그리고 그거 아십니까? 그는 정말 개자식이에요."

그들은 나를 토너먼트에서 실격처리했다. 라스베이거스로 돌아가자 브래드가 전화를 했다.

"인디언 웰스가 코앞이에요."

나는 브래드에게 지금 문제가 좀 있다고 말했지만, 뭔지는 말할 수 없었다. 그리고 인디언 웰스는 안 될 것 같았다. 몸과 마음이 회복할 시간이 필요했던 것이다. 다시 말하면 길과 많은 시간을 보내야 한다는 뜻이었다.

매일 밤 우리는 햄버거를 한 봉지 사서 도시 주변을 차로 돌아다녔다. 훈련방식에서 꽤 벗어난 셈이었지만, 길은 내 마음을 달래줄 힐링푸드가 필요하다는 걸 알고 있었다. 내게서 햄버거를 빼앗으면 손가락 하나를 잃을지도 모른다는 사실도 알고 있었다.

우리는 산으로 차를 몰고 가거나 스트립을 왔다갔다하면서 길의 스페셜 CD를 들었다. 그는 그 CD를 '복부경련'이라고 불렀다. 모든 것에 있어서 길의 철학은 고통을 추구하고 고통을 자초하며 고통이 곧 삶이라는 사실을 인식하는 것이었다.

"실연을 당하더라도 그 사실을 외면하지 마. 그 고통 속에서 뒹굴어. 우리는 상처받는 존재야. 그러니 고통을 느껴야지." 그가 말했다.

'복부경련'은 가장 고통스러운 사랑노래를 모아놓은 메들리였다. 우리는 가사를 외우게 될 때까지 CD를 듣고 또 들었다. 노래가 시작되면 길이 가사를 읊었다. 내 생각에 그의 낭송은 다른 누구의 노래보다 좋았다. 가수들을 부끄럽게 만들 정도였다. 시나트라가 조용히 노래하는 것보다 길이 가사를 읊는 게 더 좋았다.

해마다 길의 목소리는 점점 깊고 풍부하며 부드러워졌고, 그가 감상적인 노래의 코러스 부분을 따라 할 때면 모세와 엘비스(Moses and Elvis)에게 빙의라도 된 듯했다. 배리 매닐로우의 '두려워 하지 말아요(Please Don't Be Scared)'를 따라할 땐 거의 그래미상 후보 같았다.

당신이 여전히 살아있음을 알기 위해(Cause feeling pain's a hard way)
고통을 느낀다는 건 어려운 일(To know you're still alive)

로이 클락 버전의 '빗속에서 불을 피울 수 없다네(We Can't Build a Fire in the Rain)'를 길의 식으로 재해석한 건 언제나 나를 짜릿하게 만들었다. 특히 우리 둘 다 좋아하는 구절이 있었다.

아직 얻을 것이 남아있다는 듯(Just going through the motions and pretending)
그저 마지못해 하는 척 가장하네(We have something left to gain).

길이 없을 때면, 새집에 틀어박혀 지냈다. 라스베이거스에 돌아왔을 때 이따금씩 지내기 위해 브룩과 마련한 집이었다. 이제 그 집은 내게 독신자 아파트가 되었다. 나는 그 집이 좋았다. 브룩과 내가 퍼시픽 팰리세이즈에 살았던 프랑스 시골풍의 집보다는 내 스타일에 가까웠다. 그러나 벽난로가 없었다. 벽난로가 없으면 생각을 할 수가 없었다. 불이 있어야 했다. 그래서 나는 사람을 시켜 벽난로를 만들게 했다.

벽난로 공사를 하는 동안 집은 난장판이었다. 거대한 플라스틱 판이 벽에 걸려 있었고, 방수포가 가구를 덮고 있었다. 두꺼운 먼지가 여기저기 날아다녔다. 그러던 어느 날 아침 아직 공사 중인 벽난로를 쳐다보다가 갑자기 만델라 생각이 났다. 스스로에게 그리고 다른 이들에게 했던 약속도 생각났다. 나는 전화를 들어 브래드에게 연락했다.

"라스베이거스로 와요. 이제 시합에 나갈 준비가 됐어요."

그는 가고 있다고 했다. 믿을 수가 없었다. 나를 버린다고 해도 아무도 비난할 상황이 아니었는데, 그는 내가 전화를 하자마자 모든 걸 내던졌던 것이다. 그가 정말 마음에 들었다. 그가 오는 동안, 나는 사방이 공사 중이라 그가 불편해 할까 봐 걱정이 됐지만 곧 미소를 지을 수 있었다. 대형 스크린 TV 앞에 가죽 안락의자 2개짜리 세트와 버드아이스로 꽉 찬 홈바가 있었기 때문이다. 브래드가 바라는 기본적인 것은 갖춰진 것이다.

다섯 시간 후 브래드가 문을 열고 들어왔다. 그는 안락의자에 털썩 주저

앉더니 맥주를 따고는 엄마 팔에 안긴 듯한 표정을 지어 보였다. 나도 같이 맥주를 마셨다. 6시가 되자 우리는 프로즌 마르가리타를 마셨다. 8시에도 우리는 여전히 의자에 앉아 있었다. 브래드는 TV 채널을 이리저리 돌리며 스포츠 하이라이트를 찾았다.

"이봐요, 브래드. 할 얘기가 있어요. 한참 전에 했어야 하는 얘긴데." 내가 말을 꺼냈다.

그는 TV를 노려보고 있었다. 나는 공사가 덜 끝난 벽난로를 쳐다보면서 불꽃을 상상했다.

"요전 날 게임 봤어요? 올해는 아무도 듀크를 못 이기네요."

"브래드, 중요한 일이에요. 당신이 알아야 한다고요. 브룩과 나는 끝났어요. 우리는 더 이상 같이 살지 않을 거예요."

그가 몸을 돌려 나를 똑바로 쳐다보았다. 그리고 팔꿈치를 무릎에 놓고 고개를 떨궜다. 그가 이렇게 심각하게 받아들이다니. 그는 그렇게 3초 정도 가만히 있더니 마침내 고개를 들고 환한 미소를 지었다.

"좋은 한 해가 될 겁니다."

"뭐라고요?"

"올해는 좋은 일이 있을 겁니다."

"그렇지만…"

"당신 선수생활에서 최고의 일이 일어난 거예요."

"난 비참하다고요. 대체 무슨 말을 하는 거예요?"

"비참하다고요? 그건 상황을 잘못 생각한 거죠. 당신은 아직 아이가 없어요. 새처럼 자유롭죠. 아이가 있었다면, 좋아요, 그럼 정말 문제가 되는 거죠. 그런데 이젠 완전히 자유의 몸이 된 거잖아요."

"그런 것 같네요."

"당신은 테니스공으로 세상을 제패한 사람이에요. 당신은 이제 혼자고 그런 드라마는 다 갖다 버려요!"

그는 정상이 아닌 것 같았다. 헛소리를 하는 것 같기도 했다. 키 비스케인 시합이 다가오고 있으며, 그다음은 클레이 시즌이고, 그러고 나면 좋은 일이 곧 생길 거라나?

"지금 당신에겐 부담이 없어요. 라스베이거스에서 미적대면서 고통에 젖는 대신, 당신 상대선수한테 그 고통을 먹여버려요."

"당신 말이 맞아요. 그런 의미에서 마르가리타 한 잔 더 해요!"

9시가 되자 나는 음식을 좀 먹어야 할 것 같았다. 그러나 브래드는 평화롭고 만족스러운 얼굴로 글래스 가장자리의 소금을 핥아 먹으며 TV에서 중계되는 테니스 경기를 찾아냈다. 인디언 웰스에서 벌어지는 밤 경기였다. 슈테피 그라프 대 세레나 윌리엄스였다. 그는 홱 몸을 돌리더니 다시 환히 웃었다.

"저기 당신 경기가 펼쳐지고 있네요! 슈테피 그라프, 저 선수가 바로 당신 짝이에요."

"네. 그렇겠죠. 하지만 그녀는 나한테 조금도 관심이 없어요."

나는 브래드에게 슈테피와 얽힌 얘기를 해주었다. 1991년 프랑스오픈. 1992년 윔블던 만찬. 나는 노력하고 또 노력했다. 소용이 없었다. 슈테피 그라프는 프랑스오픈 같았다. 결승선을 넘을 수 없었던 것이다.

"다 지난 일이잖아요. 게다가 그때는 당신답지 않게 다가갔어요. 한번 물어보고 물러서요? 너무 아마추어잖아요. 당신이 언제부터 다른 사람들이 하는 대로 내버려 뒀어요? 언제부터 아니라는 대답을 받아들인 거냐고요?"

나는 고개를 끄덕였다. 아마 그런 건지도.

"당신에게 필요한 건 한 번의 시선이에요. 한 줄기 빛이고. 기회라고요. 틈 말이에요."

슈테피와 내가 둘 다 출전하는 다음 토너먼트는 키 비스케인에서 열렸다. 브래드는 내게 침착하라며 그녀와 가까워질 수 있도록 하겠다고 했다. 그는 슈테피의 코치 하인즈 군트하르트를 알고 있다며, 하인즈에게 연습경기 시간을 마련해 보자고 얘기할 거라고 했다.

키 비스케인에 도착하자마자 브래드는 하인즈에게 전화를 했는데, 하인즈는 그 제안에 놀란 눈치였다. 그는 슈테피가 자신의 일상적인 대회준비 일정을 어기면서까지 낯모르는 선수와 연습경기를 하지는 않는다며 거절했다. 그녀는 너무나 엄격한 생활습관을 고수하는 데다가 수줍음도 많아서 불편해할 거라는 거였다. 그러나 브래드는 끈질겼고, 하인즈는 로맨틱한 면이 있었던 것 같다. 그는 우리에게 슈테피의 연습경기 바로 다음에 코트를 예약해 일찍 오라고 제안했다. 그러면 우연인 것처럼 슈테피와 내가 공을 몇 번 주고받을 수 있도록 유도하겠다는 거였다.

"준비는 끝났어요. 정오에요. 당신이랑 나, 슈테피, 하인즈. 곧 파티가 시작될 거예요." 브래드가 말했다.

제일 중요한 것부터 먼저. 나는 J.P.에게 전화해 플로리다로 당장 와달라고 말했다. 조언과 상담역 멘토가 필요했기 때문이다. 그다음 코트로 가서 연습경기를 위해 테니스 연습을 했다.

약속한 날, 브래드와 나는 40분쯤 일찍 코트에 도착했다. 그토록 숨 가빴던 적이 없었다. 그랜드슬램의 결승전 시합을 일곱 번이나 치렀지만 이런 적은 없었다. 우리는 하인즈와 슈테피가 연습경기에 몰두해 있는 걸 발견하고 코트의 사이드 쪽에 서서 그들을 바라보았다. 몇 분 후, 하인즈가 슈테피를 네트로 불러 뭔가를 얘기하며 우리 쪽을 가리켰다. 그녀가 우리를 바라보자 나는 웃어 보였다. 하지만 그녀는 웃지 않았다.

하인즈와 몇 마디 말을 나눈 후 슈테피는 고개를 저었다. 그러나 그녀가 베이스라인 쪽으로 돌아오자 하인즈가 우리에게 코트로 들어오라는 손

슈테피 그라프와의 새로운 만남

짓을 했다. 나는 신발 끈을 재빨리 묶은 다음 가방에서 라켓을 꺼내 코트로 들어갔다. 그리고 충동적으로 셔츠를 홱 벗었다. 뻔뻔하다는 생각이 들었지만, 나는 절박했다. 슈테피는 나를 쳐다보았다. 그리고 거의 알아차릴 수 없을 정도로 잠깐 이었지만 나를 다시 한 번 쳐다보았다. 고마워요, 길.

연습을 시작했다. 그녀는 물론 흠잡을 데가 없었고, 나는 공을 네트로 넘기려고 애쓰고 있었다. 네트가 네 최대의 적이야. 침착하자. 나는 스스로를 타일렀다. 생각은 그만하자. 자, 안드레, 이제 연습경기라고.

그러나 어쩔 수가 없었다. 이렇게 아름다운 여자를 본 적이 없었다. 가만히 서 있을 때는 여신 같았고 움직일 때는 한 편의 시였다. 나는 구혼자였지만, 팬이기도 했다. 오랫동안 슈테피 그라프의 포핸드는 어떤 느낌일지 궁금했고, TV와 토너먼트에서 그녀를 볼 때면 공이 그녀의 라켓에서 날아올 땐 어떤 느낌일지를 상상했다.

선수들의 라켓에서 날아오는 공은 각각 느낌이 다 달랐다. 아주 미세하지만 구체적인 힘과 스핀에 미묘한 차이가 있는 것이다. 슈테피와 공을 주고받으면서도 미묘한 힘이 느껴졌다. 12미터나 떨어져 있었지만 그녀와 몸이 닿는 기분이었다. 포핸드 하나하나가 전희였다.

그녀는 잇달아 백핸드를 날리며 자신의 주특기인 슬라이스샷(slice shot, 공을 옆으로 스치듯이 때리는 것)으로 코트를 종횡무진했다. 나는 그 슬라이스샷을 받아내고 할 수 있는 건 뭐든 보여줌으로써 그녀에게 잘 보이고 싶었다. 그러나 생각만큼 쉽지 않았다. 나는 하나를 놓쳤고 그녀에게 소리쳤다.

"이번에는 빠져나가지 못할 겁니다!"

그녀는 아무 말 없이 다시 슬라이스샷을 쳤다. 나는 무릎을 낮추고 백핸드로 힘차게 공을 날렸다.

그녀의 리턴이 네트에 걸렸다.

"그 샷 덕분에 경제적으로 많은 도움이 됐습니다!"

그녀는 아무 말이 없었다. 그저 더 깊고 날카로운 공을 칠 뿐이었다. 보통 연습 중에 브래드는 바쁘게 돌아다녔는데, 공을 따라다니며 조언을 해주고는 시끄럽게 떠들어대는 것이었다. 하지만 이번에는 아니었다. 그저 엄파이어 자리에 앉아 상어가 우글거리는 해변의 구조요원처럼 눈을 떼지 않고 주시할 뿐이었다. 내가 그쪽을 바라볼 때마다 그는 한 마디씩 중얼거렸다.

"아름다워요."

코트 가장자리로 사람들이 모여들어 멍하니 시합을 바라보았다. 사진기자 몇 명은 사진도 찍어갔다. 나는 궁금해졌다. 남녀 선수가 함께 연습하는 게 그렇게 드문 일인가? 아니면 내가 긴장해서 세 번째 공을 계속 놓치기 때문인 건가? 멀리서 보면, 슈테피가 셔츠를 벗고 소리 없이 웃고 있는 내게 한 수 가르쳐주는 것처럼 보였다. 1시간 10분가량 연습을 한 후 그녀는 내게 손짓하며 네트 앞으로 다가왔다.

"고마워요."

나는 재빨리 네트 앞으로 가서 대답했다.

"천만의 말씀."

그녀가 네트 포스트를 이용해 다리 스트레칭을 시작할 때까지만 해도 애써 태연한 척할 수 있었다. 하지만 모든 피가 머리로 솟구치는 것 같았다. 나도 뭔가 운동 같은 걸 해야 정신을 차릴 수 있을 것만 같았다. 나는 스트레칭을 해본 적이 없었지만, 지금이 시작하기 좋은 때인 것 같았다. 나는 한쪽 다리를 네트 포스트에 올려놓고 허리가 유연한 척했다. 우리는 스트레칭을 하면서 테니스 투어에 대해 얘기하고, 여행에 대해 불만을 토로하며, 우리가 좋아하는 여러 도시에 대해 의견을 나눴다.

"제일 좋았던 도시가 어디에요? 선수생활이 끝나면 어디 살고 싶어요?" 내가 물었다.

"아. 막상막하인 곳이 두 군데 있어요. 뉴욕이랑 샌프란시스코요."

'라스베이거스에 사는 거 생각해 본 적 있어요?'

속으로 이렇게 생각했지만 말은 다르게 나왔다.

"나도 그 두 곳을 제일 좋아해요."

"다시 한 번 고마워요." 그녀가 웃으며 말했다.

"언제든지요."

우리는 유럽식으로 공에 가볍게 키스했다.

브래드와 나는 페리를 타고 J.P.가 기다리는 피셔 아일랜드로 돌아갔다. 우리 셋은 밤새 슈테피가 내 적이라도 되는 양 이야기를 나눴다. 실제로 그렇기도 했다. 브래드는 그녀를 래프터나 샘프러스와 마찬가지로 생각하는 듯 그녀의 강점과 약점을 분석해 내게 코치해주었다. 이따금 J.P.가 조니에게 전화해 스피커폰으로 돌려놓아서 우리는 여자의 입장도 들을 수 있었다.

대화는 이틀에 걸쳐 이어졌다. 식사 중이거나 한증탕에 있거나 호텔 바에 있거나 우리는 내내 슈테피에 대한 얘기에 집중했다. 정보니 정찰이니 하는 군대용어까지 사용해가며 계획을 세웠다. 마치 독일 내륙과 해상 침공 작전을 세우는 기분이었다.

"내게 좀 쌀쌀맞은 것 같아요."

그녀는 내가 아직 브룩과 갈라선 걸 모르기 때문이라고 브래드가 말했다. 아직 신문에 나지 않았던 것이다. 아무도 몰랐다.

"지금 당신 상태에 대해 알려주고 당신이 그녀를 어떻게 생각하는지 말할 필요가 있어요."

"꽃을 보내볼까요?"

"그래요. 꽃 선물은 좋아요. 그렇지만 당신 이름으로 보내면 안 돼요. 언론에 유출될지도 모르니까요. 조니가 보내는 걸로 해요. 카드에 당신 이름을 쓰고." J.P.가 말했다.

"좋은 생각인데요."

조니는 사우스 비치에 있는 가게로 가서 내 지시대로 그 곳에 있는 장미를 모두 샀다. 장미 정원을 슈테피의 방으로 옮겨달라는 주문을 한 셈이었다. 나는 카드에 연습경기에 대한 감사를 표하고 저녁 식사에 초대한다고 썼다. 그리고 전화를 기다렸다.

전화는 없었다. 하루 종일. 다음 날도 마찬가지였다. 한참을 노려보고 소리를 질러대도 전화기는 울릴 생각을 안 했다. 나는 서성거리다가 피가 날 때까지 손톱 밑을 잡아 뜯었다. 브래드가 내 방으로 와서 진정제를 놔 줘야 하는 거냐며 걱정했다.

"다 말도 안 되는 거였어! 좋아, 관심이 없다는 건 알겠어. 그래도 고맙다는 말도 못하나? 오늘 밤까지 전화가 없으면 내가 전화하고 말겠어." 나는 소리쳤다.

우리는 테라스로 갔다. 브래드가 밖을 내다보더니 말했다.

"이런!"

"뭐에요?"

"저거 당신이 보낸 꽃인 것 같은데요." J.P.가 말했다.

브래드와 J.P.가 길 건너편 방의 테라스를 가리켰다. 슈테피의 방이 분명해 보였는데, 테라스 테이블에 거대한 붉은 장미 다발이 놓여있던 것이다.

"저게 좋은 건지 모르겠군요." J.P.가 말했다.

"아니에요. NG에요. 좋지 않아요." 브래드가 말했다

우리는 슈테피가 첫 시합에서 이길 때까지 – 당연히 이기겠지만 – 기다

리는 걸로 결론을 내렸다. 그리고 그녀가 시합에서 이기면 바로 전화하기로 했다. 우리는 모든 시나리오를 연습했다. J.P.는 내가 전화하는 상황에 대비해 그녀가 할 만한 모든 말을 하며 슈테피 역할을 했다.

슈테피는 42분 만에 불운한 1회전 상대선수를 꺾었다. 나는 페리 선장에게 슈테피가 배에 오르는 즉시 내게 전화를 해달라며 팁을 주었다. 시합이 끝나고 50분 후 그녀가 배에 탔다는 전화를 받았다.

나는 그녀가 섬에 오르기까지 15분, 그리고 부두에서 호텔까지 10분이 걸릴 것으로 생각했다. 25분이 지나자 전화 교환원에게 그녀 방으로 전화 연결을 부탁했다. 그녀의 방 번호는 알고 있었다. 내가 보낸 꽃들이 맥없이 테라스 테이블에 놓여있는 게 보였으니까.

신호가 두 번 울리자 그녀가 전화를 받았다.

"안녕하세요. 안드레입니다."

"아, 네."

"내가 보낸 꽃을 잘 받았는지 확인하려고 그냥 전화했어요."

"받았어요."

"아, 네."

침묵.

"우리 사이에 오해가 없으면 좋겠어요. 남자친구가 여기 와 있거든요."

"그렇군요. 그럼, 알았어요. 이해합니다."

다시 침묵.

"토너먼트에서 좋은 결과 있길 바래요."

"고마워요. 당신도요."

지루한 침묵의 순간이 흘렀다

"그럼, 안녕히."

"안녕히."

소파에 털썩 앉아 바닥을 내려다보았다.

"그녀가 무슨 말을 했길래 그런 얼굴을 하고 있는 거예요? 우리가 연습 안 한 시나리오가 있었나?" J.P.가 물었다.

"남자친구가 와있다는군요."

"아!"

나는 웃어 보였다. 그러고는 브래드의 긍정적인 사고방식의 힘을 빌기로 했다.

"그녀가 메시지를 보내올지도 몰라요. '확실히' 남자친구가 거기 옆에 있었다고요."

"그래서요?"

"그래서 말을 할 수가 없었다고 말이에요. 남자친구가 있으니 끝난 거라고, 자신을 내버려 두라고 말한 게 아니라 남자친구가 '여기' 있다고 말한 거죠."

"그래서요?"

"내 생각엔 그녀가 기회가 있다고 하는 것 같아요."

J.P.는 마실 것을 만들어주겠다고 했다.

토너먼트 주최 측에서는 어느 정도의 오락거리를 제공해 주었다. 슬프게도 그 오락거리는 몇 시간 밖에 지속되지 않았다. 첫 시합에서 슬로바키아 출신의 도미니크 흐르바티 선수와 만났는데, 나는 슈테피와 그녀의 남자친구가 즐겁게 혹은 꼴사납게 내 장미를 못 본 척하고 있다는 생각만 들었다. 결국 흐르바티는 나를 3세트 만에 밀어냈다.

토너먼트에서 탈락하자 피셔 아일랜드를 떠나야 했다. 나는 해변에 앉아서 J.P., 브래드와 함께 계획을 짰다.

"슈테피의 남자친구가 분명히 예고 없이 나타날 거예요. 게다가 그녀는

슈테피 그라프와의 새로운 만남

여전히 당신이 이혼한 사실을 몰라요. 여전히 브룩과 결혼생활을 유지한다고 생각할 거예요. 시간을 좀 뒤요. 기사가 터지면 그때 움직이면 되는 거죠." 브래드가 말했다.

"당신 말이 맞아요. 그렇네요."

브래드는 홍콩 얘기를 했다. 흐르바티와의 경기 성적을 고려할 때, 토너먼트를 한 번 더 거치고 클레이 시즌을 준비할 필요가 있다는 것이었다.

"홍콩으로 갑시다. 더 이상 빈둥거리면서 슈테피에 대해 생각하고 얘기하는 건 그만 해요."

어느새 나는 중국행 비행기 안에 몸을 싣고 있었다. 기내 앞쪽의 스크린을 보니 예상 비행시간이 15시간 37분이라고 나왔다. 나는 브래드를 쳐다보았다. 15시간 37분? 슈테피에 대해 너무 집착한다고? 내 생각은 달랐다. 나는 좌석벨트를 풀고 일어섰다.

"어디 가는 거예요?"

"이 비행기에서 내려야겠어요."

"바보같이 굴지 마세요. 앉아요. 침착하게. 여기 있어요. 모두 짐을 꾸렸잖아요. 가서 테니스부터 하자고요."

다시 자리에 앉아 벨베디어 보드카를 두 잔 주문하고 수면제를 삼켰다. 1달쯤 지난 기분이었는데 어느새 지구 반대편에 와 있었다. 홍콩의 고속도로를 따라 쌩쌩 달리는 차 안에서 우뚝 솟은 국제금융센터를 올려다보았다.

"내 이혼 기사가 언제쯤 나오는 거야?" 페리에게 전화해 물어보았다.

"변호사들이 세부사항을 논의 중이야. 너랑 브룩도 각자 성명을 내야 할 걸."

우리는 팩스로 초고를 주고받았다. 브룩의 팀과 나의 팀. 변호사들과 홍보담당자들이 절차를 진행했다. 브룩이 말을 덧붙이면 내가 삭제하고,

팩스가 수없이 오갔다. 팩스로 시작한 관계가 팩스로 끝나고 있었다.

"성명이 이제 공개되기 직전이야. 얼마 안 있으면 언론에 발표될 거야." 페리가 말했다.

브래드와 나는 매일 아침 로비로 내려가 신문을 종류별로 모두 샀다. 그리고 아침을 먹으면서 헤드라인 기사를 짚어가며 모든 페이지를 샅샅이 훑었다. 나는 난생처음 내 사생활에 대한 기사를 찾느라 안달이 났다. 매일같이 기도했다. 내가 자유의 몸이라는 걸 슈테피가 알게 되는 날이 오늘이 되게 해주세요.

날마다 신문을 뒤졌지만 기사는 나오지 않았다. 아무래도 슈테피의 전화를 기다려야 할 것 같았다. 아마 머리카락이 있었다면 다 뽑아버렸을 것이다. 마침내 〈피플〉지의 표지에 브룩과 내 사진이 실렸다. 헤드라인에는 "갑작스러운 결별(suddenly split)"이라고 되어 있었다. 1999년 4월 26일, 29세 생일을 맞기 3일 전이었고, 우리가 결혼한 지 만 2년이 되어가는 시점이었다.

다시 태어난 새로운 기분으로 홍콩에서 열린 토너먼트에서 우승했다. 그러나 나는 귀국하는 비행기에서 팔을 들어 올릴 수가 없었다. 공항에서 길의 집으로 달려갔다. 어깨를 살펴보더니 그는 얼굴을 찡그렸다. 상태가 좋지 않은 것 같았다.

"어쩌면 모든 걸 다 쉬고 클레이 시즌 전체를 건너뛰어야 할지도 모르겠네요."

"안 돼요, 안 돼. 로마에서 열리는 이탈리아오픈에 가야 해요." 브래드가 말했다.

"난 그 대회에서 이긴 적이 한 번도 없어요. 그냥 넘겨버리죠."

"안 돼요. 로마에 가서 어깨가 어떤지 봅시다. 홍콩에 가고 싶어하지 않았지만 이겼잖아요, 그렇죠? 지금 상승세를 타고 있다고요."

슈테피 그라프와의 새로운 만남

나는 그가 하자는 대로 로마행 비행기에 올랐고, 3회전에서 래프터에게 졌다. 인디언 웰스에서 내가 꺾었던 선수였다. 이제 정말 다 그만두고 싶었다. 그러나 브래드는 나를 설득해 독일에서 열리는 월드팀컵에 나가도록 했다. 논쟁할 힘도 없었다.

독일 날씨는 춥고 음산했다. 그런 날씨에서는 테니스공이 무겁게 느껴진다. 나는 살의를 느끼며 브래드를 쳐다보았다. 이렇게 어깨가 아픈데도 그가 나를 데리고 뒤셀도르프에 왔다는 걸 믿을 수가 없었다. 첫 세트 시합 중 나는 3-4로 밀리고 있었고, 더 이상 스윙을 할 수가 없었다. 나는 그만두었다. 그것으로 끝이었다.

"집에 가요. 어깨 먼저 고쳐야겠어요. 그리고 슈테피와의 일을 마무리 지어야겠어요." 브래드에게 말했다.

프랑크푸르트에서 샌프란시스코행 비행기로 갈아타면서 브래드에게 한 마디도 하지 않았다. 너무나 화가 났다. 하지만 나는 브래드 옆에서 12시간을 보내야 했고, 마침내 말을 꺼냈다.

"지금 상황이 이래요, 브래드. 어깨 때문에 난 밤에 잠을 하나도 못잤어요. 지금 당장 수면제 두 알을 삼킬 거고 앞으로 12시간 동안 당신 말은 안 들을 거예요. 그러고 나면 기분이 아주 좋을 것 같아요. 알았어요? 도착한 다음 당신이 제일 먼저 할 일은 프랑스오픈에서 나를 기권시키는 거예요."

그는 내 쪽으로 몸을 기울이더니 두 시간 동안 나를 설득했.

"당신은 라스베이거스로 가지 않을 거예요. 기권하는 일도 없을 거고요. 나랑 같이 샌프란시스코에 있는 우리 집으로 가요. 당신이 좋아하는 장작이 수북이 쌓여 있는 접객용 오두막이 있어요. 그러고 나서 다시 파리로 날아가 시합에 참가하는 거예요. 당신이 우승 못한 유일한 슬램인데다가, 늘 우승을 바랐었잖아요. 시합에 나가지 않으면 이길 수 없어요."

오픈

"프랑스오픈? 농담 그만 해요. 이미 배는 떠났어요. 기회는 사라졌다고요."

"어떻게 알아요? 올해가 멋진 해가 되지 않을 거라고 누가 그래요?"

"내 말 믿어요. 1999년은 어림없어요."

"이제 막 당신은 예전의 모습을 찾아가고 있어요. 지난 몇 년간 보지 못했던 면을 다시 당신에게서 보고 있다고요. 쉬는 건 그 후에 쉬어도 되요."

나는 그를 똑바로 쳐다보았다. 그는 프랑스오픈에서 우승하는 게 어렵다고 생각은 했다. 그러나 내가 프랑스오픈에서 기권하면 윔블던에서 기권할 가능성도 높아지고 그럼 그것이 일 년 내내 계속된다는 것이었다. 그럼 재기와는 안녕이고 다시 은퇴의 기로에 서게 된다.

샌프란시스코에 도착하자, 나는 다시 지쳐서 논쟁할 힘도 없었다. 브래드의 차 안으로 미끄러져 들어가자 그는 자기 집으로 나를 데리고 가 오두막에 내려주었다. 12시간을 내리 잤다. 눈을 떴을 때는 이미 척추지압사가 와서 대기 중이었다.

"별 효과가 없을 거예요." 내가 말했다.

"효과가 있을 거예요." 브래드가 말했다.

나는 하루에 두 번씩 치료를 받고 그 외의 시간에는 안개를 보며 벽난로에 불을 피웠다. 금요일이 되자 기분이 훨씬 나아졌다. 브래드는 미소를 지었다. 우리는 뒷마당에 있는 테니스 코트에서 20여 분간 테니스를 했고 내가 몇 번 서브를 넣었다.

"길에게 전화해요. 파리에 가죠." 내가 말했다.

파리 호텔에서 브래드는 대진표를 살펴보았다.

"어때요?"

그는 말이 없었다.

슈테피 그라프와의 새로운 만남

"브래드?"

"최악이에요."

"진짜요?"

"악몽 같네요. 첫 상대가 프랑코 스퀴야리에요. 아르헨티나 출신의 왼손잡이 선수인데 시드 배정을 받지 않은 선수 중에서 아마 가장 힘든 선수일 거예요. 클레이 코트에서는 아주 막강한 실력자에요."

"당신이 나를 이런 데 끌어들였다니 믿을 수가 없군요."

월요일에 시작되는 시합을 대비해 우리는 토요일과 일요일에 연습을 했다. 시합 당일 라커룸에서 발에 붕대를 감다가 테니스 가방에 속옷을 챙겨오지 않았다는 걸 알았다. 시합은 5분 후 시작이었다. 속옷을 입지 않고 경기할 수 있을까? 그게 물리적으로 가능한지 모르겠다. 브래드가 자기 것을 빌려주겠다며 농담을 했다. 간절히 이기고 싶다는 생각은 절대 들지 않을 것 같았다.

'완벽하군. 어쨌거나 여기 있고 싶지 않았고, 여기 있어서도 안 되는데, 센터코트 1회전부터 전형적인 쥐새끼들과 맞붙는 거로군. 속옷을 안 입고 나가면 어때서?'

관중석에는 1만 6천 명의 관객이 베르사유 궁전을 함락시키려는 소작농들처럼 고함을 치고 있었다. 열심히 땀을 흘리기도 전에 나는 한 세트 뒤진 채 브레이크를 당해 무표정한 얼굴이었다. 내 박스석을 보니 길과 브래드가 앉아 있었다. 도와줘요, 브래드. 그 역시 나를 보며 굳은 얼굴로 말하는 듯했다. 알아서 해야죠.

나는 바지를 추켜올리고 가능한 숨을 깊게 들이마시고는 천천히 내쉬었다. 이보다 더 나쁠 수는 없다고 스스로를 타일렀다. 한 세트만 이기자. 여기서 한 세트만 이겨도 큰 성취감이 들 거야. 딱 한 세트만 이겨보자. 목표를 낮추자 시합이 좀 더 쉬워진 것 같은 여유가 생겼다. 나는 시원하게 백핸드를 치며 제대로 경기를 풀어나갔다. 관중이 웅성거렸다. 내가 이렇게 잘하는 걸 오랜만에 본 것이었다. 나 역시 속에서 울컥하는 느낌이 있었다.

2세트는 거의 난타전이 되어, 50걸음 떨어진 채 총을 겨누고 레슬링 시합을 벌이는 것 같았다. 스퀴야리가 한 치도 양보하지 않으려 하자, 나는 무작정 밀고 나가며 7-5로 만들었다. 그러자 놀라운 일이 일어났다. 내가 3세트를 따낸 것이다. 나는 발밑에서부터 진짜 희망찬 기분이 솟아오르는 걸 느꼈다. 온몸이 얼얼했다. 스퀴야리를 보니 절망적인 얼굴을 하고 있었다. 그는 원래 얼굴에 표정이 없었다. 투어에서 가장 탄탄한 체격을 가진 선수 중 하나였으나, 지금은 한 걸음도 떼지 못하고 있었다. 그는 끝난 것이다. 4세트에서 나는 그를 뒤흔들었고, 내 선수생활사상 믿기 힘든 승리를 거두며 코트를 떠나게 됐다.

진흙이 묻은 채 호텔로 돌아와 길에게 말했다.

"그를 보셨어요? 그 쥐새끼가 경련을 일으키는 거 보셨냐고요? 저 때문에 경련이 생긴 거라고요, 길!"

"봤지!"

엘리베이터는 아주 작았다. 보통 체격이라면 5명쯤 들어갈 만한 공간이었으나 나와 길이 타니 꽉 찼다. 브래드는 우리에게 먼저 올라가라고 말하며 다음 것을 타겠다고 했다. 버튼을 누르고 올라가면서 길은 엘리베이터 한쪽 구석에 기댔고 나는 반대편에 기댔다. 나는 그가 빤히 쳐다보는 게 느껴졌다.

"왜요?"

"아무것도 아니야."

"뭔데요, 길?"

"아무것도 아니야. 아무것도 아니야." 그는 웃으며 다시 말했다.

2회전에서도 나는 계속 속옷을 벗고 경기를 했다(나는 다시는 속옷을 입지 않을 것이다. 한번 효과가 있으면 그 패턴을 바꾸지 않는다). 프랑스 선수 아르노 클레망과의 경기에서 첫 세트를 6-2로 따낸 후 2세트를 리드하며 나는 그 어느 때보다도 클레이 코트에서 최선을 다해 경기에 임했다. 그를 거의 잠재우고 있었다. 그런데 갑자기 클레망이 깨어나더니 2세트와 3세트를 연이어 따냈다. 갑자기 어떻게 된 거지?

4세트에서 내가 4-5, 0-30로 서브를 넣을 차례였다. 2포인트만 더 잃으면 이 토너먼트에서 쫓겨나는 상황이었다. 나는 속으로 생각했다. 두 포인트야. 두 포인트.

그는 완벽한 포핸드 위닝샷을 날렸다. 걸어가서 점수를 확인하니 아웃이었다. 나는 라켓으로 점수에 동그라미를 쳤고, 라인즈맨이 달려와 이를 확정 지었다. 그는 에르퀼 포와로(*애거서 크리스티의 추리소설에 나오는 벨기에 출신 탐정)처럼 자세히 살펴보더니 손을 들었다. 아웃!

라인 안쪽으로 들어왔다면, 나는 트리플 매치포인트로 뒤졌을 것이다. 대신 나는 15-30으로 따라잡았다. 큰 변화였다. 만약? 그러나 그런 가정은 그만 생각하라고 나 자신을 타일렀다. 생각하지 마, 안드레. 마음을 집중해.

나는 2분간 내가 할 수 있는 최고의 테니스 경기를 선보였다. 서브게임을 이겼고, 우리는 5-5가 되었다. 클레망이 서브를 넣었다. 내가 다른 선수였다면 그가 우위에 설 수도 있었을 것이다. 그러나 나는 우리 아버지의 아들이었다. 나는 리터너였다. 아무것도 나를 지나쳐가지 못했다. 나는 그가 양옆으로 앞뒤로 뛰어다니게 만들었다. 그가 입 밖으로 혀를 내밀기 시작했다. 그도 관중들도 내가 더 이상은 그를 뛰어다니게 하지 못할 거라 생각할 즈음, 나는 조금 더 그를 뛰게 만들었다. 그는 메트로놈 같았다. 그리고 완전히 나가 떨어져 머리에 총이라도 맞은 듯 앞으로 고꾸라졌다. 경련이 심해지자 그는 치료를 요청했다.

나는 그를 브레이크했다. 그리고 손쉽게 서브게임을 이기고는 4세트를 따냈다. 5세트도 6-0으로 이겼다.

라커룸에서 브래드는 혼잣말인지 나한테 하는 말인지 아니면 누구든 들으라고 하는 말인지 모를 말들을 중얼거렸다.

"그 녀석 뒷바퀴가 완전히 나갔다고! 봤어요? 이런 젠장! 그의 뒷바퀴가 꽝 터졌다니까."

기자들은 클레망이 경련을 일으킨 것에 대해 운이 좋지 않았냐고 물었다.

"운이 좋다고요? 난 그렇게 되도록 열심히 노력한 것뿐입니다."

길과 함께 호텔의 작은 엘리베이터를 타고 올라가는 내 얼굴은 진흙으로 뒤덮여 있었다. 눈과 귀와 입에 진흙이 가득 찼다. 옷에도 진흙이 튀어있었다. 아래를 내려다보았다. 롤랑 갸로 대회의 진흙이 마르면 피처럼 보인다는 사실을 예전에는 전혀 몰랐다. 진흙을 털어버리려고 하는데, 길이 나를 빤히 바라보는 것 같은 느낌이 다시 들었다.

"왜 그래요?"

"아무것도 아니야." 그가 웃으며 말했다.

3회전 상대선수는 크리스 우드러프였다. 그와는 1996년에 여기서 시합을 치렀다가 진 적이 있었다. 비참한 패배였다. 그 해 나는 승산을 몰래 점쳤었는데, 이번에는 내가 이길 것이라는 걸 처음부터 직감했다. 설욕을 할 것이라는 데 조금도 의심이 없었고, 흔들림 없이 서브를 넣었다. 그가 나를 꺾었던 바로 그 코트에서 나는 그를 6-3, 6-4, 6-4로 완패시켰다. 브래드는 이 승리를 감정적으로 받아들이라고 했다. 내가 이 순간을 기억하길 바랐던 것이다.

1995년 이후 처음으로 프랑스오픈에서 나는 16회전까지 진출했고, 그 보상으로 전년도 우승자인 카를로스 모야와 겨루게 됐다.

"걱정할 것 없어요. 모야가 챔피언이고 클레이 코트에서 정말 잘하긴 하지만, 당신은 그를 물리칠 수 있어요. 강하게 공격하면서 베이스라인 안쪽에 서서 빨리 공을 치고 힘을 가해요. 그의 백핸드를 노려요. 포핸드로 가져가야 할 때는 의도적으로 강렬히 쳐야 해요. 그냥 해서는 안 돼요. 대로변까지 한 번에 강하게 밀고 나가야 해요. 그가 당신이란 존재를 느낄 수 있도록." 브래드가 말했다.

첫 세트에서 존재를 느낀 건 내 쪽이었다. 1세트를 빨리 내준 것도 모자라 2세트에서 나는 브레이크를 두 번 당했다. 경기운영이 내 뜻대로 되지 않았다. 브래드가 내게 주문한 것도 전혀 하지 못하고 있었다. 박스석을 올려다보자 브래드가 소리쳤다.

"힘내요! 할 수 있어요!"

초심으로 돌아가자. 나는 모야를 뛰고 또 뛰게 만들었다. 나 자신에게 구호를 외치며 가혹한 리듬을 만들어냈다. 달려, 모야, 달려. 그가 트랙을 몇 번이나 돌게 만들었다. 보스톤 마라톤에서 달린 것만큼 달리게 만들었다. 내가 2세트를 따내자 관중은 환호했다. 3세트에서는 지난 세 명의 상대선수를 달리게 만든 것보다 훨씬 많이 모야를 달리게 만들었는데, 갑자기 한순간에 그가 녹초가 되어버렸다. 그는 이런 시합을 원치 않았고, 이런 경기를 하게 되리라곤 생각조차 않았던 것이다.

4세트가 시작되자 자신감이 흘러넘쳤다. 나는 위아래로 뛰면서, 내가 얼마나 에너지가 많이 남았는지 모야가 봐주길 바랐다. 역시나 그는 나를 보더니 한숨을 내쉬었다. 나는 그를 간단히 눌러버리고 라커룸으로 뛰어 들어갔다. 브래드가 내게 주먹으로 하이파이브를 하는 바람에 내 주먹이 거의 부러질 뻔했다.

호텔 엘리베이터에서 길이 다시 나를 빤히 쳐다보는 걸 느꼈다.

"길, 왜 그러는 거예요?"

"예감이 들어."

"무슨 예감이요?"

"네가 충돌을 피할 수 없을 것 같아."

"어떤 충돌이요?"

"운명 말이야."

"저는 운명을 믿지 않는 편인데."

"곧 알게 되겠지. 빗속에서는 불을 피울 수 없는 법이니…"

우리는 이틀 동안 쉬면서 테니스 이외의 것들을 생각했다. 브래드는 스프링스틴이 우리 호텔에 있다는 걸 알아냈다. 파리에서 콘서트를 열고 있었던 것이다. 브래드는 콘서트에 가보자며 아래층 앞줄에 세 좌석을 구했다.

처음에는 외출해서 재밌게 노는 것이 과연 좋은 생각인지 확신할 수 없었다. 그러나 TV에서 시종일관 토너먼트에 대한 뉴스가 흘러나와 기분은 별로 좋지 않았다. 한 테니스 관계자가 나를 코너 바에서 연주하는 스프링스틴에 비유하면서 챌린저 대회에서 경기하는 나를 조롱했던 기억이 났다. "좋아요. 오늘 밤은 신 나게 놀아 봐요. 보스(*스프링스틴의 별명)를 보러 가자고요."

브래드와 길, 그리고 나는 스프링스틴이 무대에 오르기 몇 초 전에 공연장으로 들어갔다. 통로를 내려가는데, 몇몇 사람들이 나를 알아보고는 내 이름을 크게 불렀다.

"안드레!"

"이봐, 안드레야!"

우리가 좌석에 앉자 조명이 관중석을 비추더니 갑자기 우리에게 집중됐다. 우리 얼굴이 무대 위 거대한 비디오 스크린에 나타나자 관중은 함성을 지르며 구호를 외치기 시작했다.

"힘내라, 애거시!(Allez, Agassi!) 힘내라, 안드레!(Allez, Andre!)"

슈테피 그라프와의 새로운 만남

1만 6천여 명이(롤랑 갸로에 있던 관중과 거의 비슷한 수였다) 구호를 외치며 환호하고 발을 구르자 '힘내라, 애거시!'라는 구호에도 리듬이 실렸다. 아이들의 동요처럼 활발할 리듬이었다. 덧덧-다다다. 리듬은 전염성이 있었다. 브래드도 구호를 외쳤다. 나는 일어서서 손을 흔들었다. 영광이었고 크게 감동하지 않을 수 없었다. 당장에라도 다음 시합을 시작할 수 있을 것 같았다. 바로 여기서.

"힘내라, 애거시!"

가슴이 먹먹하고 목이 메었다. 그리고 마침내 보스가 무대에 등장했다.

준준결승 상대는 우르과이 출신의 마르셀로 필리피니였다. 첫 세트는 쉬웠다. 두 번째도 쉬웠다. 마르셀로를 달리게 만들자 그는 쉽게 허물어졌다. 그대여, 우리 같은 떠돌이들은 죽어라 내달리기 위해 태어났으니까(*Tramps like us, baby, we were born to run, 스프링스틴의 '본 투 런(Born to Run)'이란 곡의 가사 중 일부)! 나는 승리하는 것만큼이나 이런 순간이 좋았다. 상대선수를 꼼짝 못하게 만들면서, 길과 함께한 숱한 날들을 2주 동안 집중적으로 보상받는 것 같은 이런 순간 말이다. 필리피니의 별다른 반격 없이 나는 3세트를 6-0으로 이겨버렸다.

"상대를 아주 꼼짝 못하게 만들어버리는군요! 맙소사, 안드레, 선수들을 완전히 압도하고 있다고요." 브래드가 소리쳤다.

준결승에 올라 흐르바티와 붙게 됐다. 그는 내가 슈테피에게 빠져 정신 못차리고 있을 때, 키 비스케인에서 나를 가볍게 눌렀던 선수였다. 첫 세트를 6-4로 이기고 다음 세트에서는 7-6으로 그를 제압했다. 구름이 몰려오고 가벼운 빗방울이 떨어지기 시작했다. 갑자기 공이 무거워지면서 내 공세가 무력화되고 있었다. 결국 흐르바티가 어드밴티지를 얻으며 3세트를 6-3으로 이겼고, 4세트에서는 2-1로 앞섰다. 이긴 거나 다름없었던 시합이 점점 내 손을 떠나고 있었다. 그는 한 세트 뒤진 상태였지만 탄력을 받은 것이 분명했다. 나는 간신히 매달려 있는 기분이었다.

브래드는 하늘을 가리켰다. 시합을 중단시키라는 거였다. 나는 수퍼바이저와 엄파이어를 불러 진창이 된 코트를 가리켰다.

"이런 환경에서는 위험해서 경기할 수 없을 것 같아요."

그들은 사금을 고르는 광부들처럼 진흙을 면밀히 살펴보더니 시합 중지를 선언했다. 길과 브래드와 함께 저녁을 먹는 동안 기분이 더러웠다. 시합이 흐르바티 쪽으로 기울었음을 알고 있었기 때문이다. 비 덕분에 겨우 살아남은 것이었다. 그렇지 않았다면 지금쯤 우리는 공항에 가 있었을 것이다. 내일 시합을 걱정하느라 밤새도록 마음을 졸이고 있다는 사실을 믿을 수가 없었다.

나는 말없이 내 접시를 바라보았다. 브래드와 길은 내가 자리에 없다는 듯이 의논을 하기 시작했다.

"안드레가 신체적으로는 괜찮은데 말이야. 상태는 괜찮다고. 좋은 얘기를 좀 해주라고, 브래드. 잘 지도해 줘." 길이 말했다.

"무슨 말을 하면 좋을까요?"

"한번 생각해봐."

브래드는 맥주를 꿀꺽꿀꺽 마시더니 내 쪽을 쳐다봤다.

"좋아요, 안드레. 좋은 생각이 있어요. 내일 28분 정도만 시간을 내요."

"뭐라고요?"

"28분이요. 결승지점까지 전력 질주하는 거예요. 할 수 있어요. 우승까지는 다섯 경기가 남았고 그뿐이에요. 28분을 넘기지 않는 거예요."

"날씨도 그렇고 공도 무거워요."

"날씨는 좋아질 거예요."

"비가 올 거라던데."

"아니에요. 괜찮을 거예요. 우리한테 28분만 줘봐요."

브래드는 내 마음을 움직이는 법을 알고 있었다. 그리고 순서와 구체성, 분명하고 정확한 목표가 내게 설득력을 가진다는 것도 알고 있었다. 그런데 그가 날씨까지 짐작할 수 있었나? 처음으로 그가 코치가 아니라 예언가일지도 모른다는 생각이 들었다. 호텔로 돌아와 길과 나는 엘리베이터 안에 몸을 구겨 넣었다.

"괜찮을 거야."

"네."

자기 전에 그는 길워터를 마시게 했다.

"별로 생각이 없어요."

"그래도 마셔."

수분 흡수가 지나쳐 거의 맑은 소변을 볼 때가 되어서야 그는 자는 것을 허락했다.

다음 날 긴장한 채 시합에 나섰다. 4세트에서 1-2로 뒤처진 상황, 서브를 넣고는 브레이크포인트를 두 번이나 맞았다. 안 돼, 안 돼, 안 돼! 듀스로 반격해 서브게임을 지켰다. 이제 세트는 동점이 되었다. 재앙을 피하고 나니 갑자기 느긋해지면서 행복감이 밀려왔는데, 이는 스포츠에서는 매우 흔한 경우였다. 가느다란 줄에 의지해 깊은 수렁 위에서 버둥거리면서 죽음을 응시하다가 상대선수가, 혹은 삶이, 나를 건져 올리면 너무나 기쁜 나머지 마음껏 라켓을 휘두르게 되는 것이다. 나는 4세트를 따내고 시합에서 이겼고, 결승을 앞두게 됐다.

제일 먼저 브래드를 찾았다. 그는 잔뜩 흥분한 얼굴로 자기 시계를 보더니 코트 위의 디지털 시계 전광판을 가리켰다. 28분이었다. 정확히.

결승상대는 우크라이나 출신의 안드레이 메드베데프였는데, 아무리 생각해도 불가능한 일이었다. 한 달 전쯤, 몬테카를로의 나이트클럽에서 그와 마주친 적이 있었는데, 그는 그날의 쓰라린 패배를 잊으려 술을 마시고 있었다. 그는 우리 테이블의 의자에 털썩 앉더니 테니스를 그만두겠다고 선언했다.

"더 이상 이 빌어먹을 놈의 게임은 이제 못 해먹겠어요. 나는 늙었다고요. 시합에서 밀려나고 있어요."

나는 그러지 말라고 그를 설득했다.

"어떻게 그럴 수 있지? 지금 나는 스물아홉에 부상까지 당한 이혼남인데도 여기 있는데, 겨우 스물넷에 끝장났다고 징징대? 당신 미래는 밝아."

"내 경기는 형편없어요."

"그래? 그럼 바로잡으면 되잖아."

그는 조언과 충고를 부탁했다. 예전에 내가 브래드에게 내 경기 스타일을 분석해달라고 부탁했듯이 그는 자기 경기를 분석해달라고 부탁하고 있었다. 나는 브래드처럼 행동했다. 잔인할 정도로 솔직했던 것이다. 당신은 서브가 크고 리턴도 크며 수준급 백핸드 실력을 갖고 있다. 포핸드는 물론 최고가 아니지만 그걸 숨길 수는 있을 거다. 당신은 상대선수를 혹독하게 다룰 수 있을 정도로 몸집이 크니까.

"당신은 움직임이 좋아! 초심으로 돌아가라고. 계속 움직이면서 첫 서브를 강하게 넣고, 스트레이트로 백핸드를 강하게 날리는 거야."

그는 내 조언에 따라 전의를 불태웠고 투어마다 승승장구하며 이기고 있었다. 이번 토너먼트에서도 다른 선수들을 제압하고 있었다. 매번 라커룸에서 마주칠 때마다 혹은 프랑스오픈 즈음에 마주칠 때마다 우리는 은밀한 눈짓과 손짓을 주고받았다. 이런 자리에서 상대로 맞닥뜨리게 될 것이라고는 한 번도 생각해본 적이 없었기 때문이다. 길은 틀렸다. 나는 운명과 맞닥뜨리게 되는 것이 아니라 내 손으로 만든 위협적인 드래곤과 맞닥뜨리게 되었다.

어딜 가든 파리 시민들은 내게 행운을 빈다고 했다. 토너먼트가 주요 화제였던 것이다. 레스토랑과 카페, 거리에서 사람들은 내 이름을 부르며 공에 키스를 하고 내 앞날을 응원해 주었다. 스프링스틴 콘서트에서 나를 환영해주었던 팬들의 이야기도 신문지면을 장식했다. 사람들과 언론들은 불가능해 보였던 나의 질주에 환호하고 있었다. 그들은 내가 수렁에서 돌아온 모습을 보며 자기 자신들 속에 있는 어떤 힘을 확인했던 것이다.

결승전이 치러지기 전날 밤, 호텔방에 앉아서 TV를 보고 있었는데 갑자기 토할 것 같아졌다. 작년에도 이런 상황이 있었다. 지난 18개월, 지난 18년. 수백만 개의 공, 수백만 개의 결정. 이번이 프랑스오픈에서 우승할 수 있는 마지막 기회, 그랜드슬램을 달성해 하나의 완벽한 세트를 채울 수 있는 마지막 기회, 내가 구원받을 수 있는 마지막 샷이 될 것 같았다. 질 수도 있다는 생각에 두려움이 몰려왔지만, 이긴다고 생각해도 두렵기는 마찬가지였다. 감사하다는 생각이 들까? 내가 그럴 자격이 있을까? 이 기회를 딛고 올라서게 될까, 아니면 허비하게 될까?

게다가 메드베데프는 내 생각을 모르는 게 아니었다. 그는 내 경기 방식을 알고 있었다. 내가 알려주었기 때문이다. 심지어 이름도 같다. 안드레이. 안드레와 안드레이의 싸움이라니. 나와 도플갱어와의 싸움인 것이다.

"저녁 먹으러 갈 준비 됐어?"

브래드와 길이 방문을 두드렸다. 나는 문을 열어 두고 잠깐 들어오라고 하고 문 바로 안쪽에 서서 미니바를 열었다. 보드카 한 병을 단숨에 들이켜자 브래드가 입을 딱 벌렸다.

"지금 뭐하는 거예요?"

"초조해 죽을 것 같다고요, 브래드. 하루 종일 아무것도 먹을 수가 없었어요. 먹어야 하는데, 허기를 달랠 수 있을 정도로밖에 못 먹겠어요."

"걱정하지마. 안드레는 괜찮아." 길이 브래드에게 말했다.

"그래도 큰 컵에다 물 한 잔 정도는 마셔야죠."

저녁 식사 후에 방으로 돌아와, 수면제를 먹고 침대 속으로 미끄러져 들어갔다. J.P.에게 전화하니 그곳은 지금 이른 오후라고 했다.

"거기는 몇 시죠?"

"늦은 시간이에요. 아주 늦었죠."

"기분은 어때요?"

"제발, 제발요. 몇 분 동안만 테니스 말고 아무거나 얘기해줘요."

"괜찮은 거예요?"

"테니스 말고 아무거나요."

"좋아요. 시를 하나 읽어줄까요? 최근에 시를 좀 많이 읽었거든요."

"아. 좋아요. 뭐든지."

그는 책장으로 가더니 책 한 권을 꺼내 들고는 조용히 시를 읽었다.

잃은 것도 많고 남은 것도 많도다 그 옛날 천지를 뒤흔든 力士는 아닐지라도 오늘의 우리는 우리일지니, 우리일지니 세월과 운명으로 약해졌어도 영웅의 가슴에 어울리는 기백은 노력하고 추구하고 찾아내며 그리고 굴하지 않는 강한 의지로다.

(시는 알프레드 테니슨의 〈율리시스〉 중. 이재우 편역, 해양명시집에서 발췌)

나는 전화를 끊지도 않고 잠들었다.

길이 방문을 두드렸다. 그는 검은색 스포츠 코트에 주름 잡힌 검은색 슬랙스를 멋지게 차려입고 있었다. 드골 장군이라도 만나러 가는 걸까? 게다가 검은색 모자에 내가 준 목걸이까지 하고 있었다. 나는 그에 맞는 귀걸이를 했다. 성부와 성자와 성령의 상징.

엘리베이터에서 그는 괜찮을 거라고 했다. 그러나 괜찮지 않았다. 워밍업을 하는 동시에 깨달을 수 있었다. 나는 결혼에서처럼 땀을 줄줄 흘렸다. 극도의 긴장감에 휩싸여 이가 아래위로 딱딱 부딪쳤다. 해는 밝았고 공은 말라서 가벼워졌으니 기분도 좋아야 했다. 그러나 한낮의 더위는 나를 땀에 흠뻑 젖게 만들었다.

시합이 시작되자마자 나는 땀에 전 만신창이가 됐다. 초보자나 할 법한 말도 안 되는 실수를 저지르는가 하면 테니스 코트에서 할 수 있는 모든 실수와 어처구니없는 짓이란 짓은 전부 다 했다. 첫 세트를 6-1로 잃는 데 9분밖에 걸리지 않았다. 메드베데프는 더없이 침착했다. 그렇지 않을 이유가 없지 않은가? 그는 해야 할 일을 착실히 하고 있었고, 내가 몬테카를로에서 가르쳐 준 모든 것을 해내고 있었다. 페이스를 조절하며 민첩하게 움직였고, 가능한 한 매번 스트레이트로 강한 백핸드를 구사했다. 침착하고 정확했으며 인정사정없었다. 내가 안쪽으로 움직이며 살금살금 앞으로 나아가 포인트를 노리면, 그는 백핸드로 맹공을 펼치며 공을 넘겨 버렸다.

그는 해변에서나 입을 법한 체크무늬 바지를 입고 있었고, 실제로 프랑스 리비에라에서 즐겁게 뛰노는 것처럼 보였다. 생기가 넘쳤고 활기찼으며 휴가를 온 것 같았다. 그는 여기서 며칠이고 테니스를 쳐도 질리지 않으리라.

2세트가 시작되자 먹구름이 몰려오더니 갑자기 가벼운 빗줄기가 떨어지기 시작했다. 수백 개의 우산이 관중석에서 일제히 펴졌다. 시합이 중단되자 메드베데프는 라커룸으로 달려갔고 나는 뒤를 따랐다.

아무도 없었다. 나는 이리저리 돌아다녔다. 수도꼭지에서 물이 떨어지면서 탱, 탱 하고 금속에 부딪치는 소리가 났다. 벤치에 앉아 땀을 흘리며 문이 열린 라커를 바라보자 브래드와 길이 다가왔다. 브래드는 흰 재킷과 흰 모자를 쓰고 있어서 올 블랙으로 입은 길과 앙상블을 이루었다. "대체 왜 이래요?" 브래드가 문을 세게 닫더니 내게 소리쳤다.

"그가 너무 뛰어난 거예요, 브래드. 너무 잘한다고요. 이길 수가 없어요. 그 녀석은 196센티미터나 되는데, 거의 빗맞히는 법도 없이 엄청난 서브를 날려요. 서브와 백핸드로 나를 괴롭히고, 그가 서브할 때는 포인트를 도저히 못 따겠어요. 우승은 글렀어요."

브래드는 말이 없었다. 나는 8년 전 쿠리어에게 졌을 때, 비가 오는 바람에 시합이 연기되는 동안 아무 말 없이 같은 곳에 서 있던 닉을 생각했다. 어떤 것들은 결코 변하지 않는다. 승부를 알 수 없는 토너먼트에서 불안감을 느끼며 코치의 냉담한 반응을 보는 것까지 똑같았다.

"지금 장난해요? 하필이면 그 많은 순간을 두고 이런 때를 골라 아무 말도 안 하기로 작정한 거예요? 하필이면 이때 영영 입 닥치고 끝내려는 거냐고요?" 나는 브래드에게 소리쳤다.

"대체 내가 무슨 말을 하길 바라는 거예요, 안드레? 내가 무슨 말을 했으면 좋겠어요? 그가 너무 잘한다고 했죠. 대체 그걸 어떻게 알아요? 당신은 그가 어떻게 경기하는지 몰라서 그래요. 당신은 저 밖에서 어쩔 줄 몰라 하면서 극심한 공포로 눈이 멀었는데, 과연 당신이 그를 쳐다볼 수나 있을지 모르겠군요. 너무 잘한다고? 당신이 그가 잘하는 것처럼 보이게 하고 있잖아요."

지금껏 그 누구에게도 소리를 높이지 않았던 브래드가 침착함을 잃었다.

"그렇지만…"

"그냥 내버려 둡시다. 지려면 최소한 당신 스타일대로 하다가 져요. 빌어먹을 공이라도 좀 쳐요."

"그렇지만…"

"어딜 쳐야 할지 모르겠다고요. 그냥 그가 치는 똑같은 곳을 쳐요. 그가

슈테피 그라프와의 새로운 만남

백핸드 크로스코트로 치면, 당신도 백핸드 크로스코트로 치는 거예요. 대신 조금 더 잘 치는 거죠. 이 세상 누구보다도 잘 칠 필요는 없어요. 그저 한 사람보다 잘 치면 되는 겁니다. 세상에 당신이 못 치는데 그가 칠 수 있는 샷은 없어요. 그의 서브를 공격하면서 당신만의 스타일로 샷을 치면 그의 서브가 무너질 거예요. 그냥 쳐요. 제발 그냥 좀 쳐요. 오늘 지는 건 감수할 수 있어요. 그렇지만 우리 식대로 치자고요. 지난 13일 동안 당신이 상대방의 서브를 위협하는 걸 봤어요. 압박감 속에서도 통쾌하게 후려치면서 상대방을 꼼짝 못하게 하는 걸 봤다고요. 그러니 스스로를 동정하는 짓은 그만하고 그가 너무 잘한다는 얘기도 그만하고 제발 좀 완벽하려는 생각 좀 버려요! 그냥 공이 오는 걸 보고 때리라고요. 내 말 알겠어요, 안드레? 공을 봐요. 공을 때리라고요. 상대가 당신을 상대하도록 해요. 당신의 존재를 느끼게 해줘요. 당신은 움직이는 게 아니에요. 공을 치는 게 아니라고요. 당신은 그런다고 생각하겠지만 그냥 거기 서 있기만 하는 거예요. 굴복하고 싶으면 해요. 그래도 결의를 불태우며 굴복해야죠. 항상, 항상 결의를 불태우며 장렬히 전사하는 거라고요."

그는 라커를 열었다가 쾅 닫았다. 문이 쨍그랑 소리를 내며 덜컥거렸다. 레프리가 나타났다.

"다시 시합 시작입니다, 여러분."

브래드와 길이 라커룸에서 나갔다. 나는 문밖을 나서면서 길이 브래드의 등을 몰래 쓰다듬는 걸 눈치챘다.

천천히 코트로 나가자 간단한 워밍업 후 시합이 재개됐다. 나는 점수를 잊어버려 기억을 되살리기 위해 점수판을 봐야 했다. 아, 그래. 내가 1–0으로 2세트를 앞서고 있었지. 그러나 메드베데프가 서브를 넣을 차례였다. 1991년 비로 인해 리듬이 깨졌던 쿠리어와의 결승전이 다시 생각났다. 아마도 이번이 그때의 패배에 대한 보상일지도 모른다. 테니스 카르마랄까. 그날의 비가 나를 당황스럽게 했던 것처럼, 오늘 이 비도 나를 바로잡는 데 도움이 될지 모른다.

그러나 메드베데프는 그 자신의 카르마에 기대고 있었다. 그는 자신이 떠난 바로 그 지점에서 더욱 강해졌고 나를 압박해 후퇴와 방어를 계속하게 만들었다. 내가 주도하는 경기가 아니었다. 구름이 짙게 깔리고 습해지자 메드베데프는 더욱 힘을 얻는 것 같았다. 느린 페이스를 좋아하는 그는 성난 코끼리처럼 느긋하게 여유를 즐기며 나를 처절하게 짓밟았다. 시합 연기 후 첫 경기에서 그는 시속 193킬로미터의 공을 서브했다. 순식간에 스코어는 1-1로 동점이 되었다.

그는 나를 브레이크했다. 그리고 서브게임에서 이기며 나를 다시 브레이크하고는 6-2로 아주 쉽게 2세트를 따냈다. 3세트에는 서브게임을 지키며 5게임까지 나갔다. 갑자기 말로는 설명할 수 없는 일이 일어났다. 시합 후 처음으로 내가 그를 브레이크한 것이다. 내가 4-2로 앞서 가자 관중석에서 놀라는 소리와 웅성거림이 들려왔다.

그러나 메드베데프는 나를 바로 브레이크했다. 그리고 서브게임을 이기며 4-4까지 스코어를 끌어올렸다. 다시 해가 나오자 진흙도 마르기 시작했다. 경기 속도도 상당히 빨라졌다. 내가 서브를 넣었고 게임스코어 15-15인 시점에서 맹렬히 포인트를 주고받다가 백핸드 발리로 점수를 따냈다. 30-15인 상황, 브래드가 공을 보고 치라고 말하는 게 들렸다. 나는 공이 날아가게 두고 일부러 더 크게 투덜대며 첫 서브를 그대로 보내버렸다. 아웃. 서둘러 제2 서브를 넣었다. 다시 아웃. 더블폴트였다. 스코어는 30-30.

바로 이거였다. 나는 여전히 지고 있었고, 메드베데프는 이제 우승까지 6포인트를 남겨둔 상태였다. 그러나 나는 내 식이 아닌 브래드의 방식대로 지는 중이었다. 다시 서브를 넣었다. 아웃. 나는 제2 서브에서 어떤 시도도 완강히 거부했다. 다시 아웃. 연달아 두 번의 더블폴트였다.

이제 30-40이 되었다. 브레이크포인트였다. 나는 제자리걸음을 하며 눈물이 날 것 같아 눈을 질끈 감았다. 마음을 가다듬어야 했다. 라인을 발끝으로 밟고 공을 공중으로 토스하고는 또 한 번 서브에 실패했다. 연달아 다섯 번 서브에 실패한 셈이었다. 당황스러웠다. 서브에 한 번만 더 실패하면 메드베데프가 프랑스오픈에서 매치포인트 서브를 날리게 되는 순간이었다.

그는 안쪽으로 몸을 기울이면서 두 번째 서브도 완전히 쓸어버릴 준비가 된 것 같았다. 리터너는 언제나 상대의 심리상태를 추측해야 하는데, 메드베데프는 다섯 번 연속 서브 실패 후 내 심리상태가 만신창이가 되었다는 걸 알고 있었다. 그리고 나에게 공격적으로 나올 만한 용기가 없을 거라 추측하고 있었다. 그는 아주 부드럽고 치기 좋은 킥서브를 기대하고 있었다. 내게 다른 선택권이 없다고 생각하는 것 같았다. 그는 베이스라인 안쪽에 서서 내게 부드러운 공을 기대한다는 신호를 보내며 앞으로 나와 있었다. 공을 잡으면 나를 꼼짝 못하게 만들 생각이었던 것이다. 그는 의심의 여지 없이 내가 예상한 표정을 짓고 있었다. 어서 해보시지. 공격해봐. 할 테면 해보라고.

그 순간은 우리에게 중요한 시험이었다. 시합의 터닝포인트였고, 어쩌면 우리 둘 모두의 인생을 바꿔놓을지도 모르는 순간이었다. 의지의 시험이었고 마음과 남자다움에 대한 시험이었다. 나는 공중에 공을 토스하고 물러서지 않았다. 그의 기대와는 달리 강하게 서브를 날렸고, 그의 백핸드 쪽을 공격했다. 공이 미끄러지듯 강력하게 바운드되었다. 메드베데프는 몸을 뻗어 공을 코트 중앙으로 걷어냈고 나는 그의 뒤쪽으로 포핸드를 쳤다. 그는 공을 받아치며 내 발 쪽으로 백핸드를 날렸다. 나는 몸을 굽혀 어색한 포핸드 발리를 구사했다. 라인에 공이 닿자 그가 공을 네트 위로 걸어냈다. 나는 아주 가볍게 공을 다시 넘겨버렸고 곧 공이 멈춰버렸다. 부드러운 샷이 큰 승리를 이끌어낸 것이다. 나는 서브게임에서 계속 이겼다.

내 의자로 걸어가는 발걸음이 활기찼다. 관중은 열광했다. 모멘텀이 아직 이동하진 않았지만, 변화가 생긴 건 분명했다. 그건 메드베데프의 모멘텀이었으나 그는 그것을 놓쳤고 그의 얼굴은 이미 그가 그런 사실을 알아차렸다는 걸 보여주고 있었다.

"힘내라, 애거시! 힘내라!"

딱 한 번의 좋은 게임이 필요하다는 생각이 들었다. 한 번 잘하면, 한 세트를 이기고, 그러면 적어도 위엄 있게 코트 밖으로 걸어나갈 수 있다.

구름이 걷혔다. 태양이 진흙을 바짝 말려서 이제 속도가 매우 빨라졌다. 코트에 다시 나와보니 메드베데프가 근심 어린 얼굴로 하늘을 힐끗 쳐다보고 있었다. 비구름이 다시 돌아오길 바라는 것이었다. 그는 이글이글한 태양을 전혀 원치 않았다. 그가 땀을 흘리기 시작했다. 콧구멍을 벌름거렸다. 그는 말, 아니 용처럼 보였다. 드래곤 정도는 이길 수 있어. 그는 0-40 포인트로 뒤처졌다. 나는 그를 브레이크하고 3세트를 따냈다.

이제 내 식대로 경기가 펼쳐졌다. 나는 메드베데프를 양옆으로 움직이게 만들고 공을 강하게 치면서 브래드가 주문한 모든 것들을 하기 시작했다. 그는 눈에 띄게 산만해지면서 한 걸음 느려졌다. 우승에 대해 생각할 것이 너무 많았던 것이다. 그는 5포인트를 남겨놓고 있었는데, 그 5포인트가 그를 괴롭히고 있었다. 그는 머릿속으로 생각하고 또 생각했을 것이다. 그리고 그 자신에게 말했겠지. 거의 다 된 거나 마찬가지였는데. 거의 다 왔는데. 결승점이 눈앞이었는데! 그가 과거에 얽매여 있는 동안 나는 현재로 넘어왔다. 그는 생각하고 있었으나 나는 느끼고 있었다. 생각하지 마, 안드레. 더 세게 치라고. 4세트에서 나는 그를 다시 브레이크했다. 그리고 시합은 치열한 격투로 접어들었다.

우리는 꽤 그럴듯한 테니스 경기를 펼쳤다. 둘 다 전력 질주했고 불평불만을 쏟아내면서 더욱더 깊숙이 싸움에 뛰어들었다. 4세트는 어느 쪽도 될 수 있었다. 그러나 내겐 분명한 어드밴티지가 있었다. 포인트를 얻어야 할 때마다 꺼내 쓰는 비장의 무기, 바로 네트 플레이였다. 네트 가까이에서 하는 건 모두 효과가 있었다. 네트 플레이는 확실히 메드베데프를 힘들게 하면서 그의 머리를 어지럽혔다. 그는 겁이 많아져 거의 편집증적인 수준이 되었다. 내가 단순히 네트를 향해 돌진하는 척만 해도 움찔했다. 내가 점프하면 자신도 덤벼들었다. 결국 나는 4세트를 따냈다.

5세트 초반, 나는 그를 브레이크하고 3-2로 앞서 갔다. 상황이 변하고 있었고, 실제로 일어나고 있는 일이었다. 1990년과 1991년, 그리고 1995년에 내 차지가 되었어야 할 우승이 이제 다시 가까워지고 있었다. 나는 5-3으로 앞서갔다. 그는 게임 포인트 15-40에서 서브를 넣었고 나는 두 개의 매치포인트를 잡아냈다. 이번에 이기지 못하면 시합을 질질 끌게 될 것이었고 나는 그런 것은 원치 않았다. 지금 이기지 못하면, 우승이 목전에 있다는 생각에 사로잡힌 메드베데프의 처지가 될 것이 분명했다. 나이가 들어서도 흔들의자에 앉아 무릎담요를 덮고는 메드베데프에 대해 웅얼거리며 프랑스오픈에 대한 생각을 버리지 못할 것이다. 나는 지난 10년 동안 이 토너먼트에 집착해왔다. 앞으로 80년을 더 이런 집착에 시달려야 한다고 생각하니 견딜 수가 없었다. 피땀 어린 모든 순간, 불가능해 보였던 재기와 이 놀라운 토너먼트 성적을 두고도 이기지 못한다면 나는 절대로 다시는 행복해지지 못할 것이다. 그리고 브래드는 시설에 수감되어야 할지도 모른다. 결승점이 거의 눈앞이었다. 결승점이 나를 끌어당기는 게 느껴졌다.

메드베데프는 두 번 다 매치포인트를 잡았다. 죽음을 면한 것이다. 듀스가 되었으나 내가 다음 포인트를 땄다. 다시 매치포인트. 나는 나 자신에게 소리쳤다. 지금이야. 지금. 지금 이겨야 해. 그러나 그가 다음 포인트를 따냈으며 게임에서 이겼다.

코트체인지 하는 시간이 영원처럼 느껴졌다. 나는 타월로 얼굴을 닦으며 나만큼이나 암담해할 브래드의 표정을 살폈다. 그는 결연한 얼굴로 손가락 네 개를 들어 올렸다.

'4포인트만 더 얻으면 돼요. 4포인트면 그랜드슬램이라고요. 힘내요! 할 수 있어요!'

이번 시합에서 지고 평생을 후회하며 시들어갈 운명일까? 그런 일은 없을 것이다. 브래드가 그렇게 하라고 하지 않을 테니까. 그의 목소리가 귀에 들리는 듯했다. 원점에서 다시 생각하자고!

코트로 걸어나갔다. 포핸드로 메드베데프의 모든 공을 날릴 작정이었다. 그는 내 생각을 읽은 것처럼 첫 포인트에서 잠깐 긴장해 머뭇거리더니 스트레이트로 패싱샷(*passing shot, 네트 플레이를 하기 위해 앞으로 달려나오는 상대의 뒤를 겨냥해 좌우로 공을 날려 꼼짝 못하게 한 뒤 점수를 얻는 기술)을 날렸다. 공이 네트에 걸렸다. 그러나 그는 다음 포인트를 따냈고, 내가 친 러닝 포핸드가 네트에 걸렸다.

나는 그가 처리할 수 없는 강한 첫 서브를 터뜨렸다. 내 서브의 재발견이랄까? 그가 힘겹게 포핸드를 치자 공이 길게 날아갔다. 나는 다음 첫 서브를 더욱 강하게 쳤고, 그가 친 포핸드는 네트에 걸리고 말았다. 챔피언십 포인트였다. 관중의 반은 내 이름을 외쳤고 나머지 반은 조용히 하라고 소리쳤다. 내가 파워풀한 제1 서브를 치고 메드베데프가 사이드로 움직이면서 어설픈 닭 날개 모양의 스윙을 하는 순간, 나는 두 번째로 프랑스 오픈에서의 우승을 직감했다. 첫 번째는 브래드였고 메드베데프가 세 번째였다. 공이 베이스라인을 훨씬 넘어 땅에 떨어졌다. 공이 떨어지는 걸 지켜보며, 내 생애 몇 안 되는 희열의 순간을 맛볼 수 있었다.

나는 팔을 들어 올리며 라켓을 코트 위에 내려놓았다. 나는 흐느끼고 있었다. 머리를 손으로 문질렀다. 소름이 끼칠 정도로 기분이 좋았다. 우승한다는 게 이렇게 기분 좋은 일일지 몰랐다. 우승이 이토록 중요할 거라고는 생각해본 적도 없었다. 아무튼 우승은 그런 기분이었고, 나는 어찌할 바를 몰랐다. 매우 기쁘고 브래드와 길, 그리고 파리시에까지 모두 감사한 마음이었다. 심지어 브룩과 닉에게도 고마운 마음이 들었다. 닉이 아니었다면 나는 이 자리에 없었을 것이다. 브룩과의 갈등과 화해, 심지어 결혼생활 마지막 날의 괴로운 순간까지, 이 모든 것이 없었더라면 우승은 불가능했을 것이다. 현명한 선택과 실수를 통해 여기에까지 이른 나 자신에게조차 고마운 마음이 들었다.

코트에서 걸어 나와 사방의 관중에게 키스를 날리며, 진심 어린 감사의 마음을 최대한 몸으로 표현했다. 앞으로는 이기든 지든 테니스 코트를 걸어 나올 때마다 이렇게 해야겠다고 다짐했다. 모든 이에게 감사하며 전 세계 구석구석 키스를 날려주리라.

파리 시내 센강 근처에 있는 스트레사라는 이탈리아 레스토랑에서 조촐한 파티가 열렸다. 내가 브룩에게 테니스 모양의 팔찌를 선물했던 곳에서 가까운 장소였다. 나는 우승컵으로 샴페인을 마셨다. 길은 콜라를 마시며 웃음을 참지 못했다. 이따금 그는 내 손에 자신의 손을 올려놓으며 말했다―그의 손은 사전만큼이나 묵직했다.

"당신이 해냈어요."

"우리가 한 거예요, 길."

맥켄로가 내게 전화기를 건네며 말했다.

"인사하고 싶다는 사람이 있어."

"안드레? 안드레! 축하해요. 오늘 밤 당신 경기를 보면서 정말 기뻤어

1999년 프랑스오픈 우승을 위해 안드레이 메드베데프를 제압한 직후.

요. 부럽군요."

비외른 보리 선수였다

"부럽다고요? 왜요?"

"그걸 해낸 사람이 별로 없으니까요."

해가 뜰 때가 되어서야 우리는 호텔로 돌아갔다. 브래드는 내게 팔을 두르며 말했다.

"여정이 제대로 끝났네요. 인생의 여정은 보통 잘못된 목적지에서 끝나 버리거든요. 그런데 이번에는 제대로 끝이 났어요."

나도 브래드에게 팔을 둘렀다. 그의 예언은 빗나갔다. 여정은 이제 막 시작이었으니까.

슈테피 그라프와의 새로운 만남

22
정해진 운명대로

뉴욕으로 돌아가는 콩코드기 안에서, 브래드는 이게 내 운명이라고 했다. 운명. 그는 맥주를 몇 잔 마셨다.

"1999년 프랑스오픈 남자 단식부문에서 우승한 건 당신이고 여자 부문에서는 누가 이겼을 것 같아요? 누구? 말해봐요."

나는 웃었다.

"맞아요. 슈테피 그라프에요. 당신 둘이 만나는 건 운명이에요. 전 세계 역사상 두 사람만이 그랜드슬램과 금메달 획득의 전력이 있죠. 당신과 슈테피 그라프. 골든슬램이라고요. 당신 둘이 결혼하게 되는 건 운명이에요."

그는 앞좌석 주머니에서 콩코드기 프로모션 전단지를 꺼내더니 오른쪽 상단 구석에 무언가를 휘갈겨 썼다.

"슈테피 애거시."

"그게 대체 무슨 뜻이에요?"

"당신들이 2001년이면 결혼해 있을 거란 뜻이죠. 그리고 첫 아이는 2002년에 얻을 거예요."

"브래드, 그녀는 남자친구가 있어요. 잊었어요?"

"지난 2주간 당신이 한 일을 보면서도 불가능을 말하는 거예요?"

"프랑스오픈에서 이기고 나니 좀 더 뭐랄까 자격이 되는 듯한 기분은 들어요."

"바로 그거예요."

테니스 토너먼트에서 이길 운명이라는 말은 좀처럼 믿기 어렵다. 함께 할 운명이라면 모를까, 상대선수보다 위닝샷을 더 친다든가 에이스를 기록한다든가 하는 건 믿을 수가 없는 것이다. 하지만 브래드의 말에 이의를 제기하고 싶지는 않았다. 만일의 경우를 위해, 게다가 썩 괜찮아 보였기 때문에, 나는 브래드가 써놓은 예언 구절을 찢어서 주머니 속에 넣어 두었다.

우리는 피셔 아일랜드에 5일간 머무르면서 체력을 회복하고 우승을 축하했다. 축하 파티가 계속되자 브래드의 아내인 키미가 섬으로 날아왔다. J.P.와 조니도 참석했다. 우리는 밤늦게까지 오디오를 크게 틀어 '그것이 인생(That's Life)'라는 시나트라의 노래를 반복해 들었고, 키미와 조니는 클럽에서 춤추는 고고걸들처럼 테이블과 침대 위에서 춤을 췄다.

호텔의 잔디 코트에서 브래드와 며칠 연습을 한 후 런던행 비행기에 올랐다. 대서양을 반쯤 지났을 무렵 갑자기 내가 슈테피의 생일에 도착하게 될 거라는 데 생각이 미쳤다. 갑자기 그녀와 마주치게 될 가능성이 얼마나 될까? 그녀에게 뭔가를 줄 수 있다면 좋을 거야.

브래드는 자고 있었다. 그는 분명히 공항에서 윔블던의 연습 코트로 바로 가고 싶어할 것이기 때문에, 문구점에 들를 시간이 없을 것 같다. 생일카드를 만들 시간은 지금뿐이다. 그런데 무엇을 가지고?

비행기의 일등석 메뉴는 꽤 괜찮았다. 초승달 아래 한 시골 마을의 교회 사진이 메뉴 표지였는데, 나는 그 두 개를 하나의 카드로 만들어 안쪽에 편지를 썼다.

'슈테피에게, 이 기회를 빌려 생일축하 인사를 전하고 싶었습니다. 얼마나 스스로 대견한 기분일지요. 내가 짐작하는 것은 당신이 느끼는 기쁨의 지극히 일부겠지요. 다시 한 번 축하합니다.'

메뉴 두 장에 구멍을 뚫자 그 둘을 묶을 만한 것이 필요했다. 나는 승무원에게 끈이나 리본 같은 것이 있는지 물었다. 아니면 장식용 반짝이라도? 그녀는 내게 샴페인 병 입구에 감겨있는 라피아 끈을 조금 주었다. 나는 라피아를 구멍을 통해 조심스레 꿰었다. 테니스 라켓 줄을 매는 기분이었다. 카드가 완성되자 브래드를 깨워 내 작품을 보여주었다.

"구시대의 장인정신이죠."

그는 손으로 눈을 부비적거리더니 마음에 든다는 듯 고개를 끄덕였다.

"이제 필요한 건 시선이군요. 어떤 틈 말입니다."

나는 카드를 테니스 가방에 넣고 기다렸다.

윔블던 연습장소인 아오란지 공원은 연습 코트가 3단계로 나뉘어 있었는데, 경사진 산 중턱에 있어서 테니스 코트의 아즈텍 사원이라 할 만했다. 브래드와 나는 30분 동안 중간층에서 연습을 했다. 연습이 끝나고 늘 그렇듯 천천히 테니스 가방을 챙겼다. 조심스레 정리하고 또 정리하며 젖은 셔츠를 비닐봉지에 넣고 있는데, 브래드가 내 어깨를 툭툭 쳤다.

"오고 있어요. 온다고요."

나는 사냥개처럼 위를 올려다보았다. 꼬리가 있었다면 아마 흔들어댔을 것이다. 그녀는 딱 맞는 파란색 트레이닝 팬츠를 입은 채 27.5미터 정도 떨어져 있었다. 나는 그녀가 나처럼 약간 안짱다리라는 걸 처음 알았다. 질끈 뒤로 묶은 금발의 포니테일이 햇빛을 받아 희미하게 빛났다. 또다시 후광이 비치는 것 같았다.

내가 일어서자 그녀는 내게 유럽식으로 볼에 키스를 했다.

"프랑스오픈 우승 축하해요. 잘 되었다니 기쁘네요."

갑자기 눈에 눈물이 고였다.

"저도요."

그녀가 웃었다.

"당신도 축하받아야죠. 당신이 길을 열어줬어요. 덕분에 코트에서 활기를 띨 수 있었거든요. 고마워요."

침묵이 이어졌다. 다행히 주위에 팬이나 사진기자가 없어서였을까, 그녀는 느긋해 보였다. 나 역시 느긋해졌다. 갑자기 브래드가 풍선에 바람이 빠질 때 나는 소리처럼 조그맣게 삑삑 신호를 주었다.

"아, 저기요. 방금 기억이 났어요. 당신에게 선물이 있거든요. 오늘이 당신 생일이라는 거 알고 카드를 만들었어요. 생일 축하해요."

그녀는 카드를 받고 몇 초간 바라보더니 감동한 듯 나를 올려다봤다.

"오늘이 내 생일인 걸 어떻게 알았어요?"

"그냥 알게 됐어요."

"고마워요. 정말로."

다음 날 브래드와 내가 도착했을 때 그녀는 막 연습 코트를 떠나고 있었다. 이번에는 팬과 기자들이 주변에 한가득 몰려 있어서 극도로 남의 시선을 의식하는 것 같았다. 그녀는 천천히 움직이며 반쯤 손을 들어 흔들면서 속삭이듯 말했다.

"당신에게 어떻게 연락하면 되죠?"

"하인즈에게 내 전화번호를 줄게요."

"좋아요."

"잘 가요."

"안녕."

연습이 끝나자 페리와 브래드, 그리고 나는 렌트한 집 주변에서 빈둥거렸다. 그녀가 전화를 할 것인지를 두고 의견이 분분했다.

"곧 올 거예요." 브래드가 말했다.

"금세 전화가 올걸." 페리도 말했다.

그러나 아무런 전화도 없이 하루가 지났다. 그 다음 날도 그냥 지나갔다. 나는 몹시 괴로웠다. 윔블던은 월요일에 시작이었는데, 나는 잠을 잘 수도 생각할 수도 없었다. 이런 류의 근심에는 수면제도 무력할 뿐이었다.

"그녀가 전화를 해야 할 텐데. 그렇지 않으면 1회전에서 질지도 몰라요." 브래드가 말했다.

토요일 밤, 막 저녁 식사를 마치고 났는데 전화가 울렸다.

"여보세요?"

"안녕하세요. 스테파니에요."

스테파니?

"스테파니요."

"스테파니 그라프?"

"네."

"아. 스테파니라고도 불러요?"

그녀는 몇 년 전 어머니가 자신을 슈테피라고 부른 것을 언론에서 그대로 가져다 쓰는 바람에 계속 그렇게 불리게 된 것이라고 설명했다. 그러나 그녀는 자신을 여전히 스테파니라고 생각한다고 했다.

"스테파니로군요."

그녀와 얘기하면서 나는 두꺼운 면양말을 신은 채 거실에서 씽씽 스키를 탔다. 나무로 된 마룻바닥을 활강하기도 했다. 브래드는 제발 내게 의자에 앉으라고 부탁했다. 그렇지 않으면 다리가 부러지거나 무릎이 꺾일 거라면서. 나는 다시 편안한 크로스컨트리 자세로 방 주변을 돌았다.

"토너먼트 결과는 좋을 거예요. 윔블던에서 좋은 경기를 펼칠 걸요." 브래드가 웃으며 페리에게 말했다.

"쉿!" 나는 그에게 조용히 하라고 했다. 그리고 안쪽 방으로 들어가 문을 잠갔다.

"지난번 키 비스케인에서 만났을 때 당신은 나와 어떤 오해도 없었으면 좋겠다고 했잖아요. 나도 같은 생각이에요. 당신에게 할 말이 있는데, 더 진전되기 전에 하고 싶은 말이 있는데요. 나는 당신이 아름답다고 생각해요. 당신을 존경하고 또 감탄하고 있어요. 그리고 당신에 대해 정말 더 잘 알고 싶어요. 그게 내 목표이자 유일한 관심사에요. 그래서 지금 여기 있는 겁니다. 기회가 있다고 말해줘요. 같이 저녁 식사 정도는 할 수 있다고요."

"안 돼요."

"제발."

"불가능해요. 여기서는요."

"여기서 안 된다면 그럼 다른 곳에서는 되는 거예요?"

"아뇨. 남자친구가 있어요."

남자친구라. 그에 대한 기사를 읽은 적이 있었다. 카레이서라고 했던가. 스테파니와는 6년간 사귀었다고 했다. 그녀의 마음을 열기 위해서는 좀 더 그럴듯한 말을 생각해 내야 했다. 어색한 침묵이 길어지면서, 시간은 순식간에 지나 버렸다. 결국 내가 생각해낸 말은 이거였다.

"6년이면 긴 시간이죠."

"네, 그래요."

"앞으로 나가지 않으면, 뒤로 후퇴하게 되요. 나도 그런 적이 있어요."

그녀는 말이 없었으나 그런 식으로 뜻을 전달하는 듯했다. 나는 계속해서 말을 이었다.

"그건 당신이 진짜 찾는 게 아닐 수도 있어요. 추측을 하려는 건 아니지만."

그녀는 내 말에 반박하지 않았다. 나는 숨을 멈췄다.

"실례를 범하거나 제멋대로 하겠다는 게 아니라, 그저 당신이 어쩌면 나를 알아갈 수도 있지 않을까 해서요."

"안 돼요."

"커피도?"

"공개된 장소에서는 당신과 있을 수 없어요. 옳지 않아요."

"편지는 어때요? 편지해도 돼요?"

그녀가 웃었다.

"선물 같은 건 보내도 되나요? 당신이 나에 대해 알아갈지 말지 결정을 내리기 전에 내가 나에 대해 먼저 알려줄 수 있을까요?"

"아뇨."

"편지도 안 된다는 거예요?"

"내 편지를 읽어보는 사람이 있어요."

"아, 그렇군요."

나는 주먹으로 이마를 쳤다. 생각해, 안드레, 생각하라고.

"좋아요. 그럼, 이건 어때요? 당신은 샌프란시스코에서 다음 토너먼트에 출전하는 거예요. 나도 거기서 브래드와 연습하고 있을게요. 샌프란시스코가 좋다고 했잖아요. 샌프란시스코에서 만나요."

"그건 가능하겠네요."

"가능하다고요?"

나는 그녀가 더 설명해주길 바랐지만 그녀는 그러지 않았다.

"그럼 전화는 할 수 있나요? 아니면 내가 전화할까요?"

"이 토너먼트가 끝나고 전화하세요. 시합을 다 치르고 당신도 토너먼트를 끝내면 그때 전화해요."

그녀는 휴대전화 번호를 알려 주었다. 나는 번호를 받아적은 종이 냅킨에 키스를 한 후 테니스 가방에 넣었다.

나는 준결승에서 래프터와 맞붙어 스트레이트 세트로 그를 꺾었다. 결승에서 누가 나를 기다리고 있는지는 궁금해할 필요도 없었다. 바로 샘프러스였다. 언제나 샘프러스였다. 나는 휘청이며 집으로 돌아와 샤워, 식사, 그리고 잠에 대해 생각했다. 전화가 울렸다. 스테파니가 아닐까? 샘프러스와의 결승에서 행운을 빈다고 말하려는 것이리라. 우리의 샌프란시스코 데이트를 확정하면서.

하지만 전화는 브룩이었다. 런던에 있으니 잠시 들를 수 있느냐는 것이었다. 전화를 끊고 돌아서자 페리가 바로 내 얼굴 앞에 서 있었다.

"안드레, 제발 거절했다고 말해줘. 그 여자를 집안에 들이지 않는다고 말해."

"이리로 올 거야. 아침에."

"윔블던 결승을 앞두고?"

"괜찮겠지."

브룩은 아침 10시에 도착했다. 챙이 넓고 축 늘어진데다 조화까지 달린 큰 영국식 모자를 쓰고 있었다. 나는 그녀에게 집을 구경시켜 주며, 예전에 우리가 렌트했던 집과 이 집을 비교했다.

"뭐 좀 마실래?"

"홍차 있어요?"

"그럼."

옆방에서 브래드가 기침하는 소리가 들렸다. 나는 그 소리가 무슨 의미인지 알고 있었다. 오늘이 결승전이 있는 날 아침이란 뜻이었다. 자고로 운동선수는 결승전 당일 아침에는 일과를 절대 바꾸지 않는 법이다. 나는 토너먼트가 있는 아침에는 커피를 마셨다. 지금쯤이면 커피를 마시고 있어야 하는 것이다.

그러나 나는 대접을 잘하고 싶다는 마음에 홍차를 준비해 주방 창문 아래의 테이블에서 브룩과 함께 차를 마셨다. 중요한 대화는 없었다. 특별히 내게 할 말이 있느냐고 묻자, 그녀는 내가 그립다고 했다. 그 말을 하고 싶었다는 것이다.

그녀는 테이블 구석에 쌓여 있는 잡지 더미에서 〈스포츠 일러스트레이티드〉의 최신호를 발견했다. 표지에는 내 사진이 실려 있었다. 헤드라인은 'Suddenly Andre(안드레 애거시의 갑작스러운 재기)'였다. (나는 갑자기 '갑작스럽게(suddenly)'라는 말이 싫어졌다.)

"토너먼트 관계자가 보내온 거야. 팬들과 윔블던 관계자, 그리고 스태프들에게 줄 친필 사인본을 원한다면서."

브룩은 잡지를 들고 내 사진을 들여다보았다. 이렇게 그녀를 보고 있으니 13년 전 페리의 방에서 수백 장의 〈스포츠 일러스트레이티드〉 표지를 보고 브룩에게 환상을 품었던 게 생각났다. 이제 그녀는 여기 있고 나는 〈스포츠 일러스트레이티드〉의 표지를 장식하고 있으며 페리는 TV 프로의 전임 프로듀서다. 우리는 모두 할 말을 찾지 못하고 있었다.

"Suddenly Andre. Suddenly Andre? 오, 안드레." 그녀는 헤드라인을 큰 소리로 읽었다.

"왜?"

"안드레. 정말 미안해요."

"응?"

"여기, 당신의 전 애인 말이에요. 나를 암시하는 말이잖아요."

스테파니도 결승에 진출했지만 린지 대븐포트에게 졌다. 그녀는 또 남녀혼성복식 경기에 맥켄로와 함께 출전했는데, 준결승에 진출했다가 슬굴곡근 부상으로 기권했다. 나는 라커룸에서 샘프러스와의 시합을 앞두고 옷을 갈아입다가 맥켄로가 다른 선수들에게 말하는 걸 들었다. 스테파니가 그를 궁지로 몰아넣었다는 것이었다.

"그 계집 말을 믿을 수 있겠냐고? 나랑 같이 혼성복식에 나가자고 해서 그렇게 해줬더니 준결승까지 올라와서 물러나?"

"진정해요, 안드레." 브래드는 내 어깨에 손을 올려놓았다.

시합은 출발이 좋았다. 하지만 마음은 여러 갈래로 찢어졌다. 어떻게 감히 맥켄로 따위가 스테파니에 대해 그런 말을 할 수 있지? 브룩은 대체 왜 그 모자를 쓰고 있어? 그러나 어쩐 일인지 경기는 잘 풀려갔다. 첫 세트에서 3-3이 되었고, 샘프러스가 0-40에서 서브를 넣었다. 트리플 브레이크 포인트. 브래드가 웃으면서 페리를 후려치고 소리 지르는 게보였다. 힘내요! 할 수 있어요! 프랑스오픈과 윔블던에서 연달아 우승한 마지막 선수, 비외른 보리가 생각났다. 이제 그 위업달성이 내 눈앞에 있었다.

나는 보리 선수가 내게 다시 축하전화를 하는 장면을 상상했다. 안드레? 안드레, 나에요. 비외른 보리요. 당신이 부럽군요. 샘프러스가 꿈에 젖은 나를 깨웠다. 리턴이 불가능한 서브였다. 리턴이 불가능한 서브라니. 흐릿했다. 에이스. 게임, 샘프러스. 나는 충격에 빠져 샘프러스를 바라보았다. 지금까지 어떤 선수도 이런 서브를 한 사람은 없었다. 게임 역사상 그 누구도 이런 서브를 리턴할 수는 없었다.

그는 나를 세트 연속으로 완패시키며, 흠잡을 데 없는 경기 막판에 두 개의 에이스로 나를 끝장내버렸다. 지난 열네 번의 시합 중에 슬램에서 패배한 최초의 경기였다. 지금껏 선수생활을 하면서 이처럼 거의 우위를 점해보지 못하고 완전히 압도당한 건 처음이었다. 그러나 공식적으로는 샘프러스의 여섯 번째 윔블던 우승이자 열두 번째 슬램으로 기록되면서 이 시대 최고의 선수들에 비견될 것이었다(당연한 말이겠지만). 나중에 샘프러스는 그 여섯 번의 게임에서처럼 내가 강하고 멋지게 공을 치는 걸 본 적이 없다고 했다. 그래서 자신도 경기 수준을 끌어올리게 되었고 시속 32

킬로미터 이상의 제2 서브를 강하게 칠 수 있었다는 것이었다.

나는 라커룸에서 통상적인 약물테스트를 받아야 했다. 얼른 소변을 보고 집으로 달려가 스테파니에게 전화하고 싶은 마음이 너무 간절했지만, 그럴 수는 없었다. 방광이 고래처럼 부풀어 있었기 때문이었다. 시간이 끝도 없이 걸리는 것 같았다. 방광을 다 비우자마자 나는 서둘렀다.

현관에 가방을 놓자마자 드롭샷이라도 칠 듯 전화기 앞으로 돌진했다. 떨리는 손가락으로 다이얼을 돌리자 곧바로 음성메일로 넘어갔다. 나는 메시지를 남겼다.

"안녕. 안드레에요. 토너먼트가 끝났어요. 샘프러스에게 졌죠. 당신은 린지에게 졌다고 들었는데, 유감이군요. 시간 날 때 연락 줘요."

하루가 지났지만 전화는 없었다. 또 하루가 지났다. 나는 얼굴 바로 앞에다 전화기를 두고 주문을 외었다. 울려라, 울려. 스테파니에게 다시 전화를 걸어 메시지를 또 남겼다. 하지만 역시 아무 일도 없었다.

나는 비행기를 타고 서부로 날아갔다. 비행기에서 내리자마자 음성 메시지를 체크했으나 아무것도 없었다. 자선행사에 참여하기 위해 간 뉴욕에서도 15분마다 음성 메일을 체크했지만 마찬가지였다.

뉴욕에서는 J.P.를 만나 즐거운 시간을 보냈다. P.J.클라크와 깜빠놀라에 갔는데, 입구에 들어서자마자 큰 박수가 쏟아졌다. 경찰에서 TV 유명인사가 된 친구 보 디틀도 보였다. 그는 자기 친구들과 함께 긴 테이블에 앉아 있었다. 러시아인 마이크와 재단사 쉘리, 앨 토마토스, 조이 파츠, 그리고 팬스. 모두 우리와 함께하고 싶어했다. 보는 이번 주말에 햄튼스에서 파티가 있다며 나와 J.P.에게 끈질기게 오라고 권했다.

"파츠가 요리할 겁니다. 제일 좋아하는 음식이 뭔지 그에게 말하기만 하면 뭐든지 만들어 줄 거예요."

아주 오래전 길의 집에서 목요일 밤을 보내던 생각이 나서 꼭 가겠다고 했다.

보의 집에 모인 사람들은 마치 영화 〈좋은 친구들(Good Fellas)〉의 출연진이 〈포레스트 검프〉 출연진을 만난 것 같았다. 모두 수영장 근처에 모여 앉아 시가를 피우며 테킬라를 마셨다. 나는 이따금 스테파니의 전화번호를 주머니에서 꺼내 한참을 들여다보았다. 어느 날은 보의 집에 들어가 그의 전화로 스테파니에게 전화한 적도 있었다. 내 전화를 일부러 안 받는지도 모른다는 생각이 들었기 때문이다. 그러나 역시 곧바로 음성메일로 넘어갔다.

초조하고 불안한 나머지 마르가리타를 서너 잔, 아니 그 이상 마신 것 같다. 그러고는 의자에 앉아 지갑과 휴대전화만 꺼내고 옷을 입은 채 수영장으로 뛰어들었다. 그러자 모두가 같이 뛰어들었다. 한 시간 후 음성메일을 다시 확인하니 한 개의 메시지가 있었다. 무슨 이유에서인지 내 휴대전화는 울리지 않았던 것이다.

"안녕. 전화 못 해서 미안해요. 많이 아팠어요. 윔블던 대회 이후에 몸 상태가 나빠져서요. 샌프란시스코 대회는 기권하고 독일로 돌아왔어요. 그렇지만 지금은 한결 나아요. 시간 될 때 전화해줘요."

그녀는 물론 전화번호를 남기지 않았다. 이미 나에게 번호를 줬으니까. 나는 주머니를 뒤졌다. 전화번호를 어디다 뒀더라? 심장이 멎는 것 같았다. 그제야 전화번호를 적은 종이 냅킨을 풀장에 뛰어들 때 옷에서 꺼내지 않았다는 생각이 났다. 조심조심 주머니 속에 손을 넣어 냅킨을 꺼냈다. 종이는 이미 광대분장이 번진 얼굴 같았다.

그때 보의 전화로 스테파니에게 전화했던 기억이 났다. 나는 보의 팔을 꽉 잡고 말했다. 무슨 일이 있어도, 그가 아무리 어려운 부탁을 해야 한다고 해도, 누군가에게 뇌물을 먹이든 협박을 하든 아니면 죽여야 한다고 해도, 오늘 날짜의 발신전화 기록을 포함한 모든 집 전화 기록을 찾아내야만 한다고 말이다. 그것도 지금 당장.

"다 됐습니다." 보가 말했다.

그는 전화회사에서 일하는 사촌을 둔 친구를 아는 한 남자를 아는 사람에게 연락해 마침내 한 시간 후 전화 기록을 받아냈다. 발신전화 목록은 피츠버그 인명별 전화번호부처럼 길었다. 보는 동료에게 소리쳤다.

"내가 지켜볼 거야, 이 머저리들아! 왜 이리 전화요금이 우라지게 많이 나왔는지 이제 알겠군!"

마침내, 드디어 번호를 찾았다. 나는 스테파니의 전화번호를 여섯 군데에 각각 적어놓고 내 손바닥에도 적었다. 발신음이 세 번 울린 후 그녀가 전화를 받았다. 그녀를 찾아내려고 무슨 짓을 했는지 얘기해주자 그녀가 웃었다.

"우리 둘 다 LA에서 곧 시합하게 되잖아요. 거기서 혹시라도 만날 수 있을까요?"

"그래요. 하지만 당신 토너먼트가 끝난 후에요."

나는 LA로 날아가 좋은 성적을 거뒀다. 결승에서는 샘프러스를 만나 7-6, 7-6으로 졌지만 개의치 않았다. 코트에서 나오니 세상에서 가장 행복한 남자가 된 것 같았다. 샤워와 면도를 마치고 옷을 갖춰 입은 후 테니스 가방을 들고 문 앞으로 달려갔다. 그런데 브룩이 거기 있었다. 내가 LA에 왔다는 말을 듣고 여기까지 와서 내 경기를 지켜본 것이다. 그녀는 나를 머리부터 발끝까지 훑어보았다.

"와, 멋지게 차려입었군요! 중요한 데이트라도 있나 봐요?"

"사실, 그래."

"아. 누구랑?"

나는 대답하지 않았다.

"길, 안드레가 누구랑 데이트하는 거죠?"

"브룩, 그건 안드레에게 물어보는 게 좋을 것 같군요."

그녀가 나를 빤히 쳐다보자 한숨이 나왔다.

"스테파니 그라프."

"스테파니?"

"슈테피."

우리는 둘 다 냉장고 앞에 붙어있던 사진을 떠올리고 있었다.

"제발 아무한테도 말하지 마라, 브룩. 그녀는 사생활을 중시하는 사람이고 주목받고 싶어하지 않아."

"절대 말하지 않을게요."

"고마워."

"멋져 보이네요."

"정말?"

"그래요."

"고마워."

나는 테니스 가방을 들어 올렸다. 그녀는 선수들 차가 주차된 스타디움 아래 터널까지 같이 걸어 나왔다.

"안녕, 릴리." 브룩은 내 캐딜락의 빛나는 흰색 후드에 손을 얹으며 말했다. 차의 지붕은 이미 내려와 있었다. 나는 가방을 뒷좌석에 던져 넣었다.

"즐거운 시간 보내요." 브룩은 내 뺨에 키스를 했다.

나는 백미러로 브룩을 힐끗 쳐다본 후 천천히 차를 몰고 나갔다. 또다시 릴리를 타고 그녀에게서 멀어지고 있는 셈이었다. 하지만 이번이 마지막이 될 거라는 걸, 그리고 우리가 다시 만날 일은 없을 거라는 걸 알고 있었다.

스테파니가 시합을 벌이고 있는 샌디에이고로 가면서 J.P.에게 전화했다.

"너무 무리할 것 없어요. 완벽하려 하지도 말고요. 그냥 있는 그대로면 돼요."

테니스 코트에서는 J.P.의 그런 조언을 어떻게 써먹어야 할지 알고 있었지만 데이트할 때는 어떻게 해야 할지 전혀 알 수 없었다.

"안드레, 온도계 같은 사람들이 있는가 하면 온도조절장치 같은 사람도 있어요. 당신은 온도조절장치 같은 사람이에요. 방안의 온도를 기록하지 않고 온도를 바꾸는 사람이죠. 그러니 자신감을 가져요. 있는 그대로를 보여줘요. 당당하라고요. 자신의 모습을 있는 그대로 그녀에게 보여줘요."

그런 거라면 할 수 있을 것 같았다.

"그녀를 태우러 갈 때 자동차 지붕이 있는 게 좋을까요, 없는 게 좋을까요?"

"있어야죠. 여자들은 머리에 신경 쓰거든요."

"그렇긴 하죠. 그래도 지붕이 없는 게 더 멋지지 않아요?"

"머리에 신경 쓴다니까요, 안드레. 머리요."

하지만 나는 지붕 없는 차를 고집했다. 예의 바른 것보다는 멋져 보이고 싶었다.

스테파니는 대형 리조트의 콘도를 렌트해 머물고 있었다. 리조트는 찾았지만 콘도를 찾을 수가 없어서, 방향을 가르쳐달라고 그녀에게 전화했다.

"무슨 차를 몰고 있어요?"

"호화 유람선처럼 큰 캐딜락이요."

"아. 그래요. 보이네요."

위를 올려다보자 그녀가 풀이 무성한 언덕에서 손을 흔들며 서 있었다.

"거기서 기다려요!" 그녀는 언덕을 내려와 내 차 안으로 뛰어들 듯 올라

탔다.

"잠깐만요. 당신에게 주고 싶은 것이 있어요. 잠깐 위에 올라가면 안 돼요?"

"아. 글쎄요."

"잠깐이면 돼요."

마지못해 그녀는 다시 언덕을 올라갔고, 나는 차를 돌려 콘도 현관 바깥에 주차했다. LA에서 그녀를 위해 산 고급 양초 박스를 내밀자 그녀는 좋아하는 듯했다.

"좋아요. 준비됐어요?" 그녀가 말했다.

"먼저 가볍게 한 잔 했으면 했는데."

"한 잔? 어떤 거요?"

"글쎄요. 와인 같은?"

아쉽게도 와인은 없다고 했다.

"룸서비스를 시킬 수도 있잖아요."

그녀가 한숨을 쉬더니 마지못해 와인 리스트를 건네며 고르라고 했다. 잠시 후 룸서비스 직원이 방문을 두드렸다. 그녀는 내게 주방에서 기다리라고 했다. 나와 함께 있는 걸 들키기 싫다는 것이었다. 그녀는 나와의 데이트를 불편해하며 죄책감을 느끼고 있었다. 룸서비스 직원이 그녀와 내가 방에 함께 있었다고 동료들에게 말할지도 몰랐다. 그녀에게 남자친구가 있다는 사실이 다시 생각났다.

"그렇지만 우리는 막…"

"설명할 시간이 없어요."

그녀는 나를 주방으로 밀어 넣었다. 스테파니에게 홀딱 반한 듯한 룸서비스 직원의 목소리가 들렸다. 스테파니는 초조해하며 빨리 그를 내보내려 하고 있었다. 그러는 사이 그는 와인병을 서투르게 다루다가 그만 떨어뜨리고 말았다. 1989년산 샤또 베이슈벨이었다.

직원이 떠나자 나는 스테파니를 도와 깨진 유리조각을 주웠다.

"시작이 괜찮은 것 같지 않아요?"

나는 바다가 내려다보이는 조지스 앳 더 코브라는 레스토랑의 창가 쪽 테이블을 예약했다. 우리는 치킨과 바닥에 으깬 감자가 깔린 채소를 주문했고, 스테파니는 나보다 더 빨리 먹었다. 와인에는 손대지 않았다. 그녀는 식도락가도 아니었고, 세 번의 코스요리를 계속해서 먹고 커피를 마시며 시간을 보내는 타입의 여성도 아니었다. 다만 아는 사람이라도 뒤에 앉아 있는 것처럼 안절부절못하는 모습이었다.

나는 재단에 대해 얘기했다. 그녀는 내가 기획하고 있는 차터스쿨에 대한 얘기에 매료된 것 같았는데, 그녀에게는 이미 자신의 이름으로 된 재단이 있었다. 그곳은 남아공과 코소보와 같은 곳에서 전쟁과 폭력으로 상처 입은 아이들에게 심리상담을 해주는 일을 하고 있었다. 자연스레 브래드의 이야기도 나왔다. 나는 그녀에게 브래드의 놀라운 코칭 기술과 색다른 대인관계 기술에 대해 이야기해 주었다. 그리고 오늘 밤 만남을 성사시켜 준 그의 노력에 대해 얘기하며 웃었다. 하지만 그의 예측에 대해서는 말하지 않았다. 그녀의 남자친구에 대해서도 묻지 않았다. 그저 그녀에게 시간이 날 땐 뭘 하고 싶은지만 물었다. 그녀는 바다를 좋아한다고 했다.

"내일 해변에 갈래요?"

"당신은 캐나다로 가는 줄 알았는데요."

"내일 야간 비행기를 타도 돼요."

그녀는 잠시 생각해보더니 좋다고 했다. 저녁을 먹고 리조트에 바래다주었을 때 그녀는 내 양 볼에 키스를 해주었다. 마치 가라테의 자기방어 움직임 같다는 느낌이 들었다.

그녀를 들여보내고 돌아오는 길에 브래드에게 전화했다. 그는 이미 캐나다에 있었다. 그곳은 몇 시간 빨랐는데, 내가 그를 깨운 것이었다. 그러나 그는 데이트가 잘됐다는 말에 정신을 차렸다.

"힘내요. 한번 해보자고요!" 브래드는 하품을 애써 참으며 나른한 목소리로 말했다.

스테파니가 모래 위에 타월을 깔고 청바지를 벗었다. 안에는 흰색 원피스 수영복을 입고 있었다. 무릎 높이의 물속으로 들어가자 그녀는 한 손을 엉덩이에 올려놓고 다른 한 손으로는 햇빛을 가리며 수평선을 바라보았다.

"들어올 거예요?" 그녀가 물었다.

"모르겠어요."

나는 흰색 테니스 반바지를 입고 있었다. 수영복을 가져올 생각은 못했다. 나는 사막에서 자랐으니까. 수영도 잘 못했다. 그러나 지금 당장 수영을 해야 한다면 중국까지도 헤엄쳐 갈 수 있을 것 같았다. 결국 나는 테니스 반바지만 입은 채 스테파니가 서 있는 곳까지 걸어갔다. 그녀는 내 차림새를 보고 웃더니 내가 속옷을 안 입는다는 사실에 충격을 받은 척했다. 나는 지난 프랑스오픈 이후로 속옷을 안 입기 시작했으며 이전으로 돌아가는 일은 없을 거라고 했다.

그녀와 처음으로 테니스 얘기를 시작했다. 내가 테니스가 싫다고 하자, 그녀가 나를 당연하다는 듯 쳐다보았다.

"당연하죠. 안 그런 사람도 있나요?"

길에 대해서도 이야기하며 그녀는 어떻게 훈련하는지를 물었다. 그녀는 독일의 올림픽 육상팀과 훈련을 했다고 했다.

"최고의 레이스는 뭐였죠?"

"8백 미터요."

"와. 그건 정신력 테스트 같은데요. 얼마나 빨리 달려요?"

정해진 운명대로

그녀가 수줍게 웃었다.

"말하기 싫군요?"

역시 대답이 없었다.

"말해 봐요. 얼마나 빨라요?"

"저기 있는 저 빨간 점 보여요?" 그녀는 해변 아래 멀리 보이는 빨간 풍선을 가리켰다.

"네."

"저기까지 아마 나를 따라잡지 못할걸요."

"정말이요?"

"정말이에요."

그녀가 웃으며 달려나가자 나는 부리나케 쫓아갔다. 평생 그녀를 쫓아다닌 것 같은 기분이었다. 그리고 이제 그녀를 말 그대로 쫓아가고 있었다. 처음에는 그저 그녀를 알아가는 걸로 끝날 거라 생각했다.

결승점이 가까워지자 나는 격차를 줄였다. 그녀는 나보다 5미터 정도 앞서 빨간 풍선에 닿았다. 그녀가 뒤돌아서자, 이어지는 웃음소리가 바람에 날리는 색색의 리본처럼 내게 다가왔다. 경주에서 진 것이 너무나 행복했다.

23
여섯 번째 슬램을 달성하다

내가 캐나다에 있을 때 그녀는 뉴욕에 있었다. 내가 라스베이거스에 있으면 그녀는 LA에 있었다. 우리는 전화로 연락을 주고받았다. 어느 날 밤 그녀는 노래, 책, 음식, 영화 등 내가 좋아하는 것이 무엇인지 물었다.

"내가 좋아하는 영화에 대해 들어본 적이 없을 걸요."

"말해 봐요." 그녀가 말했다.

"몇 년 전에 나온 영화에요. 〈섀도 랜드〉요. C.S. 루이스의 작품을 토대로 한 영화죠."

전화기를 떨어뜨리는 것 같은 소리가 들렸다.

"그럴 리가. 어떻게 그럴 수가 있죠? 그건 내가 제일 좋아하는 영화인데."

"헌신과 사랑에 관한 얘기죠. 마음을 여는 영화.

"나도 알아요."

우리는 돌덩어리 같았다. 우리를 너무나 고통스럽게 하는 신의 끝이 움직이면 우리는 완벽해지리라.

"그래, 그거예요. 완벽."

몬트리올에서 열린 시합의 준결승 상대는 카펠니코프였는데, 나는 한 포인트도 딸 수가 없었다. 그는 세계 랭킹 2위였고 관중도 눈을 가릴 만큼 나를 완전히 묵사발로 만들었다. 나는 이 시합의 결과에 대해서도 할 말이 없고, 과정에 대해서도 이의가 없다고 혼자 중얼거렸다. 그냥 패배하는 것이 아니라 나의 모든 것을 거의 빼앗기고 있었다. 그러나 괜찮았다. 그런데 라커룸에서 카펠니코프의 코치 래리가 벽에 기대 나를 비웃고 있는 게 보였다. 그는 그때까지 내가 보아온 테니스의 가장 역겨운 일면을 보여주고 있었다.

"약속 하나 하지요. 카펠니코프에게 나한테 몇 번 지게 될 거라고 전해주세요."

그날 밤늦게 스테파니의 전화를 받았다. 그녀는 LA 공항에 있다고 했다.
"토너먼트는 어땠어요?" 내가 물었다.
"다쳤어요."
"힘들겠군요."
"그뿐이에요. 다 끝났어요."
"어디로 가고 있어요?"
"독일로 돌아가요. 아직 해결해야 할 일이 남았거든요."

나는 그게 무슨 말인지 알고 있었다. 그녀는 남자친구에게 나에 대해 털어놓고 헤어지려는 것이었다. 얼이라도 빠진 듯 내 얼굴에 미소가 번지는 게 느껴졌다.

그녀는 독일에서 돌아오면 뉴욕에서 만나자고 했다. 1999년 US오픈 시작 전에 함께 시간을 보낼 수 있는 것이다. 또 기자회견이 필요할지도 모른다고 했다.

"기자회견이요? 왜요?"

"은퇴하려고요."

"은퇴한다고요?"

"네 은퇴요. 이제 그만하려고요."

"당신이 그만한다고 했을 때 토너먼트를 그만한다는 말인 줄 알았어요. 은퇴를 말하는 건 줄은 몰랐어요."

이 시대 최고의 여자 테니스 선수인 스테파니 그라프 없이 테니스를 해야 한다는 생각이 들자 상실감이 들었다. 나는 그녀에게 다시는 경기에서 라켓을 휘두르지 않을 거라는 생각을 하면 기분이 어떠냐고 물었다. 매번 내게 이런 식의 질문을 던지는 건 기자들이었지만 이번에는 나도 어쩔 수가 없었다. 알고 싶었던 것이다. 나는 호기심과 질투가 섞인 마음이었다.

그녀는 충분히 그만둘 준비가 됐다고 했다. 과연 나는 준비가 된 걸까? 나는 나의 선수생활 마감에 대해 곰곰이 생각해 보았다. 그러나 그런 생각도 잠시 일주일 후 워싱턴 D.C.에서 카펠니코프와 결승에서 맞붙게 되었다. 결국 나는 그를 7-6, 6-1로 꺾었고, 그의 코치 래리의 코를 납작하게 눌러버렸다. 약속은 약속이니까. 나는 아직 테니스를 그만둘 준비가 되어있지 않았다. 아직 지켜야 할 약속이 남아 있었기 때문이다.

다시 랭킹 1위를 목전에 두고 있었다. 이번 시합은 아버지나 페리, 혹은 브래드의 목표가 아니었고, 나 자신의 목표 또한 아니었다. 이기면 좋을 것 같다는 것, 그뿐이었다. 그것으로 나의 재기가 완성될 것이며, 내 선수생활의 기념비적인 이정표가 될 것이었다.

나는 길의 집 언덕까지 전력질주했다가 반대편으로 내려오는 것을 반복했다. 길에게는 US오픈과 랭킹 1위를 위해 훈련하는 거라고 말해 두었다. 그리고 웃기게 들리겠지만, 스테파니를 위해서라고.

"길도 얼른 스테파니를 만나봤으면 좋겠어요." 내가 말했다.

그녀가 뉴욕에 도착하자, 나는 그녀를 뉴욕 북부에 있는 19세기 스타일 농가로 부리나케 데리고 갔다. 1천5백 에이커에 달하는 부지로 된 그곳에는 돌로 된 몇 개의 큰 벽난로가 있었다. 우리는 방마다 들어가 앉아서 벽난로의 불꽃을 보며 얘기했다. 내가 상습적으로 불장난을 한다고 했더니 그녀는 자신도 마찬가지라고 했다. 나뭇잎이 막 물들고 있었고, 창밖으로는 그림엽서에라도 나올 법한 황금색 숲과 산의 경치가 보였다. 주변 몇 킬로미터 내에는 아무도 없었다.

우리는 걷고 하이킹하고 근처 도시를 차로 돌아다니며 앤티크 상점을 둘러보았다. 밤에는 소파에 누워 〈핑크 팬더〉 오리지날판을 감상했다. 30분 후에는 피터 셀러스(*〈핑크 팬더〉 시리즈에서 자크 클루조 형사 역을 맡은 배우)를 보며 배꼽을 잡고 웃는 바람에 화면을 정지시키고 숨을 돌려야 했다.

3일 후 그녀가 떠났다. 가족들과 휴일을 보내야 했던 것이다. 나는 US 오픈이 있는 마지막 주말에는 돌아오라고 부탁했다. 날 위해 내 박스석에 있어달라고. 마지막 주말에 경기가 있긴 했지만 사실 개의치 않을 생각이었다. 나 스스로 시합을 망치고 있는 건지도 모른다는 생각이 들었다. 그녀는 노력해 보겠다고 했다.

나는 준결승에 진출해 카펠니코프와 겨루기로 되어 있었다. 스테파니가 전화로 오겠다고 했지만 내 박스석에 앉지는 않겠다고 했다. 아직 그럴 준비는 안 됐다는 것이었다.

"그럼 내가 좌석을 마련해 둘게요."

"내가 알아서 자리를 잡을 테니 내 걱정은 말아요. 경기장에 대해서는 훤하니까요."

"그렇네요." 나는 웃었다.

그녀는 야구 모자를 눈 아래까지 눌러쓰고 관중석 윗줄에 앉아서 나를 지켜보고 있었다. CBS 카메라가 그녀를 발견하자 해설을 맡은 맥켄로가 US오픈 관계자들은 슈테피 그라프에게 더 좋은 자리를 내주지 않은 것을 창피스러워해야 한다고 말했다. 나는 다시 카펠니코프를 꺾었다. 래리에게 안부전해 주시죠.

결승에서는 마틴과 만났다. 상대가 샘프러스일 거라고 생각했고 공개적으로도 샘프러스를 원한다고 했지만, 그는 허리 부상으로 기권한 상태였다. 이토록 중요한 순간에 네트 건너편에 있는 게 마틴이라니. 나는 브래드의 가르침을 흡수하려 노력하던 1994년 윔블던에서 마틴에게 박빙의 승부로 5세트에서 진 적이 있었다. 같은 해 US오픈에서 마이크 루피카는 마틴이 준결승에서 나에게 완승을 거둘 것이라고 예측했다. 나는 마이크를 믿었으나, 마틴을 가까스로 이기고 토너먼트에서 우승을 차지했다. 1997년 슈투트가르트에서는 1회전에서 마틴에게 지는 끔찍한 경험을 했고, 그로 인해 브래드가 한계에 다다르게 됐다. 이제 마틴은 새롭게 발견한 나의 성숙함을 시험하는 잣대가 될 것이었다. 내 안의 변화가 일시적인지 아니면 의미 있는 것인지를 보여줄 차례였다.

첫 게임에서부터 그를 브레이크하자 관중은 일제히 나를 응원했다. 그러나 마틴은 기가 죽지도 않았고 침착함을 잃지도 않았다. 그는 첫 세트를 내게 유리하게 내주더니, 2세트에서 한층 막강해진 모습으로 나타나 막상막하의 대결로 타이브레이크까지 갔다. 그리고는 3세트를 따냈다. 한층 더 접전을 벌인 타이브레이크에서 이긴 것이었다. 그는 세트 스코어 2-1로 앞서 가며 토너먼트에서 압도적인 리드를 보였다. 그 누구도 이곳 결승전에서, 이처럼 불리한 상태에서 게임을 만회한 사람은 없었다. 지난 26년간 아무도 없었다. 나는 마틴의 눈에서 그가 이런 상황을 의식하고 있다는 걸, 그리고 예전에 그랬듯 이번에도 내가 정신력의 한계를 드러내길 기다리고 있다는 걸 느낄 수 있었다.

그는 내가 무너지길, 그래서 과거에 그가 보았던 초조해하고 감정에 휘둘리는 안드레로 되돌아가길 기다리는 것이었다. 그러나 나는 주저앉지도 항복하지도 않았다. 내가 4세트를 6-3으로 이기자, 5세트에서 마틴은 지친 얼굴이었다. 나는 몸을 앞으로 숙이며 준비 자세를 취했다. 결국 5세트를 6-2로 이겼다. 나는 스스로가 완벽히 치유되어 재기에 성공했다는 걸 깨달으며 코트를 걸어나왔다. 스테파니가 이런 나를 보러 와준 것이 너무나 기뻤다. 마지막 두 세트에서의 범실은 다섯 개에 그쳤다. 또 내내 단 한 번도 서브를 놓치지 않아서, 서브에 실패하지 않은 최초의 5세트 경기로 남게 됐다. 나는 다섯 번째 슬램 타이틀을 거머쥐었다. 라스베이거스로 돌아가면 룰렛 테이블에서 숫자 5에 5백 달러를 걸고 싶었다.

프레스룸에서 한 기자가 왜 뉴욕 관중이 큰 소리로 나를 응원하면서 지지하는지 알고 있냐고 물었다.

"저도 알고 싶군요. 아마도 뉴욕 관중은 제가 성장하는 걸 봐왔기 때문이 아닐까요? 물론 다른 지역의 팬들도 제가 성장하는 걸 지켜봐 왔지만, 뉴욕에서는 기대가 높았죠. 그래서 제가 더 빨리 성장했고, 그걸 인정해 주신 것 같아요."

처음으로 내가 어른스럽게 느껴졌다. 아니 크게 외치고 싶었다.

스테파니는 나와 함께 라스베이거스로 날아가 라스베이거스 하면 떠오르는 모든 것들을 했다. 도박을 하고 쇼를 관람하고 브래드와 키미와 함께 권투시합을 보러 갔다. 오스카 드 라 호야 대 펠릭스 트리니다드의 경기였는데, 우리의 첫 공식 공개데이트였다. 커밍아웃 파티였던 셈이다. 다음 날 신문에 손을 잡고 링 맨 앞줄에서 키스하는 우리 사진이 실렸다.

"이제 돌이킬 수 없어." 그녀는 나를 보고 고맙게도 천천히 웃어주었다.

그녀는 우리 집에서 주말을 보냈다. 주말이 한 주가 되고, 한 달이 되었다. 어느 날 J.P.가 전화를 하더니 어떻게 지내냐고 물었다.

"최고예요."

"언제 스테파니를 다시 만나요?"

"스테파니는 지금 여기 있어요."

"무슨 말이에요?"

나는 입가에 손을 대고 조용히 속삭였다.

"지금 데이트 3일째에요. 스테파니는 아직 안 떠났고요."

"뭐라고요?"

"짐을 챙겨서 독일로 돌아가긴 할 거예요. 그렇지만 아직 그 얘기는 안 했고 말을 꺼내고 싶지도 않아요. 지금 이 상태로 놔두고 싶어요."

"조마조마하게 지켜보고 있는 거로군요."

"그렇지만 곧 내가 독일로 가야 할 판이에요. 슈투트가르트 시합이요."

그녀는 같이 가고 싶어했다. 내 박스석에 앉겠다고도 했다. 나는 그녀가 나랑 같이 그곳에 있게 된다는 게 기뻤다. 슈투트가르트는 우리 둘 모두에게 중요한 도시였던 것이다. 그곳에서 스테파니는 프로로 전향했고, 나는 프로로 돌아오게 됐다. 그럼에도 불구하고 우리는 기내에서 테니스 얘기는 하지 않았다. 대신 아이들 얘기를 했다. 나는 그녀에게 함께 아이를 갖자고 말했다. 대담한 발언이긴 했지만 어쩔 수가 없었다. 그녀는 내 손을 잡고 눈물이 그렁그렁해져서 창밖을 보았다.

슈투트가르트에서 우리의 마지막 날 아침이었다. 일찍 일어나서 비행기를 타야 했던 스테파니는 내 이마에 작별 키스를 남기고 떠났다. 나는 이불을 머리까지 당겨 다시 잠을 청했다. 한 시간 후 욕실에서 발을 헛디 뎠다가 나는 면도 도구위에 놓여있는 스테파니의 피임약을 발견했다. 마치 그녀가 이렇게 말하는 듯했다. 난 더 이상 이런 게 필요하지 않을 것 같아요.

나는 랭킹 1위가 되었을 뿐만 아니라 1999년을 1위로 마무리했다. 상위권에 있다가 한 해를 그렇게 마무리한 건 처음이었다. 나는 6년간 1위를 고수했던 샘프러스의 독주를 막았으며, 파리오픈에서 우승함으로써 한 해에 파리오픈과 프랑스오픈에서 우승한 최초의 선수가 되었다. 그러나 ATP 월드 투어 챔피언십에서는 샘프러스에게 졌다. 우리의 스물여덟 번째 만남이었다. 그는 17-11로 리드했고, 슬램 결승에서 3-1로 리드했다. 스포츠 기자들은 그리 대단한 경쟁은 아니었다고 말했다. 주로 샘프러스가 이겼으니까. 나는 반박할 수가 없었고 더 이상 그에 대해 기분나빠 할 수도 없었다.

나는 내가 할 수 있는 것만을 했다. 길의 집에 가서 근육을 불사르며 헛것이 보일 때까지 길의 집 언덕을 오르내렸다. 아침에도 저녁에도 달렸고 크리스마스이브에도 달렸다. 길은 옆에서 스톱워치로 시간을 재주었다. 숨을 너무 헐떡인 나머지 내가 언덕 위에 있을 때도 길은 언덕 아래에서부터 내 숨소리를 들을 수 있을 지경이었다. 나는 도토리 덤불에 기대 토할 때까지 달렸다. 마침내 길이 정상에 올라온 나에게 그만하라고 했다. 우리는 나란히 서서 멀리서 빛나는 크리스마스 장식 불빛을 보며 별똥별을 찾아보았다.

"나는 네가 자랑스럽다. 오늘 밤, 크리스마스이브인데도 여기 나와 있는 게 말이야. 이것만으로도 큰 의미가 있는 거지."

나는 함께 여기 나와 준 그가 오히려 고맙다고 했다. 그야말로 크리스마스이브를 포기하면서까지 나와 주었으니까.

"길도 여기 말고 갈 곳이 많았을 텐데요."

"여기 말고 갈 데가 어디 있겠어?"

2000년 호주오픈이 시작되고, 마리아노 푸에르타를 연속 세트로 꺾어버리자 길은 공개적으로 나의 집중력을 칭찬했다. 나는 다시 샘프러스와 만나게 될 운명이라는 걸 느낄 수 있었다. 확실히 우리는 준결승에서 경기를 치르게 됐다. 샘프러스와 치른 경기에서 마지막 다섯 번 중 네 번을 졌고, 그는 그날도 여느 때처럼 기량이 좋았다. 에이스를 서른일곱 개나 터뜨렸는데, 그건 그가 지금껏 나를 상대로 올린 기록보다 훨씬 많은 수였다.

그러나 나는 크리스마스이브를 길과 함께 보내지 않았던가. 2포인트만 잃으면 시합에 지게 되는 순간, 나는 맹렬한 기세로 반격을 가해 시합에서 이겼다. 결국 나는 로드 레이버 이후 네 번 연속 슬램 결승에 진출한 최초의 선수가 되었다.

결승에서 다시 카펠니코프와 만났다. 워밍업하는 데는 시간이 걸렸다. 샘프러스와의 격한 싸움 이후 계속 다리가 후들거렸던 것이다. 첫 세트는 내주었으나 내 페이스와 감각을 찾자 4세트 만에 그를 제압했다. 여섯 번째 슬램 달성이었다. 시합 후 기자회견에서 나는 괜찮을 정도로만 플레이하는 것이 내게 최선의 방법이었음을 가르쳐준 브래드와 길에게 감사를 표했다. 그때 한 팬이 스테파니의 이름을 외치며 그녀와 무슨 관계인지 물었다.

나는 농담처럼 남의 일에 상관 말라고 했다. 사실 세상에 그 얘기를 털어놓고 싶었다. 그리고 곧 그럴 예정이었다.

"안드레 애거시 선수가 싸움을 멈추는 걸 볼 일은 아마 두 번 다시 없을 거라 생각합니다." 길은 〈뉴욕타임스〉와의 인터뷰에서 이렇게 말했다.

24
슈테피 그라프와 결혼하다

스테파니는 자신의 아버지가 방문차 라스베이거스에 오실 거라고 했다(그녀의 부모님은 이혼한 지 꽤 되었고 어머니인 하이디는 이미 우리 집에서 15분 거리에 살고 있었다). 피할 수 없는 순간이 다가왔다. 우리 아버지와 그녀의 아버지 두 분이 만나기로 했는데, 그 상황을 생각하니 몹시 초조해졌다.

페터 그라프는 정중하면서도 세련된, 교양 있는 사람이었다. 농담을 즐겨서 아주 많은 농담을 던졌는데, 그 중 이해되는 건 거의 없었다. 그의 영어가 불완전했기 때문이다. 물론 나는 그를 좋아하고 싶었고, 그도 나의 호감을 바라는 것 같았지만 사실 불편했다. 들은 바가 있기 때문이었다. 말하자면 그는 독일인 마이크 애거시였던 것이다. 전직 축구 선수이자 열혈 테니스 애호가였던 그는 스테파니가 걸음마를 떼기도 전에 테니스를 시켰다. 우리 아버지와 달리 그는 스테파니의 경력과 재무관리에서도 손을 뗀 적이 없었고, 탈세혐의로 감옥에서 2년을 복역하기도 했다. 물론 감옥 얘기는 금기시되는 주제라 한 번도 나오지 않았다.

나는 예상했어야 했다. 페터가 네바다에 도착하자마자 제일 먼저 보고 싶어했던 건 후버댐도 스트립도 아닌, 아버지의 볼머신이었던 것이다. 그는 그 얘기를 익히 들어 알고 있었다며 가까이 가서 보고 싶다고 했다. 아버지 집까지 가는 길에 그는 붙임성 있게 말을 걸어왔다. 그러나 이해할 수 없는 얘기가 많았다. 독일어? 아니, 독일어와 영어와 테니스의 하이브리드였다. 그는 아버지의 게임에 대해 물었다. 아버지가 얼마나 자주 테니스를 하시는가? 잘 치시는가? 도착 전에 우리 아버지에 대해 파악하려는 것 같았다.

아버지는 완벽한 영어를 구사하지 못하는 사람들과는 잘 지내지 못했고 낯선 사람과는 더더욱 그랬다. 때문에 대문을 지나가면서 나는 이미 우리가 투 스트라이크를 당했다고 생각했다. 그러나 곧 스포츠는 세계 공통어라는 사실이 떠올랐다. 마니아이자 전직 운동선수 출신인 두 남자가 스윙과 제스처와 불평하는 소리를 통해 몸으로 대화하는 법을 알고 있을 거라 생각하자 안심이 되었다. 페터가 그 유명한 볼머신을 보고 싶어 한다고 말씀드리자 아버지는 으쓱했다. 그리고는 우리를 뒷마당 테니스 코트로 데리고 가서 드래곤을 보여주었다. 아버지는 모터를 돌리고 받침대를 높이 올린 후 드래곤의 소음에 목소리가 묻히지 않도록 쉴새 없이 소리치며 페터에게 설명해 주었다. 다행스럽게도 아버지는 페터가 한 마디도 이해하지 못한다는 걸 눈치채지 못했다.

"가서 저기 서봐라."

아버지는 라켓을 건네더니 코트 맞은편을 가리키고는 머리 위로 볼머신을 조준했다.

"보여 줘."

옛날 생각이 밀려오면서 몸이 떨렸으나, 집에 돌아가면 테킬라를 마실 수 있다는 생각에 가까스로 움직였다. 페터는 내 뒤에 자리를 잡고 내가 공을 치는 걸 지켜보았다.

"아, 그렇게 하는군요. 좋아요."

아버지는 기계를 더 세게 돌려 거의 공이 두 개씩 날아오도록 다이얼을 맞췄다. 드래곤에 기어를 추가한 게 분명했다. 공이 이렇게 빨리 날아오리라고는 생각지도 못했다. 라켓을 정위치에 놓고 두 번째 공을 칠 새가 없었다. 페터는 내가 공을 못 친다고 꾸짖었다. 그러더니 내게서 라켓을 가져가 나를 옆으로 밀쳐냈다.

"이런 공은 쳤어야지. 아마 이런 샷은 못 봤을 걸세."

그는 내게 유명한 스테파니 슬라이스샷을 보여주었다. 자신이 스테파니에게 가르쳤다고 주장하는 바로 그 샷이었다.

"자네는 라켓을 좀 더 조용히 휘두를 필요가 있어. 이렇게 말이야."

아버지는 격노했다. 처음에는 아버지가 하는 말을 알아듣지 못하더니 그다음에는 아버지의 수제자를 방해한 것이다.

"그 슬라이스는 쓰레기요! 스테파니가 이 샷을 쳤다면 훨씬 나았을 거요."

아버지는 네트 근처로 와서 내게 가르쳐 주었던 두 손 백핸드 시범을 보였다.

"이런 샷이었다면 스테파니는 슬램 타이틀을 서른두 번은 땄을 거요!"

두 남자는 서로의 말을 이해할 수 없었지만 열띤 논쟁을 벌였다. 나는 돌아서서 공을 치는 데 집중했다. 모든 정신을 드래곤에 집중했다. 이따금씩 페터가 샘프러스나 래프터 같은 내 라이벌을 언급하는 소리가 들렸다. 그러면 아버지는 스테파니의 숙적인 모니카 셀레스와 린지 대븐포트로 응수했다. 아버지는 권투 얘기도 했다. 권투를 비유해 들이대자 페터는 이에 대항하며 포효했다.

"나도 권투선수였소. 그리고 아마도 당신을 때려눕혔겠지."

아버지에게는 무슨 말이든 해도 좋았지만 그 말만은 해서는 안 되었다.

절대로. 무슨 일이 일어날 거라는 예감이 들자 몸이 움찔했다. 돌아보니 63세의 스테파니 아버지가 셔츠를 벗어 던지며 69세가 된 우리 아버지에게 이렇게 말하고 있었다.

"내가 얼마나 균형 잡힌 체형인지 좀 보시오. 나는 당신보다 크니 잽을 먹이면 당신을 꼼짝 못하게 할 수 있소."

"그렇단 말이지? 덤비시오! 어디 붙어봅시다."

주먹다짐이 벌어졌다. 페터는 독일어로, 아버지는 아시리아어로 욕을 하고 있었다. 두 분은 빙빙 돌면서 상대를 공격하는 척하며 고개를 까딱거리더니 상체를 좌우로 흔들었다. 둘 중 하나가 손을 뻗기 직전 내가 끼어들어 둘을 떼어 놓았다.

"이 개자식이 헛소리를 하잖아!" 아버지가 소리쳤다.

"그랬을지도 모르지만, 아버지 제발."

두 사람은 땀을 흘리며 숨을 헐떡였다. 아버지의 눈은 충혈되었고, 페터의 맨가슴에는 땀방울이 가득했다. 그리고 내가 가만히 싸우게 두지 않으리란 걸 알고는 휴전 태세로 들어갔다. 우리는 드래곤을 끄고 다 같이 코트 밖으로 나왔다.

집으로 돌아오자 스테파니가 내게 키스하며 어떻게 됐냐고 물었다.

"나중에 말해 줄게."

나는 테킬라에 손을 가져가며 말했다. 마르가리타가 그렇게 맛있는 건 처음이었다.

데이비스컵에서 좋은 성적을 낸 후, 나는 보통 이기는 코스였던 스코츠데일 토너먼트에서 초반에 지고 말았다. 애틀랜타에서는 경기가 잘 풀리지 않았던 데다가 쥐까지 났다. 로마에서 3회전에 지고 나자, 더 이상 이렇게는 할 수 없다는 사실을 마지못해 인정해야 했다. 모든 토너먼트에 참가할 수는 없는 것이다. 30세가 되어가면서 좀 더 신중하게 싸울 곳을 선택해야 했다.

거의 모든 인터뷰에서 은퇴에 대해 물어왔다. 내가 아직 최고의 경기를 치르지 못했다고 말하면, 기자들은 웃으며 농담으로 받아들였다. 하지만 나는 그 어느 때보다도 진지했다.

2000년 프랑스오픈에서 챔피언 타이틀 방어에 나섰다. 옛 생각이 떠오르길 기대하며 롤랑 갸로에 들어서는데 모든 것이 달라져 있었다. 개보수 작업을 했던 것이다. 좌석도 늘어났고 라커룸도 새롭게 단장했다. 나는 그런 게 싫었다. 하나도 마음에 들지 않았다. 롤랑 갸로가 언제나 그대로이길 바랐다. 모든 게 그대로였으면 싶었다. 매년 센터코트에 걸어가 인생이 바뀌게 되었던 1999년을 떠올릴 수 있길 바랐다. 메드베데프를 꺾고 우승한 후 기자회견에서 나는 기자들에게 일말의 후회도 없이 테니스를 그만둘 수 있을 것 같다고 말했었다. 그러나 1년이 지나자 내가 틀렸다는 걸 깨달았다. 한 가지 후회는 늘 하게 되는 법이었다. 두 번 다시는 1999년 프랑스오픈이 열리던 때로 돌아갈 수 없고 다시 체험할 수도 없었다.

2회전에서 나는 카롤 쿠세라와 만났다. 그는 언제나 내 약점을 간파했고, 나를 보기만 해도 아드레날린이 솟구치는 것 같았다. 심지어 시합 전 라커룸에서는 1998년 US오픈에서 나를 꺾었던 때를 떠올리는 것 같았다. 그는 최고의 기량을 선보였고, 나를 녹초가 되게 만들었다. 그의 페이스를 따라갔음에도 불구하고 내 발은 온통 물집투성이가 되었다.

절뚝거리며 사이드로 가 부상으로 인한 메디컬 타임아웃을 요청했다. 트레이너는 내 발에 붕대를 다시 감아주었으나, 진짜 물집은 내 머릿속에 있었다. 이후 나는 한 게임도 따지 못했다.

내 박스석을 올려다보니 스테파니가 고개를 떨구고 있었다. 그녀는 내가 이렇게 무너지는 걸 본 적이 없었던 것이다. 나중에 나는 그녀에게 왜 가끔씩 스스로가 엉망이 되는지 모르겠다고 했다. 여전히 말이다. 그러자 그녀는 경험에서 우러난 충고를 해주었다.

"생각하지 마세요. 느낌이 답이에요. 느낌."

그런 말을 처음 들어본 것은 아니었다. 아버지의 말을 좀 더 상냥하고 부드럽게 한 것뿐이었다. 그러나 스테파니의 말은 그 의미가 훨씬 깊게 다가왔다. 우리는 며칠간 생각과 느낌에 대해 논했다. 그녀는 생각하지 않는 것과는 달리 느끼는 것을 결심할 수는 없다고 말했다.

"느끼려고 노력할 수는 없는 거예요. 스스로 느끼도록 내버려 두어야 해요."

스테파니는 아무런 할 말이 없을 때도 있다는 것을 알고 있었다. 그녀가 내 뺨을 만지며 머리를 기울이면, 나는 그녀가 이해하고 있다는 걸 알 수 있었다. 그녀도 똑같은 기분을 느끼는 것이었다. 그것으로 충분했다. 그것이야말로 내가 필요로 했던 것이니까.

우리는 2000년 윔블던에 갔다. 스테파니가 런던 이곳저곳을 돌아다니는 걸 보는 것이 좋았다. 마침내 그녀는 이 도시의 아름다움을 볼 수 있게 된 것이라고 했다. 압박감과 부상의 혼돈 속에서는 도시의 아름다움 따위는 볼 수 없기 때문이라는 것이다. 테니스 선수들은 여느 운동선수보다 여행을 자주 다니지만, 게임의 스트레스와 혹독함으로 인해 제대로 도시를 둘러볼 수가 없다. 이제 스테파니는 모든 걸 보고 있었다. 사방을 걸어다니며 모든 상점과 공원을 들락거렸고, 언제나 가보고 싶어했던 유명 팬케익 레스토랑에도 들렀다. 150가지의 팬케이크를 맛볼 수 있는 곳이었는데, 그녀는 코트에서 발놀림이 무거워질까 걱정할 필요 없이 모든 종류의 팬케익을 조금씩 맛볼 수 있었다.

하지만 나는 예상대로 런던에서 대진표 이외에는 아무것도 보이지 않았다. 눈가리개를 한 채 준결승까지 올라가 래프터를 만났다. 그는 놀라운 경력을 쌓아왔으며, US오픈에서 두 번이나 챔피언 타이틀을 얻었고 한때 세계 랭킹 1위에도 올랐다. 그는 여전히 에이스 서브로 나를 이리 저리 뛰게 만들었으며, 사람들은 그가 어깨 수술이 끝나고 정상으로 돌아오려 한다고 말했다. 에이스를 넣지 않을 때는, 서브를 보낸 후 아무것도 지나가지 못하도록 사방을 막아서고 있었다. 나는 그에게 로브를 하려고 했다. 공이 내 라켓을 떠날 때 절대 리턴할 수 없을 것 같은 샷을 쳤지만, 그는 항상 제때 막아냈다. 우리는 세 시간 반 동안 상당한 수준의 경기를 선보였고, 5세트의 6게임까지 가게 됐다. 제2 서브에 좀 더 힘을 싣다가, 나는 더블폴트를 범했다. 브레이크포인트였다.

내가 서브하고 그가 힘차게 리턴한 다음 내가 친 공이 다시 네트에 걸렸다. 나는 그를 브레이크할 수 없었다. 그는 첫 서브에 74% 정도 힘을 실었고, 그 첫 번째 서브로 결승까지 밀고 나갔다. 그는 마침내 챔피언십 타이틀을 놓고 샘프러스와 겨룰 자격을 얻게 됐다.

스테파니에게 샘프러스와 경기하는 모습을 보여주고 싶었으나, 그렇게 되지는 않았다. 1년 전 나는 바로 여기 준결승에서 래프터를 꺾었고 그때 그는 어깨에 처음으로 통증을 느꼈던 것이다. 이제 그는 완쾌된 어깨로 돌아와 준결승에서 나를 이겼다. 나는 래프터가 마음에 들었고, 그 균형이 좋았다. 이런 식의 전개에는 전혀 불만이 없었다.

스테파니와 나는 집으로 돌아왔다. 휴식이 필요했다. 그런데 나쁜 뉴스가 들이닥치기 시작했다. 여동생 태미가 유방암 진단을 받은 것이다. 며칠 후 어머니도 똑같은 진단을 받았다. 나는 시드니 올림픽 출전권을 포기했다. 가족과 가능한 많은 시간을 보내고 싶었다. 최소한 1월까지 한 해 정도는 쉬어야 할 것 같았다. 하지만 어머니는 그런 생각에 찬성하지 않았다.

"가거라. 출전해. 네 일을 해야지."

그렇게 하려고 워싱턴 D.C.로 갔지만 집중이 안될 때 나오는 경기력이 고작이었다. 나는 알렉스 코레자를 상대로 분노를 이기지 못해 라켓을 세 개나 부러뜨리고는 힘없이 2세트 만에 지고 말았다.

2000년 US오픈에서 나는 1번 시드를 배정받았다. 우승하기에 최적의 조건이었다. 토너먼트 시작 전날 밤, 환영받지 못한 기분으로 길과 로웰 호텔에 머물렀다. 즐거운 시간이어야 했고 우승해서 세상을 놀라게 할 수도 있었을 텐데, 나는 신경 쓰지 않았다.

"길, 왜 계속해야 하는 거죠?"

"출전하지 않을 수도 있지."

"왜 기분이 이렇죠? 왜 예전처럼 또 기분이 이런 거죠?"

수사적인 의문에 가까웠다. 케이시는 완전히 회복되어 활기를 되찾았고 대학진학 얘기까지 하게 되었지만, 길은 사랑하는 사람이 병원에 누워 있다는 게 어떤 기분인지 결코 잊지 못하리라. 그는 내가 말하지 않아도 무슨 말을 하고 싶은 건지 알고 있었다. 왜 사랑하는 사람들이 고통을 받아야 하는 걸까? 왜 삶은 완벽할 수가 없는 걸까? 왜, 매일, 지구 어딘가에서, 누군가는 상실을 겪어야 하는 걸까?

"하고 싶다는 생각이 들지 않으면 테니스를 못하지. 그게 네 성격이야. 열아홉일 때부터 줄곧 그래왔지. 그렇지만 주변 사람들이 잘 지내지 못하면 테니스 할 마음이 안 드는 거야. 나는 네가 그래서 좋다." 길이 말했다.

"시합에 안 나가면 다들 실망할 거예요. 하지만 시합에 나가면 가족들을 실망시키겠죠. 테니스와 삶은 왜 항상 서로 반대되는 것처럼 보일까요?"

길은 고개를 끄덕였으나 말이 없었다

"우린 다 해봤잖아요, 그렇죠? 달리기도 해보고요. 이 생활도 이제 거의 끝난 거죠, 네?"

"거기엔 대답할 수가 없다. 내가 아는 건 다만 네 안에 에너지가 좀 더 남아있다는 거고 그건 나 역시 마찬가지란다. 여기서 그만둬도 괜찮아. 그런데 아직 우린 다 털어내지 못했어. 그리고 나는 네가 결승점 끝까지 가보겠다고 스스로에게 다짐했다고 생각한다."

브래드와의 연습 첫날이었다. 아무리 해도 상대선수에 대항할만한 서브를 넣을 수가 없었다. 나는 코트 밖으로 나갔다. 브래드는 무슨 일인지 묻지 말아야 한다는 걸 잘 알고 있었다. 호텔로 돌아와 침대에 누워 두 시간 동안 천장만 바라보다가 깨달았다. 아마 오랫동안 뉴욕에 오지 않게 되리라.

1회전에서 알렉스 김이라는, 불안에 떠는 스탠퍼드 학생과 겨루게 됐다. 동정심이 들었지만, 스트레이트 세트로 그를 꺾었다. 2회전에서는 아르노 클레망과 만났다. 날이 더워서 우리는 1포인트를 주고받기도 전에 땀에 푹 젖었다. 시작이 괜찮은 편이어서 그를 브레이크하며 3-1로 앞서갔다. 모든 것이 순조로웠다. 그러다가 관중들이 꽉 찬 경기장에서 나는 갑자기 무너졌다. 테니스를 전혀 안 해본 사람 같았다.

스포츠 기자들은 예전처럼 다시 비가(悲歌)를 읊어댔다. 애거시의 선수 생활도 끝나간다고. 길은 내가 겪는 상황에 대해 설명하려고 애썼다. 안드레는 마음과 감정, 그리고 믿음으로 경기하는 선수이고, 자신이 아끼는 사람들을 위해 뛰는 선수라고. 그저 경기가 순조롭게 풀리지 않았을 뿐이라고.

"시합에 지다니 안타깝네요." 아서 애쉬 스타디움에서 나오는 길에 한 젊은 여자가 말했다.

"아, 걱정할 것 없어요." 그녀가 웃었다.

서둘러 라스베이거스로 돌아가 어머니와 시간을 보냈다. 어머니는 흐트러짐 없이 독서에 몰두하며 직소퍼즐을 즐겼고, 그런 어머니의 침착함에 우리 모두 부끄러워질 정도였다. 지금껏 내가 어머니를 과소평가했다는 걸 깨달았다. 어머니의 조용함을 약함과 체념으로 오해했던 것이다. 아버지가 지금의 어머니를 만들었고 우리 모두 아버지의 영향에서 자유롭지 못했지만, 그럼에도 불구하고 겉으로 드러나지 않는 어머니의 다양한 모습이 있다는 걸 깨달았다.

나는 또한 어머니가 자신의 인생에서 이처럼 위태로운 순간에도 인정을 바란다는 걸 알았다. 나는 언제나 어머니를 당연한 존재로 생각했고, 어머니는 당연히 조용히 지내길 바란다고 생각했다. 그러나 지금 이 순간 어머니가 원하는 건 주목받고 인정받는 것이었다. 어머니는 생각보다 자신이 강한 사람이라는 걸 내가 알아주길 바랐다. 치료를 받으면서도 불평하지 않았고 내가 어머니의 그런 점에 긍지를 갖고 자랑스러워 해주길 바라셨다. 그리고 나 역시도 같은 과정을 겪어왔음을 깨닫길 바라셨다. 내가 그랬듯 어머니는 아버지를 견뎌낸 것이다. 어머니가 병마를 이겨낸다면, 나 역시 그럴 것이다.

태미도 시애틀에서 치료를 받으면서 잘 해내고 있었다. 태미는 수술을 받고 화학치료를 시작하기 전에 라스베이거스에 와서 가족들과 시간을 보냈다. 그녀는 머리가 빠지는 것이 두렵다고 했는데, 나는 그 이유를 잘 모르겠다고 답했다. 머리가 빠진 게 내 인생 최고의 일이었다고 하자 태미는 웃으며 치료 때문에 머리가 빠지기 전에 먼저 머리를 없애버리는 게 더 좋을지도 모르겠다고 했다. 스스로를 통제하려는 저항의 몸짓이었다.

"괜찮은 생각인데? 내가 도와줄게."

우리는 집에서 바비큐를 준비한 후 모두가 도착하기 전에 욕실로 들어갔다. 형과 스테파니가 증인으로 함께 한 가운데 우리는 공식적인 삭발식을 가졌다. 태미는 내게 머리를 밀어달라며 전기이발기를 건넸다. 나는 머리카락을 제일 짧게 깎을 수 있도록 칼날을 설정한 후 태미에게 모히칸 스타일을 먼저 해보는 게 어떻겠냐고 물었다.

"아마 모히칸 스타일이 어울리는지 볼 수 있는 마지막 기회일 거야."

"아니. 전부 밀어줘."

나는 빠른 속도로 바짝 머리를 밀어주었다. 태미는 엘비스의 입대 날 얼굴처럼 웃어 보였다. 머리카락이 바닥에 우수수 떨어지는 걸 보며 나는 태미에게 다 괜찮을 거라고 했다. 이제 넌 자유야, 태미. 자유라고. 그리고 네 머리는 다시 자랄 거야. 나와 형은 이제 완전히 끝났지만. 그녀는 웃고 또 웃었다. 매일같이 울기만 하다가 웃는 여동생을 보니 기분이 좋았다.

2000년 11월쯤 되자, 가족 모두 어느 정도 회복이 되어서 나는 다시 시합출전 준비를 했다. 1월에 호주에 도착하자 기분이 좋아졌다. 나는 이곳이 정말 좋았다. 전생에 호주 원주민이었나 보다. 언제나 집에 있는 듯 편안한 기분이었고, 로드 레이버 아레나 경기장으로 걸어가 그의 이름 아래서 테니스를 하는 건 언제나 기분이 좋았다.

나는 브래드에게 모든 경기를 이겨버리겠다고 장담했다. 느낄 수 있었다. 그렇게 되면 그는 아랴 강에 뛰어들어야 할 것이다. 아랴 강은 멜버른으로 흘러들어 가는 오염으로 악취가 진동하는 강의 지류였다. 나는 준결승까지 단숨에 치고 올라가 다시 래프터와 만났다. 우리는 3시간 동안 격렬한 시합을 벌이며, 서로 끝없이 랠리를 주고받으며 불평을 쏟아냈다. 그는 2-1로 앞서 있다가 어느 순간부터 지쳐갔다. 호주의 열기 때문이었다. 우리는 땀으로 흠뻑 젖어있었고, 그는 경련까지 일으켰다. 나는 다음 두 세트를 따냈다.

결승에 이르자 클레망이 기다리고 있었다. US오픈에서 그가 나를 녹아웃 시킨 지 네 달 만에 이루어진 설욕전이었다. 나는 거의 베이스라인을 지키고 있었다. 실수도 거의 없었고 실수하면 재빨리 잊어버렸다. 클레망이 불어로 혼자 중얼거리고 있을 때는 고요한 평화를 느꼈다. 나는 어머니의 아들이니까. 세트를 연달아 이기며 그를 꺾어 버렸다.

통산 일곱 번째 슬램을 달성하면서 역대 최고 선수 중 10위에 오르게 되었다. 나는 존 맥켄로, 매츠빌랜더, 그리고 다른 몇몇 선수와 공동 순위에 올랐는데, 보리스 베커와 스테판 에드베리보다 한 단계 위였다. 빌랜더와 나는 오픈 시대에 들어선 이후 호주오픈에서 유일하게 세 번 우승을 한 선수들이었다. 그러나 그때 내 머릿속에는 어서 빨리 브래드가 야라 강에서 배영하는 걸 보고 스테파니가 있는 집으로 돌아가야 한다는 생각뿐이었다.

2001년 초반 스테파니와 나는 독신자 아파트II에 둥지를 틀면서 그곳을 집다운 집으로 개조해 나갔다. 좋아하는 가구를 쇼핑했고 조촐한 저녁 파티도 열었다. 미래에 대해 밤늦게까지 이야기꽃을 피우기도 했다. 그녀는 주방용 칠판을 사주었는데, 그것을 주방 벽에 걸고 매일 저녁 그녀에 대한 나의 사랑을 표현하는 글을 쓰기로 약속했다. 나는 1989년산 샤또 베이슈벨을 사서 매년 우리의 첫 데이트 기념일에 마시기로 했다.

인디언 웰스에서는 결승에 진출해 샘프러스를 만났다. 그를 꺾고 시합 후 라커룸에서 다시 만났더니, 그동안 사귀던 배우 브리짓 윌슨과 결혼할 거라는 거였다. 영화 〈트러블 앤 섹스(Love Stinks)〉 세트장에서 그녀를 만났다고 했다.

"나는 아직 여배우 알레르기가 있어."

나는 웃었으나 그는 정말 진지했다. 샘프러스에게 결혼과 여배우에 대해서 해줄 말이 많았지만 할 수 없었다. 우리 관계는 그런 종류의 관계가 아니었으니까. 그에게 묻고 싶은 것도 많았다. 어떻게 그렇게 집중력을 유지할 수 있었는지 인생을 테니스에 그렇게 많이 쏟아부은 것에 대해 후회하지 않는지. 하지만 서로 다른 성격과 계속되는 라이벌 의식 때문에 그 정도의 친밀함을 유지하는 건 불가능했다. 서로에게 끼친 영향과 우정 비슷한 관계에도 불구하고, 우리는 여전히 서로에게 타인일 뿐이며 언제까지나 그런 관계로 남을지도 모른다.

나는 그에게 행운을 빌어주었고, 그건 진심이었다. 운명의 짝을 만나는 것이야말로 진정한 행복이었다. 그토록 오랜 시간에 걸쳐 이른바 내 팀이라는 것을 꾸려왔는데, 이제 내가 바라는 유일한 한 가지는 스테파니의 소중한 팀 멤버가 되고 싶다는 것뿐이었다. 나는 샘프러스도 약혼녀에 대해 같은 생각이길 바랐다. 그가 역사에 남을 자신의 위상을 생각하는 것만큼이나 그녀의 마음속에서 자신이 차지하는 부분 역시 소중히 하길 바랐다. 그에게 그렇게 말하고 싶었다.

토너먼트가 끝난 지 1시간 후, 스테파니와 나는 테니스 레슨을 했다. 웨인 그레츠키(*캐나다의 아이스하키 선수)가 우리를 자선 경매행사에 초대해 아이들을 가르쳐주길 원했던 것이다. 그레츠키와 즐거운 시간을 보낸 후 천천히 LA로 돌아오면서 우리는 아이들이 얼마나 귀여운지에 대해 얘기했다. 나는 케빈 코스트너의 아이들을 떠올렸다. 스테파니는 실눈을 뜨고 창밖을 바라보다가 나를 쳐다봤다.

"나 늦은 것 같아요."

"뭐가?"

"늦었다고요."

아. 그 말은, 그거였다! 우리는 약국을 몇 군데 들러 임신테스트기를 종류별로 사고 호텔 벨에어에 칩거했다. 욕실에 들어갔다 나온 스테파니는 무슨 생각을 하는지 알 수 없는 얼굴이었다. 그녀는 내게 임신테스트기를 건네주었다.

"파란색이에요."

"파란색이 무슨 뜻인데?"

"당신도 알 거라 생각했는데."

"남자애?"

"아뇨. 내가 임신했다는 뜻이라고요."

테스트를 반복할 때마다 매번 파란색이 나왔다. 원했던 결과였고 그녀는 기뻐했지만, 동시에 두려워하기도 했다. 많은 것들이 바뀔 테니까. 그녀의 몸에 어떤 변화가 일어나게 되는 거지? 나는 몇 시간 후 마이애미행 야간 비행기를 타야 했고 그녀는 독일로 돌아가야 했다. 우리는 손을 마주 잡고 마츠히바의 스시바에 앉아서 정말 멋진 일이라고 속삭였다. 나중에서야 마츠히사가 브룩과의 관계가 흐트러지기 시작했던 바로 그 레스토랑이라는 걸 깨달았다. 마치 테니스 같았다. 아주 처절하게 참패를 당했던 테니스 코트가 가장 달콤한 승리의 현장이 될 수도 있는 거였다.

"결혼해야겠어요."

저녁을 먹다가 울다가 축배를 들다가를 반복하다가 느닷없이 내가 말하자 그녀의 눈이 커졌다.

"그래요."

요란한 결혼식은 하지 않기로 했다. 교회도, 웨딩 케이크도, 드레스도 없이 테니스 시즌 중에 잠시 잠잠할 때를 골라 시간이 되는 날 결혼하기로 했다.

나는 푸근한 인상의 프로그램 진행자인 찰리 로즈와 한 시간짜리 인터뷰를 진행하면서 새빨간 거짓말을 늘어놓았다. 그럴 생각은 없었지만 로즈가 묻는 말은 모두 그가 듣고 싶어하는 답변을 유도하는 것이었기 때문이다.

"어릴 때도 테니스를 좋아했습니까?"

슈테피 그라프와 결혼하다

"네."

"게임을 정말 좋아했군요."

"라켓과 함께 잠들곤 했죠."

"아버지가 당신에게 하신 일들을 돌이켜보면 이제 이렇게 말할 수 있나요? 나를 강하게 만들어준 테니스용품을 아버지가 일찍부터 내게 안겨줘서 기쁘다고?"

"테니스를 하게 되어 정말 기쁩니다. 아버지가 테니스를 시작하게 해주셔서 고마울 따름이죠."

나는 최면에 걸리거나 세뇌라도 당한 듯 술술 대답을 했다. 별로 새로울 것도 없었다. 전에 했던 것과 똑같은 말을 했고, 수없이 많은 기자회견과 인터뷰, 칵테일파티 때 대답했던 얘기를 다시 했을 뿐이었다. 그런 말을 일부나마 내가 믿는다면 그게 거짓말인 걸까? 단순 반복을 통해 거짓말을 진실로 치장한다면 그건 역시 거짓말인 걸까?

그러나 이번에는 그런 거짓말이 다르게 들리고 다르게 느껴졌다. 내가 쏟아놓은 말들이 공중을 떠돌며 씁쓸한 뒷맛을 남겼다. 인터뷰가 끝나자 어쩐지 메스꺼운 기분이 들었다. 죄책감이라기보다는 후회였다. 기회를 놓친 듯한 기분이었다. 내가 그에게 그리고 나 자신에게 솔직히 털어놓았다면 무슨 일이 일어났을까. 찰리 로즈가 무슨 행동이나 말을 했을까. 얼마나 우리가 그 시간을 유쾌하게 보낼 수 있었을까. 사실, 찰리. 난 테니스가 싫어요.

메스꺼움은 며칠 동안 계속됐다. 인터뷰가 방송되자 상황이 더 나빠졌다. 언젠가 찰리 로즈만한 지명도를 가진 인터뷰어의 눈을 똑바로 바라보면서 있는 그대로의 진실을 고백하리라 다짐했다.

2001년 프랑스오픈에서는 보이지 않는 또 한 사람이 내 박스석에 앉아 있었다. 스테파니는 임신한 지 4개월이 되었고, 아직 태어나지 않은 아이의 존재로 인해 나는 십 대의 체력을 얻은 것만 같았다. 16회전에 올라가 스퀼라리와 만났다. 그와는 이런저런 사연이 있었다. 우리는 우리 사이에 프랑스와 영국 간의 역사보다도 더한 사연이라도 있는 듯 결연하게 코트로 나섰다. 스퀼라리가 보이자 선수생활 중 가장 힘든 시합 중 하나였던 1999년이 생각났다. 그것은 하나의 터닝포인트였다. 2년 전 그날 그가 나를 꺾었더라면, 과연 내가 지금 여기 있을 수 있을까. 스테파니가 여기 있을 수 있을까. 아마 뱃속의 아이도 없었겠지.

이런 생각들 때문에 나는 경기에 완전히 몰입할 수 있었다. 시합은 더디게 흘러갔지만 나는 점점 더 기운이 넘쳤다. 집중력은 최고조였다. 한 사나운 팬이 나에 관해 터무니없는 말을 외칠 때도 웃어넘길 수 있었다. 심하게 넘어져 무릎을 삐고 상처도 입었지만 아무렇지 않게 털어버렸다. 나를 막을 수 있는 건 아무것도 없었다. 더구나 스퀴야리쯤이야. 나는 점점 그를 의식하지 않게 됐다. 그 어느 때보다도 나 혼자 코트에 있는 기분이었다.

준준결승에서는 프랑스 출신의 세바스티앙 그로장과 만났다. 한 게임만 잃고 첫 세트를 순조롭게 치르고 있었는데, 그로장이 어느 순간 이길 수 있다는 숨겨진 믿음을 이용하기 시작했다. 우리의 자신감은 동등한 수준이었지만 그의 샷 메이킹은 아주 뛰어났다. 그는 나를 브레이크하면서 2-0으로 앞서갔고, 나를 다시 브레이크하면서 내가 첫 세트를 쉽게 따냈던 것처럼 2세트를 쉽게 얻어냈다.

3세트에서 그는 나를 즉시 브레이크하고는 멋진 로브로 게임을 따냈다. 그리고 서브게임을 지키며 나를 다시 브레이크했다. 나는 몹시 지쳤다.

4세트에서는 그의 서브를 브레이크할 기회가 있었으나 이를 활용하지 못했다. 나답지 않게 약한 백핸드를 쳤고, 공이 멀리 날아가는 걸 보면서

슈테피 그라프와 결혼하다

시간이 얼마 남지 않았다는 걸 알았다. 그가 매치포인트 서브를 넣었다. 나는 필사적으로 매달렸으나 내가 친 포핸드가 네트에 걸렸다. 매치포인트였다. 그는 에이스 서브로 게임을 끝내버렸다.

기자들은 빌 클린턴 대통령이 도착해서 집중력이 흐트러진 게 아니냐고 했다. 그렇게 터무니없는 패배의 이유는 처음 들어본 것 같았다. 나는 클린턴 대통령이 그 자리에 있는지도 몰랐다고 했다. 머릿속이 다른 생각으로 꽉 차있었다. 바로 보이지 않는 관중에 대한 생각이었다.

나는 운동을 핑계 삼아 스테파니를 길의 체육관으로 데리고 갔다. 그녀는 우리가 왜 거기 갔는지 알고 있었기 때문인지 활짝 웃고 있었다. 길은 스테파니에게 괜찮은지, 마실 것이 필요하지는 않은지, 앉고 싶지는 않은지 물었다. 그러더니 스테파니를 운동용 자전거로 데려가 안장에 앉혔다. 그녀는 길이 벽면을 따라 내가 슬램에서 얻은 우승컵을 보관하기 위해 만들어 놓은 선반을 천천히 둘러보았다. 거기엔 우울했던 〈프렌즈〉 시기 이후에 갖다놓은 것들도 있었다.

나는 스트레칭 끈을 만지작거리다가 말을 꺼냈다.

"길. 우리 아들 이름을 골랐는데요."

"오. 뭐지?"

"제이든이요."

"마음에 드는데." 길이 웃으며 고개를 끄덕였다.

"저도 그래요. 그 이름이 좋아요."

"그리고 정말 멋진 미들네임을 생각한 게 있어요."

"뭔데?"

"길이요."

그가 나를 가만히 쳐다보았다.

"제이든 길 애거시, 이렇게요. 아이가 당신의 반만큼만 남자답게 자라

준다면 아주 성공적일 거고, 당신이 내게 해줬던 아버지 노릇의 반이라도 내가 아이에게 해줄 수 있다면 나는 아버지로 합격점을 받을 거예요."

스테파니는 울고 있었다. 내 눈에도 눈물이 그렁그렁했다. 길은 3미터 정도 떨어진 곳에 있는 레그 익스텐션 머신 앞에 서서, 자신의 트레이드마크인 귀 뒤에 연필을 꽂은 모습으로 코끝에 안경을 걸친 채 다빈치 노트를 펼치고 있었다. 그는 성큼성큼 내게 다가와 팔로 나를 안아주었다. 뺨에 그의 목걸이가 닿았다. 성부, 성자, 그리고 성령.

2001년 윔블던에서 거의 래프터를 꺾기 직전까지 갔다. 5세트에서 우승까지 2포인트를 남겨 놓고 매치 포인트서브를 넣었으나, 자신 없이 친 포핸드가 네트에 걸렸다. 다음 포인트에서 나는 쉬운 백핸드를 놓쳤다. 래프터는 원기를 회복했다. 이제 나를 꺾을 수도 있다고 생각될 정도였다.

"미친놈."

내가 이렇게 소리치자 라인즈 우먼이 즉시 엄파이어에게 보고했다. 나는 욕설로 인해 경고를 받았다. 이제 참견하기 좋아하는 이 라인즈 우먼 외에는 아무 생각도 안 났다. 나는 8-6으로 세트를 잃고 시합에서도 졌다. 나 자신이 무척 실망스럽고 하찮은 기분이 들었다.

스테파니의 건강과 우리의 가족계획과 더불어 차터스쿨 생각이 머릿속을 떠나지 않았다. 가을에 개교하면 3학년부터 5학년까지 2백 명의 학생들이 다니게 되고, 동시에 학교 확장을 서둘러서 유치원부터 12학년에 이르는 학생을 수용하도록 할 계획이었다. 2년 만에 우리는 중학교를 짓게 되는 것이다. 또다시 2년이 지나면 고등학교가 생길 것이다.

나는 우리의 생각과 계획도 마음에 들었지만, 무엇보다도 이런 생각을 실천하기 위해 자금을 투자하는 의지가 자랑스러웠다. 우리는 많은 돈을 투자했다. 페리와 나는 네바다 주가 다른 어느 주보다도 교육에 적은 돈을 쓴다는 걸 알고 경악했다. 학생당 6천8백 달러 정도였는데, 다른 주의 평균은 거의 8천6백 달러에 달해서 큰 격차를 보였다. 새로 짓는 차터스쿨에서는 그러한 격차를 메우고, 나아가 변화를 만들어 내겠다고 맹세했다. 주정부 지원금과 개별 후원자들의 도움을 받아 우리는 아이들에게 상당한 자금을 투자할 것이고, 다른 것들과 마찬가지로 교육에서도 대가를 지불한 만큼의 보상을 받는다는 것을 증명하고 싶었다.

우리는 또 아이들을 매일 몇 시간씩 학교에 더 잡아두고자 했다. 네바다 주에서는 아이들이 학교에서 보통 여섯 시간을 보내지만 우리는 여덟 시간으로 정했다. 내가 최소한 배운 것이 하나 있다면 성취는 시간과 노력에 비례한다는 사실이었다. 나아가 학부모가 학교 일에 적극 참여하도록 독려할 생각이었다. 한 아이당 최소한 부모 중 한 명은 매달 12시간씩 학급 내 학생 도우미나 수학여행에서 모니터 요원으로 봉사하도록 했다. 우리는 학부모에게 주주의 마음가짐을 원했다. 그들이 아이들의 대학진학을 위해 충분히 마음을 쏟고 책임을 지길 바랐다.

지치거나 무기력해질 때는 인근으로 차를 몰고 나가 학교가 모양새를 갖춰가는 걸 지켜보았다. 내 삶의 여러 모순 가운데, 이것은 가장 놀랍고 신 나는 일이었다. 학교를 경멸하고 두려워했던 소년이 자신의 학교가 지어지는 광경을 보고 감동하고 활기를 되찾는다니.

그러나 나는 개교일에 그 자리에 참석할 수 없었다. 2001년 US오픈에 출전하기 때문이었다. 나는 학교를 위해 시합에 나섰으니 최선을 다해야 했다. 4회전까지 밀고 올라가 준준결승에서 샘프러스를 만났다. 터널을 빠져나온 그 순간부터 우리는 이번 시합이 가장 치열한 결투가 되리라는 걸 깨달았다. 그냥 알 수 있었다. 서로가 상대선수로 만난 서른두 번째 시합이었다. 그가 17-14로 리드해나갔으나 우리는 아주 단호해 보이는 포커페이스를 유지했다. 이곳에서 지금 열리고 있는 이번 시합이 우리의 라이별 관계를 결정지을 것이다. 승자독식이 될 것이다.

샘프러스는 속도를 절반 정도로 줄였어야 했다. 14개월 동안 슬램을 달성하지 못했기 때문이다. 몸도 잘 따라주지 않았고 공개적으로 은퇴설을 흘리기도 했다. 하지만 나와 승부를 가리는 한 이런 말들은 아무 효력을 발휘하지 못했다.

타이브레이크에서 첫 세트를 따내자 좋은 예감이 들었다. 이번 토너먼트에서 첫 세트를 이기면 나는 49-1의 기록을 갖게 된다. 아무라도 좋으니 샘프러스에게 내 기록을 상기시켜 줬으면 좋겠군. 그러나 그는 곧 타이브레이크에서 2세트를 따냈다.

3세트도 타이브레이크가 됐다. 나는 멍청한 실수를 몇 차례 했다. 피곤했다. 결국 그는 3세트도 이겼다. 4세트에서는 기록적인 랠리를 주고받았는데, 또다시 타이브레이크가 되었다. 세 시간째 경기가 계속되었는데도 아직 우리는 상대의 서브를 브레이크하지 못하고 있었다. 자정이 넘어가자 2만 3천 명이 넘는 팬들이 일어섰다. 그들은 네 번째 타이브레이크가 되게 내버려 두지 않을 태세로, 발을 구르고 손뼉을 치면서 자신들의 타이브레이크를 선보이고 있었다. 경기를 계속하기 전에 관중들은 감사 인사를 하고 싶었던 것이다.

나는 감동했다. 샘프러스 역시 마찬가지인 것 같았다. 그러나 팬들에 대해 생각할 여유가 없었다. 4세트 승리라는 안락한 고지에 다다르는 것 외에는 아무 생각도 나지 않았다.

5세트로 넘어가면 내 쪽으로 어드밴티지가 기울게 될 것이었다. 샘프러스는 5세트로 넘어가는 걸 막기 위해서는 완벽한 타이브레이크를 만들어 내야 한다는 걸 알고 있었다. 그리고 그는 실제로 그렇게 했다. 완벽한 테니스 경기가 펼쳐지던 밤, 경기는 내 포핸드가 네트에 걸림과 동시에 끝이 났다. 샘프러스는 괴성을 질렀다.

맥박이 느려지는 기분이었다. 기분은 별로 나쁘진 않았다. 기분 상한 척 해보려 했으나 잘 되지 않았다. 큰 시합에서 샘프러스에게 지는 데 익숙해진 걸까 아니면 내 선수생활과 삶에 만족하게 된 것일까. 어찌 됐든 나는 샘프러스의 어깨에 손을 얹고 그에게 행운을 빌어주었다. 작별인사 같지는 않았지만 머지않아 인사하게 될 때를 대비해 연습하는 기분이었다.

2001년 10월, 스테파니가 출산하기 3일 전 양가 어머니들과 네바다 판사를 집으로 초대했다. 스테파니와 우리 어머니가 함께 있는 모습은 보기 좋았다. 내 삶에서 중요한 위치를 차지하는 수줍음 많은 두 여인이었다. 스테파니는 종종 어머니에게 새로운 직소퍼즐을 갖다 드렸다. 그리고 나는 스테파니의 어머니 하이디를 존경했다. 그녀는 스테파니와 닮아서, 내게 '구텐탁'이라고 인사하자마자 금방 호감이 생겼다.

스테파니와 나는 맨발로 청바지를 입고 뒷마당에서 판사 앞에 서 있었다. 우리는 스테파니가 서랍에서 발견한 오래된 라피아 끈 꼰 것을 결혼반지로 사용했다. 내가 그녀의 생일카드를 만들 때 썼던 것과 똑같은 거였다. 우리는 뒤늦게서야 그런 우연의 일치를 알아차렸다.

아버지는 초대받지 못한 것에 대해 조금도 무시당했다는 생각이 들지 않는다고 했다. 사실 초대를 원치도 않았다. 아버지가 가장 하기 싫은 일은 결혼식에 참석하는 일이었던 것이다(내 첫 번째 결혼식 때도 중간에 나가셨다). 아버지는 내가 밀고 나가는 한, 언제 어디서 어떻게 스테파니와 결혼하는지는 상관하지 않겠다고 했다.

"그 아이는 역대 최고 여자 테니스 선수인데 싫어할 이유가 없지."

판사가 길고 지루한 법적 절차를 다 끝내고 나와 스테파니가 막 결혼 서약을 하려는 순간, 정원사 무리가 도착했다. 나는 밖으로 달려나가 제발 우리가 결혼할 수 있도록 잔디깎기와 잎 송풍기를 5분만 꺼달라고 부탁했다. 정원사들이 사과하자 그 중 한 남자가 손가락을 입술 위에 올려놓았다.

　내게 부여된 권한으로! 판사가 말했다. 그리고 마침내 오랜 시간이 흐른 끝에 두 분의 어머니와 세 명의 정원사들이 지켜보는 가운데 스테파니 그라프는 스테파니 애거시가 되었다.

슈테피 그라프와 결혼하다

25
아들 제이든의 탄생

탄생과 부활의 계절. 차터스쿨이 개교하고 몇 주 후 내 아들이 태어났다. 분만실에서 의사가 내게 제이든 길을 처음 안겨주었을 때 나는 어리둥절할 뿐이었다. 아이는 너무 사랑스러워 가슴이 지나치게 익은 과일처럼 터질 듯 부풀어 올랐다. 아이에 대해 알고 싶어 견딜 수가 없었다. 이 아름다운 침입자는 대체 누구일까? 스테파니와 나는 우리 집에 생면부지의 이 아이를 맞을 준비가 되었나? 나는 나 자신에게도 낯선데, 내 아들에게는 도대체 어떤 존재가 될까? 아이가 날 좋아하기는 할까?

제이든을 집으로 데리고 온 후 나는 몇 시간 동안 가만히 아들을 바라보았다. 너는 누구니? 어디서 왔니? 이담에 뭐가 될 거니? 나는 한 번도 해보지는 않았지만 앞으로는 꼭 해야만 할 일들을 아이에게 어떻게 해줄 것인지 나 자신에게 물었다. 즉시 은퇴하고 내 모든 시간을 아들과 보내고만 싶었다. 그러나 나는 시합에 출전해야 했다. 그 어느 때보다도 절실했다. 아들을 위해, 아들의 미래를 위해, 그리고 애거시 학교의 다른 아이들을 위해.

아버지가 된 후 첫 시합은 시드니에서 열린 테니스 마스터스 시리즈였고, 래프터를 상대로 승리를 거뒀다. 나는 기자들에게 새로 태어난 아들이 내 경기를 볼 수 있을 만큼 오래 테니스를 할 수 있을지는 의문이지만 그렇게 되길 바란다고 말했다.

2002년 호주오픈에서는 기권했다. 손목이 욱신거려서 출전이 불가능했던 것이다. 브래드는 초조해했다. 물론 그 정도는 당연했으나 그는 초조함을 계속 떨쳐내지 못했다. 이번에는 좀 달랐던 것이다. 며칠 후 브래드가 얘기를 좀 하자고 했다. 그는 커피를 마시면서 얘기를 시작했다.

"우리 지금까지 잘 해왔어요, 안드레. 그런데 이렇게 멀리까지 달려왔는데도 불구하고 우린 점점 정체되고 있는 것 같아요. 이젠 내가 가진 비법을 다 써버렸어요."

"그렇지만…"

"우리는 8년을 함께 했고 아마 몇 년은 더 같이 지낼 수 있을 거예요. 하지만 당신은 이제 서른둘이고 새로운 가족과 관심사가 생겼어요. 막판 결승을 위해 새로운 사람을 찾는 것도 나쁘지 않아요. 당신에게 새로운 동기를 부여해 줄 사람이요."

그는 잠시 말을 멈추더니 내게서 시선을 돌렸다.

"결론을 말하자면, 우린 너무 가까워요. 제일 두려운 건 끝이 점점 가까이 다가올 때 우리가 하던 말다툼이 계속 이어지는 거라고요."

물론 그런 일은 일어나지 않겠지만, 나중에 후회하느니 조심하는 게 나을지도 몰랐다. 우리는 서로를 껴안았다. 문을 열고 나오니, 한가로운 주말을 보낸 후 월요일을 앞두고 일요일 밤에 느끼는 그런 비애감이 느껴졌다. 브래드도 마찬가지였을 것이다. 그것이 우리의 여정을 끝내는 올바른 길이 아닐지도 모르지만, 가장 최선인 것은 분명했다.

눈을 감고 새로운 코치와 함께 있는 자신을 그려보았다. 가장 먼저 떠올린 얼굴은 대런 카힐로, 그는 막 레이튼 휴이트(*호주 프로 테니스 선수)와의 코치 계약이 끝난 상태였다. 휴이트는 세계 랭킹 1위인데다 샷을 선택하는 감각만큼은 테니스 역사상 최고 수준이었다. 물론 상당 부분 대런 카힐의 지도에 힘입은 것이었다. 얼마 전 시드니에서 대런과 마주친 적이 있었는데, 나는 그때 아버지가 되는 것에 대해 오래 얘기를 했었다. 그와의 유대감이 싹트는 순간이었다. 나와 거의 비슷한 시기에 아버지가 된 대런은 아이를 재우기 위한 책을 권해 주기도 했다. 그는 그 책이 정말 도움이 된다며, 그의 아들은 투어에서 술고래처럼 깊이 자는 걸로 유명하다고 했다. 그가 추천한 책을 읽고 호주에서 스테파니에게 전화해 몇 구절을 읽어 주었는데 정말 효과가 있었다.

인디언 웰스에서 샘프러스에게 이기고 나서. 이것이 우리의 마지막 토너먼트 우승이 될 것이라는 사실을 알지 못하고 브래드와 함께 승리를 축하했다.

나는 언제나 대런이 좋았다. 느긋한 스타일이 마음에 들었고, 호주 억양에 마음이 편해졌다. 그는 마음만 먹으면 그 억양으로 나를 재울 수도 있었을 것이다. 그에게 전화를 걸어서 브래드와 이제 각자의 길을 가기로 했다고 말한 후 브래드의 자리에 관심이 있는지 물었다. 그는 제안이 영광스럽긴 하지만 마라트 사핀과 코치 계약 직전이라고 했다. 하지만 한번 생각해 보고 연락을 주겠다고 했다.

"천천히 생각해 보세요."

30분 후 그에게 다시 전화를 걸었다.

"생각하고 말고 할 게 어딨습니까? 사핀의 코치는 그만두세요. 그는 통제불능이잖아요. 나랑 같이 일하는 게 맞아요. 약속하죠. 아직 난 갈 길이 멀어요. 안 끝났다고요. 목표도 확실하고. 다만 계속 목표에 집중할 수 있게 도와줄 사람이 필요할 뿐이에요."

"좋습니다. 좋아요."

그가 웃으며 말했다. 그리고 돈 문제도 언급하지 않았다.

스테파니와 제이든이 키 비스케인으로 왔다. 2002년 4월, 32세 생일이 되기 며칠 전이었다. 토너먼트에는 내 나이의 절반쯤 되는 선수들이 가득했다. 앤디 로딕 같은 젊은 터키계 선수도 그 중 하나였는데, 미국 테니스계의 차기 영웅쯤 되는 모양이었다. 불쌍한 녀석! 로저 페더러라는 스위스 출신의 새로운 선수는 신동이라는 칭호까지 얻고 있었다.

나는 아내와 6개월 된 아들을 위해 토너먼트에서 우승하고 싶었지만 지는 것을 걱정하지는 않았다. 가족 덕분이었다. 매일 밤 코트에서 집에 돌아오는 몇 분 동안 제이든과 스테파니를 안고 있으면 내가 이겼는지 졌는지조차 가물가물할 정도였고, 테니스 따위는 날이 저물어가듯 희미해졌다. 손바닥의 굳은살이 사라져가고 허리의 타는 듯한 통증도 가라앉아 시원하다는 생각마저 들었다. 나는 테니스 선수이기 이전에 아버지였던 것이다. 이런 생각의 변화가 전부 나도 모르는 사이 일어나고 있었다.

어느 날 아침 스테파니는 장을 보러 갔다가 곧장 운동하러 가면서 나에게 제이든을 맡겼다. 처음으로 아들과 단둘이 있게 된 것이다.

"둘이 잘 지낼 수 있지?" 스테파니가 물었다.

"당연하지."

나는 제이든을 욕실 선반에 앉히고 거울에 기대게 한 다음 내가 준비하는 동안 칫솔을 가지고 놀게 했다. 제이든은 내가 전기면도기로 머리를 미는 걸 보면서 칫솔을 빠는 걸 좋아했다.

"대머리 아빠를 어떻게 생각하니?"

아이가 웃었다.

"아들아, 나도 한때는 너 같았단다. 사방으로 긴 머리를 흩날렸었지. 대머리를 감추기 위해 머리를 올려 빗는 사람들을 놀리면 안 돼."

아이는 내가 무슨 말을 하는지도 모르고 더 활짝 웃었다. 나는 손가락으로 아들의 머리카락을 꼼꼼히 살펴보았다.

"좀 지저분해 보이는구나. 다듬어야겠다."

나는 면도기의 칼날을 갈아 끼웠다. 제이든의 작은 머리 위에 면도기가 지나가고 나니 흰색 베이스라인처럼 머리 중앙에 밝은 줄무늬가 생겼다.

"잘못 끼웠군."

스테파니가 화를 낼 것이었다. 그녀가 집에 돌아오기 전에 아이 머리카락을 전부 손질하는 게 낫지 않을까? 하지만 긴장한 나머지 머리 전체는 더 짧아져 버렸다. 무슨 일이 일어났는지 미처 깨닫기도 전에, 아들은 나보다 더 민머리가 되어 있었다. 나를 닮은 '미니미(Mini-Me)' 같았다. 스테파니가 문을 열고 들어오다 말고 멈춰 섰다.

"대체 무슨? 안드레, 대체 왜 이런 거야? 45분 동안 집을 비웠더니 애

머리를 밀어버려?"

그녀는 눈이 휘둥그레지더니 감정이 잔뜩 실린 독일어로 집중 포화를 쏟아냈다. 나는 그저 실수였다고 했다. 칼날을 잘못 끼웠을 뿐이니 용서해 달라고.

"일부러 그런 것처럼 보인다는 거 알아. 이 세상 전체를 밀어버리겠다고 맨날 농담했던 거 안다고. 하지만 솔직히, 스테파니, 이번은 정말 실수였어."

나는 아이의 머리를 밀어버리면 머리카락이 빨리 굵게 다시 자라난다는 노파의 이야기를 해주었다. 그랬더니 그녀는 손을 올리고 자지러지도록 웃기 시작했다. 제이든도 엄마를 따라 웃었다. 우리는 다 같이 킬킬대며 제이든과 나의 머리를 문질렀다. 나는 이제 당신만 남았으니 한쪽 눈을 뜨고 자는 게 좋을 거라고 농담을 했다. 너무 웃어서 말이 안 나올 정도였다.

며칠 후 키 비스케인에서 열린 결승전에서 페더러에게 이겼다. 멋진 승리였다. 그는 투어의 인기 선수로, 토너먼트 참가 전 스물세 번의 승리를 기록한 전력이 있었다. 그 승리는 나의 쉰한 번째 토너먼트 승리였고 통산 7백 번째 승리였다. 그러나 나는 이번 토너먼트에서 페더러를 이긴 것보다 허리가 끊어지게 웃은 일이 더 기억에 남을 것 같았다. 웃음이 우승과 어떤 관련이 있었던 걸까? 사랑하는 가족과 함께 웃고 나니 편안한 마음으로 훨씬 느긋하게, 나답게 경기할 수 있었다. 모든 것이 제대로 맞물린 느낌이었다.

2002년 초, 나는 대런과 호흡이 잘 맞았다. 말도 잘 통했고 세계관도 비슷했다. 그리고 그는 라켓 스트링을 개선함으로써 나의 확고한 신뢰를 더 두텁게 했다. 나는 항상 케블라와 나일론 소재 스트링을 쓴 프로블렌드 라켓을 사용했는데, 프로블렌드는 363킬로그램짜리 청새치를 감아올릴 수도 있을 정도였다. 절대 끊어지지 않았고 관용적이지도 않았으며 스핀을 만들어내지도 않았다. 마치 쓰레기통 뚜껑으로 공을 치는 느낌이었다. 사람들은 게임 스타일에 대해 얘기하고 더 강력해진 스트로크와 더 커진 라켓에 대해 얘기했으나, 더 극적인 변화는 스트링에 있었다. 새롭게 탄력을 더한 폴리에스테르 스트링 라켓이 나오면서 공격적인 탑스핀을 만들어냈고, 보통의 선수들을 위대한 선수로, 위대한 선수를 전설로 만들었다. 그러나 나는 늘 변화를 꺼리는 편이었다. 하지만 대런은 변화를 시도해 보라고 했다.

우리는 이탈리아오픈에 참가했다. 1회전 상대는 독일 출신의 니콜라스 키퍼였다. 그를 6-3, 6-2로 꺾었지만 나는 대런에게 지는 게 차라리 나았을 거라고 했다. 플레이가 엉망이었던 것이다.

"클레이 코트에서는 자신이 없어요. 경기가 잘 안 풀린다고요."

"새로운 스트링을 한번 써보게."

그런 시도는 별로라 생각했기에 얼굴이 찌푸려졌다. 하지만 한 번만 라켓을 바꿔보기로 했다. 대런은 내 라켓 하나에 스트링을 매더니 그냥 한번 해보라고 했다. 썩 좋아 보이지는 않았다.

하지만 연습하는 2시간 동안 나는 한 번도 공을 빗맞히지 않았다. 토너먼트가 끝날 때까지 마찬가지였다. 나는 이탈리아오픈에서 한 번도 우승한 적이 없었으나, 이번에는 대런과 그의 놀라운 스트링 덕에 우승을 거머쥐게 되었다. 나는 들뜬 기분으로 2002년 프랑스오픈을 기다리며 조심스럽게 희망을 품었다. 승리를 거뒀고 새로운 무기까지 손에 넣었으니 승산이 있지 않을까.

4회전에서 프랑스 출신의 와일드카드인 폴 앙리 마티유에게 2세트 뒤처진 채 브레이크를 당했다. 그는 스무 살이었지만 나만큼 균형 잡힌 몸은 아니었다. 테니스에는 제한시간이 없단다, 꼬마야. 나는 하루 종일이라도 여기 있을 수 있지. 그때 비가 내리기 시작했다. 라커룸으로 들어가니 1999년 여기서 내게 소리를 치던 브래드가 생각났다. 나는 그의 장황한 연설을 한 마디 한 마디 모두 새겨들으려 노력했었다.

코트로 다시 걸어나가니 미소가 지어졌다. 나는 40-0으로 앞섰고 마티유는 나를 브레이크했다. 하지만 별로 개의치 않았다. 나는 다시 그를 브레이크했고, 5세트가 되자 그는 3-1로 앞서 갔다. 나는 다시 반격했다. 나중에 마티유는 기자들에게 이렇게 말했다.

"애거시가 아닌 다른 사람이었다면, 저는 이겼을 겁니다."

다음 상대는 스페인 출신의 카를로스 페레로였다. 다시 비가 내리기 시작하자 나는 경기를 하루 정도 연기시켜달라고 부탁했다. 페레로는 앞서 있었기 때문에 경기를 멈추고 싶어하지 않았다. 하지만 결국 관계자가 내 요청을 받아들여 시합을 중지시키자 퉁명스럽게 굴었다.

다음날 페레로는 내게 경기로 화풀이를 하기 시작했다. 3세트에서 나에게 작은 기회가 생겼는데, 그는 재빨리 그 기회를 빼앗아 버렸다. 그러고는 세트를 따내면서 나를 제압했다. 스팀처럼 솟구치는 그의 자신감이 내 눈에도 보였다.

대련과 코트를 빠져나오자 평화로움이 느껴졌다. 나는 내 경기방식이 좋았다. 실수도 했고 게임에는 여기저기 허점도 있었지만 그것들을 메우기 위해 우리는 함께 노력하게 될 것이다. 허리가 욱신거렸지만 그건 제이든이 걷도록 하느라 몸을 구부렸던 탓이었다. 기분 좋은 통증이었다.

몇 주 후 우리는 2002 윔블던 대회로 갔다. 하지만 새 라켓 스트링에 당황하는 바람에 새로운 마음가짐도 소용없게 됐다. 잔디 코트에서 탑스핀이 강화되면서 나는 공을 헬륨풍선처럼 들어올려야 했다. 2회전 상대는 태국 출신의 파라돈 스리차판이었다. 그는 랭킹 67위로 실력이 좋았지만 내가 치는 공을 모두 짓뭉개버릴 정도는 아니었다. 그가 나를 이기는 건 불가능하다고 생각했는데, 그는 1세트에서 나를 브레이크했다.

제자리를 찾기 위해 모든 노력을 다했지만 아무런 효과가 없었다. 스리차판은 슈크림 같은 내 공은 맹렬히 먹어치웠다. 내 포핸드를 쳐올릴 때 상대선수의 눈이 그렇게 커지는 것은 본 적이 없었다. 나는 의식적으로 발밑부터 라켓을 휘둘러 좋은 성과를 내야겠다고 계속 생각했다. 이 스타디움에 있는 모든 관중에게 나는 내가 평소의 내가 아니며, 지금 지고 있는 것은 내 잘못이 아니라는 걸 알려주고 싶었다. 모든 게 스트링 때문이었다.

2세트에서는 전략을 조금 수정해 반격을 가해 잘 싸웠다. 하지만 스리차판의 자신감은 하늘을 찔렀다. 오늘이 승리의 날이라고 생각하는 것 같았다. 그렇게 생각하면 대개는 이루어지는 법이다. 그가 거칠게 날린 샷이 놀랍게도 베이스라인의 한 점을 찍으며 타이브레이크에서 이기는 결과를 가져왔고, 그는 2세트를 앞서 가게 됐다. 3세트에서 나는 조용히 항복했다. 작은 위안이라면 같은 날 샘프러스 역시 졌다는 것이었다.

대런과 나는 이틀 동안 다른 스트링들을 시험해 보았다. 새로운 폴리에스테르 라켓으로는 계속할 수 없었다. 하지만 그는 예전 스트링 때문에 내가 경기를 망치게 된 것이라고 했다.

"프로블렌드 라켓으로 돌아가야 한다면 다시는 테니스를 하지 않을 거예요. 발밑부터 라켓을 휘둘러 좋은 성과를 낼 수 있는 걸 찾아요. 스리차판처럼요. 나를 스리차판처럼 만들어줘요."

대런은 밤낮으로 일에 몰두한 끝에 마음에 드는 스트링 조합을 내놓았다. LA에서의 결과는 완벽했다. 메르세데스 벤츠컵에서 우승을 거둔 것이다. 신시내티 마스터스에서도 성적이 썩 괜찮았지만 우승할 정도는 아니었다. 그리고 워싱턴 D.C.에서 언제나 힘든 대전상대였던 토마스 엥퀴비스트를 꺾었다. 떠오르는 신성이라는 다른 젊은 선수와도 만났는데, 그가 바로 스물두 살의 제임스 블레이크였다. 그는 멋지고 우아한 플레이를 선보였지만 나와는 비교가 안 되었다. 적어도 그때는 그랬다. 그는 그저 더 젊고 빠르며 실력이 뛰어난 선수였을 뿐이었다. 그는 또 최고의 기량을 선보이기 위해 나의 전력에 대해서도 충분히 연구한 것 같았다. 그가 그렇게 싸울 준비를 단단히 하고 나왔다는 사실이 마음에 들었다. 내게 승산이 없다고 해도 충분히 기분 좋은 일이었다. 패배는 라켓 스트링 탓이 아니었다.

나는 나 자신에게 무엇을 기대하는지 확신도 하지 못한 채 2002 US오픈에 출전했다. 토너먼트 초반을 순조롭게 통과한 후 준준결승에서 민스크 출신의 벨라루스 선수인 막스 미르니를 상대선수로 만났다. 사람들은 그를 짐승이라고 불렀으나 그 단어도 그를 표현하기엔 역부족이었다. 그는 196센티미터의 장신에 내가 경험한 가장 무서운 서브실력을 가진 선수 중 하나였던 것이다. 그가 친 공은 혜성처럼 노랗게 불타는 것 같았고, 높이 호를 그리며 네트를 넘어서 나를 덮쳤다. 그런 서브에 어떻게 대항해야 할지 알 수 없었다. 그는 잔인할 정도로 쉽게 첫 세트를 따냈다.

그러나 2세트에서는 몇 번의 범실을 자초하더니 내 사기를 진작시키며 약간의 모멘텀을 실어주었다. 그의 제1 서브가 좀 더 잘 보이기 시작하면서 우리는 끝날 때까지 수준 높은 플레이를 선보일 수 있었다. 그의 마지막 포핸드가 길게 벗어나면서 내가 준결승에 진출하는 믿을 수 없는 일이 벌어졌다.

나는 그해 윔블던 우승자이자 1번 시드를 배정받은 휴이트에게도 이겼다. 순전히 내 노력의 대가였다. 대런이 그의 예전 코치였다는 사실은 더할 나위 없이 적절한 설명이 될 것이다. 대런이 몇 년간 휴이트를 지도했다는 사실에 나의 격렬함과 압박감을 더해갔다. 하지만 대런은 내가 휴이트를 이기길 바랐다. 그를 위해 휴이트를 이기고 싶었다. 그러나 첫 세트가 시작되자마자 0-3으로 금방 뒤처지기 시작했다. 나는 휴이트에 대한 정보, 대런과 나의 과거의 경험으로부터 얻은 데이터를 모두 머릿속에 담고 있었지만, 그런 정보를 분류해 휴이트라는 문제를 해결하는 데는 다소 시간이 걸렸다.

일단 문제가 해결되자 모든 것은 빠르게 변했다. 나는 강한 반격에 들어갔고 첫 세트를 6-4로 이겼다. 휴이트의 눈에서 불씨가 꺼지는 것이 보였다. 내가 2세트도 이기자 그는 랠리로 3세트를 따냈다. 4세트에서는 그가 갑자기 첫 서브를 넣지 못하게 되면서 나는 그의 제2 서브에 덤벼들 수 있게 됐다. 그리고 맙소사, 나는 결승에 진출하게 됐다.

결승진출이란 샘프러스와의 만남을 뜻했다. 언제나 그렇듯 샘프러스였다. 우리는 선수생활 동안 서른세 번 시합을 치렀고 슬램 결승에서는 네 번 만났다. 그는 통틀어 19-14로, 그리고 슬램 결승에서는 3-1로 나를 이겨 우위에 있었다. 그는 내가 그에게서 최고의 기량을 끌어낸다고 했지만, 나는 그가 나에게 최악의 경기를 펼치게 만든다고 생각했다. 결승 전날 밤, 나는 샘프러스를 이기리라고 다짐하고, 이길 거라고 생각했고, 이겨야 했으나 결국 지고 말았던 나날들을 떠올리지 않을 수 없었다. 그가 나를 상대로 이룬 성공은 12년 전 바로 이곳 뉴욕에서 시작되었다. 당시 그는 스트레이트 세트로 이기는 바람에 나를 충격에 빠뜨렸었다. 지금과 마찬가지로 그때도 나는 유력한 우승후보였다.

자기 전 길의 매직워터를 조금씩 들이켰다. 이번에는 다를 거야. 그는 지난 2년간 한 번도 슬램 우승을 달성한 적이 없었잖아. 그는 선수경력의 막바지였고 나는 이제 막 다시 시작하는 참이었다.

이불에 들어가자 몇 년 전 팜스프링스에서의 한 때가 떠올랐다. 브래드와 나는 마마 지나스라는 이탈리안 레스토랑에서 식사 중이었는데, 마침 샘프러스가 친구들과 식사하고 있는 것이 눈에 들어왔다. 그는 식당을 나가면서 우리에게 다가와 내일 행운을 빈다고 말했다. 레스토랑 창문으로 그가 차를 기다리는 걸 보면서 우리는 아무 말 없이 그가 우리의 삶에 끼친 영향에 대해 생각했다. 샘프러스가 차를 떠나자 나는 브래드에게 물었다.

"그가 발레파킹 팁으로 얼마를 줬을 것 같아요?"

"많아 봐야 5달러!" 브래드가 콧방귀를 뀌었다.

"그럴 리가. 샘프러스는 백만장자잖아요. 상금으로만 4천만 달러를 벌었는데 적어도 10달러는 줬을 걸요."

"내기할까요?"

"좋아요."

우리는 남은 음식을 서둘러 먹고 밖으로 달려나갔다.

"사실대로 말씀해주세요. 샘프러스 씨가 팁을 얼마나 줬어요?" 내가 발레파킹 직원에게 물었다.

직원은 발밑을 내려다봤다. 말하고 싶지 않은 눈치였다. 몰래카메라 쇼일지도 모른다고 생각하는 듯했다. 우리는 그에게 샘프러스의 팁을 놓고 내기를 했다는 얘기를 털어놓고 꼭 대답을 들어야겠다고 졸랐다.

"정말 알고 싶으세요?" 마침내 그가 입을 열었다.

"어서요."

"1달러 받았습니다."

브래드는 가슴에 손을 얹었다.

"그게 다가 아니에요. 1달러를 주면서 자기 차를 실제로 가져다 준 사람에게 주라고 했어요."

직원이 덧붙였다.

샘프러스와 나는 너무나 다른 사람이었다. 그때가 우리 결승전이 있기 전날이었는데, 나는 아마 밤에 잠들기 전에 우리가 얼마나 다른 사람들인지를 세상에 보여주겠다고 결심했던 것 같다.

연장전에 돌입한 뉴욕 제츠(*프로 미식축구 팀) 경기의 TV 방송 지연으로 시합이 늦게 시작됐다. 내게 유리해진 셈이었다. 나는 체력이 샘프러스보다 훨씬 좋았기 때문에 자정까지 테니스 코트에서 경기하게 된다는 사실이 마음에 들었다. 그러나 나는 시작하자마자 2세트나 뒤지게 됐다. 샘프러스는 또다시 나를 수월하게 이긴 것이다. 이 상황을 믿을 수가 없었다.

하지만 그때 피로로 지친 샘프러스의 얼굴이 보였다. 그는 늙어 있었다. 나는 3세트에서 큰 차이로 이겼고 스타디움 전체의 모멘텀이 내 쪽으로 기운다는 걸 느낄 수 있었다. 청중들은 열광했다. 그들은 누가 이기든 상관없이 그저 애거시-샘프러스의 5세트 경기를 보고 싶어할 뿐이었다. 4세트가 진행되면서 언제나 그랬던 것처럼 이번 세트를 이기고 5세트로 올라가면 내가 우승할 수 있다는 생각이 들었다. 나는 한층 활기를 얻었고 경기력도 나아졌다. 우리는 30년 넘게 이어진 US오픈 역사상 결승에

2002년 US오픈 결승전 이후 샘프러스와 대화하는 모습.

서 만난 최고령 선수였지만, 나는 최근 투어에서 강렬한 인상을 남긴 10대 선수가 된 기분이었다. 내가 새로운 세대의 일부가 된 것 같았다.

스코어가 3-4가 되자 샘프러스가 서브를 넣었고, 나는 2개의 브레이크포인트를 잡았다. 이번 게임에 이기면 내가 세트포인트(set point, 세트의 승패를 결정짓는 마지막 한 포인트) 서브를 넣게 되는 것이다. 지금이 바로 시합의 승부를 결정짓는 그 순간이었다. 샘프러스는 스코어를 그대로 유지하면서 첫 서브를 성공시켰다. 두 번째 브레이크포인트에서 나는 그의 발 앞으로 맹렬하게 리턴했다. 공이 샘프러스의 뒤로 한참 넘어간다고 생각했는데 - 거의 승리가 눈앞이었다 - 어찌 된 일인지 그가 몸을 돌려 하프 발리(*공이 땅에 바운드된 직후에 튀어 오르는 것을 바로 쳐서 넘기는 기술)로 공을 받아내며 내 쪽 코트로 넘겼다. 공은 땅에 떨어지자마자 멈췄다. 듀스였다.

나는 긴장했다. 샘프러스는 곧장 나를 브레이크하며 게임을 마무리했다. 그다음 그는 매치포인트 서브를 넣었는데, 그는 서브를 넣을 때면 냉혈한 킬러로 변하곤 했다. 모든 일이 너무나 빠르게 일어났다. 에이스. 흐릿한 윤곽. 백핸드 발리. 공에 닿을 방도가 없었다.

박수와 네트 앞에서의 악수. 샘프러스는 내게 친근한 미소를 지으며 등을 두드려주었으나, 얼굴표정이 말하는 바는 분명했다. 나는 그런 표정을 전에도 본 적이 있었으니까.

여기 1달러 있으니 꼬마야, 가서 내 차를 가져오렴.

26
생애 천 번째 시합

　　　　　　천천히 눈을 뜨니 내가 침대 옆 바닥에 누워 있었다. 일어나 스테파니에게 아침인사를 하려다가 그녀는 라스베이거스에 있고 나는 상트페테르부르크에 있다는 사실이 떠올랐다. 아, 아니지. 상트페테르부르크는 지난주였나? 나는 지금 파리에 있다. 아니야, 파리는 상트페테르부르크 다음이었어. 지금은 상하이야. 그래, 맞아, 나는 중국에 있다.

　　창가로 가서 커튼을 젖히자 버섯 위에 누군가가 스카이라인을 디자인한 것 같은 모습이었다. 공상과학영화에 나오는 라스베이거스 같았다. 건물의 모습이 너무 달랐고 모든 것이 새파란 하늘을 배경으로 세워져 있었다. 엄밀히 말해 내가 어디 있는가는 중요하지 않았다. 아직도 러시아와 프랑스를 비롯한 여러 출전 도시에 머물러 있는 기분이었기 때문이다. 그리고 내 마음은 거의 대부분 집에 있는 스테파니와 제이든에게 가 있었다.

　　내가 어디 있든 테니스 코트는 다 똑같았고 목표도 마찬가지였다. 나는 2002년 말 랭킹 1위를 꿈꾸고 있었다. 여기 상하이에서의 작은 우승까지 모두 합친다면, 나는 코너스의 기록을 깨고 남자 테니스 역사상 최고령 연말 랭킹 1위 선수가 될 것이다.

"당신은 전설이군요!"

나는 이런 말을 듣고 싶었다. 그 말이 굳이 필요하진 않았지만 그저 듣고 싶었다.

룸서비스로 커피를 주문하고는 책상 앞에 앉아 일기를 썼다. 나답지 않았지만, 최근에 일기를 쓰기 시작해 금세 습관을 들였다. 기록을 남기는 데 집착하게 된 것은 어느 정도는 제이든이 나에 대해 알 수 있을 정도로 오래 테니스를 하지 못할 거라는 두려움이 조금씩 엄습했기 때문이기도 했다. 나는 거의 비행기 안에서 살았고 세상은 점점 더 위험하고 예측할 수 없는 곳으로 변해가고 있어서 내가 보고 배운 모든 것을 제이든에게 말해줄 수 없을지도 모른다는 두려움이 생겼다. 그래서 매일 밤 어디에 있든, 제이든에게 전할 말들을 일기에 쓰기 시작했다. 이제 상하이 스타디움에 가기 전에 또 몇 마디를 적었다.

안녕, 아들아. 너는 지금 엄마랑 라스베이거스에 있겠지. 아빠는 너를 그리워하며 상하이에 있단다. 이번 토너먼트가 끝나면 아빠는 랭킹 1위가 될 수 있을 거야. 하지만 집에 돌아가 너를 본다는 생각만 하게 될 것 같구나. 테니스를 하면서 아빠는 스스로를 많이 압박했다. 그렇지만 이상하게도 계속하게 되었지. 그 이유를 알아내는 데는 시간이 좀 걸렸단다. 아빠는 꽤 오랫동안 싸워온 끝에 이제 최선을 다하고 그에 따른 결과를 받아들일 수 있게 되었단다. 항상 기분이 좋은 건 아니지만 더 좋은 일을 위해 이겨내야 해. 아빠의 경기와 너의 미래, 아빠가 지은 학교의 많은 학생들을 위해서지. 제이든, 언제나 다른 사람들을 소중하게 생각하렴. 그러면 마음의 평화를 얻게 된단다. 사랑한다. 언제나 네 곁엔 아빠가 있단다.

일기장을 덮고 코트로 나갔다. 그리고 체코 출신의 지리 노박 선수에게 한방 먹었다. 굴욕적이었다. 더 나쁜 건 중국을 떠나 집에 갈 수 없다는 사실이었다. 며칠 더 머무르며 일종의 콘솔레이션 매치(*패자부활전)에 출전해야 했던 것이다. 나는 호텔로 돌아와 감정에 북받쳐 제이든에게 또 편지를 썼다.

지금 막 시합에서 지고 기분이 몹시 나쁘구나. 내일 다시 시합에 나가기가 싫다. 차라리 부상을 입었으면 하는 마음이다. 뭔가가 너무 하기 싫어서 차라리 부상을 입었으면 하고 바라는 사람을 한번 생각해 보렴. 제이든, 아빠가 오늘 밤 느낀 것처럼 어떤 것에 압도되는 기분을 느끼게 된다면, 마음의 동요를 피하려고 계속 노력해라. 최악의 순간을 당당히 대면하면 그게 그렇게 나쁘지는 않다는 걸 깨닫게 될 거야. 그것이 마음의 평화를 얻는 기회란다. 아빠는 그만두고 코트를 떠나 집에 가서 너를 보고 싶다. 남아서 경기를 하는 건 어려운 일이지만 집에 가서 너와 함께 있는 건 쉬운 일이니까. 그래서 지금 아빠가 여기 남아있는 거란다.

연말에 예상했던 대로 휴이트가 랭킹 1위가 되었다. 나는 길에게 훈련을 한 단계 높일 필요가 있다고 말했다. 그는 나이 든 나를 위해 새로운 운동계획을 짰다. 그가 자신의 다빈치 노트에서 아이디어를 끌어낸 후 몇 주간 체력이 감퇴하는 하반신에만 운동을 집중했다. 날마다 다리 근육 강화 운동을 할 때마다 그는 나를 지켜보면서 소리쳤다. 조금만 더! 호주가 부르고 있다고!
"약한 다리는 명령을 내리는 거다. 강한 다리가 복종하는 거야." 길은 이렇게 말했다.
라스베이거스에서 멜버른으로 가는 앰비언 익스프레스(Ambien Express)에

오를 무렵에는 그곳에서 달리기를 하거나 수영이라도 할 수 있을 것 같은 기분이었다. 나는 2003년 호주오픈에서 2번 시드를 배정받아 으르렁거리며 맹렬한 기세로 나섰다. 그리고 준결승에 진출해 90분 만에 웨인 페레이라를 격파했다. 여섯 번의 시합 중에 단 한 세트만 내줬다.

결승 상대는 독일 출신의 라이너 슈틀러였다. 나는 다섯 게임만 내주고 호주오픈 사상 가장 많은 승리를 거두며 3세트를 연속으로 이겼다. 나의 여덟 번째 슬램이었고 최고의 성적을 낸 토너먼트였다. 나는 스테파니 스타일의 시합 같았다며, 이런 종류의 경기 장악력을 경험한 건 처음이라고 그녀를 놀렸다.

"우리에게 확실하게 보장된 날이란 단 하루도 없습니다. 오늘 같은 날은 아주 더 드문 법이죠."

트로피를 건네받으며 나는 관중들에게 이렇게 말했다. 훗날 누군가는 내가 그때 마치 임사체험(臨死體驗)이라도 한 것처럼 말했다고 했다. 아마도 임사체험보다는 임생체험(臨生體驗)에 더 가까웠을 것이다. 나처럼 거의 살아서 지내본 적이 없는 사람이라면 그렇게 말할 테지.

내가 31년 만에 슬램에서 우승한 최고령 선수였기에 기자들은 계속해서 호주를 떠나기 전 은퇴계획이 있는지 물었다. 나는 시작을 계획하지 않았듯 결말도 계획하고 있지 않다고 말했다. 기자들은 내가 내 세대의 마지막 선수라고들 했다. 1980년대의 마지막 모히칸이었던 것이다. 챙은 은퇴를 선언했으며, 쿠리어도 이미 은퇴한지 3년이 지났다. 스테파니가 다시 임신 중이었고 우리가 미니밴을 타고 라스베이거스 곳곳을 돌아다닌다는 소문이 널리 퍼져 있었기 때문에 사람들은 나를 영감 취급했다. 그러나 나는 영원을 사는 기분이었다.

아이러니하게도 나의 유연성 부족이 내 선수생활을 연장시키고 있었다. 내구성에 도움이 되고 있었던 것이다. 나는 방향을 잘 틀지 못했기 때문에 언제나 라켓을 몸 가까이에 두고 공을 내 앞에서 막아냈다. 그런데 이런 자세가 불필요한 스트레스와 회전력이 내 몸에 가해지지 않도록 했던 것이다. 길은 이대로라면 내 몸이 3년 정도는 더 버틸 수 있을 거라고 했다.

라스베이거스에서 잠시 휴식을 취한 후 우리는 키 비스케인으로 갔다. 이 토너먼트에서 2년 연속 우승했고 총 다섯 번의 우승을 획득했으니 나를 막을 것은 아무것도 없었다. 나는 결승에 진출해 프랑스오픈에서 맞섰던 랭킹 5위의 카를로스 모야를 격파했다. 단 한 세트도 내주지 않았다. 이로써 키 비스케인에서 여섯 번째 우승을 달성하며 스테파니의 기록을 넘어서게 됐다. 나는 마침내 그녀보다 더 좋은 기록을 갖게 됐다며 그녀에게 장난을 쳤다. 그러나 스테파니는 경쟁심이 강했기 때문에 지나치게 놀릴 수는 없었다.

휴스턴에서 열리는 남자 프로테니스(ATP) 투어 US 클레이 코트 챔피언십에 참가해 결승에 진출해야 나는 다시 랭킹 1위가 될 수 있었다. 결국 나는 1위가 되었다. 위르겐 멜저를 6-4, 6-1로 꺾자 대런과 길과 함께 승리를 축하하는 자리를 마련했다. 그리고 다음 날 앤디 로딕과 결승전 시합이 있다는 것도 신경 쓰지 않고 보드카 크랜베리를 몇 잔 마셨다. 나는 이미 랭킹 1위였으니까. 그것이 로딕을 이기게 한 원동력이었다. 마음을 쓰면서 동시에 마음을 쓰지 않는 완벽한 심리적 조합이야말로 최선의 대비였던 것이다.

랭킹 1위에 오른 최고령 선수가 된 것은 33세 생일을 맞기 며칠 전이었다. 나는 폰스 데 레온(*1513년 플로리다를 발견한 스페인 탐험가. 젊음의 샘을 찾아나선 것으로 알려짐)이라도 된 듯한 기분으로 로마로 날아갔다. 비행기에서 내릴 때는 어깨에 노인성 경련이 느껴졌다. 1회전에서는 경기가 잘 풀리지 않았지만, 거기에 연연하지 않고 마음을 비웠다. 몇 주 후 2003년 프랑스오픈에서도 여전히 어깨가 쓰라렸지만 연습 때는 힘찬 모습을 보였다. 대런은 내가 진짜 실력자라고 했다.

2회전에서는 나쁜 기억이 많았던 쉬잔 랑글렌 코트에서 경기를 하게 됐다. 1996년 우드러프에게 졌던 장소였다. 1998년에는 사핀에게 졌다. 상대 선수는 크로아티아 출신의 마리오 안치치라는 젊은 선수였는데, 나는 첫 두 세트를 내주고 3세트에서도 뒤처지고 있었다. 그는 열아홉이었고 196센티미터의 장신인데다, 나를 전혀 두려워하지 않는 서브앤발리어였다. 랑글렌 코트는 표면이 촘촘해 공이 느려지기 마련이었는데 그날은 공이 빠르게 움직였다. 나는 공을 컨트롤하느라 무척 애를 먹었지만 다시 정신을 바짝 차리고 다음 두 세트를 따냈다. 5세트가 되니 기진맥진해져서 어깨가 떨어져 나갈 것 같았다. 나는 네 번이나 매치포인트를 잡아냈지만 이내 모두 놓치고 말았다. 그리고 그 중 세 번이나 더블폴트를 범했다. 마침내 마리오를 꺾었는데 그건 순전히 그가 나보다 지는 걸 조금 더 두려워했기 때문이었다.

준준결승 상대는 아르헨티나 출신의 기예르모 코리아로, 또 다른 신예 선수였다. 그는 공개적으로 내가 자신의 우상이라고 말하고 다녔다. 나는 기자들에게 그의 우상이 되어 클레이 코트에서 경기를 하느니, 차라리 그 자리에서 내려와 하드 코트에서 경기하는 쪽을 택하겠다고 했다. 진흙이 어찌나 싫었던지 나는 첫 다섯 번의 게임 중 네 번을 졌다. 그러나 세트를 따내기는 했다. 진흙 코트가 이렇게 사랑스럽다니.

그러나 코리아는 아무런 감정을 내비치지 않았다. 2세트에서 5-1로 돌진하며 앞서 가던 그는 절대 공을 놓치는 법이 없었다. 빠른 움직임이 더 빨라졌다. 내가 저렇게 빠른 적이 있었던가? 그를 혼란스럽게 하려고 네트 쪽으로 달려갔지만 소용이 없었다. 그는 그저 오늘 나보다 잘하는 것뿐이라고 생각했다. 하지만 그는 나를 토너먼트에서 쫓아내고 1위 자리에서

내 힘의 두 원천인 길과 스테파니. 2003년 호주오픈에서 내 박스석에 앉아있는 모습.

2003년 호주오픈에서 우승한 직후.

도 밀어냈다.

영국에서 열린 윔블던 직전의 워밍업 토너먼트에서는 호주 출신의 피터 루잭을 이겼다. 선수생활 천 번째의 시합이었다. 누군가 내게 이 사실을 알려줬을 때 주저앉고 싶은 충동을 아주 강하게 느꼈다. 나는 스테파니와 함께 와인을 마시며 천 번의 시합에 대한 기억을 모조리 떠올려 봤다.

"시합 하나하나가 다 생각나."

"그렇겠지."

스테파니의 생일에 나는 그녀를 런던에 있는 애니 레녹스(*스코틀랜드 출신의 세계적인 팝스타)에게 데려갔다. 그녀는 스테파니가 좋아하는 뮤지션이었기 때문이다. 하지만 그날 밤은 나의 뮤즈였다. 그녀는 직접 나를 향해 노래하고 말을 걸었던 것이다. 나는 길에게 그의 "복부경련2" CD에 레녹스의 노래를 몇 개 넣는 게 좋겠다고 했다. 앞으로 시합 때마다 그녀의 노래를 듣게 될지도 모르겠다.

내가 결코 내딛지 않을 이 길(This is the path I'll never tread)
내가 대신 꿈꾸게 될 꿈이여(These are the dreams I'll dream instead)

나는 2003년 윔블던에서 유력한 우승후보 중 하나였다. 어떻게 이럴 수가 있지? 1980년대 이후로 아버지가 된 선수는 윔블던에서 우승한 적이 없었다. 3회전에서 모로코 출신의 엘 아이나위 선수와 만났는데, 그도 이제 막 아버지가 된 선수였다. 나는 기자들에게 농담으로 나만큼 잠이 부족한 선수와 경기하는 게 기대된다고 말했다.

대런은 시합 전 나를 지도하면서 이렇게 말했다.

"시합 초반에 상대의 백핸드를 노릴 때 상대가 슬라이스샷을 치면 반드시 공이 땅에 닿지 않게 쳐내버려. 수비자세일 때 안전한 샷으로는 빠져나갈 수 없다는 걸 그런 식으로 상대에게 경고하는 거야. 그러면 상대는 뭔가 특별한 샷이 필요하다고 느끼게 되지. 초반에 경고를 하고 나면 상대는 시합 후반에 실수를 하게 될 거야."

괜찮은 조언이었다. 나는 재빨리 2-1로 한 세트 앞서며 게임을 리드했으나 엘 아이나위는 굴복하려 하지 않았다. 그는 4세트에서 맹렬히 덤볐고, 세 차례나 세트포인트를 잡았다. 5세트까지 가고 싶지는 않았다. 그렇게 놔둘 수 없었다. 4세트의 마지막 포인트를 격렬히 주고받으며, 나는 대런이 조언한 모든 것을 그대로 했다. 세트에 연이어 이기며 격전을 끝내자 이내 녹초가 되었다. 하루를 쉬었지만 충분치 않았다.

4회전 상대는 엄청난 재능과 그 재능을 낭비하는 것으로 유명한 마크 필리푸시스라는 호주 선수였다. 그는 평소보다도 훨씬 강한, 지독하리만치 강한 서브를 넣었다. 시속 225킬로미터에 달할 정도였다. 또 마흔여섯 번이나 나에게 에이스를 먹였다. 그러나 시합은 여전히 우리가 예상한 대로 흘러가 5세트에 이르렀다. 3-4의 스코어에서 그가 서브를 넣고 나는 어쩌다가 브레이크 포인트를 잡게 됐다. 그가 첫 서브에 실패하면서 나는 승리를 맛봤다. 그러자 그는 정중앙으로 곧장 시속 222킬로미터의 제2 서브를 넣었다. 무지막지한 스피드였다. 하지만 예상한 곳으로 공이 날아와 나는 힘차게 쳐냈다. 라켓을 내밀며 잽싸게 리턴하자 그는 날아가는 공을 그저 서서 바라봐야만 했다. 목에 골절상이라도 입은 것 같은 얼굴이었다. 그러나 공은 베이스라인에서 0.5인치 밖에 떨어졌다. 아웃.

베이스라인 안쪽에 떨어졌더라면, 나는 브레이크를 성공시키며 탄력을 받아 매치포인트 서브를 넣었을 것이다. 그러나 그렇게 되지는 않았다. 이제 필리푸시스는 승리를 확신하며 좀 더 자신만만한 태도로 나를 브레이크하기 시작했다. 경기는 눈 깜짝할 새에 끝나버렸다. 1분 전만 해도 나는 승리를 앞둔 채 서브를 준비하고 있었는데, 다음 순간 그가 팔을 들어 승리를 확정 지었다.

몸 상태가 예전과 다르다는 게 느껴졌다. 잔디 코트가 어렵게 느껴졌고 그곳에서 5세트 경기를 치르고 나니 몸이 완전히 부서진 느낌이었다. 게다가 올해 윔블던 경기는 훨씬 더 진짜 같은 느낌이었다. 더 오랜 랠리와 더 많은 움직임, 몸을 굽히고 돌진하는 동작들이 더 자주 있었던 것이다. 허리에도 갑자기 문제가 생겼다. 허리가 멀쩡할 때가 별로 없긴 했지만 이번에는 아주 심한 통증이 시작됐다. 통증이 허리를 타고 엉덩이로 내려와 무릎을 건너뛰고 정강이로 이어지면서 발목을 관통했다. 필리푸시스를 이기지 않고 다음 시합으로 넘어가지 않은 게 감사할 정도였다. 그랬다면 아마 몰수패를 당했을 게 분명했다.

2003 US오픈이 시작되자 샘프러스는 은퇴를 선언했다. 그는 마음을 가다듬기 위해 기자 회견 중 몇 차례 말을 멈췄다. 나 역시도 복잡한 마음이었다. 우리의 라이벌 관계가 내 선수생활의 어떤 지침이 되어 왔던 것이다. 그에게 지면 엄청난 패배감에 시달렸으나, 장기적으로는 그게 나를 좀 더 유연하게 만들었다. 내가 그에게 더 많이 이겼더라면 혹은 그와 다른 세대로 만났더라면, 나는 더 좋은 기록을 가지고 더 나은 선수로 기억됐겠지만, 실제로는 그보다 실력이 덜한 선수가 되었을 것이다.

샘프러스의 기자회견이 끝나고 몇 시간 동안 극심한 외로움을 느꼈다. 내가 마지막까지 남은 유일한 사람이었기 때문이다. 나는 현역으로 활동하는 마지막 미국 슬램 우승자였다. 나는 기자들에게 이렇게 말했다.

"아마 같이 춤추러 온 사람들과 함께 댄스 플로어를 떠나야 한다고 생각하실지도 모르겠습니다. 하지만 잘못된 비유인 것 같습니다. 저는 플로어를 떠나지 않았고, 제 동년배 선수들은 떠났기 때문이죠. 저는 여전히 춤추고 있으니까요."

나는 준준결승에 진출했다. 프랑스오픈에서 나를 녹아웃시킨 코리아가 상대였다. 신발 끈을 조이고 코트로 나가고 싶어 죽을 지경이었지만, 비가 오는 바람에 며칠간 시합이 연기됐다. 호텔에 틀어박혀 책이나 보는 것 외에는 별다른 수가 없었다. 창문을 타고 흘러내리는 빗방울이 까칠하게 자란 내 수염처럼 잿빛이었다. 빗방울 하나하나가 영원히 녹아 없어지는 1분 같았다. 길은 내게 억지로 길워터를 마시고 쉬게 했다. 그는 잘 될 거라고 말했지만 이미 알고 있었을 것이다. 시간이 얼마 남지 않았다는 걸.

마침내 구름이 걷히고 코트로 나갔다. 코리아는 파리에서 만났던 선수가 아니었다. 그는 다리 부상을 입어 나는 그 점을 활용했다. 가혹하리만치 그를 달리게 하고 지독하게 괴롭힌 끝에 첫 두 세트를 따냈다.

3세트에서 나는 네 번의 매치포인트를 잡았지만 모두 잃었다. 박스석에 앉아 있는 길은 안절부절못하고 있었다. 그는 지금까지 내가 선수생활을 하는 동안 시합 중에 화장실에 가기 위해 자리를 비운 적이 한 번도 없었다. 결코 한 번도 없었다. 내가 박스석을 올려다보았다가 그가 없음을 깨닫고 패닉에 빠지는 일이 절대 없기를 바라는 마음에서였다. 그를 이렇게 대접해서는 안 되었다. 나는 다시 집중했다. 왼쪽, 오른쪽을 번갈아 바라보며 서브로 경기를 끝냈다.

쉴 시간이 없었다. 비로 인해 토너먼트 스케줄이 줄었기 때문이었다. 나는 다음날 프랑스오픈 우승자인 페레로를 상대로 준결승을 치러야 했다. 자신감이 온몸으로 넘쳐흐르는 그는 나보다 백 살은 어린 것 같았고, 그런 모습은 겉으로도 드러났다. 결국 그는 나를 4세트 만에 꺾었다.

나는 사방의 팬들에게 머리 숙여 인사하고 관중에게 키스를 날렸다. 내가 모든 것을 주었다는 걸 관중도 알고 있다는 생각이 들었다. 제이든과 스테파니가 라커룸 밖에서 기다리는 게 보였다. 스테파니는 둘째를 임신한 지 8개월째였는데, 그녀를 보자 패배로 인한 실망감이 눈 녹듯 사라졌다.

2003년 10월 3일, 딸이 태어났다. 우리 가정에 또 한 명의 천사 같은 아이가 나타난 것이다. 우리는 재즈 엘이라고 이름 지었다. 그리고 우리 아들에게 그랬던 것처럼, 딸아이에게도 테니스를 시키지 않겠다고 맹세했다(심지어 우리 집 뒷마당에는 테니스 코트도 없다). 그런데 재즈 애거시가 하지 않는 일이 또 하나 있었으니, 바로 잠자는 일이었다. 재즈에 비하면 제이든은 기면증 환자같이 보일 정도였다. 나는 뱀파이어 같은 모습으로 2004년 호주오픈에 참가할 수밖에 없었다. 다른 선수들은 적어도 12시간 동안은 숙면을 취한 얼굴이었고 눈에 활기가 넘쳤다. 그리고 강해 보였다. 길 같은 트레이너라도 구한 것처럼 몇 년 전보다 몸집도 훨씬 커졌다.

준결승까지는 다리 상태가 좋았다. 겁쟁이처럼 경기하는 사핀이 상대였는데, 그는 손목 부상으로 작년에 대부분의 토너먼트를 놓친 상태였다. 그는 완전히 나아서 원기를 회복한 후 무적이 되어 돌아왔다. 양 옆으로, 앞뒤로, 랠리는 영원히 계속되는 것 같았다. 우리는 공을 놓치지 않았으며 범실도 절대 허용하지 않았다. 네 시간이 지나자 우리 중 어느 누구도 승리를 원치 않는 사람은 없었다. 승리를 원하지 않기는커녕 더욱 강해졌다. 차이가 있다면 사핀의 서브뿐이었다. 그가 5세트를 따내자 이로써 호주에서 환성을 듣는 게 마지막이 되는 건가 하는 생각이 들었다. 이게 진짜 끝이란 말인가? 나는 몇 달간, 몇 년간 거의 매일 이런 질문을 했다. 그러나 처음으로 나 자신에게 질문을 던지게 됐다.

"휴식을 해야 돼. 다음 토너먼트에 출전하기 전에 더 많이 쉬고, 참가할 대회를 좀 더 신중하게 고를 필요가 있어. 로마와 함부르크? 패스. 데이비스컵? 미안하지만 안 되겠어. 중요한 대회를 위해 체력을 아껴야지. 다음번 목표는 프랑스오픈이야." 길이 말했다.

파리에 도착하자 나는 몇 년 더 젊어진 기분이었다. 대런은 내 대진표를 보더니 준결승까지는 무난하게 가겠다고 예측했다.

1회전 상대는 23세의 알자스 출신 제롬 에넬이란 선수였다. 그는 랭킹

271위인데다 코치도 없었다. 대런은 문제없다고 했다. 하지만 심각한 문제가 있었다. 내가 활기를 잃었던 것이다. 백핸드를 칠 때마다 네트에 걸렸고 나는 속으로 비명을 질렀다. 이것보단 잘하잖아! 아직 안 끝났다고! 이렇게 끝내지 마! 길은 앞줄에 앉아서 불만스러운 듯 입술을 오므렸다.

나이 때문도 아니고 클레이 때문도 아니었다. 나는 공을 깨끗하게 처리하지 못하고 있었다. 충분히 쉬었지만 쉬고 나니 실력이 녹슨 것이었다. 일간지에서는 내 선수생활 최악의 패배라고 했다. 에넬은 기자들에게 이렇게 말했다.

"최근에 애거시는 나와 비슷한 선수에게 진 적이 있잖아요. 그러니 그와 같은 선수 정도는 이길 수 있다고 친구들이 용기를 북돋아 주었어요."

"그와 같은 선수가 무슨 뜻이죠?" 한 기자가 물었다.

"형편없는 선수요."

"우리는 이제 막판질주를 시작했습니다. 절뚝거리며 결승점을 통과할 수는 없죠." 길은 기자들에게 이렇게 말했다.

6월이 되자 나는 윔블던에서 기권했다. 네 번 연속 시합에서 진 것이다. 1997년 이래 최악의 패배행진이었다. 그리고 뼈가 금방이라도 부서질 것 같았다. 길은 내가 얼마나 더 오래 이런 식으로 계속할 수 있을지 모르겠다고 했다. 우리 모두를 위해서 내 선수생활의 마지막에 대해 심사숙고할 필요가 있었다.

나는 은퇴에 관해 생각해 보겠지만 그보다 먼저 스테파니의 은퇴를 위해 해야 할 것이 있다고 했다. 스테파니는 당연하게도 국제 테니스 명예의 전당에 헌액되었다. 그녀는 마가렛 코트를 제외하고는 테니스 역사상 최다 슬램 우승자였다. 그녀는 내가 헌액식에서 자신을 소개해주기를 바랐던 것이다.

우리는 로드아일랜드의 뉴포트로 날아갔다. 중요한 날이었다. 아이들을 밤새 다른 사람에게 맡겨놓고 떠나는 것도 처음이었을 뿐만 아니라, 스테파니가 이렇게 떠는 것을 본 것도 처음이었다. 그녀는 기념식을 두려워했으며 주목받고 싶어하지도 않았다. 말실수를 하거나 감사를 표해야 할 누군가의 이름을 잊을까 봐 걱정하기도 했다. 심지어 떨고 있었다.

나도 할 말을 그렇게 자유롭게 하는 타입은 아니었다. 나는 처음으로 대중 앞에서 스테파니에 대해 얘기하는 데다가 전혀 생소한 주제로 글을 쓰는 기분이 들어서 몇 주 동안 연설문에 집착했다. J.P.는 내가 쓴 초고를 여러 번 봐주었다. 지나치게 준비를 많이 한 탓인지 연단에 올라가자 호흡이 가빠졌다. 하지만 일단 말을 시작하자 마음이 침착해졌다. 모든 남자는 자신의 아내만을 위한 명예의 전당 헌액식에서 아내를 멋지게 소개할 줄 알아야 할 것이다.

나는 청중과 팬들, 그리고 과거 챔피언들의 얼굴을 둘러보며 그들에게 스테파니에 대해 얘기해 주고 싶었다. 내가 알고 있는 걸 그들에게도 알려주고 싶었던 것이다. 나는 스테파니를 위대한 중세의 성당을 지었던 장인들과 수공업자들에 비유했다. 그들은 성당의 지붕이나 지하실, 혹은 보이지 않는 부분을 지을 때 완벽주의와 타협하지 않았다. 모든 틈과 보이지 않는 모퉁이에 대해서 완벽주의를 고수했던 것이다. 그리고 그것이 바로 스테파니였다. 그녀는 완벽주의를 보여주는 기념비적인 존재였다. 나는 5분 동안 스테파니의 근면함과 품위, 그녀가 남긴 족적, 강인함, 그리고 우아함에 대해 극찬했다. 맺음말로는 그녀에 대해 내가 할 수 있는 가장 진실한 말을 했다.

"신사 숙녀 여러분, 여러분께 제가 아는 가장 위대한 사람을 소개합니다."

27
끝을 향하여

주변의 모든 사람들이 끊임없이 은퇴 얘기를 꺼냈다. 스테파니의 은퇴와 샘프러스의 은퇴, 그리고 나의 은퇴. 하지만 나는 연습을 계속하며 다음 슬램 달성에 집중했다. 신시내티 마스터스의 준결승에서 앤디 로딕을 꺾음으로써 모두를 놀라게 만들었고, 이로 인해 지난 11월 이후 첫 ATP 결승전에 오르게 되었다. 그리고 휴이트를 이기며 지미 코너스 이후 ATP 최고령 우승자가 되었다. 그다음 달 2004년 US오픈에서는 기자들에게 이번에는 모든 시합에서 이겨볼 생각이라고 말했다. 그들은 내가 치매라도 걸린 게 아니냐며 웃었다.

스테파니와 나는 웨스트체스터 시외에 집을 하나 렌트했다. 호텔보다 널찍했고 복잡한 맨해튼 거리를 가로질러 유모차를 밀 걱정을 하지 않아도 되었다. 무엇보다도 그 집의 지하에는 아이들의 놀이방이 있어서 시합 전날 내 침실로 쓸 수 있었다. 지하의 침대에서 자면 허리 통증으로 잠에서 깨더라도 스테파니를 깨우지 않고 바닥으로 내려올 수 있었다. 아버지가 된 선수들이 슬램에서 우승하지 못한 이후로 스테파니는 이렇게 말하곤 했다. 지하실로 가서 필요한 만큼 맘껏 싱글이 된 기분을 느껴 봐요.

내 인생이 스테파니를 피로하게 만들고 있었다. 나는 산만한 남편에 피로에 지친 아버지였다. 그녀는 아이들로 인해 더 많은 부담을 떠안아야 했지만 한 번도 불평한 적이 없었다. 그녀는 나를 이해해주었고 자신의 임무에 매일 열정을 쏟아부음으로써 내가 테니스에 대한 생각만 할 수 있도록 만들어주었다. 스타디움으로 가는 동안에는 차 안에서 제이든과 재즈를 조용히 만들 수 있는 '엘모의 노래(*TV 어린이 프로그램 〈세서미 스트리트〉에서 한 살인 엘모가 부르는 노래)'를 정확히 틀어주어서 대런과 내가 전략을 논의할 수 있게 해주었다. 게다가 음식에 관해서는 길과 생각이 비슷했다. 언제 먹는가가 무엇을 먹느냐 만큼 중요하다고 생각했던 것이다. 시합이 끝난 후 대런과 길과 함께 집 현관문을 열고 들어가면 접시에 아직 보글보글 끓고 있는 치즈가 쌓인 뜨거운 라자냐가 항상 대기하고 있었다. 대런의 아이들과 제이든과 재즈는 저녁을 먹고 씻은 후 잠자리에 들었다.

스테파니 덕분에 나는 준준결승에 진출하게 되었고, 1번 시드를 배정받은 페더러와 만났다. 그는 내가 키 비스케인에서 이겼던 그 선수가 아니었다. 그는 내 눈앞에서 역대 최고 선수 중 하나로 성장하고 있었다. 그는 차근차근 앞서 나가더니 2-1로 한 세트를 앞섰고, 나는 물러서서 그의 놀라운 기술과 뛰어난 평정심에 경탄할 수밖에 없었다. 그는 내가 보아온 선수 중 가장 위풍당당한 선수였다. 그러나 그가 나를 완전히 끝장내기 직전에 비로 인해 경기가 중단됐다.

웨스트체스터로 돌아오는 길에 나는 창밖을 내다보며 다짐했다. 내일 일은 생각하지 말자. 저녁으로 뭘 먹겠다는 생각도 하지 말자. 시합이 일찍 중단돼서 생각보다 몇 시간 일찍 집에 가는 중이니 저녁이 준비되지 못했을 터였다. 그러나 스테파니도 당연히 기상 정보를 받아보고 있었다. 누군가가 폭풍이 알바니에서부터 밀려오고 있다고 경고를 해주자 그녀는 차에 올라타고 쏜살같이 집으로 돌아와서 만반의 준비를 했던 것이다. 문을 열고 들어서니 그녀가 우리 모두에게 키스를 해주고는 부드럽게 서브하듯, 한 번에 접시를 나눠주었다. 나는 판사를 우리 집으로 초대해 혼인 서약을 새롭게 하고 싶었다.

다음 날에는 돌풍이 시속 64킬로미터로 불어닥쳤다. 나는 바람과도 맞서 싸워야 했고 페더러의 허리케인급 기술에도 맞서야 했다. 각각 두 세트씩을 따내고 시합이 동점이 되자 페더러는 충격을 받은 모습이었다. 하지만 그는 이내 나보다 훨씬 능숙하게 자세를 가다듬었다. 그가 어떤 상황에서도 바로바로 적응할 거라는 느낌이 왔다. 5세트를 맹렬한 기세로 몰아치고 있는 그는 최고의 선수로 완성되어가고 있었다.

바람이 잦아들기 전, 은퇴설이 다시 흘러나왔다. 기자들은 내가 왜 은퇴를 안 하는지 알고 싶어했다. 나는 먹고살기 위해서라고 설명했다. 가족이 있고 지원해야 할 학교도 있으며 내가 테니스공을 한 번 칠 때마다 많은 사람들이 혜택을 받기 때문이라고(US오픈이 끝나고 한 달 후에 스테파니와 나는 그랜드슬램 포 칠드런(Grand Slam for Children)의 아홉 번째 자선행사를 주관했고, 6백만 달러를 모금했다. 우리는 애거시 재단 앞으로 전부 합해 4천만 달러를 모금했다). 나는 또 기자들에게 말했다. 나는 아직 경기에 더 나가야 한다. 얼마나 많이 남았는지는 모르겠지만, 아직 경기가 남아있는 건 확실하다. 나는 아직 우승 가능성이 있다고 믿는다.

기자들이 다시 나를 쳐다봤다. 내가 동기에 대해 자세한 이야기를 충분히 해주지 않았기 때문에 그들은 혼란스러운 표정을 지었다. 하지만 나조차도 천천히 깨달아가는 중이었기 때문에 온전히 설명할 수가 없었다. 내가 테니스를 그만두지 않은 건 계속하기로 마음먹었기 때문이었다. 이상적인 인생은 아닐지 몰라도 선택은 언제나 가능한 법이다. 내 인생이 어떻든 선택은 모든 걸 변화시킨다.

2005년 호주오픈에서 나는 테일러 덴트를 3세트 만에 완패시키며 4회전에 진출했다. 라커룸 밖에서 아주 매력적인 TV 스포츠 해설가를 보고 멈춰 섰더니 바로 쿠리어였다. 새롭게 변신한 그를 보니 기분이 이상했다. 나는 아직도 그를 위대한 챔피언으로만 생각하고 있었다. 그러나 TV도 그에게 잘 어울렸다. 그는 꽤 잘했고 행복해 보였다. 나는 그를 상당히 존경했고, 그도 내게 같은 마음이길 바랐다. 우리가 다투던 건 아주 오랜 유년시절이었으니까.

"제이든 애거시가 샘프러스의 아들과 경기하기까지는 얼마나 오래 걸릴까요?" 그는 내 앞에 마이크를 갖다 대며 물었다.

"내가 내 아들에게 정말 바라는 것은 그가 어떤 것에 집중했으면 하는 겁니다. 아들이 테니스를 선택했으면 해요. 저는 테니스를 무척 사랑하니까요." 나는 카메라를 바라보며 말했다.

늘 해오던 거짓말이었다. 그렇지만 이번엔 훨씬 부끄러웠다. 아들을 이용했기 때문이었다. 거짓말이 굳어지고 있었다. 스테파니와 나는 제이든이나 재즈에겐 이런 비정상적인 삶을 살게 하지 않겠다고 단호히 결심했다. 그런데 왜 나는 그런 말을 했을까? 늘 그랬듯, 그게 사람들이 듣고 싶어 하는 말이라고 생각했기 때문이다. 또한 승리 때문에 기분이 좋아져 테니스가 아름다운 스포츠라고 느껴진 데다 내가 테니스로부터 얻은 것이 꽤 많으니 테니스를 제대로 대접하고 싶기도 했다. 그리고 내가 존경했던 챔피언 앞에 서 있으면서도 테니스를 싫어한다는 사실에 죄책감이 느껴졌다. 거짓말로나마 죄책감을 숨기거나 속죄하고 싶었는지도 모르겠다.

지난 몇 달간 길은 내 훈련 방식을 혹독하게 바꿨다. 스파르타 전사들처럼 나를 먹였고 새로운 식단을 도입해 몸을 정교하게 다졌다. 코티존 주사도 세 번을 맞았다. 의사들은 네 번이 연간 최대 권장 횟수라며 위험하다고 했다. 코티존이 척추와 간에 끼치는 장기적인 영향에 대해서는 아직 모

끝을 향하여

른다는 것이었다. 그러나 나는 개의치 않았다. 허리를 제대로 쓸 수만 있다면 뭐든 좋았다. 그리고 실제로 허리가 잘 버텨주기도 했다.

준준결승에 진출해 다시 페더러와 만났지만 한 세트도 이길 수가 없었다. 그는 아둔한 학생을 대하는 선생처럼 나를 가볍게 물리쳤다. 경기 주도권을 장악하는 신예선수 중 그만큼 내 나이를 실감하게 만드는 선수도 없었다. 세련된 민첩성과 놀라운 샷 구사력, 그리고 퓨마 같은 매끄러움을 가진 그를 보며, 나는 나무 라켓을 쓰던 시절부터 테니스를 해왔다는 사실이 기억났다. 내 매제가 된 판초 곤잘레스는 베를린 공수작전(*1948년 소련이 서베를린을 봉쇄할 때 미국과 영국이 공수작전을 통해 서베를린 시민을 구함) 중에 챔피언 타이틀을 획득했으며, 프레드 페리(*윔블던에서 우승한 영국 최초의 선수이자 마지막 선수)의 라이벌이었고, 페더러는 내가 내 친구인 페리를 만난 그 해에 태어났다.

로마에 가기 직전, 나는 서른다섯이 되었다. 스테파니와 아이들이 함께 이탈리아에 갔다. 나는 스테파니와 함께 콜로세움과 판테온 신전을 보고 싶었지만 그럴 수가 없었다. 어렸을 때 이곳에 처음 왔을 땐 내면의 고통과 수줍음으로 어쩔 줄 모르며 호텔을 떠나지 못했었다. 이제 관광이라도 좀 하며 돌아다니고 싶었지만, 허리 때문에 어려웠다. 의사가 오랫동안 걸으면 코티존 지속기간이 3개월에서 1개월로 떨어질 수 있다고 했던 것이다.

나는 첫 네 번의 시합에서 모두 이겼지만 코리아에게 졌다. 스스로가 혐오스러워서 기립박수를 받는 데 대해 죄책감이 들 정도였다. 다시, 기자들이 은퇴에 관한 질문으로 나를 압박해왔다.

"은퇴 생각은 1년에 열네 번 정도만 합니다. 1년에 열네 번 토너먼트에 나가거든요."

다시 말해 열네 번의 이런 기자회견을 끝까지 견뎌야 한다는 뜻이었다.

2005년 프랑스오픈 1회전 상대는 핀란드 출신의 야르코 니에미넨 선수였다. 나는 코트에 나가 수월하게 기록을 달성했다. 쉰여덟 번째 슬램이었다. 마이클 챙이나 지미 코너스, 이반 렌들, 웨인 페레이라보다 하나 더 많은 기록이었고, 오픈 시대 최다 기록이었다. 그러나 내 허리는 이런 상황에 부응하지 못했다. 코티존이 다 사라져 버린 것이다. 서브는 고통스러웠고 서 있는 것조차 힘들었으며 숨 쉬는 건 노동이었다. 나는 네트로 다가가 몰수패를 선언하고 싶었다. 그러나 이건 롤랑 갸로다. 이 코트를 떠나서는 안 되는 것이다. 이곳만큼은. 라켓 위에 실리지 않고는 결코 코트 밖으로 나가지 않으리라.

나는 애드빌(*미국에서 흔한 두통약)을 여덟 알 삼켰다. 여덟 알이어야 했다. 코트체인지 동안 통증을 가라앉히기 위해 타월로 얼굴을 덮고, 다른 타월을 입에 꽉 물었다.

3세트에서 길은 뭔가 단단히 잘못됐다는 걸 깨달았다. 공을 친 후 코트 중앙으로 뛰어갈 수 없었던 것이다. 지금까지 그는 내가 코트 중앙으로 돌아가지 못하는 걸 본 적이 없었다. 시합 중에 길이 화장실에 가는 것만큼이나 생각조차 할 수 없는 일이었다. 나중에 길과 레스토랑으로 가면서 나는 거대한 새우처럼 몸을 굽혔다.

"몸을 자꾸 혹사하기만 하면 안 돼." 길이 말했다.

우리는 윔블던에서 기권하고 여름 하드 코트 시즌을 준비하기로 했다. 필요한 일이긴 했지만 도박이라도 하는 것 같았다. 몇 개의 토너먼트에 집중해 운동시간을 할애해야 한다는 건 다시 말해, 오차범위가 더 좁아지고 동시에 압박감이 커진다는 뜻이었다. 패배는 훨씬 더 고통스러울 것이다.

길은 다빈치 노트에 몰두했다. 그는 내가 한 번도 자신의 체육관에서 다

끝을 향하여

친 적이 없다는 사실을 자랑스러워했는데, 이제 내 몸이 늙어가자 긴장하는 모습이었다. 그가 뭘 염려하는지 알 수 있었다.

"이제 더 이상 하면 안 되는 웨이트 트레이닝도 있고, 두 배로 늘려야 하는 운동도 있어."

우리는 웨이트룸에서 몇 시간씩 보내며 핵심적인 문제를 파고들었다.

"여기서부터 결승점까지, 결국 네 핵심이 문제야."

윔블던에서 기권했기 때문에 언론에서는 한바탕 추도문을 쏟아냈다. 나는 다시는 신문과 잡지를 보지 않겠다고 결심했다.

늦여름, 나는 메르세데스 벤츠컵에 출전해 우승했다. 제이든은 이제 내 경기를 볼 수 있을 정도로 컸고 우승컵 시상식 때는 트로피가 제 것이라도 되는 양 코트로 달려나왔다. 사실이 그렇기도 했다.

몬트리올 마스터스 시리즈 대회에서는 이를 악물고 가까스로 결승에 진출해, 화제의 중심에 선 젊은 스페인 선수와 만났다. 라파엘 나달이었다. 나는 도무지 그를 꺾을 수가 없었다. 기량을 가늠할 수조차 없었고, 테니스 코트에서 그렇게 움직이는 사람은 한 번도 본 적이 없었다.

2005년 US오픈에서 나는 하나의 참신함이었고 사이드쇼였다. 슬램에 나온 35세 테니스 선수였던 것이다. 그해는 US오픈에 20년 연속으로 출전한 해였다. 출전선수들 중 대다수는 나이가 스무 살도 안 됐다. 코너스가 US오픈에 참가한지 20주년이 되는 해에 그를 KO 시켜버렸던 기억이 났다. 나는 그 시간들이 다 어디로 간 걸까, 하고 묻는 타입은 아니다. 정확히 어디로 갔는지 알고 있으니까. 매회 세트가 지나가는 걸 척추로 느낄 수 있었으니까.

루마니아 출신의 라즈반 사바우 선수와 1회전을 치렀다. 올해 네 번째이자 마지막인 코티존 주사를 맞고 나자 허리가 무감각해졌다. 내가 기본

샷을 날리자, 사바우는 힘겨워했다. 기본 샷으로 상대를 힘들게 할 수 있고, 상대가 그 기본 샷을 받아내지 못한다면 백 번 시도해서 백 번 성공한다는 말이었다. 그리고 그날은 경기가 잘 풀릴 거라는 뜻이었다. 아직 강타는 가하지도 않았는데, 내가 먹인 잽이 상대의 턱에 상처를 내는 것과 마찬가지다. 나는 그를 69분 만에 꺾었다.

기자들은 그 시합이 거의 학살 수준이었다며 이기고 나니 그가 안쓰럽지 않느냐고 했다.

"패배의 경험을 배울 수 있는 기회는 절대 빼앗지 않을 겁니다."

그들은 웃었다.

"정말입니다."

2회전 상대는 크로아티아 출신의 이보 카를로비치였다. 그는 208센티미터라고 기록되어 있지만 키를 잴 때 도랑에라도 서 있었던 게 틀림없다. 그는 마을 어귀의 장승이나 전신주 같았다. 거대한 키로 인해 서브는 멀미가 날 정도였다. 그가 서브를 넣으면, 서비스 박스가 말 그대로 두 배로 커졌다. 반면 네트는 30센티미터 정도 낮아졌다. 나는 이렇게 거대한 선수와 경기를 치러본 적이 한 번도 없어서 뭘 준비해야 할지 알 수가 없었다.

라커룸에서 나는 카를로비치에게 자기소개를 했다. 그는 상냥하고 건강한 얼굴로 US오픈에 출전했다는 사실을 자랑스러워하는 것 같았다. 나는 그에게 가능한 한 높이 팔을 들어보라고 한 후 대런을 불러왔다. 우리는 목을 길게 빼고 위를 올려다보면서 카를로비치의 손가락 끝을 보려고 했지만 할 수가 없었다.

"저 팔에 라켓이 있고 그가 점프한다고 생각해보세요. 그 라켓 면이 어디로 향할지 생각해보고 라켓에서 튕겨져 나오는 공을 상상해 봐요. 빌어먹을, 비행선에서 서브하는 것 같다니까요."

대런과 카를로비치는 나를 보고 웃었다.

"할 수만 있다면 내 테니스 리치(*라켓이 공에 미치는 거리, 수비의 넓이를 말함)를 당신 리턴게임과 바꾸겠어요."

다행히 카를로비치의 키는 시합 중 때때로 약점이 되었다. 낮은 공은 치기 힘들었고 돌진하기도 쉽지 않았던 것이다. 그리고 대런은 카를로비치의 움직임이 부실하다고 했다. 나는 속으로 다짐했다. 그가 나에게 얼마나 많은 에이스를 퍼부었는지 걱정하느라 에너지를 낭비하지 말자. 첫 번째 서브에 실패하길 기다려 보고 두 번째 서브를 물고 늘어져. 그게 시합의 성패를 좌우할 거야. 카를로비치도 이 사실을 알고 있었지만 그가 더 잘 알 수 있도록 만들어야 해. 제2 서브에 압력을 가해서 그가 확실히 느낄 수 있도록 만드는 거야. 절대 실패하면 안 돼. 나는 한 세트도 내주지 않고 그를 꺾었다.

3회전 상대는 토마스 비데치였는데, 그는 선수 중의 선수였다. 나는 거의 2년 전에 호주오픈 2회전에서 그를 만난 적이 있었다.

"자네는 이제 실전을 아는 열여덟 살짜리 꼬마랑 붙게 될 거야. 마음 단단히 먹는 게 좋아. 그는 공을 양쪽으로 강타할 수 있고 핵폭탄급 서브를 넣는 선수라, 몇 년 지나면 랭킹 10위 안에 들걸." 대런은 내게 이렇게 경고했다.

대런의 말은 과장된 것이 아니었다. 비데치는 올해 마주친 최고의 테니스 선수들 중 하나였다. 나는 호주에서도 그를 6-0, 6-2, 6-4로 꺾고는 운이 좋다고 생각했었다. 길어봤자 5세트까지라 다행이었다.

그런데 놀랍게도 비데치는 그 이후 그다지 실력이 나아지지 않았고, 의사결정에도 문제가 있었다. 브래드를 만나기 전의 나처럼 모든 포인트를 따내야 한다고 생각하고 있었던 것이다. 그는 상대가 지게 만드는 게 얼마나 중요한지 모르는 것 같았다. 내가 이겼을 때, 나는 그와 악수하면서 긴장을 풀라고 말해주고 싶었다. 어떤 사람들은 다른 사람들로부터 무언가를 배우는 데 더 오랜 시간이 걸리기도 하니까. 그러나 그럴 수 없었다. 내가 나설 입장이 아니었던 것이다.

다음 상대는 벨기에 출신의 자비에 말리스였다. 그는 움직임이 놀라웠고 양팔에 근육이 많아 사이가 벌어져 있었다. 백핸드는 뛰어날 것처럼 보였지만 막상 보니 썩 뛰어난 편도 아니었다. 그는 수월하게 백핸드를 쳤는데, 백핸드를 치는 것보다는 자세에 더 신경 쓰는 것 같았다. 단순한 스트레이트로 백핸드를 칠 수 없으면 상대를 꺾을 수도 없다. 내가 모든 포인트를 좌우하게 될 것이다. 그리고 내 방식은 혹독했다. 나이가 들면서 더 그렇게 되었다.

시합 전날 밤 쿠리어와 호텔에서 술을 한잔했다. 그는 말리스가 꽤 잘한다고 나에게 경고해 주었다.

"그렇겠지, 그래도 진짜 기대가 되는데. 내가 이런 말을 자주 하는 편은 아닌데, 이번에는 정말 재밌을 것 같아."

시합은 한 편의 인형극을 보는 것처럼 재미있었다. 내가 줄을 갖고 있다가 당기면 매번 말리스가 점프하는 기분이었다. 그러나 테니스 코트 위의 두 선수 사이에는 독특한 유대감이 있었다. 상대방과 나를 갈라놓는 네트는 사실상 그물처럼 서로를 잇는 고리였다. 두 시간 동안 맹렬히 경기를 하다 보면 상대선수와 나만 우리에 갇혀 있다고 믿게 된다. 상대의 땀이 내게 스프레이처럼 분사되고 그의 숨결이 내 눈을 흐리게 한다고 굳게 믿는 것이다.

나는 2-0으로 두 세트를 앞서 가며 경기를 장악했다. 말리스는 스스로에 대해 확신이 없었고 자신이 이곳에 어울리지 않는다고 믿고 있었다. 3세트가 시작되자 말리스는 마침내 코트 양 옆으로 끌려다니는 데 지쳐 버렸다. 삶이란 그런 것이다. 그는 성난 기세로 열정적으로 시합에 뛰어들었고, 이내 스스로도 놀랄만한 플레이를 펼치기 시작했다. 활기 넘치게 움직이며 백핸드 스트레이트를 날리는 그를 노려보며 나는 생각했다. 계속 그렇게 한다면 믿어주지.

그는 계속 그렇게 했다. 그의 얼굴과 몸짓에서는 안도감이 느껴졌다. 여전히 이길 거라고 생각하지는 않았으나, 좋은 경기를 선보일 수 있는 것만으로도 충분하다고 생각하는 듯했다. 그는 3세트를 타이브레이크로 몰고 갔다. 나는 격노했다. 너랑 여기 서서 또다시 한 시간을 보내는 것보다 더 좋은 수가 있지. 그 때문에라도 너를 쥐가 나게 만들어주마.

그러나 말리스는 더 이상 내 뜻대로 되지 않았다. 단 한 세트 만에 그는 완전히 태도가 바뀌었고 자신감을 회복했다. 더 이상 두려움이 없었다. 볼만한 경기를 만들려다가 막상 그렇게 되자, 그는 뜻밖의 성과를 발판으로 반격에 나선 것이다. 4세트에서 우리의 역할이 뒤바뀌자 그가 페이스를 좌우하게 되었다. 그는 4세트를 따내고 동점으로 만들었다.

5세트가 되자 그는 지쳐갔다. 하지만 나는 길과 함께 오랫동안 다진 체력을 이제 막 끌어내는 중이었다. 지치려면 아직 멀었다. 그는 네트 앞으로 걸어와 미소 지으며 나를 존경한다고 했다. 나는 나이가 많고 그는 나를 더 늙게 만들었지만, 나는 만만치 않은 상대였으며 자신에 대해 더 깊이 알도록 해주었다는 걸 알게 된 것이다.

라커룸에서 쿠리어가 나를 발견하더니 내 어깨를 툭툭 쳤다.

"자네가 재밌는 경기가 될 거라고 했지? 정말 즐기는 것 같았어."

"재미라. 재미가 있었다면, 나는 왜 트럭에 치인 것 같은 기분일까?"

한 달간 뜨거운 욕조에 몸이라도 담그고 쉬고 싶었지만, 다음 시합이 다가오고 있었다. 상대는 미친 사람처럼 맹렬한 경기를 펼치는 블레이크였다. 마지막으로 워싱턴 D.C.에서 마주쳤을 때 그는 아주 공격적인 플레이로 나를 기진맥진하게 만들었다. 그 날 이후 그는 꾸준히 성장하고 있었다.

이번만큼은 그가 공격적이지 않기를 빌었다. 날씨가 더 선선해졌기 때문이었다. 날씨가 선선해지면 뉴욕의 테니스 코트에서 공이 느리게 튀어 엄청난 속도를 가진 제임스 블레이크 같은 선수가 유리해진다. 느린 코트에서 블레이크는 모든 공을 잡아낼 수 있는데 상대가 그러지 못한다면 압박을 받게 되는 것이다. 평소보다 뭔가를 더 해야 한다고 느끼는 순간, 모든 것이 걷잡을 수 없게 변해 버린다.

코트에 들어서자 최악의 악몽은 현실이 됐다. 블레이크는 베이스라인 안쪽에 서서 내 두 번째 서브를 받으며 코트 양옆을 완전히 봉쇄해 버렸고, 시작한 지 몇 분 되지도 않아 나는 절박감에 휩싸였다. 그는 첫 세트를 6-3으로 마무리하며 내 숨통을 죄었다. 2세트에서도 마찬가지로 6-3으로 이겼다.

3세트 초반이 되자 말리스와 시합을 치르던 생각이 났다. 안타깝게도 이번에는 내가 말리스의 입장이었다. 어차피 블레이크를 이길 수 없으니 그럭저럭 볼만한 경기를 펼치는 데 만족하자 싶었다. 승리에 대한 생각에서 벗어나자 즉각 경기력이 나아졌다. 생각을 멈추고 흐름을 느끼기 시작한 것이다. 샷이 0.5초쯤 빨라졌고, 논리보다는 본능에 의지하면서 판단도 빨라졌다. 블레이크도 변화를 알아챈 것 같았다. 방금 무슨 일이 일어난 거지? 그가 8회전까지 내 골통을 부서져라 때리고 있었는데, 8회전 막판에 내가 기습 펀치를 날리면서 벨이 울리자 그가 흔들린 것이었다. 그는 자기 코너로 돌아갔다. 절뚝거리며 사기가 꺾였던 상대가 아직도 살아있다는 사실을 믿을 수 없었다.

블레이크는 뉴욕에 추종자가 많았는데, 그들이 모두 와 있는 것 같았다. 나이키도 더 이상 나를 지지하지 않았고 오히려 블레이크의 추종자들에게 티셔츠를 나눠주며 응원을 독려했다. 3세트에서 내가 블레이크를 압도하자 그들은 응원을 멈췄다. 내가 3세트를 따냈을 때는 모두 조용해졌다.

4세트 내내 블레이크는 패닉상태에 빠져 공격성을 잃었다. 나는 그의 생각까지 읽을 수 있었다. 젠장, 제대로 되는 게 하나도 없잖아.

나는 4세트에서도 이겼다. 내가 생각을 멈추고 상황을 유리하게 이끌고 있는 것처럼, 블레이크 역시 같은 시도를 하기로 마음먹은 듯했다. 5세트가 펼쳐지자 그는 뇌의 스위치를 꺼버렸다. 거의 3시간이 지나서야 마침내 우리는 동등하게 만날 수 있게 된 것이다. 둘 다 투지가 불타올랐지만 그의 투지가 나보다 조금 더 강했다. 열 번째 게임에서 그는 서브와 동시에 시합을 끝낼 기회를 얻었다.

그러자 그는 다시 생각하기 시작했다. 반대로 행동하는 뇌였다. 그가 서브를 내리쳤고, 내가 세 번이나 최고의 리턴으로 그를 브레이크하자, 청중들은 마음을 바꿔 내 이름을 외치기 시작했다. 안드레, 안드레.

나는 서브를 넣고, 서브게임을 지켰다. 코트체인지 중 스타디움은 락 콘서트장 같았다. 귀가 울리고 관자놀이가 뛰었다. 너무 시끄러워서 나는 타월로 머리를 감쌌다.

그가 서브를 넣고, 서브게임을 지켰다. 타이브레이크가 됐다. 5세트는 테니스와 상관없다는 예전 선수들의 말이 생각났다. 감정과 컨디션 조절이 승패를 가른다는 것이었다. 나는 천천히 내 몸을 빠져나왔다. 널 알게 되어 기쁘다. 선수생활을 하면서 몇 번의 유체이탈 경험이 있었지만, 이번에는 건강한 상태에서의 경험이었다. 나는 내 기량을 믿었고 마음껏 발휘하도록 길을 비켜주었다. 그리고 나 자신을 비웠다.

매치포인트에서 6-5를 기록하며 나는 빈틈없는 서브를 넣었다. 그가 내 포핸드 쪽으로 리턴하자 나는 다시 그의 백핸드 쪽으로 까다로운 공을 쳤다. 그는 공 주변으로 이리저리 움직이자 나는 그게 실수라는 걸 알아챘다. 이리저리 움직인다는 건 다급하다는 뜻이었다. 제대로 생각하고 있지 않은 것이다. 그는 정위치를 벗어나며 공에 끌려다니면서 최고의 샷을 칠 기회를 스스로 무너뜨리고 있었다. 이제 그는 내 공에 손이 묶여 약하게 치게 될 것이다. 아니면 범실을 저지르던가.

어느 쪽이든 공이 내 쪽으로 바로 오리라는 건 알고 있었다. 공이 날아오리라 생각되는 지점을 보니 블레이크가 몸을 홱 틀면서 하체를 옆으로 틀고는 공을 있는 힘껏 쳐올리고 있었다. 공은 내가 예상한 지점에서 3미터나 떨어진 곳에 떨어졌다. 위닝샷이었다. 나는 완전히 틀렸던 것이다. 내가 할 수 있는 일은 제자리로 돌아가는 것뿐이었다. 다음 포인트를 준비하는 수밖에 없었다.

6-6에서 백핸드로 살기등등하게 랠리를 주고받으면서 나는 신경이 날카로워졌다. 백핸드 랠리를 열 번쯤 주고받고 나면, 상대방이 언제든 판돈을 올릴 수 있다는 걸 알게 되고 그것이 상대방의 몫이라는 걸 확신하게 되는 법이다. 나는 기다리고 또 기다렸다. 그러나 블레이크는 판돈을 올리지 않았고 그것은 내 몫이 되었다. 공을 후려치기라도 할 것처럼 발을 내딛으며 백핸드 드롭샷을 쳤다. 나는 모든 걸 걸었다.

시합 중에 빈틈없이 견고한 스윙을 하려고 했을 뿐인데, 온몸에 아드레날린이 넘쳐서 크게 한방을 날릴 때가 가끔 있다. 블레이크에게는 이런 일이 종종 있었는데 그럴 때면 스윙보다는 스피드가 탄력을 받았다. 그는 다급해지면 예상보다 훨씬 빨리 달려 일찍 공을 잡아냈는데, 지금도 그런 상황이었다. 그는 전력을 다해 내 백핸드 드롭샷을 받아내기 위해 달렸고, 공이 땅이 닿기 전에 걷어내려는 듯 라켓을 쥐었다. 하지만 너무 빨리 달려와서 그럴 필요가 없었다. 다시 말해 공이 바로 그 앞에 있었기 때문에 그립을 잘못 선택한 셈이었다. 공을 내리꽂아야 했으나 그러지 못하고, 라켓만 한 번 휘두르는 데 만족해야 했다. 그가 네트 앞에서 자리를 지키자, 나는 스트레이트 백핸드를 날렸다. 공은 큰 폭으로 그를 지나쳤다.

그가 6-7에서 서브를 넣을 차례였다. 내가 다시 매치포인트를 잡으며 그는 첫 서브에 실패했다. 그의 두 번째 서브가 어디로 올지 판단할 시간은 아주 짧았다. 공격적일까? 안전한 쪽일까? 나는 그가 안전한 선택을 할 거라고 결론 내렸다. 아마 내 백핸드 쪽으로 공을 넘길 것이다. 그럼 나는 얼마나 공격적으로 나가야 할까? 어디쯤에 자리를 잡아야 하지? 돌이킬 수 없는 결정을 하는 거라면? 내가 맞다면 블레이크의 공을 한 번에 끝장낼 수 있겠지만, 틀린다면 그 공을 처리할 수 없을 텐데? 아니면 가능성을 반으로 쪼개, 중간지점에 서 있을까? 그렇게 하면 어떤 서브가 와도 그럭저럭 괜찮은 샷을 칠 수는 있겠지만 완벽한 샷은 노릴 수 없겠지?

10만 달러 상금의 주인공을 가리는 오늘 밤의 최종판결이 내 손을 들어주길 원했다. 나는 돌이킬 수 없는 선택을 하고 있었다. 그는 예상대로 내 백핸드로 서브를 넣었다. 비누거품처럼, 걸려있을 거라 생각했던 딱 그 자리에서 공이 내려오고 있었다. 온몸의 털이 곤두섰다. 관중이 자리에서 일어나는 게 느껴졌다. 나는 중얼거렸다. 정교한 깎아치기로 시원하게 날려. 시원하게 날리란 말이야. 시원하게, 젠장. 공이 내 라켓을 떠나자 나는 그 궤적을 끝까지 따라가면서 그림자와 공이 하나로 수렴되는 것을 보았다. 마침내 둘이 하나가 되자, 나는 크게 소리쳤다.

"제발 홀을 찾아라!" 공은 홀을 찾아 들어갔다.

블레이크와 나는 네트 앞에서 서로 포옹하며 격려를 주고받았다. 우리는 우리가 특별한 것을 해냈다는 사실을 알고 있었다. 나는 더 잘 알았다. 적어도 그보다 8백 번이나 시합을 더 치러봤기 때문이다. 이번 시합은 다른 시합들과는 달랐다. 나는 이처럼 지적 자각 속에서 플레이를 해 본 적이 없었고, 이런 느낌을 받은 적도 없었으며, 결과물에 대해서도 자부심을 느꼈다. 그 위에 사인이라도 하고 싶었다.

기자회견이 끝나고 길, 페리, 대런, 필리 형과 P.J. 클락스에 식사하러 갔다. 호텔에 돌아오니 새벽 4시였다. 스테파니는 잠들어 있다가 내가 들어오자 침대에서 일어나 미소 지었다.

"정말 대단해요." 그녀가 말했다.

"그래, 이겼지. 진짜 믿을 수가 없었다니까. 성공적이었어."

나는 침대 옆 바닥에 누워 잠을 청했으나 지난 시합 생각이 머릿속을 떠나지 않았다. 어둠 속에서 천사처럼 나를 내려다보는 스테파니의 목소리가 들렸다.

"기분이 어때?"

"그렇게 멋진 저녁을 보내다니 아주 즐거웠지."

준결승 상대는 조지아주에서 온 화제의 선수인 로비 지네프리였다. CBS 방송국은 우리 시합이 늦게 시작되길 바랐으나 나는 토너먼트 디렉터를 찾아가 간청했다.

"이번 시합을 운 좋게 무사히 마칠 수 있으면 내일 다시 오겠습니다. 서른다섯 살 선수가 결승에서 스물두 살짜리 상대선수보다 늦게 귀가하는 일이 없도록 해주십시오."

그는 내 시합일정을 조정해 일찍 준결승을 치르게 해주었다. 연달아 5세트 시합을 치르고 나니, 아무도 내가 지네프리에게 이길 거라고 생각하지 않았다. 그는 양 사이드 사이를 빠르게 움직이며, 인생 최고의 테니스 경기를 선보이고 있었다. 게다가 젊었다. 지네프리와 시합을 치르기 전에 내 몸의 피로부터 털어내는 일이 급선무였다. 블레이크와의 마지막 3세트는 내 생애 최고의 경기였고 가장 몸이 축나는 경기이기도 했다. 나는 지네프리와 맞서 아드레날린을 뿜어보자고 다짐했다. 블레이크와 경기하며 발견한 무념무상의 상태를 되살려 보리라.

절박함을 가장한 게 효과가 있었는지 나는 첫 세트를 따냈다. 이제 목표는 내일 있을 결승전에 대비해 에너지를 아끼는 일이었다. 나는 결승상대를 생각하며 신중한 플레이를 택했고, 당연하게도 지네프리는 자유롭게 라켓을 휘두르며 위험을 감수했다. 그가 2세트에서 이기자 나는 결승에 대한 모든 생각을 마음속에서 몰아내고 지네프리에게만 모든 신경을 집중했다. 그는 시합을 동점으로 만드느라 너무 많은 에너지를 소진한 끝에 술 취한 사람처럼 비틀거렸고 나는 3세트를 따냈다.

그러나 그는 4세트에서 이겼고, 나는 격분한 채 5세트를 시작했다. 그리고 모든 포인트를 따낼 수 없다는 사실도 인정해야 했다. 모든 걸 다 좇을 순 없으며 모든 드롭샷을 향해 돌진할 순 없었다. 여전히 쌩쌩한 젊은 선수를 상대로 전속력을 낼 수도 없었다. 그는 밤새도록 여기서 버틸 수 있겠지만 나는 남은 에너지, 그러니까 몸을 제대로 움직일 수 있는 시간이 45분밖에 없었다. 어쩌면 35분일지도.

불가능해 보였지만 나는 5세트를 이겼다. 35세에 US오픈 결승에 오르게 된 것이다. 대런과 길, 그리고 스테파니는 나를 재빨리 라커룸 바닥에서 일으켜 세우고는 일사불란하게 움직였다. 대런은 내 라켓을 스트링어인 로만에게 보냈고 길은 길 워터를 건넸다. 스테파니는 나를 차로 데려갔다. 우리는 서둘러 포시즌스 호텔로 가서 연장자의 특권으로 얻어낸 기회를 이용해 페더러와 휴이트의 경기를 관전했다.

결승전을 치르기 전 다른 선수의 준결승을 관전하다 보면 상당히 여유가 생긴다. 그 순간의 기분이 어떻든 적어도 저기서 싸우고 있는 두 선수가 느끼는 감정보다는 훨씬 나은 것일 테니까. 경기에서는 당연하게도 페더러가 이겼다. 나는 소파에 기대 페더러에 관해 골똘히 생각했다. 지금과 내일 오후 사이에는 숙면을 취하고, 그보다 나아질 수 있다면 뭐든지 찾아서 해야 했다. 그러나 내겐 아이들이 있었다. 나는 시합 당일은 아침 11시 반까지 자곤 했는데, 지금은 7시 반을 넘길 수가 없었다. 스테파니는 아이들에게 조용히 하라고 했지만, 내 몸이 스스로 아이들이 일어나 아

오픈

빠를 보고 싶어한다는 걸 알고 있었다. 나도 아이들이 보고 싶었다.

아침을 먹고 아이들과 작별키스를 한 후 길과 함께 스타디움으로 가면서 나는 말이 없었다. 내겐 승산이 없었다. 나는 너무 늙었고, 5세트 경기를 세 번이나 연속으로 치른 것이다. 현실적으로 생각하면, 내 유일한 희망은 3세트나 4세트에서 게임을 끝내는 것이었다. 컨디션 조절에 영향을 받지 않는다고 가정할 때 시합만 빨리 끝난다면 운이 따를지도 모른다.

페더러는 캐리 그랜트(*영국 태생의 할리우드 배우)처럼 테니스 코트에 올라섰다. 그가 애스콧 타이를 매고 스모킹 재킷을 입고 경기를 하려는 것은 아닌지 궁금해질 정도였다. 그는 언제나 매끈한 인상이어서 나는 40-15로 서브를 넣을 때조차 끊임없이 불안감에 시달렸다. 그는 또 코트의 여러 곳에서 아주 위협적이었기 때문에 숨을 곳이 없었다. 그러면 나는 실력발휘가 잘 안 되는 편이었다.

페더러가 첫 세트를 따내자 나는 광분한 상태로 상대의 허를 찔러 무너뜨리기 위해 할 수 있는 모든 방법을 찾기로 했다. 2세트에서 나는 브레이크를 이끌어냈고, 다시 한번 브레이크를 하면서 세트를 따냈다. 나는 혼자 생각했다. 그랜트 양반이 오늘 문제가 있을지도 몰라.

3세트에서 나는 그를 브레이크하며 4-2로 앞서 갔다. 순풍에 돛단 듯 수월하게 서브를 넣었고 페더러는 공을 빗맞혔다. 스코어가 5-2로 넘어가려는 찰나, 그와 나는 놀라운 일이 벌어지리라는 걸 직감하고 서로에게서 눈을 떼지 못했다. 순간을 공유했던 것이다. 30-0이 되자 나는 그의 백핸드로 킥서브를 넣었고, 그는 라켓을 휘둘렀으나 공이 빗나갔다. 어려서 일부러 공을 빗맞혔을 때 그랬던 것처럼, 공이 그의 라켓을 떠나며 이상한 소리를 냈다. 그런데 이 기분 나쁘게 꼴사나운 범타가 비틀거리며 네트를 넘어와 착지했다. 위닝샷이었다. 그는 나를 브레이크하고 우리는 다시 서브게임으로 돌아갔다.

타이브레이크에서 그는 내가 알아채지 못한 곳으로 갔다. 다른 선수들이 갖지 못한 장비가 있었던 것이다. 그가 7-1로 승리하자 이제 판세가 급격히 기울고 있어 멈출 도리가 없었다. 허벅지 근육은 비명을 질러 댔다. 허리는 밤사이 기능정지라도 되는 모양이었다. 판단력이 흐려졌다. 테니스 코트에서 위대함과 평범함, 명성과 익명, 행복과 욕망이 얼마나 아슬아슬한 차이로 벌어지는 것인지 다시금 생각했다.

우리는 접전을 벌였고 막상막하였다. 나는 타이브레이크에서 놀라 어쩔 줄 몰라하다가, 점차 패색이 짙어졌다. 나는 나보다 실력이 뛰어난 사람에게 졌다는 걸 확신했다. 그는 다음 세대의 에베레스트 산이었다. 그와 경쟁해야 할 젊은 선수들이 불쌍했다. 애거시처럼 자신의 샘프러스를 상대해야 하는 선수가 안됐다는 생각이 들었다. 비록 나는 샘프러스를 이름으로 부를 정도로 친하지는 않았지만, 기자들에게 말할 때마다 내 마음속에서 샘프러스는 최고라는 걸 드러낸다. 대부분의 사람들은 약점이 있게 마련이지만, 페더러에게는 그런 것이 없었다.

28
다시 마지막 경기

나는 2006년 호주오픈에서 기권했고, 클레이 시즌 전체 대회에서 기권했다. 그러고 싶지 않았지만 2006년 윔블던 대회에 출전하려면 체력을 비축해야 했다. 아마도 윔블던이 내 마지막이 될지도 모른다고 속으로 생각했다. 나는 윔블던에 적절하면서도 경의를 표하는 고별인사가 그렇게 중요하게 느껴질 것이라고는 꿈에도 생각지 못했다.

그러나 윔블던은 내게 성지였다. 내 아내가 빛났던 곳. 이길 수 있을까 의구심을 품었다가 처음으로 세상에 내 존재를 증명해 보인 곳. 윔블던은 내가 머리를 숙이고 무릎을 굽힌 채 하고 싶지 않았던 일을 하고 입고 싶지 않았던 옷을 입으며 결국 살아남았던 그런 곳이었다. 그리고 내가 테니스에 대해 어떻게 생각하든 게임은 나의 집이었다. 나는 어렸을 때는 집이 싫어 떠났지만 곧 내가 집을 그리워한다는 걸 알았다. 내 선수생활의 마지막 몇 시간을 앞두고 그런 기억이 떠올라 마음이 줄곧 괴로웠다.

나는 대런에게 이번이 마지막 윔블던 출전이 될 것이며, 다음 US오픈은 내가 출전하는 마지막 토너먼트가 될 거라고 했다. 윔블던이 시작되자 우리는 바로 은퇴선언을 했다. 그 후 나는 다른 선수들이 나를 얼마나 다르게 보는지를 알고 놀랐다. 그들은 더 이상 나를 라이벌이나 위협적인 존재로 대하지 않았던 것이다. 나는 은퇴를 했으니 그들과 무관한 존재였다. 벽이 무너졌다.

"왜 지금입니까? 왜 지금 은퇴하기로 결정한 거죠?"

기자들의 질문에 나는 결정한 게 아니라 단지 더 이상 테니스를 할 수 없기 때문이라고 대답했다. 그게 바로 내가 찾던 결승점이었다. 멈추지 않고 나를 끌어당기는 그런 결승점 말이다. 하지 않겠다는 의지가 아니라 할 수 없을 때까지 버티겠다는 마음. 무심코 나는 선택의 여지가 없는 그런 순간을 찾아 헤맸던 것 같다.

존경받는 테니스 해설자이자 사학자이며 레이버의 공동 전기작가로도 알려진 버드 콜린스는 내 선수생활을 펑크에서 모범적인 선수로 변화해 간 과정으로 요약했다. 나는 움찔했다. 내 생각에 버드는 그럴듯해 보이도록 만들기 위해 진실을 저버린 것 같았다. 나는 펑크였던 적도 없지만, 모범적인 선수는 더더욱 아니었으니까.

또한 몇몇 스포츠 기자들은 내 변화에 대해 생각할 점이 많다고 했지만, 나는 그 말도 마음에 걸렸다. 그 말은 핵심을 비껴간 것이었다. 변화란 하나에서 다른 것으로 바뀌는 것을 말하는데, 나는 무(無)에서 시작하지 않았던가. 나는 변화한 것이 아니라 만들어진 것이었다. 테니스를 처음 시작했을 때 나는 보통 아이들 같았다. 내가 누군지도 몰랐고, 어른들이 하는 말에 반감만 가졌다. 젊은이들은 사실 어떤 과정 중에 있는 존재인데도 어른들은 그들을 완성품으로 대접해서 이런 실수를 하곤 한다. 이는 시합이 끝나기도 전에 판정을 내리는 것과 마찬가지다. 나는 자주 역전승을 거뒀고 수많은 상대선수들이 내게 반격해왔기 때문에, 변화로 나를 설명하는 건 썩 좋은 생각이 아니었다.

사람들은 지금 좋건 나쁘건, 완성된 나의 첫 모습을 보고 있으며, 그건 내 정체성의 구현이기도 하다. 나는 내 이미지를 바꾼 것이 아니라 발견했다. 마음을 바꾼 것이 아니라 열었다고 해야 옳았다. J.P.는 내가 이런 생각을 갖도록 함으로써 스스로를 납득하게 해주었다. 사람들은 나의 외양과 옷과 헤어스타일에 속아서 내가 누군지 안다고 생각하게 되었으며, 나의 자기탐구를 자기표현이라고 생각했다는 것이다. 그는 숱한 찰나적인 정체성을 가진 남자치고는 내 이니셜이 A.K.A.(*'별칭'이란 뜻이나, 실제로 Andre Kirk Agassi의 이니셜이 되기도 한다)라는 건 충격적이며 의미심장하다고 했다.

2006년 초여름, 안타깝게도 J.P.를 비롯한 다른 많은 이들의 노력에도 불구하고 나는 이런 점을 기자들에게 설명할 수 없었다. 설사 그럴 수 있었다고 해도, 올 잉글랜드 클럽(All England Club)의 프레스룸은 적절한 장소가 아니었다.

스테파니에게도 설명할 수 없었지만 사실 그럴 필요도 없었다. 그녀는 모든 걸 알고 있었다. 윔블던이 시시각각 다가오자 스테파니는 내 눈을 바라보며 내 뺨을 어루만져주었다. 그녀는 내 선수생활과 자신의 선수생활에 대해서도 말했다. 그리고 자신의 마지막 윔블던 대회에 대해서도 말하며, 자신은 그 때가 마지막이라는 걸 몰랐다고 했다. 그러니 이렇게 미리 알고 내 뜻대로 하는 편이 더 나을 거라고 했다.

제이든이 내게 만들어준 목걸이를 하고 – '아빠 멋져(Daddy Rocks)'라는 대문자로 된 체인이었다 – 세르비아 출신의 보리스 파샨스키와 1회전을 치렀다. 내가 코트에 나서자, 큰 박수가 오래 이어졌다. 첫 서브에서 나는 눈물이 앞을 가려 코트를 볼 수가 없었다. 뻣뻣한 허리로 갑옷을 입은 채 뛴다는 느낌에도 불구하고 나는 경기를 계속했고 견뎌냈으며 결국 이겼다.

다시 마지막 경기

2회전 상대는 이탈리아 출신의 안드레아스 세피로, 한 세트도 내주지 않고 이겼다. 나는 꽤 잘해나갔고, 3회전에 진출하면서는 희망이 생겼다. 상대는 나달이었는데, 그는 야수였고 괴짜였으며, 자연의 파괴력을 가지고 있었다. 강하면서도 발레리나처럼 우아했다. 그러나 나는—승리에 대한 망상 때문에—다음 시합에 진출할 수 있을지도 모른다고 생각하며 내 승산을 믿었다. 첫 세트에서는 7-6으로 졌지만, 아슬아슬하게 졌다는 생각에 희망이 생겼다.

하지만 그는 70분 만에 나를 완패시켰다. 어차피 가능성은 반반이었다. 그 때 허리 통증이 느껴지기 시작했다. 시합 후반에 나달이 서브를 넣자 나는 더 이상 가만히 서 있을 수가 없어 움직이면서 발을 구르고 혈액순환이 되게 해야 했다. 허리 경직이 심해지자 통증도 심해져서 공을 리턴하는 데만 생각을 집중했다. 똑바로 서 있는 것만 생각했다.

나중에 생각하니 참 아이러니한 순간이 아닐 수 없었는데, 갑자기 윔블던 관계자가 관례를 깨고 나달과 나를 상대로 시합 중 인터뷰를 진행했다. 그들은 한 번도 시합 중 인터뷰를 한 적이 없었던 것이다.

"조만간 윔블던에서 관례를 깨도록 할 거예요."

길에게 말했지만 그는 웃지 않았다. 그는 시합 중일 때는 절대로 웃지 않았다.

"거의 끝났어요."

나는 워싱턴 D.C.로 가서 안드레아 스토피니라는 이탈리아 예선통과 선수와 경기를 치렀다. 그는 마치 내가 예선통과 선수라는 듯 나를 꺾자 부끄러워했다. US오픈에 출전하기 전에 예행연습이 필요했으나 이번 연습은 나를 흔들어 놓았다. 나는 기자들에게 마지막을 준비하느라 생각보다 훨씬 더 애쓰고 있다고 말했다.

"당신들 대부분은 아마 이 일을 좋아하지 않을 겁니다. 그렇지만 누군가가 나에 대한 기사가 당신들의 마지막 기사가 될 거라고 한다면 어떨까요? 지금 이후에는 당신들이 살아있는 한, 단 한 마디의 기사도 쓸 수 없다고 생각해보세요. 기분이 어떨 것 같습니까?" 나는 이것이 제일 좋은 설명이 될 거라고 말했다.

우리 팀 전체가 다 같이 뉴욕으로 갔다. 스테파니, 아이들, 부모님, 페리, 길, 대런, 그리고 필리 형은 포시즌스 호텔로 우르르 몰려가 깜빠놀라에서 대부분의 시간을 보냈다. 우리가 들어서면서 박수가 터져 나오자 아이들이 미소를 지었다. 이번 박수소리는 평소와는 다른 것 같았다. 음색도 달랐고 숨은 의미도 달랐다. 나 때문이 아니라 우리 모두가 어떤 특별한 것을 함께 마무리 짓게 되었기 때문이었다.

프랭키는 우리를 코너의 테이블로 안내했다. 그는 스테파니와 아이들에 대해 유별나게 친절했다. 내가 제일 좋아하는 음식이 제이든에게 나오자 제이든은 즐거워했다. 재즈도 그 음식을 좋아했지만 앙트레만큼은 각자 먹어야 한다고 주장했다. 다른 사람 음식에 손대면 안 된다는 것이었다. 다른 종류의 블루베리 머핀은 꼭 먹어봐야 했지만. 스테파니는 아이들을 보며 웃었고, 나는 네 명의 개성 넘치는 우리 가족에 대해 생각했다. 네 개의 서로 다른 겉모습, 그러나 잘 어울리는 한 세트. 완벽했다. 나의 마지막 토너먼트가 시작되기 전날 밤, 우리 모두가 추구하는 의미, 인생에서 몇 번밖에 얻지 못하는 지식 그리고 우리 삶의 테마와 같은 것이 하나로 연결되어 있다는 사실을 느꼈다. 결말은 이미 시작부터 잉태되어 있으며 그 반대도 마찬가지였다.

1회전 상대는 루마니아 출신의 안드레이 파벨이었다. 시합 도중에 허리가 말을 듣지 않았으나 꼿꼿이 서서 가까스로 승리를 얻어냈다. 나는 대런에게 다음 날 맞을 코티존 주사를 놔달라고 부탁했으나 이 주사를 맞아도 다음 시합에 출전할 수 있을지는 알 수 없었다. 이길 수 없을 것은 확실했다. 마르코스 바그다티스를 상대로 이기는 것은 불가능했다. 그는 세계 랭킹 8위의 키프로스 출신의 젊은 선수로, 크고 강했으며 올해 성적도 좋은 편이었다. 또한 호주오픈 결승까지 진출했고 윔블던 준결승까지 갔었다.

하지만 어찌 된 일인지 나는 그를 꺾고 말았다. 시합이 끝나자 나는 허리가 완전히 고장나버리기 전에 휘청거리며 겨우 라커룸으로 들어왔다. 대런과 길이 세탁물 주머니를 들쳐메듯 나를 트레이닝 테이블에 눕히고 있는데, 바그다티스 쪽 사람들이 그를 내 옆 테이블로 들어 올렸다. 그는 경련이 심했다. 스테파니가 나타나 내게 키스하자 길은 마실 것을 억지로 권하며 의사들이 오고 있다고 했다. 트레이너가 테이블 위의 TV를 틀고는 바그다티스와 나만 남겨둔 채 모두 밖으로 나갔다. 우리는 고통으로 신음하며 몸부림치고 있었다.

TV에서 우리 경기의 하이라이트 장면이 나왔다. 스포츠센터(*ESPN의 스포츠 뉴스 프로그램)였다. 작은 움직임이 느껴져 바그다티스 쪽으로 고개를 돌렸더니 그가 손을 내밀고 있었다. 그의 얼굴이 우리가 해냈어요, 라고 말하고 있었다. 나는 손을 내밀어 그의 손을 잡고 치열했던 경기장면을 함께 보았다. 시합의 열기를 다시 느끼자 인생을 다시 사는 기분이었다.

마침내 의사들이 도착했다. 의사와 트레이너들이 바그다티스와 내 발 아래까지 오는 데는 30분이 걸렸다. 바그다티스가 먼저 라커룸을 떠나며 그의 코치에게 조심스레 몸을 기울였다. 그다음 길과 대런이 나를 주차장으로 데려가 P.J. 클락스의 치즈버거와 마티니로 유혹하며 앞으로 몇 걸음 더 걷도록 했다. 새벽 2시였다.

"맙소사, 차가 한참 멀리 있군, 젠장." 대런이 말했다.

텅 빈 주차장 한가운데 덩그러니 서 있는 차는 적어도 몇백 미터는 떨어져 있었다. 나는 도저히 못 가겠다고 했다.

"당연하지. 여기서 기다려. 내가 가져올 테니."

그는 차가 있는 곳으로 달려갔다. 나는 길에게 똑바로 서 있기가 힘들다며 대런을 기다리는 동안 누워있겠다고 했다. 그는 내 테니스 가방을 시멘트 위에 내려놓았고, 나는 앉아서 가방을 베개 삼아 몸을 기댔다.

길을 올려다보니 그의 미소와 어깨만 보였다. 그의 어깨너머로 별들이 보였다. 하늘에 별이 가득했다. 스타디움의 가장자리에 있는 조명기둥은 더 크고 가까이 있는 별들 같았다. 그때 갑자기 폭발음이 들렸다. 테니스공이 담긴 거대한 캔이 열리는 듯한 소리였다. 조명기둥 하나가 꺼지더니 차례로 모두 꺼지기 시작했다. 나는 눈을 감았다. 끝났구나. 아냐. 절대 아니지. 진짜로 끝나는 일은 절대 없을 거야.

다음 날 아침 포시즌스 호텔 로비를 절뚝거리며 지나가는데, 한 남자가 불쑥 튀어나와 내 팔을 잡았다.

"그만둬."

"뭐라고요?"

아버지였다. 아니면 아버지의 유령이거나. 아버지는 얼굴이 파리한 것이 몇 주간 잠을 못 잔 듯했다.

"아버지? 무슨 얘기 하시는 거예요?"

"그냥 관둬라. 집에 가자. 할 만큼 했다. 끝났어."

아버지는 내가 은퇴하게 해달라고 기도했다고 했다. 아버지는 내가 빨리 그만두길 원했고, 더 이상 내가 고통 받는 걸 보지 않았으면 했다. 이제 조바심을 내며 더 이상 내 시합을 끝까지 지켜보지 않아도 되는 것이다. 지구 반대편에서 벌어지는 시합을 챙겨보느라 새벽 두 시까지 깨어있을 필요도 없었다. 내가 집으로 가면 아버지는 내가 곧 맞닥뜨리게 될 신예선

스테파니, 제이든, 재즈와 함께 2006년 가을.

마르코스 바그다티스가 2006년 US오픈 2회전이 끝나고 내게 축하의 말을 전했다.

수를 가볍게 무시할 수 있을 터였다. 아버지는 이 모든 고생스러운 일들이 지겨워진 것 같았다. 그래, 이런 아버지의 눈빛을 본 적이 있었다. 나는 그 표정을 알고 있다. 아버지는 테니스가 싫은 것이다.

"더 이상 이렇게 자신을 몰아가는 짓은 하지 마라! 지난 밤 이후로 너는 증명할 게 아무것도 없어. 네가 이렇게 되는 거 더 이상 못 보겠구나. 너무 괴롭다."

나는 손을 뻗어 아버지의 어깨를 어루만졌다.

"죄송해요, 아버지. 하지만 그만둘 수는 없어요. 도중에 그만두면서 은퇴할 순 없잖아요."

시합 30분 전, 항염증 주사를 맞았으나 코티존과는 달랐다. 효과가 덜 했던 것이다. 3회전 상대인 벤자민 베커를 상대로 나는 겨우 서 있기만 할 정도였다. 점수판을 보다가 고개를 저었다. 그리고 계속해서 내 자신에게 물었다. 어떻게 내 마지막 대전 상대가 벤자민 베커일 수가 있지? 올해 초 대런에게 내가 좋아하고 존경하는 사람이나 아니면 전혀 모르는 사람과 경기하고 싶다고 말한 적이 있었다. 나는 후자 쪽을 얻은 것 같았다.

베커가 나를 4세트 만에 탈락시키자 결승점 테이프가 내 가슴 위에서 깨끗하게 끊어진 기분이었다. US오픈 관계자는 라커룸에 들어가기 전에 관중석과 집에서 경기를 관람하는 팬들에게 몇 마디 인사를 하라고 했다. 나는 무슨 말을 해야 할지 알고 있었다. 몇 년간 그 말을 마음속에 담아왔었다. 그러나 내 목소리를 담는 데에는 몇 번의 순간이 더 필요했다.

"점수판을 보니 오늘 제가 졌군요. 그러나 점수판은 제가 발견한 것이 어떤 것인지 말해주지 못합니다. 지난 21년간 저는 의리를 발견했습니다. 여러분은 코트에 선 저를, 제 삶을 응원해주셨습니다. 저는 영감을 발견했습니다. 여러분은 제가 성공하도록 의지를 불어넣어 주셨고, 가장 힘든 순간에도 힘을 주셨습니다. 그리고 저는 관용을 발견했습니다. 여러분은

센터코트, 2000년 윔블던.

제가 기댈 수 있는 어깨를 빌려주셨고 제 꿈을 향해 나아갈 수 있게 도와주셨습니다. 여러분이 없었다면 다가가지 못했을 꿈이었습니다. 지난 21년간 저는 여러분을 발견했습니다. 그리고 저는 여러분과 여러분에 대한 기억을 평생 잊지 않을 것입니다."

관중들에게 보답할 수 있는 최고의 찬사였다. 길만큼이나 관중들은 소중한 존재였던 것이다.

라커룸은 쥐죽은 듯 조용했다. 시합에 진 후 모든 라커룸의 풍경은 똑같다. 내가 문을 쾅 열고 들어오면 언제나 안에 있던 사람들은 내가 상대선수에게 완전히 압도당하는 걸 보고 있다가 TV 앞에서 하나 둘씩 흩어지곤 했다. 그리고 TV따위는 보고 있지 않았던 척하면서 내 얘기도 입에 올리지 않은 척했다. 그러나 이번에는 TV 주변에 사람들이 그대로 모여 있었다. 아무도 움직이지 않았고, 아무도 관심 없는 척하지 않았다. 그러더니 트레이너와 토너먼트 사무직원, 보안요원 제임스까지 모두 내 쪽으로 천천히 다가와 박수를 치며 휘파람을 불었다.

한 사람만 박수를 치지 않고 멀찍이 떨어져 나를 보고 있었다. 멍한 표정으로 팔짱을 낀 채 벽에 기댄 사람은 코너스였다. 그는 로딕의 코치였다. 불쌍한 앤디.

웃음이 나왔다. 나는 코너스가 코너스이기 때문에, 여전히 변치 않기 때문에 그를 존경했다. 우리는 모두 자신에게 진실해야 하며 한결같아야 한다. 나는 선수들에게 이렇게 말했다.

"살면서 박수를 많이 받겠지만 다른 선수들로부터 받는 박수만큼 여러분에게 소중한 것은 없습니다. 여러분 모두 마지막에 그런 박수를 받길 바랍니다. 감사합니다. 모두 안녕히. 그리고 서로 아껴주길 바랍니다."

다시 마지막 경기

29
이제 다시 시작이다

온종일 비가 내렸다 그치기를 반복했다.
"어떻게 생각해?" 스테파니는 하늘을 보더니 말했다.
"한번 해보자고. 당신이 하겠다면 나도 기꺼이 하지."
"기꺼이."
스테파니는 상을 찌푸렸다. 그녀는 언제나 기꺼운 마음이었지만 종아리가 은퇴 후에도 계속 문제였다. 특히 최근에는 더 심했다. 지긋지긋한 종아리 같으니. 그녀는 다음 주에 도쿄에서 자선시합에 참가하기로 되어 있었는데, 자신이 에리트리아에서 개원한 유치원을 위해 모금 행사차 경기에 나가게 된 것이었다. 시범경기에 불과했지만 그녀는 잘하고 싶어했다. 잘해야 한다는 예전의 압박감을 느끼는 것이었다. 또 자신이 얼마나 경기를 잘 치를 수 있을지 몹시 궁금하다고 했다. 나 역시 내 자신에게 같은 질문을 했다. US오픈을 마지막으로 코트를 떠난 지 1년, 벌써 2007년 가을이었다.

우리는 서로 연습을 도와주며 일주일 내내 테니스를 하기로 했고, 마침내 그 날이 되었다. 그런데 라스베이거스에 일 년에 한 번 올까 말까한 비가 내렸다. 빗속에서는 불을 피울 수 없는 법이다. 스테파니는 흐린 하늘을 다시 쳐다보더니 그리고 시계를 보았다.

"바쁜 날이 되겠네."

그녀는 학교에서 제이든을 데리고 와야 해서 잠깐의 기회밖에 없었다. 비가 잦아들지 않아 연습을 할 수 없으면 나는 차터스쿨에 가볼까 했다. 시간이 있을 때마다 들르는 곳이었다. 학교는 믿을 수 없을 만큼 성장해 2,415m^2의 교육시설에 5백 명의 학생들이 재학 중이었고 8백 명의 대기자가 있었다.

4천만 달러짜리 캠퍼스에는 아이들이 원하는 모든 것이 갖춰져 있었다. 첨단 TV 제작 스튜디오도 있었고, 컴퓨터실에는 벽을 따라 수십 대의 PC와 크고 푹신한 하얀 소파가 있었다. 최고 수준의 체력 단련실은 라스베이거스에서 가장 고급스러운 클럽에서 볼 수 있을 만한 멋진 기구들로 채워져 있었다. 웨이트룸과 강의실, 욕실은 라스베이거스의 최고급 호텔에서나 볼 수 있는 현대적이고 깔끔한 시설을 갖추고 있었다. 무엇보다도 학교는 페인트칠을 새로 해서 새 건물 같았고, 개교했을 때와 다름없이 근사했다. 학생과 학부모, 이웃들을 비롯한 모든 이들이 누구나 학교를 이용할 수 있었기 때문에 학교에 대해 존경심을 표했다. 그 지역은 우리가 학교를 설립한 후에도 사정이 나아지지 않았다. 최근에 내가 학교를 돌아보던 중에 누군가가 길 건너에서 총에 맞기도 했다. 하지만 지난 8년간 깨진 창문은 하나도 없었고, 그라피티로 낙서한 벽도 없었다. 어디를 둘러봐도 작은 손길, 섬세한 흔적이 남아있었고, 이를 통해 이 학교는 다른 곳과는 달리 철저히 우수성을 지향한다는 점이 드러났다.

전면의 유리창에는 커다란 단어가 새겨져 있었는데, BELIEVE(믿어라)라는 우리 학교의 비공식 모토였다. 모든 교실은 자연채광이 되어 아주 밝았다. 남향 채광창에서 첨단 반사경을 거쳐 들어오는 간접조명은 독서와 집중에 최적인 은은한 산란광이었다. 교사들은 조명 스위치를 켤 필요가 없었고 그로 인해 에너지와 돈이 절약되었을 뿐만 아니라 학생들의 두통을 줄여주고 형광등으로 유발되는 일반적인 우울함도 해소시켜 주었다. 나 역시 이 사실을 익히 알고 있었다.

우리 학교부지는 대학 캠퍼스처럼 설계했는데, 아늑한 4인실과 누구든 드나들 수 있는 공동공간이 마련되어 있다. 벽은 석재 – 현지 채석장에서 공수한 부드러운 보랏빛과 엷은 복숭앗빛 규암 – 로 되어 있었고, 통로에는 어린 자두나무가 늘어섰으며 희망의 나무를 상징하는 아름다운 호랑가시나무가 이어졌는데, 기공식 전에 우리가 심은 나무였다. 중요한 일은 먼저 해야 하는 법. 건축가가 치수를 재는 동안 우리는 희망의 나무를 심었고 주변에 학교를 짓는 동안 공사현장 인부들에게 나무에 물을 주고 빛을 비춰달라고 부탁했다.

학교부지는 32,375m^2밖에 되지 않았지만, 공간 부족은 건축가들의 전반적인 계획에 더 잘 맞았다. 그들은 캠퍼스의 흐름이 짧고 구불구불한 여정을 상징하도록 만들고 싶어했다. 마치 인생처럼. 학생들은 어디 있든지 한쪽으로 돌아서면 지나온 길을 볼 수 있었고, 다른 쪽으로 돌아서면 길이 어디로 이어지는지 짐작할 수 있도록 건물이 설계되었다. 유치원생과 초등학생들은 앞으로 진학하게 될 높다란 고등학교 건물을 볼 수 있었지만, 다른 아이들의 목소리가 들리는 구조는 아니었다. 아이들을 놀라게 하고 싶지 않았기 때문이다. 고등학생들은 이미 지나온 초등학교 교실을 뒤돌아볼 수는 있었지만 운동장에서 뛰노는 어린아이들의 고음 섞인 비명을 듣지는 못하게 되어 있었다. 상급생을 방해하지 않는 설계였다.

현지 건축가인 마이크 델 가토와 롭 거디슨이 이 프로젝트에 뛰어들었다. 그들은 몇 달간 인근지역의 역사에 대해 조사하며 전국의 차터스쿨에 대해 검토하며 아이디어를 실험했다. 또 매일 밤 철야작업을 하면서 마이크의 지하실 탁구대 주변에서 브레인스토밍을 했다. 그들은 판지와 합판으로 탁구대 위에 학교 모형을 최초로 만들었다.

건물 자체가 가르침을 주고 이야기를 하게 하자는 것이 그들의 아이디어였기 때문에 우리는 들려주고 싶은 이야기를 그들에게 해주었다. 중학교에는 마틴 루터 킹 주니어와 마하트마 간디, 그리고 넬슨 만델라(당연히!)의 사진으로 가득 채우고 그들의 초상화 아래 놓인 유리에 영감을 주는 말들을 그려넣고 싶었다. 우리 학생들은 대부분 흑인들이었기 때문에, 왼쪽 벽면에는 유리대리석으로 된 벽돌을 여러 개 끼워 넣어 북두칠성을 나타내고, 오른쪽 벽면에는 유리벽돌을 한 장 끼워서 북극성을 묘사하도록 했다. 북두칠성과 북극성은 도망치는 노예들에게 자유를 가리키는 횃불이었다.

학교의 미관에 대해 내가 기여한 건 작은 부분이었다. 고등학교 건물의 공동공간에 검은색 스타인웨이 피아노를 배치한 것이다. 피아노를 전달할 때 모든 학생들이 주변에 모여들어 나는 마이클 볼튼의 '나에게 기대렴(Lean on Me)'를 연주하면서 아이들을 놀라게 해주었다. 나는 학생들이 내가 누군지 모른다는 사실이 가장 기뻤다. 교사들이 나에 대해 설명해주었을 때도 아이들은 별로 감동하지 않았다.

나는 지루한 일과가 가능한 적고 뜻밖의 재미를 선사할 수 있는 학교를 꿈꿨다. 예상치 않았던 즐거움이 일과가 되는 곳. 그런데 어느 날 그런 멋진 일이 실제로 애거시 아카데미에 일어나려 하고 있었다. 빌 클린턴 대통령이 우리 학교에 들러서 역사를 강의하며 잠시 둘러보겠다는 것이었다. 샤킬 오닐이 체육수업을 대신할 거라고 했다. 어쩌면 복도로 걸어오는 랜스 암스트롱과 마주치거나 방문자 배지를 달고 신입생에게 섀도복싱을 가르치는 무하마드 알리와 마주칠지도 모른다. 자넷 잭슨이나 엘튼 존이 교실 문 앞에 서 있거나 어스 윈드 앤 파이어의 멤버들이 회계감사 하는 걸 보게 될지도 모른다.

뜻밖의 즐거움은 더 많을 수도 있다. 우리가 신축한 체육관을 개관했을 때 NBA 올스타 게임이 라스베이거스에서 열리는 것이다. 우리는 신인선수와 2년 차 올스타 선수들을 초대해 우리 체육관에서 픽업게임(*즉석 농구경기)을 하도록 할 것이다. 그것은 애거시 아카데미에서 처음 벌어지는 경기가 될 것이며, 아이들도 매우 좋아할 것이다.

우리 학교 교사들은 간단히 말해 최고다. 우리는 솔직하고 적극적으로 교육에 뛰어들 의지가 있는 영리하고 열정적이며 탁월한 사람들을 찾아냈다. 그리고 모든 교사들에게 한 가지 부탁을 했다. 모든 학생들이 배울 수 있다고 믿어달라는 것이었다. 너무나 당연하고 뻔한 개념이지만, 불행히도 요즘은 그렇지 않았다.

물론 애거시 아카데미는 다른 학교보다 학교 체류시간과 수학연한이 길기 때문에, 우리 학교의 교직원은 다른 곳에서 일하는 사람들보다 시간당 급여가 적을지도 모른다. 그러나 이용가능한 재원이 더 많기 때문에 훨씬 자유롭게 실력을 향상시킬 수 있으며 아이들의 삶을 변화시킬 수 있다.

우리는 교복이 또래로부터 받는 압박감을 줄이고 장기적으로 학부모의 경제적 부담을 줄여준다고 생각에서 학생들이 교복을 입는 것이 중요하다고 생각했다. 그래서 공식 교복 색인 진홍색과 네이비 색으로 된 카키 팬츠, 바지 또는 스커트, 테니스 셔츠를 입도록 했다. 매번 학교에 갈 때마다 나는 아이러니와 마주치곤 한다. 내가 이제 교복 정책 시행 담당자가 되었기 때문이다. 나는 언젠가 윔블던 관계자가 라스베이거스에 오게 되어서 방문을 요청하는 날을 고대한다. 내가 학교의 엄격한 복장규정을 언급할 때, 그가 어떤 표정을 지을지 보고 싶어 견딜 수가 없다.

다른 규정도 있는데, 아마도 내가 제일 좋아하는 우리 학교의 특징이 될지도 모르겠다. 바로 존중 규정이 매일 시행된다는 것이다. 여기 올 때마다 나는 무작위로 교실에 머리를 쑥 내밀고 아이들에게 나와 함께 규정을 암송하도록 시킨다.

> 바른 규율의 핵심은 존중이다.
> 권위에 대한 존중과 타인에 대한 존중.
> 자신에 대한 존중과 규칙에 대한 존중
> 존중은 가정에서 시작되는 태도이고,
> 학교에서 보완되며
> 전 생애에 걸쳐 확대된다.

나는 아이들에게 단순한 규정을 암기하고 마음에 깊이 새기는 것만으로도 나중에 크게 성공할 수 있다고 했다. 복도를 걸으며 교실 안을 들여다보니, 우리 아이들이 이곳을 얼마나 소중히 여기는지 알 수 있었다. 아이들의 목소리를 통해서도 느낄 수 있었고, 태도를 통해서도 알아차릴 수 있었다. 교사와 교직원들의 이야기를 듣고 여러 가지 점에서 이 학교가 그들의 삶을 풍요롭게 한다는 것도 알게 됐다. 또한 우리는 학생들에게 개인 에세이를 써내라고 한 다음 연례 기금마련 행사 프로그램에 발췌해 실었다. 모든 에세이가 시련과 고난에 관한 것은 아니다. 오히려 그 반대라고 할 수 있다. 그러나 내가 기억하는 이야기는 대개 이런 것들이다. 한 소녀가 병약한 어머니와 둘이 사는데, 어머니는 치료가 불가능한 폐병으로 인해 몇 년간 일을 할 수 없었다. 그들은 갱들이 지배하는 인근지역에서 바퀴벌레가 우글대는 아파트에 살았고, 학교는 소녀의 피난처였다. 아이의 성적은 아주 뛰어났다.

'왜냐하면 학교 성적이 좋으면 아무도 내게 집에 무슨 일이 있었는지 묻지 않을 거라고 생각했기 때문이다. 그리고 내 얘길 할 필요가 없을 테니까. 이제 난 열일곱이고, 어머니의 병세는 점점 악화되고 있다. 유혈이 낭자한 동네에서 바퀴벌레와 함께 살아오면서 내 가족을 부양하기 위해 일해야 했음에도 불구하고, 나는 대학진학을 앞두고 있다.'

또 다른 학생은 아버지와의 관계로 괴로워한다는 얘기를 썼는데, 아버지는 그녀가 어렸을 때 대부분 감옥에 있었다고 한다. 최근에 아버지가 출소하자 그녀는 아버지를 만나러 갔는데, 그가 심각하게 마른 상태로 초췌한 여자와 다 무너져가는 트레일러에 살면서 악취와 크리스털 메스 냄새를 풍기는 걸 보게 되었다. 부모의 잘못을 되풀이하지 않기 위해 안간힘을 쓰면서, 그 소녀는 애거시 아카데미에서 성공하기 위해 스스로를 부단히 채찍질하고 있었다.

'나는 절대 다른 사람들처럼 나 자신을 실망시키지 않을 거야. 내 미래를 변화시키는 건 나에게 달렸고, 나는 절대 포기하지 않을 거야.'

얼마 전에 고등학교를 둘러보는데, 한 소년이 나를 불러 세웠다. 그는 수줍음 많은 열다섯 살 소년으로, 눈동자엔 감정이 풍부하게 실려 있었으며 볼은 통통했다. 그가 나와 둘이서 얘기할 수 있는지 묻자 나는 물론이라고 대답했다. 우리는 본관 복도 쪽 작은 방으로 들어갔다. 그가 어디서부터 얘기를 시작해야 할지 몰라하자 나는 처음부터 말해보라고 했다.
"제 인생이 일 년 전부터 바뀌었어요. 아버지가 돌아가셨거든요. 살해당했어요. 살인이었죠."
"안타깝구나."

"그 후에 정말 방황하게 됐어요. 뭘 해야 할지 몰랐으니까요."

아이의 눈동자가 눈물로 흐릿해졌다.

"그러고 나서 이 학교로 왔어요. 학교는 제가 어디로 가야 할지 알려줬어요. 희망과 삶을 줬어요. 그래서 애거시 선수를 계속 지켜봤어요. 여기 들를 때 제 소개를 하고 말씀을 드리고 싶었어요. 아시겠지만 정말 고맙습니다."

나는 그 아이를 안아주었다. 고마워해야 할 사람은 바로 나였다.

상급학년 학생들의 주요 관심사는 대학진학이었다. 나는 아이들에게 애거시 아카데미는 디딤돌에 불과하다고, 안이해져서는 안 된다고, 대학이 바로 주된 목표라고 말해 주었다. 본관 복도에는 대학로라는 이름이 붙었다. 두 본관 사이에 있는 철제 구름다리는 아무도 이용한 적이 없는데, 2009년 첫 졸업생이 배출되어 대학에 진학하기 전까지는 이용할 일이 없을 것이었다. 그 다리를 가로질러 가면 졸업반 학생들은 비밀의 방에 들어가 노트에 자신의 이름을 사인하고 다음 학년에 메모를 남길 수 있었다. 다음 학년은 또 다음 학년에게 그대로 이어가는 것이다. 나는 첫 번째 졸업반 학생들에게 연설을 하게 되었는데, 나는 연설한다는 생각에 사로잡혀 이미 J.P.와 길과 함께 작업에 들어갔다. 내 생각에 연설 주제는 모순이 될 것 같았다. 한 친구가 월트 휘트먼을 복습하라고 일러주었다. 내가 모순된다고? 그래 나는 나 자신과 모순된다.

내가 이 사실을 받아들일 줄은 전혀 몰랐다. 게다가 나는 그것을 목표로 나아가고 있었다. 모순이 바로 내 북극성이었다. 그리고 그 얘기를 학생들에게 할 것이다. 인생은 양 극단을 오가는 테니스 시합이다. 승리와 패배, 사랑과 증오, 열림과 닫힘. 그것은 고통스러운 진실을 일찌감치 깨닫게 해준다. 일단 내 안의 양 극단을 인식하고 나면, 그리고 그것을 끌어안거나 조화시킬 수 있어야 한다. 받아들이고 앞으로 나아가야 하는 것이

안드레 애거시 대학진학 예비 아카데미에서 학생들과 함께.

다. 유일하게 할 수 없는 건 그런 모순을 무시하는 일이다. 내가 전하고 싶은 다른 메시지는 또 뭐가 있을까? 9학년을 중퇴한 테니스 선수가 가장 자랑스러워하는 것이 바로 그의 학교라는 모순된 사람에게 학생들은 어떤 메시지를 기대할까?

"비가 그쳤네." 스테파니가 말했다.

"해보자고. 나가자!"

스테파니는 재빨리 테니스 스커트로 갈아입었고 나는 서둘러 반바지를 입었다. 길가의 공공 테니스 코트로 가니 작은 프로샵(*테니스 프로코치 등이 관리하는 클럽하우스 입주 스포츠 용품점) 안의 카운터에서 십 대 소녀가 잡지를 읽고 있었다. 그녀는 고개를 들다가 씹던 껌을 거의 떨어뜨릴 뻔했다.

"안녕하세요."

"안녕하세요."

"오늘 문 여는 거죠?"

"네."

"한 시간 동안 코트를 대여할 수 있을까요?"

"음. 네."

"얼마죠?"

"14달러요."

나는 돈을 건네주었다.

"센터코트로 가시면 되요."

아래층의 미니 원형 경기장으로 들어가니, 파란색 테니스 코트가 철제 관중석에 둘러싸여 있었다. 우리는 가방을 나란히 내려놓고 스트레칭을 한 후 얼마나 오랜만에 테니스를 하는 거냐며 서로를 놀렸다. 나는 가방을 뒤져서 손목밴드와 테이프를 찾았다.

"어느 쪽에서 할래요?" 스테파니가 물었다.

"이쪽."

"그럴 줄 알았어."

스테파니는 부드럽게 포핸드를 쳤다. 나는 공을 향해 느리게 움직이면서 틴맨(*오즈의 마법사에 나오는 양철 나무꾼)처럼 삐걱댔다. 처음에는 가볍게 랠리를 주고받다가, 갑자기 스테파니가 화물열차가 지나가는 소리를 내면서 스트레이트로 백핸드를 쳐올렸다. 나는 그녀를 재빨리 쳐다보았다. 그렇게 할 거란 말이지?

그녀는 내 백핸드 쪽으로 그녀 특유의 슬라이스샷을 날렸다. 나는 무릎을 낮추고 가능한 세게 공을 후려치며 그녀에게 소리쳤다.

"방금 것은 우리한테 돈을 많이 벌어다 준 샷이야!"

그녀는 미소 지으며 눈 위로 내려온 머리카락을 훅 불었다. 어깨에 힘이 빠지고 근육도 풀리자 속도가 빨라졌다. 나는 공을 깔끔하고 세게 쳐냈고 스테파니도 똑같이 받아쳤다. 우리는 아무런 목적 없이 공을 치다가 힘차게 포인트를 주고받았다. 그녀는 짓궂게 포핸드를 쳤다. 나는 포효하며 백핸드를 쳤지만 네트에 걸리고 말았다.

20년 만에 처음으로 놓친 크로스코트 백핸드였다. 나는 공을 노려보다가 네트에 기댔다. 신경이 쓰였다. 짜증스런 기분도 드는 것 같았다. 웃음이 나왔다. 스테파니도 따라 웃었다. 우리는 다시 플레이를 시작했다.

라켓을 휘두를 때마다 그녀는 눈에 띄게 행복해 보였다. 종아리도 상태가 좋은 것 같았다. 그녀는 도쿄에서 열리는 시합에서는 괜찮을 거라고 했다. 그녀가 부상을 걱정하지 않게 되자, 진짜로 테니스를 즐기며 할 수 있었다. 우리는 금세 테니스 하는 재미에 흠뻑 빠져서 비가 오는 줄도 몰랐고 구경꾼이 다가오는 것도 알아채지 못했다.

하나 둘씩 사람들이 몰려왔다. 관중석 여기저기에 사람들이 나타났고 누군가는 전화를 하는 것 같기도 했다. 전화를 받은 사람은 또 다른 이에게 전화를 해서 우리가 공공 테니스 코트에서 자존심을 걸고 경기를 하는 중이라고 알리는 것 같았다. 마치 록키 발보아와 아폴로 크리드가 불이 꺼지고 체육관이 잠긴 후 시합을 벌이는 것처럼.

비가 더 거세게 내렸다. 그러나 우리는 멈추지 않았고 전력을 다했다. 관중석에 나타난 사람들은 이제 카메라플래시를 터트리고 있었다. 플래시는 빗방울에 반사되어 더 크게 보여서 여느 때보다 밝았다. 나는 상관하지 않았고, 스테파니는 알아채지도 못했다. 우리는 공과 네트와 서로의 존재에만 집중했다.

긴 랠리가 이어졌다. 열 번의 스트로크는 이내 열다섯 번으로 이어졌다. 결국 내가 공을 놓치면서 끝났다. 코트 여기저기에 공이 흩어져 있었다. 나는 세 개를 주워서 하나를 주머니에 넣었다.

"우리 컴백하자! 어떻게 생각해?" 나는 스테파니에게 소리쳤다.

그녀는 말이 없었다.

"당신과 나 말이야. 이번 주에 다시 오자고!"

여전히 답이 없었다. 평소와 마찬가지로 그녀의 집중력이 나를 부끄럽게 만들고 있었다. 코트 위에서 쓸데없이 움직이지 않는 것처럼 그녀는 쓸데없는 말은 하지 않았다. J.P.는 내 인생에서 가장 영향력 있는 세 명─아버지, 길, 그리고 스테파니─이 영어 원어민이 아니라는 점을 지적했다. 그 세 명의 가장 강력한 소통방식은 아마 육체적인 방식일 것이다.

그녀는 모든 샷에 열중했다. 모든 샷이 중요한 것이었다. 그녀는 절대 지치는 법이 없었고 빗맞히지도 않았다. 그런 그녀를 지켜보는 건 즐겁기도 했지만 영광이기도 했다. 사람들은 종종 그런 스테파니를 지켜보는 게 어떤 기분이냐고 물었는데, 완벽한 단어를 찾을 수는 없었지만 거의 비슷한 표현을 찾은 것 같다. 바로 영광이었다.

내가 다시 빗맞히자 그녀는 눈을 가늘게 뜨고 기다렸다. 그리고 내가 넣은 서브를 리턴하고 나서 모기를 찰싹 때리는 것 같은 그녀 특유의 손짓을 했다. 그만 하겠다는 뜻이었다. 제이든을 데리러 갈 시간이었다. 그녀가 코트 밖으로 나갔다.

"아직 안 끝났어."

"뭐?" 그녀가 멈춰 서서 나를 보더니 미소를 띠었다.

"좋아."

그녀는 베이스라인으로 되돌아갔다. 말도 안 되는 일이지만, 그게 바로 나라는 걸 그녀는 알고 있었다. 우리에겐 멋진 할 일이 있었다. 그녀는 빨리 시작하고 싶어했고, 나 역시 마찬가지였다. 어쩔 도리가 없었다.

조금만 더 오래 테니스를 하고 싶다.

감사의 말

이 책은 제 친구 J.R. 뫼링거가 아니었다면 세상에 나오지 못할 뻔했습니다.

우리가 만나기도 전에 제 이야기를 지면에 옮겨보자고 진지하게 제안을 한 것은 J.R.이었습니다. 2006년 마지막 US오픈 출전 당시 저는 J.R. 뫼링거의 회고록인 〈푸근한 술집에 대한 회상(The Tender Bar: A Memoir)〉를 읽으며 여가를 보냈는데, 그 책이 제 마음을 움직였습니다. 너무 재미있어서 배급이라도 하는 것처럼 매일 밤 페이지 수를 제한해서 읽어야 했습니다. 처음에 그 책은 선수생활 마지막에 견디기 어려운 감정들을 잠시 잊게 해주는 중요한 역할을 했지만, 점차 전반적인 불안감이 더해질 뿐이었습니다. 그 책의 이야기가 선수생활이 끝나기 전에 끝나버릴까 두려웠기 때문입니다.

1회전 시합이 막 끝나자 J.R.에게 전화해 제 소개를 했습니다. 그리고 그의 작품을 읽고 얼마나 감탄했는지 이야기한 다음 라스베이거스로 그를 초대했습니다. 그럴 거라고 생각은 했지만, 예상대로 우리는 곧바로 죽이 잘 맞았고, 그 첫 저녁 식사는 많은 것으로 이어졌습니다. 저는 J.R.에게 저랑 같이 일해 볼 생각이 있는지 묻고, 제 자서전 집필에 착수해서 구체화하는 작업을 도와달라고 부탁했습니다. 퓰리처상 수상자의 눈을 통해 제 삶을 보여 달라고 부탁했죠. 놀랍게도 그는 좋다고 했습니다.

J.R.은 라스베이거스로 이사를 와서 즉시 작업에 착수했습니다. 우리는 직업의식이 투철했고, 전부 아니면 전무라는 강박적인 방식으로 큰 목표에 착수하는 것도 똑같았습니다. 우리는 매일 만나기로 엄격한 일과를 정하고, 부리또를 몇 개 허겁지겁 집어먹고는 J.R.의 녹음기에다 몇 시간씩 이야기를 계속했습니다. 화제에 제한이 없었기 때문에 우리의 만남은 때로는 굉장히 재밌었고 때로는 고통스럽기도 했습니다. 연대순이나 화제순으로 얘기를 하지는 않았습니다. 그저 이야기가 흘러가는 대로 두었습니다. 이따금 곧 유명세를 얻게 될 젊고 뛰어난 연구자인 벤 코헨이 수집한 뉴스기사 더미에 재촉당하는 기분이 들기도 했습니다.

여러 달이 지나자 J.R.과 저는 카세트테이프 상자를 꽉 채우게 됐습니다. 좋든 나쁘든 제 인생에 관한 이야기였죠. 대담한 킴 웰스가 이 테이프들을 원고로 타이핑했고, J.R.이 그럭저럭 이야기로 만들어 냈습니다. 크노프(Knopf) 출판사에서 아주 멋진 편집자로 활동하시는 조나단 세갈과 출판계의 로드 레이버인 소니 메타 편집장이자 크노프 더블데이 출판 그룹의 회장님이 초고를 재고와 삼고를 거치며 다듬는 걸 도와주셨습니다. 에릭 머카도는 셜록 홈스가 재림이라도 한 것처럼 혹독하리만치 사실관계를 꼼꼼히 확인했습니다. 읽고 또 읽으며 단어와 문장, 날짜와 숫자에 대해 토론하고 논의하느라 많은 시간을 보냈습니다. 기말고사 공부하는 것과 거의 비슷한 수준이었죠.

저는 이 책에 같이 이름을 올리자고 J.R.에게 수차례 부탁했습니다. 그러나 그는 표지에는 한 사람의 이름만 들어가야 할 것 같다고 했습니다. 함께 한 작업이 뿌듯하기는 하지만 다른 사람의 인생을 다룬 책에 자신의 이름을 올릴 수 없다는 것이었습니다. 이건 제 이야기고, 제 주변 사람의 이야기이며 제가 치른 싸움에 관한 이야기라면서요. 그건 제가 그의 회고록에서 처음 보았던 그런 종류의 너그러움이었습니다. 저는 어떻게 반박해야 할지 몰랐습니다. 완고함은 우리의 또 다른 공통점이었습니다. 저는 이 지면을 빌어 J.R.의 역할이 어느 정도였는지를 설명하고 그에게 공개적으로 감사를 표하겠다고 끈질기게 주장했습니다.

원고 사본과 발췌본을 나눠드렸던 첫 전담 독자들도 언급하고 싶습니다. 모두 상당히 도움이 되어주셨습니다. 필리와 마티 애거시, 슬론과 로저 베넷, 이반 블룸버그, 대런 카힐, 웬디 넷킨 코헨, 브래드 길버트, 데이비드 길무어, 크리스와 버랜다 핸디, 빌 허스티드, 백그로 밀헤이븐, 스티브 밀러, 도로시 뫼링거, 존과 조니 파렌티, 길 레이예스, 하이미 로즈, 건러더, 존 러셀, 브룩 쉴즈, 웬디 스튜어트 굿슨, 그리고 바브라 스트라이샌드에게 깊은 감사를 드립니다.

변함없이 저를 이해해주며 심리적인 문제에서부터 전략에 이르기까지 모든 분야에 대해 아주 귀중한 조언을 아낌없이 해주었던, '가장 친한 친구'라는 말에 대한 나의 오랜 정의를 다시금 생각하고 수정할 수 있도록 도와준 론 보레타에게도 특별한 감사의 말씀을 드립니다.

무엇보다도 스테파니와 제이든, 그리고 재즈 애거시에게 감사하고 싶습니다. 수많은 날들을 저 없이 지내고, 2년간 이 책과 씨름하느라 바쁜 저를 지켜봐야 했던 그들은 단 한 번도 불평하지 않고 제게 용기를 불어넣어주었으며, 이 작업을 끝낼 수 있도록 해주었습니다. 스테파니의 변치 않는 사랑과 지지는 끊임없는 영감의 원천이었고, 음식이 혈당으로 재빨리 변환되듯 매일같이 보았던 제이든과 재즈의 미소는 제 에너지로 전환이 되었습니다.

재고 작업 중에 제이든이 놀이친구를 집으로 데려온 적이 있었습니다. 원고가 주방 카운터를 따라 높다랗게 쌓여 있는 걸 보고 제이든의 친구가 물었습니다.

"저게 다 뭐야?"

"우리 아빠 책이야."

제이든이 산타클로스와 기타 히어로에 대한 얘기를 할 때 빼고는 들어본 적이 없는 그런 목소리로 말했습니다. 제이든과 재즈가 10년 후, 그리고 30년, 60년 후에도 이 책에 대해 자부심을 느끼길 바랍니다. 아이들을 위해 쓰였지만 또한 아이들에게 쓴 것이기도 합니다. 아이들이 제가 걸어갔던 인생의 덫을 피해가는 데 이 책이 도움이 되길 바랍니다. 나아가 이 책이 아이들에게 편안함과 지침, 기쁨을 주는 많은 책 가운데 하나가 되길 바랍니다.

저는 책이라는 마술을 늦게 발견했습니다. 아이들이 피하길 바라는 제가 저지른 많은 실수 중에서도 이것은 거의 최고라고 생각합니다.

추천사

가난한 이민자의 아들로
아메리칸 드림을 이룬 테니스계의 이단아

이형택 – 스포츠해설가, 현 대한민국 국가대표 코치

2006년 US오픈을 끝으로 안드레 애거시가 정든 코트를 영영 떠나갔다. 그때 그의 나이 37세였다. 많은 이들이 조금 더 일찍 은퇴할 것이라고 예견했지만, 여러 가지 사정으로 차일피일 미루다가 결국 그는 은퇴했다. 오랫동안 우리의 가슴을 설레게 했던 스타와 이별하는 날, 그의 눈에는 아쉬움의 눈물이 쏟아졌다. TV로 시청하고 있던 많은 테니스 팬들도 그 장면을 지켜보며 눈시울을 붉혔다. 나 역시 그와 함께했던 경기를 생각하니 만감이 교차했다. 그의 서브가 강한 편은 아니었지만, 날카로운 포핸드와 예리한 백핸드의 스트로크는 일품이었다. 경기에 대한 감각이 뛰어나서 서브 리턴도 탁월했다. 게다가 라이징 볼을 처리하는 솜씨와 정직한 플레이는 내 마음을 사로잡고도 남았다. 감정 표현을 솔직하게 하고 독특한 의상을 입고 나와 코트의 영웅으로 군림했던 안드레 애거시는 뜨거운 눈물을 훔치며 우리 곁을 떠나갔다.

중학생 시절, 안드레 애거시가 처음으로 우리나라를 방문했을 때 그의 게임을 보면서 나는 미래에 대한 꿈을 키웠다. 그의 경기 스타일은 어린 내가 보기에도 화려하고 멋있었다. 더구나 코트 안팎에서 군더더기 없는 행동과 독특한 의상은 테니스의 실력만큼이나 대중을 사로잡기에 충분했다. 그의 일거수일투족은 예외 없이 매스컴을 타고 세계 각국의 안방에 전달되었다. 조금은 반항적인 패션 스타일은 그의 명성과 더불어 하나의 트렌드로 자리 잡았고 유행을 만들어냈다. 청소년들은 그들의 우상인 안드레 애거시를 흉내 내며 환호했다. 그러다 보니 애거시는 테니스를 할 줄 모르는 일반 사람들에게도 잘 알려지게 되었다. 요즘으로 말하자면 축구 스타 베컴 정도로 인기가 있었다. 나 역시 그러한 모습을 보며 안드레 애거시 같은 훌륭한 선수가 되어야겠다는 꿈을 꾸었다.

　유명한 운동선수들 중 많은 수가 단순히 스포츠가 좋아서 그 길을 선택한다. 나의 경우도 그렇다. 다니던 초등학교에 마침 테니스 코트가 있었다. 수업이 끝나면 항상 그 앞을 지나다니며 '참 재미있겠다' 생각했다. 그리고 연습에 열중하고 있는 친구를 바라보곤 했다. 그런 어느 날 선생님께서 내 마음을 알아챘는지 '테니스 한번 해보지 않겠느냐?'고 권유했다. 그렇지 않아도 친구들을 부러워하며 호기심을 한껏 발동하고 있던 중이었는데, 나는 흔쾌히 동의했다. 어쨌든 이것이 테니스 입문의 동기가 되어 기초부터 시작하게 되었다.

　하지만 안드레 애거시는 대단히 예외적이라고 할 수 있다. 그의 아버지는 이란을 점령한 연합군의 테니스장에서 공을 주워주는 볼보이를 했다. 그러한 아버지의 강요에 따라 그는 테니스를 시작하게 되었다. 그러니까 아버지의 응어리진 마음을 자식이 대신 풀어주어야 할 운명이었던 것이다.

가끔 테니스를 잘할 수 있는 노하우가 없느냐고 주변 사람들로부터 질문을 받곤 한다. 사실, 특별한 비법은 어디에도 없다. 단지 우리가 너무나 잘 알고 있는 지극히 평범한 방법이 있을 뿐이다. 그것은 다름이 아니라 시간을 얼마나 많이 투자하며 노력했느냐에 달려 있다. 그만큼 땀을 많이 흘리면 흘릴수록 실력은 나아질 수밖에 없다. 어느 분야에나 적용되는 만고불변의 진리다.

안드레 애거시는 어린 시절부터 아버지의 강요에 따라 하루에 2천5백 개의 공을 쳤고, 일주일에 1만 7천5백 개, 일 년에 1백만 개의 공을 치는 강행군을 해야 했다. 어린 마음에 강압에 의한 스파르타식 훈련에 대한 불만이 오죽했을까. 그럼에도 묵묵히 훈련을 하며 참고 견뎠다. 그가 그랜드슬램을 여섯 번이나 달성한 밑바탕에는 어마어마한 양의 연습이 있었다.

2001년도에 나는 그를 처음 만났다. 나는 애거시가 화려하면서도 파격적인 옷을 입고 머리도 장발을 질끈 동여매서 야성미가 철철 넘치는 모습으로 등장하리라 생각했다. 그런데 나의 예상은 전혀 빗나갔다. 의상은 깔끔하고 머리도 단정하게 정리하여 안정된 스타일이었다. 아마도 테니스의 연륜만큼 스타일도 변화 시킨 것이 아닐까 싶었다. TV나 잡지에서만 보며 로망으로 생각했던 선수가 막상 내 앞에 라켓을 들고 서 있으니 마주 서 있는 것만으로도 긴장되었다. 수많은 관중들은 상대 선수에 대한 배려도 없이 오직 애거시의 행동 하나하나에 일희일비하며 탄성을 질러댔다.

두 번째 만남에서는 조금씩 근접하다가 세 번째 만남에서는 막상막하의 랠리를 거듭하며 백중한 게임을 했다. 이 정도의 정상급 선수와 시합을 한다는 것 자체가 영광이기도 하지만 긴장감 때문에 실수도 많이 했다. 게임에서는 비록 졌지만 정신적인 부분에서 많은 것을 얻은 좋은 기회였다.

대개 유명한 일류 선수들은 자기보다 랭킹이 낮은 선수와 시합을 할 때는 방심을 하고 전력을 다하지 않는 경우가 있다. 적어도 애거시는 달랐다. 어떤 선수와 게임을 하든지 최선을 다하는 모습에서 나는 테니스에 대한 그의 진정성을 피부로 느낄 수 있었다. 비록 애거시가 아버지의 강요 때문에 좋아하지 않는 테니스를 하게 되었지만, 가혹할 만큼의 연습과 기어코 이루고야 말겠다는 집념이 없었다면 한 번도 어렵다는 그랜드슬램을 여섯 번이나 달성하는 위대한 업적을 남길 수 없었을 것이다. 인간의 고통 속에는 창조의 씨앗이 숨겨져 있으며, 스타는 태어나는 것이 아니라 만들어진다. 그는 몸소 이 신화를 우리에게 보여주었다.

하지만 그의 위대함은 여기서 그치지 않는다. 그는 불우한 청소년을 후원하기 위한 대학진학 예비아카데미를 만들었다. 이 기금을 마련하기 위해 현역 최고령자로 결승에 오르는 투혼을 발휘했다. 중학교도 졸업하지 못한 그가 가난 때문에 교육의 혜택을 받지 못하는 청소년들의 열렬한 후원자가 되었다는 것은 그의 진한 인간애를 느낄 수 있는 부분이다. 이 책은 최고의 반열에 오르기 위해 피와 땀과 눈물을 쏟은 한 인간의 삶이 여

추천사

과 없이 투영된 뛰어난 작품이다. 운동선수는 물론 인생의 고난을 극복하려는 모든 사람들에게 용기와 신념을 불러일으키는 이 책의 일독을 꼭 권하고 싶다.

'한 가지 일에 모든 것을 쏟아 부으면 이루지 못할 일이 없다'는 말이 있다. 한 시절을 풍미하며 테니스계를 평정했던 안드레 애거시는 어느 한 분야에서 최선을 다하면 설사 최정상에 가기는 어렵더라도 그 근처에는 충분히 도달할 수 있다는 사실을 우리에게 큰 자산으로 남겨주었다. 그 일을 좋아하든 싫어하든 상관없이.

사진제공

69 : 안드레 애거시 제공

81 : 안드레 애거시 제공

131 : 제임스 볼리티에리

187 : 마이클 콜

246 : 존 C. 러셀 / 팀 러셀

418 : 존 파렌티

483 : 마이클 몰

536 : 마이크 넬슨 / AFP / 게티 이미지

546 : 개리 M. 프라이어 / 게티 이미지

554 : (둘 다) 니콜라 뤼티오/ 프레스 스포츠

588 : (위) 존 C. 러셀 / 팀 러셀

　　　(아래) 돈 에머트 / AFP / 게티 이미지

590 : 마이클 콜

600 : 드니스 트루셀로

옮긴이 김현정

서울대학교에서 국어국문학과 불어불문학을 복수전공하고 동 대학원 국어국문학과에서 현대문학을 전공했다. 몬트레이 국제대학원(Monterey Institute of International Studies, 현재 몬트레이 미들베리 국제대학원으로 개명) 통번역 대학원 한영과를 졸업하고, 미 뉴욕 CUNY-Baruch College에서 Finance & Accounting (CAPS) 프로그램을 이수했다. 법제 연구원 법령영역센터 소속 번역사로 있으며, 기획재정부 에디터를 거쳐 현재 외교통상부 에디터로 일하며 자유무역협정(FTA) 관련 문서를 주로 다루고 있다.

오픈

초판 1쇄 인쇄 | 2014년 4월 7일
초판 1쇄 발행 | 2014년 4월 17일

지은이 | 안드레 애거시
옮긴이 | 김현정
펴낸이 | 박상진
편집 | 이광옥
제작 | 오윤제
마케팅 | 김제형
관리 | 황지원
디자인 | 씨오디

펴낸곳 | 진성북스
출판등록 | 2011년 9월 23일
주소 | 서울시 강남구 영동대로85길 38 진성빌딩 10층
전화 | 02) 3452-7762
팩스 | 02) 3452-7761
홈페이지 | www.jinsungbooks.com

ISBN 978-89-97743-06-3 03840

본서의 내용을 무단 복제하는 것은 저작권법에 의해 금지되어 있습니다.
파본이나 잘못된 책은 교환하여 드립니다.

진성북스는 여러분들의 원고 투고를 환영합니다. 책으로 엮기를 원하는 좋은 아이디어가 있으신 분은 이메일(jinsungbooks@jinsungbooks.com)로 간단한 개요와 취지, 연락처 등을 보내 주십시오. 당사의 출판 컨셉에 적합한 원고는 적극적으로 책을 만들어 드리겠습니다!

진성북스 네이버 카페에 회원으로 가입하는 분들에게 다양한 이벤트와 혜택을 드리고 있습니다. 진성북스 공식카페 http://cafe.naver.com/jinsungbooks/21